中国非处方药物年鉴

(2002)

科学技术文献出版社
Scientific and Technical Documents Publishing House
北　京

原国家医药管理局局长齐谋甲（右1）、原药物院筹备处胡圣榆（右2）、情报所所长余传隆（左1）参加1984年世界大众药生产者联合会在东京举行的第七次大会

中國非處方藥物年鑒

原国家医药管理局局长齐谋甲（左2）、科教司司长胡圣榆（左1）、原中国药材公司副总经理任德权（左3）参加1986年世界大众药生产者联合会在华盛顿举行的第八次大会

为了学习借鉴国外经验
连续召开了五次国际非处方药研讨交流会

中國非處方藥物年鑒

❶

1.1996年6月国家非处方领导小组办公室建立，此办公室设在中国药学会科技开发中心

图为办公室原址，

北京地安门内大街41号3号楼4门二层

2.同上

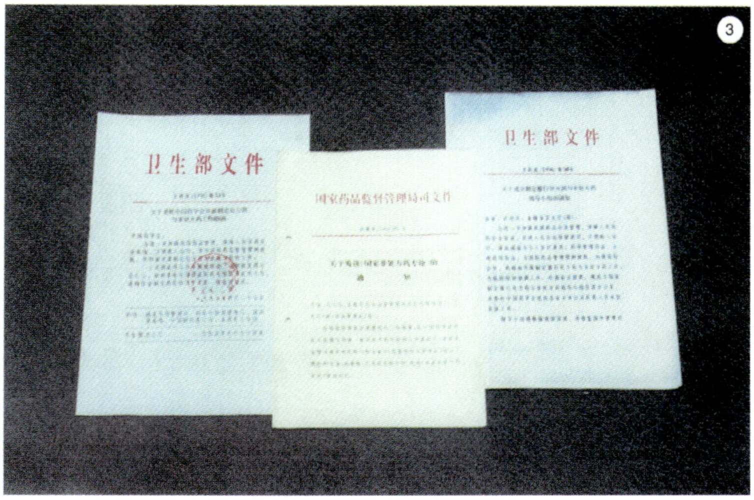

3.卫生部，国家药品监督管理局对OTC工作的文件与指标

4.在原中国药学会科技开发中心办公室召开了百余次非处方药的各种会议

5.原卫生部药政局局长潘学田、国家药品监督管理局邵明立副局长作为原国家非处方领导小组办公室主任在主持会议

中國非處方藥物年鑒

1. 处方药与非处方药制度的建立是一项系统工程，牵扯方方面面，政策研究小组召开了若干次会议，研究相关政策问题

2. 召开国家非处方药各种会议，了解情况、调查研究、制定政策

3. 国家第一批非处方药的遴选工作会议

由中国药学会科技开发中心召开的各种遴选会、审评会达百余次

4.国家非处方药中药的遴选工作代表了中国非处方药建立的特色

5.邀请中西医各学科的专家对国家第一批非处方药药物进行了反复的审评

6.各学科专家对国家第一批非处方药目录进行审定

中國非處方藥物年鑒

1. 国家药品监督管理局发文(药管理安[2000]45号),将国家第一本非处方药专卖工具书《专论》作为非处方药研究、开发、审批、指导及撰写非处方药说明书、标签的参考工具书

2. 原国家非处方药领导小组办公室各位领导,国家药品监督管理局安全监管司司长白慧良(右1)、原国家中医管理局办公室主任陈啸宏(右2)、总后卫生部药材局局长袁天锡(左1)参加非处方药会议

3. 原卫生部药政局局长潘学田(右1)、中国　药学会名誉理事长周海钧(左1)、陆道培院士(右2)在参加国家非处方药会议

4.中国药学会科技开发中心组织专家撰写了OTC五本系列读物：

《国家非处方药专论》、

《国家非处方药目录实用手册》、

《国家非处方药用药指南》、

《国家非处方药必读》、

《常见病症与OTC自我药疗》

5–6.

1998年8月，国家非处方药办公室在接到卫生部药政局“关于在全国31个省（直辖市）、自治区征求第一批非处方有关医药专业人员意见的通知”后，即刻组织人员分赴华东、华中、华南、西南、西北、华北和东北、天津等地共二十一个省（区）进行征求意见，为第一批遴选工作奠定了坚实的基础

中國非處方藥物年鑒

1. 原国家非处方药领导小组办公室负责人胡茵副秘书长在作《药品分类管理在中国实施》的报告

2. 中国药学会科技开发中心负责承办的国家药品监督管理局非处方药工作会

3–4.

中国药学会科技开发中心为使非处方药制度得以顺利实施，中国药学会科技开发中心多次组织召开制药企业药品流通企业非处方药的研讨会、工作会

5–6. 邀请美国FDA OTC处的处长及英国专家作报告，国家药品监督管理局国家交流司赵黎力副司长、注册司张志军参加了会议

7. 国家药品监督管理局张文周副局长及各部委领导参加了非处方药国际研讨会

8. 邀请日本专家与国家非处方药办公室及专家们共同交流非处方药工作

中國非處方藥物年鑒

1.2000 年 5 月，处方药与非处方药分类管理宣传周拉开了序幕，掀起了宣传非处方药知识的高潮

图为宣传周主会场

——北京劳动人民文化宫

2.全国人大常委会副委员长王光英在国家药品监督管理局局长郑筱萸、副局长邵明立、北京市副市长刘海燕的陪同下出席处方药与非处方药分类管理宣传周开幕式

3. 中国非处方药物协会代表团参加在柏林举行的世界自我药疗工业协会第十三次大会

4. 2000年国家药品监督管理局组织流通领域药品分类管理培训，参加人员为部分地区药品监督管理人员和药品零售企业的人员

5. 中联大药房在试点过程中组织的处方药与非处方药分类管理知识竞赛

6. 哈尔滨同泰医药连锁公司总经理冷国庆（左）陪同国家药监局副局长邵明立先生（中）视察公司药品分类管理工作情况

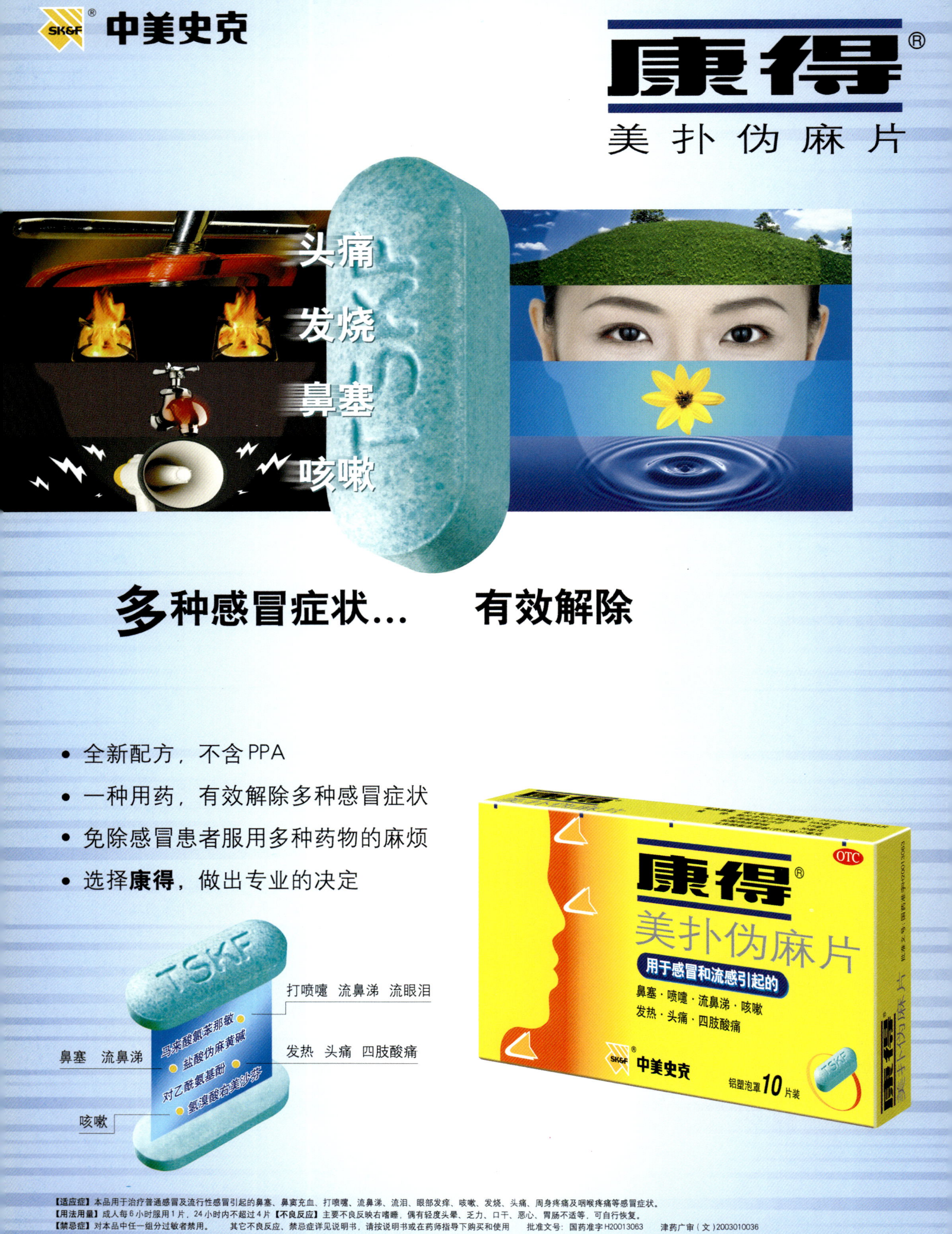
中美史克
SK&F
康得®
美扑伪麻片
头痛
发烧
鼻塞
咳嗽
多种感冒症状... 有效解除
• 全新配方，不含PPA
• 一种用药，有效解除多种感冒症状
• 免除感冒患者服用多种药物的麻烦
• 选择康得，做出专业的决定
TSKF
打喷嚏 流鼻涕 流眼泪
鼻塞 流鼻涕
发热 头痛 四肢酸痛
咳嗽
马来酸氯苯那敏
盐酸伪麻黄碱
对乙酰氨基酚
氢溴酸右美沙芬
OTC
康得®
美扑伪麻片
用于感冒和流感引起的
鼻塞·喷嚏·流鼻涕·咳嗽
发热·头痛·四肢酸痛
中美史克
铝塑泡罩10片装
【适应症】本品用于治疗普通感冒及流行性感冒引起的鼻塞、鼻窦充血、打喷嚏、流鼻涕、流泪、眼部发痒、咳嗽、发烧、头痛、周身疼痛及咽喉疼痛等感冒症状。
【用法用量】成人每6小时服用1片，24小时内不超过4片【不良反应】主要不良反映右嗜睡，偶有轻度头晕、乏力、口干、恶心、胃肠不适等，可自行恢复。
【禁忌症】对本品中任一组分过敏者禁用。 其它不良反应、禁忌症详见说明书，请按说明书或在药师指导下购买和使用 批准文号：国药准字H20013063 津药广审（文）2003010036

广西金嗓子有限责任公司

广西金嗓子有限责任公司是我国制药行业新秀，连续五年被评为广西优秀科技型企业、广西医药先进单位。

多年来，公司坚持以创立名牌为主线，以市场为导向，以产品为中心，以科技为先导，以质量为生命，走产学研结合的科技振兴公司道路，锐意改革，不断创新。

现已拥有职工七百多人（中高级职称186人），总资产2亿多元，年产值4亿多元。产品包括金嗓子喉宝（防治喉病、保护嗓子的国家级新药）和都乐胶囊（降血脂、降胆固醇、预防冠心病国家级特效药）为龙头的一系列中西药品和保健品。

公司立足高起点，严格按照国际GMP标准建设。现已建成符合GMP要求的片剂、胶囊剂、颗粒剂等现代化车间和检验室，配备200多台（套）先进的生产和检验化验设备，主要设备分别从日本、德国和意大利等国引进，其中片剂生产线，以及紫外分光光度计、高效液相、气相等检测设备具有九十年代国际行进水平。公司质检机构通过A级认证。片剂、胶囊剂、颗粒剂等车间在广西率先通过GMP认证。

历经市场经济风风雨雨，公司锻炼出一支杰出的职工队伍和心系群众、团结奋进、廉洁奉公、科学决策的领导班子。董事长、总经理江佩珍因政绩卓著，先后荣获全国五一劳动奖章及全国三八红旗手、全国医药系统劳动模范、广西有突出贡献科技人员等荣誉称号。

公司奉行“造福人类”的宗旨，宏扬“进取、创新、信誉、奉献”的企业精神，坚持“两个文明建设”一起抓的方针，连续多年保持自治区文明单位、全区医药系统先进单位的光荣称号。

发展才是道理。公司将以名牌产品为依托，依靠高科技，推出更多优质新产品，呵护大众健康。

广西金嗓子有限责任公司

地址：广西柳州市跃进路28号

邮编：545001

电话：(86) —772—2825718

传真：(86) —772—2821456

电邮：jinsangz@public.lzptt.gx.cn

冀卫药准字(1995)第000287号
冀药广审(文)2001121233
哦！发烧了，又要打针！小屁屁要痛了……
现在没事了，只需轻轻一摁
一种先进的退热给药方式
利宝®
栓剂
对乙酰氨基酚栓
OTC
华北制药集团有限责任公司
150毫克/枚×6枚
OTC
药 品
【适用症】
用于小儿普通感冒或流行性感冒引起的发热；
缓解轻中度疼如关节痛、偏头痛、肌肉痛、牙痛、神经痛；
【注意事项】
详见产品说明书
请仔细阅读使用说明书并按照说明使用或在药师指导下购买和使用
华北制药
宝宝轻松　全家快乐

北京同仁堂

股份公司简介

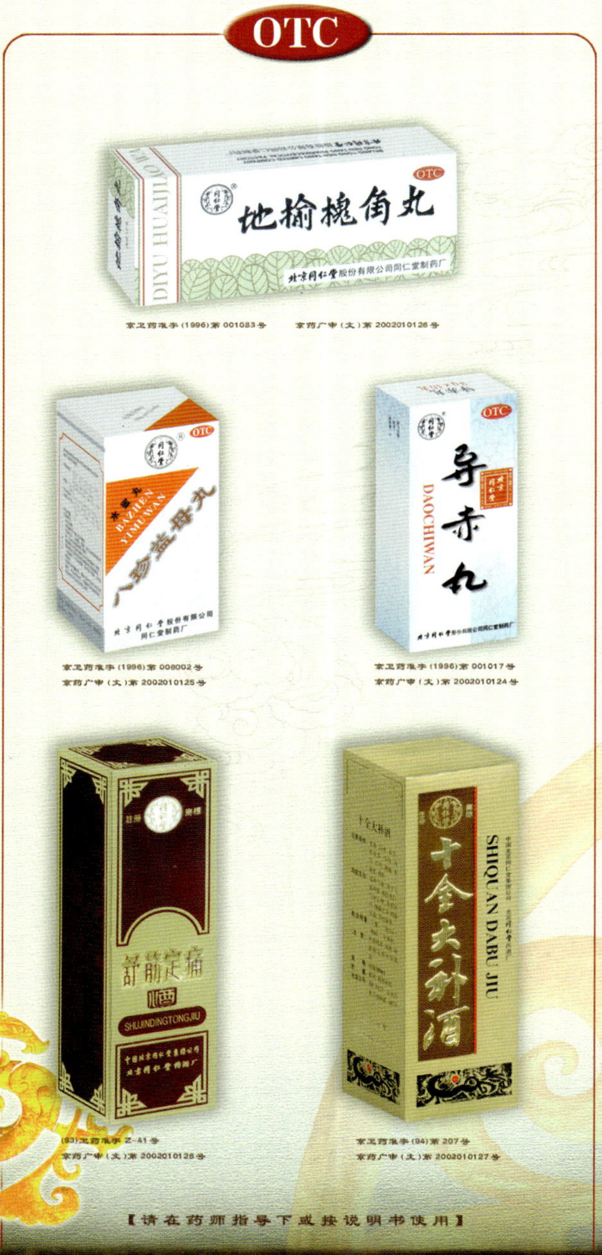

北京同仁堂股份有限公司是由中国北京同仁堂集团公司作为独家发起人、在中国中药行业的老字号“同仁堂”的基础上形成的上市公司。2000年10月，分拆同仁堂科技发展股份有限公司在香港联交所创业板上市，同仁堂股份有限公司上其总股本的54.7%。

北京同仁堂股份有限公司是从事中药生产、科研、销售的专业公司。其下包括科学技术研究所、制药厂 、药酒厂、同仁堂药店以及经营分公司等单位。公司现有员工2219人，其中生产人员1410人，销售人员 196人，技术人员377人。现有产品剂型（丸剂、酒剂、散剂、膏剂、硬胶囊、颗粒剂、口服液等） 24个。具有生产批准文号的品种528个，获国家颁布的二级中药保护产品22个。销售收入超亿元的产品4个。第一批确定的OTC品种有牛黄上清丸、八珍益母丸、麻仁润肠丸、通宣理肺口服液、地榆槐角丸等共计78个。公司产品行销全国及世界40多个国家和地区，出口创汇近900万美元。

公司注重营销网络建设，建立了以中心城市辐射周边的销售网络，先后在哈尔滨、沈阳、上海、广州、深圳、保定、西安、郑州等地建立合资公司及销售网点，在全国有110家主要经销商。2000年公司主营业收入完成102439.21万元，主营业务利润完成46407.86万元。

随着中国加入WTO，医药行业的竞争日趋激烈。同仁堂股份有限公司努力致力于推进中药现代化、国际化进程的工作。目前已建成国家级企业技术中心，初步形成科技创新体系。新开发的同仁御酒、愈风宁心滴丸已获批准，新产品儿感清口服液已取得发明专利。同时建立了6个绿色药材种植生产基地。生产上也先后引进具有国内外先进水平的中药提取、制丸、胶囊、口服液、药酒灌装等流水线，购置了高效液相色谱仪、气相色谱仪、原子吸收仪、氨基酸分析仪等检验、检测仪器。

总之，同仁堂股份有限公司将承古启今，把传统精髓与现代科技有机结合起来，不断创新，为人类健康做出自己的贡献。

中国非处方药物年鉴

(2002)

《中国非处方药物年鉴》编委会
《 医 药 世 界 》 杂 志 社 编

科学技术文献出版社
Scientific and Technical Documents Publishing House
北 京

图书在版编目(CIP)数据

中国非处方药物年鉴／张鹤镛主编．—北京：科学技术文献出版社，2003
ISBN 7-5023-4497-7
Ⅰ.中... Ⅱ.张... Ⅲ.非处方药—中国—年鉴Ⅳ.R97-54

中国版本图书馆CIP数据核字（2003）第109394号

京海工商广临字（2003）第043号

我们所有的努力都是为了使您增长知识和才干

科学技术文献出版社是国家科学技术部所属的综合性出版机构，主要出版医药卫生、农业、教学辅导，以及科技政策、科技管理、信息科学、实用技术等各类图书。

序

党中央、国务院在1997年1月《中共中央、国务院关于卫生改革与发展的决定》中指出：国家建立并完善处方药与非处方药分类管理制度。实行处方药与非处方药分类管理是国际上通行的药品管理模式，是保证广大人民群众用药安全有效、提高人口素质的有效措施。

党中央、国务院的这项决定，符合我国现阶段社会和经济发展的实际需要，符合人们自我保健需求不断增长的客观要求，有利于充分发挥和合理利用医疗卫生资源与药品资源，实现我国"人人享有初级卫生保健"的总体目标。实施药品分类管理的核心就是加强处方药的监督管理，规范非处方药的监督管理。

国家药品监督管理局在国务院有关部门的支持配合下，1999年发布了《处方药与非处方药分类管理办法》（试行），并会同国务院五部局印发了《关于我国实施处方药与非处方药分类管理若干意见的通知》，提出了实施药品分类管理的目标和基本原则。2000年1月1日，《处方药与非处方药分类管理办法》（试行）的实施，标志着我国正式开始对药品实行分类管理。2001年12月1日起施行的新修订的《中华人民共和国药品管理法》规定："国家对药品实行处方药与非处方药分类管理制度。具体办法由国务院制定。"

《中国非处方药物年鉴》（2002）是我国首次编撰的药品分类管理方面工具书。此书由中国非处方药物协会及中国药学会主持编辑，全面反映了自20世纪80年代至2002年我国药品分类管理工作的探索及进展情况，收载了全部药品分类管理相关法规文件及第一、二、三、四批国家非处方药目录。我相信该书的出版必将对广大药品监管部门、医药生产经营企业、医院及医药院校深入理解我国药品分类管理具有积极的指导作用。

国家食品药品监督管理局副局长

邵明立

2003年4月

前言

药品按处方药与非处方药分类管理已成为国际上通行的药品管理模式，世界卫生组织（WHO）在20世纪70年代就积极向其成员国尤其是发展中国家推荐这一管理模式。我国药品分类管理工作自20世纪80年代开始酝酿，1996年党中央、国务院决定建立并完善处方药与非处方药分类管理制度。2000年1月1日，《处方药与非处方药分类管理办法》（试行）的实施标志着我国药品监督管理制度的一项重大改革开始启动，我国药品分类管理制度已经初步建立。

《中国非处方药物年鉴》（2002）自2001年4月份开始编辑，历时两年左右，于2003年4月份出版。全书共分十个部分和一个附录。第一部分是历史沿革，第二部分是推动药品分类管理体制机构的形成与发展，第三部分是药品分类管理的法规建设，第四部分是药品分类管理相关法规及文件，第五部分是国家非处方药药品目录，第六部分是药品流通领域推行药品分类管理的进展，第七部分是药品分类管理的宣传推广，第八部分是药品分类管理的重大活动，第九部分是我国实施药品分类管理的医药卫生界人士，第十部分是国际交流。

《中国非处方药物年鉴》（2002）是我国首次编辑的大型行业内权威文献性工具书。主持编辑此年鉴的领导均为我国医药行业内权威人士，参与编辑工作的人员均为我国较早介入药品分类管理工作的专家、学者及有关负责人。本书收载了自1984年至2002年我国药品分类管理工作的进展情况。

本书在编辑过程中，得到了中美天津史克制药有限公司、广西玉林制药有限责任公司、广西金嗓子有限责任公司等药品生产、经营企业的大力支持，在此表示感谢！

由于编辑时间短，而本书收载的资料时间跨度长，书中内容难免存在遗漏和不足，请读者给予指正，我们将不断改进！

《中国非处方药物年鉴》编委会主任

张鹤镛

2003年4月

《中国非处方药物年鉴》

编　委　会

（2002）

目 录

第一部分 历史沿革

药品是一种特殊商品，是用于预防、治疗、诊断人的疾病，有目的地调节人的生理机能并规定有适应症或者功能主治、用法与用量的物质。

按照药品安全有效、使用方便的原则，依其品种、规格、适应症、剂量及给药途径不同，分为处方药和非处方药。

处方药（prescription drugs，prescription medcines，prescription medication），简称Rx药，是必须凭执业医师或助理执业医师处方才可调配、购买和使用的药品。

非处方药（proprietary medicines，non-prescription drugs），是不需要凭医师或助理职业医师处方，消费者即可按药品说明书自行判断、购买和使用的药品，在国外又称之为　稍诠裉ㄉ下虻降囊┤（Over The Counter），简称OTC。

处方药和非处方药不是药品本质的属性，而是管理上的界定。处方药与非处方药分类管理已是国际通行的管理办法。下面简要回顾一下处方药与非处方药分类管理制度的形成与发展。

一、处方药与非处方药分类管理制度的诞生

在药品分类管理制度产生之前，世界各国的药品均可自由地在药店买到，由此引发了大量的药物不良反应，如著名的美国“磺胺酏剂中毒事件”，其后在欧洲发生的“反应停事件”等，促使各国注意药品的安全性问题。20世纪50～60年代，美国等西方发达国家出于某些悲惨教训的反思，为进一步保证人们用药安全有效以及对毒性、成瘾性药品的销售、使用实施管理和控制，开始着手建立处方药与非处方药分类管理制度。1951年，美国国会通过“联邦仪器药品和化妆品法”的修正案，具体规定了OTC的分类标准，第一个创建了处方药与非处方药分类管理制度，标志着全球药品分类管理的正式起步。

二、处方药与非处方药分类管理制度发展成为国际上通行的药品管理模式

1968年，英国通过了《1968年药品法》，开始对药品进行分类管理；1967年，日本建立了药品分类管理制度；接着加拿大、意大利、西班牙等国家相继实施药品分类管理。随着这些国家对药品分类管理法规和监管的日趋完善，以及世界医药工业和卫生保健事业的不断发展，药品分类管理的意义早已不仅仅是对毒性药品和成瘾性药品的监管，而是不断发展到指导临床合理用药、杜绝药物滥用的整个领域。世界各国都逐步认识到实行药品分类管理对人们用药安全具有十分重要的作用。1978年，世界卫生组织（WHO）在阿拉木图会议上提出了“人人享有卫生保健”的目标；并于1989年建议各国将这一模式作为药品立法议题。目前，已经有100多个国家和地区采用药品分类管理模式。

三、我国实施药品分类管理制度的进展

认识与探索阶段。1984年11月，原国家医药管理局局长齐谋甲率团参加世界大众药生产者联合会在日本东京举行的第七次大会，齐谋甲局长在会上做了题为“中国传统药的历史、现状和展望”的讲演，这次参会揭开了原国家医药管理局参加国际医药交流的序幕。1986年9月，原国家医药管理局局长齐谋甲又率团参加世界大众药生产者联合会在美国华盛顿举行的第八次大会，原中国药材公司副总经理任德权在大会上就中国的自我药疗和非处方药现状做了报告。通过参加国际会议，我国医药管理部门开始注意到处方药与非处方药分类管理在加强药品管理中的作用；1988年，成立了民间组织“中国大众药物协会”，并于当年加入了“世界大众药生产者联合会”，1996年4月该协会更名为“中国非处方药物协会”。1994年，中国药学会科技开发中心就“建立处方药与非处方药分类管理制度”组织专家进行多次论证。1995年，卫生部下发第33号文《关于委托中国药学会开展制定处方药与非处方药工作的函》，原卫生部药政局正式将处方药与非处方药分类管理的政策研究及非处方药遴选的技术工作委托给中国药学会。

1995年，原卫生部药政局在北京主办了4次中国非处方药国际交流研讨会，邀请了英国、美国、日本、东南亚等国家和地区的官员、专家进行专题报告，对国外非处方药的管理、市场发展及制定我国的处方药与非处方药分类管理制度进行了深入的研讨和交流。

实质性操作阶段。1996年4月10日，卫生部下发第30号文《关于成立制定推行处方药与非处方药领导小组的通知》，并由卫生部、原国家医药管理局、国家中医药管理局、中国人民解放军总后勤部卫生部、财政部联合成立了“国家非处方药领导小组及其办公室”，办公室设在中国药学会科技开发中心，下设秘书处及7个工作组（政策研究组、生产流通组、广告组、教育宣传组、药物审批组、西药遴选组及中药遴选组），开始正式进行各项有关工作。在药品分类管理生产、流通、广告等领域的政策和非处方药审批、遴选等方面进行了富有成效的探索，取得了一定成果，为我国建立处方药与非处方分类管理制度奠定了良好基础。

立法与实施阶段。党中央、国务院从我国社会和经济发展的实际出发，在1996年召开的全国工作会议上进一步明确，并在1997年1月《中共中央、国务院关于卫生改革与发展的决定》中明确指出“建立并完善我国处方药与非处方药分类管理制度”。1998年国家药品监督管理局组建后，明确提出实施药品分类管理是我国药品监督管理的重大改革之一，是新时期药品监督管理体系中的一项重要药物政策，并就有关药品分类管理涉及相关改革和政策配套等问题，积极同国务院有关部门联系、协商，召开部门联席会议，自1999年7月22日陆续公布了《处方药与非处方药分类管理办法》（试行），五部局《关于我国实施处方药与非处方药分类管理若干意见的通知》、《关于公布第一批国家非处方药（西药、中成药）目录的通知》、《关于公布非处方药专有标识及管理规定的通知》和《关于对第一批〈国家非处方药目录〉药品进行审核登记工作的通知》等法规和文件，基本勾画出我国实施药品分类管理的基本框架和工作体系。

中国药学会科技开发中心负责原国家非处方药领导小组办公室的整体日常工作，并遵循领导小组及办公室提出的“结合国情、慎重从严、中西药并重、突出特色”的指导思想，直接参与了国家非处方药审批管理办法、国家非处方药广告标准等系统政策法规的研究与拟定；制定了国家非处方药遴选原则、定义、标准、特点与范围；根据“应用安全、疗效确切、质量稳定、使用方便”的遴选原则及国家非处方药领导小组办公室会议的精神：“国家第一批非处方药的遴选工作关系到人民群众安全用药的问题，要兼顾不同地域的差异与人群自我药疗的能力，特别是农村及文化程度较低的人群，第一批非处方药遴选的品种不在于多少，关键是将具有中国特色的药品分类管理制度建立起来，并使之逐步完善”，组织百余名专家对国家正式公布上市的9000余种中、西药品逐一进行了遴选，并到21个省、市直接征求了意见，9个省、市做了书面征求意见，对3800份意见及30个省、市卫生厅（局）的意见进行了综合汇总分析，再次经专家审核，遴选出了《第一批国家非处方药目录》；组织遴选工作会、征求意见会、管理制度研讨会等百余次会议；组织与实施宣传教育工作，多次召开企业培训班，组织专家撰写了我国第一本《国家非处方药专论》及《国家非处方药用药指南》等5本非处方药物系列读物与7门《国家非处方药流通领域从业人员的培训教材》。

处方药与非处方药领导小组成员名单

组　长	陈敏章							
副组长	郑筱萸	张文康	任德权	傅　征	杜　俭			
成　员	张鹤镛	潘学田	韩立新	陈　珩	袁天锡	周海钧	陈寅卿	罗慰慈

处方药与非处方药领导小组办公室成员名单

办公室主任	潘学田	卫生部药政管理局局长
副主任	孙志筠	国家财政部社会保障司卫生医疗处处长
	邵明立	卫生部药政管理局副局长
	陈　珩	国家中医药管理局生产流通司司长
	张世臣	卫生部药政管理局副局长
	韩立新	国家医药管理局综合经济司司长
	周海钧	中国药品生物制品检定所所长
	袁天锡	总后勤部卫生部药品器械局局长

成　　员	于德志	卫生部计划财务司计划处副处长
	王子厚	卫生部药品审评中心主任
	刘秀峰	卫生部公费医疗事务管理中心副主任
	孙承芝	卫生部药政管理局标准注册处处长
	衣　梅	卫生部医政司医疗管理处副处长
	邢　勇	国家中医药管理局生产流通司计划处处长
	汪建荣	卫生部政策法规司法规处副处长
	杨甲禄	卫生部药政管理局中药处副处长
	张志军	卫生部药政管理局标准注册处副处长
	张爱萍	卫生部药政管理局综合监督处处长
	周福成	国家医药管理局综合经济司计划处处长
	唐秋瑾	中国药品生物制品检定所药检处处长
常务秘书	胡　茵	中国药学会副秘书长
	赵黎力	卫生部药政管理局标准注册处调研员

由于处方药与非处方药分类管理在我国是一个新生事物，没有现成的经验，为积极稳妥地推进药品分类管理工作，国家药品监督管理局决定自1999年10月18日～2000年8月进行为期10个月的药品分类管理流通试点工作，选择深圳、绵阳、无锡3个地区及7家药品经营企业作为药品分类管理流通试点的地区和单位，先行一步，积累经验和教训。2000年，国家药品监督管理局和各省（区、市）药品监督管理局完成对第一批《国家非处方药目录》药品的审核登记工作；为满足我国日益增长的非处方药市场需求，提高人民群众自我保健水平，2000年，国家药品监督管理局组织专家进行了第二批国家非处方药的遴选工作，并于2001年6月公布了第二批非处方药目录。通过两年多的时间，初步建立起具有中国特色的处方药与非处方药分类管理制度法规和管理体系。

第二部分　推动药品分类管理体制机构的形成与发展

一、实行药品分类管理的重大意义

直到20世纪90年代末，我国社会零售药店销售药品时，除对毒、麻、精、放和戒毒药品实行特殊限制外，其他药品基本上仍处于自由销售状态。据统计，1990年我国有聋哑儿童180余万人，其中60%以上是不合理用药造成的，这个数字每年还在增加，可见药物滥用的严重性。更有一些药物不良反应直接危及人民的生命。由于消费者用药不当导致产生机体耐药性，用药剂量越来越大，这种状况不仅给国家的卫生资源、药品资源造成极大的浪费，更严重的是对我们全民族的身体素质的提高、整个民族的发展带来重大影响。随着人民物质、文化、生活水平的日益提高，人民群众的医疗保健观念由“健康由国家负责”向“自我保健、自我药疗”转变，消费者将注意力和消费转向对自我保健的投入。据有关部门统计，我国药品社会零售额已由20世纪80年代初期占市场总额的5%，增加到目前的15%以上，沿海城市达到了30%以上。实施药品分类管理，通过建立、规范对非处方药的监管，可以大大方便消费者安全地进行自我药疗，引导消费者科学、合理的进行自我保健。综上所述，从加强药品监督管理的核心出发，为确保人民用药安全有效，实现我国“人人享有初级卫生保健”总体目标，建立并实施药品分类管理制度势在必行。

二、药品分类管理体制机构的形成

20世纪80年代末，我国医药管理部门开始注意到处方药与非处方药分类管理在加强药品管理中的作用。1988年，成立了中国大众药物协会（1996年更名为中国非处方药物协会），在政府部门的支持下，从事非处方药领域的研究和探索，并加入了国际非处方药制药工业联合会。

进入20世纪90年代后，我国医药管理部门开始进行调研工作。1995年初，随着实施药品分类管理工作各项条件的不断成熟，我国正式开始了建立药品分类管理制度的推进工作。1995年4月，原卫生部药政局正式将处方药与非处方药分类管理的政策研究及非处方药遴选的技术组织工作委托给中国药学会。

党中央、国务院从我国社会和经济发展的实际出发，在1996年召开的全国卫生工作会议上决定，并在1997年1月15日印发的《中共中央、国务院关于卫生改革与发展的决定》第七部分“加强药品管理，促进医、药协调发展”中指出：国家建立并完善处方药与非处方药分类管理制度。这项决定，是适应我国社会主义市场经济体制发展和深化改革，加快医药卫生事业健康发展，完善药品监督管理体制，保障人民用药安全有效的实际需要；是推动医疗卫生改革、医疗保险制度改革，增强人们自我保健、自我药疗意识，降低国家和个人医药费用支出，满足人们在不同层次上对医疗保健需求的客观要求；是充分发挥和合理利用社会医疗卫生资源与药品资源，实现我国“人人享有初级卫生保健”总体目标的重要保证；是加快我国医药工业调整产品结构，提高药品质量，促进医药产业和扩大药品市场发展与繁荣的良好机遇。

受国务院委托，1996年4月，由卫生部、原国家医药管理局、国家中医药管理局、总后卫生部、财政部联合组成“制定推行处方药与非处方药领导小组”，正式提出了药品分类管理的概念，并在领导小组第一次会议上，明确了“积极稳妥，慎重从严”的指导思想。此后，按照工作部署设置了国家非处方药领导小组办公室，成立了非处方药政策研究、药品审批、西药遴选、中药遴选、生产流通、广告宣传、教育培训7个专业组及秘书处。国务院有关部门、国家非处方药领导小组办公室经过两年多的研究与论证，制定了国家非处方药的定义、原则、特点、程序、方法、标准；遴选了中西药第一批国家非处方药目录，初拟了《国家非处方药广告审批标准》与《国家非处方药审批管理办法》，在此基础上撰写了《国家非处方药专论》等5本系列读物及7门《国家非处方药流通领域从业人员的培训教材》。在药品分类管理生产、流通、广告等政策和非处方药审批、遴选等方面进行了富有成效的探索，为我国建立处方药与非处方药分类管理制度奠定了坚实的基础并起到了积极的推动与促进作用。

三、药品分类管理体制机构的发展实施阶段

1998年国家药品监督管理局组建后，按照国务院赋予的职能，立即着手进行对药品分类管理工作的研究、部署，明确提出实施药品分类管理是我国药品监督管理的重大改革之一，是新时期药品监督管理体系中的一项重要药物政策，并作为一项重点工作来抓，明确安全监管司牵头负责组织制定药品分类管理制度。

因这项工作涉及国务院有关部门和国家药品监督管理局相关司室，国家药品监督管理局建立药品分类管理工作协调会议制度，并就有关药品分类管理涉及相关改革和政策配套等问题，积极会同卫生部、劳动和社会保障部、国家中医药管理局、国家工商局、国家计委、国家经贸委、财政部等部门不定期召开部门联席会议，1999年7月，五部局联合印发了《关于我国实施处方药与非处方药分类管理若干意见的通知》，提出了我国实施药品分类管理的目标和基本原则，明确了分工和任务，为共同推进我国药品分类管理制度的实施提供保障。

颁布了《处方药与非处方药分类管理办法》（试行）。在有关政府部门、药品生产经营企业、医疗机构、医药学专家和专业人士以及社会团体等社会各界的支持、帮助下，国家药品监督管理局于1999年7月颁布了第10号局长令《处方药与非处方药分类管理办法》（试行）。《办法》明确规定了实施药品分类管理的目的、依据、药品分类原则、处方药和非处方药的概念以及各级药品监督管理部门的职责、权利；对处方药、非处方药生产经营企业，非处方药药品标签、使用说明书、包装做出相应规定；规定医疗机构可以使用非处方药和消费者选购使用非处方药的权利、责任；明确了处方药、非处方药在广告宣传的原则规定等。

公布了第一批国家非处方药物目录。按照“安全有效、慎重从严、结合国情、中西药并重”的指导思想和“应用安全、疗效确切、质量稳定、使用方便”的遴选原则，原国家非处方药领导小组办公室经过3年多的时间，组织全国近200名医药专业工作者，采用美国活性成分遴选法从9000多个上市药品中遴选出第一批国家非处方药目录，共325个品种，都是药典收载和部（局）颁标准的品种，按剂型统计近800个。经国家药品监督管理局审定，印发了《关于公布第一批国家非处方药（西药、中成药）目录的通知》，为我国建立药品分类管理制度奠定了基础。

开展了流通试点工作。为了探索药品分类管理的具体、可行的经验，做到积极稳妥地推进药品分类管理工作，在经过充分准备的基础上，国家药品监督管理局于1999年10月开始了处方药与非处方药分类管理流通试点工作。在试点地区和试点单位内先走一步，总结经验、吸取教训，确保在全国范围内顺利、平稳地实施药品分类管理。为此，国家药品监督管理局印发了《处方药与非处方药分类管理流通试点工作方案》，确定了深圳市、绵阳市、无锡市 3 个试点地区和南京百信药房有限责任公司等 7 家试点单位共 754 家零售药店，1999 年 10 月 18 日召开了　Ψ揭┳敕谴Ψ揭┓掷喙芾砹魍ㄊ缘愎ぷ骰嵋椤　，标志着试点工作正式启动。通过试点摸索了零售药店开展分类管理的作法，发现了问题，总结了经验，为在流通领域全面推进药品分类管理提供了方法、经验和模式。为充分发挥试点药店的示范作用，在 754 家试点药店中确定了 124 家药品分类管理示范药店，为全面实施药品分类管理起到了示范全国的作用。

公布非处方药专有标识。为保障人民用药安全有效，保护消费者权益，方便药品执法监督，规范药品市场秩序，根据第 10 号局长令，经局务会审议通过并经局长会议同意，印发了《关于公布非处方药专有标识及管理规定的通知》。

制定了对第一批《国家非处方药目录》药品进行审核登记工作原则和方案。为提高药品监督管理水平，规范非处方药管理，增强社会各界对实施药品分类管理的认识和关注，在征询药品生产企业和医药学专家意见的基础上，印发了《关于对第一批〈国家非处方药目录〉药品进行审核登记工作的通知》。部署了对第一批非处方药药品的审核登记工作。

印发了《处方药与非处方药流通管理暂行规定》。在征求全国药品监督管理部门和药品生产、经营、使用单位意见的基础上，根据第 10 号局长令，经国家药品监督管理局局务会讨论通过，1999 年 12 月印发了《关于印发处方药与非处方药流通管理暂行规定的通知》。

1999 年 12 月 22 日国家药品监督管理局在北京召开第一次全国“处方药与非处方药分类管理工作会议”，会议提出“以监督为中心，监、帮、促相结合”的工作方针，不断深化这项药品监督管理模式的重大改革。根据几年来的工作实践和借鉴国外的经验、教训，提出了我国实施药品分类管理工作的基本思路。即：

指导思想　以保障人民用药安全有效和提高药品监督管理水平为目的，结合中国国情，建立科学、合理的药品分类管理思路；在制定法规和政策时，要先原则、后具体，先综合、后分类；实施工作要建立在充分调查研究的基础上，既要积极，又要做细，按照分步实施、逐步到位的方式进行。

目标　争取从 2000 年开始，初步建立起符合社会主义市场经济体制要求的处方药与非处方药分类管理制度和与之相适应的新的药品监督管理法规体系，再经过若干年的时间，建成一个比较完善、具有中国特色的处方药与非处方药分类管理制度。

基本原则　根据我国社会和经济发展的实际，采取“积极稳妥、分步实施、注重实效、不断完善”的方针，保证社会安定和秩序；严格处方药监督管理，规范非处方药监督管理，确保人民用药安全有效；加强依法监督，加大执法力度，做好宣传、普及、培训工作。

实施药品分类管理制度的总体思路贯穿着“一个核心、两条主线”，一个核心是：严格处方药监督管理，规范非处方药监督管理，保障人民用药安全有效；两条主线是：一要充分结合中国国情，二要按照“积极稳妥、分步实施、注重实效、不断完善”这十六字方针来逐步推行、实施。

2000 年 5 月，国家药品监督管理局联合卫生部、劳动和社会保障部、国家中医药管理局、国家工商局举办了“处方药与非处方药分类管理宣传周”活动，这是国家药品监督管理局组建以来组织举办的第一次全国范围的大型活动。全国29个省（区、市）的300多个城市同时举办，通过新闻报道、发送宣传材料、咨询服务、播放电视专题片等形式，使人民群众越来越了解和懂得我国实施药品分类管理的必要性和对自我保健、安全用药的重要意义。

2000年，国家药品监督管理局规定了除毒、麻、精、放、戒毒药品外，从2000年4月1日起零售药店对粉针剂、大输液的销售必须凭处方才能销售；同年7月，制定公布了列入第一批《国家非处方药目录》的739份非处方药药品使用说明书；2000年年底，各省（区、市）药品监督管理局完成对第一批《国家非处方药目录》药品的审核登记工作；这些做法对提高我国人民健康水平、确保人民用药安全有效发挥了极为重要的作用。

为推进药品分类管理制度实施，满足人民群众自我保健、自我药疗对非处方药的不断需求，促进我国非处方药市场的持续发展，2000年11月，国家药品监督管理局按照第一批非处方药遴选工作的指导思想、遴选原则，组织专家进行第二批甲、乙类非处方药制剂品种的遴选工作，2001年5月确定出第一批非处方药中的乙类制剂品种；2001年6月公布出第二批非处方药目录。

经过各方面的共同努力，社会各界对我国实施药品分类管理制度的认识基本得到统一，我国实施药品分类管理制度的基本框架和思路初步形成，实施药品分类管理的各项工作也正在抓紧制定和落实，这些都为我国药品分类管理制度的实施打下了坚实的基础。

第三部分 药品分类管理法规的建设

处方药与非处方药分类管理制度的重点内容和体系是“分类管理”，包括由处方药的管理和非处方药的管理所组成药品分类管理制度。药品分类管理是按照药品安全有效、使用方便的原则，依其品种、规格、适应症、剂量及给药途径不同，对药品分别按处方药和非处方药进行管理，包括建立相应法规、管理规定并实施监督管理。处方药和非处方药都是药品，分类管理是对药品从管理方面作出的划分。药品分类管理制度的建立和实施，给药品监督管理工作和药品研发、生产、经营、使用者以及广大消费者从法规体系到观念、行为和习惯带来一系列的变革。

立法是药品监督管理的基石。药品分类管理制度，从法律角度是包括法律、行政规章、配套管理规定3个层次对药品按处方药和非处方药进行监督管理的体系。国家药品监督管理局负责制定和完善药品分类管理相关法规、管理规定并组织实施和监督管理；各级药品监督管理部门负责辖区内药品分类管理制度的组织实施和监督管理。

药品分类管理制度是一项涉及药品监督管理、医疗卫生、医疗保险制度、广告管理、价格管理、医药产业政策等改革的系统工程，必须协调一致，统筹部署。国家药品监督管理局加强同国务院各有关部门的联系、协调，并会同卫生部、国家中医药管理局、劳动和社会保障部、国家工商行政管理局印发了《关于我国实施处方药与非处方药分类管理若干意见的通知》，提出了我国实施药品分类管理的目标和基本原则，明确了分工和任务，为共同推进我国药品分类管理制度的实施提供了保障。

一、国家药品监督管理局作为组织实施药品分类管理的牵头部门，制定并发布了一系列的药品分类管理的相关法规。

颁布《处方药与非处方药分类管理办法》(试行)。在各有关部门的配合下，1999年6月11日经国家药品监督管理局局务会审议通过，颁布了《处方药与非处方药分类管理办法》(试行)，其中，明确规定了实施药品分类管理的目的、依据、药品分类原则，处方药和非处方药的概念以及各级药品监督管理部门的职责、权利；对处方药、非处方药生产经营企业，非处方药药品标签、使用说明书、包装做出相应规定；规定医疗机构可以使用非处方药和消费者选购使用非处方药的权利、责任；明确了处方药、非处方药在广告宣传中的原则规定等。这个《办法》浓缩了我国实施药品分类管理制度的基本法规框架和管理体系，既为修改《药品管理法》提供了基础素材，又为今后制定配套实施办法和监管工作提供了依据和指导，是对“积极稳妥、分步实施、注重实效、不断完善”的推动，为药品分类管理制度提供保障。2000年1月1日，《处方药与非处方药分类管理办法》(试行)的实施标志着我国药品分类管理制度已初步建立。

公布《第一批国家非处方药（西药、中成药）目录》。按照“安全有效、慎重从严、结合国情、中西药并重”的指导思想和“应用安全、疗效确切、质量稳定、使用方便”的原则，原国家非处方药领导小组办公室经过3年多的时间，组织全国近200名医药专家采用美国活性成分遴选法从9000多个药典收载和部（局）颁标准的品种中选出325个品种，并到21个省、市直接征求意见，9个省、市做了书面征求意见，对3800份意见及30个省、市卫生厅（局）的意见，进行了综合汇总分析，经国家药品监督管理局审定，公布了第一批国家非处方药（西药、中成药）目录，为我国建立药品分类管理制度奠定了基础。

公布非处方药专有标识。为保障人民用药安全有效，保护消费者权益，方便药品执法监督，规范药品市场秩序，根据《处方药与非处方药分类管理办法》（试行），国家药品监督管理局从我国国情出发，经研究并分别经局务会议审议通过和局长会议同意，制定并颁布《非处方药专有标识和非处方药专有标识管理规定（暂行）》。非处方药专有标识作为一个识别符号，除方便药品执法监督工作外，最主要的目的是为消费者在购买、使用非处方药药品时提供一个标志，客观上提醒广大消费者了解药品分类管理的相关知识，提高自我保护意识，进而推进我国药品分类管理制度的顺利实施。

制定《非处方药药品标签、使用说明书和包装指导原则》。非处方药是不需要凭医师或执业助理医师处方，消费者即可按药品说明书自行判断、购买和使用的药品，但我国药品标签、使用说明书中出现很多专业术语，根据我国的国情，消费者依据已有的药品标签、使用说明书不能达到自我诊断、自我药疗的目的。为保障人民用药安全有效，国家药品管理局制定《国家非处方药目录》药品审核登记工作的原则和方案，核定第一批《国家非处方药目录》药品使用说明书。2000 年 7 月，第一批《国家非处方药目录》药品使用说明书已经公布，在审核登记过程中对《非处方药药品标签、使用说明书和包装指导原则》进行了补充。

制定《处方药与非处方药流通管理暂行规定》。为了推进处方药与非处方药流通分类管理工作的进程，加强对处方药与非处方药的流通管理，保证人民用药安全、有效、方便、及时，国家药品监督管理局依据《处方药与非处方药分类管理办法》（试行），制定了《处方药与非处方药流通管理暂行规定》。

制定《药品零售跨省连锁试点企业条件》。为加强对药品经营的监督管理、规范药品零售连锁经营行为，促进药品经营企业的重组、兼并、联合，提高企业管理水平、质量保证能力、集约化经营程度，国家药品监督管理局下发《关于进行药品零售跨省连锁企业试点工作的通知》。

完善药品分类管理中广告宣传的法规。为保证《药品管理法》的贯彻实施，规范处方药与非处方药的广告宣传，国家药品监督管理局公布了《关于停止受理大众媒介部分处方药广告有关品种的说明》及《关于部分禁止在大众媒介发布药品广告品种的说明》。

完善执业药师制度。完善执业药师制度、提高执业药师队伍素质是实施药品分类管理制度的关键。补充修改《执业药师资格考试实施办法》，确立了执业药师资格认证工作，健全了执业药师注册制度，修订了《执业药师继续教育管理条例》，为弥补执业药师数量的不足制定并印发了在药品经营企业开展从业药师资格认定工作的通知。

《药品管理法》修订版增加了处方药和非处方药分类管理的内容。2000 年，在全国人大授权修改《药品管理法》工作中，国家药品监督管理局建议在修改《药品管理法》时，增加处方药和非处方药分类管理的内容，例如对处方药和非处方药在销售、使用、包装、使用说明书、广告等方面的相关规定；增加处方药和非处方药的定义，2001 年 12 月 1 日《药品管理法》的实施，使药品分类管理工作具备法律基础。

我国实施药品分类管理制度的基本框架已初步形成，但距离党中央、国务院提出的“建立并完善”还相距甚远。实现这些目标和内容还需要国家相关改革的协同发展和国务院有关部门相应法规、政策的配套实施。

二、卫生行政部门加强医药卫生体制改革的政策。

实行药品分类管理后，卫生部、国家中医药管理局按照药品分类管理的相关要求，不断深化医疗卫生体制的改革，逐步建立和完善社区医疗服务体系，尽快将医院门诊药房从医院中分离出来改为社会药店，加强医疗机构的处方管理，以解决药品零售业面临的处方来源问题。

三、劳动保障部门实施城镇职工基本医疗保险制度改革，不涉及处方药与非处方药。

劳动和社会保障部与国家药品监督管理局达成共识，在遴选《城镇职工基本医疗保险用药目录》时结合我国临床用药的实际情况，不涉及该药品是处方药、还是非处方药的问题。

四、国家工商局修改《药品广告审查办法》和《药品广告审查标准》。

处方药与非处方药的广告宣传是药品分类管理工作的重要内容。就处方药、非处方药广告宣传问题，国家工商行政管理局依照《药品管理法》、《广告法》并会同国家药品监督管理局修改并将发布《药品广告审查办法》、《药品广告审查标准》。

2001年，国家药品监督管理局、国家工商行政管理局联合颁布了《关于加强处方药广告审查管理工作的通知》、《关于加强药品广告审查监督管理工作的通知》，陆续公布出3批允许刊播处方药广告的医药专业媒体名单。

在两年多的时间里，国家药品监督管理局陆续制定了有关药品分类管理法规及相关规定，以及国家相关改革的协同发展和国务院有关部门相应法规、政策的配套实施，初步建立起比较完善、具有中国特色的处方药与非处方药分类管理制度法规体系和管理框架。

按照我国加入世贸组织的规定，2003年1月1日起，国外企业将获准在我国从事药品分销服务，外商可以在中国从事采购、仓储、配送、批发、零售和售后服务，各种先进的国际药品贸易业态和经营方式将进入国内市场。为促使国内医药工商企业提早准备以适应国际竞争，增强自身的实力，国家将尽快建立与国际接轨的药品分类管理制度。国家药品监督管理局将在《处方药与非处方药分类管理办法》（试行）的基础上，在国务院领导下抓紧参与起草《处方药与非处方药分类管理条例》，依据《药品管理法》予以发布，研究制订《新非处方药审批管理规定》，起草《执业药师法》等法规。力争在我国药品批发零售市场开放的2003年，初步建立起与国际接轨的处方药与非处方药分类管理制度的法规体系；到2005年底，基本建成一个比较完善、具有中国特色的处方药与非处方药分类管理制度。

第四部分 药品分类管理相关法规文件

中共中央、国务院关于卫生改革与发展的决定

中发［1997］3号

人人享有卫生保健。全民族健康素质的不断提高，是社会主义现代化建设的重要目标，是人民生活质量改善的重要标志，是社会主义精神文明建设的重要内容，是经济和社会可持续发展的重要保障。全党、全社会都要高度重视卫生事业，保护和增进人民健康。

建国以来，特别是改革开放以来，我国卫生事业有了很大发展，取得了举世瞩目的成就。卫生队伍已具有规模，卫生服务体系基本形成，卫生科技水平迅速提高。医药生产供给能力显著改善，中医药事业得到继承发扬。卫生改革取得成效并逐步深化，法制建设不断加强。爱国卫生运动深入开展，部分严重危害人民健康的疾病已得到控制或基本消灭。人民健康水平显著提高，平均期望寿命由建国前的35岁提高到70岁，婴儿死亡率由200‰下降为31.4‰。40多年来，卫生工作对于促进我国社会主义现代化建设事业的发展发挥了重要作用，广大卫生人员为保护和增加人民健康做出了重大贡献。同时应该看到，当前卫生事业的发展与经济建设和社会进步的要求还不相适应，地区间卫生发展不平衡，农村卫生、预防保健工作薄弱，医疗保障制度不健全，卫生投入不足，资源配置不够合理，存在医药费用过快上涨的现象，卫生服务质量和服务态度同人民群众的要求还有差距，卫生工作尚未得到全社会的充分重视。各级党委和政府对卫生工作的领导需要进一步加强，卫生改革亟待深化。

今后15年，卫生工作任务繁重。随着经济发展、科技进步以及人民生活水平的提高，人民群众对改善卫生服务和提高生活质量将有更多更高的要求。工业化、城市化、人口老龄化进程加快，与生态环境、生活方式相关的卫生问题日益加重。慢性非传染性疾病患病率上升。一些传染病、地方病仍危害着人民健康，有些新的传染病对人民健康构成重大威胁。这一切要求我国卫生事业有一个大的发展与提高。

从现在到2010年是建设有中国特色社会主义事业承前启后、继往开来的重要时期。为了贯彻党的十四届五中全会、六中全会精神，落实《中华人民共和国国民经济和社会发展"九五"计划和2010年远景目标纲要》提出的卫生工作任务，保证跨世纪宏伟目标的顺利实现，中共中央、国务院特作如下决定。

一、卫生工作的奋斗目标和指导思想

（1）卫生工作的奋斗目标是：以马克思列宁主义、毛泽东思想和邓小平建设有中国特色社会主义理论为指导，坚持党的基本路线和基本方针，不断深化卫生改革，到2000年，初步建立起具有中国特色的包括卫生服务、医疗保障、卫生执法监督的卫生体系，基本实现人人享有初级卫生保健，国民健康水平进一步提高。到2010年，在全国建立起适应社会主义市场经济体制和人民健康需求的、比较完善的卫生体系，国民健康的主要指

标在经济较发达地区达到或接近世界中等发达国家的平均水平，在欠发达地区达到发展中国家的先进水平。

（2）新时期卫生工作方针是：以农村为重点，预防为主，中西医并重，依靠科技与教育，动员全社会参与，为人民健康服务，为社会主义现代化建设服务。

（3）我国卫生事业是政府实行一定福利政策的社会公益事业。卫生事业发展必须与国民经济和社会发展相协调，人民健康保障的福利水平必须与经济发展水平相适应。政府对发展卫生事业负有重要责任。各级政府要努力增加卫生投入，广泛动员社会各方面筹集发展卫生事业的资金，公民个人也要逐步增加对自身医疗保健的投入。到本世纪末，争取全社会卫生总费用占国民生产总值的5%左右。

（4）卫生改革与发展应遵循以下基本原则：

坚持为人民服务的宗旨，正确处理社会效益和经济效益的关系，把社会效益放在首位。防止片面追求经济收益而忽视社会效益的倾向。

以提高人民健康水平为中心，优先发展和保证基本卫生服务，逐步满足人民群众多样化的需求。

发展卫生事业要从国情出发，合理配置资源，注重提高质量和效率。重点加强农村卫生、预防保健和中医药。因地制宜，分类指导，逐步缩小地区间差距。

举办医疗机构要以国家、集体为主，其他社会力量和个人为补充。

扩大对外开放，加强国际卫生领域的交流与合作，积极利用和借鉴国外先进科学技术和管理经验。

坚持社会主义物质文明和精神文明两手抓、两手都要硬。加强卫生行业职业道德建设，不断提高卫生队伍的思想道德素质和业务技术水平。

二、积极推进卫生改革

（5）卫生改革的目的在于增强卫生事业的活力，充分调动卫生机构和卫生人员的积极性，不断提高卫生服务的质量和效率，更好地为人民健康服务，为社会主义现代化建设服务。要适应社会主义市场经济的发展，遵循卫生事业发展的内在规律，逐步建立起宏观调控有力、微观运行富有生机的新机制。

（6）改革城镇职工医疗保障制度。建立社会统筹与个人账户相结合的医疗保险制度，逐步扩大覆盖面，为城镇全体劳动者提供基本医疗保障。保障水平要与社会生产力发展水平以及各方面的承受能力相适应。保险费用由国家、用人单位和职工个人三方合理负担。职工社会医疗保险实行属地管理。要切实加强对医疗保险基金的管理和监督。建立对医患双方的制约机制，积极探索科学合理的支付方式，有效地控制医药费用不合理的增长。

医疗机构和医务人员对于搞好职工医疗保障制度改革起着重要的作用，要积极参与改革，因病施治，合理检查，合理用药，遏制浪费。同时，政府要切实解决好医疗机构的补偿问题。

“九五”期间，要在搞好试点、总结经验的基础上，基本建立起城镇职工社会医疗保险制度，积极发展多种形式的补充医疗保险。

（7）改革卫生管理体制。各级卫生行政部门要转变职能，运用法律法规、方针政策、规划指导、信息服务和经济手段等，加强卫生行业管理。

要合理配置并充分利用现有的卫生资源，提高卫生资源利用率。区域卫生规划是政府对卫生事业发展实行宏观调控的重要手段，它以满足区域内全体居民的基本卫生服务需求为目标，对机构、床位、人员、设备和经费等卫生资源实行统筹规划、合理配置。

市（地）级政府根据中央和省级人民政府制定的区域卫生规划指导原则和卫生资源配置标准制定当地区域卫生规划，并组织实施。卫生行政部门依据区域卫生规划，对区域内卫生发展实行政策指导、组织协调、监督检查；对现有卫生资源要逐步调整，新增卫生资源要严格审批管理。

企业卫生机构是卫生资源的重要组成部分，在深化企业改革过程中，要根据实际情况积极探索，逐步实现企业卫生机构社会化。

（8）改革城市卫生服务体系，积极发展社区卫生服务，逐步形成功能合理、方便群众的卫生服务网络。基层卫生机构要以社区、家庭为服务对象，开展疾病预防、常见病与多发病的诊治、医疗与伤残康复、健康教育、计划生育技术服务和妇女儿童与老年人和残疾人保健等工作。要把社区医疗服务纳入职工医疗保险，建立双向转诊制度。有计划地分流医务人员和组织社会上的医务人员，在居民区开设卫生服务网点，并纳入社区卫生服务体系。

城市大医院主要从事急危重症和疑难病症的诊疗，结合临床实践开展医学教育和科研工作，不断提高医学科技水平，还要开发适宜技术，指导和培训基层卫生人员。

社会力量和个人办医实行自主经营、自负盈亏。政府对其积极引导，依法审批，严格监督管理。当前，要切实纠正“乱办医”的现象。

（9）改革卫生机构运行机制。卫生机构要通过改革和严格管理，建立起有责任、有激励、有约束、有竞争、有活力的运行机制。

卫生机构实行并完善院（所、站）长负责制。要进一步扩大卫生机构的经营管理自主权。继续深化人事制度与分配制度改革，运用正确的政策导向、思想教育和经济手段，打破平均主义，调动广大卫生人员的积极性。

加快制定卫生机构设置、人员编制的标准，规范财政对卫生机构的投入，改革和完善卫生服务价格体系。调整医疗机构收入结构，降低药品收入在医疗机构收入中的比重，合理控制医药费用的增长幅度，医疗收支和药品收支实行分开核算、分别管理。

在保证完成基本卫生服务任务的前提下，医疗机构可开展与业务相关的服务，预防保健机构可以适当开展有偿服务，以适应不同层次的社会需求，同时要加强监督管理。

三、加强农村卫生工作，实现初级卫生保健规划目标

（10）农村卫生关系到保护农民健康和振兴农村经济的大局，各级党委和政府要高度重视，采取有力措施，切实予以加强。初级卫生保健规划提出了到2000年不同地区农村卫生工作的主要任务和目标，落实初级卫生保健规划是做好农村卫生工作的关键。各级政府要把这项工作纳入国民经济和社会发展规划，实行目标管理，为小康县、乡、村建设创造必要的条件。

（11）积极稳妥地发展和完善合作医疗制度。合作医疗对于保证农民获得基本医疗服务、落实预防保健任务、防止因病致贫具有重要作用。举办合作医疗，要在政府的组织和领导下，坚持民办公助和自愿参加的原则。筹资以个人投入为主，集体扶持，政府适当支持。要通过宣传教育，提高农民自我保健和互助共济意识，动员农民积极参加。要因地制宜地确定合作方式、筹资标准、报销比例，逐步提高保障水平。预防保健保偿制度作为一种合作形式应继续实行。要加强合作医疗的科学管理和民主监督，使农民真正受益。力争到2000年在农村多数地区建立起各种形式的合作医疗制度，并逐步提高社会化程度；有条件的地方可以逐步向社会医疗保险过渡。

(12)加强农村卫生组织建设，完善县、乡、村三级服务网。合理确定卫生机构的规模和布局，调整结构和功能。切实办好县级医院，提高其综合服务能力。继续加强县级防疫、妇幼保健机构和乡镇卫生三项建设工作，力争“九五”期间基本实现“一无三配套”(无危房，房屋、人员、设备配套)的目标，乡镇卫生院要做好预防保健工作，努力提高医疗质量，重点加强急救和产科建设。村级卫生组织以集体为主。乡、村卫生组织的经营管理形式可根据各地实际情况确定。健全农村的药品供应渠道，保证用药安全有效。

(13)巩固与提高农村基层卫生队伍。合理解决农村卫生人员待遇。村集体卫生组织的乡村医生收入不低于当地村干部的收入水平。通过多种形式培训，到2000年使全国80%的乡村医生达到中专水平。严禁非卫生技术人员进入卫生技术岗位。

医药卫生院校要做好定向招生和在职培训工作，为农村培养留得住、用得上的卫生技术人员。制定优惠政策，鼓励大专以上毕业生到县、乡卫生机构工作。

(14)建立城市卫生机构对口支援农村的制度，采取人员培训、技术指导、巡回医疗、设备支持等方式，帮助农村卫生机构提高服务能力。城市卫生技术人员在晋升主治医师和副主任医师之前，必须分别到县或乡卫生机构工作半年至1年。

(15)要高度重视并做好贫困地区和少数民族地区的卫生工作。各级政府要把卫生扶贫纳入当地扶贫计划，安排必要的资金，帮助这些地区重点解决基础卫生设施、改善饮水条件和防治地方病、传染病。要把扶持这些地区卫生事业的发展作为财政转移支付的重要内容。鼓励发达地区对口支援贫困地区和少数民族地区的卫生工作。

四、切实做好预防保健工作，深入开展爱国卫生运动

(16)各级政府对公共卫生和预防保健工作要全面负责，加强预防保健机构的建设，给予必要的投入，对重大疾病的预防和控制工作要保证必需的资金。预防保健机构要做好社会群体的预防保健工作。医疗机构也要密切结合自身业务积极开展预防保健工作。要宣传动员群众，采取综合措施，集中力量消灭或控制一些严重威胁人民健康的传染病和地方病；加强对经血液途径传播的疾病的预防和控制；积极开展对心脑血管疾病、肿瘤等慢性非传染性疾病的防治工作。增强对突发性事件引发的伤病及疾病暴发流行的应急能力。重视对境内外传染病发生和传播动向的监测。

(17)认真做好食品卫生、环境卫生、职业卫生、放射卫生和学校卫生工作。改善生活、生产、工作、学习、娱乐等场所的卫生条件，加强环境卫生监测和职业病防治工作，维护人们的健康权益。不允许以污染环境、危害健康为代价片面追求经济增长。

(18)健康教育是公民素质教育的重要内容，要十分重视健康教育，提高广大人民群众的健康意识和自我保健能力，积极推进“九亿农民健康教育行动”。要普及医药科学知识，教育和引导人民群众破除迷信、摒弃陋习，积极参加全民健身活动，促进合理营养，养成良好的卫生习惯和文明的生活方式，培养健康的心理素质。大力宣传和推广无偿献血。

（19）依法保护重点人群健康。加强妇幼保健工作，提高出生人口素质，降低婴幼儿死亡率、孕产妇死亡率，实现《九十年代中国儿童发展规划纲要》和《中国妇女发展纲要》的目标。积极开展老年人保健、老年病防治和伤残预防、残疾人康复工作。

（20）爱国卫生运动是我国发动群众参与卫生工作的一种好形式。在城市继续开展创建卫生城市活动，提高城市的现代化管理水平，增加市民的卫生文明意识，促进文明城市建设。在农村继续以改水改厕为重点，带动环境卫生的整治，预防和减少疾病发生，促进文明村镇建设。城乡都要坚持开展除“四害”（蚊子、苍蝇、老鼠、蟑螂）活动。

五、中西医并重，发展中医药

（21）中医药是中华民族优秀的传统文化，是我国卫生事业的重要组成部分，独具特色和优势。我国传统医药与现代医药互相补充，共同承担保护和增进人民健康的任务。各级党委和政府要认真贯彻中西医并重的方针，加强对中医药工作的领导，逐步增加投入，为中医药发展创造良好的物质条件。中西医要加强团结、互相学习、取长补短、共同提高，促进中西医结合。

各民族医药是中华民族传统医药的组成部分，要努力发掘、整理、总结、提高，充分发挥其保护各族人民健康的作用。

（22）正确处理继承与创新的关系，既要认真继承中医药的特色和优势，又要勇于创新，积极利用现代科学技术，促进中医药理论和实践的发展，实现中医药现代化。坚持“双百”方针，繁荣中医药学术。

中医医疗机构要加强特色专科建设，改善技术装备条件，拓宽服务领域，不断满足人民群众对中医药的需求。注重发挥中医药在农村卫生工作中的优势和作用。

根据中医药发展的需要，积极培养中医药各类专业人才，努力造就新一代名中医。认真总结高等中医药院校的办学经验，不断深化改革，办好现有高等中医药院校。继续做好名老中医药专家学术思想和经验的继承工作。加强对重大疾病防治、中药生产关键技术、中医复方以及基础理论的研究，力争有新的突破，整体学术水平有新的提高。积极创造条件，使中医药更广泛地走向世界。

（23）积极发展中药产业，推进中药生产现代化。改革、完善中药材生产组织管理形式，实行优惠政策，保护和开发中药资源。积极进行中药生产企业改革，逐步实现集约化、规模化。中药经营要按照少环节、多形式、渠道清晰、行为规范的原则，逐步形成统一、开放、竞争、有序的流通体制。加快制定中药的质量标准，促进中药生产和质量的科学管理。

六、推动科技进步，加强队伍建设

（24）贯彻科学技术是第一生产力的思想。针对严重危害我国人民健康的疾病，在关键性应用研究、高科技研究、医学基础性研究等方面突出重点，集中力量攻关，力求有新的突破，使我国卫生领域的主要学科和关键技术逐步接近或达到国际先进水平。

深化卫生科技体制改革，优化结构，分流人员，增强卫生科研机构的活力。保证重点卫生研究机构和重点学科、实验室的投入和建设。促进卫生科技与防病治病相结合，加快科技成果的转化和应用，大力推广适宜技术。高度重视科技信息的开发、利用和传播，加强信息管理。

扩大卫生领域的国际交流与合作。通过双边、多边、官方、民间等多种形式，积极引进先进技术和管理经验。做好卫生援外工作。

（25）办好医学教育，培养一支适应社会需求、结构合理、德才兼备的专业卫生队伍。深化高等医学教育改革，提高教育质量和办学效益。完善研究生培养和学位制度以及继续教育制度。临床医生的培养既要注重基础理论，更要注重临床综合技能。加快发展全科医学，培养全科医生。高度重视卫生管理人才的培养，造就一批适应卫生事业发展的职业化管理队伍，重视学术带头人与技术带头人的培养，努力创造条件，使优秀人才尤其是中青年人才能脱颖而出。鼓励留居海外的卫生科技人员回国工作或以各种形式为祖国服务。

中等医学专业教育要根据社会需求调整专业，重点做好农村卫生队伍的正规化培养工作。对社会举办的医药专业学校，教育和卫生部门要严格审批，加强管理。

各级各类卫生专业教育都要突出职业道德教育，为全面提高卫生队伍素质打好基础。

要建立医师、药师等专业技术人员执业资格制度。不断完善城乡卫生技术职称评定和职务聘任工作。

（26）加强职业道德教育，开展创建文明行业活动。教育广大卫生人员弘扬白求恩精神，树立救死扶伤、忠于职守、爱岗敬业、满腔热忱、开拓进取、精益求精、乐于奉献、文明行医的行业风尚，自觉抵制拜金主义、个人主义及一切有损于群众利益的行为。开展创建文明行业活动，要同解决人民群众普遍关心的实际问题和促进卫生改革与发展相结合，持之以恒，务求实效。对模范卫生工作者和先进集体要大力宣传，表彰奖励。要完善内部监察和社会监督制度，坚决纠正行业不正之风。

七、加强药品管理，促进医、药协调发展

（27）药品是防病治病、保护人民健康的特殊商品。必须依法加强对药品研制、生产、流通、价格、广告及使用等各个环节的管理，严格质量监督，切实保证人民用药安全用效。国家建立并完善基本药物制度、处方药与非处方药分类管理制度和中央与省两级医药储备制度。

积极探索药品管理体制改革，逐步形成统一、权威、高效的管理体制。

（28）制定医药发展规划，使医药产业与卫生事业协调发展。加强宏观管理，调整医药企业结构和产品结构。国有大中型医药生产企业要建立现代企业制度，并形成规模经济。严格按照药品生产质量管理规范，加快医药生产经营企业的技术改造，加强科学管理。鼓励和支持新药研究与开发，增强我国医药产品在国外市场的竞争能力。

（29）改进和加强药品价格管理。国家制定药品价格政策，实行分类管理。要限定最高价格，控制利润率。对纳入国家基本药物目录和质优价廉的药品，制定鼓励生产流通的政策。加强对进口药品的审批与价格管理。

（30）整顿与规范药品流通秩序。加强对药品经营、销售的管理，严厉打击制售假劣药品的违法犯罪行为，坚决取缔非法药品市场和商业营销点，坚决制止药品购销活动中给予和收受回扣等违法行为。药品经销机构要自觉抵制各种不正当竞争行为，提供让人民放心满意的服务。

（31）重视并积极支持医疗仪器、医疗设备、医用材料、医用装置的研制、开发，提高质量，加强生产与使用的监督、管理。

八、完善卫生经济政策，增加卫生投入

（32）中央和地方政府对卫生事业的投入要随着经济的发展逐年增加，增加幅度不低于财政支出的增长幅度。积极拓宽卫生筹资渠道，广泛动员和筹集社会各方面的资金，发展卫生事业。

公立卫生机构是非营利性公益事业单位，继续享受税、费优惠政策，地方政府要切实解决其社会负担过重的问题。

政府举办的各类卫生机构的基本建设及大型设备的购置、维修，由政府按区域卫生规划的要求给予安排；离退休人员费用和卫生人员的医疗保险费按国家规定予以保证。预防保健机构的人员经费和基本预防保健业务经费由财政预算安排，其有偿服务收入纳入预算管理，不冲抵财政拨款。卫生执法监督工作的费用由财政予以保证，实行“收支两条线”。医疗机构的经常性支出通过提供服务取得部分补偿，政府根据医疗机构的不同情况及其承担的任务，对人员经费给予一定比例的补助，对重点学科发展给予必要的补助。乡镇卫生院及贫困地区卫生机构的补助水平要适当提高。

对农村卫生、预防保健、中医药等重点领域，中央政府继续保留并逐步增加专项资金；地方政府也要相应增加投入。

（33）采取多种形式，多渠道筹集卫生资金。国家制定优惠政策，鼓励企事业单位、社会团体和个人自愿捐资，支持卫生事业。建立基金会，对无支付能力的危急患者实行医疗救助。

农村乡统筹要有一定数额用于农村卫生工作，村提留要有一定数额用于合作医疗，乡镇企业和其他乡村集体经济的收入也要支持农村卫生工作与合作医疗，具体筹资办法和比例由地方政府或集体经济组织确定。农民自愿缴纳的合作医疗费属于农民个人消费性支出，不计入乡统筹、村提留。

各地还可因地制宜开拓其他筹资渠道。欢迎境外友好团体和人士支持我国卫生事业。

（34）完善政府对卫生服务价格的管理。要区别卫生服务性质，实行不同的作价原则。基本医疗服务按照扣除财政经常性补助的成本定价，非基本医疗服务按照略高于成本定价，供自愿选择的特需服务价格放宽。不同级别的医疗机构收费标准要适当拉开，引导患者合理分流。当前，要增设并提高技术劳务收费项目和收费标准，降低大型设备检查治疗项目过高的收费标准。建立能适应物价变动的卫生服务价格调整机制及有效的管理和监督制度。适当下放卫生服务价格管理权限。各级政府要把卫生服务价格改革纳入计划，分步实施，争取在两三年内解决当前存在的卫生服务价格不合理问题。

（35）卫生机构要加强经济管理，勤俭办卫生事业。要健全财务管理规章制度，改进核算办法，完善劳动收入分配制度，规范财务行为，提高财务队伍素质，不断提高卫生经费使用效益，加强审计和财政监督。

九、切实加强党和政府对卫生工作的领导

（36）党和政府的领导是发展卫生事业的根本保证。卫生健康、生老病死涉及到每个家庭和个人的切身利益，各级党委和政府要把卫生工作摆上重要议事日程，作为关心群众疾苦、密切党群关系、促进经济和社会发展的大事来抓，每年至少讨论一两次。要把卫生改革与发展列入国民经济和社会发展总体规划，同步实施，并切实解决卫生工作中的实际困难和问题，努力为卫生改革与发展创造必要条件。各有关部门要认真履行职责，密切配合，共同做好卫生工作。

加强党的建设。充分发挥基层党组织的政治核心作用和共产党员的先锋模范作用，有针对性地做好卫生队伍的思想政治工作。党员领导干部要密切联系群众，以身作则，廉洁奉公。

（37）卫生工作实行分级负责、分级管理，合理划分中央和地方的事权。中央政府领导全国卫生工作，主要负责制定卫生法规、政策和国家卫生事业规划，指导和协调解决全国性的或跨省区的重大卫生问题，并运用各种方式帮助地方发展卫生事业。各级地方政府对本地区卫生工作全面负责，将其作为领导干部任期目标责任制和政绩考核的重要内容。各级政府要定期向同级人民代表大会报告卫生改革与发展情况，并接受监督与指导。

（38）推进卫生法制建设。要加快卫生立法步伐，完善以公共卫生、与健康相关产品、卫生机构和专业人员的监督管理为主要内容的卫生法律、法规，建立健全相配套的各类卫生标准。加强卫生法制的宣传教育，增强公民卫生法制意识。

各级政府要强化卫生行政执法职能，改革和完善卫生执法监督体制，调整并充实执法监督力量，不断提高卫生执法监督队伍素质，保证公正执法。努力改善执法监督条件和技术手段，提高技术仲裁能力。坚决打击和惩处各种违法行为。

（39）各级党委和政府要关心和爱护广大卫生人员，提高他们的社会地位，改善他们的工作、学习和生活条件，解决好他们的工资待遇、住房等实际问题，充分调动他们的积极性。

要从政治上关心中青年卫生人员的成长，把德才兼备、具有管理和领导才能的中青年卫生人员选拔到各级领导岗位上来。同时，要注意发挥老卫生人员的作用。

要在全社会形成尊重医学科学、尊重卫生人员的社会风气，建立起良好的医患关系，依法保护医患双方的合法权益。

（40）中国人民解放军和中国人民武装警察部队的卫生工作，担负着保护和增进全体官兵身体健康、保障国防建设和军事任务顺利完成的特殊使命，并具有为人民群众服务、支援地方卫生工作的光荣传统。要加强领导，保证各项卫生工作任务的落实和国家卫生法律的实施。

各地区、各部门要根据本决定的精神，结合各自的实际情况，制定深化卫生改革、加快卫生发展的计划和措施，并狠抓落实，不断提高我国各族人民的健康水平。

一九九七年一月十五日

关于修订印发《执业药师制度暂行规定》和《执业药师资格考试实施办法》的通知

人发［1999］34号

各省、自治区、直辖市人事（人事劳动）厅（局）、职改办，药品监督管理局或医药管理部门，国务院各部委、各直属机构人事（干部）部门：

为贯彻《中华人民共和国药品管理法》和《中共中央、国务院关于卫生改革与发展的决定》，加强药学技术人员和药品市场管理工作，保障人民用药安全有效，根据国务院赋予的国家药品监督管理局的职能，人事部、国家药品监督管理局在总结执业药师、执业中药师资格制度实施情况的基础上，重新修订了《执业药师资格制度暂行规定》和《执业药师资格考试实施办法》，现印发给你们，请贯彻执行。

自本通知发布之日起，人事部分别与原国家医药管理局、国家中医药管理局颁布的《执业药师资格制度暂行规定》（人职发［1994］3号）、《执业药师资格考试实施办法》和《执业药师资格认定办法》（人职发［1994］10号）、《关于执业药师考试免试部分科目的通知》（人发［1996］94号）、《执业中药师资格制度暂行规定》、《执业中药师资格考试实施办法》和《执业中药师资格认定办法》（人职发［1995］69号）、《关于执业中药师资格考试免试部分科目的通知》（人发［1996］129号）即行废止。

附件：一、执业药师资格制度暂行规定
　　　二、执业药师资格考试实施办法

中华人民共和国人事部
国家药品监督管理局
一九九九年四月一日

附件1：

执业药师资格制度暂行规定

第一章　总　　则

第一条　为了加强对药学技术人员的职业准入控制，确保药品质量，保障人民用药的安全有效，根据《中华人民共和国药品管理法》、《中共中央、国务院关于卫生改革与发展的决定》及职业资格制度的有关内容，制定本规定。

第二条　国家实行执业药师资格制度，纳入全国专业技术人员执业资格制度统一规划的范围。

第三条　执业药师是指经全国统一考试合格，取得《执业药师资格证书》并经注册登记，在药品生产、经营、使用单位中执业的药学技术人员。

执业药师英文译为：Licensed Pharmacist

第四条　凡从事药品生产、经营、使用的单位均应配备相应的执业药师，并以此作为开办药品生产、经营、使用单位的必备条件之一。国家药品监督管理局负责对需由执业药师担任的岗位作出明确规定并进行检查。

第五条　人事部和国家药品监督管理局共同负责全国执业药师资格制度的政策制定、组织协调、资格考试、注册登记和监督管理工作。

第二章　考　　试

第六条　执业药师资格实行全国统一大纲、统一命题、统一组织的考试制度。一般每年举行一次。

第七条　国家药品监督管理局负责组织拟定考试科目和考试大纲、编写培训教材、建立试题库及考试命题工作。按照培训与考试分开的原则，统一规划并组织考前培训。

第八条　人事部负责组织审定考试科目、考试大纲和试题，会同国家药品监督管理局对考试工作进行监督、指导并确定合格标准。

第九条　凡中华人民共和国公民和获准在我国境内就业的其他国籍的人员具备以下条件之一者，均可申请参加执业药师资格考试：

（一）取得药学、中药学或相关专业中专学历，从事药学或中药学专业工作满7年。

（二）取得药学、中药学或相关专业大专学历，从事药学或中药学专业工作满5年。

（三）取得药学、中药学或相关专业本科学历，从事药学或中药学专业工作满3年。

（四）取得药学、中药学或相关专业第二学士学位、研究生班毕业或取得硕士学位，从事药学或中药学专业工作满1年。

（五）取得药学、中药学或相关专业博士学位。

第十条　执业药师资格考试合格者，由各省、自治区、直辖市人事（职改）部门颁发人事部统一印制的、人事部与国家药品监督管理局用印的中华人民共和国《执业药师资格证书》。该证书在全国范围内有效。

第三章 注　　册

第十一条　执业药师资格实行注册制度。国家药品监督管理局为全国执业药师资格注册管理机构，各省、自治区、直辖市药品监督管理局为注册机构。人事部及各省、自治区、直辖市人事（职改）部门对执业药师注册工作有监督、检查的责任。

第十二条　取得《执业药师资格证书》者，须按规定向所在省（区、市）药品监督管理局申请注册。经注册后，方可按照注册的执业类别、执业范围从事相应的执业活动。未经注册者，不得以执业药师身份执业。

第十三条　申请注册者，必须同时具备下列条件：

（一）取得《执业药师资格证书》、

（二）遵纪守法，遵守药师职业道德。

（三）身体健康，能坚持在执业药师岗位工作。

（四）经所在单位考核同意。

第十四条　经批准注册者，由各省、自治区、直辖市药品监督管理局在《执业药师资格证书》中的注册情况栏内加盖注册专用印章，同时发给国家药品监督管理局统一印制的中华人民共和国《执业药师注册证》，并报国家药品监督管理局备案。

第十五条　执业药师只能在一个省、自治区、直辖市注册。执业药师变更执业地区、执业范围应及时办理变更注册手续。

第十六条　执业药师注册有效期为 3 年，有效期满前 3 个月，持证者须到注册机构办理再次注册手续。再次注册者，除须符合第十三条的规定外，还须有参加继续教育的证明。

第十七条　执业药师有下列情形之一的，由所在单位向注册机构办理注销注册手续：

（一）死亡或被宣告失踪的。

（二）受刑事处罚的。

（三）受取消执业资格处分的。

（四）因健康或其他原因不能或不宜从事执业药师业务的。

凡注销注册的，由所在省（区、市）的注册机构向国家药品监督管理局备案，并由国家药品监督管理局定期公告。

第四章 职　　责

第十八条　执业药师必须遵守职业道德，忠于职守，以对药品质量负责、保证人民用药安全有效为基本准则。

第十九条　执业药师必须严格执行《药品管理法》及国家有关药品研究、生产、经营、使用的各项法规及政策。执业药师对违反《药品管理法》及有关法规的行为或决定，有责任提出劝告、制止、拒绝执行并向上级报告。

第二十条　执业药师在执业范围内负责对药品质量的监督和管理，参与制定、实施药品全面质量管理及对本单位违反规定的处理。

第二十一条　执业药师负责处方的审核及监督调配，提供用药咨询与信息，指导合理用药，开展治疗药物的监测及药品疗效的评价等临床药学工作。

第五章　继续教育

第二十二条　执业药师需努力钻研业务，不断更新知识，掌握最新医药信息，保持较高的专业水平。

第二十三条　执业药师必须接受继续教育。国家药品监督管理局负责制定执业药师继续教育管理办法，组织拟定、审批继续教育内容，各省、自治区、直辖市药品监督管理局负责本地区执业药师继续教育的实施工作。

第二十四条　国家药品监督管理局批准的执业药师培训机构承担执业药师的继续教育工作。

第二十五条　执业药师实行继续教育登记制度。国家药品监督管理局统一印制《执业药师继续教育登记证书》，执业药师接受继续教育经考核合格后，由培训机构在证书上登记盖章，并以此作为再次注册的依据。

第六章　罚　　则

第二十六条　对未按规定配备执业药师的单位，应限期配备，逾期将追究单位负责人的责任。

第二十七条　对已在需由执业药师担任的岗位工作，但尚未通过执业药师资格考试的人员，要进行强化培训，限期达到要求。对经过培训仍不能通过执业药师资格考试者，必须调离岗位。

第二十八条　对涂改、伪造或以虚假和不正当手段获取《执业药师资格证书》或《执业药师注册证》的人员，发证机构应收回证书，取消其执业药师资格，注销注册。并对直接责任者根据有关规定给予行政处分，直至送交有关部门追究法律责任。

第二十九条　对执业药师违反本规定有关条款的，所在单位须如实上报，由药品监督管理部门根据情况给予处分。注册机构对执业药师所受处分，应及时记录在其《执业药师资格证书》中的备注《执业情况记录》栏内。

第三十条　执业药师在执业期间违反《药品管理法》及其他法律法规构成犯罪的，由司法机关依法追究其刑事责任。

第七章　附　　则

第三十一条　对在关键岗位工作且业绩突出的执业药师，应给予表彰和奖励。

第三十二条　通过全国统一考试取得执业药师资格证书的人员，单位根据工作需要可聘任主管药师或主管中药师专业技术职务。

第三十三条　人事部和国家药品监督管理局按职责分工，对本规定进行解释

附件2：

执业药师资格考试实施办法

第一条　人事部、国家药品监督管理局共同负责执业药师资格考试工作，日常管理工作由国家药品监督管理局负责。具体考务工作委托人事部人事考试中心组织实施。

各地要加强对考务工作的领导，明确职责、互相配合、密切协作。

第二条　执业药师资格考试日期定为每年10月，报名时间定为每年3月。

第三条　考试科目为：药学（或中药学）专业知识（一）、药学（或中药学）专业知识（二）、药事管理与法规、综合知识与技能4个科目。

考试科目中，药事管理与法规、综合知识与技能两个科目为执业药师资格考试的必考科目；从事药学或中药学专业工作的人员，可根据从事的本专业工作，选择药学专业知识科目（一）、药学专业知识科目（二）或中药学专业知识科目（一）、中药学专业知识科目（二）的考试。

考试分4个半天进行，每个科目考试时间为两个半小时。

第四条　考试以两年为一个周期，参加全部科目考试的人员须在连续两个考试年度内通过全部科目的考试。

参加免试部分科目的人员须在一个考试年度内通过应试科目。

第五条　按照国家有关规定评聘为高级专业技术职务，并具备下列条件之一者，可免试药学（或中药学）专业知识（一）、药学（或中药学）专业知识（二）两个科目，只参加药事管理与法规、综合知识与技能两个科目的考试。

（一）中药学徒、药学或中药学专业中专毕业，连续从事药学或中药学专业工作满20年。

（二）取得药学、中药学专业或相关专业大专以上学历，连续从事药学或中药学专业工作满15年。

第六条　凡符合《执业药师资格制度暂行规定》第九条和本办法第五条的报名者均可报名参加考试。

第七条　报名参加考试者，由本人提出申请，所在单位审核同意，并携带有关证明材料到当地考试管理机构办理报名手续。考试管理机构按规定程序和报名条件审查合格后，发给准考证，应考人员凭准考证在指定的时间、地点参加考试。国务院各部门、部队及其直属单位的人员，按属地原则报名参加考试。

第八条　考场设在省辖市以上的中心城市和行政专员公署所在的城市。

第九条　具体考务工作由各省、自治区、直辖市人事（职改）部门会同药品监督管理部门组织实施，各地可根据实际情况确定具体办法。

第十条　国家药品监督管理局负责执业药师资格考试的培训管理工作。各地培训机构要具备场地、师资、教材等条件，经省、自治区、直辖市药品监督管理部门会同人事部门审核批准，报国家药品监督管理局备案。培训收费标准须经当地物价主管部门核准并公布于众，接受群众监督。

第十一条　坚持考试与培训分开的原则，参与培训的工作人员不得参与考试工作（包括命题及组织管理）。

第十二条　严格执行考试考务工作的有关规章制度，做好试卷命题、印刷、发送过程中的保密工作，严格考场纪律，严禁弄虚作假。对违反规章制度的，按规定进行严肃处理。

国家药品监督管理局
卫生部
国家中医药管理局
劳动和社会保障部
国家工商行政管理局
文件

国药管安［1999］120号

关于我国实施处方药与非处方药分类管理若干意见的通知

各省、自治区、直辖市药品监督管理局或医药管理部门，卫生厅（局），中医（药）管理局，劳动和社会保障部门，工商行政管理局：

为保障人民用药安全有效、使用方便，根据《中共中央、国务院关于卫生改革与发展的决定》，国家药品监督管理局、卫生部、国家中医药管理局、劳动和社会保障部、国家工商行政管理局共同研究，提出了我国实施处方药与非处方药分类管理的若干意见，请遵照执行。

一、实施药品分类管理势在必行

药品分类管理是根据药品安全有效、使用方便的原则，依其品种、规格、适应症、剂量及给药途径不同，分别按处方药和非处方药进行管理。处方药必须凭执业医师处方购买使用，非处方药由消费者自行判断、购买和使用。

党中央、国务院决定在我国建立并完善处方药与非处方药分类管理制度，是医药卫生事业发展、医疗卫生体制和药品监督管理深化改革的一件大事，对促进我国药品监督管理模式与国际接轨，保障人民用药安全有效，增强人们自我保健、自我药疗意识，合理利用医疗卫生与药品资源，实现我国到2000年“人人享有初级卫生保健”的目标，将产生重大作用。

我国实施药品分类管理的时机已基本成熟。随着我国社会和经济的发展，人民物质、文化、生活水平的不断提高，人们自我保健意识逐渐增强，对安全有效、方便合理用药的要求也越来越高，这为建立我国药品分类管理制度提供了重要的社会基础；医疗卫生体制、医疗保险制度等各项改革的不断深入，为建立并完善药品分类管理制度提供了政策依据；统一的药品监督管理机构的成立，为建立并完善新的药品监督管理法规体系提供了组织保证；政府高度重视、各部门之间的协作和社会各界的积极参与，为顺利实施药品分类管理奠定了工作基础。

二、实施药品分类管理的目标和基本原则

我国实施药品分类管理的目标是：争取从2000年开始，初步建立起符合社会主义市场经济体制要求的处方药与非处方药分类制度和与之相适应的新的药品监督管理法规体系，再经过若干年的时间，建成一个比较完善、具有中国特色的处方药与非处方药分类管理制度。

实施药品分类管理，要从我国社会和经济发展的实际出发，采取积极稳妥、分步实施、注重实效、不断完善的方针；要制定和完善相应政策法规，严格对处方药的管理，规范药品市场，确保人民用药安全有效；要加强依法监督，加大执法力度，做好宣传、普及和培训工作。

1999年国家将抓紧制定发布药品分类管理的相关法规，根据“应用安全、疗效确切、质量稳定、使用方便”的原则，遴选并分批公布非处方药目录。按照工作的整体部署，分阶段发布相配套的管理规定，选择若干个地区进行试点。

各级有关行政部门要开展多渠道、多方式、广覆盖、面向全社会和人民群众的宣传普及工作，使药品研究、生产、经营、使用单位及消费者及时、准确了解有关处方药与非处方药分类管理的政策法规，促进人民群众转变观念，学会依靠药品标签和说明书合理选购并正确使用非处方药。

三、各有关部门要协调一致，共同把实施药品分类管理工作推向深入

药品分类管理是一项涉及药品监督管理、医疗卫生体制、医疗保险制度、广告管理、价格管理、医药产业政策等改革的系统工程，关联面广、情况复杂、难度大。各有关部门必须加强协作，做好相关工作的配套衔接。

国家药品监督管理局是组织实施药品分类管理的牵头部门。上半年将陆续发布《处方药与非处方药分类管理办法（试行）》及相关非处方药审批管理、处方药与非处方药流通管理等规章，发布非处方药专有标识图案及管理规定，公布第一批非处方药目录，制定试点工作方案；下半年将开始进行试点工作，制定宣传、普及、培训计划并组织落实。

卫生部、国家中医药管理局将从卫生改革与发展的实际出发，按药品分类管理的相关要求，加强医疗机构的处方管理。

劳动和社会保障部在实施城镇职工基本医疗保险制度改革中将同国家药品监督管理局共同研究、密切配合，在定点药店进行药品分类管理试点工作。

国家工商行政管理局将会同国家药品监督管理局修改并发布《药品广告审查办法》、《药品广告审查标准》。

各省、自治区、直辖市药品监督管理部门、卫生行政部门、劳动和社会保障部门要注意研究药品分类管理有关的政策法规，建立部门联席会议制度，做好协调工作；要组织各种力量，通过多种方式向社会宣传普及这项制度的相关内容；试点地区要加强对试点单位的监督管理，深入调研，及时总结；按照国家统一部署和规定对除药店以外的商业企业零售乙类非处方药要进行审批；要结合本地区情况，抓紧制定适应药品分类管理需要的专业人员培训计划并加以落实。

四、药品研究、生产、经营、使用单位要及时调整，安排好相应工作

药品研究单位要结合我国国情，努力开发适销对路、服务于大众、方便自我药疗的新产品、好产品。研制的药品要按照国家公布的有关规定进行申报注册。

药品生产企业要按《药品生产质量管理规范》组织处方药与非处方药的生产，要严格遵守国家药品广告审查办法和审查标准，正确引导消费者自我药疗。非处方药的生产企业必须严格按照国家批准的产品标签、说明书和专有标识等规定改换包装。

药品经营企业必须严格在批准和核定的经营范围内从事药品经营活动，搞好规范服务，提高服务质量，加强对从业人员的职业道德教育。

医疗机构要按药品分类管理的有关规定加强医院药房和处方的管理，积极开展临床药品再评价和建立药品不良反应监察报告制度。医务人员应积极向患者宣传药品分类管理的有关知识，指导患者合理使用非处方药，为药品分类管理的顺利实施发挥应有的作用。

国家药品监督管理局
（此处盖章）

卫　生　部
（此处盖章）

国家中医药管理局
（此处盖章）

劳动和社会保障部
（此处盖章）

国家工商行政管理局
（此处盖章）

一九九九年四月十九日

国家药品监督管理局文件

国药管安［1999］198号

关于公布第一批国家非处方药（西药、中成药）目录的通知

各省、自治区、直辖市药品监督管理局或卫生厅（局）、医药管理部门：

根据《处方药与非处方药分类管理办法》（试行，国家药品监督管理局第10号令），我局经审定，现公布第一批国家非处方药（西药、中成药）目录。

第一批国家非处方药（西药、中成药）目录经组织中、西医药学专家，按照“安全有效、慎重从严、结合国情、中西药并重”的指导思想和“应用安全、疗效确切、质量稳定、使用方便”的原则，进行反复遴选、审评并确定。此次公布的目录中，西药165个品种、中成药160个品种，每个品种含有不同剂型。为使各生产、经营、使用单位贯彻执行我国药品分类管理有关法规，并安排好相应工作，特作如下通知：

一、药品分类管理是一项关联面广的系统工程，国家将按照“积极稳妥、分步实施、注重实效、不断完善”的方针陆续出台并不断完善相关法规和规定，各研究、生产、经营、使用单位要通过各级药品监督管理部门或药政部门、医药管理部门以及新闻媒介及时了解国家发布的有关药品分类管理的各项法规、政策和规定。

二、由于实施药品分类管理在我国尚处于探索起步阶段，第一批公布的国家非处方药目录暂不列出乙类非处方药，此次公布的全部按甲类非处方药管理。

三、今年将开始对已公布的非处方药目录中的制剂品种进行转换审批的工作，具体报审管理规定及审批标准由我局另行发布。

请各地接此文后，结合《处方药与非处方药分类管理办法》（试行）及相关文件，认真组织学习、宣传、贯彻，并尽快传达到药品生产、经营、使用单位，同时注意收集相关意见并及时通告我局安全监管司。

附件：国家非处方药目录（第一批）（略）

国家药品监督管理局

一九九九年六月十一日

国家药品监督管理局令

第7号

《药品流通监督管理办法》（暂行）于1999年4月12日经国家药品监督管理局局务会审议通过，现予发布。本办法自8月1日起施行。

局长：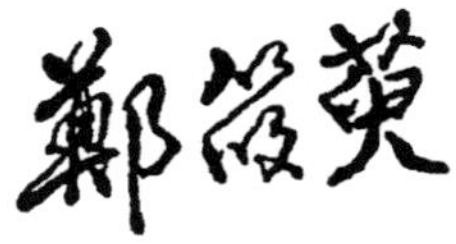

一九九九年六月十五日

药品流通监督管理办法

（暂行）

第一章　总　　则

第一条　为加强药品监督管理，规范药品流通秩序，保证药品质量，根据《中华人民共和国药品管理法》（以下简称《药品管理法》）和有关法律、法规的规定，制定本办法。

第二条　本办法适用于所有从事药品购销的单位和个人。

第三条　地方各级药品监督管理部门负责辖区内本办法的实施与监督；国家药品监督管理局负责对重大、复杂的违法经营案件组织查处，并负责对地方各级药品监督管理部门执行本办法的情况进行监督。

第四条　药品监督管理部门鼓励和保护任何单位和个人对药品流通实施的社会监督。对违反本办法的行为，任何单位和个人都有权检举和控告。

第二章　药品生产企业销售的监督管理

第五条　药品生产企业只能销售本企业生产的药品。

第六条　药品生产企业设立的办事机构不得进行药品现货销售活动。办事机构必须接受所在地药品监督管理部门的监督管理。办事机构所有活动，由设立该办事机构的企业承担法律责任。

第七条　药品生产企业不得从事下列销售活动：

（一）将本企业生产的药品销售给无《药品生产企业许可证》、《药品经营企业许可证》和《医疗机构执业许可证》的单位或个人以及乡村中的个体行医人员、诊所和城镇中的个体行医人员、个体诊所；

（二）在非法药品市场或其他集贸市场销售本企业生产的药品；

（三）将处方药销售给非处方药经营单位；

（四）销售更改生产批号的药品；

（五）销售说明书、标签不符合规定的药品；

（六）销售违反药品批准文号管理规定的药品；

（七）法律、法规禁止的其他情况。

第八条　禁止药品生产企业向无《药品生产企业许可证》、《药品经营企业许可证》或无《医疗机构执业许可证》的单位或个人以偿还债务、货款的方式为其无证经营提供药品。

第三章　药品经营的监督管理

第九条　从事药品经营，必须按照《药品管理法》的规定，取得《药品经营企业许可证》和营业执照。否则，不得从事药品经营业务。

第十条　药品批发经营，必须建有真实、完整的药品购销记录。药品购销记录必须记载：购、销日期；购、销对象；购、销数量；药品品名、规格、生产批号、生产单位、批准文号和经办人、负责人签名及国家药品监督管理局规定的其他内容。药品购销记录必须保存至超过药品有效期 1 年，但不得少于 3 年。对无药品购销记录的，按本办法第四十七条规定处理。

第十一条　药品零售企业必须建有真实、完整的药品购进记录。药品购进记录的记载项目，按照第十条购销记录中购进的规定执行。药品购进记录必须保存至超过药品有效期 1 年，但不得少于两年。处方药、非处方药的零售依《处方药与非处方药分类管理办法》的规定执行。

第十二条　未经批准，药品批发企业不得从事药品零售业务；药品零售单位不得从事药品批发业务。

第十三条　药品经营，不得有下列活动：

（一）伪造药品购销或购进记录；

（二）与无《药品生产企业许可证》、《药品经营企业许可证》、《医疗机构执业许可证》的单位或个人以及城镇中的个体行医人员、个体诊所进行违反本办法规定的药品购销活动；

（三）参与非法药品市场或其他集贸市场交易或向其提供药品；

（四）没有凭医生处方向消费者出售处方药；

（五）法律、法规禁止的其他情况。

第十四条　禁止药品经营企业向无《药品生产企业许可证》、《药品经营企业许可证》或无《医疗机构执业许可证》的单位以偿还债务、货款的方式为其无证经营提供药品。

第十五条　药品经营企业不得向任何单位和个人提供经营柜台、摊位、发票、纳税及证、照等，为其经营药品提供条件，出租、出借、转让《药品经营企业许可证》。

第十六条　药品生产、经营企业和医疗机构在药品购销活动中，发现假劣药品或质量可疑药品的，必须及时报告当地药品监督管理部门，不得自行作销售或退、换货处理。进口药品在进口检验时发现上述药品的，依照《进口药品管理办法》的规定处理。

第十七条　药品零售连锁总店及其各连锁门店，必须分别取得《药品经营企业许可证》。

第十八条　除国家批准设立的中药材专业市场外，严禁开办各种形式的药品集贸市场。

第十九条　中药材专业市场禁止销售中药材以外的药品，禁止销售中药饮片和国家禁止在中药材专业市场销售的中药材。

第二十条　城乡集贸市场可以销售地产中药材，国家另有规定的除外。城乡集贸市场禁止销售中药材以外的其他药品。

第二十一条　严禁无《药品经营企业许可证》的单位或个人从事药品经营活动。有下列情况之一的，按无证经营处理：

（一）有《药品经营企业许可证》从事异地经营的；

（二）非处方药经营单位经营处方药或其他超经营范围的；

（三）城镇个体行医人员和个体诊所违反规定从事药品购销活动的；

（四）乡镇卫生院违反本办法第二十八条规定，未经县药品监督管理部门同意代购药品的；

（五）非法收购药品的；

（六）兽用药品经营单位经营人用药品的；

（七）无《药品经营企业许可证》的、借药品经营企业提供的条件参加药品经营的；

（八）没有《药品经营企业许可证》从事进口药品国内销售的；

（九）违反本办法第五条、第六条第一款规定的；

（十）违反本办法第三十条第一款规定的；

（十一）法律、法规禁止的其他情况。

第二十二条　已获《进口药品注册证》的进口药品在国内市场销售，国外制药厂商必须选定中国合法的进口药品国内销售代理商。

第二十三条　经销进口药品，必须按照《进口药品管理办法》的规定出具加盖经销企业公章的进口药品注册证、口岸药检所的药品检验报告书复印件。

第二十四条　进口药品的国内销售代理商必须向国家药品监督管理局备案。备案事项如有变更，必须办理变更手续。

第二十五条　进口药品在国内销售，必须接受所在地药品监督管理部门的监督管理。对发现质量可疑的，所在地的省级药品检验机构可以进行检验。必要时，可向中国药品生物制品检定所索取该品种的标准品和标准进行检验或就近转口岸药检机构检验。

第四章　药品采购的监督管理

第二十六条　药品经营企业、医疗机构必须从有药品生产、经营企业许可证的药品生产企业、经营企业采购药品。严禁从其他渠道采购药品。采购中药材的除外。

第二十七条　城镇中的个体行医人员和个体诊所不得设置药房，不得从事药品购销活动。

第二十八条　乡村个体行医人员和诊所所用药品，应就近从药品经营企业或其延伸的经营网点采购；无药品经营企业的或延伸网点的，可经县药品监督管理部门同意后，委托乡镇卫生院统一采购。严禁从其他渠道采购药品。

第二十九条　乡镇卫生院所需药品和代为采购的药品，必须从具有《药品经营企业许可证》的药品经营企业采购，严禁从其他渠道采购药品。

第三十条　乡镇卫生院代乡村个体行医人员和诊所采购药品，除必要的合理费用外，不得进行经营性销售。

严禁乡镇卫生院将采购药品委托、承包给个人。

第三十一条　药品经营企业、医疗机构和乡村个体行医人员不得从事下列采购活动：

（一）向无《药品生产企业许可证》、《药品经营企业许可证》的单位和个人采购药品；

（二）从非法药品市场采购药品；

（三）采购医疗机构配制的制剂；

（四）向药品经营者采购超范围经营的药品；

（五）违反本办法第二十八条、第二十九条规定的渠道采购药品；

（六）法律、法规禁止的其他情况。

第三十二条　采购药品，必须建有真实、完整的药品购进记录。药品购进记录的记载项目，按照本办法第十条购销记录中购进的规定执行。

违反本办法第十一条和本条规定，没有药品购进记录的，按照本办法第四十七条规定处理。

第三十三条　药品经营企业、医疗机构采购进口药品，必须向进口药品经销企业索取进口药品注册证和口岸药检所的进口药品检验报告书复印件，并加盖经销企业公章，以留存备查。

第五章　药品销售人员的监督管理

第三十四条　药品生产、经营企业销售人员在被委托授权范围内的行为，由委派或聘用的药品生产、经营企业承担法律责任。

第三十五条　药品销售人员不得兼职其他企业进行药品购销活动。

第三十六条　从事药品经营的销售人员必须符合下列条件：

（一）具有高中以上文化水平，并接受相应的专业知识和药事法规培训；

（二）在法律上无不良品行记录。

第三十七条　省、自治区、直辖市药品监督管理部门负责药事法规培训的管理，市级药品监督管理部门负责具体实施。

第三十八条　药品销售人员销售药品时，必须出具下列证件：

（一）加盖本企业公章的药品生产、经营企业许可证、营业执照的复印件；

（二）加盖企业公章和企业法定代表人印章或签字的企业法定代表人的委托授权书原件；委托授权书应明确规定授权范围。

（三）药品销售人员的身份证。

药品经营企业和医疗机构必须对上述文件进行审验，并建立审验记录，按本办法的规定记入药品购销或购进记录中。

第六章　罚　　则

第三十九条　违反本办法第七条第四项规定，更改生产批号超过药品有效期的，按销售劣药，依《药品管理法》的规定处罚；

违反本办法第七条第四项规定，更改生产批号未超过药品有效期的，依《药品管理法》第五十三条处罚；

违反本办法第七条第五项规定，依照《药品管理法实施办法》第五十三条的规定处罚；

违反本办法第七条其他规定销售药品的，处以警告或者并处二万元至三万元罚款。

第四十条　违反本办法第十三条规定经营药品的，处以警告或者并处两千元至三万元的罚款。

第四十一条　违反本办法第三十一条规定采购药品的，处以警告或者并处一千元至三万元罚款。

第四十二条　违反本办法第十五条规定，出租、出借、转让《药品经营企业许可证》的，处以警告或者并处一万元至三万元罚款。

第四十三条　对违反本办法第十六条规定，药品生产、经营企业和医疗机构发现假劣药品和质量可疑药品的未及时向当地药品监督管理部门报告，可给予警告或者并处两千元至两万元罚款；如果对发现的假劣药品作销售或退、换货处理的，按照《药品管理法》关于销售假劣药品的规定处罚；如果对质量可疑药品作销售或退、换货处理，造成药品监督管理部门无法追查的，按本办法第四十七条规定处理。

第四十四条　违反本办法第十二条、第十七条、第十八条、第十九条、第二十条、第二十一条、第三十五条规定的，依照《药品管理法》第五十二条的规定予以处罚。

第四十五条　进口药品国内销售代理商未进行备案从事进口药品国内经销的，处以警告或者并处一万元至三万元罚款。

第四十六条　违反本办法规定，经销、使用无进口药品注册证和检验报告书的以及伪造、更改进口药品注册证、药品检验报告书的，依照《药品管理法》第五十条和《药品管理法实施办法》第四十八条规定处理。

经销进口药品在进口药品注册证、检验报告书复印件上未按规定加盖供货单位公章的以及未按规定索取《进口药品注册证》、进口药品检验报告书的，可给予警告或一万元以下罚款。

第四十七条　违反本办法其他规定的，处以警告或者并处一万元以下的罚款。

第四十八条　药品监督管理部门在实施行政处罚时，应当依照职权责令当事人改正或停止违法行为。

上级药品监督管理部门有权责令下级药品监督管理部门改正其不当的行政行为。

第四十九条　药品监督管理部门在执行本办法时，严禁滥用职权、徇私舞弊、玩忽职守。药品监督管理部门及其药品监督人员有上述行为的，对主要负责人和直接责任者要依照有关规定严肃处理。构成犯罪的，依法追究其刑事责任。

第五十条　当事人对药品监督管理部门依照本办法给予的行政处罚不服的，可按照有关法律、法规的规定申请行政复议或提起行政诉讼。

第七章　附　　则

第五十一条　本办法下列用语的含义是：

药品集贸市场：系指国家明令禁止的非法从事药品购销活动的场所，包括未经批准举办的药品交易会。它是由多个无证经营者或借用合法企业保护的经营者或有证异地经营者，相对集中进行独立的、分散的药品现货采购、仓储、保管、运输、销售活动的场所。

进口药品国内销售的代理商：是指取得《药品经营企业许可证》的企业法人，依据其与国外制药厂商之间所签定的协议，从事进口药品国内销售代理等业务的药品经营企业。

异地经营：是指擅自改变《药品经营企业许可证》原注册登记地点从事药品经营活动。

经营范围：是指《药品经营企业许可证》规定的经营品种范围。

本办法第七条第六项规定的违反药品批准文号规定的情况，是指按法律规定未构成假劣药品行为。

本办法第二条中所称的药品购销，不包括个人购买消费药品的行为。

本办法所称城镇中的个体行医人员、个体诊所不包括乡村中的个体行医人员和诊所。

本办法中的市，是指行政区划中的地级市，不包括县级市。

第五十二条　本办法规定的有关药品分类管理的内容，在《处方药与非处方药分类管理办法》实施后执行。

第五十三条　本办法颁布之前发布的药品流通监督管理的文件与本办法规定不一致的，以本办法规定为准。

第五十四条　本办法由国家药品监督管理局负责解释。

第五十五条　本办法自1999年8月1日起实施。

国家药品监督管理局令

第 10 号

《处方药与非处方药分类管理办法》（试行）于1999年6月11日经国家药品监督管理局局务会审议通过，现予发布。本办法自2000年1月1日起施行。

局长：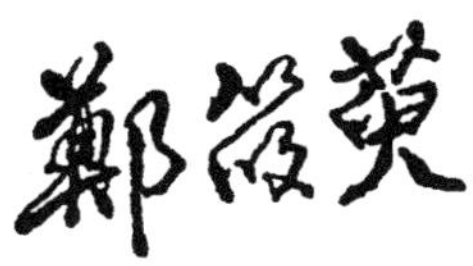

一九九九年六月十八日

处方药与非处方药分类管理办法

（试行）

第一条　为保障人民用药安全有效、使用方便，根据《中共中央、国务院关于卫生改革与发展的决定》，制定处方药与非处方药分类管理办法。

第二条　根据药品品种、规格、适应症、剂量及给药途径不同，对药品分别按处方药与非处方药进行管理。

处方药必须凭执业医师或执业助理医师处方才可调配、购买和使用；非处方药不需要凭执业医师或执业助理医师处方即可自行判断、购买和使用。

第三条　国家药品监督管理局负责处方药与非处方药分类管理办法的制定。各级药品监督管理部门负责辖区内处方药与非处方药分类管理的组织实施和监督管理。

第四条　国家药品监督管理局负责处方药目录的遴选、审批、发布和调整工作。

第五条　处方药、非处方药生产企业必须具有《药品生产企业许可证》，其生产品种必须取得药品批准文号。

第六条　非处方药标签和说明书除符合规定外，用语应当科学、易懂，便于消费者自行判断、选择和使用。非处方药的标签和说明书必须经国家药品监督管理局批准。

第七条　非处方药的包装印有国家指定的非处方药专有标识，必须符合质量要求，方便储存、运输和使用。每个销售基本单元包装必须附有标签和说明书。

第八条　根据药品的安全性，非处方药分为甲、乙两类。

经营处方药、非处方药的批发企业和经营处方药、甲类非处方药的零售企业必须具有《药品经营企业许可证》。

经省级药品监督管理部门或其授权的药品监督管理部门批准的其他商业企业可以零售乙类非处方药。

第九条　零售乙类非处方药的商业企业必须配备专职的具有高中以上文化程度，经专业培训后，由省级药品监督管理部门或其授权的药品监督管理部门考核合格并取得上岗证的人员。

第十条　医疗机构根据医疗需要可以决定或推荐使用非处方药。

第十一条　消费者有权自主选购非处方药，并须按非处方药标签和说明书所示内容使用。

第十二条　处方药只准在专业性医药报刊进行广告宣传，非处方药经审批可以在大众传播媒介进行广告宣传。

第十三条　处方药与非处方药分类管理有关审批、流通、广告等具体办法另行制定。

第十四条　本办法由国家药品监督管理局负责解释。

第十五条　本办法自2000年1月1日起施行。

国家药品监督管理局文件

国药管市［1999］352号

关于对《药品流通监督管理办法》(暂行)执行中有关问题解释的通知

各省、自治区、直辖市药品监督管理局或卫生厅（局)、医药管理部门：

为保证《药品流通监督管理办法》(暂行)（以下简称《办法》）的贯彻执行，经商并会签卫生部同意，国家药品监督管理局特对各地在实施《办法》中反映的有关个体行医人员和个体诊所设置药房、挂靠行医等问题作如下解释：

一、关于《办法》中规定的“城镇”与“乡村”的划分问题

目前，国家有关部门正在对城镇、乡村的划分标准进行重新修订。届时，即按新标准执行。在新标准发布前，继续沿用目前使用的国务院（1955）国秘字第203号文件、1988年国家统计局《关于城乡划分标准的若干规定》（送审稿）和民政部1989年发布的《民政事业统计主要指标解释》中关于“城镇”和“乡村”划分的规定。按照上述文件规定，本《办法》所称“城镇”包括城市、镇和城镇型居民区三部分。

凡经国务院批准，设置市建制的市人民政府所在地均列为城市，县（旗）以上人民政府所在地均列为城镇。

凡经省、自治区、直辖市人民政府批准设置镇建制的镇人民政府所在地的区域，列为镇的范围。

凡常住人口在两千（含本数）以上，居民中非农业人口占70%以上的大中型工矿区、林垦区、风景名胜区的管理机构、科研单位和高等院校所在地的区域，均列为城镇型居民区范围。

除上述区域外，人口居住比较分散，居民以从事农业生产为主的地区属于乡村。它包括集镇、自然村、零星居民点等。城区、镇所管辖的村列入乡村的范围。

二、《办法》规定城镇个体行医人员、个体诊所不得设置药房，不得从事药品购销活动。

此项规定之目的是为取消“借行医为名，行卖药之实”，从事违法变相无证经营活动，并非完全禁止处方用药。个体诊所可以按照《医疗机构管理条例》、《医疗机构管理条例实施细则》和《医疗机构基本标准》的规定配备药品柜（不得设置药房)，其药品仅限于常用的急救用品种。具体的品种和配备的数量由省、自治区、直辖市药品监督管理局会同同级卫生厅（局）审定。

在上述品种和数量控制范围内，对具体的个体诊所按照其不同的诊疗项目确定其所附带的具体药品品种和数量，并由卫生行政部门按照《医疗机构管理条例实施细则》第28条规定在进行行医执业登记时予以核准登记。

未经核准登记擅自购销使用药品的或超出上述范围规定购销使用药品的，依《办法》第21条第三项按无证经营处理。

三、针对目前某些个体诊所为逃避监管，采取挂靠等方式变更其身份以达到继续卖药目的的行为，国家药品监督管理局和卫生部重申：个体诊所挂靠行医不合法，其卖药行为实质仍是无证经营，必须依法予以查处。

医疗机构根据医疗需要，可以聘用社会医务人员，但必须严格按照卫生部“关于加强医疗机构聘用社会医务人员执业管理的通知”（卫医发（1998）第26号）规定的条件、标准和程序执行。

凡是不符合上述文件规定的，即为挂靠行医。如设置药房从事药品购销活动，依照《办法》第21条第三项按无证经营处理。

四、《办法》中所称“个体行医人员”是指在取得《医疗机构执业许可证》的个体诊所中从事诊疗活动的医师。

国家药品监督管理局
一九九九年十月十九日

处方药与非处方药分类管理流通试点工作方案

（1999年10月19日）

一、党中央、国务院决定国家建立并完善处方药与非处方药分类管理制度，这是我国医药卫生事业发展、医疗卫生体制与药品监督管理深化改革的一项重大举措。为积极稳妥地实施国家药品监督管理局第10号令《处方药与非处方药分类管理办法》，在2000年顺利施行药品分类管理制度，国家药品监督管理局决定用半年时间，在药品流通环节开展分类管理的试点工作。

试点工作的主要目的是：深入了解药品管理部门、经营企业以及社会公众对国家实行处方药与非处方药分类管理制度以及出台的相关政策的态度和反映；了解和掌握药品实行分类管理后对药品经营企业、医疗机构和社会消费行为的影响，发现问题、总结经验，从而正确把握改革力度与社会承受力的关系；探讨分类管理给药品行政执法监督工作带来的变化；通过加强宣传和培训工作，动员群众扩大社会影响，使药品分类管理工作按预定计划顺利实施。通过试点，为我们科学、合理地制定实施药品分类管理政策、规划提供有效依据。

二、试点工作的指导原则

（一）试点工作自始至终要贯彻我局建立药品分类管理制度的指导思想、目标、基本原则精神。即：

指导思想：从保证人民用药安全有效和提高药品管理水平出发，坚持以监管为核心，充分考虑国情，建立科学、合理的管理思路；在制定法规和政策时，要先原则、后具体，先综合、后分类；实施工作要建立在充分调查研究的基础上，既要积极，又要做细，按照分步实施、逐步到位的方式进行。

目标：争取从2000年开始，初步建立起符合社会主义市场经济体制要求的处方药与非处方药分类管理制度和与之相适应新的药品监督管理法规体系，再经过若干年的时间，建成一个比较完善、具有中国特色的处方药与非处方药分类管理制度。

基本原则：根据我国社会和经济发展的实际，采取积极稳妥、分步实施、注重实效、不断完善的方针，保证社会安定和秩序；严格处方药管理，规范药品市场，彻底改变目前药品自由销售状况，确保人民用药安全有效；加强依法监督，加大执法力度，做好宣传、普及、培训工作。

（二）试点工作要注重调查研究，试点单位要加强组织领导，突出宣传教育培训，把转变思想观念，提高思想认识、排除思想障碍做为重点工作去抓。把这项改革的意义、目的、政策讲透，人人明白，使试点工作既不简单从事，盲目开展，又不顾虑重重，举步不前。

（三）实事求是，从实际出发，积极稳妥开展工作。试点期间处方药管理实行双轨制的原则。确定粉针剂、大输液两大类药品实行处方药管理，必须凭医生处方销售。其他处方药在试点时对购药者能提供处方的按分类管理的规定执行，没有医师处方的仍然可以销售。

（四）药品监督管理部门要积极主动地会同各有关部门，加强协作，做好相关工作的配套衔接。

（五）在自愿的基础上，精选试点地区和单位。

（六）重视、发挥新闻单位对试点工作的舆论宣传作用。

三、试点工作主要内容和要求

试点的基本内容：进行全员培训，提高对药品分类管理此项重大改革措施的认识，使思想观念、经营思路符合改革的要求；零售药店经营处方药、非处方药的条件以及处方药、非处方药的采购、调配、销售活动以及医疗单位处方药及处方行为管理。具体试点内容如下：

1．零售药店销售处方药、非处方药的条件及要求：销售处方药和甲类非处方药的零售药店必须配备驻店执业药师或药师以上技术职称的药学技术人员。

《药品经营企业许可证》和执业药师或药师证书应悬挂在醒目、易见的地方。执业药师或药师应佩戴标明其姓名、技术职称的胸卡。

2．零售药店采购处方药、非处方药的行为要求：零售药店必须按照合法的采购药品渠道采购处方药和非处方药，并按有关药品监督管理规定保存采购记录备查。

3．零售药店销售处方药、非处方药的行为要求：零售药店执业药师或药师必须对医师处方进行审核、签字后依据处方正确调配，并经复核后进行销售。对处方不得擅自更改或代用。对有配伍禁忌或超剂量的处方，应当拒绝调配、销售，必要时，经医师对处方更正或重新签字，方可调配、销售。零售药店对处方必须留存两年备查。

处方药和非处方药的销售必须分柜摆放，处方药不得采用开架自选销售方式，同时探讨更合理的具体摆放方式。

4．试点药店依据分类管理的原则和要求修订、制订有关相应的管理制度。

5．医疗单位处方及处方行为管理。

四、试点工作计划、步骤及要求

试点时间从1999年10月下旬至2000年4月。工作步骤大体分三个阶段。

第一阶段：动员培训（1999年10月18日至1999年12月10日）

主要工作内容：

（1）召开全国第一次试点工作会议。

（2）确定试点单位、成立试点工作领导小组（试点地区领导小组应由当地人民政府和相关部门共同组成），确定当地药品监督管理部门试点负责人；试点地区和单位制定本地区、本单位的试点方案，10月底前报国家局备案。

（3）对试点地区和单位组织全员培训，内容包括分类管理政策规章培训和对消费者提供咨询服务的药学知识培训。

（4）现状调查：通过座谈会、问卷调查等方式了解人们对药品分类管理的思想认识；调查统计企业情况，包括人员素质、经营状况、制度建设、是否是医保确定的定点药店、销售品种分类情况等；消费者及企业管理部门对药品分类管理概念的认识等情况。

（5）做好分类销售的准备（OTC商品品种目录应于11月中旬提供）。

第二阶段：实施分类管理（1999年12月10日至2000年3月底）

工作主要内容：

(1) 1999 年12 月10 日起，试点单位开始分类摆放、分类销售。

(2) 经营企业按有关规定操作，并做好统计。

(3) 继续培训，并统计接受培训率，了解培训效果。

(4) 修订制度。

(5) 试点工作组织领导机构应深入基层了解工作进展情况，及时掌握、研究出现的问题。

(6) 2000 年1 月底，召开全国第二次试点工作会议。了解进展情况，发现问题及时解决。

第三阶段：总结（2000 年4 月份）

工作主要内容：

(1) 试点地区及试点单位总结。对照试点工作方案、试点目的要求，检查工作开展情况，总结收获体会。4 月15 日总结材料报国家局。

(2) 试点工作组织领导机构应注意总结实施分类管理中出现的一些带有规律性的问题，以便对全面实施药品分类管理提供可借鉴的经验。

(3) 2000 年4 月20 日召开全国第三次试点工作会议。

五、试点单位的条件及试点单位

试点单位必须具备下列条件：

1．企业经营方式、经营范围、经营条件等基本符合试点工作要求；

2．企业积极、主动并有能力进行试点工作；

3．企业管理水平较高；

4．试点零售药店一般应是具有一定规模的连锁药店和医疗保险定点药店；

5．当地政府及其药品监督管理部门和其他有关行业主管部门重视和支持。

按照试点单位的条件并征得有关地区医药管理部门同意，确定在以下地区、单位进行试点：

1．广东省深圳市；

2．四川省绵阳市；

3．江苏省无锡市；

4．南京医药百信药房有限责任公司；

5．哈尔滨市哈尔滨药材公司，哈尔滨市医药公司；

6．北京市北京医药经济技术经营公司大药房，北京白塔寺药店；

7．广州市健民医药连锁店，广州市采芝林药业连锁有限公司。

六、试点工作的组织

1．国家药品监督管理局市场监督司、安全监管司负责整个试点工作的组织、指导、协调工作。局办公室、注册司密切配合，同时取得卫生部、国家中医药管理局、社保部、经贸委以及中国医药商业协会、中国非处方药物协会、药品评价中心等有关部门的支持与配合。

2．试点企业所在地省、市药品监督管理部门具体负责本地区试点工作的组织、指导、协调工作，同时取得卫生、社保、经贸等部门的支持与配合。

3．试点企业或医疗单位组成以总经理、院长为首，质量和经营、药剂、医务管理干部参加的试点工作小组，负责具体的试点工作。

国家药品监督管理局文件

国药管安［1999］399号

关于公布非处方药专有标识及管理规定的通知

各省、自治区、直辖市药品监督管理局或卫生厅（局）、医药管理部门：

为保障人民用药安全有效，保护消费者权益，方便药品执法监督，规范药品市场秩序，根据《处方药与非处方药分类管理办法》（试行），我局从我国的基本国情出发，经研究并分别经局务会议审议通过和局长会议同意，制定并颁布非处方药专有标识和非处方药专有标识管理规定（暂行），请遵照执行。

各省级药品监督管理部门要及时将文件转发至药品生产、经营和使用单位，并通过多种方式进行广泛宣传，使广大消费者了解、识别非处方药专有标识。

药品生产、经营企业根据我局已发布的药品分类管理有关法规和规定，做好在药品标签、使用说明书、包装以及药品分类销售中使用非处方药专有标识的工作。

请各地药品监督管理部门将执行过程中出现的有关情况，及时报我局安全监管司。

国家药品监督管理局
一九九九年十一月十九日

非处方药专有标识

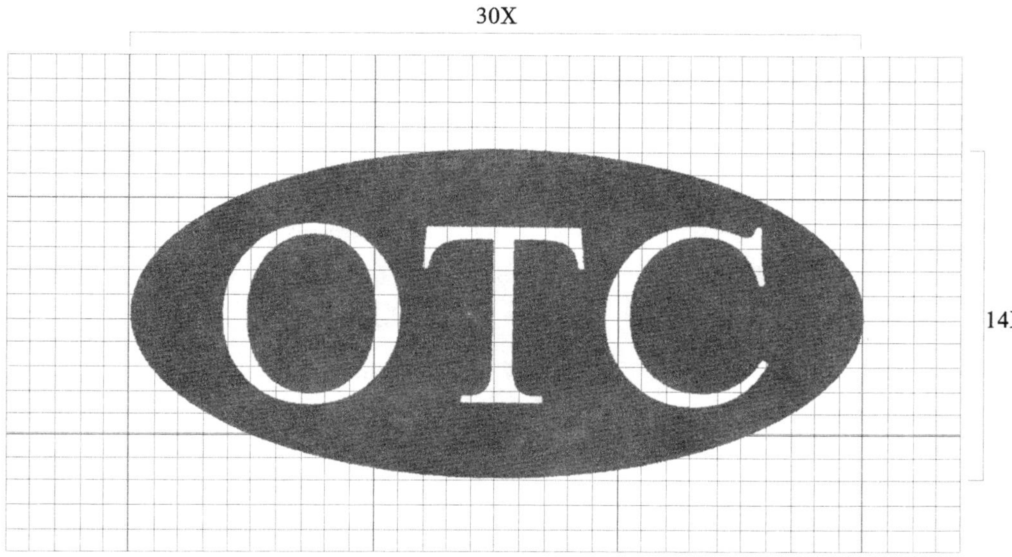

标识结构图

标识黑白

标准色

甲类非处方药专有标识色标　M100Y100

乙类非处方药专有标识色标　C100M50Y70

（见后彩页）

非处方药专业有标识

（彩色标识，标准色）

甲类非处方药专有标识

OTC

甲类非处方药专有标识色标 M100Y100

乙类非处方药专有标识

OTC

乙类非处方药专有标识色标 C100M50Y70

（见后彩页）

非处方药专有标识管理规定

（暂行）

为规范非处方药药品的管理，根据《处方药与非处方药分类管理办法》（试行），规定如下：

一、非处方药专有标识是用于已列入《国家非处方药目录》，并通过药品监督管理部门审核登记的非处方药药品标签、使用说明书、内包装、外包装的专有标识，也可用作经营非处方药药品的企业指南性标志。

二、国家药品监督管理局负责制定、公布非处方药专有标识及其管理规定。

三、非处方药药品自药品监督管理部门核发《非处方药药品审核登记证书》之日起，可以使用非处方药专有标识。

非处方药药品自药品监督管理部门核发《非处方药药品审核登记证书》之日起12个月后，其药品标签、使用说明书、内包装、外包装上必须印有非处方药专有标识。未印有非处方药专有标识的非处方药药品一律不准出厂。

四、经营非处方药药品的企业自2000年1月1日起可以使用非处方药专有标识。

经营非处方药药品的企业在使用非处方药专有标识时，必须按照国家药品监督管理局公布的坐标比例和色标要求使用。

五、非处方药专有标识图案分为红色和绿色，红色专有标识用于甲类非处方药药品，绿色专有标识用于乙类非处方药药品和用作指南性标志。

六、使用非处方药专有标识时，药品的使用说明书和大包装可以单色印刷，标签和其他包装必须按照国家药品监督管理局公布的色标要求印刷。单色印刷时，非处方药专有标识下方必须标示“甲类”或“乙类”字样。

非处方药专有标识应与药品标签、使用说明书、内包装、外包装一体化印刷，其大小可根据实际需要设定，但必须醒目、清晰，并按照国家药品监督管理局公布的坐标比例使用。

非处方药药品标签、使用说明书和每个销售基本单元包装印有中文药品通用名称（商品名称）的一面（侧），其右上角是非处方药专有标识的固定位置。

七、违反本规定，按《药品管理法》及相关法律规定进行处罚。

八、本规定由国家药品监督管理局负责解释。

国家药品监督管理局文件

国药管安［1999］425号

关于对第一批《国家非处方药目录》药品进行审核登记工作的通知

各省、自治区、直辖市药品监督管理局或卫生厅（局）、医药管理部门：

第一批《国家非处方药目录》（国药管安［1999］198号文附件）已经公布。为推进我国药品分类管理工作，实现非处方药药品规范管理，保障人民用药安全有效，根据《处方药与非处方药分类管理办法》（试行）的有关规定，经研究，国家药品监督管理局和各省、自治区、直辖市药品监督管理部门开始对第一批《国家非处方药目录》药品进行审核登记工作。

国家药品监督管理局制定《国家非处方药目录》药品审核登记工作的原则和方案，核定第一批《国家非处方药目录》药品使用说明书；国家药品监督管理局委托省、自治区、直辖市药品监督管理部门负责辖区内药品生产企业非处方药药品审核登记工作。

为使非处方药药品审核登记工作科学、合理、高效地顺利完成，现就有关事项通知如下：

一、审核登记工作程序

（一）为配合政府做好核定非处方药药品使用说明书，确保审核登记工作按计划完成，自本通知发布之日起，非处方药药品生产企业按照《非处方药药品标签、使用说明书和包装指导原则》（附件1，下称《指导原则》），在原批准使用说明书的基础上起草本企业列入第一批《国家非处方药目录》的药品使用说明书（用A4复印纸单面打印），并与该药品原批准使用说明书、《非处方药药品使用说明书审核报送表》（附件2，下称《报送表》）各一式两份，于2000年2月28日前直接报送国家药品监督管理局。

（二）国家药品监督管理局在生产企业报送的药品使用说明书的基础上，组织有关单位和专家或委托省级药品监督管理部门组织有关企业和专家，依据《指导原则》、药品原批准使用说明书和参考由国家药品监督管理局安全监管司、中国药学会组织编写的《国家非处方药专论》，起草统一的非处方药药品使用说明书，经国家药品监督管理局核定后，于2000年5月31日前公布。

（三）国家药品监督管理局公布非处方药药品使用说明书后，各有关药品生产企业

(进口药品由生产厂商授权中国的总代理商)，应向企业注册地的省级药品监督管理部门提交以下资料：

1.《非处方药药品审核登记申请表》(附件3，下称《申请表》)；

2.药品批准文号批件（复印件)、药品生产许可证（复印件)；

3.非处方药药品标签、使用说明书、包装样本（可用设计稿)；

4.药品监督管理部门要求的其他资料。

(四) 2000年6月1日至9月30日为省级药品监督管理部门办理辖区内药品生产企业申请非处方药药品审核登记时间。省级药品监督管理部门对申报企业资格、药品进行核准，依照国家药品监督管理局公布的非处方药药品使用说明书、《指导原则》、《关于公布非处方药专有标识及管理规定的通知》(国药管安［1999］399号) 等有关规定对该药品的标签、使用说明书和包装进行审核，审核同意后，核发《非处方药药品审核登记证书》(附件4，下称《登记证书》)。

(五) 省级药品监督管理部门应于2000年10月31日前将辖区内审核通过的药品《登记证书》并附标签、使用说明书、包装（设计稿）统一抄报国家药品监督管理局（两份)、国家药典委员会、中国药品生物制品检定所。

二、审核登记工作要求

此次非处方药药品审核登记工作在我国尚属首次，时间紧、任务重、政策性强，各有关单位必须加强领导，予以高度重视。

(一) 省级药品监督管理部门接此文件后应尽快明确办事部门和责任人，并将落实情况于2000年1月20日前报送我局安全监管司。

(二) 省级药品监督管理部门要组织认真学习国家药品监督管理局已经颁布的药品分类管理的有关政策和规定，并根据国家药品监督管理局对审核登记工作的要求制定本地区的工作方案。部署工作要明确，要结合本地区实际情况精心组织。

(三) 省级药品监督管理部门要及时将此通知和有关文件转发至辖区内所有药品生产企业，并要求药品生产企业切实做好审核登记的准备工作。

(四) 省级药品监督管理部门要按照国家药品监督管理局公布的非处方药药品使用说明书、《指导原则》和有关规定严格审核、把关，确保质量，按时完成此项工作。

在审核登记工作中，不应附加药品生产企业的额外经济负担。

(五) 非处方药药品生产企业要积极配合药品监督管理部门作好审核登记工作，并按照有关规定及时报送有关资料。

(六) 国家药品监督管理局将对省级药品监督管理部门的非处方药药品审核登记工作进行检查。

三、几点说明

(一)《报送表》、《申请表》、《登记证书》由省级药品监督管理部门统一按国家药品监督管理局公布的格式制作。

(二) 各有关药品生产企业，自取得《登记证书》之日起，即可按照核准登记后非处方药药品标签、使用说明书、包装组织生产。自2001年10月1日起，凡列入第一批《国家非处方药目录》的药品必须按审核登记后的药品标签、使用说明书、包装组织生产，

2001年10月1日前已生产出的药品（以生产批号为准）可以继续在药品有效期（或使用期限或企业负责期）内销售和使用。

（三）第一批《国家非处方药目录》中，除“限复方制剂活性成分”以外，凡标示“受限”的药品，系指限适应症、限剂量、限疗程。非处方药药品生产企业在申报该药品审核登记时，要根据《西药“受限”品种和注释》（附件5）中所规定的范围进行申报。由省级药品监督管理部门按照国家药品监督管理局核准公布的非处方药药品使用说明书进行审核登记，符合规定范围的，审核同意后，核发该药品《登记证书》；不符合规定范围的，按原批准使用说明书生产和使用，仍作为处方药药品。

西药中没有标示“受限”的，经审核登记，取得《登记证书》后，只能作为非处方药药品；未取得《登记证书》的，从2001年10月1日起，必须停止该药品生产（以生产批号为准）。

（四）中成药中凡取得《登记证书》的，作为非处方药药品。《中成药品种名单》（附件6）的品种，其取得《登记证书》后，只能作为非处方药药品；未取得登记证书的，从2001年10月1日起，必须停止该药品生产（以生产批号为准）。

列入第一批《国家非处方药目录》，除附件6中的品种外，其他中成药品种，按原批准使用说明书生产和使用，仍作为处方药药品。

（五）第一批《国家非处方药目录》的药品，取得《登记证书》后，其批准文号不变。为统一规范我国非处方药药品管理工作，各省级药品监督管理部门在核发《登记证书》时，应在《登记证书》右上方统一编号，编号由类别、年份、中华人民共和国行政区划代码、登记顺序号组成，举例说明如下：

类别：分别由AX、AZ或BX、BZ表示。其中，“A”表示甲类非处方药，“B”表示乙类非处方药，“X”表示西药，“Z”表示中成药。

年份：如2000年审核登记的药品，用“2000”表示。

行政区划代码：按国家质量技术监督局发布的中华人民共和国行政区划代码表中，取前二位数字作为编号组成（附件7）。如北京为“11”。

登记顺序号：如“0001”表示辖区内核发《登记证书》时，该药品的登记顺序号为第0001号。

根据举例说明，具体编号组成为：AX（AZ）或BX（BZ）？000？1？001。省级药品监督管理部门在核发《登记证书》时，按药品剂型中的规格编发登记顺序号。

各地在办理审核登记工作中如遇有问题，请及时和我局安全监管司联系。

药品评价处电话：010？8313344转0602，传真：010？8315649

生产企业《报送表》、非处方药药品使用说明书、原批准使用说明书函寄或报送地址：

国家药品监督管理局药品评价中心

北京市崇文区法华南里11号楼2层

电话：010？7164985　传真：010？7164984

邮政编码：100061

附件：

1．非处方药药品标签、使用说明书和包装指导原则

2．非处方药药品使用说明书审核报送表
3．非处方药药品审核登记申请表
4．非处方药药品审核登记证书
5．西药“受限”品种和注释
6．中成药品种名单
7．省、自治区、直辖市行政区划代码表

国家药品监督管理局
一九九九年十二月十四日

附件1：

非处方药药品标签、使用说明书和包装指导原则

为了做好第一批《国家非处方药目录》药品审核登记工作，特制定《非处方药药品标签、使用说明书和包装指导原则》（以下简称《指导原则》），供第一批《国家非处方药目录》药品审核登记使用。

非处方药药品标签、使用说明书及包装应按照《指导原则》，在原批准内容的基础上起草和修改，以达到科学、简明、消费者易懂的要求。

凡《指导原则》中未包括的项目，必须与原批准的药品标签、使用说明书和包装一致。

一、使用说明书内容要求

使用说明书中应包括以下内容：

1．药品名称

必须在显著位置标明药品的通用名称、汉语拼音、英文名称、商品名称（如无商品名称，此项可省略）。

2．药物组成

必须注明药品中所有活性成分（中成药应标明处方全部组成）的通用名称及最小服用单位内的各成分含量和所有非活性成分的名称。不允许使用“等”、“……”等缩略语。

3．药理作用

除原有的药理作用外，必须注明此药品为×××类（如感冒用药、暑湿类药）非处方药药品。对于隶属多类的药品，必须同时注明。

4．适应症（中成药为功能与主治）

描述必须清楚明确，不得超出药品原批准适应症范围，不允许使用“等”、“……”等缩略语。

5．用法用量

使用说明书中必须清楚描述药品的用法用量。用法应与药品原批准的用法相同，用量应以片、丸、支等明确的单位表达；必须标明最大用量，并且不得超过原批准用量。

6．注意事项

（1）对于《国家非处方药目录》中注明使用时间的药品，必须注明“如在××日内症状未缓解，请找医生咨询”。

（2）原药品使用说明书的药物使用过量警告，必须保留，同时还必须注明“如服用过量，请立即向医务人员求助”。

（3）必须注明“当药品性状发生改变时禁止服用”。

（4）必须注明“儿童必须在成人的监护下使用”及“请将此药品放在儿童不能接触

的地方”。

（5）如药品须慎用时，必须注明。

（6）如药品对各种实验室测定指标产生影响，必须注明。

7．不良反应

应包括药品所有已证明的不良反应和潜在的不良反应，原使用说明书中的不良反应内容必须保留。必须注明药品对于儿童、老人、孕妇及其他特殊人群的不良反应，如药品未证明对以上人员的安全性，必须在注意事项中注明。

8．药物相互作用

原使用说明书中的药物（食物）相互作用，必须保留。必须注明“如正在服用其他处方药药品，使用本品前请咨询医生或药师”。

9．贮藏条件

必须注明贮藏条件。

10．有效期（使用期限或企业负责期）

必须注明有效期或使用期限，无有效期或使用期限的，应注明企业负责期；对于开封后不稳定的药品，需注明保存条件和保存期限。

11．规格

不得将同一药品的不同规格写在同一份药品使用说明书中。

12．包装

药品包装应适合非处方药特点；不得随意扩大无用包装。

13．批号或生产日期

14．生产企业地址、电话、邮政编码

如实书写。并注明：“如有问题可与生产企业直接联系”。

二、标签和包装内容要求

1．标签

标签内容必须包括药品名称、规格、批号或生产日期、非处方药专有标识等内容。如可写尺寸大小允许，还应尽可能包含适应症、用法用量、贮藏、有效期和药品使用说明书中的其他内容。必须标示“请按药品使用说明书服用”。

2．包装

包装内容必须包括药品名称、药物组成、规格、适应症、用法用量、批号、生产企业地址、电话、邮政编码和非处方药专有标识；并尽可能包括药品使用说明书规定的其他内容。必须注明“注意事项、不良反应等详见使用说明书”。

三、标签、使用说明书和包装格式要求

1．必须按照“关于公布非处方药专有标识及管理规定的通知”（国药管安［1999］399号）中的规定在药品标签、使用说明书、包装上印制非处方药专有标识。

2．标签、使用说明书和包装上的文字必须清晰，易于阅读。

3．通用名称必须印刷清晰，易于辨认，与商品名称、英文名称排列在一起，且不得小于商品名的1/2。

4．“注意事项”内容必须使用加重字体。《指导原则》中带引号（“”）的部分必须使用加重字体。

附件 2：

非处方药药品使用说明书审核报送表

药品序号：

<table>
<tr><td>报送单位</td><td colspan="3"></td></tr>
<tr><td>通用名称</td><td></td><td>商品名称</td><td></td></tr>
<tr><td>剂　　型</td><td></td><td>规　　格</td><td></td></tr>
<tr><td>单位地址</td><td></td><td>邮　　编</td><td></td></tr>
<tr><td>联 系 人</td><td colspan="3"></td></tr>
<tr><td>电　　话</td><td></td><td>传　　真</td><td></td></tr>
<tr><td colspan="4">附件一：非处方药药品使用说明书
附件二：原批准药品使用说明书</td></tr>
<tr><td colspan="4">备注

单位盖章

年　月　日</td></tr>
</table>

注解：本表右上方的“药品序号”，请企业按第一批《国家非处方药目录》（国药管安［1999］198 号）文件中该活性成分序号填写。

附件3：

非处方药药品审核登记申请表

<table>
<tr><td>药品名称</td><td colspan="3">通用名称：
汉语拼音：
商品名称：
英文名称：</td></tr>
<tr><td>类别
甲□乙□</td><td colspan="2">剂型：</td><td>规格：</td></tr>
<tr><td>药品批准文号</td><td></td><td>药品生产企业许可证证号</td><td></td></tr>
<tr><td>药品执行标准</td><td colspan="3"></td></tr>
<tr><td>附件</td><td colspan="3">标签样本、使用说明书样本、包装样本（设计稿）</td></tr>
<tr><td>申请单位
（盖章）</td><td>年　月　日</td><td>负　责　人
（签字）</td><td></td></tr>
<tr><td>单位地址</td><td></td><td>邮政编码</td><td></td></tr>
<tr><td>电话</td><td></td><td>传　　真</td><td></td></tr>
</table>

附件 4：

非处方药药品审核登记证书

编号：

生产单位		
药品名称	通用名称： 汉语拼音： 商品名称： 英文名称：	
类别 甲□乙□	剂型：	规格：
药品批准文号		
审核结论		
附件	标签、使用说明书、包装样本	
主送单位	（申请单位）	
抄报单位	国家药品监督管理局，国家药典委员会，中国药品生物制品检定所	
抄送单位	辖区内地（市）、县（市）药品监督管理部门及药品检定所等	

省级药品管理部门名称（盖章）

年　　月　　日

附件 5：

西药“受限”品种和注释

序号	名称	适应症	制剂规格
1	布洛芬	用于感冒或流感的解热，减轻轻度至中度疼痛如关节痛、神经痛、肌肉痛、头痛、痛经、牙痛	口服制剂每片、包、粒不超过 0.2 克；缓释胶囊、片剂不超过 0.3 克；口服溶液剂浓度不超过 1%；乳膏剂、搽剂不超过 5%；栓剂不超过 100 毫克/粒
2	双氯芬酸（二乙胺盐）	限外用止痛	浓度不超过 3%
3	阿司匹林（包括阿司匹林钙脲、锌、赖氨酸阿司匹林）	用于感冒或流感的解热，减轻轻度至中度疼痛如关节痛、神经痛、头痛、偏头痛、痛经、牙痛	每片不超过 0.5 克；肠溶片不超过 0.3 克；每包不超过 0.6 克；栓剂不超过 0.5 克/粒
4	吲哚美辛（消炎痛）	限外用解热止痛	外用制剂不超过 1%；贴膏剂不超过 12.5 毫克/贴；栓剂不超过 50 毫克/粒
5	氯美扎酮（芬那露）	用于镇静助眠	每片不超过 0.2 克
6	盐酸异丙嗪（非那根）	用于过敏，镇静	口服制剂每片不超过 12.5 毫克；糖浆不超过 0.1%
7	盐酸苯海拉明	用于过敏和眩晕引起的恶心、呕吐	每片不超过 12.5 毫克；糖浆剂不超过 0.2%
8	茶苯海拉明（乘晕宁）	用于防治乘车、机、船引起的眩晕、恶心和呕吐	每片不超过 50 毫克
9	氢溴酸东莨菪碱	用于防治乘车、机、船引起的眩晕、恶心和呕吐	膜剂（贴片），每贴不超过 1.5 毫克
10	西咪替丁	用于胃酸过多、烧心	口服制剂每片、粒不超过 0.2 克；口服乳剂不超过 1%
11	盐酸雷尼替丁	用于胃酸过多、烧心	每片不超过 0.15 克
12	法莫替丁	用于胃酸过多、烧心	每片不超过 20 毫克
13	多潘立酮	用于消化不良、腹胀、嗳气、恶心、呕吐	片剂每片不超过 10 毫克；混悬剂、滴剂不超过 0.1%；栓剂不超过 30 毫克/粒
14	乳果糖	用于慢性便秘	散剂每包不超过 20 克；糖浆剂、口服溶液剂不超过 50%
15	氢溴酸山莨菪碱	用于胃肠痉挛性疼痛	片剂，每片不超过 5 毫克
16	颠茄流浸膏（或颠茄浸膏）	用于胃肠痉挛性疼痛	片剂，每片不超过 16 毫克

序号	名称	适应症	制剂规格
17	阿苯达唑	用于蛔虫病，蛲虫病	口服剂每片、每粒不超过 0.2 克
18	甲苯达唑	用于蛔虫病，蛲虫病	口服剂每片、每粒不超过 100 毫克；混悬剂不超过 2%
19	双羟萘酸噻嘧啶	用于蛔虫病，蛲虫病	口服剂每片、粒、包不超过 0.3 克；软膏剂不超过 3%
20	肌苷	用于肝病辅助治疗	不超过 0.5 克
21	盐酸氯丙那林（氯喘）	用于支气管哮喘，喘息型支气管炎	片剂，每片不超过 10 毫克
22	二羟丙茶碱（喘定）	用于支气管哮喘，喘息型支气管炎	片剂，每片不超过 0.2 克
23	维生素 A	用于补充营养及维生素 A 缺乏所致的夜盲证，角膜软化症，干眼症，皮肤粗糙角化	胶丸剂，每粒不超过 6000 单位
24	维生素 AD	用于补充营养	胶丸剂，每粒含 A 不超过 3000 单位，D300 单位；滴剂每克含 A 不超过 5000 单位、D500 单位
25	维生素 B_1	用于补充营养及维生素 B_1 缺乏的预防和治疗，如脚气病、神经炎	片剂，每片不超过 10 毫克
26	维生素 B_2	用于补充营养及维生素 B_2 缺乏的预防和治疗，如口腔溃疡、唇炎、舌炎	片剂，每片不超过 10 毫克
27	维生素 B_6	用于补充营养，减轻妊娠呕吐	片剂，每片不超过 20 毫克；缓释片每片不超过 50 毫克
28	泛酸钙	用于泛酸钙缺乏的防治	片剂，每片不超过 20 毫克
29	烟酸	用于补充营养，防治因烟酸缺乏引起的疾病，	片剂，每片不超过 100 毫克
30	烟酰胺	防治因烟酸缺乏而引起的疾病	片剂，每片不超过 100 毫克
31	维生素 C	用于补充营养，防治坏血病，齿龈肿胀、出血	片剂，每片不超过 1 克
32	维生素 D_2 或 D_3	用于补充营养，预防儿童佝偻病，骨质疏松症	胶丸剂，每粒不超过 10000 单位
33	维生素 E	用于补充营养，习惯性流产，不育症的辅助治疗	胶丸剂，每粒不超过 100 毫克
34	葡萄糖酸锌	用于补锌，如因缺锌引起的厌食症，复发性口腔溃疡，皮肤瘙痒等	口服制剂，每片、包不超过 25 毫克，糖浆剂、溶液剂不超过 0.1%
35	苯酚	用于止痒，外耳道炎	外用溶液剂不超过 1%，软膏剂不超过 2%

序号	名称	适应症	制剂规格
36	氢化可的松	用于过敏性皮炎，脂溢性皮炎，神经性皮炎和瘙痒症	软膏剂不超过 0.5%
37	曲安奈德	用于湿疹，皮炎，瘙痒症，脂溢性皮炎	软膏剂、乳膏剂不超过 0.025%
38	氨溶液	用于昆虫叮咬止痒	外用溶液剂不超过 0.5%
39	苯扎溴铵（或苯扎氯铵）	用于皮肤和粘膜的伤口的消毒	外用溶液剂不超过 5%（使用时应稀释），贴剂不超过 0.11 毫克/平方厘米
40	盐酸林可霉素	仅作为绿药膏的主要成分，供局部用于皮肤及蚊虫叮咬后引起的化脓性感染	软膏剂不超过 2%

附件 6：

中成药品种名单

感冒清热颗粒(冲剂)	羚翘解毒丸	桑菊感冒片	银翘解毒片
银柴颗粒	午时茶颗粒(冲剂)	柴胡口服液	板蓝根颗粒(冲剂)
广东凉茶	清凉油	十滴水	清凉含片
仁丹	川贝清肺糖浆(川贝清肺露)	橘红片	川贝止咳露
秋梨润肺膏	山楂精降脂片	绞股蓝总甙片	薄荷锭
大山楂丸	加味保和丸	神曲茶	香砂养胃丸
麻仁丸	麻仁润肠丸	五仁润肠丸	苁蓉通便口服液
阿胶补血膏	八珍丸	阿归养血颗粒	枣仁安神颗粒(冲剂)
烧伤喷雾剂	京万红	风痛灵	风油精
三黄膏	地榆槐角丸	槐角丸	马应龙麝香痔疮膏
跌打丸	三七片	克伤痛搽剂	伤湿止痛膏
驱风油	当归丸	益母草膏	八珍益母丸
当归红枣颗粒	妇康宝口服液	四物合剂	金银花露
导赤丸	健胃消食片	小儿消食片	小儿健胃糖浆
小儿喜食糖浆	启脾丸	脚气散	愈裂贴膏
肤痒冲剂	鼻通宁滴剂	藏青果冲剂	穿心莲片
金莲花冲剂			

附件5：

省、自治区、直辖市行政区划代码表

代码	省、市名称	代码	省、市名称
11	北京市	42	湖北省
12	天津市	43	湖南省
13	河北省	44	广东省
14	山西省	45	广西壮族自治区
15	内蒙古自治区	46	海南省
21	辽宁省	51	四川省
22	吉林省	52	重庆市
23	黑龙江省	53	贵州省
31	上海市	54	云南省
32	江苏省	55	西藏自治区
33	浙江省	61	陕西省
34	安徽省	62	甘肃省
35	福建省	63	青海省
36	江西省	64	宁夏回族自治区
37	山东省	65	新疆维吾尔自治区
41	河南省	66	新疆生产建设兵团

国家药品监督管理局文件

国药管安 [1999] 454 号

关于印发处方药与非处方药流通管理暂行规定的通知

各省、自治区、直辖市药品监督管理局或卫生厅（局）、医药管理部门：

建立药品分类管理制度，是中共中央、国务院在《中共中央、国务院关于卫生改革与发展的决定》中作出的重要决策，是药品监督管理模式的深刻变革。

为了推进处方药与非处方药流通分类管理工作的进程，加强对处方药、非处方药的流通管理，保证人民用药安全、有效、方便、及时，我局依据《中共中央、国务院关于卫生改革与发展的决定》和《处方药与非处方药分类管理办法》（试行），制定了《处方药与非处方药流通管理暂行规定》（以下简称《规定》），并于1999年12月17日经国家药品监督管理局局务会讨论通过。现将《规定》印发你们，请贯彻执行并监督实施。

各级药品监督管理部门要遵循“积极稳妥、分步实施、注重实效、不断完善”的药品分类管理工作方针，按照国家药品监督管理局的总体规划部署，加强组织领导，重视试点的作用，认真制定本地区切实可行的具体实施方案，抓紧开展对药品监督管理人员和医药工商企业经营管理人员的培训和动员工作，强化广泛、持久的宣传工作，取得医药工商企业、有关部门及广大人民群众的理解、支持和配合，切实推进药品分类管理工作。

各地药品监督管理局或卫生厅（局）、医药管理部门在执行和实施过程中遇到有关问题，请及时与我局市场监督司联系。

国家药品监督管理局

一九九九年十二月二十八日

处方药与非处方药流通管理暂行规定

第一章　总　　则

第一条　为了加强处方药、非处方药的流通管理，保证人民用药安全、有效、方便、及时，依据《中共中央、国务院关于卫生改革与发展的决定》和《处方药与非处方药分类管理办法》（试行），制定本规定。

第二条　凡在国内从事药品生产、批发、零售的企业及医疗机构适用于本规定。

第三条　国家实行特殊管理的处方药的生产销售、批发销售、调配、零售、使用按有关法律、法规执行。

第四条　本规定由县级以上药品监督管理部门监督实施。

第二章　生产、批发企业销售

第五条　处方药、非处方药的生产销售、批发销售业务必须由具有《药品生产企业许可证》、《药品经营企业许可证》的药品生产企业、药品批发企业经营。

第六条　药品生产、批发企业必须按照分类管理、分类销售的原则和规定向相应的具有合法经营资格的药品零售企业和医疗机构销售处方药和非处方药，并按有关药品监督管理规定保存销售记录备查。

第七条　进入药品流通领域的处方药和非处方药，其相应的警示语或忠告应由生产企业醒目地印刷在药品包装或药品使用说明书上。

相应的警示语或忠告语如下：

处方药：凭医师处方销售、购买和使用！

甲类非处方药、乙类非处方药：请仔细阅读药品使用说明书并按说明使用或在药师指导下购买和使用！

第八条　药品生产、批发企业不得以任何方式直接向病患者推荐、销售处方药。

第三章　药店零售

第九条　销售处方药和甲类非处方药的零售药店必须具有《药品经营企业许可证》。

销售处方药和甲类非处方药的零售药店必须配备驻店执业药师或药师以上药学技术人员。

《药品经营企业许可证》和执业药师证书应悬挂在醒目、易见的地方。执业药师应佩戴标明其姓名、技术职称等内容的胸卡。

第十条　处方药必须凭执业医师或执业助理医师处方销售、购买和使用。

执业药师或药师必须对医师处方进行审核、签字后依据处方正确调配、销售药品。对处方不得擅自更改或代用。对有配伍禁忌或超剂量的处方，应当拒绝调配、销售，必要时，经处方医师更正或重新签字，方可调配、销售。

零售药店对处方必须留存两年以上备查。

第十一条　处方药不得采用开架自选销售方式。

第十二条　甲类非处方药、乙类非处方药可不凭医师处方销售、购买和使用，但病患者可以要求在执业药师或药师的指导下进行购买和使用。

执业药师或药师应对病患者选购非处方药提供用药指导或提出寻求医师治疗的建议。

第十三条　处方药、非处方药应当分柜摆放。

第十四条　处方药、非处方药不得采用有奖销售、附赠药品或礼品销售等销售方式，暂不允许采用网上销售方式。

第十五条　零售药店必须从具有《药品经营企业许可证》、《药品生产企业许可证》的药品批发企业、药品生产企业采购处方药和非处方药，并按有关药品监督管理规定保存采购记录备查。

第四章　医疗机构处方与使用

第十六条　处方药必须由执业医师或执业助理医师处方。医师处方必须遵循科学、合理、经济的原则，医疗机构应据此建立相应的管理制度。

第十七条　医疗机构可以根据临床及门诊医疗的需要按法律、法规的规定使用处方药和非处方药。

第十八条　医疗机构药房的条件及处方药、非处方药的采购、调配等活动可参照零售药店进行管理。

第五章　普通商业企业零售

第十九条　在药品零售网点数量不足、布局不合理的地区，普通商业企业可以销售乙类非处方药，但必须经过当地地市级以上药品监督管理部门审查、批准、登记，符合条件的颁发乙类非处方药准销标志。具体实施办法由省级药品监督管理部门制定。

根据便民利民的原则，销售乙类非处方药的普通商业企业也应合理布局。

鼓励并优先批准具有《药品经营企业许可证》的零售药店与普通商业企业合作在普通商业企业销售乙类非处方药。

第二十条　普通商业企业不得销售处方药和甲类非处方药，不得采用有奖销售、附赠药品或礼品销售等销售方式销售乙类非处方药，暂不允许采用网上销售方式销售乙类非处方药。

第二十一条　普通商业企业的乙类非处方药销售人员及有关管理人员必须经过当地地市级以上药品监督管理部门适当的药品管理法律、法规和专业知识培训、考核并持证上岗。

第二十二条　普通商业企业销售乙类非处方药时，应设立专门货架或专柜，并按法律法规的规定摆放药品。

第二十三条　普通商业企业必须从具有《药品经营企业许可证》、《药品生产企业许可证》的药品批发企业、药品生产企业采购乙类非处方药，并按有关药品监督管理规定保存采购记录备查。

第二十四条　普通商业连锁超市销售的乙类非处方药必须由连锁总部统一从合法的供应渠道和供应商采购、配送，分店不得独自采购。

第二十五条　销售乙类非处方药的普通商业连锁超市其连锁总部必须具备与所经营药品和经营规模相适应的仓储条件，并配备1名以上具有药师以上技术职称的药学技术人员负责进货质量验收和日常质量管理工作。

第六章　附　　则

第二十六条　本规定由国家药品监督管理局负责解释。

第二十七条　本规定自2000年1月1日起开始施行。

国家药品监督管理局文件

国药管安［1999］460号

关于印发郑筱萸局长、邵明立副局长在处方药与非处方药分类管理工作会议上讲话材料的通知

各省、自治区、直辖市药品监督管理局或卫生厅（局）、医药管理部门：

我局于1999年12月22日至23日在京召开了“处方药与非处方药分类管理工作会议”，国家药品监督管理局局长郑筱萸在会上就我国实施药品分类管理工作的基本思路、总体部署、2000年工作任务及要求和今后工作打算等问题作了重要讲话。副局长邵明立作了会议总结讲话。为便于各地区深入学习、贯彻、落实这次工作会议精神，扎扎实实做好2000年工作，积极推动我国药品分类管理制度的实施，现将郑筱萸局长、邵明立副局长的讲话材料印发给你们。同时，根据我局药品分类管理的整体工作计划，将2000年对各省级药品监督管理部门药品分类管理工作要求通知如下：

一、《处方药与非处方药分类管理办法》（试行）将于2000年1月1日起开始施行，这部试行的部门规章提出了我国实施药品分类管理制度的基本框架和要求。药品分类管理制度涉及与其他相关改革相协调和政策的支持，因而，这些规定的实施不能一步到位，必须按照“积极稳妥、分步实施、注重实效、不断完善”的方针推进我国药品分类管理制度的建立和实施，按照成熟一项，实施一项，分步实施，逐步到位的方式制定出实施规划和步骤，按照“以监督为中心，监、帮、促相结合”的工作方针不断深化这项药品监督管理模式的重大改革。

二、各级药品监督管理部门要认真贯彻落实“处方药与非处方药分类管理工作会议”精神。要认真学习《处方药与非处方药分类管理办法》（试行）、五部局联合印发的《关于我国实施处方药与非处方药分类管理若干意见的通知》，领会其精神实质，认真研究国家药品监督管理局已颁布的有关药品分类管理的相关文件和规定。各单位要高度重视此项工作，切实加强领导，在本单位内要成立由分管领导挂帅的工作协调小组，建立定期协调会议制度。同时，主动与卫生行政部门、劳动和社会保障部门联系，加强沟通和协调，共同促进药品分类管理制度的建立和实施。

三、国家药品监督管理局2000年将继续制定有关药品分类管理法规及相关规定，争取在2000年、2001年两年左右的时间里，初步建立起比较完善、具有中国特色的处方药

与非处方药分类管理制度法规体系和管理框架。

省级药品监督管理部门在贯彻落实国家颁布的法规和规定的同时，要注意并加强调查研究工作，深入药品开发、生产、经营、使用单位了解情况、听取意见，通过不同渠道收集广大消费者对药品分类管理工作的意见和建议，汇总整理后提出相关政策建议报我局。

四、各级药品监督管理部门要将宣传普及和培训作为2000年实施药品分类管理工作中的一项重要任务抓好抓细。要动员社会各界力量，利用各种方式，通过多种渠道进行宣传普及工作，要注意加强同各地新闻媒体的配合，利用传播媒介的优势，采取新闻宣传、专题采访、知识问答、专题节目等形式，广泛开展群众性宣传普及活动，逐步提高人民群众对这项制度法律、法规、政策及相关知识的认识和理解，了解消费者自己的权利和义务，真正懂得我国实施药品分类管理制度对促进人民大众自我保健、自我药疗、安全用药等方面的积极影响和重要意义。

2000年4月或5月份，我局将统一部署在全国范围内开展药品分类管理“宣传周”的活动（有关要求另行通知）。请各省级药品监督管理部门提前作出工作安排，并按我局要求将“宣传周”的计划方案于2000年3月1日前报我局，我局将根据各地区的方案作出统一安排。

五、国家药品监督管理局在2000年将按照“安全有效、慎重从严、结合国情、中西药并重”的指导思想和“应用安全、疗效确切、质量稳定、使用方便”的原则进行第二批非处方药遴选工作。

六、国家药品监督管理局和省级药品监督管理部门从现在起到2000年9月30日前，完成第一批《国家非处方药目录》药品的审核登记工作。这既是一项政策性强、技术性强的专项工作，又是实现非处方药规范管理，提高药品监督管理水平的具体措施，各级药品监督管理部门一定要保质保量地完成好此项工作。

七、省级药品监督管理部门要认真做好对本地区药品监督管理系统人员进行有关药品分类管理工作的专业培训工作，开展对药品生产、经营、使用单位的职工进行法规、政策宣讲活动。各省级药品监督部门如在培训中需要专家授课、讲解，可与我局安全监管司取得联系，由我局组织有关单位和人员协助培训。同时，还应有计划地加强对药品零售人员的专业培训，使他们成为指导消费者科学用药、宣传药品分类管理的骨干力量。

八、自本通知印发之日起，各省级药品监督管理部门应要求辖区内各零售药店做好大输液、粉针剂类的药品凭处方购买的各项准备工作；自2000年4月1日起，所有零售药店对上述剂型的药品必须凭医生处方才能销售。

各省级药品监督管理部门要切实加强监督执法力度，要按照国家药品监督管理局最近公布的《处方药与非处方药流通管理暂行规定》，制定贯彻实施方案。对辖区内各药品零售药店销售的处方药药品、非处方药药品要开始实行分柜摆放。

对处方药、非处方药的广告管理问题，将根据总体安排在修改药品广告审查办法和审查标准后给予明确。

九、省级药品监督管理部门要认真宣传非处方药专有标识，防止误导消费者。非处方药专有标识及管理规定已经公布，非处方药专有标识的宣传工作是面向消费者，使其了解药品分类管理，提高对自我健康负责的有效手段。省级药品监督管理部门要采取措施加强对非处方药专有标识的宣传，正确指导好药品经营单位使用非处方药专有标识，加强对药品经营单位在分类销售处方药和非处方药时使用非处方药专有标识的监督管理，避免对消费者产生误导。

十、要加强对药品分类管理流通试点地区和试点单位的组织领导工作，按照国家已颁布的法规、规定和《处方药与非处方药分类管理流通试点工作方案》组织好试点工作，注意总结经验。

附件：1、加强药品监督管理，按照“积极稳妥、分步实施、注重实效、不断完善”的方针，积极推进我国处方药与非处方药分类管理制度的实施国家药品监督管理局局长郑筱萸在处方药与非处方药分类管理工作会议上的讲话

2、积极稳妥、不断完善我国药品分类管理制度国家药品监督管理局副局长邵明立在处方药与非处方药分类管理工作会议上讲话

国家药品监督管理局

一九九九年十二月三十日

附件1：

加强药品监督管理，按照“积极稳妥、分步实施、注重实效、不断完善”的方针，积极推进我国处方药与非处方药分类管理制度的实施

国家药品监督管理局局长郑筱萸在处方药与非处方药分类管理工作会议上的讲话

（1999年12月22日）

同志们：

处方药与非处方药分类管理工作会议今天开幕了。这次会议是有关药品分类管理工作的第一次工作会议，是在深入贯彻十五届四中全会精神、实现澳门回归之际召开的。这次会议的主要任务是：学习贯彻《处方药与非处方药分类管理办法》（试行，国家药品监督管理局第10号局长令），领会落实五部局《关于我国实施处方药与非处方药分类管理若干意见的通知》（国药管安［1999］120号）精神；了解我国药品分类管理工作的进展情况；明确我国实施药品分类管理的基本思路和总体部署；部署2000年药品分类管理工作安排和今后的工作任务；研讨、座谈药品分类管理的工作思路和步骤。会议还将对第一批《国家非处方药目录》药品审核登记工作进行培训。这次会议时间安排紧凑、内容很多，对推动我国药品分类管理制度的建立和实施，具有十分重要的意义。

药品分类管理在我国还是一项新生事物，也是药品监督管理工作的一次重大改革，为开好这次会议，我讲几点意见。

一、简要回顾

（一）处方药与非处方药分类管理制度是国际上通行的药品管理模式

大家知道，药品是一种特殊商品，是用于预防、治疗、诊断人的疾病，有目的地调节人的生理机能并规定有适应症、用法和用量的物质。本世纪50~60年代，西方发达国家出于用药安全和对毒性、成瘾性药品的销售、使用进行管理和控制，将药品分为处方药和非处方药，制定了相应的法规。随着这些国家对药品分类管理法规和监管的日趋完善，世界医药工业和卫生保健事业的不断发展，目前，各国都认识到实行药品分类管理对人们用药安全有效具有十分重要的作用。世界卫生组织也向发展中国家推荐这一管理模式，并在1989年建议各国将这一管理制度作为药品立法议题。

（二）我国实施药品分类管理制度势在必行

我国药品不良反应监测中心统计了近几年26家医院717份药品不良反应报告，结果表明：抗感染类（以抗生素为主）药品的不良反应构成比例最高，占发病总数41.28%；在引起不良反应的全部47种药品中，以目前已公布的《国家非处方药目录》划分，处方

药为42种，占89.4%，非处方药为5种，占10.6%，处方药的不良反应远远高于非处方药。这些统计报告是医院用药中发现的不良反应，而且是在医药专业人员指导下使用的。可以设想，在没有医药专业人员监督指导下，消费者自行使用这些药品后果的严重性。

目前，我国社会零售药店销售药品时，除对毒、麻、精、放和戒毒药品实行特殊限制外，其他药品基本上处于自由销售状态。这些状况将会带来消费群体的药品滥用，危及人们的健康和生命，同时，由于消费者用药不当导致产生机体耐药性，用药剂量越来越大，造成药品资源浪费的同时，更严重的后果将直接影响我国的人口素质。

随着人民物质、文化、生活水平的日益提高，人民群众的医疗保健观念由"健康由国家负责"向"自我健康、自我负责"转变，消费者将注意力和消费转向对自我保健的投入。从加强药品监督管理的核心出发，为确保人民用药安全有效，建立并实施药品分类管理制度势在必行。

（三）实施药品分类管理是新时期药品监督管理工作的一次重大改革

党中央、国务院从我国社会和经济发展的实际出发，在1996年召开的全国卫生工作会议上决定，并在1997年1月15日印发的《中共中央、国务院关于卫生改革与发展的决定》第七部分"加强药品管理，促进医、药协调发展"中指出：国家建立并完善处方药与非处方药分类管理制度。

这项决定，是适应我国社会主义市场经济体制发展和深化改革，加快医药卫生事业健康发展，完善药品监督管理体制，保障人民用药安全有效的实际需要；是推动医疗卫生改革、医疗保险制度改革，增强人们自我保健、自我药疗意识，降低国家和个人医药费用支出，满足人们在不同层次上对医疗保健消费需求的客观要求；是充分发挥和合理利用社会医疗卫生资源与药品资源，实现我国"人人享有初级卫生保健"总体目标的重要保证；是加快我国医药工业调整产品结构，提高药品质量，促进医药产业和扩大药品市场发展与繁荣的良好机遇。

处方药与非处方药分类管理制度的重点内容和体系是"分类管理"，包括由处方药的管理和非处方药的管理所组成药品分类管理制度。药品分类管理是按照药品安全有效、使用方便的原则，依其品种、规格、适应症、剂量及给药途径不同，对药品分别按处方药和非处方药进行管理，包括建立相应法规、管理规定并实施监督管理。处方药和非处方药都是药品，分类管理是对药品从管理方面作出的划分，因此，药品分类管理制度的建立和实施，必将给药品监督管理工作和药品研究、生产、经营、使用以及广大消费者从法规体系到观念、行为和习惯带来一系列的变革。

（四）积极努力，为推进我国药品分类管理的实施打下良好基础

从80年代末期到90年代中期，我国就已经成立了有关非处方药的专业社团组织，积极从事、开展非处方药方面的探索和研究工作，取得了宝贵的经验。1996年4月，受国务院委托，卫生部等五部局成立了"制定推行处方药与非处方药领导小组"，正式提出了药品分类管理的概念。在领导小组统一部署下，国务院各有关部门以及中国药学会分工协作，在药品分类管理生产、流通、广告等政策和非处方药审批、遴选等方面进行了富有成效的探索，取得一定成果，锻炼了一支队伍，探索了一些经验，为我国建立处方药与非处方药分类管理制度奠定了良好的基础。

国家药品监督管理局组建以来，明确提出实施药品分类管理是我国药品监督管理的

重大改革之一，是新时期药品监督管理体系中的一项重要药物政策，并作为一项重点工作来抓。一年多来，在人员少、任务重、时间紧的情况下，我局就有关药品分类管理涉及相关改革和政策配套等问题，积极同国务院有关部门联系、协商，召开部门联席会议，在有关政府部门、药品生产经营企业、医疗机构、医药学专家和专业人士以及社会团体等社会各界的支持、帮助下，陆续颁布并印发了《处方药与非处方药分类管理办法》（试行），五部局《关于我国实施处方药与非处方药分类管理若干意见的通知》、《关于公布第一批国家非处方药（西药、中成药）目录的通知》、《关于公布非处方药专有标识及管理规定的通知》和《关于对第一批〈国家非处方药目录〉药品进行审核登记工作的通知》等法规和文件。基本勾画出我国实施药品分类管理的基本框架和工作体系。同时，我局选择了3个地区、7个药品商业企业作为药品分类管理流通试点的地区和单位，先行一步，积累经验和教训，为在全国范围内实施打好前哨。下半年，我局还组织到试点地区进行宣讲、培训。在部分地区开展了调研和座谈，成立了负责此项宣传工作的办事机构，部署并完成了多项宣传、普及药品分类管理法规、政策和相关知识的活动。

可以讲，我国实施药品分类管理的时机日趋成熟，并经过各方面的共同努力，社会各界对我国实施药品分类管理制度的认识基本得到统一，我国实施药品分类管理制度的基本框架和思路初步形成，实施药品分类管理的各项准备工作正抓紧制定和落实，这些都为我国药品分类管理制度的实施打下了坚实的基础。

二、我国实施药品分类管理的基本思路和总体部署

2001年1月1日《处方药与非处方药分类管理办法》（试行）将正式施行，这标志着我国药品分类管理制度的初步建立。“以监督为中心，监、帮、促相结合”的方针是药品监督管理系统贯彻落实党的十五大提出的“依法治国”的基本方略，也是全系统必须长期坚持的基本工作方针。药品监督管理工作是经济发展的保障，社会进步的标志，是人民健康事业的重要组成部分，也是建设社会主义现代化强国的重要内容之一。时代让我们肩负着党和国家的重托，人民群众的期望，因此在建立、实施我国药品分类管理制度时，一定要从实际出发，处理好改革、发展与稳定的关系。

（一）基本思路

我们经过考虑，反复认证，提出了我国实施药品分类管理工作的基本思路。即：

指导思想　以保障人民用药安全有效和提高药品监督管理水平为目的，结合中国国情，建立科学、合理的药品分类管理思路；在制定法规和政策时，要先原则、后具体，先综合、后分类；实施工作要建立在充分调查研究的基础上，既要积极，又要做细，按照分步实施、逐步到位的方式进行。

目标　争取从2000年开始，初步建立起符合社会主义市场经济体制要求的处方药与非处方药分类管理制度和与之相适应的新的药品监督管理法规体系，再经过若干年的时间，建成一个比较完善、具有中国特色的处方药与非处方药分类管理制度。

基本原则　根据我国社会和经济发展的实际，采取“积极稳妥、分步实施、注重实效、不断完善”的方针，保证社会安定和秩序；严格处方药监督管理，规范非处方药监督管理，确保人民用药安全有效；加强依法监督，加大执法力度，做好宣传、普及、培训工作。

实施药品分类管理制度的总体思路是我们根据几年来的工作实践和借鉴国外的经验、

教训提出的，其中贯穿着“一个核心、两条主线”。一个核心是：严格处方药监督管理，规范非处方药监督管理，保障人民用药安全有效；两条主线是：一要充分结合中国国情，二要按照“积极稳妥、分步实施、注重实效、不断完善”这十六字方针来逐步推行、实施。

1．实施药品分类管理的核心目的是：严格处方药的监管，规范非处方药的监管，改变现有的药品自由销售状况，保障人民用药安全有效。从药品监督管理出发，这符合我国现阶段社会和经济发展的实际需要，也是保障人民用药安全有效的监管措施之一，通过制定相应的法律法则，逐步制约过去不合理的行为，引导广大消费者正确和合理使用药品；从广大消费者对日益增长的医疗保健需求出发，通过实施药品分类管理，使人民群众正确认识这项制度的重要性和必要性，充分认识到这是党中央、国务院对人民群众健康保护和提高人民群众自我保健水平的正确决策。

2．实施药品分类管理要实事求是地稳步推进。药品分类管理在我国是一项开创性工作，尚处于探索起步阶段，关联面大，情况复杂。同时，我国人口众多，文化素质差异很大，社会和经济不断发展与地区差异不断扩大并存；改革的不断深化与改革不配套、相互制约发展的矛盾突出；现行的市场销售和人民群众的购药习惯根深蒂固。这些情况，客观上将会给社会带来许多方面的变革，对药品分类管理的整体推进和实施带来许多制约因素。因此，在制定法规和实施规划时，一定要充分考虑我国国情，结合社会经济发展的实际和客观规律，实事求是地稳步推进。

药品分类管理是一项制度，关系药品监督管理的各个环节，涉及国务院有关部门的相关改革和政策配套，同时，这项制度也关系到药品生产、经营、使用者和广大人民群众已形成的利益现状。因此，这项制度的建立和实施会遇到许多困难，决不是一朝一夕就能够解决和实现的。

国家药品监督管理局颁布的第10号局长令即将于2000年1月1日起施行。这部试行的行政规章共15条，浓缩了我国实施药品分类管理制度的基本法规框架和管理体系，既为修改《药品管理法》提供了基础素材，又为今后制定配套实施办法和监管工作提供了依据和指导，对“积极稳妥、分步实施、注重实效、不断完善”地推动实施药品分类管理制度提供了保障。

（二）总体部署

国务院领导十分关注我国实施药品分类管理制度的进程，多次询问并作出指示。国家药品监督管理局组建以来，始终将此项工作作为局重点工作之一，由邵明立副局长作为总负责人，协调此项工作的各个方面，并建立了局药品分类管理工作协调会议制度。同时，我局还会同卫生部、劳动和社会保障部、国家中医药管理局、国家工商局、国家计委、国家经贸委、财政部等部门不定期召开工作协调会，研究政策，力求整体推进。

实施药品分类管理事关全局，意义重大，国务院各有关部门、各级药品监督管理部门必须群策群力，协调一致，共同推进，才能完成好党中央、国务院交给的这项任务。

国家药品监督管理局局党组经过慎重研究，决定并提出了实施药品分类管理要遵循“积极稳妥、分步实施、注重实效、不断完善”的方针。按照成熟一项，实施一项；分步实施，逐步到位的方式进行。

1．立法是药品监督管理的基石。我们已经出台了《处方药与非处方药分类管理办法》（试行），这个《办法》的实施只是标志着我国药品分类管理制度的初步建立，距离党中央、国务院提出的“建立并完善”还相距甚远。首先，我们已经建议在修改《药品管理法》时，增加处方药与非处方药分类管理的相关条款；其次，除已经颁布的非处方药专有标识及管理规定外，《处方药与非处方药流通管理暂行规定》，药品商品名称管理办法，药品包装、标签和使用说明书管理规定，仿制药、进口药、新药的非处方药审批管理办法也将陆续制定、颁布；第三，国家工商局的《药品广告审查办法》和《药品广告审查标准》，我局正会同国家工商局进行修订。

2．处方药药品必须凭处方才能调配、购买和使用，这需要一个循序渐进的过程。行政规章中已对处方药、非处方药作出了明确的解释，但现阶段全部处方药药品必须全部凭处方才能购买对药品商业企业影响冲击很大，同时，在现有的医药一体化的医疗体制下，持方外购的比重还很小，解决不了处方来源，因此，短时间内实现处方药药品必须凭处方购买是很难做到的。五部局《意见》中已明确“卫生部、国家中医药管理局将从卫生改革与发展的实际出发，按药品分类管理的相关要求，加强医疗机构的处方管理”。同时，随着医改的深入，社区医疗服务体系的不断完善，人民群众自我保护意识的不断提高，这一问题会逐步得到解决的。

因此，对处方药药品我们采取“双轨制”的办法，即我们计划分期、分批公布必须凭处方购买的处方药并加强监管，除必须凭处方购买以外的药品，消费者可以持方购买，也可直接购买。同时，进行新的非处方药的遴选工作。经过3~5 年左右的时间，实现所有处方药药品的销售必须凭处方购买和使用。

3．乙类非处方药的公布将视药品市场秩序整顿情况而定。根据药品的安全性将非处方药划分为甲类和乙类，这是解决广大农村尚有相当部分地区缺医少药的情况而考虑的。国家药品监督管理局组建后，组织各方面力量，加大力度依法取缔各种药品集贸市场，严厉打击制售假劣药品行为，取得了很大成效，但这种“毒瘤”依然阻碍着药品市场的发展，危害着人民群众健康。今明两年是药品经营企业换发经营企业许可证的时间，我局已要求对换发药品经营企业许可证的条件和标准进行严格审查；按照处方药与非处方药分类管理的规定，规范药品经营行为；推行以总代理、总经销、连锁经营等适应市场竞争要求的营销方式；鼓励取得GSP 认证的企业跨地域开办连锁店或分店等。这些措施的实施，将能从根本上解决我国药品市场秩序混乱的局面。

第一批《国家非处方药目录》中，已经选出了乙类非处方药，但我们规定全部按甲类非处方药进行管理。随着药品市场秩序的好转，我们将公布哪些药品可作为乙类非处方药。有关零售乙类非处方药的商业企业准入的资格和条件，我局有关部门正在制定过程中。

4．实施药品分类管理后，药品研究、生产、经营单位关注和关心的如非处方药的价格能否放开，非处方药能否进入城镇职工基本医疗保险用药目录，零售药店的销售规范管理，处方药、非处方药广告宣传的法规执行时间等问题，我们将在国务院领导下，积极与有关部门逐步协调，力求使这些问题的解决更有利于这项制度的实施。

此外，涉及非处方药药品生产企业审核登记工作、旧有药品包装材料的使用、对停止生产药品的规定和在规定时间内已生产出的药品流通、使用等方面的要求，我们会在调研的基础上，充分考虑企业的实际情况，留有充裕时间，减少经济损失，实现平稳过渡。

三、2000 年工作部署

2000 年是我国对药品实施分类管理的第一年，面对这一艰巨的任务、新的课题，如何使我们在药品分类管理实施进程中迈出坚实的一步，为今后的实施工作开个好头、打好基础是十分重要的。为此，提出以下几项要求：

（一）各级药品监督管理部门要认真学习、领会《处方药与非处方药分类管理办法》（试行）、五部局联合印发的《关于我国实施处方药与非处方药分类管理若干意见的通知》精神，认真研究国家药品监督管理局已颁布的有关药品分类管理的相关文件和规定。各单位要对此项工作高度重视，切实加强领导，在本单位内要成立由分管局长挂帅的工作协调小组，建立定期协调会议制度。同时，主动与卫生行政部门、劳动保障部门联系，加强沟通和协调工作，共同促进药品分类管理制度的建立和实施。

（二）国家药品监督管理局2000 年将继续有关药品分类管理法规及相关规定的制定，争取通过2000 年、2001 年两年左右的时间，初步建立起比较完善、具有中国特色的处方药与非处方药分类管理制度法规体系和管理框架。

省级药品监督管理部门在贯彻落实国家颁布的法规和规定的同时，要注意并加强调查研究工作，深入药品开发、生产、经营、使用单位了解情况、听取意见，通过不同渠道收集广大消费者对药品分类管理工作的意见和建议，汇总整理后提出相关政策建议报我局。

（三）2000 年我局的一项重点工作就是对已出台的法规进行宣传、培训。广大人民群众、业内人士，包括我们许多药品监督管理人员对这项制度的内容和意义也还不是很清楚。国家药品监督管理局下决心在2000 年花大力气组织专门力量，就药品分类管理进行宣传、普及、推广，为此，我们专门组建了由局安监司、办公室组成的工作班子负责此项工作，并确定宣传、普及、教育工作的中心和主题。目前，此项工作已基本按计划部署完毕。

省级药品监督管理部门也要将宣传、培训、普及工作作为2000 年实施药品分类管理工作中的一项重要任务来抓。要动员社会各界力量，利用各种方式，通过多种渠道进行宣传普及工作，要注意加强同各地新闻媒体、广大新闻工作者的配合，利用传播媒介的优势，采取新闻宣传、专题采访、知识问答、专题节目等形式，广泛开展群众性宣传普及活动，逐步提高人民群众对这项制度法律、法规、政策及相关知识的认识和理解，了解消费者自己的权利和义务，真正懂得我国实施药品分类管理制度对促进人民群众自我保健、自我药疗和对自我健康、安全用药等方面的积极影响和重要意义。

2000 年4 月或5 月份，我局计划在全国范围内开展药品分类管理“宣传周”的活动，具体部署意见我局将另行印发。请各省级药品监督管理部门提前做出工作安排，并将“宣传周”的计划方案于2000 年3 月1 日前报我局。我们将根据各地区的方案作出统一安排。各地区在统一部署下，可按照实际情况采取不同形式进行。

（四）国家药品监督管理局在2000 年将按照“安全有效、慎重从严、结合国情、中西药并重”的指导思想和“应用安全、疗效确切、质量稳定、使用方便”的原则进行第二批非处方药遴选工作。有关第二批遴选工作方案和技术标准将于2000 年一季度印发。

（五）国家药品监督管理局和省级药品监督管理部门从现在起到2000 年9 月30 日前

对第一批《国家非处方药目录》的药品完成审核登记工作。这是一项政策性和技术性很强的专项工作，是提高药品监督管理水平、规范非处方药管理的具体体现，各级药品监督管理部门一定要保质保量地完成好此项工作。

（六）省级药品监督管理部门要认真组织好对本地区药品监督管理系统内人员有关药品分类管理工作的专业培训，开展对药品生产、经营、使用单位的法规、政策宣讲。同时，还应有计划地加强对药品零售人员的专业培训，使他们成为指导消费者科学用药、宣传药品分类管理的骨干力量。

（七）非处方药专有标识及管理规定已经公布。非处方药专有标识的宣传工作是面向消费者，使其了解药品分类管理，提高对自我健康负责的有效手段。省级药品监督管理部门要采取措施加强对非处方药专有标识的宣传，正确指导好药品经营单位使用非处方药专有标识，加强对药品经营单位在分类销售处方药和非处方药时使用非处方药专有标识的监督管理，避免对消费者产生误导。

（八）流通试点地区和试点单位要加强组织领导，率先垂范，为我国实施药品分类管理做出贡献。我们选择的 3 个试点地区和 7 个试点单位总体上都是经济比较发达的，药品经营管理水平也是比较高的，其目的一是通过试点起到辐射全国的宣传作用，使各地区药品监督部门、药品工商企业和广大消费者进一步了解和理解药品分类管理制度；二是通过试点促进试点地区的药品监督管理部门、药品商业企业先行建立起与药品分类管理制度相适应的药品监督管理模式和经营管理模式，为其他地区提供学习和借鉴的经验；三是通过试点取得经验、发现问题，提供解决问题的有效办法，为政府在确定实施规划和实施方法、步骤时提供依据。

各试点地区和单位一定要加强领导，按照国家已颁布的法规、规定和《处方药与非处方药分类管理流通试点工作方案》组织好试点工作，要继续有计划地对职工进行药品分类管理相关内容的培训和学习，以适应药品分类管理制度的要求。

同志们，药品分类管理制度的建立和实施在我国还处于探索和起步阶段，会遇到许多不可预料的困难，需要逐步解决的问题还很多，甚至在实施过程中也会出现走弯路的情况。但我们药品监督管理系统有信心，在国务院有关部门的配合下，在社会各界的支持下，经过努力，一定会完成好党中央、国务院赋予我们的职责和任务，把实施药品分类管理工作不断推向深入，提高我国药品监督管理水平，保障人民用药安全有效。

附件2：

积极稳妥、不断完善我国药品分类管理制度

国家药品监督管理局副局长邵明立在处方药与非处方药分类管理工作会议上的总结讲话

（1999年12月23日）

同志们：

在这次处方药与非处方药分类管理工作会议上，各位代表对会议内容很关注，态度很认真，讨论也很有成效。大家进一步认真学习了药品分类管理方面的相关法规文件，进一步提高了对实施药品分类管理工作的认识。郑局长昨天作了重要讲话，为我们搞好药品分类管理工作确定了原则，提出了工作要求，对我们今后做好这项工作具有重要的指导意义。大家在这两天的学习讨论中也对今后工作提出了许多很好的意见与建议，并结合各地实际交流了一些情况，尤其是试点地区和单位的同志，对这项工作十分重视，工作做得很好，会后我们将认真总结归纳大家的意见和建议。这次会议完成了预定的任务，开得很成功。会后大家即将分赴各自的工作岗位，落实此次会议的工作任务。在此，我再讲几点意见，供大家参考：

一、充分认识实施药品分类管理的深远意义

实施处方药与非处方药分类管理，不仅是我国药品分类管理与国际管理模式接轨的具体体现，同时也是我国药品监督管理的一项重大改革。药品分类管理是当今国际行之有效的管理模式，这种分类管理模式是本世纪五六十年代西方国家在接受惨痛教训后，出于对毒性、成瘾性药品的销售、使用进行管理和监控而产生的。但是药品分类管理的意义已不仅仅在毒性药物和成瘾性药物的监管，而是不断发展到指导临床合理用药、杜绝药物滥用的整个领域。这种模式现已被世界上大多数国家所采纳，世界卫生组织（WHO）在70年代就积极向其各成员国尤其是发展中国家推荐这一管理模式，并于1989年建议各国将此模式作为国家药物政策而立法。我国开展这项工作是比较晚的，进入实质性操作是在1995年。

据世界卫生组织（WHO）专家调查指出，住院病人中药物不良反应发生率在10%~20%。1990年我国有聋哑儿童180余万人，其中60%以上是不合理用药造成的，这个数字每年还在增加，可见药物滥用的严重性。更有一些药物不良反应直接危及人民的生命。这不仅给国家的卫生资源、药品资源造成极大的浪费，更严重的是对我们全民族的身体素质的提高、对我们整个民族的发展带来重大影响，这必须引起我们足够的重视。所以，我们要通过药品分类管理，来进一步加强处方药的管理，规范非处方药的管理，更切实地保障人民用药的安全有效。

因此，实施药品分类管理，其核心是加强处方药的管理，加大处方药的管理力度。有

的同志讲，平时总是讲非处方药怎么样，很少讲处方药。而实质上，我们从开展这项工作开始，所做的工作都是加强处方药的管理；同时，使非处方药的管理更加科学规范。我们专业人员，尤其是省级药品监督管理人员，平时讲话若总是讲“我们在搞非处方药”，就很容易在思想上、认识上、理解上形成一种误解。实质上，我们不是“在搞非处方药”，我们是“在搞分类管理”！这样表达同志们就会理解。按照计划，我们要逐渐地加强处方药品的管理，逐步地扩大凭处方购药的类别和名单。我国目前药品管理体制人所共知，销售状态是一种大“非处方药市场”的状态，除毒、麻、精、放、戒毒药品国家实行特殊管理外，其他药品均属自由销售状态。所以，我们应认识到，现在的核心工作是加大处方药的管理，同时规范非处方药的管理，加强合理用药的宣传；正确地引导医疗机构、医务工作者、消费者科学、安全、合理地使用药物，从而达到保障我国人民用药安全有效的目的。

同志们，我们这项工作的意义是十分重大的，可以说这是我国建国以来药品管理中的一项重大的改革。希望大家充分认识药品分类管理工作的重要性。

二、充分认识实施药品分类管理的艰巨性

党中央、国务院在充分调查研究的基础上，做出了我国建立并完善处方药与非处方药分类管理制度的决定。而我国的国情与我们实施药品分类管理关系十分密切。我国人口众多，文化素质偏低，地域差别较大，经济发展不平衡，都将是我国在实施药品分类管理工作中所面临的问题。

有些人讲，实施药品分类管理后，老百姓买药可就难了，若要买处方药还必须到医院找医师去开处方，这不是给咱老百姓制造麻烦吗？讲这类话的人，绝大多数可以讲是缺乏医药知识的人，他是不清楚药物滥用可能导致的严重后果。还有的同志讲，我们的药品不愿成为非处方药，因我们销售主渠道是医疗机构，若划为非处方药今后是否对销售有影响；非处方药今后是否能进公费报销目录；是做处方药好，还是非处方药好等等很实际的问题。的确，根据现在我们国家医疗体制，企业都愿意自己的药品能进入公费医疗报销目录，享受国家费用补贴，但应该看到，随着国家医疗体制、保险医疗制度改革的深入，这种靠进入公费医疗目录为销售主渠道的方式，其作用将会逐渐弱化。也有的经营企业片面认为实施药品分类管理后，药店经营品种一方面是受到限制，另一方面销售处方药必须要处方，可零售药店又缺乏处方来源，这不是分明让药店垮台吗？这些都和我国国情有直接关系。还有文化差异的问题与这项工作关系也很密切。我国有两亿青壮年文盲，他们不识字，怎么能有自我诊断的能力，怎能看说明书呢？使用非处方药是非常困难的事情。发达地区可能问题不大，没有什么文盲，而欠发达地区就很困难。这种差异对我们实施药品分类管理工作来说的确是个问题。

所有这些问题都应当是我们在推行一项改革措施时应充分考虑的问题。我们在工作中，在思考工作方法时，都应考虑到这些因素。

以上这些情况，将是我们实施药品分类管理工作中会遇到的实际问题，为此我们在实施过程中提出了“积极稳妥、分步实施、注重实效、不断完善”的十六字方针。国家药品监督管理局在制定政策时已经考虑到了这些，我们有联席会议制度，有包括与其他部委的定期交流。大家可以注意到，公布的第一批国家非处方药目录中没有分为甲、乙类。确切地讲，第一批目录品种全部属甲类非处方药，这主要是考虑减轻对零售药店经营品种的影响；二是没有强调药店一定要配备驻店执业药师。在充分考虑国情的基础上，我们制定了分段工作目标；又考虑到在不影响消费者与经营者利益的基础上，先进行试点，在试点单位我们先采取处方药与非处方药分柜摆放的形式，采取双轨制，让经营单位有一适应过程，同时让消费者一目了然，在经营上控制了大输液、粉针剂这两类在普通零售药店所占营业份额很有限的品种，同时也是普通消费者一般不购买的药品。最终我们还是要按要求规范这些做法，但这需要一个过程。希望大家打消顾虑，任何新制度的实施，都不可能在瞬间达到要求，都需有一个循序渐进的过程。但是，这个过程不是等来的，需要我们去做，积极地工作起来，积极地进行运作。一项新的工作肯定会遇到这样那样的问题，而这些问题需要我们研究，遇到困难需要我们探索，遇到阻力需要我们克服。我们必须逐渐将这个过程缩短，解决问题之后总结经验，为今后全面推行并完善药品分类制度打下良好的基础。

在此过程中，我们各级领导都要对这项任务的艰巨性有充分的认识。在实施过程中，把各项工作抓实抓好。

三、精心组织、广泛宣传，努力做好药品分类管理工作

两天的会议即将结束了，这次会议的中心目的，是让大家深入学习《处方药与非处方药分类管理办法》（试行）与五部局联合印发的《关于我国实施处方药与非处方药分类管理若干意见的通知》精神；落实药品分类管理工作任务。这次会议时间安排得很紧，要大家学习与掌握的内容很多。在分组座谈会上，大家进行了广泛的研讨。这说明大家对药品分类管理工作是非常认真的，任何一项新制度的产生，都不可能一帆风顺，总有这样那样的问题，这就需要我们在实践中不断改进和完善。实施药品分类管理制度，是我国药品监督管理的一项重大改革，关系到人民群众、生产企业、经营企业、使用单位的切身利益，是一项牵扯面广、难度大的系统工程。为此，我们各级药品监督管理部门的同志，要有充分的思想准备，一定要恪尽职守，以保证人民群众用药安全有效为己任，加强对药品分类管理工作的领导，与当地卫生、劳动保障、工商等部门密切合作，精心组织，共同做好以下工作。

建国以来这么重大的一项改革由我们来实施，是一件很有幸的事情。第10号局长令是国家药品监督管理局惟一一个从2000年1月1日开始施行的，是千年首日的任务，很有纪念意义，我们一定要把它组织好。

（一）认真组织，按时完成非处方药品种审核登记工作

根据《关于对第一批〈国家非处方药目录〉药品进行审核登记工作的通知》（下称《通知》，国药管安［1999］425号）精神，从现在开始到明年9月30日止，非处方药品种的审核登记工作将在10个月中完成，可以讲，时间紧、任务重。为此，各省级药品监督管理部门一定要认真组织，精心安排，保证按时完成任务。同志们回去后要尽快将《通知》转发到辖区内每一个制药企业，同时要明确此项工作的负责人及具体承办人。没有组建药品监督管理局的省市、医药管理部门与卫生厅（局）的同志要按照党中央、国务院在地方机构改革完成之前，在职能归并之前，不授权、不转变执法主体的要求，密切协调，按照原职能各司其职、各负其责的原则积极落实好负责机构与人员，保证工作不断、不乱、不散，确保此项非处方药品种审核登记工作的顺利、按时完成。

（二）积极推行药品分类管理制度的实施

2000年1月1日《处方药与非处方药分类管理办法》（试行）正式施行，国家药品监督管理局将在总结试点工作经验的基础上，在全国逐步推行药品分类管理制度的实施。全国各零售药店销售的处方药、非处方药品种将实行分柜摆放。大输液、粉针剂类品种将严格凭处方购买。各地药品监督管理部门要切实负起责任，加强监督力度，在大力宣传法规的基础上，积极引导企业规范经营行为。具体方法各地可以在符合原则的基础上，结合各地情况逐步推行。有的地方提出借此机会整顿药品市场、规范药品监督管理，这也是很好的思路，达到事半功倍的效果。

（三）广泛开展宣传活动

随着药品分类管理工作的不断深入，得到了社会各界的广泛关注，国家局将在国内各大新闻媒体，通过电台、电视台、报刊、杂志等进行不同形式的报导与宣传，使广大人民群众充分了解药品分类管理的目的、意义，同时正确掌握自我保健、自我药疗知识。各地药品监督管理部门也要结合当地实际情况，因地制宜，充分利用各地新闻媒体，开展多种形式的宣传普及教育活动。明年春季国家局还将在全国各大中城市进行为期一周的“药品分类管理”宣传周活动。届时各地药品监督管理部门要积极配合，通力协作，使我国药品分类管理工作在全国掀起宣传高潮，使药品分类管理制度的实施真正达到广为人知的效果。

（四）继续完善药品分类管理的相关法规

我们将在药品分类管理试点工作的基础上，认真总结经验，广泛开展调查研究，继续完善药品分类管理相关法规的制定。法规体系的完善将是实施药品分类管理制度强有力的保障。我们搞好药品分类管理制度，是与省级药品监督管理部门的积极实践分不开的，各地在实践过程中一定要注意发现问题，总结经验。

（五）继续开展非处方药品种的遴选

近期我们将制定非处方药遴选办法，逐步开展第二批、第三批非处方药品种的遴选工作。今后非处方药的遴选工作程序是公开的，也要发挥省级药品监督管理部门的作用。因此，省级药品监督管理部门的工作是非常重要的基础依据，这项工作我们将另行布置。

（六）继续开展教育培训活动

国家局将继续组织或委托组织举办药品分类管理相关法规知识学习培训，使药品监督管理人员、医务人员及有关人员能详细、准确了解我国实施药品分类管理的各项政策法规。春节前后大家要求对省级药品监督管理人员进行培训的建议很好，会后我们将研究实施。

结合《处方药与非处方药流通管理暂行规定》的颁布将开展对药店销售人员的专业培训，使之掌握基本知识，为消费者提供咨询和指导。

同志们，这次会议开得很好，达到了预期目的，通过这次会议，大家统一思想，达成了共识。我们应看到，我们所进行的药品分类管理工作是一项开创性工作，是保证人民用药安全、有效的有力措施，必将为全面提高我国人民健康水平产生积极的影响。虽然在今后的工作中还会遇到困难、问题，但只要我们坚持“积极稳妥、分步实施、注重实效、不断完善”的工作方针，药品分类管理工作在大家的共同努力下就一定能越做越好，药品分类管理制度也会随之不断完善。

国务院办公厅文件

国办发［2000］16号

国务院办公厅转发国务院体改办等部门关于城镇医药卫生体制改革指导意见的通知

各省、自治区、直辖市人民政府，国务院各部委、各直属机构：

国务院体改办、国家计委、国家经贸委、财政部、劳动和社会保障部、卫生部、国家药品监督管理局、国家中医药管理局《关于城镇医药卫生体制改革的指导意见》已经国务院同意，现转发给你们，请认真贯彻执行。

国务院

二〇〇〇年二月二十一日

关于城镇医药卫生体制改革的指导意见

国务院体改办　国家计委　国家经贸委　财政部
劳动保障部　卫生部　药品监管局　中医药局
（二000年二月十六日）

为贯彻《中共中央、国务院关于卫生改革与发展的决定》（中发［1997］3号）和《国务院关于建立城镇职工基本医疗保险制度的决定》（国发［1998］44号），进一步调动医药卫生工作者的积极性，优化卫生资源配置，改进医德医风，提高医疗服务质量，整顿药品生产流通秩序，抑制医药费用过快增长，国务院决定在建立城镇职工基本医疗保险制度的同时，进行城镇医药卫生体制改革。改革的目标是：建立适应社会主义市场经济要求的城镇医药卫生体制，促进卫生机构和医药行业健康发展，让群众享有价格合理、质量优良的医疗服务，提高人民的健康水平。

一、实行卫生工作全行业管理

卫生行政部门要转变职能，政事分开，打破医疗机构的行政隶属关系和所有制界限，积极实施区域卫生规划，用法律、行政、经济等手段加强宏观管理，并逐步实行卫生工作全行业管理。完善有关规章制度，健全医疗服务技术规范。合理划分卫生监督和卫生技术服务的职责，理顺和完善卫生监督体制，依法行使卫生行政监督职责。禁止各种非法行医。

有关部门要建立和完善医疗机构、从业人员、医疗技术应用、大型医疗设备等医疗服务要素的准入制度。

二、建立新的医疗机构分类管理制度

将医疗机构分为非营利性和营利性两类进行管理。国家根据医疗机构的性质、社会功能及其承担的任务，制定并实施不同的财税、价格政策。非营利性医疗机构在医疗服务体系中占主导地位，享受相应的税收优惠政策。政府举办的非营利性医疗机构由同级财政给予合理补助，并按扣除财政补助和药品差价收入后的成本制定医疗服务价格；其他非营利性医疗机构不享受政府补助，医疗服务价格执行政府指导价，卫生、财政等部门要加强对非营利性医疗机构的财务监督管理。营利性医疗机构服务价格放开，依法自主经营，照章纳税。

三、建立健全社区卫生服务组织、综合医院和专科医院合理分工的医疗服务体系

社区卫生服务组织主要从事预防、保健、健康教育、计划生育和常见病、多发病、诊断明确的慢性病的治疗和康复；综合医院和专科医院主要从事疾病诊治，其中大型医院主要从事急危重症、疑难病症的诊疗，并结合临床开展教育、科研工作。要形成规范的社区卫生服务组织和综合医院、专科医院双向转诊制度。保障广大群众对医疗服务的选择权，职工可以选择基本医疗保险定点医疗机构就医、购药，也可持医生开具的处方选择基本医疗保险定点药店购药。位于城市的企业医疗机构要逐步移交地方政府统筹管理，纳入城镇医疗服务体系。

四、加强卫生资源配置宏观管理

加快实施区域卫生规划，采取多种措施调整和控制卫生资源的存量和增量。卫生资源已经供大于求的地区，不再新建或扩建医疗机构；减少过多的床位，一部分可转向护理、康复服务；调整卫生技术人员结构，引导富余人员向基层、社区卫生服务组织、卫生执法监督机构和医疗服务薄弱的地区流动；开展业务培训，提高人员素质，培养全科医生；严格审批大型医疗设备配置，调整现有设备分布，提高使用效率；对医疗服务量长期不足，难以正常运转的医疗机构，引导其拓展老年护理等服务领域，或通过兼并、撤销等方式进行调整。鼓励各类医疗机构合作、合并，共建医疗服务集团。

五、改革预防保健体系

坚持预防为主的方针，建立综合性预防保健体系，负责公共卫生、疾病预防、控制和保健领域的业务技术指导任务，并提供技术咨询和调查处理传染病流行、中毒等公共卫生突发事件。医疗机构要密切结合自身业务积极开展预防保健工作，要发挥社区卫生服务组织开展预防、保健、健康教育和心理咨询方面的作用。

六、转变公立医疗机构运行机制

扩大公立医疗机构的运营自主权，实行公立医疗机构的自主管理，建立健全内部激励机制与约束机制。根据任职标准，采用公开竞争、择优聘任为主的多种形式任用医院院长，实行院长任期目标责任制。建立以岗位责任制为中心的各项内部规章制度，严格执行医疗技术服务标准，规范医疗行为，保证医疗服务质量。

加强医疗机构的经济管理，进行成本核算，有效利用人力、物力、财力等资源，提高效率、降低成本。实行医院后勤服务社会化，凡社会能有效提供的后勤保障，都应逐步交由社会去办，也可通过医院联合，组建社会化的后勤服务集团。

深化医疗机构人事制度和分配制度改革。按照精简、高效的原则定编定岗，公开岗位标准，鼓励员工竞争，实行双向选择，逐级聘用并签订合同。严格执行内部考核制度和患者反馈制度，员工收入要与技术水平、服务态度、劳动贡献等挂钩。医疗机构也应减人增效，转岗人员的待遇及再就业工作按照国家有关规定执行。

七、实行医药分开核算、分别管理

解决当前存在的以药养医问题，必须切断医疗机构和药品营销之间的直接经济利益联系。要在逐步规范财政补助方式和调整医疗服务价格的基础上，把医院的门诊药房改为药品零售企业，独立核算，照章纳税。可先对医院药品收入实行收支两条线管理，药品收支结余全部上缴卫生行政部门，纳入财政专户管理，合理返还，主要用于弥补医疗成本以及社区卫生服务、预防保健等其他卫生事业，各级财政、卫生行政部门不得扣留或挪作他用。各地区要选择若干所医院积极进行门诊药房改为药品零售企业的试点，取得经验后普遍推广。

社区卫生服务组织、门诊部及个体诊所除可经销由省级卫生、药品监管部门审定的常用和急救用药外，不得从事药品购销活动。

八、规范财务补助范围和方式

按照公共财政和分级财政体制的要求，各级人民政府要规范对医疗机构的财政补助办法。对医疗机构以及其他卫生机构的补助项目主要包括卫生执法监督和预防保健等公共卫生服务、重要医学科研、基本医疗服务、符合区域卫生规划的基本建设和设备购置等。财政对大中型医疗机构以定项补助为主，主要包括事业单位养老保险制度改革前离退休人员的离退休费用、重点学科研究、医院发展建设支出和所提供的基本医疗服务项目等；对基层医疗机构以定额补助为主，主要包括其承担的社区卫生服务、预防保健等任务。疾病控制和妇幼保健机构的收入上缴财政专户，实行收支两条线管理，同级财政按照其承担的责任和提供公共卫生服务的数量和质量给予补助。卫生执法监督收入纳入财政预算管理，所需经费由财政预算安排。

九、调整医疗服务价格

对非营利性医疗机构的收入实行总量控制、结构调整。在总量控制幅度内，综合考虑医疗成本、财政补助和药品收入等因素，调整不合理的医疗服务价格，体现医务人员的技术劳务价值。增设或调整诊疗费、护理费、挂号费；适当提高手术费、床位费等；降低过高的大型医疗设备检查费；适度放宽特需医疗服务价格。要拉开不同级别医疗机构的医疗服务价格档次，引导患者合理分流。在调整医疗服务价格时，要考虑社区卫生服务组织的特点，并适当提高中医、民族医的技术服务价格，促进社区卫生服务组织和中医、民族医的发展。

十、加大药品生产结构调整力度

按照国家产业政策和医药行业发展规划，严格药品生产企业准入条件，控制新增生产加工能力，制止低水平重复建设，不得增加供过于求的产品的布点。按照剂型类别，分阶段限期推行《药品生产企业质量管理规范》（英文缩写ＧＭＰ），限期过后仍达不到规范要求的不准生产。建立科学的新药审评机制，降低新药研制和审批管理成本，鼓励药品生产企业增加科技投入，开发新产品和特色产品，积极发展“生产、教学、科研”一体化的大型经济实体。

十一、推进药品流通体制改革，整顿药品流通秩序

鼓励药品生产经营企业打破地区、行业、部门界限和所有制界限，以产权、产品、市场网络为纽带，组建规模化和规范化的公司，建立商贸、工贸或科工贸结合的大型企业集团。鼓励大型批发企业跨地区兼并市、县级批发企业，将市县级批发企业改组为区域性基层配送中心。推动药品零售业的连锁化经营，促进连锁药店、普通超市非处方药柜台及独立门点等多种零售形式的发展。近期暂停审批和登记新设药品批发企业。

规范医疗机构购药行为。由卫生部牵头，国家经贸委、药品监督管理局参加，根据《中华人民共和国招投标法》进行药品集中招标采购工作试点，对招标、投标和开标、评标、中标以及相关的法律责任等进行探索，提出规范药品集中招标采购的具体办法。医疗机构是招标采购的行为主体，可委托招标代理机构开展招标采购，具有编制招标文件和组织评标能力的也可自行组织招标采购。招标代理机构经药品监管部门会同卫生部门认定，与行政机关不得存在隶属关系或其他利益关系，集中招标采购必须坚持公开、公平竞争的原则。卫生、药品监管部门要加强对集中招标采购中介组织的监督，招标采购药品的实际价格应报当地物价部门备案。在药品购销活动中，要积极利用现代电子信息网络技术，提高效率，降低药品流通费用。

十二、加强药品执法监督管理

要对药品的研制、生产、流通、使用全过程依法实行监督，对药品批发、零售企业分类监管，保证用药安全有效。加强《药品经营质量管理规范》（英文缩写ＧＳＰ）的监督实施，现有企业要按管理规范限期整改，整改后仍达不到要求的，不予换发新证。严格核发《药品经营企业许可证》和《医疗器械经营企业许可证》。完善质量公告制度，改革药品抽验机制，严格处罚程序。加大执法力度，打击制售假劣药品和无证生产、经营药品的违法行为。取缔药品集贸市场，整顿中药材专业市场。加强对进口药品的管理。

十三、调整药品价格

基本医疗保险用药目录中的药品、预防用药、必要的儿科用药、垄断经营的特殊药品实行政府指导价或政府定价，有条件的可以制定全国统一零售价，其他药品价格由生产企业按照国家规定的作价办法自主定价。要引入市场机制，降低“虚高”价格，经过试点，逐步实施由生产企业将零售价格印制在药品外包装上的办法。在药品经销各环节，都必须按实际价格开具发票。

十四、加强组织领导

城镇医药卫生体制改革关系群众身体健康，涉及多方面利益调整，与建立城镇职工基本医疗保险制度密切相关，是一项十分重要又相当复杂的工作。各省、自治区、直辖市人民政府对此要高度重视并列入重要议事日程，切实加强领导，根据本指导意见负责组织实施。要按照指导意见提出的原则要求，统一思想，提高认识，从本地区实际出发，结合城镇职工基本医疗保险制度改革，制定具体实施方案并做好思想政治工作，调动广大医药卫生工作者的积极性，精心组织，积极稳妥推进。国务院有关部门要加强指导，力争在两三年内，初步建立起适应社会主义市场经济要求的城镇医药卫生体制与服务体系。

国家药品监督管理局
卫　　生　　部
国家中医药管理局　　**文件**
劳动和社会保障部
国家工商行政管理局

国药管安［2000］133号

关于举办处方药与非处方药分类管理宣传周活动的通知

各省、自治区、直辖市药品监督管理局或医药管理部门，卫生厅（局），中医（药）管理局，劳动和社会保障厅（局）或劳动厅（局），工商行政管理局：

《处方药与非处方药分类管理办法》（试行）及相关管理规定已陆续颁布并施行。1999年，国家药品监督管理局、卫生部、国家中医药管理局、劳动和社会保障部、国家工商行政管理局（下称“五部局”）联合印发了《关于我国实施处方药与非处方药分类管理若干意见的通知》（国药管安［1999］120号），提出了我国实施药品分类管理制度的指导思想和基本原则。为了使社会各界广大人民群众深入理解实施药品分类管理的重要意义，增加自我药疗知识，提高自我保健意识，进而推动我国药品分类管理制度的顺利实施，五部局决定于2000年5月份在全国范围内开展“处方药与非处方药分类管理宣传周”活动（下称“宣传周活动”）。

为组织好此项活动，做到统一部署、统一行动，切实收到宣传的实效，达到预期目的，对宣传周活动作出如下安排，请遵照执行。

一、宣传周活动的主题

“实施药品分类管理，保障人民用药安全”

二、宣传周活动的目的

（一）逐步转变人民群众长期以来形成的购买药品和使用药品的传统习惯和观念，使人民群众充分理解党中央、国务院作出“建立并完善处方药与非处方药分类管理制度”的决定，既对保障用药安全有效、保护人民身体健康、提高我国人口素质、促进医药卫生事业健康发展具有重要的意义，又是我国社会进步和文明的标志。

（二）通过集中一段时间在全国范围内开展宣传活动，使药品分类管理宣传普及工作掀起高潮，努力使每一位消费者都来关注我国药品监督管理的这项重大改革，深入了解我国实施药品分类管理制度的有关法规、政策，普及相关知识。

三、宣传周活动的时间

定于2000年5月27日至5月31日。

四、宣传周活动的内容

宣传周活动的宣传对象是广大人民群众，因此，宣传内容要贴近百姓、通俗易懂、喜闻乐见。

宣传内容主要包括：

（一）我国实施药品分类管理制度的重要意义；

（二）药品分类管理的主要内容；

（三）消费者应懂得自我药疗方面的用药常识；

（四）非处方药专有标识

宣传内容以《处方药与非处方药分类管理办法》（试行）为重点，在组织开展各项具体宣传活动中应以国药管安［1999］120号、198号、399号、425号、460号和国药管市［1999］454号文件内容以及“1999年处方药与非处方药分类管理工作会议”精神为指导。

为统一规范宣传口径，特拟定了宣传口号（见附件），供宣传用。

五、宣传周活动的形式

为使宣传周活动贴近百姓并且做到统一宣传内容，国家药品监督管理局将印制《处方药与非处方药分类管理知识问答》、宣传折页、宣传招贴画，分别发送各省、自治区、直辖市负责宣传周活动的机构。

（一）各省（区、市）于5月27日至28日（周六、日）要统一安排在本地区省会和省内大中城市设置宣传咨询服务台和展板，悬挂宣传标语，组织药品监督管理人员和医药学专家提供咨询服务，散发宣传材料。

（二）各省（区、市）负责宣传周活动的机构要同当地新闻单位密切配合，充分利用广播、电视、报刊等各种大众媒体，进行法规、政策和知识的宣传，特别是在宣传周期间应加大力度，形成全国一盘棋。

（三）宣传材料由各省（区、市）负责宣传周活动的机构根据本地区实际情况分送给县以上城市。宣传招贴画重点张贴在药店、医院和人群易于聚集的地方，做到点面结合。

（四）各地区可根据实际情况自行组织新闻发布、新闻采访、电视专题节目、报刊专栏节目、知识竞赛等活动。

国家药品监督管理局届时还将向社会公布宣传药品分类管理的网站，为有关部门及广大人民群众提供咨询和服务。

六、宣传周活动的组织工作

宣传周活动的组织工作由五部局作出统一部署，由各省（区、市）负责本地区宣传周活动的组织和实施工作。各省（区、市）负责宣传周的组织机构由省级药品监督管理局牵头，会同卫生行政部门、中医（药）主管部门、劳动和社会保障部门、工商行政管理部门组成。尚未成立药品监督管理局的地区，由省级医药管理局牵头。

七、宣传周活动的其他要求

（一）由于时间紧迫，各部门接此通知后，认真组织研究，牵头单位要尽快与相关部门取得联系，及早确定宣传周组织机构，并结合本地区实际情况制定出宣传周的实施方案。请各地区务必于4月30日前将组织机构（组成单位、负责人、具体工作人员、联系电话、传真电话）和宣传周实施方案分别报送五部局。

（二）各地区组织和制定宣传周活动实施方案时，要依靠当地药学会、医学会等社会团体的力量，组织机构的各组成单位要提供方便、密切配合，要精心设计、结合实际，准备工作要落到实处。负责宣传周的组织机构要抽出时间，组织专门力量，对尚待提供宣传咨询服务的人员进行培训。要充分和新闻媒体沟通并取得配合，各地区可以在充分准备的基础上，通过媒体广而告之，引起社会各界的关注，吸引人民群众积极参与。

（三）宣传周活动的组织机构应本着自愿的原则，鼓励药品工商企业的参与和支持。宣传周活动的经费使用要坚持勤俭节约、量入为出的原则。

请各地区认真组织好这次宣传周活动，群策群力，通过宣传使广大人民群众认识到实施药品分类管理制度利国利民的深远意义。

在宣传周活动筹备和进行期间，可随时与五部局宣传周活动办公室保持联系。

宣传周活动办公室地址：国家药品监督管理局安全监管司

北京市西城区北礼士路甲38号

邮政编码：100810

联系电话：(010) 68313344？304

传真电话：(010) 68315649

特此通知

附件：处方药与非处方药分类管理宣传周宣传口号

国家药品监督管理局
（此处盖章）

卫　生　部
（此处盖章）

国家中医药管理局
（此处盖章）

劳动和社会保障部
（此处盖章）

国家工商行政管理局
（此处盖章）

二〇〇〇年三月二十一日

附件：

处方药与非处方药分类管理宣传周宣传口号

一、实施处方药与非处方药分类管理是我国药品监督管理的重大改革
二、实施药品分类管理利国利民
三、实施药品分类管理，促进医药卫生事业健康发展
四、建立有中国特色药品分类管理制度，提高全民健康水平
五、实施药品分类管理要积极稳妥、分步实施、注重实效、不断完善
六、合理用药、保护您的身体健康
七、加强处方药管理，规范非处方药管理，保障人民用药安全有效
八、请您凭医生处方购买、使用处方药
九、购买、使用非处方药时，请仔细阅读说明书
十、滥用药物、危害无穷
十一、合理用药、安全有效

国家药品监督管理局文件

国药管安［2000］124号

关于加强流通领域处方药与非处方药分类管理工作的通知

各省、自治区、直辖市药品监督管理局或卫生厅（局）、医药管理部门：

处方药与非处方药分类管理流通试点工作已于1999年10月18日正式启动，计划将在2000年4月中旬结束。按照试点工作的总体部署，第二次处方药与非处方药分类管理流通试点工作会议于3月7日至9日在深圳市召开，现将会议纪要及深圳市试点工作阶段总结印发给你们，请各地在实施药品分类管理工作中参考。

2000年1月1日，《处方药与非处方药分类管理办法》（试行）已开始实施。4月1日起大输液、粉针剂必须凭医生处方才能销售。药品分类管理工作摆在流通领域的任务艰巨而紧迫，各级药品监督管理部门必须予以高度重视，现就流通领域开展分类管理工作的要求通知如下：

一、各地药品监督管理部门要根据我局下发的关于药品分类管理的各项规定和要求，结合本地区实际情况，制定具体的药品分类管理流通实施方案。未成立药品监督管理局的省（区、市），要明确牵头部门，药政、医药管理部门要加强协调配合，通力合作，将此项工作落到实处。各省、自治区、直辖市药品监督管理部门要在5月10日之前，将药品分类管理流通实施方案报我局市场监督司。

二、根据我局组织的试点工作经验，各地应选择条件较好的地区和企业，先行进行试点。通过试点确定示范药店，以点带面，扎实、稳妥、有效地推动流通领域药品分类管理工作的开展。试点地区和企业的确定应注意点面结合，要求各省会城市、国务院确定的较大城市、计划单列市必须作为第一批试点地区，各地根据实际情况，还可选定地市以下的地区与以上城市同步进行第一批试点。药品流通领域推进分类管理总的进度要求是，今年年底之前，各地第一批试点地区必须达到国家药品监督管理局有关实施药品分类管理工作的要求。

我局确定的3个试点地区及7个试点企业中目前已开展试点的近300家药店和各地第一批试点地区的试点药店应成为药品分类管理的示范药店，这些试点药店应确实发挥示范药店的作用。

各省、自治区、直辖市要在5月10日之前将确定的第一批试点地区及企业报我局市场监督司。

三、由于药品分类管理是一项全新的工作，各地必须首先做好培训和宣传工作，应使各级药品监督管理人员、企业职工，明确药品分类管理的必要性、重要性和紧迫性，解决各种阻碍药品分类管理工作的错误认识，提高积极参与的自觉性。关于培训和宣传工作，我局国药管安［1999］460号文已作了具体部署，各地要认真贯彻落实。试点地区分层次培训和根据不同人员有针对性地开展培训的成功经验各地应借鉴和学习，一定要将培训、宣传工作落到实处。

四、各地要认真学习、贯彻《处方药与非处方药流通管理暂行规定》（国药管市［1999］454号），要按照454号文件的规定，规范企业经营行为，应根据本地实际情况和企业条件，制定切实可行的实施计划，采取有效措施，逐渐推进企业达到454号文件规定的各项要求，对在规定时间内达不到要求的企业，应限制销售品种范围直至停止药品经营资格。

五、各地实施药品分类管理工作，要与药品市场整顿、药品市场监督工作结合起来，通过实施药品分类管理，整顿药品流通秩序，净化药品市场，提高企业管理水平，使药品市场混乱状况逐步得到改善。

六、各地要认真执行我局提出的2000年4月1日所有零售药店对大输液、粉针剂类的药品必须凭医生处方才能销售的规定，对不按规定销售的，一经发现，要依据《药品流通监督管理办法》的规定进行查处。

附件：1、第二次处方药与非处方药分类管理流通试点工作会议纪要

　　　2、深圳市试点工作阶段总结

国家药品监督管理局

二○○○年四月一日

附件1：

第二次处方药与非处方药分类管理流通试点工作会议纪要

按照药品分类管理流通试点工作方案的要求，国家药品监督管理局于2000年3月7日到9日在广东省深圳市召开了第二次处方药与非处方药分类管理流通试点工作会议。

会议的主要内容是汇报、交流各地试点工作的进展情况和试点经验；探讨试点工作遇到的问题及解决的办法；对下一步工作提出要求。目的是总结交流药品分类管理流通试点经验，以更好地指导和促进药品分类管理流通试点工作的深入开展。

试点城市和试点企业所在地的药品监督管理部门或卫生、医药管理部门的有关负责人及16家参加试点企业的代表共60余人参加了会议。中国非处方药协会、医药商业协会的有关负责同志应邀参会。医药经济报、健康报、中国医药报及深圳市的有关新闻媒体对会议进行了报道。

深圳市人民政府对此次会议也给予了极大的关注，深圳市人民政府宋海副市长专程到会并发表了讲话。

戴庆骏副局长到会并作了题为《积极进取，勇于探索，做好药品分类管理流通试点工作》的报告；14家参加试点工作的企业就前一阶段的试点进展情况、试点中出现的问题及有关建议进行了发言，对遇到的问题进行了专题的研讨；为增加大家对深圳市试点情况的感性认识，借鉴深圳市试点经验，会议组织了对深圳市6家试点药店的实地参观、考察，同时，还听取了深圳海王公司负责人对有关美国药品零售情况的介绍。

此次会议，时间虽短，但会议取得了预期效果。会议受到了试点地区和企业及有关部门的关注，会议气氛热烈，发言踊跃，讨论认真。各地汇报、交流了情况，反映了问题；进一步明确了进行药品分类管理试点的重大责任，树立了信心；明确了下一步的工作方向，而且，通过实地参观学习，为各地更好地进行试点工作起到了典型示范的作用。会议起到了总结、交流、学习、鼓劲的作用。

会议认为各地前一阶段的试点工作之所以能够取得一定成效，其主要经验是：

1．领导重视，组织落实，培训工作扎实有效。前一阶段主要进行了3个层次的培训，即国家药品监督管理局对试点地区药品监督管理部门和部分试点企业负责人的培训、各试点地区药品监督管理部门对所在地试点企业负责人的培训、试点企业对所属员工的培训。通过培训，提高了认识，转变了观念，从而为试点工作的顺利开展奠定了思想基础。

2．注重舆论宣传，扩大了社会对药品分类管理的认知程度。试点地区和企业充分利用电台、报刊、电视等进行宣传，并通过大量印发宣传手册，开展咨询日、设立咨询台，知识竞赛等形式多样的活动，有针对性地开展向管理者、经营者和消费者的宣传活动，使药品分类管理工作在一定程度上得到了社会不同层面的理解与支持，从而使试点工作具备了一定的社会基础。

3．试点工作严格依法规范，按程序、按步骤、按计划贯彻实施。研究探讨处方药与非处方药分柜摆放、分类销售的形式，明确分类销售的原则，修改、制定了相应的规章制度，严格配备执业药师或药师，悬挂药品分类标识、忠告语等。有些企业还实行了“大店分区、小店分柜，标志清晰、方便购买”的方式，试点工作推动了企业经营模式的变革。

4．与加强企业内部管理工作的有机结合，增强了企业竞争力。企业通过试点，提高了人员素质，完善了制度，改善了经营条件，大大提高了企业的管理、服务水平，促进了企业管理升级。

5．发现问题并能够结合各自特点积极研究解决问题的办法。试点企业在试点工作中遇到了许多问题，按照试点工作方案的要求，结合实际情况，认真研究解决问题的办法，为今后全国开展药品分类管理积累了必要的经验。

6．试点工作进展顺利，证明了在分类管理流通试点工作中贯彻“以监督为中心，监、帮、促相结合”方针和“积极稳妥、分步实施、注重实效、不断完善”的工作方针的正确性，从而更加坚定了我们进一步推进药品分类管理的决心和信心。

会议在对试点经验进行总结的同时，也对试点遇到的问题进行了研究。会议研究了以下主要问题：

1．处方问题。包括处方来源、识别、规范及留存等问题。这些问题是影响试点工作的一个瓶颈因素。其主要原因是整个医疗体制改革尚不配套和受群众长期购药习惯的影响；对这个问题，会议认为，虽然目前彻底解决这个问题还存在一定的困难，但随着群众看病“大病进医院、小病进药店”观念的转变和医疗保险制度改革的深入以及国办16号文件的贯彻实施，医药卫生体制改革的措施将逐步到位，再加上药品市场的逐步净化以及药品分类管理社会化宣传的扩大，这个问题将会逐步得到解决。

2．执业药师的数量、配备问题。目前执业药师数量严重不足，成为影响试点工作的另一个重要因素。对这个问题必须高度重视，采取切实有效措施加以解决，否则，将影响今后药品分类管理工作的正常进行。

3．OTC品种数量太少及OTC品种遴选问题。试点企业普遍反映目前OTC品种数量太少，不易形成OTC的销售环境。

针对上述问题，在安全监管司白慧良司长的主持下，会议进行了专门的讨论。与会代表各抒己见，并提出了相应建议：

1．呼吁加快进行医疗体制的配套改革，使病患者享有持方购药的选择权；

2．加快执业药师的培训，改革执业药师的考试制度，实行考试与资格认定相结合的办法；

3．尽快完善相关法规，使药品分类管理有法可依，作到依法监管；

4．加强对社会的宣传力度，进一步促进药品分类管理工作向纵深发展；

5．明确下一步在全国流通领域开展药品分类管理工作的进度要求，尽快在更广泛的基础上推行药品分类管理工作。

针对两天会议的发言、参观和讨论，对大家反映的问题和建议以及下一步试点工作的有关安排，市场监督司李洪生副司长做了会议总结，对与会单位提出了以下要求：

要认真学习、研究、领会国办发［2000］16号文件精神，将药品分类管理工作进一步向纵深推进；国办发［2000］16号文件是涉及在市场经济条件下城镇医药卫生体制改革的一个极其重要的文件。文件中提出了许多新的改革措施，有些措施，对我们实行药品分类管理具有重要的意义。比如医院的门诊药房要在试点基础上逐步改革成为独立核算、照章纳税的零售企业，社区卫生医疗服务机构、门诊部、个体诊所不得经营卫生、药品监督部门核定的常用的急救品种以外的药品等，这些措施的出台，无疑将推进药品分类管理加速发展。因此，大家必须对16号文件高度重视，认真组织学习，按照16号文件精神及早安排、落实分类管理工作，并以此为契机推进药品分类管理工作。

要继续按药品分类试点方案做好今后试点工作。要求试点地区、企业要进一步学习落实《处方药与非处方药流通管理暂行规定》，严格规范试点工作，充分发挥试点地区和企业的示范作用，推动当地以至全国药品分类管理工作深入开展。

国家药品监督管理局的有关同志还向与会者介绍了国家药品监督管理局在近期做的几项工作和药品分类管理工作今后的一些打算安排。如大家关心的执业药师等问题。

此次会议，增强了与会代表推行药品分类管理的信心，为下一步深入开展药品分类管理工作奠定了坚实的基础。

附件2：

深圳市试点工作阶段总结

深圳市是药品分类管理流通试点城市之一，按照国家药品监督管理局的统一部署，根据《处方药与非处方药分类管理流通试点工作方案》的具体安排，在市政府的领导下，深圳市卫生局、深圳市经发局、深圳市医药管理办公室等有关部门齐抓共管，各试点企业、各试点药店通力协作，从1999年10月中旬开始了试点工作，至今已有4个多月。现将情况汇报如下：

一、提高认识，更新观念，积极主动地参加试点工作

《处方药与非处方药分类管理办法》（试行）颁布以后，我市立即组织全市的药品经营企业学习，帮助他们提高认识、更新观念。各企业也自行组织员工学习。特别是去年10月国家药品监督管理局召开药品分类管理流通试点工作会议后，全市上下掀起了贯彻会议精神，联系实际，学习药品分类管理法规的热潮。

深圳市的药品零售市场与全国的药品零售市场一样，除了毒麻精放戒等特殊管理的药品和针剂药品不可以在零售药店销售外，其他的药品处于自由销售的状态，药物不良反应时有发生，甚至发生多起购买超量的二类精神药品的自杀事件，由于抢救及时，尚未造成人员死亡。只有实施药品分类管理制度，才能从根本解决药物的滥用，维护人民的健康。

深圳市毗邻香港和澳门，港澳在药品分类管理方面已积累了丰富的经验，有利于我们借鉴。由于深圳市民生活节奏较快，自行购药已成为部分市民的习惯，深圳市的药品零售额已占用药总量的30%以上，部分市民希望按国际通行的惯例进一步规范药品零售市场，使我们实行的药品分类管理有了一定的群众基础。

深圳市药品零售企业的领导人通过学习提高了认识，明确了药品分类管理的重要意义，他们都积极要求参加药品分类管理流通试点工作。我市根据国家药品监督管理局药品分类管理流通试点工作会议精神，选择了规模较大，管理比较规范，营销网络分布较广，从业人员专业素质较高，具有较高的品牌知名度的深圳市一致医药、中联大药房、海王、万泽、南北及合丹等6家连锁店首先进行试点。

市政府及有关部门对国家药品监督管理局部署的处方药与非处方药分类管理流通试点工作非常重视，10月中旬成立了以宋海副市长任领导小组组长，市卫生局、市经发局主管局长任副组长，市社保局、市工商局参加的深圳市药品分类管理流通试点工作领导小组。下设办公室和专家组。办公室设在卫生局，成员由市卫生局药政处和市医药办人员组成，负责药品分类管理的日常工作。专家组由副高以上职称的医药学专家组成，负责药品分类的技术审核等事宜。

各试点企业也都建立了以部经理为组长的药品分类管理流通试点工作领导小组，抽调2～3个专人具体开展工作，指派专人做联络员。

我们的试点工作分成四个阶段。第一个阶段为准备阶段，时间从1999年10月18日至1999年11月30日；第二阶段为试点阶段，时间从1999年12月1日至2000年1月31日；第三阶段为全面实施阶段，时间从2000年2月1日至2000年3月31日；第四阶段为总结阶段，2000年4月。使试点工作有组织、有领导、有计划、按程序进行。试点以后，全面推广和总结经验，不断扩大药品分类管理覆盖面。

二、大力宣传，深入培训，确保药品分类管理流通试点工作的顺利实施

实施药品分类管理是一个新生事物，不仅消费者对此不清楚，药品零售企业的人员也不了解，而且还存在几种疑虑：一是认为在我国实行处方药与非处方药分类管理的时机不成熟。二是怕吃亏，怕搞分类管理试点影响企业的经营效益。三是担心现在的人员素质不高，很难承担试点工作的任务。这些认识阻碍着试点工作的进行。所以我们认为，首先要抓学习、抓培训，只有广泛深入地培训和宣传，才能使药品分类管理流通试点工作得以顺利进行。

1．培训和宣传的对象

一是药品监督管理部门的人员，二是药品经营企业和药店的管理人员，三是试点药店的全体员工，四是消费者。

2．培训和宣传的内容

根据国家药品监督管理局的要求和深圳市的具体情况，培训和宣传内容主要侧重在以下4个方面：

一是与药品分类管理有关的法律和法规知识。主要学习国家药品监督管理局领导的重要讲话，学习《药品流通监督管理办法》、《处方药与非处方药分类管理办法》（试行）等法律法规，学习国药管安［1999］120号文件。我市要求每个试点药店都有上述文件，每人都有一份《处方药与非处方药分类管理办法》（试行）。通过培训，使试点企业掌握与药品分类管理有关的法律法规知识，使试点工作有法可依，有章可循。

二是与药品分类管理有关的专业知识。主要是学习国药管安［1999］198号文件，学习非处方药的遴选和合理应用知识，学习处方药与非处方药分类管理的要求，使驻店药师和营业员了解与自己工作相关的业务知识。

三是文明和规范服务知识的培训，提高药品零售企业的文明和规范服务的水平。

四是学习贯彻国家药品监督管理局和深圳市药品分类管理流通试点工作方案，使试点企业和药店明确试点工作指导思想、主要任务、方法步骤、措施要求等等。

3．宣传和培训方法

我们根据企业的实际和师资情况，要用3种方法进行培训。

一是国家药品监督管理局帮助我们培训。由国家药品监督管理局市场监督司、安全监管司、中国医药商业协会、中国非处方药物协会等单位的领导和专家组成的讲师团对试点药店的负责人、试点药品经营企业的管理人员和药品监督管理人员共430多人进行药品分类管理政策的宣传和培训。这次培训，使与会的人员进一步了解与药品分类管理有关的政策和法规，为我市的试点工作奠定了基础。

二是由我们组织的培训。由市药品监督管理流通试点工作办公室组建市级的宣讲小组，为6家试点药店负责人和药学技术人员进行了药品分类管理有关的法律法规和非处方药的专业知识的培训，同时宣讲了国家和深圳市试点工作的方案和要求，使试点单位进一步了解和掌握有关的知识和试点工作的具体要求。

三是企业自行组织的培训。各企业根据连锁经营员工多的情况，在参加深圳市培训的同时，企业自己组织，对药店进行了全员的培训。培训中采用了多种行之有效的方式，如一致药店用知识竞赛的形式，组织全体员工进行药品分类知识的学习。

为了使广大消费者了解处方药与非处方药分类管理的重大意义，普及处方药与非处方药知识，争取广大市民的理解和支持，我市采用4 种形式进行药品分类管理宣传活动。

一是发挥新闻媒体的舆论宣传作用。在中央电视台《健康生活》栏目、深圳电视台、深圳有线电视台、深圳有线广播电台，《中国医药报》、《医药经济报》、《深圳特区报》、《深圳商报》、《深圳晚报》、《深圳法制报》、《证券时报》等媒体先后多次宣传、介绍深圳市开展药品分类管理工作的情况。

二是组织街头咨询宣传。去年12 月27 日，由市卫生局、市经发局联合主办、中联、海王、万泽、一致、南北及合丹六大连锁药店联合组织了“深圳市处方药与非处方药宣传咨询日”活动。

三是各试点药店结合日常营业活动，开展宣传活动。各个试点药店都建立了处方药和非处方药的咨询点，方便消费者咨询；各个试点药店利用企业的刊物，宣传分类管理的知识，如一致药店的“健康21 世纪手册”、海王的“健康手册”、万泽的“万医生手册”等。

四是与《深圳法制报》共同举办深圳市处方药与非处方药分类管理的知识竞赛活动，进一步普及药品分类管理的知识。

4．宣传和培训的效果

通过宣传教育和培训，使经营者纠正了时机不成熟的认识，增强了紧迫感，纠正了吃亏论，进一步树立了敢闯敢试、开拓进取的改革精神，克服了畏难情绪，制定了得力措施，树立了抓好试点工作的信心，达到了统一认识、更新观念、提高素质、树立信心的目的。

多渠道、多媒体的宣传，使广大的消费者逐步认识了我国药品将要实施的分类管理办法，并逐步适应了这一变化，使我们的工作得以稳步推进。

三、结合实际、精心组织，使药品分类管理的要求落到实处

我们所进行的试点，是采取先行小规模试点，然后再逐步扩大试点的做法。首先在6 家药品零售连锁公司中每家选择确定1 家做样板店，按照国家《药品流通监督管理办法》、《处方药、非处方药分类管理办法》（试行）和深圳市的有关规定，开始分类摆放、分类销售。至11 月下旬，对6 家样板店进行了验收，各级药品监督管理部门对样板店的验收工作非常重视，广东省医药管理局、深圳市卫生局、深圳市经发局领导亲临验收现场指导。12 月3 日国家药品监督管理局市场监督司也派人检查了6 家样板店的情况。经过验收总结，及时发现和纠正了一些问题，并进一步统一了试点药店的标准和强化管理的措施。

各试点企业在试点工作中态度积极，行动迅速，按照市里统一的分类管理要求，结合本企业的实际情况，及时采取有力措施，增加硬件，配备软件，在较短的时间内，又推出了35 家试点店，将试点药店扩大到41 家，经过验收全部合格。我市召开大会，举行了试点药店样板店的发牌仪式。

为了进一步落实全国药品监督管理工作会议关于药品分类管理的精神，我市于今年1月14日再次召开了深圳市处方药与非处方药分类管理流通试点工作大会，布置了第三阶段 全面实施阶段的工作。宋海副市长到会作了重要讲话，对试点工作提出了新的要求。会议对第三批达到试点药店标准的99个药店颁发了牌匾。至此，全市共有140间药店实行了处方药与非处方药流通试点工作。会议还决定，从2月开始，试点工作在全市6个区全面开展。

在试点过程中，试点药店主要做了如下几项工作：

1．进行处方药和非处方药的分类

我们将《国家非处方药目录》转发到各试点企业，由各试点企业筛选出本企业已经销的《非处方药品种目录》。同时为方便消费者购买，我们组织专家组按照适应症把药品划分为14小类，并为每一小类都起了科学易懂的名字。为试点企业探索适应分类管理需要的合理的摆放方式奠定了基础，使深圳市的连锁药店的规范化程度有了进一步的提高，保证了市民购药的安全有效。

试点药店的药品分为处方药与非处方药两大类，其中处方药分为两种；一是单轨制的药品，即必须凭医生处方购买和使用的药品；二是双轨制的药品，即凭医生处方或在药师指导下购买和使用的药品。

2．进行硬件改造

根据国家药品监督管理局和深圳市的要求，试点药店根据实行情况对药品的摆放动了“大手术”，有的试点药店大部分药品开架自由销售，必须增加药柜，不能开架的药品必须放回柜台。开架的货架不足的加货架。许多药店甚至是停业重新装修。药品分类管理的标识也根据我市的要求多次设计、整改、换新，工作量极大。为了尽快重新开业，员工利用下班时间进行工作，连续几天都是忙至深夜两三点。试点药店在人力物力和财力上给予了一定的投入，保证了分类管理试点工作的顺利进行。

3．配备驻店药学技术人员

按照国家药品监督管理局试点工作方案的要求，试点药店必须配备执业药师或药师。我市借鉴香港和澳门的经验，还要求每个试点药店增加配备1名药士，作为驻店药师的技术助手，我市的140个试点药店，配备了154名药师、170名药士，做到每个试点药店至少各有一名药师和一名药士。

4．悬挂统一的警示牌

为了宣传非处方药的专有标识，为了方便群众购药，有利于零售药店的经营，我市按不同类别的药品悬挂标识和警示语。非处方药的警示语为“请仔细阅读说明书并按说明书购买和使用”，单轨制的凭医生处方的处方药的警示语为“凭医师处方销售、购买和使用”。由于有了明显的处方药与非处方药的标识和购买使用警示语，不仅提醒市民在购药时要特别注意的问题，而且也方便了消费者的购买，使消费者进入药店很快地知道处方药与非处方药及非药品的位置。

5．严格处方药和规范非处方药的监管

根据药品分类管理办法的要求，试点药店修订了处方药与非处方药的采购保管、商品编码等制度，保障了试点工作的推进，规范了零售药店的销售行为，提高了零售药店的管理水平。

实施试点以前，深圳市的零售药店的药品都是混合摆放的，而且各个企业各具特色，实施试点后非处方药有了专有的标识，专门的警示语，在专门的区域进行销售，消费者对非处方药一目了然，便于消费者的选购。

我市规定针剂和二类精神药品严格实行凭处方销售购买和使用，在零售药店内专柜摆放，并实行专柜加锁的管理方式，严格处方药的管理，但因处方来源缺乏，目前的销售存在一定的困难。为了解决处方源的问题，我市正在研究，拟定社会医疗机构的处方可以在试点药店调配。

四、依照法规，强化监督，积极稳妥地推进试点工作

在实施药品分类管理的试点工作中，我们按照国家药品监督管理局的要求强化了监管力度。

一是健全制度，规范管理。根据国家药品监督管理局的药品分类办法和有关的法律法规，制定与之相适应的规章制度，强化零售药店的管理。我们以《药品管理法》和《药品流通监督管理办法》、《处方药与非处方药分类管理办法》（试行）等法律法规为依据，制定了《零售药店驻店药师管理办法》、《零售药店处方管理办法》、《试点零售药店验收标准》。对试点药店的驻店药师采取发放《驻店药师上岗资格证》的形式，对其上岗资格进行核准，同时要求将证挂在药店的醒目位置。

二是加强指导，强化监督。为了推动各试点企业、试点药店的工作，我市试点工作办公室排出了试点工作监督检查日程表，使每一阶段的工作更具体化，并及时检查指导，帮助解决有关问题。我市还先后编印了6期《处方药与非处方药分类管理流通试点工作简报》，发至各试点企业，及时交流试点工作情况。

三是开展评优活动。为了推动试点工作不断深入，使试点药店越办越好，我们要求各连锁企业开展评选优秀试点药店的活动，务求把试点工作的优劣，作为考核试点药店各类有关人员的重要指标，与奖金挂钩。

四是试点工作和整改药品流通秩序相结合。去年下半年，在全市范围内组织了6个检查组，开展了打击非法制售假劣药品的专项活动。重点打击了非法开办的药品集贸市场、无证药店、无证诊所和非法销售药品的保健食品店等。取缔非法药品集贸市场1个，无证药店76家，无证诊所68家，没收药品1730件，货值258万元，净化了药品市场，为试点工作奠定了基础，扫除了障碍，保护了消费者和合法企业的权益。打假工作被市打假办评为先进单位。通过这一段时间的药品分类管理流通试点工作，使我市药品零售市场发生了一些可喜的变化。一是提高了对药品分类管理这项重大改革措施的认识，使思想观念、经营模式适应药品分类管理的要求。二是试点药店的店容店貌、管理方式、服务水平都上了一个新台阶，发生了深刻的变化。三是药品的合理分类，使消费者购药更方便，更有利于人民用药安全有效。四是试点药店取得了初步成功，为整个深圳市的药品零售市场带来了生机和活力，许多非试点药店认为药品分类管理是大势所趋，势在必行，纷纷要求进行试点，以尽快达到药品分类管理的要求。五是处方药与非处方药分类管理流通试点工作促进了药品监督管理模式的改革，强化了对药品生产、流通和使用的监督管理，有利于严把质量关，与发达国家的药品监督管理模式逐步接轨，有利于提高药品的监管水平。

我市药品分类管理流通试点也遇到一些矛盾和问题，一是药学专业技术人员缺口较大。现有的药学专业技术人员，其临床药学的知识和经验也不足。二是处方药的来源还未解决，处方的管理需要进一步探索。三是培训工作还缺乏统一的、规范的教材，培训师资队伍建设有待加强。四是与处方药和非处方药分类管理配套的法律法规须进一步补充和完善。

我们进行的药品分类管理流通试点工作是一项刚刚开始探索的工作。还存在很多薄弱环节和有待解决的问题，我们决心在国家药品监督管理局和深圳市委、市政府的领导下，虚心学习外地试点城市的先进经验，为推动我国药品分类管理制度的顺利实施做出应有的贡献。

国家药品监督管理局文件

国药管市［2000］153号

关于加强2000年药品流通监督管理工作的通知

各省、自治区、直辖市药品监督管理局或卫生厅（局）、医药管理部门：

1999年，在党中央、国务院的领导下，国家药品监督管理局认真开展了以取缔药品集贸市场为重点的纠正医药购销中不正之风的工作，全国各地取缔和关闭药品集贸市场113个，清理无证照药品经营户14219家，查处假劣药品案件44770起，整治药品流通秩序的工作取得了阶段性成果。

然而，我们既要看到上述成果的来之不易，又要看到这个成果仅是阶段性的、是初步的，对此，不能估计过高。2000年整治药品流通秩序工作必须乘势而上，做出更艰苦的努力，及时转入更深层的治理工作。党中央、国务院决定在2000年把纠正医药购销中不正之风的工作继续做为全国纠风工作的重点，这充分体现出党中央、国务院对广大人民群众用药安全有效的高度重视，也反映了全国上下进一步整顿治理药品流通秩序混乱的决心，为我们深入开展整治药品流通秩序工作提供了极为有利的条件。全国各级药品监督管理部门和药品监督管理人员要以此为契机，抓紧工作。要充分认识药品流通秩序混乱的危害性，针对药品流通秩序混乱的种种表现，采取果断治理措施，坚决克服各种阻力，为净化药品流通环境作坚持不懈的努力，务求达到预期目标。

一、目前药品流通秩序混乱的种种表现

（一）已经取缔的药品集贸市场存在着回潮反复的可能性

一些药品集贸市场虽被关闭，但未被取缔，没有作出及时转营的安排；非法经营者没有得到及时有效的处理；经营人员没有及时疏散；有的甚至搞假关闭真对抗，非法经营活动或转入地下，或转入农村，随时存在回潮反复的可能。

变相开办药品集贸市场问题尚未解决。有些药品经营企业以股份制改造为名仍在搞招商经营、挂靠经营，或转让证照搞违法经营活动；这些公司与个体挂靠的无证经营者有着无法分割的经济关系，已成为无证经营者利益的代表。

中药材专业市场尚需进一步规范。一是有些中药材专业市场不同程度地存在超范围经营中西成药、中药饮片问题；二是对中药材质量监管不严，经营假劣中药材的现象时有发生。

（二）低水平的药品经营企业的数量继续增加

个别地区盲目追求自身利益，违反《药品管理法》和国家关于开办药品经营企业的有关规定，乱办经营企业或借机构改革之机突击开办经营企业。致使低水平企业数量增加，加剧了流通秩序的混乱程度。

（三）药品购销渠道比较混乱

一些生产企业设立的办事处违规进行药品现货购销活动，有的擅自销售非本企业生产的药品，有的将药品销售给无证经营者或无证的医疗机构，还有的参与药品集贸市场经营活动，甚至将药品直接销往药品集贸市场；

一些药品经营企业参与药品集贸市场经营或从药品集贸市场购销药品，与无证经营者或无证医疗机构进行药品购销活动；

一些药品使用单位从无证经营者处或从药品集贸市场采购药品；有的乡村个体诊所违规采购药品或由乡村卫生院违规代购药品。

（四）无证经营药品现象较为普遍

无证直接从事药品经营活动，或以参加所谓股份制改造、招商等活动借助他人证照从事药品经营活动；利用网上药品交易之名，行无证经营药品之实。

城镇个体诊所从事药品经营活动；兽药经营（使用）单位从事人用药品经营活动；医疗机构以药房、门诊部等名义，不凭处方直接销售药品；医疗机构以内部调剂使用、联合办院或设立分院使用制剂等名义变相销售制剂；医疗机构或其他一些机构、组织，借招标采购试点名义，进行药品经营活动；非法收购药品。

持证者从事异地经营活动；超越核定的经营方式或经营范围从事药品经营。

（五）制售假劣药品案件屡有发生

不法分子假冒其他企业产品，特别是假冒名牌产品，通过各种渠道进入市场。

个别企业采取各种违法手段，制售假劣药品；有的企业管理混乱，或将自己的生产线、生产车间承包、租赁给个人或个体工商户经营，导致制售假劣药品案件的发生。走私进口药品，特别是药材和化学原料药；在境内制售“进口药品”的情况时有发生。

一些虚假药品广告，欺骗患者，误导用药，同样在威胁着人民用药安全。

二、要充分认识药品流通秩序混乱的危害性

上述药品流通秩序混乱的种种表现，其危害和后果将是十分严重的，如得不到有效的治理，我们整治药品市场已取得的成果将被葬送，将导致非法药品市场的回潮和假劣药品的泛滥，严重扰乱药品流通秩序，干扰政府对药品流通的监管工作，损害政府依法监管药品的法律权威性；也将在很大程度上妨碍药品流通体制的改革和我国医药事业的健康发展。非法药品市场的回潮和假劣药品的泛滥，将严重地威胁人民群众、特别是广大农村地区群众的身体健康和生命安全，动摇人民群众对党和政府的信任和信心，极大地影响党和政府的形象、声誉，严重损害我国改革开放的国际形象。

三、采取果断措施，坚决治理药品流通秩序混乱局面

各地药品监督管理部门要根据《药品管理法》、《国务院关于进一步加强产品质量工作若干问题的决定》（国发［1999］24号）（以下简称《决定》）、《国务院办公厅转发国务院体改办等部门关于城镇医药卫生体制改革指导意见的通知》（国办发［2000］16号）（以下简称《通知》）及最近国务院领导同志多次对药品流通问题的指导和批示，在2000年中，要加大药品流通监督管理的力度，在巩固已取得的治理整顿成果的基础上，紧紧抓住取缔药品集贸市场、清理无证经营药品、打击制售假劣药品犯罪行为这 3 个重点环节，毫不放松，一抓到底。

（一）贯彻《药品管理法》，落实《决定》，切实加强药品质量监督管理工作

在国务院于 1999 年 12 月 5 日发布的《决定》中提出的切实加强产品质量监管措施，对药品质量的监管具有重要的指导意义。各级药品监督管理部门要认真学习《决定》，深入调查了解本辖区内药品生产、经营、使用单位药品质量现状及问题，研究制定解决药品质量问题的具体措施，切实把加强药品质量的监督管理工作落到实处。

（二）认真组织实施《药品流通监督管理办法》

各省（区、市）药品监督管理部门要把《药品流通监督管理办法》（暂行）（以下简称《办法》）的实施工作列入 2000 年工作重要议事日程，组织辖区内药品监督管理部门、药品生产、经营企业、医疗机构的负责人及有关人员进行培训；安排药品生产、经营企业和医疗机构，根据《办法》对照本单位药品购、销行为进行自查、整改，并对上述单位的自查、整改情况进行一次全面的检查。对没有按要求进行整改或有违反《办法》行为的，要依法严肃处理；要对城镇个体诊所配药问题进行清查，城镇社区卫生服务组织、门诊部及个体诊所除可经销由省级卫生、药品监管部门审定的常用和急救用药外，不得从事药品购销活动。要通过对《办法》的实施，规范药品购销行为和渠道，使药品集贸市场和无证经营药品者断粮断炊，来去无路，使本辖区内取缔药品集贸市场、清理无证经营药品的工作见到实效。

医药电子商务是对医药经营方式的补充，在保证人民用药安全有效的前提下，应利用其先进性，为促进我国医药经济的发展服务。鉴于药品是一种特殊商品，药品流通秩序还较为混乱等情况，要加强对医药电子商务的试点、引导、管理和监督，严禁以电子商务的名义搞违法药品经营活动。要认真执行《处方药与非处方药流通管理暂行规定》中“暂不允许采用网上售药方式”的规定。这不仅符合我国国情，也是对一些发达国家经验的借鉴。

（三）严厉查处制售假劣药品的违法行为

根据《药品管理法》和《决定》的有关规定，对制造和违规经销假药行为一经查实，应吊销药品生产、经营、制剂许可证；对有过制造和违规经销假药行为企业的厂长（经理）和直接责任者，一律不得以其名义注册任何新的企业。国家药品监督管理局在药品质量公报中，公布生产、违规经销假药企业的同时，公布生产、违规经销假药企业的厂长（经理）名单。对违法生产、经营企业要增加抽查频次。

要认真开展一次全面清理过期药品的专项治理工作，对超过有效期的药品一律由药品监督管理部门监督销毁，对销售、使用过期药品的要依法严处。

要加强对进口药品的监督管理工作，严格执行《进口药品管理办法》，对进口药品要加强监督检查，严格实行进口药品国内销售代理商备案制。严禁跨口岸进口药品。要加强与海关等部门的配合，坚决打击走私药品，重点打击走私进口药材、原料药的违法犯罪行为。对走私药品一经查实，依法监督销毁。对境内生产、销售假冒进口药品的企业一律依法查处。

继续进行药品抽验机制的改革，加大药品抽验力度，提高药品抽验的科学性、合理性和代表性，为准确掌握药品的质量情况、分析药品质量存在的问题、依法查处假劣药

品提供可靠的依据。

（四）结合许可证换证审查，强化监督管理工作

2000 年将开展对药品生产、经营企业、制剂单位进行资格审查及换证工作。在换证审查工作中要严格按照我局“关于《药品生产企业许可证》换证工作的通知”（国药管办［1999］169 号）和“关于换发《药品经营企业许可证》工作安排的通知”（国药管办［1999］242 号）中规定的换证审查条件及标准，对持证单位进行资格认定。对“两证”不全的、出租、出售、转让“两证”的，制售假药的，将药品生产、批发企业承包给个人经营的，以及违反我局国药管市［1999］15 号文件规定新开办的药品生产、经营企业，一律不予换证；对擅自从事异地经营，超越“两证”核准的经营方式、范围经营药品，招商经营药品，参与招商经营或药品集贸市场经营药品活动，以及购销药品无票据或开具虚假票据的企业，要暂缓换证并限期纠正，否则不予换证。换证期间，企业因改组、改制、兼并、联合等需作变更事项登记的，要按国药管办［1999］242 号文件规定办理变更手续。

要通过换发许可证，提高药品经营企业的素质，减少药品批发企业的数量，克服低水平经营。鼓励现有的药品批发企业以兼并、入股、联合等方式进行资产重组，促进药品批发企业的规模化；鼓励大型药品批发企业跨地区兼并市、县级批发企业，将市、县级药品批发企业改组为区域性基层配送中心。实行法人企业和非法人企业、批发企业和零售企业分类监管，取消批零兼营方式的核准。

按照《通知》要求，要积极参与门诊药房改为药品零售企业的试点工作；积极参加规范药品集中招标采购的试点；进行招标代理机构的认定，加强对集中招标采购中介组织的监管。各级药品监督管理部门要认真学习政策、法规，深入实际调查，积极研究如何通过药品监督管理工作促进医药流通体制深化改革。

（五）加强药品广告审查管理工作

各地药品监督管理部门要将药品广告审查列为药品监督管理的一项重要工作，要安排专职人员，严格执行审查标准，规范审查程序。审查人员要不断加强学习，提高审查水平；对已经审查刊播的药品广告要加强检查，对发现违法刊播的药品广告，该撤消文号的要及时撤销，该移送工商行政管理部门查处的要及时移送；地、市以下药品监督管理部门，虽然不承担药品广告审查工作，也要学习贯彻《广告法》、《药品广告审查办法》、《药品广告审查标准》，对辖区内药品广告刊播后的情况进行检查，发现违法的药品广告，要及时向省级药品监督管理部门报告和核查，并主动及时移送工商行政管理部门查处。

（六）鼓励药品零售实行连锁经营，认真推进药品分类管理工作

药品零售连锁经营，实行统一采购配送、统一质量标准、采购同销售分离，有利于保证药品质量安全有效。因此，目前鼓励药品零售实行连锁经营，推进药品零售连锁企业实施 GSP 认证。通过 GSP 认证的企业，可以跨地域开办药品零售连锁门店或分部。

跨地域开办的药品零售连锁门店或分部，按程序通过门店或分部所在地域药品监督管理部门审查后，报所跨地域的上一级药品监督管理部门审批，并取得《药品经营企业许可证》。门店或分部所在地域的药品监督管理部门负责对其进行监督管理。

药品零售连锁经营的配送中心，不得对外进行药品经营活动。

各地药品监督管理部门要认真加强药品分类管理实施后的流通监管工作，要按照国家药品监督管理局提出的实施原则和各项要求，推进药品分类管理工作的开展。

各省（区、市）药品监督管理部门要认真按照自己的职能，积极做好药品零售连锁经营和药品分类管理流通试点工作。

（七）落实监督管理工作责任制

各级药品监督管理部门要切实承担起本辖区内整顿药品生产、经营企业、医疗机构药品购销行为，查处制售假劣药品行为，规范药品流通秩序的工作责任，对辖区内药品生产、经营企业、医疗机构的药品生产、经营和使用情况进行一次全面大检查；针对本地区药品流通存在的问题，制定整顿规范目标责任制。上级要对下级的目标落实情况进行督促检查，限期内达不到整治目标的，要追究负责人的责任。

（八）发挥舆论宣传和社会监督作用

要通过电视、广播、报刊、网络等媒体，宣传药品监督管理的有关法规，报道药品监督的成果，表彰依法监督的先进单位和个人，反映广大人民群众加强药品监督的呼声，引导全社会重视药品监督管理工作。要完善药品质量公告制度。药品质量公报要通过报刊等新闻媒体向社会公布，形成良好的舆论监督和社会监督氛围，提高药品监督管理工作水平。

特此通知。

国家药品监督管理局
二〇〇〇年四月十四日

国家药品监督管理局文件

国药管人［2000］156号

关于修订印发《执业药师注册管理暂行办法》的通知

各省、自治区、直辖市药品监督管理局或卫生厅（局）、医药管理部门，新疆生产建设兵团卫生局、医药管理局：

根据人事部、国家药品监督管理局《执业药师资格制度暂行规定》（人发［1999］34号），为加强执业药师管理，规范执业药师注册工作，我局重新修订了《执业药师注册管理暂行办法》。现将其印发给你们，请贯彻执行。

国家药品监督管理局
二OOO年四月十四日

执业药师注册管理暂行办法

第一章　总　则

第一条　为保证执业药师资格制度的实施，加强执业药师注册管理工作，根据人事部、国家药品监督管理局联合颁发的《执业药师资格制度暂行规定》，制定本办法。

第二条　执业药师实行注册制度。国家药品监督管理局为全国执业药师管理机构，各省、自治区、直辖市药品监督管理局为本辖区执业药师注册机构。

第三条　持有《执业药师资格证书》的人员，经向注册机构申请注册并取得《执业药师注册证》后，方可以执业药师身份执业。

第四条　执业药师按照执业类别、执业范围、执业地区注册。执业类别为药学类、中药学类；执业范围为药品生产、药品经营、药品使用；执业地区为省、自治区、直辖市。

第五条　执业药师只能在一个执业药师注册机构注册，在一个执业单位按照注册的执业类别、执业范围执业。

第二章　申请注册

第六条　药品生产、经营、使用单位的人员取得《执业药师资格证书》后即可向执业单位所在地区的执业药师注册机构申请办理注册手续。

第七条　申请执业药师注册的人员，必须同时具备下列条件：

（一）取得《执业药师资格证书》；

（二）遵纪守法，遵守职业道德；

（三）身体健康，能坚持在执业药师岗位工作；

（四）经执业单位同意。

第八条　有下列情况之一者，不予注册：

（一）不具有完全民事行为能力的；

（二）因受刑事处罚，自刑罚执行完毕之日起到申请注册之日不满二年的；

（三）受过取消执业药师执业资格处分不满二年的；

（四）国家规定不宜从事执业药师业务的其他情形的。

第九条　首次申请注册的人员，须填写“执业药师首次注册申请表”，并提交以下材料：

（一）《执业药师资格证书》；

（二）身份证明复印件；

（三）近期一寸免冠正面半身照片 5 张；

（四）县级（含）以上医院出具的本人 6 个月内的健康体检表；

（五）执业单位证明；

（六）执业单位合法开业的证明复印件。

第十条　执业药师注册有效期为 3 年。持证者须在有效期满前 3 个月到原执业药师注册机构申请办理再次注册手续。超过期限，不办理再次注册手续的人员，其《执业药师注册证》自动失效，并不能再以执业药师身份执业。

第十一条　申请再次注册者，须填写“执业药师再次注册申请表”，并提交以下材料：

（一）《执业药师资格证书》和《执业药师注册证》；

（二）执业单位考核材料；

（三）《执业药师继续教育登记证书》；

（四）县级（含）以上医院出具的本人6个月内的健康体检表。

第十二条　凡取得《执业药师资格证书》，按规定完成继续教育学分，可保留执业药师资格。取得《执业药师资格证书》1年后申请注册的，除按第九条规定外，还需同时提交载有本人参加继续教育记录的《执业药师继续教育登记证书》。

第三章　注册与管理

第十三条　执业药师注册机构须在收到申请之日起30个工作日内，对符合条件者予以注册；对不符合条件者不予注册，同时书面通知申请人并说明理由。

第十四条　执业药师注册机构根据申请注册者的《执业药师资格证书》中注明的专业类别进行注册。

第十五条　执业药师注册机构办理注册时，在《执业药师资格证书》中的注册情况栏内加盖注册专用印章，并发给国家药品监督管理局统一印制的《执业药师注册证》。

第十六条　执业药师在同一执业地区变更执业单位或范围的，须到原执业药师注册机构办理变更注册手续，填写“执业药师变更注册登记表”，并提交以下材料：

（一）《执业药师资格证书》和《执业药师注册证》；

（二）新执业单位合法开业的证明复印件；

执业药师变更执业地区的，须到原执业药师注册机构办理变更注册手续，填写“执业药师变更注册登记表”，并向新执业地区的执业药师注册机构重新申请注册。新的执业药师注册机构在办理执业注册手续时，应收回原《执业药师注册证》，并发给新的《执业药师注册证》。

第十七条　执业药师注册后如有下列情况之一的，予以注销注册：

（一）死亡或被宣告失踪的；

（二）受刑事处罚的；

（三）被吊销《执业药师资格证书》的；

（四）受开除行政处分的；

（五）因健康或其他原因不能从事执业药师业务的。

注销注册手续由执业药师所在单位在30个工作日内向注册机构申请办理，并填写“执业药师注销注册登记表”。执业药师注册机构经核实后办理注销注册，收回《执业药师注册证》。

第十八条　执业药师注册机构每年将注册情况报国家药品监督管理局备案，并定期公告。

第十九条　国家药品监督管理局发现上报备案的执业药师中有不符合规定条件的，

有权责令执业药师注册机构复查并予以改正。

第二十条　对不予注册或注销注册持有异议的当事人，可以依法申请行政复议或者向人民法院提起诉讼。

第二十一条　凡以骗取、转让、借用、伪造《执业药师资格证书》、《执业药师注册证》和《执业药师继续教育登记证书》等不正当手段进行注册的人员，一经发现，由执业药师注册机构收缴注册证并注销注册。构成犯罪的，依法追究其刑事责任。

第二十二条　执业药师注册机构的工作人员，在注册工作中玩忽职守、滥用职权、徇私舞弊，由其所在单位依据有关规定给予行政处分；构成犯罪的，依法追究刑事责任。

第四章　附　　则

第二十三条　持有《执业药师资格证书》的人员未经注册，不具有执业药师身份，不得从事执业药师业务活动，其所出具的与执业药师业务有关的证明，均属无效。

第二十四条　执业单位系指合法的药品生产、经营、使用单位。

第二十五条　本办法由国家药品监督管理局负责解释。

第二十六条　本办法自发布之日起施行。

国家药品监督管理局文件

国药管市［2000］165号

关于进行药品零售跨省连锁企业试点工作的通知

各省、自治区、直辖市药品监督管理局或卫生厅（局）、医药管理部门：

为了加强对药品经营的监督管理，规范药品零售连锁经营行为，促进药品经营企业的重组、兼并、联合，提高企业管理水平、质量保证能力、集约化经营程度，我局决定进行药品零售跨省连锁企业试点工作。现将试点工作有关事宜通知如下：

一、试点企业条件：认真实施药品GSP并具有一定经营规模，未出现过违规经营的情况等（具体条件另发）。

二、试点企业的产生：各省（区、市）药品监督管理部门对符合试点条件的企业经筛选后，可向国家药品监督管理局推荐，原则上一个省推荐一个企业。国家药品监督管理局组织对被推荐的试点单位进行资格认定。对符合规定的企业国家药品监管局将分批公布，进行跨省连锁试点。

三、试点单位推荐时间：自本文下发之日试点工作开始，各省（区、市）推荐时限为2000年5月31日之前。

四、其他：

（一）开展跨省市连锁的试点工作的具体程序，按《药品零售连锁企业有关规定》办理。

（二）未成立药品监督管理局的省（区、市），由省（区、市）医药管理部门和卫生厅（局）根据试点单位条件，共同进行对申请试点单位的筛选工作，并形成统一的推荐意见报国家药品监督管理局。

（三）各省（区、市）药品监督管理部门可选择1～2个企业进行药品零售省内跨地域连锁试点工作。由省（区、市）药品监督管理部门参考国家药品监督管理局药品零售跨省连锁企业条件制定省内试点企业条件，并将试点企业条件及确定的试点企业名单报国家药品监督管理局备案。

（四）各省（区、市）药品监督管理局或卫生厅（局）和医药管理部门，要克服地方保护，认真进行药品零售跨省连锁企业试点工作，积极支持国家药品监督管理局审核认定的试点企业在本省（区、市）内建立药品零售连锁企业，不得拖延或拒绝审查，不得限制连锁门店的数量。

国家药品监督管理局
二OOO年四月二十日

国家药品监督管理局文件

国药管市 [2000] 166 号

关于印发药品零售连锁企业有关规定的通知

各省、自治区、直辖市药品监督管理局或卫生厅（局）、医药管理部门：

为加强药品零售连锁企业监督管理工作，规范药品零售连锁经营行为，根据《中华人民共和国药品管理法》及有关法律、法规，我局制定了《药品零售连锁企业有关规定》(以下简称《规定》)。现印发给你们，请认真贯彻执行并监督实施。

此《规定》下发之前，已经依法开办而未达到《规定》要求的药品零售连锁企业，要按本《规定》进行整改、规范。有关部门要在换证验收中对其整改情况进行检查。

国家药品监督管理局
二OOO年四月二十三日

药品零售连锁企业有关规定

第一条　为了加强对药品零售连锁企业的监督管理，依据《中华人民共和国药品管理法》及有关法律、法规，制定本规定。

第二条　药品零售连锁企业，是指经营同类药品、使用统一商号的若干个门店，在同一总部的管理下，采取统一采购配送、统一质量标准、采购同销售分离、实行规模化管理经营的组织形式。

第三条　药品零售连锁企业应由总部、配送中心和若干个门店构成。总部是连锁企业经营管理的核心；配送中心是连锁企业的物流机构；门店是连锁企业的基础，承担日常零售业务。跨地域开办时可设立分部。

第四条　药品零售连锁企业应是企业法人。

第五条　药品零售连锁企业，应按程序通过省（区、市）药品监督管理部门审查，并取得《药品经营企业许可证》。药品零售连锁企业门店通过地市级药品监督管理部门审查，并取得《药品经营企业许可证》。

（一）总部应具备采购配送、财务管理、质量管理、教育培训等职能。总部质量管理人员及机构应符合药品批发同规模企业标准。

（二）配送中心应具备进货、验收、贮存、养护、出库复核、运输、送货等职能。质量管理人员、机构及设施设备条件，应符合药品批发同规模企业标准。配送中心是该连锁企业服务机构，只准向该企业连锁范围内的门店进行配送，不得对该企业外部进行批发、零售。

（三）门店按照总部的制度、规范要求，承担日常药品零售业务。门店的质量管理人员应符合同规模药店质量管理人员标准。门店不得自行采购药品。

第六条　直接从工厂购进药品的药品零售连锁企业，应设立化验室。化验室人员、设备等条件，应符合药品批发同规模企业标准。

第七条　药品零售连锁企业在其他商业企业或宾馆、机场等服务场所设立的柜台，只能销售乙类非处方药。

第八条　通过GSP认证的药品零售连锁企业方可跨地域开办药品零售连锁分部或门店。

（一）跨地域开办的药品零售连锁分部，由配送中心和若干个门店构成。

（二）药品零售连锁企业的配送中心能够跨地域配送的，该企业可以跨地域设门店。

（三）跨地域开办的药品连锁经营企业，由所跨地域的上一级药品监督管理部门在开办地药品监督管理部门审查的基础上审核，同意后通知开办地发给《药品经营企业许可证》。

（四）开办地药品监督管理部门的审查工作要严格掌握开办条件，不允许放宽条件审查和超越条件卡、克。审查工作在15日内完成并上报审查结果。

第九条　本规定由国家药品监督管理局负责解释。

第十条　本规定自发布之日起实施。

国家药品监督管理局令

第 20 号

《药品经营质量管理规范》于2000年3月17日经国家药品监督管理局局务会审议通过，现予发布，自2000年7月1日起施行。

局长：鄭筱萸

二〇〇〇年四月三十日

药品经营质量管理规范

第一章　总　则

第一条　为加强药品经营质量管理，保证人民用药安全有效，依据《中华人民共和国药品管理法》等有关法律、法规，制定本规范。

第二条　药品经营企业应在药品的购进、储运和销售等环节实行质量管理，建立包括组织机构、职责制度、过程管理和设施设备等方面的质量体系，并使之有效运行。

第三条　本规范是药品经营质量管理的基本准则，适用于中华人民共和国境内经营药品的专营或兼营企业。

第二章　药品批发的质量管理

第一节　管理职责

第四条　企业主要负责人应保证企业执行国家有关法律、法规及本规范，对企业经营药品的质量负领导责任。

第五条　企业应建立以企业主要负责人为首的质量领导组织。其主要职责是：建立企业的质量体系，实施企业质量方针，并保证企业质量管理工作人员行使职权。

第六条　企业应设置专门的质量管理机构，行使质量管理职能，在企业内部对药品质量具有裁决权。

第七条　企业应设置与经营规模相适应的药品检验部门和验收、养护等组织。药品检验部门和验收组织应隶属于质量管理机构。

第八条　企业应依据有关法律、法规及本规范，结合企业实际制定质量管理制度，并定期检查和考核制度执行情况。

第九条　企业应定期对本规范实施情况进行内部评审，确保规范的实施。

第二节　人员与培训

第十条　企业主要负责人应具有专业技术职称，熟悉国家有关药品管理的法律、法规、规章和所经营药品的知识。

第十一条　企业负责人中应有具有药学专业技术职称的人员，负责质量管理工作。

第十二条　企业质量管理机构的负责人，应是执业药师或具有相应的药学专业技术职称，并能坚持原则，有实践经验，或能独立解决经营过程中的质量问题。

第十三条　药品检验部门的负责人，应具有相应的药学专业技术职称。

第十四条　企业从事质量管理和检验工作的人员，应具有药学或相关专业的学历，或者具有药学专业技术职称，经专业培训并考核合格后持证上岗。

第十五条　从事验收、养护、计量、保管等工作的人员，应具有相应的学历或一定的文化程度，经有关培训并考核合格后持证上岗。

在国家有就业准入规定岗位工作的人员，需通过职业技能鉴定并取得职业资格证书后方可上岗。

第十六条　企业每年应组织直接接触药品的人员进行健康检查，并建立健康档案。

发现患有精神病、传染病或者其他可能污染药品疾病的人员，应调离直接接触药品的岗位。

第十七条　企业应定期对各类人员进行药品法律、法规、规章和专业技术、药品知识、职业道德等教育或培训，并建立档案。

第三节　设施与设备

第十八条　企业应有与经营规模相适应的营业场所及辅助、办公用房。营业场所应明亮、整洁。

第十九条　有与经营规模相适应的仓库。库区地面平整，无积水和杂草，无污染源，并做到：

（一）药品储存作业区、辅助作业区、办公生活区分开一定距离或有隔离措施，装卸作业场所有顶棚。

（二）有适宜药品分类保管和符合药品储存要求的库房。库房内墙壁、顶棚和地面光洁、平整，门窗结构严密。

（三）库区有符合规定要求的消防、安全设施。

第二十条　仓库应划分待验库（区）、合格品库（区）、发货库（区）、不合格品库（区）、退货库（区）等专用场所，经营中药饮片还应划分零货称取专库（区）。以上各库区均应设有明显标志。

第二十一条　仓库应有以下设施和设备：

（一）保持药品与地面之间有一定距离的设备。

（二）避光、通风和排水的设备。

（三）检测和调节温、湿度的设备。

（四）防尘、防潮、防霉、防污染以及防虫、防鼠、防鸟等设备。

（五）符合安全用电要求的照明设备。

（六）适宜拆零及拼箱发货的工作场所和包装物料等的储存场所和设备。

第二十二条　储存麻醉药品、一类精神药品、医疗用毒性药品、放射性药品的专用仓库应具有相应的安全保卫措施。

第二十三条　有与经营规范、范围相适应的药品检验部门，配置相应的检验仪器和设备。经营中药材及中药饮片的应设置中药标本室（柜）。

第二十四条　有与企业规模相适应、符合卫生要求的验收养护室，配备必要的验收和养护用工具及仪器设备。

第二十五条　对所用设施和设备应定期进行检查、维修、保养并建立档案。

第二十六条　分装中药饮片应有符合规定的专门场所，其面积和设备应与分装要求相适应。

第四节　进　　货

第二十七条　企业应把质量放在选择药品和供货单位条件的首位，制定能够确保购进的药品符合质量要求的进货程序。

第二十八条　购进的药品应符合以下基本条件：

（一）合法企业所生产或经营的药品。

（二）具有法定的质量标准。

（三）除国家未规定的以外，应有法定的批准文号和生产批号。进口药品应有符合规定的、加盖了供货单位质量检验机构原印章的《进口药品注册证》和《进口药品检验报告书》复印件。

（四）包装和标识符合有关规定和储运要求。

（五）中药材应标明产地。

第二十九条　企业对首营企业应进行包括资格和质量保证能力的审核。审核由业务部门会同质量管理机构共同进行。除审核有关资料外，必要时应实地考察。经审核批准后，方可从首营企业进货。

第三十条　企业对首营品种（含新规格、新剂型、新包装等）应进行合法性和质量基本情况的审核，审核合格后方可经营。

第三十一条　企业编制购货计划时应以药品质量作为重要依据，并有质量管理机构人员参加。

第三十二条　签订进货合同应明确质量条款。

第三十三条　购进药品应有合法票据，并按规定建立购进记录，做到票、账、货相符。购货记录按规定保存。

第三十四条　企业每年应对进货情况进行质量评审。

第五节　验收与检验

第三十五条　药品质量验收的要求是：

（一）严格按照法定标准和合同规定的质量条款对购进药品、销后退回药品的质量进行逐批验收。

（二）验收时应同时对药品的包装、标签、说明书以及有关要求的证明或文件进行逐一检查。

（三）验收抽取的样品应具有代表性。

（四）验收应按有关规定做好验收记录。验收记录应保存至超过药品有效期 1 年，但不得少于 3 年。

（五）验收首营品种，还应进行药品内在质量的检验。

（六）验收应在符合规定的场所进行，在规定时限内完成。

第三十六条　仓库保管员凭验收员签字或盖章收货。对货与单不符、质量异常、包装不牢或破损、标志模糊等情况，有权拒收并报告企业有关部门处理。

第三十七条　企业的药品检验部门承担本企业药品质量的检验任务，提供准确、可靠的检验数据。

第三十八条　药品检验部门抽样检验批数应达到总进货批数的规定比例。

第三十九条　药品质量验收和检验管理的主要内容是：

（一）药品质量标准及有关规定的收集、分发和保管。

（二）抽样的原则和程序、验收和检验的操作规程。

（三）发现有问题药品的处理方法。

（四）仪器设备、计量工具的定期校准和检定，仪器的使用、保养和登记等。

（五）原始记录和药品质量档案的建立、收集、归档和保管。

（六）中药标本的收集和保管。

第四十条　企业应对质量不合格药品进行控制性管理，其管理重点为：

（一）发现不合格药品应按规定的要求和程序上报。

（二）不合格药品的标识、存放。

（三）查明质量不合格的原因，分清质量责任，及时处理并制定预防措施。

（四）不合格药品报废、销毁的记录。

（五）不合格药品处理情况的汇总和分析。

第六节　储存与养护

第四十一条　药品应按规定的储存要求专库、分类存放。储存中应遵守以下几点：

（一）药品按温、湿度要求储存于相应的库中。

（二）在库药品均应实行色标管理。

（三）搬运和堆垛应严格遵守药品外包装图示标志的要求，规范操作。怕压药品应控制堆放高度，定期翻垛。

（四）药品与仓间地面、墙、顶、散热器之间应有相应的间距或隔离措施。

（五）药品应按批号集中堆放。有效期的药品应分类相对集中存放，按批号及效期远近依次或分开堆码并有明显标志。

（六）药品与非药品、内用药与外用药、处方药与非处方药之间应分开存放；易串味的药品、中药材、中药饮片以及危险品等应与其他药品分开存放。

（七）麻醉药品、一类精神药品、医疗用毒性药品、放射性药品应当专库或专柜存放，双人双锁保管，专帐记录。

第四十二条　药品养护工作的主要职责是：

（一）指导保管人员对药品进行合理储存。

（二）检查在库药品的储存条件，配合保管人员进行仓间温、湿度等管理。

（三）对库存药品进行定期质量检查，并做好检查记录。

（四）对中药材和中药饮片按其特性，采取干燥、降氧、熏蒸等方法养护。

（五）对由于异常原因可能出现质量问题的药品和在库时间较长的中药材，应抽样送检。

（六）对检查中发现的问题及时通知质量管理机构复查处理。

（七）定期汇总、分析和上报养护检查、近效期或长时间储存的药品等质量信息。

（八）负责养护用仪器设备、温湿度检测和监控仪器、仓库在用计量仪器及器具等管理工作。

（九）建立药品养护档案。

第七节　出库与运输

第四十三条　药品出库应遵循“先产先出”、“近期先出”和按批号发货的原则。

第四十四条　药品出库应进行复核和质量检查。麻醉药品、一类精神药品、医疗用毒性药品应建立双人核对制度。

第四十五条　药品出库应做好药品质量跟踪记录，以保证能快速、准确地进行质量跟踪。记录应保存至超过药品有效期 1 年，但不得少于 3 年。

第四十六条　对有温度要求的药品的运输，应根据季节温度变化和运程采取必要的保温或冷藏措施。

第四十七条　麻醉药品、一类精神药品、医疗用毒性药品和危险品的运输应按有关规定办理。

第四十八条　由生产企业直调药品时，须经经营单位质量验收合格后方可发运。

第四十九条　搬运、装卸药品应轻拿轻放，严格按照外包装图示标志要求堆放和采取防护措施。

第八节　销售与售后服务

第五十条　企业应依据有关法律、法规和规章，将药品销售给具有合法资格的单位。

第五十一条　销售特殊管理的药品应严格按照国家有关规定执行。

第五十二条　销售人员应正确介绍药品，不得虚假夸大和误导用户。

第五十三条　销售应开具合法票据，并按规定建立销售记录，做到票、账、货相符。销售票据和记录应按规定保存。

第五十四条　因特殊需要从其他商业企业直调的药品，本企业应保证药品质量，并及时做好有关记录，

第五十五条　药品营销宣传应严格执行国家有关广告管理的法律、法规，宣传的内容必须以国家药品监督管理部门批准的药品使用说明书为准。

第五十六条　对质量查询、投诉、抽查和销售过程中发现的质量问题要查明原因，分清责任，采取有效的处理措施，并做好记录。

第五十七条　企业已售出的药品如发现质量问题，应向有关管理部门报告，并及时追回药品和做好记录。

第三章　药品零售的质量管理

第一节　管理职责

第五十八条　药品零售和零售连锁企业应遵照依法批准的经营方式和经营范围从事经营活动，应在营业店堂的显著位置悬挂药品经营企业许可证、营业执照以及与执业人员要求相符的执业证明。

第五十九条　企业主要负责人对企业经营药品的质量负领导责任。

第六十条　企业应设置质量管理机构或专职质量管理人员，具体负责企业质量管理工作。

第六十一条　企业应根据国家有关法律、法规和本规范，并结合企业实际，制定各项质量管理制度。管理制度应定期检查和考核，并建立记录。

第二节　人员与培训

第六十二条　企业的质量负责人应具有药学专业的技术职称。

第六十三条　药品零售中处方审核人员应是执业药师或有药师以上（含药师和中药师）的专业技术职称。

第六十四条　企业的质量管理和药品检验人员应具有药学或相关专业的学历，或者具有药学专业的技术职称。

第六十五条　企业从事质量管理、检验、验收、保管、养护、营业等工作的人员应经过专业培训，考核合格后持证上岗。国家有就业准入规定的岗位，工作人员需通过职业技能鉴定并取得职业资格证书后方可上岗。

第六十六条　企业每年应组织直接接触药品的人员进行健康检查，并建立健康档案。发现患有精神病、传染病和其他可能污染药品疾病的人员，应及时调离其工作岗位。

第三节　设施和设备

第六十七条　药品零售企业应有与经营规模相适应的营业场所和药品仓库，并且环境整洁、无污染物。企业的营业场所、仓库、办公生活等区域应分开。

第六十八条　药品零售企业营业场所和药品仓库应配置以下设备：

（一）便于药品陈列展示的设备。

（二）特殊管理药品的保管设备。

（三）符合药品特性要求的常温、阴凉和冷藏保管的设备。

（四）必要的药品检验、验收、养护的设备。

（五）检验和调节温、湿度的设备。

（六）保持药品与地面之间有一定距离的设备。

（七）药品防尘、防潮、防污染和防虫、防鼠、防霉变等设备。

（八）经营中药饮片所需的调配处方和临方炮制的设备。

第六十九条　药品零售连锁企业应设立与经营规模相适应的配送中心，其仓储、验收、检验、养护等设施要求与同规模的批发企业相同。零售连锁门店的药品陈列、保管等设备要求应与零售企业相同。

第四节　进货与验收

第七十条　企业购进药品应以质量为前提，从合法的企业进货。对首营企业应确认其合法资格，并做好记录。

第七十一条　购进药品应有合法票据，并按规定建立购进记录，做到票、账、货相符。购进票据和记录应保存至超过药品有效期 1 年，但不得少于两年。

第七十二条　购进药品的合同应明确质量条款。

第七十三条　购进首营品种，应进行药品质量审核，审核合格后方可经营。

第七十四条　验收人员对购进的药品，应根据原始凭证，严格按照有关规定逐批验收并记录。必要时应抽样送检验机构检验。

第七十五条　验收药品质量时，应按规定同时检查包装、标签、说明书等项内容。

第五节　陈列与储存

第七十六条　在零售店堂内陈列药品的质量和包装应符合规定。

第七十七条　药品应按剂型或用途以及储存要求分类陈列和储存：

（一）药品与非药品、内服药与外用药应分开存放，易串味的药品与一般药品应分开存放。

（二）药品应根据其温、湿度要求，按照规定的储存条件存放。

（三）处方药与非处方药应分柜摆放。

（四）特殊管理的药品应按照国家的有关规定存放。

（五）危险品不应陈列。如因需要必须陈列时，只能陈列代用品或空包装。危险品的储存应按国家有关规定管理和存放。

（六）拆零药品应集中存放于拆零专柜，并保留原包装的标签。

（七）中药饮片装斗前应做质量复核，不得错斗、串斗，防止混药。饮片斗前应写正名正字。

第七十八条　陈列和储存药品的养护工作包括：

（一）定期检查陈列与储存药品的质量并记录。近效期的药品、易霉变、易潮解的药品视情况缩短检查周期，对质量有疑问及储存日久的药品应及时抽样送检。

（二）检查药品陈列环境和储存条件是否符合规定要求。

（三）对各种养护设备进行检查。

（四）检查中发现的问题应及时向质量负责人汇报并尽快处理。

第七十九条　库存药品应实行色标管理。

第六节　销售与服务

第八十条　销售药品要严格遵守有关法律、法规和制度，正确介绍药品的性能、用途、禁忌及注意事项。

第八十一条　销售药品时，处方要经执业药师或具有药师以上（含药师和中药师）职称的人员审核后方可调配和销售。对处方所列药品不得擅自更改或代用。对有配伍禁忌或超剂量的处方，应当拒绝调配、销售。必要时，需经原处方医生更正或重新签字方可调配和销售。审核、调配或销售人员均应在处方上签字或盖章，处方按有关规定保存备查。

第八十二条　药品拆零销售使用的工具、包装袋应清洁和卫生，出售时应在药袋上写明药品名称、规格、服法、用量、有效期等内容。

第八十三条　销售特殊管理的药品，应严格按照国家有关规定，凭盖有医疗单位公章的医生处方限量供应，销售及复核人员均应在处方上签字或盖章，处方保存两年。

第八十四条　企业应在零售场所内提供咨询服务，指导顾客安全、合理用药。企业还应设置意见薄和公布监督电话，对顾客的批评或投诉要及时加以解决。

第四章　附　　则

第八十五条　本规范下列用语的含义是：

企业主要负责人：具有法人资格的企业指其法定代表人；不具有法人资格的企业指其最高管理者。

首营企业：购进药品时，与本企业首次发生供需关系的药品生产或经营企业。

首营品种：本企业向某一药品生产企业首次购进的药品。

药品直调：将已购进但未入库的药品，从供货方直接发送到向本企业购买同一药品的需求方。

处方调配：销售药品时，营业人员根据医生处方调剂、配制药品的过程。

第八十六条　国家药品监督管理局根据本规范制定实施细则。

第八十七条　本规范由国家药品监督管理局负责解释。

第八十八条　本规范自2000年7月1日起施行。

国家药品监督管理局关于贯彻城镇医药卫生体制改革指导意见的实施意见

（2000年6月8日）

2000年2月21日，经国务院同意，国务院办公厅转发了国家体改委等8个部门《关于城镇医药卫生体制改革的指导意见》（国办发［2000］16号，以下简称《指导意见》）。为认真贯彻《指导意见》，促进城镇医药卫生体制改革的顺利进行，国家药品监督管理局结合药品监督管理工作的实际，特提出以下实施意见：

一、加大药品监督管理工作力度，充分运用监管手段，促进药品生产结构调整，抑制低水平重复建设

（一）认真执行《开办药品生产企业暂行规定》。要严格药品生产企业准入条件，控制新增生产加工能力，审批新开办药品生产企业应注重新产品的科技含量和企业生产质量体系。新开办药品生产企业必须具有一个二类以上新药（中药两个三类以上），且须通过GMP认证。

（二）严格执行《药品生产质量管理规范》。要按剂型、类别，分阶段开展药品GMP认证工作。2000年底完成大容量注射剂、粉针剂的GMP认证工作，2002年底完成小容量注射剂的GMP认证工作。对其他剂型、类别的药品生产，在调查研究的基础上，规定完成GMP认证时限。对超过时限仍达不到GMP要求的不准生产，并注销其《药品生产企业许可证》或取消其相应的生产项目。

（三）认真做好换发《药品生产企业许可证》工作。通过换证工作，整顿药品生产企业，提高药品生产企业整体水平。按照《2000年度（药品生产企业许可证）换证验收标准》，对现有药品生产企业进行整顿验收，限期达不到换证标准的企业，责令其整顿，整改后仍不合格的不予换证。

（四）逐步实施药品生产企业的分类监管。在2000年度《药品生产企业许可证》换证工作中，对现有药品生产企业进行分类，在许可证编号和生产范围中予以区别，为实施药品生产企业的分类监管做好基础工作。

（五）充分运用监管手段，促进医药经济结构调整。依据“以监督为中心，监帮促相结合”的工作方针，积极研究制定相关的配套政策，支持、鼓励、促进药品生产企业联合、兼并、重组，加快结构调整步伐，实现生产要素优化配置，向规模化、集约化方向发展。有条件地允许药品生产企业开展药品异地生产和委托加工，鼓励质量好的药品、有优势的企业占领市场、扩大市场份额。

二、建立科学的新药审评机制，降低新药研制和审批管理成本，鼓励药品生产企业增加科技投入，开发新产品和特色产品

（六）加强新药审评工作的监督管理。要进一步完善《药品注册工作程序》和《国家药品审评专家管理办法》（试行），公开注册程序，规范专家审评行为，接受社会监督，维护药品注册申请人的合法权益，确保药品审评工作科学、规范、公正、公平。

要改革药品审评机制，努力降低审批管理成本和研制成本。

（七）加强药品审评专家队伍建设。要认真做好第三批药品审评专家库人选的推荐、遴选工作，充实、完善药品审评专家库，建立一支高素质的、权威的药品审评专家队伍。

（八）支持和鼓励药品科研开发创新。要制定相关政策，在审评、注册、发证等方面，向高技术含量的新药倾斜。支持建立以生产企业为依托，面向生产、面向市场的新药研究开发机制，推动科研成果的产业化进程。

（九）加强进口药品管理工作。要切实按照《进口药品管理办法》，严格进口药品申报代理商的资格要求，严格进口药品技术审评标准，凡低于我国药品标准、低于已进口同品种或发达国家同品种标准的进口药品，不予批准注册。

三、推动药品流通体制改革，整顿药品流通秩序

（十）严格换证标准，促进药品经营企业兼并、重组。要认真执行《关于换发药品经营企业许可证工作安排的通知》（国药管办［1999］242号），根据企业法人和非企业法人单位不同的换证条件、经营资格及责任，对企业法人、非企业法人单位分别核发企业法人许可证、非企业法人许可证，对达不到换证标准的企业暂缓换证或不予换证。通过换证鼓励大型批发企业跨地区兼并市、县级药品批发企业，将市、县级药品批发企业改组为区域性配送中心，逐步实现药品规模化经营。

（十一）强化药品批发零售的分类监督管理。在换证过程中，取消批发兼零售的经营方式，根据《药品批发企业换证验收细则》、《药品零售企业换证验收细则》，对批发、零售企业分别核发批发许可证、零售许可证。药品批发、零售企业的现场审查验收工作分别由省级和地（市）级药品监督管理部门组织实施。

（十二）推动药品零售企业的连锁化经营。要按照《药品零售连锁经营企业有关规定》和《关于进行药品零售跨省连锁企业试点工作的通知》的要求，积极开展药品零售跨省连锁企业试点工作，促进药品经营企业兼并、重组，向集约化、规模化发展，以适应我国加入WTO后药品市场变化的需要。各级药品监督管理部门要从大局出发，克服地方保护主义，支持和帮助药品零售跨地区连锁试点企业的健康发展。

（十三）会同有关部门积极进行门诊药房改为药品零售企业的试点工作。要认真研究门诊药房改为零售药店其产权、隶属关系的剥离问题，严格按照药品零售企业的开办条件和审批程序对试点的门诊药房审查发证。

（十四）会同卫生行政管理部门制定社区卫生服务组织、门诊部和个体诊所常用急救药品目录。各省（区、市）药品监督管理局要结合本部门的实际，制定本辖区内个体诊所急救药品管理办法，以便加强监督管理。

（十五）规范医疗机构的购药行为。要加强对药品招标代理机构的监督管理，对招标代理机构的资格、条件、认定程序、监督措施等进行认真研究，制定《药品招标代理机构资格认定及监督管理办法》。根据《药品管理法》、《招标投标法》和药品监督管理的有关规定，会同卫生行政部门制定《医疗机构药品集中招标采购管理暂行规定》。

（十六）加强网上药品交易的监管。要针对药品的特殊性并根据有关法律法规，会同有关部门制定《药品电子商务管理暂行办法》，规范网上药品交易行为。稳步开展药品电子商务试点工作，逐步推进药品电子商务的发展，确保人民用药安全有效。

（十七）积极探索建立《药品销售人员资格卡》。要通过开展试点，对其可行性，包括资格卡的内容、制作、发放和管理等问题进行认真研究，在取得经验的基础上制定《药品销售人员资格卡管理办法》。

四、加强药品执法监督管理，打击制售假劣药品和无证生产、经营药品的违法行为

（十八）监督实施GSP工作。要根据“统筹规划、分步实施”的要求，制定监督实施GSP的规划。严格按照《药品经营质量管理规范》，科学、公正地开展GSP认证，强化企业认证后的监督管理。2000年下半年完成GSP认证试点工作，2001年正式施行GSP认证。通过5年左右的时间，使所有药品经营企业完成GSP改造。在规定的期限内仍达不到GSP要求的，取消企业药品经营的资格。

（十九）完善药品质量公报。《药品质量公报》将增加公布各种药品不合格率以及生产、经营、使用各环节中的不合格率；取消标识厂家的作法，对于在检查过程中发现有质量问题的药品，应到药品生产、经营企业彻底核查清楚后再登公报；取消对质量公报中被假冒企业的公报，防止误伤企业。

（二十）改革药品抽验机制。药品抽验工作要重点抽验农村用药、医疗单位、流通混乱区域的药品以及中药材和中药饮片。药品抽验收费机制的改革将按照3年完成的步骤积极推进，并在充分调研的基础上，加强对抽验方式、体制、统计模式等的研究，制定药品抽验机制改革总体方案。

（二十一）严厉查处制售假劣药品的违法行为。要查清假劣药品的来源和渠道，端掉制售假劣药品的窝点。依法严惩制售假劣药品的企业和个人，对制售假劣药品案件的查处结果将予以曝光。各级药品监督管理部门要与工商行政管理部门密切配合，彻底取缔辖区内所有无证经营药品行为，发现一户，取缔一户，不留死角。对顶风违纪兴办新的药品集贸市场，一经发现坚决取缔。要进一步规范全国17个中药材专业市场，彻底解决超范围经营中西成药和中药饮片等问题。

五、强化大型医疗设备市场管理工作，建立和完善大型医疗设备的市场准入制度

（二十二）切实贯彻《医疗器械监督管理条例》。要制定具体的大型医疗设备的审查内容和程序，完善专家审评制度。各级药品监督管理部门要严格按照《条例》中的有关规定执法监督，加大对规避医疗器械产品注册审查、走私、违规拼装等不法行为和ECT、PET两类大型设备不履行注册就擅自用于临床使用的违规行为的查处力度。

（二十三）严格实施对进口大型医疗设备的检测。要充分利用机电进口办公室委托的机电进口审批的职能，对于国内已有的技术水平较高的同类产品，用行政手段限制进口，保护民族工业。

（二十四）从严启动《医疗器械经营企业许可证》发放工作。各级药品监督管理部门必须根据《医疗器械监督管理条例》制定企业验收细则，并报国家药品监督管理局备案后，进行现场验收。符合验收标准的企业方可发证，不得放宽验收条件、降低发证要求。

六、完善执业药师制度，提高执业药师队伍素质

（二十五）认真做好执业药师资格认证工作。补充、修改和完善《执业药师资格考试实施办法》。积极与有关部门协商，对获得高级技术职称的药学技术人员实行认定或一次性考试认定的优惠政策，壮大执业药师队伍，满足医药事业健康发展的需要。

（二十六）健全执业药师注册制度。通过注册及相关政策，吸引和促进执业药师向药品零售企业流动。修订《执业药师继续教育管理条例》，提出执业药师继续教育的指导意见，把参加继续教育作为执业药师注册的必要条件。

国家药品监督管理局文件

国药管注［2000］273号

关于印发第一批非处方药药品使用说明书的通知

各省、自治区、直辖市药品监督管理局或卫生厅（局）、医药管理部门，解放军总后卫生部：

为使非处方药药品使用说明书的用语科学、易懂，便于消费者自行判断选择和使用非处方药，确保人民用药安全有效，我局根据《处方药与非处方药分类管理办法》（试行）的有关规定，组织医药学专家在生产企业报送的药品使用说明书基础上，按照国家对非处方药药品使用说明书的内容要求和有关规定，起草并审定了第一批非处方药药品使用说明书。现予印发，并将有关事宜通知如下：

一、制定统一、规范的非处方药药品使用说明书是一项开创性工作，对于加强药品监督管理，方便消费者使用非处方药具有十分重要的意义。各省（区、市）药品监督管理局或负责非处方药药品审核登记工作的部门，应按照并依据印发的非处方药药品使用说明书的内容和相关要求对非处方药药品进行审核登记。

二、“关于对第一批《国家非处方药目录》药品进行审核登记工作的通知”（国药管安［1999］425号）的要求，我局在印发第一批《国家非处方药目录》药品使用说明书的同时，将在相关媒体上进行公告，并将使用说明书登录在国家药品监督管理局网站（http://www.sda.gov.cn）和中国非处方药物协会网站（http://www.otc-online.com.cn）上。

三、各省（区、市）药品监督管理局或负责非处方药审核登记的部门要尽快将印发第一批《国家非处方药目录》药品使用说明书的信息和非处方药审核登记的有关工作要求传达到辖区内药品生产企业，保证这项工作按计划完成。

附件：第一批非处方药药品使用说明书（略）

国家药品监督管理局

二〇〇〇年七月七日

国家药品监督管理局文件

国药管安［2000］278号

关于做好第一批非处方药药品审核登记工作的通知

各省、自治区、直辖市药品监督管理局或卫生厅（局）、医药管理部门：

第一批《国家非处方药目录》药品使用说明书已经公布（国药管注［2000］273号）。对非处方药药品进行审核登记，是实施药品分类管理中一项重要的开创性工作，对于规范非处方药的监督管理，探索我国非处方药管理模式，指导消费者科学、正确地使用非处方药进行自我药疗，具有十分重要的意义。同时，这项工作面临时间紧、技术难度大、情况较复杂的局面。为科学、规范地按时完成好这项工作，根据“关于对第一批《国家非处方药目录》药品进行审核登记工作的通知”（国药管安［1999］425号）的有关要求，现提出如下补充说明，请遵照执行。

一、各省（区、市）药品监督管理局或负责非处方药药品审核登记工作的部门，要及时将文件和要求转发或通知至辖区内所有药品生产企业。由于此项工作具有严格的时限性和政策性要求（国药管安［1999］425号文件已做出明确规定），因此，必须做到严谨、认真、仔细，特别是应防止因生产企业的漏报而造成工作上的被动和对企业产生不良后果。

尚未成立药品监督管理局的省（区、市），其医药管理部门和卫生厅（局）药政处（局）要立即协商并确定办事部门和责任人。地方机构改革涉及人员变动时，一定要将此项工作衔接安排好。

二、非处方药药品审核登记涉及许多方面的工作，为此，我局已发布了国家药品监督管理局令第10号，先后印发了国药管安［1999］198号、399号、425号和国药管市［1999］454号、国药管注［2000］273号等文件。各省（区、市）药品监督管理部门对此要认真研究，制定审核登记阶段的工作方案和计划，工作部署要明确，要结合本地实际情况精心组织，落实到位。

三、各省（区、市）药品监督管理部门在受理生产企业申报审核登记时，要以国家公布的非处方药药品使用说明书作为制剂品种受理范围和审核使用说明书的标准。

（一）要认真查验生产企业《非处方药药品审核申请表》（国药管安［1999］425号

文件附件3）所载内容和相应批件（复印件）。凡不属于申报范围的品种一律不予受理。

（二）对属于受理范围的品种，凡不符合申报材料规定要求的，由省局明确答复企业并要求限期再报。

四、为提高药品监督管理水平，方便非处方药药品市场的监督管理，我局组织编制了非处方药药品审核登记管理软件，并随文发送。内容包括：《非处方药药品审核登记证书》的表式及管理系统使用说明。各省（区、市）药品监督管理部门在审核登记工作中要使用计算机应用管理软件对受理品种进行登记、管理和备案。2000年10月31日前，将审核通过的品种以计算机软磁盘（3.5英寸）的形式连同国药管安［1999］425号文件要求报送的材料一并报送国家药品监督管理局、国家药典委员会、中国药品生物制品检定所。

非处方药药品审核登记管理系统安装和使用请参阅“OTC药品审核登记管理系统”使用说明。

五、各（区、市）药品监督管理部门在审核受理品种的使用说明书、标签和包装时，要严格执行我局已发布的对非处方药药品使用说明书、标签、包装和专有标识的有关规定。

为使各省（区、市）药品监督管理部门在审核登记中做到政策统一、严谨规范，对国药管安［1999］425号文件附件　“非处方药药品标签、使用说明书和包装指导原则”作了补充说明（详见附件）。

六、第一批《国家非处方药药品目录》中的个别制剂品种不在此次公布的使用说明书中，请省（区、市）药品监督管理部门在转发文件或通知时向生产企业说明，待我局经标准复核确认并公布其使用说明书后再予审核登记。

七、各省（区、市）药品监督管理部门在审核登记中如遇技术问题，请与我局药品评价中心直接联系。

联系电话：010－67164985，传真：010－67164984

生产企业或其他单位如需订购《第一批非处方药药品使用说明书汇编》，请与我局药品评价中心联系。

联系电话：010－67164978，传真：010－67164984

附件：非处方药药品标签、使用说明书和包装指导原则的补充说明

国家药品监督管理局

二〇〇〇年七月八日

附件：

非处方药药品标签、使用说明书和包装指导原则的补充说明

一、使用说明书

1．标准来源

为方便各省（区、市）药品监督管理部门审核登记，此次公布的药品标准来源标注在非处方药药品使用说明书上，但不要求企业在使用说明书中标示。

使用说明书中的药品通用名称、英文名称、汉语拼音、性状、规格的内容均以注明的标准来源为依据，并进行了部分调整。各省（区、市）药品监督管理部门进行审核时，如企业执行标准与注明的标准来源不符，应该对其执行标准是否为国家标准进行审核，如是国家标准，以上各项内容可按其执行标准进行审核，如不是国家标准，则不能作为非处方药进行审核登记。

2．警告语

使用说明书上均要注示“请仔细阅读使用说明书并按说明使用或在药师指导下购买和使用”，标注在使用说明书最上方，并以加重字体表示。

药品销售基本单元包装的标签上必须印有警告语，使用说明书上警告语字体不能小于正文字体尺寸。

3．非处方药专有标识

按国药管安［1999］399 号和国药管安［1999］425 号文件规定执行。

4．使用说明书标题

药品使用说明书均应以“×××使用说明书”为标题。药品名称可以使用商品名称或通用名称。

5．药品名称

西药药品名称包括通用名称、汉语拼音、英文名称、商品名称 4 项。中成药包括药品名称、汉语拼音两项。

无通用名称的品种（如钙尔奇 D、施尔康等），暂以“正式品名”代替“通用名称”项；汉语拼音应与通用名称相一致；商品名称由企业自行填写，但必须查验其批准文件，商品名称相应的汉语拼音及英文名称可标注在其中文商品名称之后，对于没有商品名称的药品，“商品名称”项应删除。

药品名称必须在标签中注明，如同时有商品名称，则商品名称与通用名称必须有间隔，不得连用。

6．性状

性状根据标准编写，并增加了品种的颜色。企业可根据实际情况自行填写。

审核登记时，可按企业实际情况进行审核。应尽量将药品的颜色、性状等描写清楚。

7．药物组成

药物组成分为主要成分和辅料两个部分。其中，辅料内容由企业自行填写。

审核登记中应注意审核企业是否将辅料写全，对于色素、防腐剂应按“防腐剂（×××）”形式书写；部分中成药品种原标准中未写全其处方组成，《第一批非处方药药品使用说明书汇编》（下称《汇编》）中进行了补充和完善。药品使用说明书必须与《汇编》中的规定完全相同。

8．作用类别

作用类别是根据第一批《国家非处方药目录》（中成药按《国家非处方药专论》）中规定的类别编写。对于西药维生素与矿物质等两类合并在一起的类别，根据品种实际情况进行了分别处理。中成药中将原“中风后遗症类”改为“中风恢复期类”，并从原“中风后遗症类”药品中分离出“高血脂类”。

使用说明书中此项内容必须与《汇编》规定相同。

9．药理作用

中成药只有1985年后的新药有明确的药理作用，其他品种无药理作用，因此，除部分新药使用说明书中包括药理作用外，其他品种未编写药理作用。

此项内容必须与《汇编》规定相同。

10．适应症

此项内容必须与《汇编》规定相同。

11．用法用量

药品用量内容必须与《汇编》规定相同。对于一些《汇编》中未进行统一规定的用量（如滴剂中用量应以滴为计量单位，乳膏剂应以长度为单位表示，但由于各企业使用器材不同，《汇编》中无法进行统一规定），应由企业根据实际情况进行填写，各省根据企业实际情况进行审核。

药品使用方法企业可在《汇编》规定的范围内进行细化。特别是对栓剂、滴眼液等剂型，应由企业尽量将使用方法描述清楚。审核登记中应注意使用方法不能对消费者误导或有其他方面的暗示，如用法中涉及到用量，必须与《汇编》规定用量相同。

12．注意事项、药物相互作用、不良反应

以上内容不得少于《汇编》规定。如企业由于使用辅料、包装材料不同，或其他原因希望增加相关内容，各省药品监督管理部门可酌情进行审核。应注意企业增加内容不得与《汇编》规定内容相矛盾，并不能对消费者有误导。

13．贮藏条件、规格

以上两项均按标准规定进行编写，对于标准中无“规格”项的西药复方制剂，“规格”项可删除。

药品规格必须在标签上注明。

14．包装、批准文号、生产单位

以上内容由企业自行填写，各省进行审核，并应在标签上注明。

15．有效期、生产批号、生产日期

部分品种标准规定中无有效期一项，应由企业自行制定产品负责期，各省审核登记中应注意严格审核，有效期应以“至×年×月”形式表达。

如企业由于生产原因不能在使用说明书上注明生产日期，必须在“生产日期”项下标明“见×××”字样。

生产批号必须在标签上注明。

16．以上各项由生产企业自行填写的内容，必须保证科学、准确，并应以其批准的药品标准为审核依据。

二、标签、包装

标签、包装的内容和要求按国药管安［1999］425 号和国药管市［1999］454 号文件规定进行审核。

国家药品监督管理局文件

国药管市［2000］322号

关于公布“药品分类管理示范药店”名单的通知

各省、自治区、直辖市药品监督管理局，药品分类管理流通试点地区和试点企业：

药品分类管理流通试点工作自1999年10月18日开始，至2000年4月份结束，共有700余家零售药店参加了试点。各试点地区和企业依照我局试点工作的部署，以强烈的使命感和高度的责任感，精心组织，慎密实施，使试点工作达到了预期目的。在组织动员、宣传培训、完善制度、规范销售等方面，涌现出一批开展处方药与非处方药分类管理的样板药店。为充分发挥试点药店的作用，在目前全国药品流通领域正逐步推开的药品分类管理工作中起示范作用，经试点地区和试点企业所在地药品监督管理部门的推荐，我局决定一致医药连锁有限公司红宝分店等124家零售药店为“药品分类管理示范药店”（名单见附件）。

在药品流通领域开展分类管理是一项崭新的工作，我局希望示范药店继续发扬勇于实践，大胆创新的精神，在巩固现有工作成绩的基础上，进一步探索解决药品分类管理工作中的难点问题。各地要学习试点单位和示范药店的经验，努力扎实工作，把全国药品分类管理工作积极稳妥、务求实效地开展起来。

特此通知。

附件：“药品分类管理示范药店”名单

国家药品监督管理局

二〇〇〇年七月二十二日

附件：

“药品分类管理示范药店”名单

一致医药连锁有限公司红宝分店
一致医药连锁有限公司海丰苑分店
一致医药连锁有限公司国贸分店
一致医药连锁有限公司深南东分店
一致医药连锁有限公司翠竹分店
一致医药连锁有限公司华丽分店
一致医药连锁有限公司人民桥分店
一致医药连锁有限公司八卦三分店
一致医药连锁有限公司彩田分店
一致医药连锁有限公司百花分店
一致医药连锁有限公司振兴分店
一致医药连锁有限公司福星分店
一致医药连锁有限公司莲花北分店
一致医药连锁有限公司景田南分店
一致医药连锁有限公司振华分店
一致医药连锁有限公司景蜜分店
一致医药连锁有限公司深南中分店
一致医药连锁有限公司南新二分店
一致医药连锁有限公司南油分店
一致医药连锁有限公司桃园分店
中联大药房有限公司上步中分店
中联大药房有限公司锦文阁分店
中联大药房有限公司布吉分店
中联大药房有限公司下沙分店
中联大药房有限公司香梅北分店
中联大药房有限公司蛇口工业大道分店
中联大药房有限公司凤凰分店
海王星辰医药有限公司松坪山分店
海王星辰医药有限公司莲花北分店
海王星辰医药有限公司海王大厦分店
海王星辰医药有限公司益口村分店
海王星辰医药有限公司南园分店
海王星辰医药有限公司海滨分店
海王星辰医药有限公司众孚分店

海王星辰医药有限公司新圳分店
万泽医药有限公司黄贝分店
万泽医药有限公司翠竹分店
万泽医药有限公司福中分店
万泽医药有限公司南海城分店
万泽医药有限公司新世界分店
万泽医药有限公司洪湖分店
万泽医药有限公司梅华分店
南北医药有限公司振华分店
南北医药有限公司蛇口新街分店
南北医药有限公司螺岭分店
合丹医药有限公司立新分店
合丹医药有限公司海雅分店
合丹医药有限公司前海分店
无锡山禾集团健康参药连锁有限公司健康参药店
无锡山禾集团健康参药连锁有限公司大吉春参药店
无锡山禾集团健康参药连锁有限公司长春堂参药店
无锡山禾集团健宏大药房连锁有限公司展西店
无锡山禾集团健宏大药房连锁有限公司清扬店
无锡山禾集团健宏大药房连锁有限公司解西店
无锡市梁溪医药（连锁）有限公司新药特药商场
无锡市梁溪医药（连锁）有限公司梁溪药店
无锡市金鹿保健品公司益寿堂药店
无锡市新中亚大药房
江苏无锡江华集团公司商联医药公司门市部
锡山市洛社商业公司洛社参药店
江阴市兴国医药连锁有限公司华士店
江阴市兴国医药连锁有限公司人民大药房
江阴市兴国医药连锁有限公司同仁堂店
宜兴市天健大厦
宜兴市医药总公司宜城公司王府药店
宜兴市医药总公司宜城公司太鬲药店
宜兴市医药总公司丁山公司医药商场
宜兴市医药总公司和桥公司第一门市部
宜兴市医药总公司张渚公司桃溪药店
四川天诚大药房零售连锁有限责任公司中心药店
四川天诚大药房零售连锁有限责任公司连锁36店
四川天诚大药房零售连锁有限责任公司连锁18店
四川天诚大药房零售连锁有限责任公司连锁10店

四川省绵阳市桐君阁大药房
四川天诚大药房零售连锁有限责任公司连锁 32 店
四川天诚大药房零售连锁有限责任公司连锁 20 店
四川天诚大药房零售连锁有限责任公司连锁 46 店
四川天诚大药房零售连锁有限责任公司连锁 8 店
四川天诚大药房零售连锁有限责任公司连锁 37 店
四川天诚大药房零售连锁有限责任公司连锁 26 店
四川天诚大药房零售连锁有限责任公司连锁 6 店
四川天诚大药房零售连锁有限责任公司连锁 7 店
四川天诚大药房零售连锁有限责任公司连锁 35 店
四川天诚大药房零售连锁有限责任公司连锁 43 店
四川省三台天诚大药房连锁有限责任公司连锁 1 店
四川省三台天诚大药房连锁有限责任公司连锁 3 店
四川省三台天诚大药房连锁有限责任公司连锁 7 店
梓潼县培仁堂药店
江油市民生堂大药房
绵阳市安康药房二门市
广州市医药公司健民医药连锁店健华店
广州市医药公司健民医药连锁店友邦店
广州市医药公司健民医药连锁店利众店
广州市医药公司健民医药连锁店健乐店
广州采芝林药业连锁店北京南店
广州采芝林药业连锁店北京路药材商场
广州采芝林药业连锁店南方店
广州采芝林药业连锁店天山店
广州采芝林药业连锁店同仁店
哈尔滨市医药公司同泰医药连锁店中央大药房
哈尔滨市医药公司新药特药商店
哈尔滨市医药公司同泰医药连锁店奋斗医药商店
哈尔滨市医药公司哈尔滨大药房
哈尔滨市医药公司同泰医药连锁店泰华西大药房
哈尔滨市医药公司同泰医药连锁店动力分店
哈尔滨市医药公司同泰医药连锁店进出口部分店
哈尔滨市医药公司同泰医药连锁店太平分店
哈尔滨市医药公司同泰医药连锁店革新分店
哈尔滨市医药公司同泰医药连锁店平房分店
哈尔滨市药材总公司人民医药连锁店
哈尔滨市药材总公司人民医药连锁店保康分店
哈尔滨市医药公司同泰医药连锁店中央大街分店

南京医药百信药房有限公司健康药店
南京医药百信药房有限公司同仁堂药店
南京医药百信药房有限公司太平路医药商场
南京医药百信药房有限公司南京医药商场
南京医药百信药房有限公司久康堂药店
南京医药百信药房有限公司秦淮药店
南京医药百信药房有限公司长江药房
南京医药百信药房有限公司新百医药保健品中心
南京医药百信药房有限公司中央路药房
南京医药百信药房有限公司益寿堂药店
北京西城医药总公司白塔寺药店
北京医药经济技术经营公司大药房

国家药品监督管理局文件

国药管人［2000］334号

关于印发《执业药师继续教育管理暂行办法》的通知

各省、自治区、直辖市药品监督管理局：

根据人事部、国家药品监督管理局《执业药师资格制度暂行规定》（人发［1999］34号），为加强执业药师管理，规范执业药师继续教育工作，我局重新修订了《执业药师继续教育管理暂行办法》。现将其印发给你们，请结合本地区的实际情况，认真贯彻执行。

附件：1、执业药师培训中心管理细则（略）

2、执业药师继续教育项目管理细则（略）

3、执业药师继续教育学分授予细则（略）

国家药品监督管理局
二〇〇〇年八月四日

执业药师继续教育管理暂行办法

一、总　　则

第一条　根据人事部、国家药品监督管理局联合颁发的《执业药师资格制度暂行规定》和国家关于专业技术人员继续教育的有关规定精神，制定本办法。

第二条　执业药师继续教育是针对取得执业药师资格的人员进行的有关法律法规、职业道德和专业知识与技能的继续教育。

第三条　执业药师接受继续教育的目的是使其能保持高尚的职业道德，不断提高依法执业能力和业务水平，正确地履行其职责。

第四条　接受继续教育是执业药师的义务和权利。执业药师须自觉参加继续教育，执业单位须为执业药师提供学习经费、时间和其他必要条件。

二、组织与管理

第五条　国家药品监督管理局负责全国执业药师继续教育工作，其职责是：

（一）制定执业药师继续教育政策和管理办法；

（二）制定执业药师继续教育规划；

（三）指导、检查各省、自治区、直辖市执业药师继续教育工作；

（四）审批执业药师培训中心。

第六条　国家药品监督管理局执业药师考试管理中心（简称执业药师考试管理中心）负责组织实施全国执业药师继续教育的技术业务工作，其职责是：

（一）制定执业药师继续教育年度计划并组织实施；

（二）审批、公布并组织实施面向全国的执业药师继续教育项目，并对批准的项目进行指导、检查；

（三）组织编写继续教育教材，开展多媒体教学和远程教育；

（四）负责师资和有关管理人员培训；

（五）开展信息交流及学术研讨等；

（六）承担国家药品监督管理局交办的其他事项。

第七条　省、自治区、直辖市药品监督管理局负责本辖区执业药师继续教育工作。其职责为：

（一）制定本辖区执业药师继续教育规划并组织实施；

（二）负责执业药师培训中心的初审及上报，并对批准的培训中心进行监督管理；

（三）审批、公布并组织实施面向本辖区的执业药师继续教育项目，并对批准的项目进行指导、检查；

（四）对面向全国的执业药师继续教育项目进行初审、上报；

（五）负责执业药师继续教育学分登记的监督管理工作。

第八条　执业药师培训中心须经国家药品监督管理局批准，执业药师培训中心的申报、管理及职责见附件一。

三、 内容与形式

第九条　执业药师继续教育的内容要适应执业药师的实际需要，注重科学性、先进性、实用性和针对性。

第十条　执业药师继续教育实行项目制。执业药师继续教育项目包括培训、研修、学术讲座、学术会议、专题研讨会、专题调研和考察、撰写论文和专著以及单位组织的业务学习等。

第十一条　执业药师继续教育项目分为指定、指导和自修三类：

指定项目为国家有关政策法规和职业道德等，是执业药师的必修项目。由执业药师考试管理中心负责立项、公布并组织实施，由执业药师培训中心承担培训任务。

指导项目为药学或相关专业的新理论、新知识、新技术、新方法等，作为执业药师限定选修项目。指导项目分为两类，一类项目面向全国，由举办单位立项，省级药品监督管理局初审，执业药师考试管理中心审核批准并公布；二类项目面向本地区，由举办单位立项，省级药品监督管理局审核批准并公布，报执业药师考试管理中心备案。

自修项目为执业药师自行选定的项目，如参加学术会议、专题考察、撰写论文、专著及单位组织的业务学习等。

第十二条　执业药师继续教育以短期培训和业余学习为主，其形式和方法可根据实际灵活多样，倡导运用现代科技手段开展培训。

第十三条　执业药师继续教育项目的立项、申报、审批及管理见附件二。

四、 学分登记

第十四条　执业药师继续教育实行学分制。具有执业药师资格的人员每年参加继续教育获取的学分不得少于25 学分，注册期3 年内累计不少于75 学分。其中指定和指导项目学习每年不得少于10 学分，自修项目学习可累计获取学分。学分授予细则见附件三。

第十五条　执业药师继续教育实行登记制度。登记内容包括：项目名称、内容、形式、学时学分数、考核结果、日期、举办单位等。《执业药师继续教育登记证书》由国家药品监督管理局统一印制，由执业药师本人保存。

第十六条　具有执业药师资格人员参加继续教育指定和指导项目的学习并经考核合格后，由举办单位在登记证书上登记盖章确认。自修项目学习确认与登记由省级药品监督管理局制定管理办法。

第十七条　《执业药师继续教育登记证书》是执业药师注册的必备证件。注册机构以《执业药师继续教育登记证书》为依据，考查执业药师接受继续教育的情况。

五、 附　则

第十八条　执业药师继续教育项目的举办单位是指执业药师培训中心和承担执业药师继续教育指导项目的单位。

第十九条　执业药师继续教育项目的举办单位收取学习费用须按照国家的有关规定执行。收费标准须经当地物价主管部门核准并公布于众，接受群众监督。

第二十条　执业药师参加继续教育所需经费从执业单位职工教育经费中报销。执业药师参加继续教育期间的工资、福利待遇等按国家有关规定执行。

第二十一条　本办法由国家药品监督管理局负责解释。

第二十二条　本办法自2001 年1 月1 日起施行

国家药品监督管理局文件

国药管市［2000］368号

关于公布第一批药品零售跨省连锁试点企业名单的通知

各省、自治区、直辖市药品监督管理局：

根据国家药品监督管理局《关于进行药品零售跨省连锁企业试点工作的通知》（国药管市［2000］165号和《关于印发药品零售跨省连锁试点企业条件的通知》（国药管市［2000］220号）精神，经省（区、市）药品监督管理局及有关部门筛选推荐，我局认定批准北京西城金象医药连锁总店等41家企业为第一批药品零售跨省连锁试点企业（名单见附件）。

有关省（区、市）药品监督管理局要监督、帮助、促进试点企业遵照《药品经营质量管理规范》、《药品零售连锁企业有关规定》等规章要求，进一步提高企业管理水平，并努力向基层及农村延伸，促进药品流通体制的改革和药品流通秩序的整顿。

各地药品监督管理局，对外地跨省连锁试点企业到本地发展连锁经营的，只要符合条件，均要予以支持，并根据有关规定进行审查、发证工作。

特此通知。

附件：药品零售跨省连锁试点企业名单

国家药品监督管理局

二〇〇〇年八月二十一日

附件：

药品零售跨省连锁试点企业名单

1．北京西城金象医药连锁总店
2．北京医药保益康大药房连锁有限责任公司
3．中国北京同仁堂集团
4．天津中新药业连锁有限公司
5．石家庄乐仁堂医药有限公司
6．辽宁成大星辰医药连锁有限公司
7．大连药房有限公司
8．吉林大药房
9．哈尔滨市医药公司同泰医药连锁店
10．哈尔滨市药材公司人民药店连锁店
11．上海华氏大药房有限公司
12．中国医药集团上海公司
13．南京百信药房有限责任公司
14．无锡山禾集团健康参医药连锁有限公司
15．浙江英特药房有限公司
16．宁波四明大药房有限责任公司
17．合肥市医药公司长江大药房
18．福州同春药业集团公司同春连锁药店
19．南昌市黄庆仁栈药店
20．青岛国风大药房连锁有限公司
21．湖北同济堂药房有限公司
22．刘天保医药有限公司零售连锁分公司
23．湖南药品金沙经营有限公司金沙大药房
24．广州采芝林药业连锁店
25．广州健民医药连锁店
26．深圳一致医药连锁有限公司
27．深圳中联大药房有限公司
28．深圳海王星辰医药贸易有限公司
29．珠海丽珠药房连锁经营有限公司
30．广西壮族自治区梧州医药有限责任公司回春医药商场
31．四川天诚大药房连锁有限责任公司
32．贵州一树连锁药业有限公司
33．昆明福林堂药业有限公司

34．陕西怡悦大药房连锁店
35．陕西西安飞龙医药股份连锁店
36．甘肃绿叶医药连锁经营有限责任公司
37．重庆和平药房连锁有限责任公司
38．重庆市桐君阁大药房连锁公司
39．国药集团国大药房
40．三九企业集团
41．内蒙凯蒙医药经销部

国家药品监督管理局文件

国药管市［2000］457号

关于认真做好药品再评价中发现问题的药品广告问题的处理工作的通知

各省、自治区、直辖市药品监督管理局：

2000年4月10日，我局下发了《关于公布呼吸系统用药和维生素及矿物质类药品地方标准品种再评价结果的通知》（国药管安［2000］131号以下简称《通知》）。对《通知》公布的71种需统一、调整处方和补充资料品种中的增智助长灵冲剂、增智助长灵片、健长灵片、强灵助长晶、强灵助长片等5种药品，有的省药品监督管理局来函建议在品种整顿调整期间暂停其广告宣传。

我局经研究认为，为了切实保证人民用药安全、有效，维护药品消费者和医药企业的合法权益，必须按照公平、公正和依法行政、依法治药的原则，根据再评价的不同结果，对有关药品广告的审查管理依法采取不同的处理方法。现将具体问题的处理办法通知如下：

一、对已经批准，但内容存在严重危及人民用药的安全、有效和严重损害消费者利益问题的药品广告，可以依法启动调回复审程序，通过严格的复审工作，消除其广告内容存在的问题。

二、对限定条件通过的品种和统一、调整处方及补充资料的品种，一旦新的法定标准公布，有关药品广告审查部门要立即依法调回药品广告审查批准文件，并依据新的法定标准严格复审药品广告内容。

三、对拟停止使用品种，一旦药品监督管理部门撤消药品批准文号，有关药品广告审查部门应立即依法撤消其药品广告审查批准文号。

四、对不符合广告审查批准内容的，要依法撤消其药品广告批准文号。

五、对已发现的未经审批非法发布的药品广告，应及时移送工商行政管理机关处理。

特此通知。

国家药品监督管理局

二〇〇〇年九月二十九日

国家药品监督管理局文件

国药管安［2000］140号

关于第一批非处方药药品审核登记工作中若干问题说明的通知

各省、自治区、直辖市药品监督管理局：

1999年12月，我局以国药管安［1999］425号文件部署了对第一批非处方药药品进行审核登记的工作，2000年7月，以国药管注［2000］273号文件印发了第一批非处方药药品使用说明书，印发了“关于做好第一批非处方药药品审核登记工作的通知”（国药管安［2000］278号）。各省（区、市）药品监督管理局以高度负责的态度，克服机构改革、人员不到位的不利因素，精心准备，认真部署，一些地区的工作按计划已即将结束，大部分地区也已经进行了布置并开始受理审核登记。但从总体来看，由于部分省局组建时间较短，人员尚未到位，各地工作进展很不平衡。

鉴于此项工作在我国是首次开展，各地区在审核登记工作中还存在一些问题和困难，经研究，现对审核登记工作中若干问题补充说明如下：

一、决定第一批非处方药药品审核登记工作完成时间延迟至2000年12月31日，请各省局据此调整工作安排，并于2001年1月30日前将审核登记的材料和软盘按要求向有关单位报备。

二、对列入第一批非处方药目录中因制剂标准问题尚未制定统一使用说明书的个别品种，我司将会同有关部门进一步核实，对经标准核实后的品种制定并公布使用说明书，上述品种仍纳入第一批审核登记范围。

各地区在审核登记过程中如有企业申诉已列入第一批非处方药目录的个别品种但未公布使用说明书，而该品种执行国家标准并符合非处方药规定条件（包括制剂和药品规格），各省级药品监督管理局应于11月31日前将该品种相关资料（药品使用说明书和执行标准来源）集中报送我局安全监管司。

三、审核登记工作因涉及药品监督管理的法规和规定，为使此项工作规范、统一，各省（区、市）药品监督管理局在审核登记遇到技术问题时，请直接与我局药品评价中心联系。

电话：67164985；67164980转非处方药物处。

四、对非处方药药品审核登记工作是一项政策性强、技术性要求很高的工作，这项工作完成的质量对推动我国药品分类管理工作具有十分重要的作用。为此，各省（区、市）药品监督管理局一定要加强领导，认真细致地领会相关文件的内容和内在关系，工作部署要周全、明确，确保此项工作顺利完成。

国家药品监督管理局
二OOO 年十月八日

国家药品监督管理局文件

国药管注［2000］462号

关于实施《药品包装用材料、容器管理办法》（暂行）加强药包材监督管理工作的通知

各省、自治区、直辖市药品监督管理局：

为加强药品包装用材料和容器（以下简称“药包材”）的监督管理，保证药品质量，确保人民用药安全、有效、方便。国家药品监督管理局于2000年4月29日以第21号局令颁布了《药品包装用材料、容器管理办法》（暂行，以下简称《办法》）。为贯彻落实《办法》的各项规定，现将执行中有关事项通知如下：

一、根据我局职能分工，国家药品监督管理局药品注册司代表国家药品监督管理局负责药包材的注册审批（包括药包材生产企业质量保证体系的检查验收）、标准制定和监督管理工作。

二、为充分做好《办法》实施前的准备工作，经研究决定：从2000年12月1日起，我局和各省（区、市）药品监督管理局按《办法》规定的申报程序受理药包材的注册申请。

（一）各省级药品监督管理局受理Ⅰ类药包材的注册申请，并按规定完成初审工作，合格后报国家药品监督管理局复审，复审合格后由我局核发《药品包装材料和容器注册证》（以下简称《药包材注册证》）。各省级药品监督管理局受理Ⅱ、Ⅲ类药包材注册申请，并按规定审查合格后核发《药包材注册证》，并在15日内将完整资料（一份）报国家药品监督管理局备案。

（二）从2000年12月1日起，我局药品注册司开始受理进口药包材的注册申请（国内合资药品生产企业使用国外原厂家的药包材亦属此列）。申请须由国外药包材生产企业驻国内的办事机构或在中国的注册代理机构（必须是在中国工商行政管理部门登记的合法机构）提出，按规定要求将申报资料报我局药品注册司，取得《进口药品包装材料和容器注册证》（以下简称《进口药包材注册证》）后方可在国内销售和使用。

港、澳、台地区生产的药包材申请向内地销售、使用的，参照本条规定，经国家药品监督管理局批准后，核发《药包材注册证》。

三、自2000年12月1日起，凡新开办药包材生产企业及已取得《药品包装用材料容器生产企业许可证》（简称《药包材生产企业许可证》的企业增加生产Ⅰ、Ⅱ、Ⅲ类药包

材产品的，须按《办法》规定程序进行申报。获得《药包材注册证》后，方可生产、销售和使用。

（一）凡在2000年10月1日前取得《药包材生产企业许可证》的企业，其《许可证》生产范围内所规定的药包材产品，我局将更换成《药包材注册证》。具体实施时间为：Ⅰ类药包材产品，生产企业应于2001年12月31日前提出换证申请，省级药品监督管理局初审合格后报我局。Ⅱ、Ⅲ类药包材产品，省级药品监督管理局应在2002年12月31日前完成换证工作，具体实施时间由省级药品监督管理局安排。

（二）Ⅰ类药包材中的药用丁基橡胶瓶塞、塑料输液瓶（袋）、药用聚氯乙烯（PVC）硬片、药品包装用铝箔（PTP）产品，生产企业须于2001年3月31日前提出换证申请，省级药品监督管理局初审合格后报我局。

四、药包材注册按产品核、换发《药包材注册证》，一个产品为一张证书，同一品种不同规格的产品符合注册条件的为同一证。《药包材注册证》统一编号格式，Ⅰ类产品编号为：国药包字XXXXXXXX，Ⅱ、Ⅲ类产品编号为：X（省、自治区和直辖市的简称）药包字XXXXXXXX；《进口药包材注册证》编号为JXXXXXXXX（J为进口的代号，前四位数字为公元年号，后四位数字为年内顺序号）。

五、国家鼓励采用优质新型、方便实用的药包材，淘汰落后、影响药品质量的药包材品种。对已经公布淘汰的非易折安瓿、铅锡软膏管、软木塞产品以及粉针剂（包括冷冻干燥粉针剂）的安瓿包装，各省级药品监督管理局要依照《办法》规定进行查处。

药用天然胶塞，由于天然橡胶材料成分不纯、化学稳定性差、容易老化；屏蔽性能、密封性能差；含有对人体有害的杂质等以及胶塞生产工艺的问题，影响药品质量并对人体健康存在隐患。因此，我局将有计划地逐步淘汰天然胶塞。

普通铝盖，由于使用时不易开启，尤其是粉针剂及输液铝盖，因医疗机构使用量大，开启时容易致伤医护人员而感染病菌，宜采用铝塑组合盖等易开启盖替代，逐步淘汰普通铝盖。为减少药包材生产企业的重复建设，凡开办在《办法》附件一《实施注册管理的药包材产品分类》中所列产品的生产企业或车间，申请者应向省级药品监督管理局申报，药品监督管理部门按《办法》规定的产品分类申报程序和批准权限进行审批，批准后方可建设。

（一）停止受理新开办天然胶塞生产企业和车间，原有天然胶塞生产企业不得再扩大生产能力，停止受理新建普通铝盖生产企业和车间。

（二）对已经公布禁止使用普通天然胶塞的注射用柱晶白霉素、头孢拉啶、哌拉西啉钠、乳糖酸红霉素、苯唑青霉素钠、核糖霉素、头孢哌酮钠、头孢三嗪钠、羧苄青霉素钠、硫酸丁胺卡那霉素、硫酸卡那霉素、阿霉素、头孢唑啉钠等13种抗生素粉针剂要加强监督检查，对仍采用普通天然胶塞包装以上药品的，2001年7月1日起停止销售和使用。

（三）生物制品、血液制品、冷冻干燥注射用抗生素粉针剂于2002年1月1日起停止使用普通天然胶塞作为包装。各药品生产企业在此之前要做好所选丁基胶塞与药品配伍稳定性试验。

（四）注射用青霉素钠盐、青霉素钾盐、氨苄青霉素、硫酸链霉素等抗生素粉针剂，国家药品监督管理局将逐步规定淘汰使用天然胶塞的期限。所有药用胶塞（包括输液、口服液等各剂型用胶塞）于2004年底前一律停止使用普通天然胶塞。

六、因《药包材注册证》包含了药包材生产企业质量保证体系的内容。凡取得《药包材注册证》的品种，即属合法生产、销售和使用，其生产企业不再核发《药包材生产企业许可证》。

七、国家药品监督管理局药包材科研检测中心、国家药品监督管理局浙江药包材质量检测站和国家药品监督管理局济南药包材检测中心为我局直属药包材检测单位，负责全国药包材质量检测工作，并承担对药包材检测工作的仲裁；国内药包材注册，其产品的质量复核（检测）由省级以上药包材检测机构承担；进口药包材注册，其产品的质量复核（检测）工作，统一由国家药品监督管理局药包材科研检测中心承担。各药包材检测机构要加强管理，增添必要的仪器设备，以适应《办法》的有关要求。

八、各药品生产企业研制和生产药品时，要选用已取得《药包材注册证》的企业生产的药包材。从2001年7月1日起，未取得《药包材注册证》和《进口药包材注册证》（或《药包材生产企业许可证》）的企业和单位不得以任何形式生产、销售药包材；药品生产企业不得使用未取得《药包材注册证》的药包材。违者，各级药品监督管理部门按有关规定进行查处。以上请遵照执行。

国家药品监督管理局
二○○○年十月八日

国家药品监督管理局文件

国药管市［2000］477号

关于公布第二批药品零售跨省连锁试点企业名单的通知

各省、自治区、直辖市药品监督管理局：

根据国家药品监督管理局《关于进行药品零售跨省连锁企业试点工作的通知》（国药管市［2000］165号）和《关于印发药品零售跨省连锁试点企业条件的通知》（国药管市［2000］220号）精神，经省（区、市）药品监督管理部门推荐，我局认定批准北京市医保全新大药房等9家企业为第二批药品零售跨省连锁试点企业（名单见附件）。

有关省（区、市）药品监督管理部门要监督、帮助、促进试点企业按照《药品经营质量管理规范》、《药品零售连锁企业有关规定》等规章要求健康发展，并努力向基层及农村地区延伸，促进药品流通体制的改革和药品流通秩序的整顿工作深入开展。

特此通知。

附件：第二批药品零售跨省连锁试点企业名单

国家药品监督管理局
二000年十月十二日

附件：

第二批药品零售跨省连锁试点企业名单

1．北京市医保全新大药房
2．广东康力医药有限公司
3．上海医药一店连锁经营有限公司
4．湖南九芝堂股份有限公司零贸总公司
5．河北神威大药房连锁有限公司
6．新华鲁抗集团零售连锁公司
7．河南省医药公司新药特药商店
8．珠海嘉伦药业集团有限公司
9．嘉事堂药业有限责任公司

国家药品监督管理局令

第23号

《药品包装、标签和说明书管理规定》(暂行)于2000年3月17日经国家药品监督管理局局务会审议通过，现予发布，自2001年1月1日起执行。

局长：郑筱萸

二〇〇〇年十月十五日

药品包装、标签和说明书管理规定

（暂行）

（2000年3月17日国家药品监督管理局局务会审议通过）

第一条　为加强药品监督管理，规范药品的包装、标签及说明书，以利于药品的运输、贮藏和使用，保证人民用药安全有效，特制定本规定。

第二条　药品包装、标签及说明书必须按照国家药品监督管理局规定的要求印制，其文字及图案不得加入任何未经审批同意的内容。

第三条　药品包装内不得夹带任何未经批准的介绍或宣传产品、企业的文字、音像及其他资料。

第四条　凡在中国境内销售、使用的药品，其包装、标签及说明书所用文字必须以中文为主并使用国家语言文字工作委员会公布的规范化汉字。

第五条　药品的通用名称必须用中文显著标示，如同时有商品名称，则通用名称与商品名称用字的比例不得小于1：2，通用名称与商品名称之间应有一定空隙，不得连用。

第六条　药品商品名称须经国家药品监督管理局批准后方可在药品包装、标签及说明书上标注。

第七条　提供药品信息的标志及文字说明，字迹应清晰易辨，标示清楚醒目，不得有印字脱落或粘贴不牢等现象，并不得用粘贴、剪切的方式进行修改或补充。

第八条　药品的包装分内包装与外包装。

（一）内包装系指直接与药品接触的包装（如安瓿、注射剂瓶、铝箔等）。内包装应能保证药品在生产、运输、贮藏及使用过程中的质量，并便于医疗使用。

药品内包装材料、容器（药包材）的更改，应根据所选用药包材的材质，做稳定性试验，考察药包材与药品的相容性。

（二）外包装系指内包装以外的包装，按由里向外分为中包装和大包装。外包装应根据药品的特性选用不易破损的包装，以保证药品在运输、贮藏、使用过程中的质量。

第九条　药品的标签分为内包装标签与外包装标签。

（一）内包装标签与外包装标签内容不得超出国家药品监督管理局批准的药品说明书所限定的内容；文字表达应与说明书保持一致。

（二）内包装标签可根据其尺寸的大小，尽可能包含药品名称、适应症或者功能主治、用法用量、规格、贮藏、生产日期、生产批号、有效期、生产企业等标示内容，但必须标注药品名称、规格及生产批号。

（三）中包装标签应注明药品名称、主要成分、性状、适应症或者功能主治、用法用量、不良反应、禁忌症、规格、贮藏、生产日期、生产批号、有效期、批准文号、生产企业等内容。

（四）大包装标签应注明药品名称、规格、贮藏、生产日期、生产批号、有效期、批准文号、生产企业以及使用说明书规定以外的必要内容，包括包装数量、运输注意事项或其它标记等。

（五）标签上有效期具体表述形式应为：有效期至×年×月。

（六）由于尺寸原因，中包装标签不能全部注明不良反应、禁忌症、注意事项的，均应注明“详见说明书”字样。

第十条　原料药的包装参照本规定第八条第（一）项执行，标签按制剂大包装标签规定办理。

第十一条　药品的每个最小销售单元的包装必须按照规定印有或贴有标签并附有说明书。

第十二条　药品说明书应包含有关药品的安全性、有效性等基本科学信息。

药品的说明书应列有以下内容：药品名称（通用名、英文名、汉语拼音、化学名称、分子式、分子量、结构式（复方制剂、生物制品应注明成分）、性状、药理毒理、药代动力学、适应症、用法用量、不良反应、禁忌症、注意事项（孕妇及哺乳期妇女用药、儿童用药、药物相互作用和其他类型的相互作用，如烟、酒等）、药物过量（包括症状、急救措施、解毒药）、有效期、贮藏、批准文号、生产企业（包括地址及联系电话）等内容。如某一项目尚不明确，应注明“尚不明确”字样；如明确无影响，应注明“无”。

药品生产企业应主动跟踪药品上市后的应用情况，并在必要时提出修改说明书的申请。

印制说明书，必须按照统一格式（说明书格式见附件一、二），其内容必须与国家药品监督管理局批准的说明书一致。

第十三条　药品的用法用量除单位含量标示外，还应使用通俗易懂的文字，如：“一次×片，一日×次”，“一次×支，一日×次”等，以正确指导用药。

第十四条　麻醉药品、精神药品、医疗用毒性药品、放射性药品等特殊管理的药品、外用药品、非处方药品在其中包装、大包装和标签、说明书上必须印有符合规定的标志；对贮藏有特殊要求的药品，必须在包装、标签的醒目位置和说明书中注明。

第十五条　药品的包装、标签及说明书在申请该药品注册时依药品的不同类别按照相应的管理规定办理审批手续。已注册上市的药品，凡修订或更改包装、标签或说明书的，均须按照原申报程序履行报批手续。

第十六条　凡违反本规定的，药品监督管理部门或者药品监督管理机构应责令药品生产企业更改其包装、标签或说明书，收回已上市的不符合本规定的药品。同时，按照《药品管理法》、《药品管理法实施办法》的有关规定予以处罚。

第十七条　本规定由国家药品监督管理局负责解释。

第十八条　本规定自2001年1月1日起执行。

附件一：

化学药品与生物制品说明书格式

××××说明书

【药品名称】
通用名：
商品名：
英文名：
汉语拼音：
本品主要成分及其化学名称为：
其结构式为：
分子式：
分子量：
（注：1．复方制剂应写为："本品为复方制剂，其组分为："
2．生物制品本项内容为主要组成成分。）
【性状】
【药理毒理】
【药代动力学】
【适应症】
【用法用量】
【不良反应】
【禁忌症】
【注意事项】
【孕妇及哺乳期妇女用药】
【儿童用药】
【老年患者用药】
【药物相互作用】
【药物过量】
【规格】
【有效期】
【贮藏】
【批准文号】
【生产企业】（地址、联系电话）

附件二：

中药说明书格式

××××说明书

【药品名称】
品　　名：
汉语拼音：
【性状】
【主要成分】
【药理作用】
【功能与主治】
【用法与用量】
【不良反应】
【禁忌症】
【注意事项】
【规格】
【贮藏】
【包装】
【有效期】
【批准文号】
【生产企业】（地址、联系电话）

国家药品监督管理局文件

国药管注〔2000〕519号

关于实施《药品包装、标签和说明书管理规定》（暂行）有关事宜的通知

各省、自治区、直辖市药品监督管理局，解放军总后卫生部：

《药品包装、标签和说明书管理规定》（暂行，下称《规定》）经国家药品监督管理局局务会议审议通过，以国家药品监督管理局第23号令发布，将于2001年1月1日起执行。现将实施工作中的有关事宜通知如下：

一、规范药品包装、标签和说明书是确保人民用药安全有效的重要措施之一，是维护医药市场秩序、保证公平竞争、促进制药工业健康发展的需要。请各省、自治区、直辖市药品监督管理局组织本辖区药品监督管理部门和药品研究、生产、经营、使用单位认真学习、广泛宣传、贯彻执行。

二、各省（区、市）药品监督管理局要在认真学习《规定》的基础上，对辖区内药品生产企业生产的药品所使用的包装、标签和说明书进行调查摸底，找准存在的问题，并在此基础上进行清理检查，重新审核工作。

三、各省（区、市）药品监督管理局应充分认识清理检查、重新审核药品包装、标签和说明书工作的重要性和艰巨性，组织专人负责，并有计划、有部署地开展此项工作。

四、各药品生产企业应按照《规定》要求，对照检查所使用的包装、标签和说明书，凡不符合要求的，要重新设计，并报经所在地省（区、市）药品监督管理局核准后方可印制使用。

五、凡属地方标准的药品，其包装、标签和说明书可按照地方标准药品再评价工作的要求，在上升为国家药品标准，重新核发药品批准文号之前，企业应按照《规定》重新设计并报省（区、市）药品监督管理局核准后使用。

六、进口药品的包装、标签及说明书凡不符合本规定的，在申请换发《进口药品注册证》时一并提出新的设计样稿，并在换发注册证后使用新批准的包装、标签及说明书。

七、现已印制的包装、标签及说明书，凡不符合本规定的，使用期限至2002年6月30日止。

八、各省（区、市）药品监督管理局应在2002年6月30日前完成对辖区内所生产药

品包装、标签和说明书的清理、审核工作。在此工作期间，各相关部门应密切配合，保证药品市场秩序不乱，帮助指导企业顺利完成申报改换包装、标签和说明书的工作。

九、各省（区、市）药品监督管理局在此项工作中要注意总结经验，加强与我局的联系，遇有问题及时沟通，以确保此项工作顺利完成。

国家药品监督管理局
二〇〇〇年十一月八日

国家药品监督管理局文件

国药管人［2000］562号

关于在药品经营企业实行从业药师资格认定工作的通知

各省、自治区、直辖市药品监督管理局：

为贯彻落实《中华人民共和国药品管理法》、《中共中央、国务院关于卫生改革与发展的决定》和国务院办公厅转发的国务院体改办等八部门《关于城镇医药卫生体制改革的指导意见》（国办发［2000］16号），加强对药学技术人员的资格准入控制，促进药品流通体制改革，规范药品流通秩序，推动药品分类管理工作的开展，经研究决定在药品经营企业实行从业药师资格认定工作。

自1994年实施执业药师资格制度以来，执业药师管理工作取得了进展，形成了一定规模的执业药师队伍。但由于执业药师资格制度尚处于起步阶段，执业药师的人数远远不能满足社会的需求。执业药师数量不足直接影响了处方药与非处方药分类管理制度的推进，影响了药品流通体制改革的深化。为弥补执业药师数量的不足，在继续大力推行执业药师资格制度的同时，吸取一些省市在药品分类管理试点工作中的经验和做法，近一段时期内在药品经营企业实行从业药师资格认定工作是非常必要的。现对该项工作提出如下实施意见：

一、从业药师的申报条件

在药品经营企业工作，具备以下条件之一者，均可申请通过认定取得从业药师资格。

（一）取得药学（中药学）大学本科以上学历，从事药学（中药学）专业工作满1年的；取得药学（中药学）大学专科学历，从事药学（中药学）专业工作满3年的。

（二）具有副主任药师（副主任中药师）以上专业技术职务的。

（三）取得相关专业（医学、护理学、生物学、化学）大学专科以上学历并具有高级专业技术职务，从事药学专业工作满8年的。

二、从业药师的认定办法

（一）符合上述条件的药学技术人员，可向所在单位提出申请，经审核同意后，由所在单位向地、市级药品监督管理部门申报。

申报认定从业药师资格者，须提供以下材料：1、《从业药师资格认定申请表》；2、毕业证书复印件；3、专业技术职务证书复印件；4、身份证明复印件；5、近期免冠半身照片2张。

（二）地、市级药品监督管理部门对申报材料进行审核，同意后报省、自治区、直辖市药品监督管理局审批。中央、国务院各部门、部队及其直属单位的人员，按属地原则申请认定。

（三）省、自治区、直辖市药品监督管理局须按照考试考核与培训分开的原则，委托具备条件的单位，对申请从业药师资格认定的人员进行药事管理及法规知识培训。省、自治区、直辖市药品监督管理局负责组织对申请从业药师资格认定的人员进行考试考核。

（四）考试考核合格者，由省、自治区、直辖市药品监督管理局颁发国家药品监督管理局统一印制的《从业药师资格证书》。该证书在全国范围内有效。

三、从业药师的继续教育

取得从业药师资格的人员需参加继续教育，保持和提高业务水平。从业药师的继续教育按照国家药品监督管理局《执业药师继续教育管理暂行办法》（国药管人［2000］334号）执行。

四、从业药师的职责

从业药师在规定期限内履行以下职责。主要是：

（一）必须遵守职业道德，忠于职守，以对药品质量负责、保障人民用药安全有效为基本准则。

（二）必须严格执行《药品管理法》及国家有关药品监督管理的各项法律、法规及政策规定，严肃认真地从事药学业务和技术条件。

（三）负责处方的审核、调配和药品的发放，保存处方档案；提供用药咨询与药品信息服务，指导合理用药，开展临床药学工作。

五、从业药师的管理

（一）实行从业药师资格认定工作是一种过渡性的政策措施，有效期限暂定为2001年7月1日至2004年6月30日。符合条件的从业药师须参加执业药师资格考试，以便取得执业药师资格。2004年6月30日以前还未取得执业药师资格的从业药师人员，不再具备相应的职责。

（二）实行从业药师资格认定工作对推动药品分类管理、GSP认证、换发《药品经营企业许可证》和药品零售业连锁化经营等工作，加强药品流通领域的监督管理起着至关重要的作用。因此，各省（区、市）药品监督管理局应高度重视此项工作，精心组织，抓好落实。在2001年6月30日以前，完成现有符合申报条件的从业药师的认定工作，以后每年12月31日以前完成达到申报条件的从业药师的认定工作。

（三）请各省（区、市）药品监督管理局于2001年7月15日以前将首次从业药师资格认定结果报国家药品监督管理局备案，以后每年1月31日以前将上一年度从业药师资格认定结果报国家药品监督管理局备案。

特此通知。

附件：从业药师资格认定申请表（略）

国家药品监督管理局

二〇〇〇年十一月二十日

国家药品监督管理局文件

国药管市［2000］541号

关于加强药品广告审查管理工作的通知

各省、自治区、直辖市药品监督管理局：

药品广告关系到人民用药安全有效乃至生命健康，始终受到党和政府的高度重视，并受到社会各界普遍关注。目前，药品广告违法的问题仍然十分突出，给人民用药造成误导。为加强药品广告审查管理工作，现将有关问题通知如下：

一、各省、自治区、直辖市药品监督管理局要依据《药品广告审查办法》的规定，建立和完善药品广告审查程序，落实资格审查、初审、终审、复审、收回广告批准文号、移送查处等程序规定。经审查核发批准文号的广告必须是广告成品，刊播的药品广告与审查批准的广告成品内容及形式不一致的，按违法药品广告查处。

二、现依法重申，下列药品不得刊播广告，审查机关不得受理其广告申请。

（一）麻醉药品、精神药品、毒性药品、放射性药品、戒毒药品；

（二）治疗肿瘤、艾滋病、改善和治疗性功能障碍的药品；

（三）试生产期药品及医院制剂；

（四）已被国家及省、自治区、直辖市药品监督管理部门的明令禁止生产、销售、使用的药品。

三、各省、自治区、直辖市药品监督管理局要严格药品广告资格的审查，不具备申请资格的不予受理。下列情况不予受理广告申请：

（一）各省、自治区、直辖市药品监督管理部门违反《药品管理法》及药品监督管理有关规定越权审批的品种；

（二）擅自更改药品包装、说明书功能主治、适应症的；

（三）没有印制经批准的药品通用名称或通用名称不正确的；

四、凡出现药品名称的及任何形式的企业药品宣传材料，在发布刊播前，必须经审查批准。

五、经营企业做为广告主申请药品广告，必须出具生产企业代理销售、委托申请刊播药品广告的委托书原件。无委托书原件的不予受理申请。

六、各省、自治区、直辖市药品监督管理局接到本通知后，要对已经审批的在有效期之内的药品广告进行一次复查。复查的内容为：

（一）品种是否具有申请广告资格；

（二）广告内容是否符合法律、法规的规定，是否科学、真实；

（三）广告主的资格是否合法；

（四）没有对广告成品进行审查的，要调回广告成品进行复审；

对不符合规定的药品广告，要立即收回广告审查表，作废批准文号，停止继续刊播。

七、各省、自治区、直辖市药品监督管理局除做好药品广告刊播前的审查工作外，还要对本辖区媒体刊播的药品广告内容进行监察，发现药品广告违法刊播的问题要及时移送同级工商行政管理部门查处。该作废药品广告审查批准文号、收回审批表、停止刊播的药品广告要及时办理，并报国家药品监督管理局，抄送各省、自治区、直辖市药品监督管理局。

八、药品广告的审查工作是药品监督管理工作的重要组成部分，各省、自治区、直辖市药品监督管理局要切实加强对药品广告工作的领导，要确定由坚持原则、熟悉业务、廉洁自律、责任心强的专职人员承担具体审查工作。对不能胜任审查工作的人员要及时调整，对在审查工作中玩忽职守、滥用职权、徇私舞弊的，要依法给予行政处分，构成犯罪的依法追究刑事责任。

请各地将药品广告复查工作情况，于2001年12月31日前书面报国家药品监督管理局。

特此通知。

附件：复查药品广告统计表（略）

国家药品监督管理局

二OOO年十一月二十二日

国家药品监督管理局 国家工商行政管理局 文件

国药管市［2001］14号

关于加强处方药广告审查管理工作的通知

各省、自治区、直辖市药品监督管理局、工商行政管理局：

我国自2000年1月1日起已正式实行处方药与非处方药分类管理，这是我国药品监督管理模式的一项重大改革。处方药与非处方药的广告宣传是药品分类管理工作的重要内容。按照实施药品分类管理"积极稳妥、分步实施、注重实效、不断完善"的方针，根据目前我国实施药品分类管理工作的总体步骤和非处方药遴选工作的进展情况，为维护人民身体健康和用药安全有效，现公布第一批停止在大众媒介发布广告的处方药，并就有关问题通知如下：

一、国家药品监督管理局明确的必须凭医生处方才能在社会药店销售、购买和使用的粉针剂类、大输液类和已经正式发文明确的其他品种以及抗生素类的处方药，自2001年2月1日起停止受理和审查在大众媒介发布广告的申请。上述品种广告只能在医药专业媒介发布。（医药专业媒介名单另行公布）

二、上述品种已经取得药品广告审查机关核发的广告批准文号，有效期内在大众媒介发布广告的，在本期合同期限内（以合同文本签署的日期为准）可继续发布，但最终时限不得超过2001年4月1日。

三、各省、自治区、直辖市以上药品监督管理部门是药品广告审查的法定机关，应依法认真履行职能，严格广告审查标准和程序，做到守土有责。非法律授权部门不得进行药品广告内容的审查和签发药品广告批准文号。

四、各省、自治区、直辖市药品监督管理局要严格按本通知要求的时限，做好对处方药广告审查工作的政策调整，加强对药品广告审查工作的管理，及时检查辖区媒介处方药广告发布情况，发现违法发布药品广告的，要及时移送同级工商行政管理部门查处。

五、各级工商行政管理部门要加强对违法药品广告的监督查处，对未经广告审查机关批准或擅自更改批准内容发布药品广告的，按《中华人民共和国广告法》第四十三条处理。

六、请各省、自治区、直辖市药品监督管理部门和工商行政管理部门及时将本通知转发辖区内各有关单位。

国家药品监督管理局
中华人民共和国国家工商行政管理局
二〇〇一年一月十二日

国家药品监督管理局文件

药管市函 [2001] 7号

关于停止受理大众媒介部分处方药广告有关品种的说明

各省、自治区、直辖市药品监督管理局：

国家药品监督管理局、国家工商行政管理局下发的“关于加强处方药广告审查管理工作的通知”（国药管市［2001］14号）规定，“粉针剂类、大输液类和已经正式发文明确的其他品种以及抗生素类的处方药，自2001年2月1日起停止受理和审查在大众媒介发布广告的申请”。现就如何认定以上品种予以说明。

一、粉针剂类

注射用无菌粉末俗称粉针，系将药物的灭菌粉末分装在安瓿或其他适宜的容器中，临用前以适当的灭菌注射用溶媒溶解或混悬使用的制剂，其通用名称为在药品名称前加“注射用”，如注射用头孢拉定、注射用头孢曲松钠等。

二、大输液类

用于静脉滴注输入体内的大剂量注射液俗称输液，如氯化钠注射液、葡萄糖注射液等。

三、已经正式发文明确的其他品种

是指国家药品监督管理局（包括卫生部原药政局）下发的特殊管理的药品，如卫生部原药政局下发的“关于加强含可待因止咳药水管理的通知”（卫药特发［1998］第301号）；2000年7月21日国家药品监督管理局下发的“关于加强对胃肠动力药西沙必利管理的通知”（国药管安［2000］321号）；2000年9月21日国家药品监督管理局下发的“关于进一步加强‘复方可待因口服溶液’管理工作的通知”（国药管安［2000］435号）等。

四、抗生素类的处方药

具体品种包括：

（一）抗感染药物

1、β－内酰胺类

（1）青霉素类

（2）头孢菌素类

（3）其他β－内酰胺类：如头霉素类、碳青霉烯类、单环β－内酰胺类、氧头孢烯类和β－内酰胺酶抑制剂。

2、氨基糖苷类

3、四环素类

4、氯霉素类

5、大环内酯类

6、林可霉素类

7、其他抗生素类：如盐酸万古霉素、盐酸去甲万古霉素、杆菌肽、磷霉素等。

（二）抗结核药：如利福平、利福定、硫酸卷曲霉素等。

（三）抗真菌药：如两性霉素B、制霉菌素等。

国家药品监督管理局市场监督司

二〇〇一年一月二十三日

国家药品监督管理局
国家工商行政管理局 文件
新闻出版署

国药监市［2001］39号

关于公布允许刊播处方药广告的第一批医药专业媒体名单的通知

各省、自治区、直辖市药品监督管理局，工商行政管理局，新闻出版局：

根据国家药品监督管理局、国家工商行政管理局《关于加强处方药广告审查管理工作的通知》（国药管市［2001］14号）规定，粉针剂、大输液类和已经正式发文明确必须凭医生处方才能销售、购买和使用的品种以及抗生素类的处方药，自2001年2月1日起，停止受理和审查在大众媒体发布广告的申请。上述品种的广告只能在医药专业媒体发布。现就医药专业媒体有关问题通知如下：

一、医药专业媒体是指具有国家新闻出版管理部门批准的具有国内统一刊号（CN号），由医药卫生科研教育机构、学术团体等专业部门主办的，以医药卫生专业技术人员、管理人员为主要读者对象的医药卫生类报刊（不含面向大众的科普刊物）；

二、经征求有关部门意见，现研究确定中华内科杂志等164种报刊为第一批医药专业媒体（见附件）；

三、凡符合本通知第一条规定，未被列入第一批医药专业媒体目录的，可持样刊和国家新闻出版管理部门批准的国内统一刊号批件原件、广告经营许可证原件，向省、自治区、直辖市药品监督管理局申请，确定同意后，将样刊、批准统一刊号批件复印件及广告经营许可证复印件一并上报国家药品监督管理局。经国家药品监督管理局、国家工商行政管理局、新闻出版署予以审查批准公布。

四、大众媒体禁止发布的处方药广告中必须注明“仅限医药专业媒体发布”字样。

特此通知。

附件：第一批医药专业媒体名单

国家药品监督管理局
国家工商行政管理局
新闻出版署
二○○一年二月八日

附件：

第一批医药专业媒体名单

序号	医药专业报刊中文名称	CN 号	登记地	广告经营许可证号
1	中华内科杂志	11-2138/R	北京	京东工商广字第 0149 号
2	中华外科杂志	11-2139/R	北京	京东工商广字第 0149 号
3	中华妇产科杂志	11-2141/R	北京	京东工商广字第 0149 号
4	中华儿科杂志	11-2140/R	北京	京东工商广字第 0149 号
5	中华放射学杂志	11-2149/R	北京	京东工商广字第 0149 号
6	中华结核和呼吸杂志	11-2147/R	北京	京东工商广字第 0149 号
7	中华耳鼻咽喉科杂志	11-2143/R	北京	京东工商广字第 0149 号
8	中华眼科杂志	11-2142/R	北京	京东工商广字第 0149 号
9	中华病理学杂志	11-2151/R	北京	京东工商广字第 0149 号
10	国外医学耳鼻咽喉科学分册	11-2250/R	北京	京东工商广字第 0072 号
11	国外医学外科学分册	11-2313/R	北京	京宣工商广字第 0038 号
12	中国医学文摘—眼科学	11-2343/R	北京	京东工商广字第 0112 号
13	国外医学眼科学分册	11-2344/R	北京	京东工商广字第 0112 号
14	中国医学文摘—中医	11-2371/R	北京	京东工商广字第 0179 号
15	中国康复医学杂志	11-2540/R	北京	京朝工商广字第 0171 号
16	世界医学杂志	11-8445/R	北京	京海工商广字第 0403 号
17	中国医刊	11-3942/R	北京	京崇工商广字第 0031 号
18	中国临床医生	11-3943/R	北京	京崇工商广字第 0031 号
19	国外医学临床放射学分册	12-1079/R	天津	1201014000087
20	国外医学内分泌学分册	12-1080/R	天津	1201014000073
21	国外医学放射医学核医学分册	12-1083/R	天津	1201044000168
22	国外医学计划生育分册	12-1097/R	天津	1201014000087

序号	医药专业报刊中文名称	CN 号	登记地	广告经营许可证号
23	国外医学妇产科学分册	12-1089/R	天津	1201014000087
24	中国危重病急救医学	12-1189/R	天津	12010140002000
25	国外医学呼吸系统分册	13-1063/R	石家庄	1301024D00004
26	中国医学文摘—儿科学	21-1160/R	沈阳	2101004101143
27	国外医学儿科学分册	21-1201/R	沈阳	（沈阳工商）临广许第 2000013 号
28	医师进修杂志	21-1229/R	大连	大临广审字(2000)第 018 号
29	中国工业医学杂志	21-1267/R	沈阳	辽工商广字第 2101004103013 号
30	实用乡村医学杂志	21-1327/R	沈阳	辽工商广字第 01-837 号
31	小儿急救医学	21-1375/R	沈阳	（沈阳工商）临广许第 200010 号
32	中国临床医学影像杂志	21-1381/R	沈阳	（沈阳工商）临广许第 2000032 号
33	国外医学老年医学分册	22-1118/R	长春	2200004200029
34	国外医学护理学分册	22-1176/R	长春	（95）088 号
35	国外医学遗传学分册	23-1160/R	哈尔滨	2301004010003
36	国外医学免疫学分册	23-1161/R	哈尔滨	2301004010003
37	国外医学寄生虫病分册	31-1249/R	上海	沪工商广字第 03056 号
38	国外医学消化系统疾病分册	31-1262/R	上海	3101044000020
39	国外医学心血管疾病分册	31-1263/R	上海	3101044000020
40	中国医学文摘—基础医学	31-1275/R	上海	沪工商广字第 04235 号
41	国外医学预防诊断治疗用生物制品分册	31-1294/R	上海	3101054000027
42	国外医学微生物学分册	31-1370/R	上海	310104000024
43	国外医学医学教育分册	31-1371/R	上海	沪工商广字第 04235 号
44	中国医学计算机成像杂志	31-1700/R	上海	3101064000071
45	国外医学麻醉学与复苏分册	32-1121/R	徐州	徐工商广字第 010 号
46	国外医学皮肤性病学分册	32-1333/R	南京	宁工商广字第 3201004950030 号

序号	医药专业报刊中文名称	CN 号	登记地	广告经营许可证号
47	国外医学脑血管疾病分册	32-1359/R	南京	320100494033
48	国外医学流行病学传染病学分册	33-1125/R	杭州	3301004000097
49	预防医学文献信息	37-1262/R	济南	鲁工商广字第 01496 号
50	中国临床医学杂志	31-1794/R	上海	3101044000024
51	中国医学文摘—护理学	42-1129/R	武汉	武工商广字第 01-24 号
52	国外医学物理医学与康复分册	42-1186/R	武汉	武工商第 176 号
53	国外医学分子生物学分册	42-1195/R	武汉	武工商广字第 03-1 号
54	国外医学神经病学神经外科学分册	43-1120/R	长沙	431004000042
55	国外医学生理病理科学与临床分册	43-1124/R	长沙	4301004000077
56	国外医学精神病学分册	43-1135/R	长沙	湘长广字第 C-00054 号
57	国外医学内科学分册	44-1212/R	广州	4400004000108
58	中国医学文摘一内科学	45-1121/R	南宁	南工商广字第 45-0166 号
59	国外医学口腔医学分册	51-1135/R	成都	5101034000018
60	国外医学临床生物化学与检验学分册	51-1298/R	重庆	020921
61	现代预防医学	51-1365/R	成都	川临广审字第 96(055)号
62	国外医学妇幼保健分册	61-1259/R	西安	6100004000033
63	中国医药导刊	11-3557/R	北京	京西工商广字第 0220 号
64	国外医药一植物药分册	12-1169/R	天津	津工商广字第 1201044000094 号
65	国外医药一合成药、生化药、制剂分册	31-1242/R	上海	3101064000061
66	中国医药工业杂志	31-1243/R	上海	3101064000061
67	医药经济	44-1298/R	广州	粤工商广字第 01091 号
68	国外医药一抗生素分册	51-1127/R	成都	5101034000058
69	中医杂志	11-2166/R	北京	京东工商广字第 0164 号
70	中国中医眼科杂志	11-2849/R	北京	京石工商广字第 0164 号

序号	医药专业报刊中文名称	CN 号	登记地	广告经营许可证号
71	中国中医药信息杂志	11-3519/R	北京	京东工商广字第 0122 号
72	中国中医基础医学杂志	11-3554/R	北京	京东工商广字第 0215 号
73	中国中西医结合杂志(英文版)	11-3690/R	北京	京海工商广字第 0239 号
74	中国民族医药杂志	15-1175/R	内蒙古呼和浩特	内工商广字第 1500004000093 号
75	中国中医急症	51-1398/R	重庆	020933
76	中华医学杂志	11-2137/R	北京	京东工商广字第 0149 号
77	中华口腔医学杂志	11-2144/R	北京	京东工商广字第 0149 号
78	中华医学检验杂志	11-2145/R	北京	京东工商广字第 0149 号
79	中华预防医学杂志	11-2150/R	北京	京东工商广字第 0149 号
80	美国医学会杂志（中文版）	11-2153/R	北京	京东工商广字第 0149 号
81	中华老年医学杂志	11-2225/R	北京	京东工商广字第 0149 号
82	中国中西医结合杂志	11-2787/R	北京	京海工商广字第 0239 号
83	英国医学杂志中文版	11-3904/R	北京	京东工商广字第 0149 号
84	中华核医学杂志	32-1137/R	江苏无锡	锡工商广字第 3202015880024 号
85	中国医院药学杂志	42-1204/R	武汉	武工商广字第 01-7 号
86	中华医学遗传学杂志	51-1374/R	成都	5100004000010 号
87	中国药事	11-2858/R	北京	京崇工商广字第 0017 号
88	中国药物滥用防治杂志	11-3742/R	北京	京东工商广字第 058 号
89	中国药房	51-1337/R	重庆	渝工商广字第 020655 号
90	中国药学文摘	11-2529/R	北京	京西工商广字第 0220 号
91	中国新药杂志	11-2850/R	北京	京西工商广字第 0099 号
92	中文科技资料目录－中草药分册	12-1107/R	天津	津工商广字第 1201044000094 号
93	中草药	12-1108/R	天津	津工商广字第 1201044000094 号

序号	医药专业报刊中文名称	CN 号	登记地	广告经营许可证号
94	中成药	31-1368/R	上海	沪工商广字第 01033 号
95	药学进展	32-1109/R	南京	3200004980176
96	药物生物技术	32-1488/R	南京	3201001001355
97	中国药师	42-1433/R	武汉	武工商第 743 号
98	中药材	44-1286/R	广州	粤 010326 号
99	中国药业	51-1369/R	重庆	渝工商广字第 020918 号
100	中国抗生素杂志	51-1126/R	成都	5101034000058
101	中国药学杂志	11-2162/R	北京	京东工商广字第 0129 号
102	中国现代药学杂志	33-1210/R	杭州	3301004000070
103	中国临床药理学杂志	11-2220/R	北京	京西工商广字第 0101 号
104	药物分析杂志	11-2224/R	北京	京崇工商广字第 0020 号
105	中国中药杂志	11-2272/R	北京	京东工商广字第 0159 号
106	中国临床药学杂志	31-1726/R	上海	3101044000024
107	中国海洋药物杂志	37-1155/R	青岛	青工商广字(兼)第 0064 号
108	中国新药与临床杂志	31-1746/R	上海	3101064000053
109	中医研究与信息	11-4019/R	北京	京崇工商广字第 0026 号
110	中华医学杂志英文版	11-2154/R	北京	京东工商广字第 0149 号
111	国外医学中医中药分册	11-2382/R	北京	京东工商广字第 0147 号
112	中国医学文摘－口腔医学	32-1140/R	南京	苏工商广字第 120366 号
113	中国药物化学杂志	21-1313/R	沈阳	沈临广审字(99)第 006 号
114	中国医学文摘－卫生学	11-2159/R	北京	京宣工商广字第 0019 号
115	国外医学卫生学分册	11-2160/R	北京	京宣工商广字第 0004 号
116	药物流行病学杂志	42-1333/R	武汉	武工商广字第 01-38 号
117	国外医学情报	11-2211/R	北京	京朝工商广字第 0063 号

序号	医药专业报刊中文名称	CN 号	登记地	广告经营许可证号
118	中国医学文摘—耳鼻喉科学	11-2249/R	北京	京东工商广字第 0072 号
119	中华神经科杂志	11-3694/R	北京	京东工商广字第 0149 号
120	中华心血管病杂志	11-2148/R	北京	京东工商广字第 0149 号
121	中华精神科杂志	11-3661/R	北京	京东工商广字第 0149 号
122	中华肿瘤杂志	11-2152/R	北京	京朝工商广字第 0198 号
123	中华放射肿瘤学杂志	11-3030/R	北京	京朝工商广字第 0198 号
124	中华泌尿外科杂志	11-2330/R	北京	京东工商广字第 0093 号
125	中华医院管理杂志	11-1325/R	北京	京东工商广字第 0093 号
126	中华神经外科杂志	11-2050/R	北京	京崇工商广字第 0010 号
127	中华放射医学与防护杂志	11-2271/R	北京	京西工商广字第 0074 号
128	中华微生物和免疫学杂志	11-2309/R	北京	京朝工商广字第 0132 号
129	中华流行病杂志	11-2338/R	北京	京昌工商广字第 0006 号
130	中华整形烧伤外科杂志	11-2287/R	北京	京石工商广字第 0015 号
131	中华胸心血管外科杂志	11-2434/R	北京	京朝工商广字第 0184 号
132	中华航空航天医学杂志	11-2716/R	北京	京海工商广字第 0047 号
133	中华实验和临床病毒学杂志	11-2866/R	北京	京宣工商广字第 0027 号
134	中华医学科研管理杂志	11-3565/R	北京	京海工商广字第 0670 号
135	美国医学会眼科杂志中文版	11-1747/R	北京	京海工商广字第 0442 号
136	中华医学美容杂志	11-3746/R	北京	京东工商广字第 0149 号
137	中华普通外科杂志	11-3855/R	北京	京西工商广字第 0104 号
138	中华心律失常学杂志	11-3859/R	北京	京西工商广字第 0280 号
139	中华围产医学杂志	11-3903/R	北京	京西工商广字第 0804 号
140	中华肝胆外科杂志	11-3884/R	北京	京海工商广字第 0087 号
141	中华医史杂志	11-2155/R	北京	京东工商广字第 0149 号

序号	医药专业报刊中文名称	CN 号	登记地	广告经营许可证号
142	中华理疗杂志	21-1142/R	辽宁省鞍山市	鞍广字第 03-00033 号
143	中华血液学杂志	12-1090/R	天津	1201014000025
144	中华骨科杂志	12-1113/R	天津	1201034000027
145	中华劳动卫生职业病杂志	12-1094/R	天津	津工商广字第 0180 号
146	中华物理医学与康复杂志	13-1282/R	石家庄	1301024D00004
147	中华超声影像学杂志	13-1148/R	石家庄	1301024D00004
148	中华麻醉学杂志	13-1073/R	石家庄	1301024D00004
149	中华皮肤科杂志	32-1138/R	南京	宁工商广字第 3201004950030 号
150	中华消化内镜杂志	32-1463/R	南京	宁工商广字第 3201004890053 号
151	中华内分泌代谢杂志	31-1282/R	上海	沪工商广字第 3101034000082 号
152	中华消化杂志	31-1367/R	上海	沪工商广字第 3101064000133 号
153	中华传染病杂志	31-1365/R	上海	沪工商广字第 3101064000133 号
154	中华手外科杂志	31-1653/R	上海	沪工商广字第 05058 号
155	中华航海医学与高压氧医学杂志	31-1666/R	上海	（沪杨）工商广临字第 99-10-007 号
156	中华小儿外科杂志	42-1158/R	武汉	武工商广字第 01-7 号
157	中华器官移植杂志	42-1203/R	武汉	武工商广字第 01-7 号
158	中华实验外科杂志	42-1213/R	武汉	武工商广字第 190 号
159	中华肾脏病杂志	44-1217/R	广州	穗工商广字第 01052 号
160	中华显微外科杂志	44-1206/R	广州	粤 4400004000350 号
161	中华创伤杂志	51-1352/R	重庆	020896 号
162	中华肝脏病杂志	51-1498/R	重庆	渝工商广字第 020669 号
163	中华眼底病杂志	51-1434/R	成都	5101034000010
164	中华风湿病学杂志	14-1217/R	太原	1400004000029

国家药品监督管理局文件

国药监市［2001］43号

关于印发零售药店设置暂行规定的通知

各省、自治区、直辖市药品监督管理局：

为了加强对零售药店的监督管理，促进零售药店合理布局，方便群众购药，国家药品监督管理局制定了《零售药店设置暂行规定》（以下简称《规定》），现印发给你们，请你局根据本《规定》的精神，结合本地区实际情况，制定本省（区、市）零售药店设置的具体规定，并报我局备案。

特此通知。

国家药品监督管理局
二〇〇一年二月九日

零售药店设置暂行规定

第一条　为加强对零售药店（以下简称药店）的监督管理，促进药店的合理布局，方便群众购药，根据《药品管理法》等法律、法规制定本规定。

第二条　城市（包括县级市）、县城、镇（包括乡镇）设置药店必须配有执业药师、从业药师或药士以上（含药士、中药士）职称的技术人员。

第三条　人口稀少的边远地区设置药店，必须配备具有高中以上（含高中）文化程度、经地市级以上（含地市级）药品监督管理部门培训合格、能够负责零售药品质量的人员。

第四条　药店的负责人应严格遵守有关法律、法规，具有良好的商业道德，在法律上无不良品行记录。

第五条　具有与所经营药品相适应的营业场所、设备、仓储设施、卫生环境。

第六条　药店必须备有能够满足当地消费者需要的药品，并能保证24小时供应。药店必须备有的国家基本药物品种数由省（区、市）药品监督管理部门根据当地具体情况确定。

第七条　药店的设置应遵循合理布局和方便群众购药的原则，其具体规定由省（区、市）药品监督管理局组织制定。

第八条　符合上述要求的申请者，必须按国家有关规定，接受药品监督机构的检查验收。开办零售药店的检查验收标准由省（区、市）药品监督管理局根据《药品经营质量管理规范》有关内容组织制定。

第九条　本规定由国家药品监督管理局负责解释。

第十条　本规定自下发起实施。

国家药品监督管理局文件

国药监市［2001］119号

关于印发2001年加强药品市场监督管理努力促进药品流通体制改革意见的通知

各省、自治区、直辖市药品监督管理局：

为进一步规范药品流通秩序，加大对制售假劣药品违法行为的打击力度，促进药品流通体制改革，我局制定了“2001年加强药品市场监督管理，努力促进药品流通体制改革的意见”，现印发你们，请各省、自治区、直辖市药品监督管理局结合本地实际予以贯彻实施。

特此通知。

附件：2001年加强药品市场监督管理，努力促进药品流通体制改革的意见

国家药品监督管理局

二〇〇一年三月九日

附件：

2001年加强药品流通市场监督管理努力促进药品流通体制改革的意见

2001年是新世纪的第一年，也是深化全国医药卫生体制改革的一年。新修订的《药品管理法》将于2001年12月1日起施行。各级药品监督管理部门要深入学习、宣传、贯彻新修订的《药品管理法》，各项工作要融入医药卫生体制改革之中，要通过加强监督促进改革的深入，要在药品流通领域逐步建立起有效监督的运行机制，以促进企业集约经营、流通网络完善、交易手段先进、市场机制健全的战略性变革。改革的最终目的是使药品市场得到净化，流通秩序趋于规范，确保广大人民用药安全有效，促进医药事业健康发展。为了尽快达到这一目标，2001年主要抓好如下工作：

一、进一步巩固医药市场整顿成果，依法查处各种无证经营药品的违法行为

药品集贸市场和变相药品集贸市场的出现以及中药材专业市场超范围经营的发生，其实质问题是无证经营药品。所以，打击无证经营药品是防止药品集贸市场反弹、整顿中药材专业市场超范围经营的重要任务。各地一是要密切注视已被取缔的药品集贸市场，防止出现反弹；二是要防止无证经营者重新聚集形成新的药品集贸市场；三是要切实解决中药材专业市场的经营者违法经营或变相经营中西成药，以及超范围经营饮片的问题。

在大批药品集贸市场被关闭取缔之后，将有相当数量的无证经营者受经济利益的驱动，会由明转暗，继续从事非法药品经营活动。其中包括搞挂靠经营、异地经营，城镇个体行医人员和个体诊所违反规定从事药品购销活动，在城镇街头非法收购贩卖药品，兽用药品经营单位经营人用药品等，都是无证经营药品的行为，要坚决予以清理，务使其无处藏身并得到应有的惩处，使药品市场得到净化。

要在药品计划抽验的基础上加大监督抽验的力度。要对无证经营药品严重地区和有变相药品集贸市场之嫌的经营企业进行监督抽验，推动查处无证经营和取缔药品集贸市场工作的深入进行。

为了切实巩固过去两年整顿医药市场所取得的成果，进一步规范药品流通秩序，应当继续贯彻国务院《关于进一步加强药品管理工作的紧急通知》（国发［1994］53号）和国务院办公厅《关于继续整顿和规范药品生产经营秩序，加强药品管理工作的通知》（国办发［1996］14号）以及转发国务院纠风办等部门《关于纠正医药购销中不正之风工作实施意见的通知》（国办发［1999］75号）等有关文件精神，明确和落实地方政府的责任制。为此，各省（区、市）药品监督管理部门要争取继续得到省政府的重视和支持，要请省政府出面落实地方各级政府责任制，明确各地、市、县政府对本辖区内巩固医药市场整顿成果和进一步规范药品流通秩序的责任。

二、继续严厉打击制售假劣药品和违法刊播药品广告行为

要按照国务院《关于开展严厉打击制售假冒伪劣商品犯罪活动联合行动的通知》精

神，在这次打击制售假劣药品的专项行动中认真督办查处一批大案要案，端掉制假、售假黑窝点以及犯罪团伙，组织好对跨省案件的查处。2001 年下半年我局将组织一次全国打击制售假劣药品的展览，以进一步震慑制售假劣药品的不法企业和不法分子，提高社会各界和人民群众对药品质量自我保护的意识。

各省（区、市）药品监督管理局在这次声势浩大而讲求实效的打击制售假劣药品的专项治理活动的基础上，搞好一系列制度的建设。建立打假工作领导责任制，建立案件投诉、举报、查办、管理制度，建立重大案件报告、查办、追踪、记录制度，使打击制售假劣药品的活动进入规范化轨道，使每个案件查处都有规可遁，切实按照“五不放过”的原则查处到位，严惩制假和售假的首恶分子和在打假中搞包庇、勾结、通风报信的公务员队伍中的腐败分子。

各种违法刊播的药品广告，如同假劣药品一样，威胁着人民的健康。为此，今年要继续加强药品广告审查人员的队伍建设，进一步提高审查人员的业务素质，切实加强对药品广告审查工作的监督管理。拟建立全国药品广告审查联网体系，经审查批准的药品广告成品一律上网，以便各有关部门和社会的监督。从2001 年一季度开始将停止部分处方药广告在大众媒体上刊播及申请受理。今年还要继续对已刊播的药品广告进行检查，对违法刊播的药品广告要及时向同级工商行政管理部门通报并提出处理建议。

三、严肃认真地开展《药品经营企业许可证》换发工作，坚决把住药品经营资格准入关

换发药品经营企业认可证是强化药品监督管理的重要手段，可以解决很多平时难以解决的问题。但能否收到预想的结果，关键是防止换证工作走过场、走形式。为此，国家药品监督管理局和各省、自治区、直辖市药品监督管理局要采取以下措施：

（一）必须严格掌握换证条件，严格执行换证标准，严格遵守换证纪律，不符合换证条件和标准的企业不予换证。各地在换证工作中，要按照我局下发的国药管办［1999］242号文件即关于换发《药品经营企业许可证》工作安排的通知要求，对那些“两证一照”不全的；经营假劣药品，情节、后果严重的；开办药品集贸市场的；出租、转让“两证”的；停止经营药品时间达半年的；未在省级药品监督管理部门规定的期限内提出换证申请的企业，一律不予换证。另外，对暂缓换证、经整改仍达不到要求的企业也坚决不予换证。

（二）要深入检查，实地了解换证工作的进展情况，纠正偏差。要通过这次换证工作促进批发企业走重组、兼并、联合之路，子公司转分公司制，取消批零兼营，有效地减少批发企业数量，促进药品经营规模化、集约化，促进药品流通企业改革深入进行。

（三）及时收集、研究、处理换发证工作中带有普遍性的问题。

（四）加强对重点地区、重点企业及被举报地区和企业的换证工作的检查和抽查，对检查、抽查不合格的，将责令换证部门重新组织审查，并追究审查人员及换证部门的责任。问题严重的，撤消审查人员资格或暂停该地区换证工作。

（五）在换证的基础上，要按照监督实施GSP 的规划，组织GSP 培训，积极推进GSP认证工作。

四、进一步推进流通领域药品分类管理工作的实施

要确保省会城市、计划单列市和国务院确定的较大城市的药品分类管理试点工作落到实处；积极推进地（市）级城市的药品分类管理工作；积极稳妥地实施乙类非处方药分类管理工作。各级药品监督管理部门对药品分类管理工作要加强检查、指导。

五、加强药品流通法制建设，积极促进药品流通体制的改革

修订后的《药品管理法》将于2001年12月1日起施行，要做好新法中药品流通有关章、条的宣传、培训和实施工作。检查《药品流通监督管理办法》的执行情况，不断研究市场监督和深化改革中遇到的新情况、新问题，修订、完善药品流通监督管理的规定。

要充分利用药品监督的制约性和导向性，促进药品流通体制的改革，今年要做好以下工作：一是配合卫生部门推动门诊药房改为药品零售企业的试点；二是继续推进跨省、跨地区药品零售连锁化经营；三是加强对药品集中采购中介组织的监督；四是落实我局《药品电子商务试点监督管理办法》和《互联网药品信息服务管理规定》，推动企业和企业、企业和医疗单位之间药品购销活动中利用现代电子信息网络技术，提高药品流通效率，改善药品监督的环境。

六、要切实加强对广大农村基层用药的监督管理

去年部分省市开展的对农村基层用药检查的情况表明，由于基层从业人员技术素质低，质量意识差，法制观念淡薄；县一级药品监督力量又非常薄弱，因此，县及县以下药品经营单位和医疗单位存在的各类违规现象要比城市严重得多。主要的问题有：(一)基层药品仓储设施条件普遍比较简陋，有相当一部分药店和医疗单位不具备阴凉和冷藏条件，仓库药品养护缺乏质量保障。(二)基层药店和医疗单位的购药行为不规范，药品购进记录不全或根本没有记录；有的药店和卫生院、所和个体诊所采用现款购药，也不向供药方索取药品经营企业证件和进药凭证；这不仅给非法渠道购进药品造成了可乘之机，而且一旦发现假劣药品难以追踪查处。(三)有些基层单位当发现假劣药品时自行退货、换货的现象比较普遍；在这次现场检查时，也发现有不少假劣药品和过期失效药品。(四)城镇个体诊所“行医为名、卖药为实”的现象普遍存在，有些个体诊所用药达数百种甚至一千种之多。(五)县、乡(镇)有些百货店、保健品商店、副食品店、农贸市场超范围经营药品的情况也比较严重。(六)不按规定经营进口药品、精神药品、毒性药品、麻醉药品等；有的则存在人兽药品混营的问题。

针对当前广大农村基层用药的状况，今年各省(区、市)药品监督管理部门都要切实加强对农村基层用药质量的监督管理工作。一是要尽快建立县级药品监督管理机构，充实基层市场监管人员，要定期或不定期开展对县及县以下药品零售药店、县医院、乡村卫生院(所、室)以及个体诊所的药品质量检查，要加大对农村用药监督抽验和对制售假劣药品行为查处的力度，坚决防止假劣药品流入农村，贻害人民。二是要鼓励大型药品批发企业跨地区兼并市、县级批发企业，将市县级药品批发企业改组为区域性基层配送中心，解决好农村基本治疗药物的集中配送问题。要促进药品零售连锁企业把连锁门店延伸到县及县以下乡村。对交通不便的偏远山村要根据需要允许适当增加药品零售网点，以方便广大农民的用药需要。三是各省(区、市)药品监督管理部门要会同卫生部门尽快制定城镇个体诊所应备急救的药品目录，以规范个体诊所的用药问题。四是与有关部门配合，规范医疗单位集中招标采购药品的行为。

市场监督工作，离不开各部门的支持与配合，各级药品监督管理部门要继续主动配合纠风办、体改办、卫生、经贸、工商、公安、技术监督等部门，调动各方面的力量，形成广泛强劲的监督体系。要通过电视、广播、报刊、网络等媒体，宣传药品监督管理的有关法规，报道药品生产流通改革的经验，表彰依法监督的先进单位和个人，反映广大人民群众呼吁加强药品市场监督管理的心声，引导全社会关心药品生产流通的改革，重视药品监督管理工作。对那些顶风违纪，继续违法开办药品集贸市场的地方，对那些制售假劣药品的大案、要案要继续给予新闻曝光。要进一步完善药品公告制度，药品质量公报要继续通过电视、报刊等新闻媒体向社会公布，形成良好的舆论监督氛围，提高药品监督管理工作水平，保证人民用药安全、有效。

中华人民共和国药品管理法

中华人民共和国主席令

第四十五号

《中华人民共和国药品管理法》已由中华人民共和国第九届全国人民代表大会常务委员会第二十次会议于2001年2月28日修订通过，现将修订后的《中华人民共和国药品管理法》公布，自2001年12月1日起施行。

中华人民共和国主席　江泽民

2001年2月28日

中华人民共和国药品管理法

（1984年9月20日第六届全国人民代表大会常务委员会第七次会议通过
2001年2月28日第九届全国人民代表大会常务委员会第二十次会议修订）

第一章　总则

第一条　为加强药品监督管理，保证药品质量，保障人体用药安全，维护人民身体健康和用药的合法权益，特制定本法。

第二条　在中华人民共和国境内从事药品的研制、生产、经营、使用和监督管理的单位或者个人，必须遵守本法。

第三条　国家发展现代药和传统药，充分发挥其在预防、医疗和保健中的作用。国家保护野生药材资源，鼓励培育中药材。

第四条　国家鼓励研究和创制新药，保护公民、法人和其他组织研究、开发新药的合法权益。

第五条　国务院药品监督管理部门主管全国药品监督管理工作。国务院有关部门在各自的职责范围内负责与药品有关的监督管理工作。

省、自治区、直辖市人民政府药品监督管理部门负责本行政区域内的药品监督管理工作。省、自治区、直辖市人民政府有关部门在各自的职责范围内负责与药品有关的监督管理工作。

国务院药品监督管理部门应当配合国务院经济综合主管部门，执行国家制定的药品行业发展规划和产业政策。

第六条　药品监督管理部门设置或者确定的药品检验机构，承担依法实施药品审批和药品质量监督检查所需的药品检验工作。

第二章　药品生产企业管理

第七条　开办药品生产企业，须经企业所在地省、自治区、直辖市人民政府药品监督管理部门批准并发给《药品生产许可证》，凭《药品生产许可证》到工商行政管理部门办理登记注册。无《药品生产许可证》的，不得生产药品。

《药品生产许可证》应当标明有效期和生产范围，到期重新审查发证。

药品监督管理部门批准开办药品生产企业，除根据本法第八条规定的条件外，还应当符合国家制定的药品行业发展规划和产业政策，防止重复建设。

第八条　开办药品生产企业，必须具备以下条件：

（一）具有依法经过资格认定的药学技术人员、工程技术人员及相应的技术工人；

（二）具有与其药品生产相适应的厂房、设施和卫生环境；

（三）具有能对所生产药品进行质量管理和质量检验的机构、人员以及必要的仪器设备；

（四）具有保证药品质量的规章制度。

第九条　药品生产企业必须按照国务院药品监督管理部门依据本法制定的《药品生产质量管理规范》组织生产。药品监督管理部门按照规定对药品生产企业是否符合《药品生产质量管理规范》的要求进行认证；对认证合格的，发给认证证书。

《药品生产质量管理规范》的具体实施办法、实施步骤由国务院药品监督管理部门规定。

第十条　除中药饮片的炮制外，药品必须按照国家药品标准和国务院药品监督管理部门批准的生产工艺进行生产，生产记录必须完整准确。药品生产企业改变影响药品质量的生产工艺的，必须报原批准部门审核批准。

中药饮片必须按照国家药品标准炮制；国家药品标准没有规定的，必须按照省、自治区、直辖市人民政府药品监督管理部门制定的炮制规范炮制。省、自治区、直辖市人民政府药品监督管理部门制定的炮制规范应当报国务院药品监督管理部门备案。

第十一条　生产药品所需的原料、辅料，必须符合药用要求。

第十二条　药品生产企业必须对其生产的药品进行质量检验；不符合国家药品标准或者不按照省、自治区、直辖市人民政府药品监督管理部门制定的中药饮片炮制规范炮制的，不得出厂。

第十三条　经国务院药品监督管理部门或者国务院药品监督管理部门授权的省、自治区、直辖市人民政府药品监督管理部门批准，药品生产企业可以接受委托生产药品。

第三章　药品经营企业管理

第十四条　开办药品批发企业，须经企业所在地省、自治区、直辖市人民政府药品监督管理部门批准并发给《药品经营许可证》；开办药品零售企业，须经企业所在地县级以上地方药品监督管理部门批准并发给《药品经营许可证》，凭《药品经营许可证》到工商行政管理部门办理登记注册。无《药品经营许可证》的，不得经营药品。

《药品经营许可证》应当标明有效期和经营范围，到期重新审查发证。

药品监督管理部门批准开办药品经营企业，除根据本法第十五条规定的条件外，还应当遵循合理布局和方便群众购药的原则。

第十五条　开办药品经营企业必须具备以下条件：

（一）具有依法经过资格认定的药学技术人员；

（二）具有与所经营药品相适应的营业场所、设备、仓储设施、卫生环境；

（三）具有与所经营药品相适应的质量管理机构或者人员；

（四）具有保证所经营药品质量的规章制度。

第十六条　药品经营企业必须按照国务院药品监督管理部门依据本法制定的《药品经营质量管理规范》经营药品。药品监督管理部门按照规定对药品经营企业是否符合《药品经营质量管理规范》的要求进行认证；对认证合格的，发给认证证书。

《药品经营质量管理规范》的具体实施办法、实施步骤由国务院药品监督管理部门规定。

第十七条　药品经营企业购进药品，必须建立并执行进货检查验收制度，验明药品合格证明和其他标识；不符合规定要求的，不得购进。

第十八条 药品经营企业购销药品，必须有真实完整的购销记录。购销记录必须注明药品的通用名称、剂型、规格、批号、有效期、生产厂商、购（销）货单位、购（销）货数量、购销价格、购（销）货日期及国务院药品监督管理部门规定的其他内容。

第十九条 药品经营企业销售药品必须准确无误，并正确说明用法、用量和注意事项；调配处方必须经过核对，对处方所列药品不得擅自更改或者代用。对有配伍禁忌或者超剂量的处方，应当拒绝调配；必要时，经处方医师更正或者重新签字，方可调配。

药品经营企业销售中药材，必须标明产地。

第二十条 药品经营企业必须制定和执行药品保管制度，采取必要的冷藏、防冻、防潮、防虫、防鼠等措施，保证药品质量。

药品入库和出库必须执行检查制度。

第二十一条 城乡集市贸易市场可以出售中药材，国务院另有规定的除外。

城乡集市贸易市场不得出售中药材以外的药品，但持有《药品经营许可证》的药品零售企业在规定的范围内可以在城乡集市贸易市场设点出售中药材以外的药品。具体办法由国务院规定。

第四章 医疗机构的药剂管理

第二十二条 医疗机构必须配备依法经过资格认定的药学技术人员。非药学技术人员不得直接从事药剂技术工作。

第二十三条 医疗机构配制制剂，须经所在地省、自治区、直辖市人民政府卫生行政部门审核同意，由省、自治区、直辖市人民政府药品监督管理部门批准，发给《医疗机构制剂许可证》。无《医疗机构制剂许可证》的，不得配制制剂。

《医疗机构制剂许可证》应当标明有效期，到期重新审查发证。

第二十四条 医疗机构配制制剂，必须具有能够保证制剂质量的设施、管理制度、检验仪器和卫生条件。

第二十五条 医疗机构配制的制剂，应当是本单位临床需要而市场上没有供应的品种，并须经所在地省、自治区、直辖市人民政府药品监督管理部门批准后方可配制。配制的制剂必须按照规定进行质量检验；合格的，凭医师处方在本医疗机构使用。特殊情况下，经国务院或者省、自治区、直辖市人民政府的药品监督管理部门批准，医疗机构配制的制剂可以在指定的医疗机构之间调剂使用。

医疗机构配制的制剂，不得在市场销售。

第二十六条 医疗机构购进药品，必须建立并执行进货检查验收制度，验明药品合格证明和其他标识；不符合规定要求的，不得购进和使用。

第二十七条 医疗机构的药剂人员调配处方，必须经过核对，对处方所列药品不得擅自更改或者代用。对有配伍禁忌或者超剂量的处方，应当拒绝调配；必要时，经处方医师更正或者重新签字，方可调配。

第二十八条 医疗机构必须制定和执行药品保管制度，采取必要的冷藏、防冻、防潮、防虫、防鼠等措施，保证药品质量。

第五章 药品管理

第二十九条 研制新药，必须按照国务院药品监督管理部门的规定如实报送研制方法、质量指标、药理及毒理试验结果等有关资料和样品，经国务院药品监督管理部门批准后，方可进行临床试验。药物临床试验机构资格的认定办法，由国务院药品监督管理部门、国务院卫生行政部门共同制定。

完成临床试验并通过审批的新药，由国务院药品监督管理部门批准，发给新药证书。

第三十条　药物的非临床安全性评价研究机构和临床试验机构必须分别执行药物非临床研究质量管理规范、药物临床试验质量管理规范。

药物非临床研究质量管理规范、药物临床试验质量管理规范由国务院确定的部门制定。

第三十一条　生产新药或者已有国家标准的药品的，须经国务院药品监督管理部门批准，并发给药品批准文号；但是，生产没有实施批准文号管理的中药材和中药饮片除外。实施批准文号管理的中药材、中药饮片品种目录由国务院药品监督管理部门会同国务院中医药管理部门制定。

药品生产企业在取得药品批准文号后，方可生产该药品。

第三十二条　药品必须符合国家药品标准。中药饮片依照本法第十条第二款的规定执行。

国务院药品监督管理部门颁布的《中华人民共和国药典》和药品标准为国家药品标准。

国务院药品监督管理部门组织药典委员会，负责国家药品标准的制定和修订。

国务院药品监督管理部门的药品检验机构负责标定国家药品标准品、对照品。

第三十三条　国务院药品监督管理部门组织药学、医学和其他技术人员，对新药进行审评，对已经批准生产的药品进行再评价。

第三十四条　药品生产企业、药品经营企业、医疗机构必须从具有药品生产、经营资格的企业购进药品；但是，购进没有实施批准文号管理的中药材除外。

第三十五条　国家对麻醉药品、精神药品、医疗用毒性药品、放射性药品，实行特殊管理。管理办法由国务院制定。

第三十六条　国家实行中药品种保护制度。具体办法由国务院制定。

第三十七条　国家对药品实行处方药与非处方药分类管理制度。具体办法由国务院制定。

第三十八条　禁止进口疗效不确、不良反应大或者其他原因危害人体健康的药品。

第三十九条　药品进口，须经国务院药品监督管理部门组织审查，经审查确认符合质量标准、安全有效的，方可批准进口，并发给进口药品注册证书。

医疗单位临床急需或者个人自用进口的少量药品，按照国家有关规定办理进口手续。

第四十条　药品必须从允许药品进口的口岸进口，并由进口药品的企业向口岸所在地药品监督管理部门登记备案。海关凭药品监督管理部门出具的《进口药品通关单》放行。无《进口药品通关单》的，海关不得放行。

口岸所在地药品监督管理部门应当通知药品检验机构按照国务院药品监督管理部门的规定对进口药品进行抽查检验，并依照本法第四十一条第二款的规定收取检验费。

允许药品进口的口岸由国务院药品监督管理部门会同海关总署提出，报国务院批准。

第四十一条　国务院药品监督管理部门对下列药品在销售前或者进口时，指定药品检验机构进行检验；检验不合格的，不得销售或者进口：

（一）国务院药品监督管理部门规定的生物制品；

（二）首次在中国销售的药品；

（三）国务院规定的其他药品。

前款所列药品的检验费项目和收费标准由国务院财政部门会同国务院价格主管部门核定并公告。检验费收缴办法由国务院财政部门会同国务院药品监督管理部门制定。

第四十二条　国务院药品监督管理部门对已经批准生产或者进口的药品，应当组织调查；对疗效不确、不良反应大或者其他原因危害人体健康的药品，应当撤消批准文号或者进口药品注册证书。

已被撤消批准文号或者进口药品注册证书的药品，不得生产或者进口、销售和使用；已经生产或者进口的，由当地药品监督管理部门监督销毁或者处理。

第四十三条　国家实行药品储备制度。

国内发生重大灾情、疫情及其他突发事件时，国务院规定的部门可以紧急调用企业药品。

第四十四条　对国内供应不足的药品，国务院有权限制或者禁止出口。

第四十五条　进口、出口麻醉药品和国家规定范围内的精神药品，必须持有国务院药品监督管理部门发给的《进口准许证》、《出口准许证》。

第四十六条　新发现和从国外引种的药材，经国务院药品监督管理部门审核批准后，方可销售。

第四十七条　地区性民间习用药材的管理办法，由国务院药品监督管理部门会同国务院中医药管理部门制定。

第四十八条　禁止生产（包括配制，下同）、销售假药。

有下列情形之一的，为假药：

（一）药品所含成分与国家药品标准规定的成分不符的；

（二）以非药品冒充药品或者以他种药品冒充此种药品的。

有下列情形之一的药品，按假药论处：

（一）国务院药品监督管理部门规定禁止使用的；

（二）依照本法必须批准而未经批准生产、进口，或者依照本法必须检验而未经检验即销售的；

（三）变质的；

（四）被污染的；

（五）使用依照本法必须取得批准文号而未取得批准文号的原料药生产的；

（六）所标明的适应症或者功能主治超出规定范围的。

第四十九条　禁止生产、销售劣药。

药品成分的含量不符合国家药品标准的，为劣药。

有下列情形之一的药品，按劣药论处：

（一）未标明有效期或者更改有效期的；

（二）不注明或者更改生产批号的；

（三）超过有效期的；

（四）直接接触药品的包装材料和容器未经批准的；

（五）擅自添加着色剂、防腐剂、香料、矫味剂及辅料的；

（六）其他不符合药品标准规定的。

第五十条　列入国家药品标准的药品名称为药品通用名称。已经作为药品通用名称的，该名称不得作为药品商标使用。

第五十一条　药品生产企业、药品经营企业和医疗机构直接接触药品的工作人员，必须每年进行健康体检。患有传染病或者其他可能污染药品的疾病的，不得从事直接接触药品的工作。

第六章　药品包装的管理

第五十二条　直接接触药品的包装材料和容器，必须符合药用要求，符合保障人体健康、安全的标准，并由药品监督管理部门在审批药品时一并审批。

药品生产企业不得使用未经批准的直接接触药品的包装材料和容器。

对不合格的直接接触药品的包装材料和容器，由药品监督管理部门责令停止使用。

第五十三条　药品包装必须适合药品质量的要求，方便储存、运输和医疗使用。

发运中药材必须有包装。在每件包装上，必须注明品名、产地、日期、调出单位，并附有质量合格的标志。

第五十四条　药品包装必须按照规定印有或者贴有标签并附有说明书。

标签或者说明书上必须注明药品的通用名称、成分、规格、生产企业、批准文号、产品批号、生产日期、有效期、适应症或者功能主治、用法、用量、禁忌、不良反应和注意事项。

麻醉药品、精神药品、医疗用毒性药品、放射性药品、外用药品和非处方药的标签，必须印有规定的标志。

第七章　药品价格和广告的管理

第五十五条　依法实行政府定价、政府指导价的药品，政府价格主管部门应当依照《中华人民共和国价格法》规定的定价原则，依据社会平均成本、市场供求状况和社会承受能力合理制定和调整价格，做到质价相符，消除虚高价格，保护用药者的正当利益。

药品的生产企业、经营企业和医疗机构必须执行政府定价、政府指导价，不得以任何形式擅自提高价格。

药品生产企业应当依法向政府价格主管部门如实提供药品的生产经营成本，不得拒报、虚报、瞒报。

第五十六条　依法实行市场调节的药品，药品的生产企业、经营企业和医疗机构应当按照公平、合理和诚实信用、质价相符的原则制定价格，为用药者提供价格合理的药品。

药品的生产企业、经营企业和医疗机构应当遵守国务院价格主管部门关于药价管理的规定，制定和标明药品零售价格，禁止暴利和损害用药者利益的价格欺诈行为。

第五十七条　药品的生产企业、经营企业、医疗机构应当依法向政府价格主管部门提供其药品的实际购销价格和购销数量等资料。

第五十八条　医疗机构应当向患者提供所用药品的价格清单；医疗保险定点医疗机构

还应当按照规定的办法如实公布其常用药品的价格，加强合理用药的管理。具体办法由国务院卫生行政部门规定。

第五十九条　禁止药品的生产企业、经营企业和医疗机构在药品购销中账外暗中给予、收受回扣或者其他利益。

禁止药品的生产企业、经营企业或者其代理人以任何名义给予使用其药品的医疗机构的负责人、药品采购人员、医师等有关人员以财物或者其他利益。禁止医疗机构的负责人、药品采购人员、医师等有关人员以任何名义收受药品的生产企业、经营企业或者其代理人给予的财物或者其他利益。

第六十条　药品广告须经企业所在地省、自治区、直辖市人民政府药品监督管理部门批准，并发给药品广告批准文号；未取得药品广告批准文号的，不得发布。

处方药可以在国务院卫生行政部门和国务院药品监督管理部门共同指定的医学、药学专业刊物上介绍，但不得在大众传播媒介发布广告或者以其他方式进行以公众为对象的广告宣传。

第六十一条　药品广告的内容必须真实、合法，以国务院药品监督管理部门批准的说明书为准，不得含有虚假的内容。

药品广告不得含有不科学的表示功效的断言或者保证；不得利用国家机关、医药科研单位、学术机构或者专家、学者、医师、患者的名义和形象作证明。

非药品广告不得有涉及药品的宣传。

第六十二条　省、自治区、直辖市人民政府药品监督管理部门应当对其批准的药品广告进行检查，对于违反本法和《中华人民共和国广告法》的广告，应当向广告监督管理机关通报并提出处理建议，广告监督管理机关应当依法作出处理。

第六十三条　药品价格和广告，本法未规定的，适用《中华人民共和国价格法》、《中华人民共和国广告法》的规定。

第八章　药品监督

第六十四条　药品监督管理部门有权按照法律、行政法规的规定对报经其审批的药品研制和药品的生产、经营以及医疗机构使用药品的事项进行监督检查，有关单位和个人不得拒绝和隐瞒。

药品监督管理部门进行监督检查时，必须出示证明文件，对监督检查中知悉的被检查人的技术秘密和业务秘密应当保密。

第六十五条　药品监督管理部门根据监督检查的需要，可以对药品质量进行抽查检验。抽查检验应当按照规定抽样，并不得收取任何费用。所需费用按照国务院规定列支。

药品监督管理部门对有证据证明可能危害人体健康的药品及其有关材料可以采取查封、扣押的行政强制措施，并在七日内作出行政处理决定；药品需要检验的，必须自检验报告书发出之日起十五日内作出行政处理决定。

第六十六条　国务院和省、自治区、直辖市人民政府的药品监督管理部门应当定期公告药品质量抽查检验的结果；公告不当的，必须在原公告范围内予以更正。

第六十七条　当事人对药品检验机构的检验结果有异议的，可以自收到药品检验结果之日起七日内向原药品检验机构或者上一级药品监督管理部门设置或者确定的药品检验机构申请复验，也可以直接向国务院药品监督管理部门设置或者确定的药品检验机构申请复验。受理复验的药品检验机构必须在国务院药品监督管理部门规定的时间内作出复验结论。

第六十八条　药品监督管理部门应当按照规定，依据《药品生产质量管理规范》、《药品经营质量管理规范》，对经其认证合格的药品生产企业、药品经营企业进行认证后的跟踪检查。

第六十九条　地方人民政府和药品监督管理部门不得以要求实施药品检验、审批等手段限制或者排斥非本地区药品生产企业依照本法规定生产的药品进入本地区。

第七十条　药品监督管理部门及其设置的药品检验机构和确定的专业从事药品检验的机构不得参与药品生产经营活动，不得以其名义推荐或者监制、监销药品。

药品监督管理部门及其设置的药品检验机构和确定的专业从事药品检验的机构的工作人员不得参与药品生产经营活动。

第七十一条　国家实行药品不良反应报告制度。药品生产企业、药品经营企业和医疗机构必须经常考察本单位所生产、经营、使用的药品质量、疗效和反应。发现可能与用药有关的严重不良反应，必须及时向当地省、自治区、直辖市人民政府药品监督管理部门和卫生行政部门报告。具体办法由国务院药品监督管理部门会同国务院卫生行政部门制定。

对已确认发生严重不良反应的药品，国务院或者省、自治区、直辖市人民政府的药品监督管理部门可以采取停止生产、销售、使用的紧急控制措施，并应当在五日内组织鉴定，自鉴定结论作出之日起十五日内依法作出行政处理决定。

第七十二条　药品生产企业、药品经营企业和医疗机构的药品检验机构或者人员，应当接受当地药品监督管理部门设置的药品检验机构的业务指导。

第九章　法律责任

第七十三条　未取得《药品生产许可证》、《药品经营许可证》或者《医疗机构制剂许可证》生产药品、经营药品的，依法予以取缔，没收违法生产、销售的药品和违法所得，并处违法生产、销售的药品（包括已售出的和未售出的药品，下同）货值金额两倍以上五倍以下的罚款；构成犯罪的，依法追究刑事责任。

第七十四条　生产、销售假药的，没收违法生产、销售的药品和违法所得，并处违法生产、销售药品货值金额两倍以上五倍以下的罚款；有药品批准证明文件的予以撤销，并责令停产、停业整顿；情节严重的，吊销《药品生产许可证》、《药品经营许可证》或者《医疗机构制剂许可证》；构成犯罪的，依法追究刑事责任。

第七十五条　生产、销售劣药的，没收违法生产、销售的药品和违法所得，并处违法生产、销售药品货值金额一倍以上三倍以下的罚款；情节严重的，责令停产、停业整顿或者撤销药品批准证明文件、吊销《药品生产许可证》、《药品经营许可证》或者《医疗机构制剂许可证》；构成犯罪的，依法追究刑事责任。

第七十六条　从事生产、销售假药及生产、销售劣药情节严重的企业或者其他单位，其直接负责的主管人员和其他直接责任人员十年内不得从事药品生产、经营活动。

对生产者专门用于生产假药、劣药的原辅材料、包装材料、生产设备，予以没收。

第七十七条　知道或者应当知道属于假劣药品而为其提供运输、保管、仓储等便利条件的，没收全部运输、保管、仓储的收入，并处违法收入百分之五十以上三倍以下的罚款；

构成犯罪的，依法追究刑事责任。

第七十八条　对假药、劣药的处罚通知，必须载明药品检验机构的质量检验结果；但是，本法第四十八条第三款第（一）、（二）、（五）、（六）项和第四十九条第三款规定的情形除外。

第七十九条　药品的生产企业、经营企业、药物非临床安全性评价研究机构、药物临床试验机构未按照规定实施《药品生产质量管理规范》、《药品经营质量管理规范》、药物非临床研究质量管理规范、药物临床试验质量管理规范的，给予警告，责令限期改正；逾期不改正的，责令停产、停业整顿，并处五千元以上二万元以下的罚款；情节严重的，吊销《药品生产许可证》、《药品经营许可证》和药物临床试验机构的资格。

第八十条　药品的生产企业、经营企业或者医疗机构违反本法第三十四条的规定，从无《药品生产许可证》、《药品经营许可证》的企业购进药品的，责令改正，没收违法购进的药品，并处违法购进药品货值金额两倍以上五倍以下的罚款；有违法所得的，没收违法所得；情节严重的，吊销《药品生产许可证》、《药品经营许可证》或者医疗机构执业许可证书。

第八十一条　进口已获得药品进口注册证书的药品，未按照本法规定向允许药品进口的口岸所在地的药品监督管理部门登记备案的，给予警告，责令限期改正；逾期不改正的，撤销进口药品注册证书。

第八十二条　伪造、变造、买卖、出租、出借许可证或者药品批准证明文件的，没收违法所得，并处违法所得一倍以上三倍以下的罚款；没有违法所得的，处二万元以上十万元以下的罚款；情节严重的，并吊销卖方、出租方、出借方的《药品生产许可证》、《药品经营许可证》、《医疗机构制剂许可证》或者撤销药品批准证明文件；构成犯罪的，依法追究刑事责任。

第八十三条　违反本法规定，提供虚假的证明、文件资料样品或者采取其他欺骗手段取得《药品生产许可证》、《药品经营许可证》、《医疗机构制剂许可证》或者药品批准证明文件的，吊销《药品生产许可证》、《药品经营许可证》、《医疗机构制剂许可证》或者撤销药品批准证明文件，五年内不受理其申请，并处一万元以上三万元以下的罚款。

第八十四条　医疗机构将其配制的制剂在市场销售的，责令改正，没收违法销售的制剂，并处违法销售制剂货值金额一倍以上三倍以下的罚款；有违法所得的，没收违法所得。

第八十五条　药品经营企业违反本法第十八条、第十九条规定的，责令改正，给予警告；情节严重的，吊销《药品经营许可证》。

第八十六条　药品标识不符合本法第五十四条规定的，除依法应当按照假药、劣药论处的外，责令改正，给予警告；情节严重的，撤销该药品的批准证明文件。

第八十七条　药品检验机构出具虚假检验报告，构成犯罪的，依法追究刑事责任；不构成犯罪的，责令改正，给予警告，对单位并处三万元以上五万元以下的罚款；对直接负责的主管人员和其他直接责任人员依法给予降级、撤职、开除的处分，并处三万元以下的罚款；有违法所得的，没收违法所得；情节严重的，撤销其检验资格。药品检验机构出具的检验结果不实，造成损失的，应当承担相应的赔偿责任。

第八十八条　本法第七十三条至第八十七条规定的行政处罚，由县级以上药品监督管理部门按照国务院药品监督管理部门规定的职责分工决定；吊销《药品生产许可证》、《药品经营许可证》、《医疗机构制剂许可证》、医疗机构执业许可证书或者撤销药品批准证明文件的，由原发证、批准的部门决定。

第八十九条　违反本法第五十五条、第五十六条、第五十七条关于药品价格管理的规定的，依照《中华人民共和国价格法》的规定处罚。

第九十条　药品的生产企业、经营企业、医疗机构在药品购销中暗中给予、收受回扣或者其他利益的，药品的生产企业、经营企业或者其代理人给予使用其药品的医疗机构的负责人、药品采购人员、医师等有关人员以财物或者其他利益的，由工商行政管理部门处一万元以上二十万元以下的罚款，有违法所得的，予以没收；情节严重的，由工商行政管理部门吊销药品生产企业、药品经营企业的营业执照，并通知药品监督管理部门，由药品监督管理部门吊销其《药品生产许可证》、《药品经营许可证》；构成犯罪的，依法追究刑事责任。

第九十一条　药品的生产企业、经营企业的负责人、采购人员等有关人员在药品购销中收受其他生产企业、经营企业或者其代理人给予的财物或者其他利益的，依法给予处分，没收违法所得；构成犯罪的，依法追究刑事责任。

医疗机构的负责人、药品采购人员、医师等有关人员收受药品生产企业、药品经营企业或者其代理人给予的财物或者其他利益的，由卫生行政部门或者本单位给予处分，没收违法所得；对违法行为情节严重的执业医师，由卫生行政部门吊销其执业证书；构成犯罪的，依法追究刑事责任。

第九十二条　违反本法有关药品广告的管理规定的，依照《中华人民共和国广告法》的规定处罚，并由发给广告批准文号的药品监督管理部门撤销广告批准文号，一年内不受理该品种的广告审批申请；构成犯罪的，依法追究刑事责任。

药品监督管理部门对药品广告不依法履行审查职责，批准发布的广告有虚假或者其他违反法律、行政法规的内容的，对直接负责的主管人员和其他直接接触人员依法给予行政处分；构成犯罪的，依法追究刑事责任。

第九十三条　药品的生产企业、经营企业、医疗机构违反本法规定，给药品使用者造成损害的，依法承担赔偿责任。

第九十四条　药品监督管理部门违反本法规定，有下列行为之一的，由其上级主管机关或者监察机关责令收回违法发给的证书、撤销药品批准证明文件，对直接负责的主管人员和其他直接责任人员依法给予行政处分；构成犯罪的，依法追究刑事责任：

（一）对不符合《药品生产质量管理规范》、《药品经营质量管理规范》的企业发给符合有关规范的认证证书的，或者对取得认证证书的企业未按照规定履行跟踪检查的职责，对不符合认证条件的企业未依法责令其改正或者撤销其认证证书的；

（二）对不符合法定条件的单位发给《药品生产许可证》、《药品经营许可证》或者《医疗机构制剂许可证》的；

（三）对不符合进口条件的药品发给进口药品注册证书的；

（四）对不具备临床试验条件或者生产条件而批准进行临床试验、发给新药证书、发给药品批准文号的。

第九十五条　药品监督管理部门或者其设置的药品检验机构或者其确定的专业从事药品检验的机构参与药品生产经营活动的，由其上级机关或者监察机关责令改正，有违法收入的予以没收；情节严重的，对直接负责的主管人员和其他直接责任人员依法给予行政处分。

药品监督管理部门或者其设置的药品检验机构或者其确定的专业从事药品检验的机构的工作人员参与药品生产经营活动的，依法给予行政处分。

第九十六条　药品监督管理部门或者其设置、确定的药品检验机构在药品监督检验中违法收取检验费用的，由政府有关部门责令退还，对直接负责的主管人员和其他直接责任人员依法给予行政处分。对违法收取检验费用情节严重的药品检验机构，撤销其检验资格。

第九十七条　药品监督管理部门应当依法履行监督检查职责，监督已取得《药品生产许可证》、《药品经营许可证》的企业依照本法规定从事药品生产、经营活动。

已取得《药品生产许可证》、《药品经营许可证》的企业生产、销售假药、劣药的，除依法追究该企业的法律责任外，对有失职、渎职行为的药品监督管理部门直接负责的主管人员和其他直接责任人员依法给予行政处分；构成犯罪的，依法追究刑事责任。

第九十八条　药品监督管理部门对下级药品监督管理部门违反本法的行政行为，责令限期改正；逾期不改正的，有权予以改变或者撤销。

第九十九条　药品监督管理人员滥用职权、徇私舞弊、玩忽职守，构成犯罪的，依法追究刑事责任；尚不构成犯罪的，依法给予行政处分。

第一百条　依照本法被吊销《药品生产许可证》、《药品经营许可证》的，由药品监督管理部门通知工商行政管理部门办理变更或者注销登记。

第一百零一条　本章规定的货值金额以违法生产、销售药品的标价计算；没有标价的，按照同类药品的市场价格计算。

第十章　附　　则

第一百零二条　本法下列用语的含义是：

药品，是指用于预防、治疗、诊断人的疾病，有目的地调节人的生理机能并规定有适应症或者功能主治、用法和用量的物质，包括中药材、中药饮片、中成药、化学原料药及其制剂、抗生素、生化药品、放射性药品、血清、疫苗、血液制品和诊断药品等。

辅料，是指生产药品和调配处方时所用的赋形剂和附加剂。

药品生产企业，是指生产药品的专营企业或者兼营企业。

药品经营企业，是指经营药品的专营企业或者兼营企业。

第一百零三条　中药材的种植、采集和饲养的管理办法，由国务院另行制定。

第一百零四条　国家对预防性生物制品的流通实行特殊管理。具体办法由国务院制定。

第一百零五条　中国人民解放军执行本法的具体办法，由国务院、中央军事委员会依据本法制定。

第一百零六条　本法自2001年12月1日起施行。

国家药品监督管理局文件

国药监办［2001］134号

关于认真学习、宣传贯彻修订的《中华人民共和国药品管理法》的通知

各省、自治区、直辖市药品监督管理局，国家药品监督管理局各直属单位：

《中华人民共和国药品管理法》（以下简称《药品管理法》），已于2001年2月28日九届全国人大常委会第20次会议修订通过，并将于2001年12月1日开始施行。这是我国社会经济生活中的一件大事，是我国法制建设的又一重大成果。为了加强法律的学习和宣传，贯彻落实好新修订的《药品管理法》，现就有关工作通知如下：

一、充分认识《药品管理法》修订的必要性和重要性

《药品管理法》是我国药品监督管理的“基本法”，是实现依法治药的根本依据。修订后的《药品管理法》总结了现行《药品管理法》实施15年来的经验，根据社会主义市场经济初步建立和完善过程中出现的新情况、新问题，进行了全面修订。是在广泛征求各方面意见，充分进行民主讨论的基础上形成的，体现了“三个代表”的重要思想；体现了药品监管体制改革的成果。修订的《药品管理法》更完整，更规范，更具有可操作性，为加强药品监督管理，提高药品质量，维护消费者合法权益，规范药品生产经营秩序，提供了充分的法律依据。各级药品监督管理部门和全体工作人员，要认真学习《药品管理法》，全面理解《药品管理法》的立法宗旨和立法原意，做到学法、知法，公正执法。

二、认认真真地逐条逐款地学习修订的《药品管理法》

修订的《药品管理法》，全面体现了药品监督管理体制的精神和原则；更加完善了行政执法手段，明确了权利和责任关系；加大了对制售假劣药品等违法行为的处罚力度，完善了法律责任制度；增加了实践中行之有效的药品监督管理制度；体现了人民群众普遍关心的热点问题。各级药品监督管理部门和全体工作人员，要全面熟悉和掌握修订的《药品管理法》的内容，把学好法、用好法，作为实践“三个代表”重要思想的具体行动。领导干部要带头学法，自觉护法，严格执法。药品监管执法人员要明确行政执法监督职责和自身行为规范方面的规定，进一步提高依法管理、依法行政的能力和水平。

三、切实做好贯彻实施《药品管理法》宣传培训工作

各级药品监督管理部门一定要以修订的《药品管理法》颁布为契机，认真学习宣传

新修订的《药品管理法》，加强法律的培训工作，为迎接2001年12月1日新修订的《药品管理法》的全面贯彻施行做好准备。

为加强对宣传教育工作的领导，确保有组织、有计划地开展这项工作，国家药品监督管理局制定了宣传工作意见和宣传统一用语（见附件1、2），各地药品监督管理部门要结合实际情况制定相应工作方案和宣传用语，要积极采用人民群众喜闻乐见的宣传形式，充分发挥新闻媒体的作用，做好法律的宣传普及工作。要会同有关部门，以举办法律讲座、开辟宣传专栏、举办知识竞赛等多种形式，向社会广泛宣传普及药品管理法律知识，使广大企业和消费者了解新修订的《药品管理法》，提高依法规范自身行为和用法律维护自身权益的能力。

为做好贯彻实施《药品管理法》的培训工作，国家药品监督管理局正会同全国人大法工委、国务院法制办编写《药品管理法》学习培训教材，并将于2001年4月初开始组织师资培训班。地方各级药品监督管理部门要区分不同对象，有计划、有重点地开展培训工作，提高依法治药、依法行政的水平。要加强对直属部门尤其是对直属技术监督单位人员培训工作，做好对企业等管理相对人的培训指导工作。

各地在学习、宣传、贯彻实施准备工作中的情况，应及时报国家药品监督管理局办公室。

附件：1．国家药品监督管理局关于《药品管理法》宣传工作意见

2．《药品管理法》宣传统一用语

国家药品监督管理局

二〇〇一年三月十四日

附件1：

国家药品监督管理局关于《药品管理法》宣传工作意见

在新修订的《药品管理法》颁布之际，我局将充分发挥新闻舆论的作用，调动电视、广播、报纸、期刊、网站等多种媒体，通过专题报道、培训教育、知识竞赛、座谈会、发布公益广告、散发宣传材料等多种形式开展全民宣传教育活动，使新修订的《药品管理法》逐步深入人心。现就近期宣传工作提出以下安排意见：

一、组织领导

《药品管理法》的宣传教育工作涉及面广、政策性强、工作量大，需要调动各方面的力量积极参与。为了保证活动效果，我局将成立由局领导、各司领导和相关直属单位负责人组成的工作领导小组，统一指挥这次活动。局办公室在领导小组的领导下，负责活动的策划组织、协调联络、方案实施、督促检查等工作。

各级药品监督管理部门也要成立由主要领导牵头，各有关负责同志参加组成的领导机构和办事机构，并认真制定《药品管理法》宣传工作方案，统一认识、统一部署、统一领导，步调一致、口径一致，扎扎实实地做好《药品管理法》宣传工作。

二、工作目标

（一）大造声势，宣传新法颁布的重大意义和给社会生活带来的长远影响，引起社会各界的广泛关注和重视。

（二）宣教结合，使社会各界了解新法的基本内容，并认识到学法知法对自身的意义。

（三）强化系统内学法懂法、依法行政的意识，促进执法水平的提高。

三、宣传重点

（一）新修订的《药品管理法》集中反映了人民群众的根本利益，是江泽民同志“三个代表”思想和“依法治国”方略的具体体现。

（二）新修订的《药品管理法》的颁布施行对于加强药品监督管理，保证药品质量，确保人体用药安全有效，严厉打击制售假劣药品行为，促进医药事业健康发展有重大意义和深远影响。

（三）新修订的《药品管理法》是在总结实践经验和民主讨论的基础上形成的，它适应了建立社会主义市场经济体制的需要，符合药品研究、生产、经营、使用等方面出现许多新情况、新问题和药品监督管理体制已发生很大变化的实际情况。

（四）国家药品监督管理局组建以来，全国药品监督管理系统坚持“以监督为中心，监、帮、促相结合”的工作方针，以保障人体用药安全有效为己任，各方面工作取得的成绩。

（五）《药品管理法》的修改背景、重大方面的变化和基本内容介绍或解释性说明。

（六）药品监督管理方针政策和药品知识的宣传。

四、工作步骤和方式

《药品管理法》的宣传教育是一个长期的任务，作为现阶段一次比较集中的宣传教育活动，大体分为三个阶段进行。

（一）第一阶段：主要目的是造声势，引起社会的广泛关注。时间是从新法颁布到3月底。在这一阶段，除做好各项准备工作外，还要抓紧做好编写统一的宣教材料，包括修改说明、情况综述、《药品管理法》释义、内容简介解答；提炼宣传活动统一用语，各地可结合实际情况选用；在中央和地方各大媒体刊发消息、评论，并组织专题报道、人物访谈等各种宣传活动；与新闻单位配合，邀请召开座谈会和新闻发布会，宣传新法颁布实施的重大意义和深远影响；结合“3．15”宣传活动，宣传介绍《药品管理法》的内容等。

（二）第二阶段：从4月开始至8月底，面向社会，开展普法教育和多种形式的群众喜闻乐见的宣传活动。这一阶段的特点是范围广、形式多、声势大。如利用全国“药师周”的机会，组织专家开展多种形式的普法宣传和咨询活动；设计制作各种图文并茂的公益广告，在电视、报刊和户外广告牌上发布宣传；编辑、制作宣传手册、折页、海报、案例分析等，广为散发张贴；向社会发行新法颁布实施纪念邮品。

（三）第三阶段：8月至12月。这是前一阶段宣传活动的延伸，重点是在“知”上，根据受众面的不同特点和需求，有针对性地搞好宣传教育。其重点是在前一阶段工作的基础上，经过认真准备，在2001年11月，以“《药品管理法》和我”为题，开展《药品管理法》宣传月活动。内容分为四个专题，第一，以法律为武器，严厉打击制售假劣药品违法犯罪行为；第二，知法懂法，维护自身合法权益；第三，药品分类管理，利国利民；第四，安全科学用药，提高健康素质。形式上可采用知识竞赛、上街咨询、文艺演出、展览会、发放宣传材料等多种手段。各级药品监督管理部门要作出安排，密切配合，统一行动，周密组织，使这一活动取得好的效果，把学习宣传《药品管理法》的工作推向高潮，为修订的《药品管理法》的正式施行创造良好的社会环境。

附件2：

《药品管理法》宣传活动统一用语

1、学习药品管理法，贯彻药品管理法
2、药品管理法维护您用药的合法权益
3、用药安全是您的权益，遵纪守法是您的义务
4、实施药品管理法，安全用药保健康
5、学法知法，珍爱健康
6、药品管理法，药品监督管理基本法
7、依法行政，提高药品监督管理水平
8、严格执行药品管理法是药品监管部门的神圣职责
9、药品质量关联生命，监督管理情系万家
10、管好药，为人民
11、依法打击制售假劣药品违法犯罪行为
12、坚决禁止药品虚假广告
13、消除药品的虚高价格，保护用药者正当权益
14、药品管理法是药品研究、生产、经营、使用单位的行为规范
15、遵法、诚信、为民
16、贯彻药品管理法，促进医药事业健康发展
17、药品管理法，执法的依据、行为的准则、健康的保障
18、加强药品监督检验，把好药品质量关

国家药品监督管理局 国家工商行政管理局 文件

国药监市〔2001〕171号

关于国家药品监督管理局停止受理药品广告申请的通知

各省、自治区、直辖市药品监督管理局，工商行政管理局：

目前，各省、自治区、直辖市药品监督管理机构已组建完毕，药品广告审查人员已基本确定，药品广告审查工作正逐步依法规范。为了加强药品广告的审查监督管理工作，经研究决定，国家药品监督管理局自2001年5月1日起，停止保护期内的新药、境外生产的药品及利用重点媒体发布的药品广告的审查工作。现就有关问题通知如下：

一、国家药品监督管理局对2001年5月1日之前已经受理的广告申请应继续严格按规定审查，合格的核发药品广告审查批准文号，批准文号超过一年有效期后自然作废。国家药品监督管理局对经审查发布的在有效期内的药品广告要继续依法检查刊播情况，发现违法刊播要及时处理，并通知工商行政管理机关依法查处。

二、申请发布境外生产的药品广告，须由进口口岸药品检验所所在地省、自治区、直辖市药品监督管理局受理申请和审查。例如在青岛药品检验所检验进口即在山东省药品监督管理局受理审查，在广州市药品检验所检验进口即在广东省药品监督管理局受理审查。

三、原由国家药品监督管理局负责审查的16个药品广告重点媒介，仍不得发布地方药品标准收载的药品的广告。

各地药品广告审查机关必须认真查验药品质量标准文件，对于经批准的地方药品标准收载的品种广告，在审查批准意见和“计划发布媒介”栏中分别注明“不得在重点媒介发布”。

四、《药品广告审查办法》第五条第二款关于异地发布药品广告需换发广告审查批准文号的规定，各地应认真贯彻执行。

五、自2001年5月1日起，各省、自治区、直辖市药品监督管理局要将审查批准的广告审查表及该药品标准、说明书一并于15个工作日内上报国家药品监督管理局备案。

六、国家药品监督管理局今后要进一步采取有力措施，加大对各省、自治区、直辖市药品广告审查工作的指导、检查、监督工作力度，对各地审查工作存在问题的，要及时予以纠正。

国家药品监督管理局
国家工商行政管理局
二〇〇一年三月二十三日

国家药品监督管理局文件

国药监注［2001］187号

关于贯彻实施23号局令，统一药品批准文号工作的通知

各省、自治区、直辖市及有关市药品监督管理局：

为适应我国市场经济迫切需求和即将加入WTO的新形势，配合《药品管理法》的贯彻实施，按照国家药品监督管理局局领导提出的要积极稳妥、科学规范地完成好统一使用说明书及批准文号工作的指示精神，结合全国药品注册工作会议精神，进一步贯彻落实国家药品监督管理局第23号令《药品包装、标签和使用说明书管理规定》，现就统一药品批准文号工作安排通知如下：

一、工作目标和原则：经过清理检查、重新审核，应达到下列要求：

（一）使所有上市药品的包装、标签符合23号令的要求；

（二）使上市药品的说明书格式符合23号令的要求；使说明书的内容表达科学、规范；同一化学药品说明书基本统一；同一中药、生物制品相对统一；

（三）建立起对说明书"动态"管理的机制；将实施23号局令与统一药品批准文号管理相结合，一次性完成换包装、标签、说明书和换发统一批准文号的工作。

二、指导思想：以国家药品监督管理局23局号令及本"通知"为指导，确保工作质量与进度，注重成本和时效；发挥各方面的积极性，加强工作协调，紧密联系与配合，针对不同类别和特点，采取不同方式完成任务。

三、组织管理与分工：

（一）药品注册司：负责整体工作的组织、协调管理，负责政策与标准的制定，提出总体工作思路及工作方案框架；领导专项工作小组工作，分配各省（区、市）局承担化学药品统一说明书的具体工作任务；检查工作进展情况；发布统一后的药品（化学药）说明书；核发统一编排的批准文号。

（二）专项工作小组：负责制定具体的工作方案；提出各省（区、市）局承担化学药品统一说明书的具体任务、品种目录，协调解决各省提出的技术问题；联系协调处理解决各省提出的行政问题；编排核对统一的批准文号，建立统一的信息库。其中局直属单位在必要时应对专项工作小组提供技术支持：药典委员会对名称、结构等问题负责；药品审评中心对适应症、用法、用量等问题负责，药品评价中心对不良反应等问题负责，中

国药品生物制品检定所应负责建立统一的信息库。

专项工作小组组长：张志军

副组长：王平、许嘉齐

成员：张晶、曹连之、卢爱英、崔野宋，药典委员会、药审中心、评价中心、中国药品生物制品检定所各有1 人参加。

专项工作小组办公地点：国家药典委员会。

（三）各省（区、市）药品监督管理局：负责清理核对登记辖区内制药企业生产的药品与批准文号情况；负责清理检查辖区内药品包装、标签和说明书情况；承担国家药品监督管理局分配的统一化学药品说明书审核工作；审核辖区内中药品种说明书；重新审核辖区内药品包装、标签、说明书；负责核对国家药品监督管理局统一编排核发的批准文号与辖区内企业品种是否准确、对应。

四、工作程序与计划

（一）工作程序：此项工作拟分为四个阶段。

第一阶段（统一说明书）由国家药品监督管理局将化学药品品种分类安排分工（详见附件1、2），先分别由各省（区、市）药监局按照23 号局令及药品使用说明书规范细则等要求（文件另发）统一说明书，并按要求将统一后的使用说明书及磁盘等材料寄至专项工作小组；

第二阶段（汇总复核）专项工作小组将各省（区、市）药监局上报材料进行汇总与复核，必要时邀请专家及省（区、市）药监局同志进行审核。将业经复核通过的药品使用说明书连同相应品种生产企业批准文号编制方案一览表上报国家药品监督管理局；

第三阶段（征求意见与发布）国家药品监督管理局将各药品使用说明书公开征求意见。必要时对争议较大的品种再次审定。将统一的说明书发布并同时下发统一后的批准文号；

第四阶段（审核包装与标签）各省（区、市）药品监督管理局依照23 号令和统一的说明书内容，结合药品包装及标签的审核要求细则，重新审核辖区内企业生产的药品包装、标签、说明书，同时换发统一后的批准文号。中药品种的审核，由国家药品监督管理局下发审核说明书标准和原则，各省（区、市）药品监督管理局自审辖区内药品包装、标签和说明书。生物制品的审核，由药品注册司生物制品处组织生标办工作人员审核。

（二）工作时限和方式：全部工作应在2002 年3 月底前完成。采用分阶段下达任务，完成一批，上报一批，公布一批，审核一批的方式。专项工作小组将具体与各省（区、市）药监局协调并定期通报进展情况，其间拟召开两次工作交流会。具体进度安排如下：

第一阶段工作最迟应于2001 年7 月31 日前完成；

第二阶段工作最迟应于2001 年10 月31 日前完成；

第三阶段工作最迟应于2001 年12 月31 日前完成；

第四阶段工作最迟应于2002 年3 月31 日前完成；

第一次工作交流会议拟在2001 年6 月底前召开；

第二次工作交流会议拟在2001 年12 月底前召开。

鉴于此项工作任务重、时间紧、难度大，请各省（区、市）药品监督管理局按照本通知要求，精心组织、周密安排，按照计划完成好所承担的工作任务，共同做好全国药品监督管理工作。实施工作中的具体事宜请与专项工作小组联系（联系方式见附件3）

附件：1．第一批化学药品统一使用说明书工作任务分配计划

2．药典、局颁标准品种分类

3．统一药品使用说明书及批准文号专项工作办公室联系方式

国家药品监督管理局
二〇〇一年四月十日

附件1：

第一批化学药品统一使用说明书工作任务分配计划

类别	承担任务单位
麻醉药及麻醉辅助用药	安徽省
安眠镇静药	湖北省
抗癫痫药	湖北省
抗神经障碍药	湖南省
解热镇痛药	浙江省
镇痛药	贵州省
抗震颤麻痹药	湖南省
中枢兴奋药	湖南省
心血管系统用药	北京市
脑血管扩张及脑代谢改善药	江西省
呼吸系统用药	广东省
消化系统用药	江苏省
利尿药与脱水药	吉林省
子宫收缩药及引产药	海南省
血液系统用药	重庆市
酶类药	福建省
抗组胺药	山西省
激素类药及内分泌药	天津市
糖类、盐类与酸碱平衡调节药	辽宁省
维生素类、微量元素与营养药	四川省
抗感染药	上海市
抗寄生虫药	山西省
抗肿瘤及免疫抑制药	北京市
皮肤科用药	江苏省
眼科用药	河南省
X 线造影剂和诊断用药	山东省
解毒药	黑龙江省
消毒防腐药	云南省
其他	河北、北京

附件2：

药典、局颁标准品种分类共计951种，30类

一、麻醉及其辅助药（24）

1．麻醉乙醚

2．氯化琥珀胆碱注射液

3．氯化筒箭毒碱注射液

4．溴吡斯的明片

5．溴新斯的明片

6．甲硫酸新斯的明注射液

7．注射用盐酸普鲁卡因

8．注射用硫喷妥钠

9．氟烷

10．氢溴酸加兰他敏注射液

11．氧化亚氮

12．盐酸布比卡因注射液

13．盐酸利多卡因注射液

14．盐酸普鲁卡因注射液

15．盐酸氯胺酮注射液

16．羟丁酸钠注射液

17．甲氧氟烷

18．氢溴酸二氢加兰他敏注射液

19．普鲁卡因肾上腺素注射液

20．苯甲醇注射液

21．溴化丁基东莨菪碱注射液

22．溴化丁基东莨菪碱胶囊

23．恩氟烷

24．氯乙烷

二、安眠镇静药（15）

1．苯丙氨酯片

2．奥沙西泮片

3．司可巴比妥钠胶囊

4．艾司唑仑片

5．地西泮片

6．地西泮注射液

7．异戊巴比妥片

8．三唑仑片

9．阿普唑仑片

10．注射用异戊巴比妥钠

11．注射用苯巴比妥钠

12．苯巴比妥片

13．水合氯醛

14．格鲁米特片

15．单盐酸氟西泮胶囊

三、搞癫痫药（8）

1．氯硝西泮片

2．氯硝西泮注射液

3．卡马西平片

4．卡马西平胶囊

5．扑米酮片

6．注射用苯妥英钠

7．苯妥英钠片

8．丙戊酸钠片

四、抗精神障碍药（32）

1．甲丙氨酯片

2．盐酸羟嗪片

3．氯普噻吨片

4．氯氮平片

5．氯氮䓬片

6．硝西泮片

7．硫酸苯丙胺片

8．硫酸苯丙胺注射液

9．舒必利注射液

10．碳酸锂片

11．碳酸锂缓释片

12．异卡波肼片

13．奋乃静片

14．奋乃静注射液

15．氟哌啶醇片

16．氟哌啶醇注射液

17．五氟利多片

18．癸氟奋乃静注射液

19．盐酸三氟拉嗪片

20．盐酸马普替林片

21．盐酸丙米嗪片

22．盐酸多塞平片

23．盐酸阿米替林片

24．盐酸氟奋乃静片

25．盐酸氯丙嗪片

26．盐酸氯丙嗪注射液

27．盐酸氯米帕明片

28．氟哌利多注射液

29．盐酸多塞平注射液

30．戊巴比妥钠片

31．苯巴比妥钠注射液

32．盐酸氯普噻吨注射液

五、解热镇痛药（51）

1．丙磺舒片

2．酮洛芬肠溶胶囊

3．对乙酰氨基酚注射液

4．甲芬那酸片

5．甲芬那酸胶囊

6．安乃近片

7．安乃近注射液

8．安乃近滴剂

9．别嘌醇片

10．吡罗昔康片

11．吡罗昔康注射液

12．吡罗昔康胶囊

13．吲哚美辛片

14．吲哚美辛肠溶片

15．吲哚美辛乳膏

16．吲哚美辛胶囊

17．芬布芬片

18．芬布芬胶囊

19．秋水仙碱片

20．双水杨酯片

21．双氯芬酸钠片
22．水杨酸二乙胺软膏
23．水杨酸镁片
24．水杨酸镁胶囊
25．贝诺酯片
26．萘普生片
27．萘普生注射液
28．萘普生栓
29．萘普生胶囊
30．乙酰水杨酸肠溶片
31．水杨酸钠片
32．水杨酸钠碘化钠注射液
33．去痛片
34．对乙酰氨基酚泡腾片
35．扑炎痛片
36．吗啡阿托品注射液
37．复方乙酰水杨酸片
38．复方对乙酰氨基酚片
39．复方扑热息痛片
40．氨非咖片
41．氨基比林
42．甲氯芬那酸片
43．单氯芬那酸片
44．注射用赖氨匹林
45．阿司匹林泡腾片
46．复方安乃近片
47．复方氨酚烷胺胶囊
48．氢溴酸高乌甲素片
49．氢溴酸高乌甲素注射液
50．盐酸苄达明片
51．萘普生颗粒

六、镇痛药（19）

1．硫酸罗通定注射液
2．阿片酊
3．麦角胺咖啡因片
4．罗通定片
5．枸橼酸芬太尼注射液
6．氢溴酸烯丙吗啡注射液
7．盐酸丁丙诺啡片
8．盐酸布桂嗪片
9．盐酸布桂嗪注射液
10．盐酸吗啡片
11．盐酸吗啡注射液
12．盐酸纳洛酮注射液
13．盐酸奈福泮片
14．盐酸奈福泮注射液
15．盐酸哌替啶片
16．盐酸哌替啶注射液
17．盐酸美沙酮片
18．盐酸美沙酮注射液
19．克痛宁片

七、抗镇颤麻痹药（6）

1．左旋多巴片
2．左旋多巴胶囊
3．多巴丝肼胶囊
4．盐酸苯海索片
5．盐酸金刚烷胺片
6．盐酸金刚烷胺胶囊

八、中枢兴奋药（21）

1．盐酸二甲弗林片
2．盐酸二甲弗林注射液
3．硝酸士的宁注射液
4．醋酸氢化可的松注射液
5．尼可刹米注射液
6．二氧化碳
7．安钠咖注射液
8．注射用盐酸甲氯芬酯
9．氧
10．盐酸甲氯芬酯胶囊
11．盐酸多沙普仑注射液
12．盐酸哌甲酯片
13．谷维素片
14．硝酸一叶秋碱注射液
15．樟脑搽剂
16．樟脑磺酸钠注射液
17．贝美格注射液
18．匹莫林片
19．盐酸二甲弗林片
20．戊四氮注射液
21．盐酸士的宁注射液

九、心血管系统用药(99)

1．氨甲苯酸注射液
2．益多酯片
3．益多酯胶囊
4．硫酸美芬丁胺注射液
5．氯贝丁酯胶囊
6．硝苯地平片
7．硝苯地平胶丸
8．硝苯地平胶囊
9．硝酸甘油片
10．硝酸甘油注射液
11．硝酸甘油溶液
12．硫酸双肼屈嗪
13．硫酸双肼屈嗪片
14．硫酸奎尼丁片
15．硫酸胍乙啶片
16．卡托普利片
17．去乙酰毛花苷注射液
18．磷酸丙吡胺片
19．磷酸丙吡胺注射液
20．尼群地平片
21．戊四硝酯片
22．戊四硝酯粉
23．甲地高辛片
24．甲基多巴片
25．地高辛片
26．地高辛注射液
27．米诺地尔片
28．利血平片
29．利血平注射液
30．吲达帕胺片
31．阿替洛尔片
32．注射用细胞色素 C
33．注射用硝普钠
34．环扁桃酯胶囊
35．细胞色素 C 注射液
36．细胞色素 C 溶液

37．非诺贝特片
38．非诺贝特胶囊
39．非诺洛芬钙片
40．复方卡托普利片
41．氢溴酸山莨菪碱片
42．氢溴酸山莨菪碱注射液
43．氢溴酸东莨菪碱片
44．氢溴酸东莨菪碱注射液
45．洋地黄毒苷片
46．重酒石酸间羟胺注射液
47．桂利嗪片
48．桂利嗪胶囊
49．氨甲环酸片
50．氨甲环酸注射液
51．氨甲环酸胶囊
52．盐酸可乐定片
53．盐酸可乐定注射液
54．盐酸可乐定滴眼液
55．盐酸尼卡地平片
56．盐酸地尔硫卓片
57．盐酸多巴胺注射液
58．盐酸多巴酚丁胺注射液
59．双嘧达莫片
60．双嘧达莫注射液
61．盐酸妥卡胺片
62．盐酸妥卡胺胶囊
63．盐酸妥拉唑林片
64．盐酸肼屈嗪片
65．盐酸肾上腺素注射液
66．盐酸哌唑嗪片
67．盐酸氟桂利嗪胶囊
68．盐酸美西律片
69．盐酸美西律注射液
70．盐酸倍他司汀片
71．盐酸胺碘酮片
72．盐酸胺碘酮胶囊
73．盐酸维拉帕米片
74．盐酸维拉帕米注射液
75．盐酸酚苄明片
76．盐酸酚苄明注射液
77．盐酸普罗帕酮片
78．盐酸普罗帕酮注射液
79．盐酸普罗帕酮胶囊
80．盐酸普萘洛尔片
81．盐酸普鲁卡因胺片
82．盐酸普鲁卡因胺注射液
83．盐酸罂粟碱片
84．盐酸罂粟碱注射液
85．酒石酸美托洛尔胶囊
86．乙氧黄酮片
87．亚硝酸异戊酯吸入剂
88．地巴唑片
89．安妥明铝片
90．安络血注射液
91．肌醇片
92．弹性酶片
93．肌醇烟酸酯片
94．芦丁片
95．乳酸心可定片
96．复方地舍平片
97．复方芦丁片
98．氯贝酸铝片
99．磷酸丙吡胺片

十、脑血管扩张及脑代谢改善药（7）

1．注射用盐酸吡硫醇
2．已酮可可碱肠溶片
3．苯噻啶片
4．盐酸吡硫醇片
5．盐酸吡硫醇胶囊
6．吡拉西坦片
7．环戊噻嗪片

十一、呼吸系统用药(35)

1．盐酸麻黄碱片
2．喷雾用乙酰半胱氨酸
3．氯化铵片
4．硫酸沙丁胺醇注射液
5．福尔可定片
6．磷酸可待因片
7．磷酸可待因注射液
8．磷酸可待因糖浆
9．硫酸特布他林片
10．二羟丙茶碱注射液
11．那可丁片
12．沙丁胺醇气雾剂
13．阿桔片
14．复方甘草片
15．胆茶碱片
16．茶碱缓释片
17．氨茶碱片
18．氨茶碱注射液
19．氨茶碱缓释片
20．盐酸二氧丙嗪
21．盐酸二氧丙嗪片
22．盐酸异丙肾上腺素气雾剂
23．盐酸异丙肾上腺素注射液
24．盐酸克仑特罗栓
25．盐酸洛贝林注射液
26．盐酸萘甲唑林滴鼻液
27．盐酸麻黄碱注射液
28．复方甘草合剂
29．复方岩白菜素片
30．复方碳酸氢钠片
31．复方樟脑酊
32．盐酸氯哌丁片
33．富马酸酮替芬溶液
34．甘氯林气雾剂
35．硫酸异丙肾上腺素注射液

十二、消化系统用药(61)

1．非布丙醇胶丸
2．柳胺酚片
3．盐酸酚氟拉明片
4．甘珀酸钠片
5．葡醛内酯片
6．鹅去氧胆酸片
7．甘珀酸钠胶囊
8．硫酸阿托品片

9．硫酸阿托品注射液
10．硫酸鱼精蛋白注射液
11．硫酸钡(Ⅰ型)干混悬剂
12．硫酸钡(Ⅱ型)干混悬剂
13．硫酸镁注射液
14．稀盐酸
15．联苯双酯滴丸
16．丁溴东莨菪碱注射液
17．去氢胆酸片
18．熊去氧胆酸片
19．碱式碳酸铋片
20．碳酸氢钠片
21．丁溴东莨菪碱胶囊
22．二甲硅油气雾剂
23．甘油栓
24．甲氧氯普胺片
25．复方地芬诺酯片
26．复方氢氧化铝片
27．复方铝酸铋片
28．枸橼酸铋钾片
29．胃蛋白酶片
30．药用炭
31．消旋山莨菪碱片
32．盐酸甲氧氯普胺注射液
33．盐酸地芬尼多片
34．盐酸阿扑吗啡注射液
35．比沙可啶片
36．盐酸消旋山莨菪碱注射液
37．盐酸雷尼替丁注射液
38．丙谷胺片
39．丙谷胺胶囊
40．羟甲香豆素片
41．羟甲香豆素胶囊
42．酚酞片
43．大黄碳酸氢钠片
44．水杨酸软膏
45．甘罗溴铵片
46．龙胆碳酸氢钠片
47．次硝酸铋片
48．哈拉宗片
49．药用炭片
50．盖胃平片
51．蛋氨酸片
52．硼酸洗液
53．鞣酸蛋白
54．山梨醇（供口服用）
55．盐酸芬氟拉明片
56．羟甲烟胺片
57．酚酞栓
58．鹅去氧胆酸胶囊
59．吸人用色甘酸钠
60．胰酶
61．胰酶片

十三、利尿药和脱水药(13)

1．氯噻酮片
2．螺内酯片
3．螺内酯胶囊
4．布美他尼片
5．布美他尼注射液
6．甘露醇注射液
7．呋塞米片
8．呋塞米注射液
9．苄氟噻嗪片
10．依他尼酸片
11．山梨醇注射液
12．氢氯噻嗪片
13．氨苯蝶啶片

十四、子宫收缩药及引产药(2)

1．缩宫素注射液
2．马来酸麦角新碱

十五、血液系统用药（29）

1．双香豆素片
2．酚磺乙胺注射液
3．醋硝香豆素片
4．葡萄糖酸亚铁胶囊
5．葡萄糖酸亚铁糖浆
6．输血用枸橼酸钠注射液
7．精蛋白锌胰岛素注射液
8．右旋糖酐40氯化钠注射液
9．右旋糖酐40葡萄糖注射液
10．醋酸甲萘氢醌片
11．右旋糖酐70氯化钠注射液
12．右旋糖酐70葡萄糖注射液
13．叶酸片
14．华法林钠片
15．肝素钠注射液
16．鱼肝油酸钠注射液
17．盐酸苯乙双胍片
18．咖啡酸片
19．注射用枸橼酸钠
20．肾上腺色腙片
21．肾上腺色腙注射液
22．氨基己酸片
23．氨基己酸注射液
24．鲨肝醇片
25．富马酸亚铁混悬液
26．藻酸双酯钠片
27．藻酸双酯钠注射液
28．山梨醇铁注射液
29．硫酸亚铁糖浆

十六、酶类药（12）

1．凝血酶
2．糜蛋白酶
3．注射用玻璃酸酶
4．注射用胰蛋白酶
5．注射用糜蛋白酶
6．含糖胃蛋白酶
7．尿激酶
8．抑肽酶
9．注射用尿激酶
10．注射用抑肽酶
11．玻璃酸酶
12．胰蛋白酶

十七、抗组胺药（16）

1．富马酸氯马斯汀片
2．富马酸酮替芬口服溶液

3．富马酸酮替芬片
4．富马酸酮替芬胶囊
5．富马酸酮替芬滴鼻液
6．色甘酸钠气雾剂
7．色甘酸钠滴眼液
8．马来酸麦角新碱注射液
9．马来酸氯苯那敏注射液
10．盐酸去氯羟嗪片
11．盐酸安他唑啉片
12．盐酸异丙嗪注射液
13．盐酸苯海拉明片
14．盐酸苯海拉明注射液
15．盐酸美克洛嗪片
16．盐酸赛庚啶片

十八、激素类及内分泌药（79）

1．胰岛素注射液
2．黄体酮注射液
3．丙硫氧嘧啶片
4．丙酸倍氯米松气雾剂
5．丙酸倍氯米松软膏
6．氯磺丙脲片
7．丙酸睾酮注射液
8．卡比马唑片
9．醋酸可的松片
10．醋酸可的松注射液
11．醋酸可的松眼膏
12．醋酸甲地孕酮片
13．醋酸甲羟孕酮片
14．醋酸地塞米松片
15．醋酸地塞米松注射液
16．醋酸地塞米松软膏
17．醋酸曲安奈德注射液
18．醋酸曲安奈德软膏
19．醋酸泼尼松片
20．醋酸泼尼松龙片
21．醋酸泼尼松龙注射液
22．醋酸泼尼松龙软膏
23．醋权泼尼松眼膏
24．醋酸氟氢可的松软膏
25．醋酸氟轻松软膏
26．醋酸氢化可的松片
27．醋酸氢化可的松软膏
28．醋酸氢化可的松眼膏
29．醋酸氢化可的松滴眼液
30．司坦唑醇片
31．尼尔雌醇片
32．戊酸雌二醇注射液
33．甲状腺片
34．甲苯磺丁脲片
35．甲巯咪唑片
36．甲睾酮片
37．甲磺酸酚妥拉明注射液
38．地塞米松磷酸钠注射液
39．地塞米松磷酸钠滴眼液
40．达那唑胶囊
41．十一酸睾酮注射液
42．己烯雌酚片
43．己烯雌酚注射液
44．注射用绒促性素
45．注射用硫酸普拉睾酮钠
46．泼尼松龙片
47．炔孕酮片
48．炔诺孕酮炔雌醚片
49．炔诺酮片
50．炔雌醇片
51．苯甲酸诺龙注射液
52．苯甲酸雌二醇注射液
53．复方己酸羟孕酮注射液
54．复方炔诺孕酮滴丸
55．复方炔诺酮膜
56．复方碘口服溶液
57．枸橼酸氯米芬
58．枸橼酸氯米芬片
59．中性胰岛素注射液
60．枸橼酸氯米芬胶囊
61．氢化可的松片
62．氢化可的松注射液
63．氢化可的松软膏
64．重酒石酸去甲肾上腺素注射液
65．倍他米松片
66．倍他米松软膏
67．倍他米松磷酸钠
68．倍他米松磷酸钠注射液
69．格列本脲片
70．盐酸二甲双胍片
71．盐酸去氧肾上腺素注射液
72．盐酸甲氧明注射液
73．甲基硫氧嘧啶片
74．注射用氢化可的松琥珀酸钠
75．己二烯雌酚片
76．保泰松片
77．氢化可的松琥珀酸钠
78．醋酸可的松滴眼液
79．己酸羟孕酮注射液

十九、糖类、盐类与酸碱平衡调节药（19）

1．氯化钠注射液
2．氯化钾片
3．氟化钾注射液
4．葡萄糖注射液
5．葡萄糖氯化钠注射液
6．碳酸氢钠注射液
7．磷酸二氢钠
8．乳酸钠林格注射液
9．乳酸钠注射液
10．乳酸钠溶液
11．复方乳酸钠葡萄糖注射液
12．复方氯化钠注射液
13．浓氯化钠注射液
14．氯化钾颗粒剂
15．缩合葡萄糖氯化钠注射液
16．复方电解质葡萄糖MG3注射液
17．复方乳酸钠山梨醇注射液
18．腹膜透析液（乳酸盐）

19．门冬氨酸钾镁注射液

二十、维生素类、微量元素与营养药（43）

1．氯化钙注射液
2．硝酸益康唑溶液
3．硫酸锌口服溶液
4．硫酸锌片
5．葡萄糖酸钙含片
6．葡萄糖酸钙注射液
7．碘化钾片
8．腺苷钴胺片
9．磷酸氢钙片
10．亚硫酸氢钠甲萘醌注射液
11．泛影葡胺注射液
12．泛影酸钠注射液
13．谷氨酸片
14．谷氨酸钠注射液
15．乳酸钙片
16．核黄素磷酸钠
17．核黄素磷酸钠注射液
18．烟酰胺注射液
19．烟酸注射液
20．盐酸精氨酸注射液
21．维生素 A 胶丸
22．维生素 B12 注射液
23．维生素 B1 注射液
24．维生素 B2 注射液
25．维生素 B6 注射液
26．维生素 C 注射液
27．维生素 D2 注射液
28．维生素 D2 胶丸
29．维生素 D3 注射液
30．维生素 E 片
31．维生素 E 注射液
32．维生素 K1 注射液
33．呋喃硫胺片
34．呋喃硫胺注射液
35．液状甘油磷酸钠
36．维生素 B4 片
37．维生素 K4 片
38．多种微量元素注射液
39．果糖酸钙注射液
40．注射用水溶性维生素
41．脂溶性维生素注射液Ⅰ
42．脂溶性维生素注射液Ⅱ
43．维 A 酸片

二十一、非抗生素抗感染药（166）

1．萘啶酸片
2．酞磺胺噻唑片
3．磺胺二甲嘧啶片
4．磺胺二甲嘧啶钠注射液
5．磺胺二甲嘧啶混悬液
6．磺胺对甲氧嘧啶片
7．磺胺间甲氧嘧啶片
8．磺胺林片
9．氯法齐明胶丸
10．硝酸异山梨酯乳膏
11．硝酸咪康唑胶囊
12．硝酸益康唑软膏
13．硝酸益康唑栓
14．硝酸益康唑喷雾剂
15．联磺甲氧苄啶片
16．碘苷滴眼液
17．酮康唑胶囊
18．醋氨苯砜注射液
19．磺胺甲　唑片
20．磺胺异　唑片
21．磺胺嘧啶片
22．磺胺嘧啶软膏
23．磺胺嘧啶钠注射液
24．磺胺嘧啶混悬液
25．磺胺嘧啶眼膏
26．磺胺嘧啶银乳膏
27．磺胺嘧啶银软膏
28．磺胺嘧啶锌软膏
29．磺胺醋酰钠滴眼液
30．甲氧苄啶片
31．利福平片
32．利福平胶囊
33．吡哌酸片
34．吡哌酸胶囊
35．呋喃妥因片
36．复方磺胺甲　唑片
37．复方磺胺嘧啶片
38．柳氮磺吡啶片
39．氟胞嘧啶注射液
40．氨苯砜片
41．盐酸小檗碱胶囊
42．莪术油葡萄糖注射液
43．诺氟沙星软膏
44．诺氟沙星胶囊
45．诺氟沙星滴眼液
46．酞丁安软膏　47．酞丁安滴眼液
48．灭菌结晶磺胺
49．合成鱼腥草素片
50．异烟肼注射液
51．呋喃唑酮片
52．氨硫脲片
53．磺胺二甲异　唑片
54．磺胺甲氧吡嗪片
55．磺胺脒片
56．甲灭酸片
57．醋羟胺酸胶囊
58．氯霉素注射液
59．醋酸氯己定栓
60．醋酸氯己定痔疮栓
61．盐酸乙胺丁醇胶囊
62．克霉唑片
63．棕榈氯霉素（B 型）片
64．棕榈氯霉素（B 型）颗粒
65．棕榈氯霉素混悬液
66．氯唑西林钠胶囊
67．氯唑西林钠颗粒
68．氯霉素片
69．氯霉素胶囊

70．氯霉素眼膏
71．氯霉素滴耳液
72．氯霉素滴眼液
73．琥乙红霉素片
74．琥乙红霉素颗粒
75．注射用羧苄青霉素钠
76．硫酸巴龙霉素片
77．硫酸卡那霉素注射液
78．硫酸卡那霉素滴眼液
79．硫酸庆大霉素片
80．硫酸庆大霉素注射液
81．硫酸庆大霉素滴眼液
82．硫酸阿米卡星注射液
83．氯霉素注射液
84．硫酸粘菌素片
85．硫酸新霉素片
86．硫酸新霉素滴眼液
87．硬脂酸红霉素片
88．硬脂酸红霉素胶囊
89．硬脂酸红霉素颗粒
90．头孢拉定干混悬剂
91．头孢拉定胶囊
92．头孢氨苄片
93．头孢氨苄胶囊
94．头孢氨苄颗粒
95．头孢羟氨苄胶囊
96．甲砜霉素片
97．甲砜霉素胶囊
98．灰黄霉素片
99．红霉素片
100．红霉素软膏
101．红霉素眼膏
102．注射用羧苄青霉素钠
103．杆菌肽软膏
104．杆菌肽眼膏
105．阿莫西林片
106．阿莫西林胶囊
107．乳糖酸红霉素
108．依托红霉素片
109．依托红霉素胶囊
110．依托红霉素颗粒
111．单硫酸卡那霉素
112．注射用丝裂霉素
113．注射用头孢拉定
114．注射用头孢哌酮钠
115．注射用头孢唑林钠
116．注射用头孢噻吩钠
117．注射用头孢噻肟钠
118．注射用两性霉素B
119．注射用苄星青霉素
120．注射用阿莫西林钠
121．注射用乳糖酸红霉素
122．注射用苯唑西林钠
123．注射用青霉素钠
124．注射用青霉素钾
125．注射用哌拉西林钠
126．注射用氨苄西林钠
127．注射用盐酸去甲万古霉素
128．注射用盐酸四环素
129．注射用盐酸平阳霉素
130．注射用普鲁卡因青霉素
131．注射用氯唑西林钠
132．注射用琥珀氯霉素
133．注射用硫酸卡那霉素
134．注射用硫酸阿米卡星
135．注射用硫酸卷曲霉素
136．注射用硫酸核糖霉素
137．注射用硫酸链霉素
138．注射用磺苄西林钠
139．青霉胺片
140．复方克霉唑软膏
141．复方新霉素软膏
142．氨苄西林钠
143．盐酸土霉素片
144．盐酸去甲万古霉素
145．盐酸四环素片
146．盐酸四环素胶囊
147．盐酸多西环素片
148．盐酸多西环素胶囊
149．盐酸克林霉素胶囊
150．盐酸林可霉素片
151．盐酸林可霉素注射液
152．盐酸林可霉素胶囊
153．盐酸金霉素软膏
154．盐酸金霉素眼膏
155．盐酸美他环素片
156．盐酸美他环素胶囊
157．土霉素片
158．土霉素胶囊
159．四环素片
160．四环素软膏
161．四环素眼膏
162．呋脲苄青霉素钠
163．麦白霉素片
164．麦白霉素胶囊
165．制霉素片
166．注射用呋脲苄青霉素钠

二十二、抗寄生虫药(42)

1．对氨基水杨酸钠片
2．丙硫异烟胺片
3．氯硝柳胺片
4．硫酸奎宁片
5．葡萄糖酸锑钠注射液
6．噻苯唑片
7．磷酸伯氨喹片
8．磷酸咯萘啶片
9．磷酸咯萘啶注射液
10．磷酸哌喹片
11．磷酸氯喹片
12．对氨基水杨酸钠肠溶片
13．二盐酸奎宁注射液
14．甲硝唑片
15．甲硝唑阴道泡腾片
16．甲硝唑注射液
17．甲硝唑栓
18．甲硝唑葡萄糖注射液

19．异烟肼片
20．异烟腙片
21．托吡卡胺滴眼液
22．吡喹酮片
23．吡嗪酰胺片
24．吡嗪酰胺胶囊
25．注射用对氨基水杨酸钠
26．注射用异烟肼
27．乙胺嘧啶片
28．青蒿琥酯片
29．复方甲苯咪唑片
30．枸橼酸乙胺嗪片
31．双唑泰栓
32．盐酸乙胺丁醇片
33．盐酸左旋咪唑片
34．盐酸左旋咪唑肠溶片
35．盐酸左旋咪唑颗粒
36．盐酸左旋咪唑糖浆
37．呋喃丙胺片
38．复方奎宁注射液
39．溴噻乙啶片
40．双羟萘酸噻嘧啶宝塔糖
41．盐酸左旋咪唑栓
42．卡巴胂片

二十三、抗肿瘤及免疫抑制药(38)

1．注射用硝卡介
2．氮甲片
3．注射用磺巯嘌呤钠
4．甘磷酰芥片
5．巯嘌呤片
6．替加氟片
7．硫鸟嘌呤片
8．硫唑嘌呤片
9．塞替派注射液
10．卡莫司汀注射液
11．司莫司汀胶囊
12．甲氨蝶呤片
13．白消安片
14．注射用甲氨蝶呤
15．注射用放线菌素D
16．注射用环磷酰胺
17．注射用顺铂
18．注射用盐酸阿糖胞苷
19．注射用硫酸长春新碱
20．注射用硫酸长春碱
21．环磷酰胺片
22．苯丁酸氮芥纸型片
23．氟尿嘧啶软膏
24．洛莫司汀胶囊
25．六甲蜜胺片
26．六甲蜜胺胶囊
27．盐酸丙卡巴肼肠溶片
28．盐酸氮芥注射液
29．高三尖杉酯碱注射液
30．羟基脲片
31．二溴甘露醇胶囊
32．注射用亚胺醌
33．注射用环磷腺苷
34．盐酸氮芥搽剂
35．樟脑酮
36．磷酸氨基嘌呤片
37．氟尿嘧啶片
38．异芳芥片

二十四、皮肤科用药(14)

1．硫软膏
2．生理氯化钠溶液
3．甲紫溶液
4．地蒽酚软膏
5．环吡酮胺软膏
6．哈西奈德乳膏
7．哈西奈德软膏
8．哈西奈德溶液
9．复方十一烯酸锌软膏
10．甲胂酸钠注射液
11．冻疮膏
12．脱脂棉
13．脱脂棉纱布
14．醋酸氢化泼尼松软膏

二十五、眼科用药(10)

1．普罗碘铵注射液
2．硝酸毛果芸香碱滴眼液
3．硝酸异山梨酯片
4．马来酸噻吗洛尔滴眼液
5．双氯非那胺片
6．乙酰唑胺片
7．水杨酸毒扁豆碱注射液
8．黄氧化汞眼膏
9．水杨酸毒扁豆碱眼膏
10．吡诺克辛钠滴眼液

二十六、X 线造影剂和诊断用药(12)

1．碘化油注射液
2．碘化油胶丸
3．碘他拉葡胺注射液
4．碘苯酯注射液
5．碘番酸片
6．锡克试验毒素
7．磺溴酞钠注射液
8．磷酸组胺注射液
9．复方泛影葡胺注射液
10．胆影葡胺注射液
11．荧光素钠注射液
12．酚磺酞注射液

二十七、解毒药(11)

1．硫代硫酸钠注射液
2．磺解磷定注射液
3．亚甲蓝注射液
4．二巯丙醇注射液
5．注射用二巯丁二钠
6．注射用亚叶酸钙
7．注射用依他尼酸钠
8．二巯丙磺钠注射液
9．亚硝酸钠注射液
10．复方甘草酸铵注射液
11．氯解磷定注射液

二十八、消毒防腐药(37)

1．含氯石灰
2．乙醇
3．氯仿
4．稀戊二醛溶液
5．稀氨溶液
6．硼砂
7．硼酸
8．硼酸软膏
9．聚维酮碘软膏
10．聚维酮碘栓
11．醋酸
12．醋酸氯己定软膏
13．甲酚
14．甲酚皂溶液
15．甲醛溶液
16．过氧化氢溶液
17．过氧苯甲酰乳膏
18．邻碘［131I］马尿酸钠注射液
19．乳酸
20．苯酚
21．软皂
22．鱼石脂软膏
23．度米芬滴丸
24．乌洛托品
25．浓戊二醛溶液
26．浓过氧化氢溶液
27．水杨酸
28．羟苯乙酯
29．氯化氨基汞软膏
30．甲氧沙林溶液
31．安贝氯铵片
32．炉甘石洗剂
33．苯酚软膏
34．液化苯酚
35．碘仿
36．盐酸
37．浓氨溶液

二十九、制剂辅料（5）

1．灭菌注射用水
2．吸收性明胶海绵
3．纯化水
4．注射用水
5．煅石膏

三十、放射性药品（25）

1．泮替膦酸注射液
2．胶体磷酸铟［113mIn］注射液
3．铟［113mIn］泮替膦酸注射液
4．氯化铟［113mIn］注射液
5．碘［131I］化钠口服溶液
6．碘［131I］化钠胶囊
7．锝［99mTc］亚甲基二膦酸盐注射液
8．锝［99mTc］依替菲宁注射液
9．锝［99mTc］植酸盐注射液
10．锝［99mTc］焦磷酸盐注射液
11．磷［32P］酸钠口服溶液
12．磷［32P］酸钠注射液
13．磷酸钠盐注射液
14．氙［133Xe］注射液
15．谷氨酸钾盐注射液
16．注射用亚锡亚甲基二膦酸盐
17．注射用亚锡依替菲宁
18．注射用亚锡喷替酸
19．注射用亚锡植酸钠
20．注射用亚锡焦磷酸钠
21．注射用亚锡聚合白蛋白
22．枸橼酸镓［67Ga］注射液
23．胶体磷［32P］酸铬注射液
24．高锝［99mTc］酸钠注射液
25．铬［51Cr］酸钠注射液

附件3：

统一使用说明书及批准文号专项工作办公室联系方式

邮编编码：100061
地址：北京市崇文区法华南里11号楼4层
统一使用说明书及批准文号专项工作办公室　　收
电话：010−67152761　　010−67156008
传真：010−67152769　　010−67152766

国家药品监督管理局文件

国药监办 [2001] 217 号

关于成立国家药品监督管理局药品广告审查监督办公室及有关事项的通知

各省、自治区、直辖市药品监督管理局，中国药品生物制品检定所：

为加强对药品广告审查的监督管理，更好地指导药品广告的技术审查工作，国家药品监督管理局决定成立药品广告审查监督办公室。现将有关事项通知如下：

一、国家药品监督管理局药品广告审查监督办公室的主要职责：

（一）受国家药品监督管理局的委托具体负责对各省、自治区、直辖市药品监督管理局审查药品广告工作进行监督并受理上报或备案的材料；

（二）指导各地药品广告的技术审查及业务培训，接受咨询和负责信息的搜集汇总；

（三）负责对违法药品广告公告前期的收集、整理和核实；

（四）负责受理有关药品广告的投诉和举报；

（五）承办国家药品监督管理局交办的有关药品广告审查监督的其他工作。

二、该办公室设在中国药品生物制品检定所，行政隶属中国药品生物制品检定所，业务工作直接归口国家药品监督管理局市场监督司领导。

三、该办公室的人员经费、公用经费由检定所事业经费解决，国家药品监督管理局根据年度工作开展情况给予适当补助。

四、该办公室人员由检定所事业编制解决。人员的调配须征得我局市场监督司同意后聘任。

五、我局1999年8月以国药管办 [1999] 235号文件批准成立的药品广告审查办公室，自完成5月1日以前已受理的药品广告审查工作后撤消。

六、各省、自治区、直辖市药品监督管理局自2001年5月1日后审查批准的药品广告，按照以下地址向国家药品监督管理局备案。

受理备案机构：国家药品监督管理局药品广告审查监督办公室

地址：北京市崇文区天坛西里2号

邮编：100050

联系电话：(010) 67014758

67017755转390或转393或转386

特此通知。

国家药品监督管理局

二〇〇一年四月二十四日

国家药品监督管理局文件

国药监安［2001］253号

关于公布第一批国家非处方药目录乙类非处方药药品名单的通知

各省、自治区、直辖市药品监督管理局：

根据国家药品监督管理局令第10号《处方药与非处方药分类管理办法》（试行）及我局药品分类管理工作总体部署，现公布第一批国家非处方药目录乙类非处方药药品名单。

第一批国家非处方药目录乙类非处方药药品是从第一批国家非处方药目录中经组织医学、药学专家临床评价后确定的，共194个药品制剂，其中，化学药品制剂88个，中成药制剂106个（见附件）。

请各省（区、市）药品监督管理局组织做好对辖区内涉及生产乙类非处方药药品的生产企业的审核登记和备案工作。全部工作应于2001年9月30日前完成，并按第一批非处方药药品审核登记的有关要求于10月30日前报备国家药品监督管理局安全监管司、国家药典委员会和中国药品生物制品检定所。

特此通知。

附件：第一批国家非处方药目录乙类非处方药药品名单（略）

国家药品监督管理局
二〇〇〇一年五月十八日

国家药品监督管理局文件

国药监安［2001］254号

关于公布第二批国家非处方药药品目录的通知

各省、自治区、直辖市药品监督管理局：

根据国家药品监督管理局令第10号《处方药与非处方药分类管理办法》（试行），经我局审定，现公布第二批国家非处方药药品目录。

第二批国家非处方药药品目录是经组织医学、药学专家，按照“安全有效、慎重从严、结合国情、中西药并重”的指导思想和“应用安全、疗效确切、质量稳定、使用方便”的原则，进行遴选、审评，并征得国务院有关部门和部分省级药品监督管理局意见后确定。此次公布的目录包括1535个药品制剂（见附件），其中：化学药品制剂205个（甲类非处方药136个，乙类非处方药69个），中成药制剂1330个（甲类非处方药978个，乙类非处方药352个）。

第二批国家非处方药药品目录公布后，相关审核登记工作的安排和要求由我局另行通知。

附件：第二批国家非处方药药品目录（化学药品、中成药）（略）

国家药品监督管理局

二OO一年五月十八日

国家药品监督管理局
卫　　生　　部 文件

国药监市［2001］278号

关于公布允许刊播处方药广告的第二批医药专业媒体名单的通知

各省、自治区、直辖市药品监督管理局：

为进一步加强对处方药广告的审查管理工作，根据国家药品监督管理局、国家工商行政管理局和新闻出版署2001年2月8日联合印发的《关于公布允许刊播处方药广告的第一批医药专业媒体名单的通知》（国药监市［2001］39号）的要求，北京市、上海市、安徽省、江苏省、辽宁省、宁夏回族自治区、广东省、山东省药品监督管理局上报了部分医药专业媒体名单，经国家药品监督管理局与卫生部研究确定《中国药品标准》等83种刊物为第二批医药专业媒体（见附件）。

特此通知。

附件：第二批医药专业媒体名单

国家药品监督管理局
中华人民共和国卫生部
二〇〇一年六月八日

附件：

第二批医药专业媒体名单

序号	医药专业报刊中文名称	CN 号	登记地	广告经营许可证号
1	中国药品标准	11-4422/R	北京	京崇工商广字第 0001 号
2	中国医药报	11-0140	北京	京宣工商广字第 0002 号
3	健康报	11-0010	北京	京西工商广字第 0212 号
4	中国医学论坛报	11-0017	北京	京西工商广字第 0209 号
5	中国中医药报	11-0153	北京	京朝工商广字第 0076 号
6	医药经济报	44-0098	广州	4400004000338
7	安徽医药	34-1229/R	合肥	3400004000237
8	临床肺科杂志	34-1230/R	合肥	皖合工商广字第 0053 号
9	中国临床药理学与治疗学	34-1206/R	安徽芜湖	皖芜工商广字第 044 号
10	颈腰痛杂志	34-1117/R	合肥	皖合工商广字第 0015 号
11	基层中药杂志	34-1106/R	安徽芜湖	皖芜工商广字第 043 号
12	安徽中医临床杂志	34-1132/R	合肥	皖工商广字第 039 号
13	中国学校卫生	34-1092/R	安徽蚌埠	皖蚌工商广字第 014 号
14	中国药理学通报	34-1086/R	合肥	3400004000200
15	肝胆外科杂志	34-1143/R	合肥	皖工商广字第 035 号
16	安徽医学	34-1077/R	合肥	皖合工商广字第 0079 号
17	临床骨科杂志	34-1166/R	合肥	3400004000246
18	临床与实验病理学杂志	34-1073/R	合肥	皖合工商广字第 379 号
19	临床眼科杂志	34-1061/R	安徽淮南	淮南广许第 83 号
20	中国中西医结合耳鼻咽喉科杂志	34-1065/R	安徽安庆	皖安工商广字第 95039 号
21	淮海医药	34-1189/R	安徽蚌埠	皖蚌工商广字第 102 号
22	中国基层医药	34-1190/R	安徽淮南	淮南广许第 028 号

序号	医药专业报刊中文名称	CN 号	登记地	广告经营许可证号
23	疾病控制杂志	34-1188/R	合肥	皖合工商广字第 071 号
24	江苏药学与临床研究	32-1453/R	南京	3201004950026
25	中国疗养医学	21-1133/R	辽宁兴城	21140036
26	现代康复	21-1224/R	沈阳	2100004000248
27	中国实用内科杂志	21-1178/R	沈阳	2100004000166
28	中国实用儿科杂志	21-1191/R	沈阳	2100004000166
29	中国实用外科杂志	21-1179/R	沈阳	2100004000166
30	中国实用妇科与产科杂志	21-1180/R	沈阳	2100004000166
31	沈阳药科大学学报	21-5009/R	沈阳	2101004102273
32	辽宁药物与临床	21-1081/R	沈阳	沈临广许第 2001006 号
33	外科理论与实践	31-1057/R	上海	3101034000078
34	上海医药	31-1293/R	上海	3101014000127
35	上海医学	31-1366/R	上海	3101064000133
36	上海护理	31-1846/R	上海	3101064000133
37	胃肠病学	31-1797/R	上海	3101034000113
38	肝脏	31-1775/R	上海	3101074000094
39	宁夏医学杂志	64-1008/R	银川	6400004000067
40	天津药学	12-1160/R	天津	1201014000161
41	中国药品监督管理年鉴	11-4111/R	北京	京西工商广字第 0044 号
42	中国药物依赖性杂志	11-3920/R	北京	京海工商广字第 0299 号
43	黑龙江医药	23-1383/R	哈尔滨	黑工商广字第 009 号
44	北京中医	11-2258/R	北京	京东工商广字第 0083 号
45	中国医药学报	11-2134/R	北京	京朝工商广字第 0096 号
46	中国临床营养杂志	11-4521/R	北京	京东工商广字第 0081 号
47	中国骨伤	11-2483/R	北京	京东工商广字第 0130 号

序号	医药专业报刊中文名称	CN 号	登记地	广告经营许可证号
48	首都医药	11-3507/R	北京	京海工商广字第 0251 号
49	中国性病艾滋病防治	11-3686/R	北京	京宣工商广字第 0023 号
50	中国康复理论与实践	11-3759/R	北京	京丰工商广字第 0043 号
51	中国实验血液学杂志	11-4423/R	北京	京石工商广字第 0007 号
52	中国循环杂志	11-2212/R	北京	京西工商广字第 0162 号
53	中国药店	11-4476/R	北京	京朝工商广字第 0145 号
54	中国乡村医药	11-3458/R	北京	京崇工商广字第 0004 号
55	中国医学科学院学报	11-2237/R	北京	京东工商广字第 0081 号
56	国际内科双语杂志	11-4521/R	北京	京东工商广字第 0081 号
57	中国烧伤创疡杂志	11-2650/R	北京	京宣工商广字第 0035 号
58	广东医学	44-1192/R	广州	4400004000575
59	广东药学	44-1434/R	广州	4400004000137
60	中华胃肠外科杂志	44-1530/R	广州	4401001002377
61	新医学	44-1211/R	广州	4400004000396
62	中国神经精神疾病杂志	44-1213/R	广州	4401004002655
63	中山医科大学学报	44-1120/R	广州	4401004002654
64	实用医学杂志	44-1193/R	广州	4400004000575
65	国际医药卫生导报	44-1417/R	广州	44000400494
66	现代妇产科进展	37-1211/R	济南	3700004000173
67	滨州医学院学报	37-5031/R	山东滨州	滨工商广字第 13022 号
68	山东医大基础医学院学报	37-1328/R	济南	3700004000113
69	山东医药	37-1156/R	济南	3700004000026
70	中国肛肠病杂志	37-1167/R	济南	3700004000068
71	中国矫形外科杂志	37-1247/R	山东泰安	泰工商广字第 10100 号

序号	医药专业报刊中文名称	CN号	登记地	广告经营许可证号
72	山东中医杂志	37-1164/R	济南	3700004000092
73	山东医科大学学报	37-5021/R	济南	3700004000130
74	中国麻风皮肤病杂志	37-1336/R	济南	3701034000499
75	肿瘤防治杂志	37-1355/R	济南	3700004000003
76	中国医院统计	37-1254/C	山东滨州	滨工商广字第13043号
77	中国行为医学科学	37-1242/R	山东济宁	2720004990012
78	国外医学肿瘤学分册	37-1108/R	济南	3700004000045
79	山东生物医学工程	37-1250/Q	济南	3700004000167
80	中国辐射卫生	37-1206/R	济南	3700004000084
81	中华烧伤杂志	50-1120/R	重庆	渝工商广字第011145号
82	中国药科大学学报	32-5048/R	南京	3200004980461
83	山东医药工业	37-1128/R	济南	3700004000175

国家药品监督管理局文件

国药监注［2001］294号

关于下发“药品使用说明书规范细则（暂行）”的通知

各省、自治区、直辖市及有关市药品监督管理局，中国生物制品标准化委员会办公室：

为进一步贯彻落实国家药品监督管理局第23号令，清理、整顿药品包装、标签和说明书，我局已于2001年4月10日下发了《关于贯彻实施23号令，统一药品批准文号工作的通知》（国药监注［2001］187号），对这项工作的组织分工、计划等做了安排。

为确保工作的质量与进度，便于各省（区、市）药品监督管理局审核说明书，使说明书的内容表达科学、规范和统一，我局药品注册司组织有关专业人员参照23号令起草了“化学药品说明书规范细则（暂行）”（附件1）和“中药说明书规范细则（暂行）（附件2）”，并征求了药典委员会、药品审评中心及部分省、市药品监督管理局的意见，现予下发，请各省（区、市）药品监督管理局在修订说明书时参照执行。

治疗用生物制品，由中国生物制品标准化委员会办公室结合国外同品种使用说明书，并参照“化学药品使用说明书规范细则（暂行）”，按照国家药品监督管理局23号令的原则拟定各品种的使用说明书。预防用生物制品和诊断用生物制品则按2000年版《中国生物制品规程》的规定执行。

鉴于此项工作任务重、时间紧，请各省（区、市）药品监督管理局和中国生物制品标准化委员会办公室在此项工作中注意总结经验，加强与专项工作小组的联系，遇有问题及时沟通，共同完成好这项工作。

附件：1．化学药品使用说明书规范细则（暂行）
　　　2．中药说明书规范细则（暂行）

国家药品监督管理局

二〇〇一年六月二十二日

附件1：

（一）化学药品说明书格式

××××说明书

【药品名称】
通用名：
曾用名：
商品名：
英文名：
汉语拼音：
本品主要成分及其化学名称为：
其结构式为：
（注：复方制剂应写为："本品为复方制剂，其组分为："）
【性状】
【药理毒理】
【药代动力学】
【适应症】
【用法用量】
【不良反应】
【禁忌症】
【注意事项】
【孕妇及哺乳期妇女用药】
【儿童用药】
【老年患者用药】
【药物相互作用】
【药物过量】
【规格】
【贮藏】
【包装】
【有效期】
【批准文号】
【生产企业】
企业名称：
邮政编码：
电话号码：
传真号码：
网址：

（二）化学药品说明书规范细则（暂行）

总体要求

一、说明书应按不同剂型编写；“×××说明书”的“×××”须与通用名一致，且包括盐类和剂型名称。

二、“化学药品说明书格式”中所列【药品名称】、【性状】、【适应症】、【用法用量】、【规格】、【贮藏】、【有效期】项的内容均应按各品种的国家药品标准书写。【批准文号】、【生产企业】项的内容按批准的内容书写。

三、关于【药理毒理】、【药代动力学】、【适应症】、【用法用量】、【不良反应】、【禁忌症】、【注意事项】、【孕妇及哺乳期妇女用药】、【儿童用药】、【老年患者用药】、【药物相互作用】和【药物过量】等项的内容，应在既往国家药品监督管理部门已批准国内生产或进口的使用说明书的基础上，参照原开发厂的使用说明书书写，并参考《中华人民共和国药典2000年版二部临床用药须知》（国家药典委员会编，化学工业出版社出版，以下简称“临床用药须知”）、《新编药物学》、PDR（PHYSICIANS DESK REFERENCE）及有关该产品不良反应报道、该品药物相互作用的研究资料，对上述项目进一步充实完善。

四、“化学药品说明书格式”中所列【孕妇及哺乳期妇女用药】、【药物相互作用】两项不可缺少，应如实填写，如缺乏可靠的实验或文献依据，应注明“尚不明确”。

【药理毒理】、【药代动力学】、【不良反应】、【禁忌症】、【注意事项】、【儿童用药】、【老年患者用药】、【药物过量】项可按该药品的实际情况客观、科学地书写，其中有些项目若缺乏可靠的实验或文献依据，可以不写，说明书中不再保留该项标题。

五、说明书中的疾病名称、临床检验方法和结果、药学专业名词、药品名称以及度量衡单位等均须采用国家颁布的名词，请参阅全国自然科学名词审定委员会公布的《医学名词》（各分册）及《药学名词》（科学出版社出版）、《中国药品通用名称》（药典委员会编，化学工业出版社出版，1997）和中华人民共和国国家标准《国际单位制及其应用》（技术标准出版社出版）。

六、说明书的文字必须规范、准确、简练、通顺。

七、需要视企业品种的具体情况核定的项目，暂不列入本次修订说明书工作，待第四阶段核发企业产品批准文号及说明书时核定。如：

【药品名称】项中的“曾用名”、“商品名”；

【用法用量】项中涉及不同规格导致描述无法统一的，需视具体品种情况核定；

【包装】、【有效期】、【批准文号】、【生产企业】项。

各项内容书写的要求

【药品名称】

1．通用名；汉语拼音；英文名：

通用名须采用国家批准的法定名称。

如该药品属《中华人民共和国药典2000年版》（以下简称“药典”）收载的品种，其通用名、汉语拼音及英文名必须与药典一致；非药典收载的品种，其通用名须采用《中国药品通用名称》（药典委员会编，化学工业出版社出版，1997）所规定的名称；其剂型名称应与药典的一致。

各省、区、市如发现与《通用名称》规定不一致的可按《通用名称》先起草并列出清单报国家药典委员会，统一考虑修订药品名称。

2．曾用名：

系指属原地方标准采用的名称，因原有名称不符合命名原则等原因，名称有所改变，可在说明书中增加一项“曾用名”，便于使用者了解；“曾用名“于2005年1月1日起停止使用。

3．商品名：

系指经国家药品监督管理部门批准的特定企业使用的商品名称。

此项内容暂不列入，待第四阶段核发企业产品批准文号及使用说明书工作时，根据企业实际情况核定。

4．化学名；化学结构式；分子式；分子量：

单一成分的制剂须列其化学名称、化学结构式、分子式、分子量，且须与本说明书的“×××”一致（如为盐类则须列其盐的化学名称、化学结构式、分子式、分子量）。

该药品如属药典收载的品种，列出的化学名称、化学结构式、分子式、分子量须与药典一致。

复方制剂可免写化学名称、化学结构式、分子式、分子量4 项内容。

5．复方制剂应写“本品为复方制剂，其组分为：”，组分按一个单位（如每片、胶囊、包、安瓿、支、瓶等）列出所含的活性成分及其量。

6．制剂中，如含有可能引起不良反应的辅料或成分，也须列出。该项内容亦于第四阶段核发企业批准文号及说明书时，根据企业品种具体情况核准。

【性状】

按药典及《国家药品标准工作手册》有关要求进行描述。

【药理毒理】

包括药理作用和非临床毒理研究两部分内容。

药理作用：

1．基本要求：药理作用为临床药理和药物对人体作用的有关信息，如与已明确的临床疗效有关或有助于阐述临床药理作用时，也可包括体外试验和（或）动物试验的结果。

2．内容：包括药物类别、药理活性（临床药理）、作用机制等，复方制剂的药理作用可为每一组成成分的药理作用。

非临床毒理研究：

1．基本要求：所涉及的非临床毒理研究内容是指与临床应用相关，有助于判断药物临床安全性的非临床毒理研究结果。应描述动物种属类型、给药方法（剂量、次数、期限和途径）和毒性的具体结果等重要信息。

2．内容：一般包括致癌性、生殖毒性、遗传毒性、长期毒性和急性毒性等内容。

3．复方制剂的非临床毒理研究内容应为复方制剂毒性研究结果。

【药代动力学】

本项内容应包括药物在体内吸收、分布、代谢和排泄的全过程及其药代动力学参数。如药物的血浆蛋白结合率；用药后吸收与否及生物利用度高低；吸收和排泄特别快或特别慢及半衰期、特殊的分布；药物是否可通过乳汁分泌、是否可通过胎盘屏障及血脑屏障；药物在儿童、老年人以及肝肾功能不全的患者体内代谢的特点。

复方制剂如其配伍与药代动力学有关时，则须列出。其他复方制剂可免写。

【适应症】

按照国家药品监督管理部门批准的适应症书写，注意其疾病、病理学、症状的文字规范化，并注意区分治疗××疾病、缓解××疾病的症状或作为××疾病的辅助治疗的不同。

【用法用量】

用药方法与用药剂量是安全、有效用药的重要基础，本项目的内容既要尽量详细，又要有较高的可读性及可操作性。应明确、详细地列出药品的用药方法，如口服、皮下注射、肌肉注射、静脉注射、静脉滴注、外用、喷雾吸入、肛门塞入等。尤其是不同适应症需采用不同的用药方法者，须分别列出，以免误用。

对于某些特殊的制剂，如注射用无菌粉末、喷雾剂、阴道栓剂等，应详细地列出其应用方法。

应准确地列出用药的剂量、计量方法、用药次数以及疗程期限，特别注意与制剂规格的关系。

剂量以“一次××（或××～××）(重量或容量单位，如g、mg、μg、L、ml等)，一日×（或××～××）次；不采用“××（或××～××）／次，×次（或×～×次）／日”的表示方法；也不以“d”代替“日”字。如该药品为注射液、注射用无菌粉末、片剂、胶囊剂、丸剂、颗粒剂、冲剂、口服溶液剂、膜剂或栓剂等，则须在重量或容量单位后以括号注明相应的计数（如片、粒、包、支、安瓿等)。如：“一次×片，一日×次”，“一次×支，一日×次”等。

有些药物的剂量分为负荷量及维持量；或用药时从小剂量开始逐渐增量，以便得到适合于患者的剂量；或必须在饭前或饭后服用者，应详细说明。

需进行疗程用药者则须注明疗程剂量、用法和期限。

如该药品的剂量需按体重或体表面积计算时，则以“按体重一次××／kg（或××～××／kg)，一日×次（或×～×次)”，或以“按体表面积一次××／m^2（或××～××m^2)，一日×次（或×次～×次)”；不连写成“××（或××～××）／kg／日”或“××（或××～××）／m^2／日”。

需临用前配制溶液或加入静脉输液者，必须列出所用溶剂、配成的浓度以及滴注速度。

不同适应症、不同用药方法、成人与儿童用量不同时，须分别列出。

【不良反应】

按GCP中概念，不良反应系指在按规定剂量正常应用药品的过程中产生的有害而非所期望的与药品应用有因果关系的不良反应。

在本项目下应实事求是地详细列出应用该药品时可能发生的不良反应。可按不良反应的严重程度、发生的频率或症状的系统性列出。

【禁忌症】

在本项目下应列出禁止应用该药品的人群或疾病情况，并尽量阐明其原因。

【注意事项】

本项内容包括用该药品时必须注意的问题，如影响药物疗效的因素〔如食物（包括烟、酒等）对用药的影响等〕，需要慎用的情况（如肝、肾功能的问题等），用药过程中需观察的情况（如过敏反应，定期检查血象、肝功、肾功等），用药对于临床检验的影响等。

【孕妇及哺乳期妇女用药】

本项内容着重说明该药品对妊娠过程的影响（如能否通过胎盘屏障而影响胎儿生长发育或致畸）以及对受乳婴儿的影响（如能否通过乳腺分泌而影响受乳婴儿的健康），并写明可否应用本品及用药注意。

【儿童用药】

本项目主要包括儿童由于生长发育的关系而对于该药品在药理、毒理或药代动力学方面与成人的差异，并写明可否应用本品及用药注意。

【老年患者用药】

主要包括老年人由于机体各种功能衰退的关系而对于该药品在药理、毒理或药代动力学方面与成人的差异，并写明可否应用本品及用药注意。

【药物相互作用】

列出与该药产生相互作用的药物并说明相互作用的结果及合并用药的注意事项。

【药物过量】

详细列出在过量应用该药品可能发生的毒性反应及量。

【规格】

表示方法按药典要求规范。如有两种以上的规格时，需一一列出。

复方制剂一般不列此项。

【贮藏】

具体条件（温度、干湿、明暗）的表示方法按药典要求规范。

【包装】

包括包装规格和包装材料。包装规格系指小包装的规格；包装材料系指小包装的材质。

【有效期】

系指该药品被批准的使用期限。在第四阶段核发企业批准文号及说明书时，对具体品种，分下列情况核准：

1．企业品种的有效期与国家已有规定的有效期一致的，由企业所在地省级药品监督管理局核准。

2．国家尚未规定有效期的品种，须要求该品种的生产企业参照《中国药典》2000年版（二部）收载的药物稳定性指导原则的有关要求进行考核后，提出申请，报各省、自治区、直辖市药品监督管理部门核准并报国家药典委员会备案。

【批准文号】

系指国家批准的该药品的生产文号。在第四阶段由国家药品监督管理局统一编定，并由各地药品监督管理局核发。

【生产企业】

系指该药品的生产企业，该项内容必须与颁发的《药品生产企业许可证》中的内容一致，并按下列方式列出：

企业名称：

地址：（须标详细地址）

邮政编码：

电话和传真号码：须标明国内区号。

网址：（如无网址可不写，此项不保留）

附件2：

（一）中药说明书格式

××××说明书

【药品名称】
品名
汉语拼音
【主要成分】
【性状】
【药理作用】
【功能与主治】
【用法与用量】
【不良反应】
【禁忌症】
【注意事项】
【规格】
【贮藏】
【包装】
【有效期】
【批准文号】
【生产企业】
企业名称：
地址：
邮政编码：
电话号码：
传真号码：
网址：

（二）中药说明书规范细则（暂行）

总体要求

一、中药说明书的编写必须执行本细则中的有关规定。

二、中药说明书格式中所列的【药品名称】、【性状】、【功能与主治】、【用法与用量】、【规格】、【贮藏】项的内容，均应按各品种的国家药品标准的规定书写。

三、中药说明书格式中所列的【主要成分】系指处方中所含的主要药味、有效部位或有效成分。中药复方制剂主要药味的排序要符合中医君臣佐使组方原则，要与功能主治相符。现国家药品标准已收载的品种，由国家药典委员会组织专家讨论后，确定各品种药味的取舍及排序，并下发各地执行。

四、中药说明书格式中所列的【药理作用】、【不良反应】、【禁忌症】、【注意事项】项的内容，可按药品实际情况客观、科学地书写。若其中有些项目缺乏可靠的试验数据，则可以不写，说明书中不再保留该项标题。

五、中药品种必须制定有效期。生产企业根据各自样品稳定性考察的实测数据，制定本企业产品的有效期，报本省、自治区、直辖市药品监督管理部门核准后报国家药典委员会备案。

六、民族药在用本民族语编写说明书时，同样应执行本细则中的各项规定。

各项内容书写要求

【药品名称】

1．品名，即通用名称，须采用国家批准的法定中文名称。民族药可增加相应的民族文字名称。

2．汉语拼音。

【主要成分】

按国家药典委员会下发的具体规定书写。

【性状】

按各种品种的国家药品标准的规定书写。

【药理作用】

经国家主管部门审核，确认与功能主治相关的主要药理作用方可写入。

【功能与主治】

按各品种的国家药品标准的规定书写。

【用法与用量】

一般按各品种的国家药品标准的规定书写。在用法上有特殊要求的，可按实际情况在说明书中详细说明。

【不良反应】

系指在常规剂量下出现的与治疗无关的副作用、毒性和过敏反应。可按其严重程度、发生的频率或症状的系统性列出。

【禁忌症】

列出忌用、禁用该药品的人群或疾病情况。

【注意事项】

说明使用药品时必须注意的问题。如服药期间的饮食禁忌，需要慎用的情况，用药过程中需要观察的情况，用药对临床检验的影响等。

【规格】

按各品种的国家药品标准的规定书写。无此项内容的，不再保留该项标题。

【贮藏】

按各品种的国家药品标准的规定书写。

【包装】

包括包装规格和包装材料。包装规格系指小包装的规格。包装材料系指小包装的材质。

【有效期】

系指药品被批准的使用期限。

【批准文号】

系指国家批准的药品生产文号。

【生产企业】

包括企业名称、地址、邮政编码、电话和传真号码及网址。企业名称和地址须与《药品生产企业许可证》中内容一致。如无网址可不写。

国家药品监督管理局文件

国药监市［2001］304号

关于做好2001年药品流通领域推行药品分类管理工作的通知

各省、自治区、直辖市药品监督管理局：

自1999年下半年以来，国家药品监督管理局组织实施的药品分类管理流通试点和各地的推行工作取得了初步成果，但目前，该项工作在各地发展很不平衡，由于一些地区药品监督管理部门对我国实施处方药与非处方药分类管理的认识还存在很大差距，致使该项工作各地发展情况存在较大差距。药品分类管理是规范流通领域药品经营秩序、提高零售药店管理水平的治本措施，是新修订的《药品管理法》规定的法律要求。流通领域全面推行药品分类管理的目标已经确定，我们必须认清形势，努力工作，现就当前做好流通领域推行药品分类管理工作提出如下要求：

一、各省、自治区、直辖市药品监督管理局要将流通领域推行药品分类管理工作列入重要议事日程。流通领域推行药品分类管理工作是药品市场监督管理工作的重要组成部分，对整治药品流通秩序、换发经营许可证、GSP认证、药品广告审查监督管理等工作都有积极的推动作用，因此要统筹规划，统一要求，在2000年省会城市、国务院确定的较大城市、计划单列市试点工作的基础上，今年要向地市以下地区推行。

二、我局要求必须凭医生处方销售的大容量注射剂（大输液）、粉针剂及小容量注射剂，各级药品监督管理部门要加强监督检查，对没有凭医生处方销售的，要依据《药品流通监督管理办法》（7号令）的规定进行查处。

三、流通领域推行药品分类管理工作，重点是加强处方药管理，通过药品分类管理工作的实施，对那些因人员（和软、硬件）条件难以达到要求的，要停止其销售处方药，只能销售非处方药，甚至只能销售乙类非处方药。

新开办的药品零售企业，必须达到药品分类管理的要求，不符合药品分类管理规定条件的，不得审核批准开办。

四、国家药品监督管理局最近公布了第二批非处方药品种目录，并已明确了乙类非处方药品种，关于乙类非处方药的销售规定，我局在《处方药与非处方药流通管理暂行规定》（国药管市［1999］454号）第五章中作了明确规定，各省、自治区、直辖市药品监督管理局要严格依照454号文的规定，就申办条件、程序、培训、监督管理等问题要抓紧作出进一步规定。要坚决避免不讲条件、不讲标准，造成乙类非处方药销售过多过滥的问题。对不按规定销售，甚至违法采购销售的，要坚决取消其销售资格。对未经审查批准即销售乙类非处方药的，要依法按无证经营药品查处。

五、流通领域推行药品分类管理是一项全新的工作，各省、自治区、直辖市药品监督管理局要加强指导，要大力组织不同层次的培训，要在试点的基础上，加大推进力度，对确定达到药品分类管理要求的，可确定为示范药店，通过典型示范带动面上工作的开展，目前仍没有制定实施方案的省、自治区、直辖市药品监督管理局，要立即研究制定实施方案，并将方案上报我局市场监督司，已制定实施方案的，要检查方案的落实情况。我局拟在今年第三季度召开以培训为主要内容的工作会议，各省、自治区、直辖市药品监督管理局市场处负责人参加，总结经验，研究问题，加大流通领域药品分类管理工作的推进力度。

所附调查表，请于8 月10 日之前上报我局市场监督司。

特此通知。

附件：流通领域开展药品分类管理情况调查表（略）

国家药品监督管理局
二OO一年六月二十六日

国家药品监督管理局文件

国药监办［2001］319号

关于做好2001年药品分类管理工作的通知

各省、自治区、直辖市药品监督管理局：

自1999年12月召开“处方药与非处方药分类管理工作会议”以来，各级药品监督管理局认真贯彻落实会议精神，并按照实施药品分类管理工作的总体部署和工作要求，较好地完成了2000年布置的各项任务。为全面推进药品分类管理工作，现将2001年工作要点印发给你们，请结合本地区情况，认真做好相关工作。

一、继续做好非处方药药品审核登记工作。

（一）第二批《国家非处方药药品目录》已经印发，我局将组织制定其药品使用说明书，各省、自治区、直辖市药品监督管理局要按照我局的统一部署，组织专门力量，认真做好审核登记工作。

（二）第一批《国家非处方药目录》审核登记工作已基本结束，个别尚未报备的省（区、市）药品监督管理局必须按规定要求完成报备。

（三）各省（区、市）药品监督管理局应通知药品生产企业按照我局国药管安［1999］425号文件要求，自2001年10月1日起，凡列入第一批《国家非处方药目录》的药品必须按审核登记后的药品标签、使用说明书、包装组织生产，原包装材料、使用说明书禁止继续使用。

二、实施药品分类管理的根本目的是加强处方药管理，规范非处方药管理，保证公众用药安全有效。《处方药与非处方药分类管理办法》的实施会带来社会诸多方面的变化，所以加强宣传工作十分重要，使各药品生产、经营、使用单位和广大消费者正确理解药品分类管理的重要意义，是顺利实施药品分类管理制度的重要保证。因此，各级药品监督管理机构都要把宣传药品分类管理作为一项长期任务来抓，要发动各方面力量，采取有效方式，结合新修订的《药品管理法》的宣传工作，积极开展形式多样的宣传活动。

今年，我局制作了“药品分类管理法规和知识宣传”展板，各地区如需要展出，请与局安全监管司联系。

三、各省（区、市）药品监督管理局要将流通领域推行药品分类管理工作列入重要议事日程。

(一) 流通领域推行药品分类管理工作是药品市场监督工作的重要组成部分，要与整治药品流通秩序、换发经营许可证、GSP 认证、药品广告审查监督管理等工作紧密结合起来。在2000 年省会城市、计划单列市、国务院确定的较大城市推行工作的基础上，今年要向地市以下地区推行。

(二) 普通商业企业销售乙类非处方药，要严格执行我局制定的《处方药与非处方药流通管理暂行规定》(国药管市 [1999] 454 号)，对未经审查批准即擅自销售乙类非处方药的要依法按无证经营药品查处。

(三) 新开办的药品零售企业必须达到药品分类管理的要求，不符合药品分类管理规定条件的，不得审核批准开办。

四、实施药品分类管理的药品零售企业必须配备执业药师或药师以上的药学专业技术人员，负责处方审核和消费者的用药咨询。

五、除大容量注射剂、粉针剂已规定必须凭医生处方才能销售外，自2001 年10 月1 日起，所有零售药店在销售小容量注射剂药品时，必须凭医生处方才能销售。

六、加强调查研究，完善法规体系。根据新修订后的《药品管理法》，2001 年我局将组织专门力量开展药品分类管理法规制定的调研工作，请各省（区、市）药品监督管理局给予必要的支持。

建立并完善药品分类管理制度是一项系统工程，各级药品监督管理部门都要充分认识到这项工作的复杂性、艰巨性和重要性，坚持“积极稳妥、分步实施、注重实效、不断完善”的工作方针，努力推进药品分类管理的各项工作。

药品分类管理工作涉及药品注册审批、药品再评价、药品不良反应监测、药品的包装、标签、使用说明书和药品流通规则、广告管理、处方管理、执业药师配备以及对药品生产、经营企业管理等药品监督管理的各个方面，各省（区、市）药品监督管理局在组织落实工作安排时，要做好内部协调，既要分清职责，又要紧密配合，明确一名局领导牵头负责协调工作，定期召开协调会议，部署落实各项任务。

各省（区、市）药品监督管理局要切实加强执法监督力量，按照我局药品分类管理工作的统一部署和工作要求加强组织，认真落实，确保工作的整体推进。同时，要深入基层，注重调查研究，听取各方面意见和建议，并将工作中遇到的重大问题和政策建议集中汇总后报我局安全监管司。

国家药品监督管理局
二〇〇一年七月二日

国家药品监督管理局文件

国药监人［2001］383号

关于印发国家执业药师资格制度2001年－2005年工作规划的通知

各省、自治区、直辖市药品监督管理局，国家药品监督管理局机关各司、室、监察局、直属各单位：

为贯彻落实新修订的《药品管理法》，加大执业药师的工作力度，努力建设一支高素质的执业药师队伍，现将《国家执业药师资格制度2001年－2005年工作规划》印发给你们，并提出以下要求：

一、各级药品监督管理部门和党政领导要从战略高度充分认识执业药师在药品监督管理工作中的重要地位和作用，增强责任感和紧迫感，把执业药师工作列入本部门重要议事日程，加强对执业药师工作的组织与领导。

二、各省、自治区、直辖市药品监督管理局要结合实际研究制定本地区贯彻落实《国家执业药师资格制度2001年－2005年工作规划》的实施方案，并认真组织实施，进一步扩大执业药师的数量，不断提高执业药师队伍的整体素质，适应国务院医药卫生三项制度改革和实施药品分类管理制度的需要，保障人民用药安全、有效、经济、合理。

特此通知。

国家药品监督管理局
二〇〇一年八月九日

国家执业药师资格制度
2001年–2005年工作规划

21世纪的第一个五年，是我国改革开放深入发展，社会主义市场经济逐步完善，全面实施现代化建设第三步战略部署的重要时期，也是进一步深化医药卫生体制改革、城镇职工基本医疗保险制度改革、医药流通体制改革和实施药品分类管理制度的关键时期。新修订《药品管理法》的出台，为执业药师工作提供了强有力的法律武器和良好的发展机遇，而目前我国执业药师的数量还远远不能满足医药卫生事业发展的需要，执业药师的整体素质和依法执业的能力也有待于进一步提高。为进一步加强执业药师工作，充分发挥执业药师在药品监督管理工作中的重要作用，保障人民用药安全、有效、经济、合理，特制定本规划。

一、指导思想

坚持以邓小平理论和江泽民总书记“三个代表”的重要思想为指导，紧密结合“十五”期间党中央和国务院对药品监督管理事业发展的总体要求，认真贯彻新修订的《药品管理法》及其实施办法，以推动国务院医药卫生三项制度改革和药品分类管理制度为目标，借鉴国际惯例，结合我国国情，积极配合实施药品分类管理规划、GSP、GMP认证规划及医疗机构药剂质量管理，坚持服务大局、突出重点、注重实效、分步实施的原则，积极推进执业药师工作健康发展。

二、总体目标

(一) 执业药师、从业药师数量目标

通过实施2001年药品使用单位符合规定条件的执业药师资格认定、2002年度各单位药学岗位符合规定条件的执业药师资格单科一次性考试认定政策、一年一度的执业药师资格考试和药品经营企业从业药师资格认定工作，达到以下数量目标：

1、2001年底执业药师人数达到4.5万人，从业药师人数达到0.8万人；

2、2002年底执业药师人数达到10.5万人，从业药师人数达到1.2万人；

3、2003年底执业药师人数达到12万人，从业药师人数达到1.5万人；

从业药师政策的有效期从2001年7月1日起到2004年6月30日。

4、2004年底执业药师人数达到13.5万人。

5、2005年底执业药师人数达到15万人。

(二) 2001年? 005年执业药师配备目标

1、2001年12月1日以后新开办的药品生产、经营企业必须配备执业药师。

2、实施药品分类管理，具有销售处方药和甲类非处方药资格的零售药店必须配备执业药师。

3、跨地域连锁经营的药品零售连锁企业质量管理工作的负责人必须是执业药师。

4、通过GSP认证的大中型药品零售企业必须配备执业药师。

5、通过GSP认证的药品批发企业质量管理机构负责人必须是执业药师。

6、通过GMP认证的药品生产企业的质量管理机构负责人必须是执业药师。

7、县级以上医疗机构药房和制剂室必须配备执业药师。

8、在2004年6月30日以前，药品经营企业可以配备从业药师来履行执业药师的职责。2004年6月30日以后，必须在相应岗位上配备执业药师。

三、保证措施

（一）加强领导，建立健全组织机构

1、按照《国务院批转国家药品监督管理局药品监督管理体制改革方案的通知》（国办发［2000］10号）和全国药品监督管理体制改革工作会议精神，省级以下药品监督管理机构改革工作于2001年全面启动，各级领导应把执业药师工作列入本部门的重要议事日程，建立健全组织机构，确保人员到位。

2、进一步加强与完善国家药品监督管理局执业药师资格认证中心的建设工作。

（二）加强执业药师立法政策调研，加快立法进程

国家药品监督管理局已经将制定《执业药师法》列入了2001年局立法计划，组织有关专家进行调研，起草执业药师法草案。积极申请将执业药师立法列入国务院和全国人大立法计划，加快执业药师立法进程，积极推动执业药师工作向前发展。

（三）研究制定药学技术人员从业资格制度，不断完善执业药师资格制度

认真贯彻落实新修订的《药品管理法》，在充分调研的基础上，借鉴国际惯例，结合中国国情，研究制定药学技术人员从业资格制度，不断完善执业药师资格制度，逐步适应社会主义市场经济体制的需要，主动迎接我国加入WTO后面临的严峻挑战。

（四）加强政策导向力度

加强政策导向，促进高等药学教育事业的健康发展。加强与国家教育部门及国内高等药学院校的沟通与联系，促使高等药学教育工作与执业药师资格制度紧密结合，为壮大执业药师队伍、提高执业药师素质奠定良好的基础。

紧密结合国务院医药卫生三项制度改革、实施药品分类管理制度和开展GSP、GMP认证以及医疗机构的药剂质量管理，加强政策配套，积极争取支持，加大执业药师的工作力度。要强化执业药师的职责，提高执业药师、从业药师的素质、地位和作用，维护执业药师、从业药师的合法权益，使其更好地履行义务，促进执业药师工作健康发展。

（五）加大执业药师工作政策宣传力度

以新修订的《药品管理法》宣传活动为契机，通过印发宣传材料、政府网站、报刊杂志、培训研讨及各种会议等多种形式大力宣传执业药师在药品监督管理工作中的重要作用，使各级领导高度重视、支持执业药师工作，使广大药学技术人员积极报考执业药师，使全社会普遍关注、理解和尊重执业药师。

（六）加强执业药师资格考试和继续教育工作的科学化、规范化和制度化建设

1、加强专家队伍建设，改进和完善考试办法和考试内容，开展执业药师标准化考试研究与测评，做好试题库建设工作。

2、充分利用教育资源，发挥各方面的积极性，加强执业药师、从业药师继续教育工作。使其达到较高的执业水平。吸收和借鉴国内外有关部门的先进经验，并运用远程教育的先进教学手段，降低成本，提高效率，不断提高执业药师继续教育的质量和水平。建

立和完善覆盖全国范围的国家药品监督管理局远程药事教育信息网。

3、加强执业药师培训中心的监督管理，确保执业药师继续教育的质量和水平。

（七）加强执业药师注册管理，实现注册工作的科学化、动态化、规范化管理

严格注册工作程序，规范注册登记工作。对注册工作实行计算机化管理，实现注册工作的科学化、规范化，加强执业药师的动态管理。

加强从业药师的监督管理工作和继续教育、培训工作，促使从业药师在3年政策有效期内严格履行执业药师的职责，坚持依法执业。

（八）加大对西部地区的政策扶持力度

积极争取财政经费及社会各方面的支持，进一步加大对西部地区的政策扶持力度，加强西部地区执业药师师资队伍建设工作，努力建设一支高素质的师资队伍。加强执业药师考前培训工作，扩大执业药师队伍的数量，提高执业药师队伍的素质，为西部地区人民服好务。

（九）加强执业药师工作的国际交流与合作

积极开辟执业药师的培训渠道，加强执业药师工作的国际交流与合作，组织从事执业药师工作的管理者及执业药师到国（境）外接受系统培训与考察，同时邀请国（境）外有关人员来华讲学，吸收、借鉴国（境）外在执业药师工作方面的先进管理经验和做法，逐步缩小我国与国外的差距，为实现执业药师的国际互认打下良好的基础。

（十）落实经费保障

积极争取财政拨付执业药师工作专项经费，努力争取社会各方面的支持，确保执业药师工作顺利开展。

国家药品监督管理局文件

国药监注［2001］377号

关于补发第一批非处方药药品使用说明书的通知

各省、自治区、直辖市药品监督管理局：

按照《关于第一批非处方药药品审核登记工作中若干问题说明的通知》（国药管安［2000］140号）的要求，截至2001年4月，我局共收到全国20多个省（区、市）药品监督管理局报送的100余个品种的资料。经研究，现将有关工作通知如下：

一、根据制定非处方药药品使用说明书的工作程序，经审核批准，对符合第一批国家非处方药目录审核登记的36个药品制剂，我局制定了统一的使用说明书。其中，中成药制剂9个，化学药品制剂27个，现予以印发（见附件）。

二、此次公布的36个非处方药药品使用说明书是2000年7月7日我局印发（国药管注［2000］273号）的第一批非处方药药品使用说明书的补充，各省（区、市）药品监督管理局应按照第一批非处方药药品审核登记的规定要求受理上述品种的审核登记工作。

三、根据《关于公布第一批国家非处方药目录乙类非处方药药品名单的通知》（国药监安［2001］253号），在对上述非处方药药品审核登记时，应分别按甲类或乙类非处方药药品进行审核登记，全部工作应在2001年12月31日前完成，并按原要求报备国家药品监督管理局安全监管司、国家药典委员会、中国药品生物制品检定所。

请各有关省（区、市）药品监督管理局接此通知后，传达到相关药品生产企业，并尽快部署好审核登记工作。

特此通知。

附件：非处方药药品使用说明书目录

国家药品监督管理局

二〇〇一年八月十日

附件：

非处方药药品使用说明书目录

中成药

木香顺气丸
人参归脾丸
益母草胶囊
儿童清肺丸
活血止痛胶囊
小儿感冒颗粒
葛根芩连胶囊
藿香正气颗粒
肤痒颗粒

化学药

克霉唑涂膜
甲硝唑胶浆含嗽液
复方对乙酰氨基酚片
对乙酰氨基酚片
对乙酰氨基酚混悬液
对乙酰氨基酚混悬滴剂
对乙酰氨基酚溶液
氨酚伪麻那敏咀嚼片
氨酚伪麻片
双扑伪麻片
美尔伪麻溶液
咖酚伪麻片
氨酚伪麻美那敏片
美尔伪麻溶液
布洛芬乳膏
阿司匹林钙－脲散（三种规格）
硫糖铝混悬液
盐酸雷尼替丁片
氢溴酸右美沙芬口服液
氢溴酸右美沙芬糖浆剂
酚咖片
美扑伪麻片
枸橼酸钙咀嚼片
维 D 钙咀嚼片
壬苯醇醚栓
十维铁咀嚼片
乙酰半胱氨酸颗粒剂
注：使用说明书（略）

国家药品监督管理局文件

药监安函［2001］197号

关于征求第二批国家非处方药药品使用说明书意见的通知

各省、自治区、直辖市药品监督管理局：

根据我局2001年药品分类管理的工作安排，现已完成第二批非处方药药品使用说明书（征求意见稿，下称征求意见稿）的起草工作。为保证药品使用说明书内容科学、易懂，确保患者用药安全有效，我局在组织临床医、药学专家进行审定的同时，决定请各省（自治区、直辖市）药品监督管理局组织征求对征求意见稿的意见。

由于时间紧、文件内容多，我局将此次征求意见稿登录在国家药品监督管理局网站（www.sda.gov.cn）和局药品评价中心网站（www.cdr.gov.cn）上，请下载后组织征求意见，并请于9月20日前将意见汇总后报送我局安全监管司。

各省（自治区、直辖市）药品监督管理局可根据情况组织医、药专家和部分药品生产、经营企业进行讨论，也可以采取不同形式请相关生产企业提出建议。

在组织征求意见过程中，有任何问题可直接与安全监管司药品评价处联系。

联系电话：(010) 68313344-1049、1029

国家药品监督管理局安全监管司

二〇〇一年八月二十三日

国家药品监督管理局文件

国药监办［2001］391号

关于加强药品有效期的管理、做好实施新修订的《中华人民共和国药品管理法》准备工作的通知

各省、自治区、直辖市药品监督管理局，解放军总后卫生部，武警总后勤部卫生部：

根据《中华人民共和国主席令》（第四十五号），新修订的《中华人民共和国药品管理法》（下称《药品管理法》将于2001年12月1日起施行。为确保新修订的《药品管理法》的贯彻执行，切实做好施行前的准备工作，现将加强药品有效期管理、搞好药品有效期监督管理衔接工作的有关问题通知如下：

一、各省、自治区、直辖市药品监督管理部门要向辖区内药品生产企业进一步广泛宣传新修订的《药品管理法》对药品有效期的有关规定；应要求企业对尚未规定和标明有效期的药品，在2001年12月1日前必须依法并按照有关技术要求完成制定和标明药品有效期的相关工作；督促企业做好执行新修订的《药品管理法》的准备工作，确保2001年12月1日起新修订的《药品管理法》顺利施行。

各药品生产、经营企业须认真学习新修订的《药品管理法》，对尚未制定和标明有效期的药品，在2001年12月1日前应注意准确估计市场需求，合理组织生产、经销，避免超过市场需求过多生产、经销而造成不必要的损失和浪费。

二、凡2001年12月1日后生产和上市销售的药品必须标明有效期，未标明有效期的药品不得生产、销售。

三、对2001年12月1日前生产且已销售进入流通领域和医疗机构使用单位的尚未制定和标明有效期的药品，凡符合药品质量标准的，可销售、使用到2002年6月30日。

四、对2001年12月1日前药品生产企业生产，但未出厂销售的尚未制定和标明药品有效期的药品，自2001年12月1日起不得出厂销售，违者按新修订的《药品管理法》有关规定查处；药品生产企业应对该类药品再进行有关稳定性试验，并根据试验数据和结果确定药品有效期，报省（区、市）药品监督管理部门备案，同时在药品每一最小包装单位标明该药品的有效期后方可出厂销售。对该类药品中的中药，药品生产企业应根据

该中药既往储存时间和质量的实际情况，在保证药品质量、承担相应质量责任的前提下确定有效期，但有效期最长时间期限一般不得超过5年。标注有效期的方式，可以在包装、标签和说明书上加盖或加印“有效期至×年×月”；也可以另行印刷标明有效期的包装、标签和说明书，属上述情况的产品，流通截止日期为2002年12月31日。

五、各省（区、市）药品监督管理部门须加大对“药品有效期”的专项监督检查，加快有效期审查备案工作进度，对辖区内每一药品生产企业的每一品种有效期制定情况掌握清楚，切实做好施行新修订的《药品管理法》的准备工作。既确保2001年12月1日后上市销售的药品的质量，又依法并合理解决遗留的问题。执行过程中遇有特殊问题应及时与我局药品注册司联系。

以上请遵照执行。

国家药品监督管理局

二〇〇一年八月二十七日

国家药品监督管理局文件

国药监市［2001］415号

关于停止在大众媒介发布小容量注射剂药品广告的通知

各省、自治区、直辖市药品监督管理局、工商行政管理局：

为加强处方药管理工作，国家药品监督管理局《关于做好2001年药品分类管理工作的通知》（国药监办［2001］319号）已决定自2001年10月1日起，零售药店在销售小容量注射剂药品时，必须凭医师处方才能销售。为进一步贯彻落实药品分类管理的政策规定，决定自2001年11月1日起停止在大众媒介发布小容量注射剂药品广告。各省、自治区、直辖市药品监督管理局自接到本通知之日起，停止受理小容量注射剂药品在大众媒介的广告申请。

各地药品监督管理部门，要加强对小容量注射剂药品广告发布情况的检查，发现违法发布的，要及时移送同级工商行政管理部门查处。

各级工商行政管理部门对违法发布小容量注射剂药品广告的行为要及时查处。

特此通知。

国家药品监督管理局
二〇〇一年九月十二日

国家药品监督管理局文件

国药监市［2001］445号

关于公布第三批药品零售跨省连锁试点企业名单的通知

各省、自治区、直辖市药品监督管理局：

根据国家药品监督管理局《关于进行药品零售跨省连锁企业试点工作的通知》（国药管市［2001］165号）和《关于印发药品零售跨省连锁试点企业条件的通知》（国药管市［2000］220号）的精神，经省、市药品监督管理部门推荐，我局研究批准山西竹林大药房连锁公司等8家企业（名单见附件）为第三批药品零售跨省连锁试点企业。

特此通知。

附件：第三批药品零售跨省连锁试点企业名单

国家药品监督管理局

二〇〇一年十月十一日

附件：

第三批药品零售跨省连锁试点企业名单

1．山西省竹林大药房连锁公司
2．东北大药房
3．上海复星大药房连锁经营有限公司
4．上海雷允上药品连锁经营有限公司
5．浙江胡庆余堂国药号有限公司
6．合肥大药房
7．深圳市万泽医药连锁有限公司
8．深圳市合丹医药连锁有限公司

国家药品监督管理局文件

国药监办［2001］465号

关于组织开展《中国人民共和国药品管理法》宣传月活动的通知

各省、自治区、直辖市药品监督管理局：

新修订的《中华人民共和国药品管理法》（以下简称《药品管理法》）实施在即，为了落实我局提出的《药品管理法》宣传工作意见（国药监办［2001］第134号文件），面向广大人民群众宣传药品监督管理法规和安全科学用药知识，经研究，定于2001年11月，组织各级地方药品监督管理部门及有关社会团体，在全国范围内大张旗鼓地开展《药品管理法》宣传月活动，使广大消费者了解新修订的《药品管理法》与自己切身利益的密切关系，了解药品监督管理的有关政策法规和安全、合理用药的科技知识，增强用法律维护自身权益的意识，把学习宣传《药品管理法》的工作推向高潮。

一、按照我局3月14日发出的国药监办［2001］第134号文件中，提出的《药品管理法》宣传工作意见，在2001年11月，以"《药品管理法》和我"为题，开展《药品管理法》宣传月活动，把学习宣传《药品管理法》的工作落到实处。

我们要从贯彻落实江泽民同志"三个代表"的思想和十五届六中全会精神的高度来看待《药品管理法》的宣传工作，认真落实国家药品监督管理局统一部署，加强领导，统一组织，动员各方面的积极力量，采取多种形式，面向广大人民群众和医药工商企业及药品使用单位，大力宣传药品监督管理法规和安全科学用药知识，为《药品管理法》的实施营造良好的舆论氛围。

二、活动期间，国家药品监督管理局将组织力量编撰、印制、分发有关药品监督管理政策法规以及安全、合理用药科技知识的宣传材料，包括法规宣传手册、安全购药指南、科学用药常识等几方面的内容。同时根据条件，与新闻单位等有关方面配合，组织举办《药品管理法》知识竞赛、专题晚会，建立药品打假基金和组织宣传小分队深入基层开展各种宣讲、展览、咨询等全国性活动。

三、各级地方药品监督管理部门，应按照国家药品监督管理局统一安排，结合各地的实际情况，因地制宜，开展各具特色的宣传活动，如举办法律和科技知识展览及讲座、开展现场咨询答疑、刊播宣传专题节目或专题文章、发放宣传普及材料等。要千方百计扩大受众面，组织力量深入基层，深入农村，使活动开展得既有广度，又有深度。在活动中，除充分利用统一印发的宣传材料外，各地药品监督管理部门也可根据实际情况的需要，自行组织力量，编印各种宣传材料。

四、在宣传月活动中，我们要看到药品监督管理工作蓬勃发展的新形势，利用新修订的《药品管理法》颁布实施的契机，在大力宣传《药品管理法》和科学用药知识的同时，与新闻单位密切配合，加大正面宣传力度，多方面、多层次地反映加强药品监督管理工作给社会生活和医药经济发展带来的积极影响，宣传药品监督管理工作的地位和作用，树立药品监督管理部门的权威性，形成有利于药品监督管理工作发展的舆论攻势，重大宣传活动和重要题材的宣传报道要及时上报。

五、人民群众对《药品管理法》的认知程度是这部法律实施的社会基础，各级药品监督管理部门一定要高度重视这次宣传月活动，切实加强组织领导，抽调专门力量，统一安排，统一行动，创造声势，突出实效，并注意为今后的宣传教育活动创造和积累经验。宣传月活动结束后，请各地药品监督管理部门写出活动总结上报我局办公室。

特此通知。

国家药品监督管理局
二〇〇一年十月三十日

国家药品监督管理局
国家工商行政管理局 文件

国药监市［2001］476号

关于加强药品广告审查监督管理工作的通知

各省、自治区、直辖市药品监督管理局，工商行政管理局：

新修订的《药品管理法》规定，处方药不得在大众传播媒介发布广告或者以其他方式进行以公众为对象的广告宣传。根据药品分类管理的实施原则和进展的实际情况，为切实贯彻《药品管理法》，现就有关问题通知如下：

一、关于处方药的广告

（一）自2001年12月1日起，各省、自治区、直辖市药品监督管理局停止受理和审批下列药品申请在大众媒介发布的广告，下列药品广告已经审批，且广告审查批准文号在有效期内的，自2002年2月1日起停止在大众媒介发布广告。

1、非抗生素类抗感染处方药；

2、激素类处方药；

3、用于治疗心绞痛、高血压、肝炎、糖尿病的处方药。

（二）国家药品监督管理局和国家工商行政管理局已确定的粉针剂、大容量注射剂、小容量注射剂、抗生素类处方药和已明确的其他品种仍不允许在大众媒介发布广告。

（三）根据我国首次批准上市的新药5年内不得参加非处方药遴选的规定，国家药品监督管理局对首次批准上市5年内的新药按处方药管理。决定1997年1月1日之后首次批准上市的新药自2001年12月1日起，各省、自治区、直辖市药品监督管理局停止受理和审批大众媒介广告。已经审批，且广告审查批准文号在有效期内的，自2002年2月1日起停止在大众媒介发布广告。上市满5年后，被确定为非处方药品种的，方可申请在大众媒介进行广告宣传。

（四）根据国家对药品分类管理品种的遴选进度，至2002年11月30日止，除已确定为非处方药的品种外，一律不得在大众媒介发布广告。

二、关于地方标准药品的广告

（一）地方标准的中药保健药品、中成药、化学药品正在整顿中，对不能上升为国家标准，已确定被淘汰的品种，要立即撤消药品广告批准文号，停止发布其广告。

（二）对整顿中的地方标准中药保健药品、中成药、化学药品，除已明确规定不得在大众媒介发布广告的处方药，自2002年4月1日起对不能提供上升为国家标准有效证明的品种，各省、自治区、直辖市药品监督管理局停止受理广告申请，对已取得广告批准文号并在有效期之内的广告，允许发布至2002年6月30日。2002年7月1日之后，地方标准品种禁止在任何媒介发布广告。

三、自2001年12月1日起，申请发布经遴选公布的非处方药药品广告，广告主必须提供经国家药品监督管理局审定的非处方药药品使用说明书；各省、自治区、直辖市药品监督管理局对非处方药药品广告内容的审查，必须以国家药品监督管理局审定的使用说明书为准。

四、各省、自治区、直辖市药品监督管理局要严格按本通知要求的时限，做好药品广告审查工作。2001年12月1日之后，要对辖区内广告发布情况进行检查，发现违法发布广告的，要及时移送同级工商行政管理部门查处。

五、各级工商行政管理部门要加强对违法药品广告的监督查处，对违法发布药品广告的，按《广告法》查处。

国家药品监督管理局
中华人民共和国工商行政管理总局
二OO一年十一月五日

国家药品监督管理局文件

国药监注［2001］482号

关于印发《药品包装、标签规范细则（暂行）》的通知

各省、自治区、直辖市药品监督管理局、中国生物制品标准化委员会办公室：

为进一步贯彻落实国家药品监督管理局第23号局令，清理、整顿药品包装、标签和说明书，我局已于2001年4月10日下发了《关于贯彻落实23号令，统一药品批准文号工作的通知》（国药监注［2001］187号），对这项工作的组织分工、计划等做了安排。

为确保该项工作的质量与进度，便于各省（区、市）药品监督管理局审核药品的包装、标签，我局组织有关人员在广泛征求各方面意见的基础上，参照23号局令起草了《药品包装、标签规范细则（暂行）》，现予下发，请各省（区、市）药品监督管理部门在审核辖区内药品的包装、标签时遵照执行。

鉴于此项工作时间紧、任务重，请各省（区、市）药品监督管理局和中国生物制品标准化委员会办公室在此项工作中注意总结经验，加强与专项工作小组的联系，遇有问题及时沟通，共同完成好这项工作。

特此通知。

附件：药品包装、标签规范细则（暂行）

国家药品监督管理局

二〇〇一年十一月七日

附件：

药品包装、标签规范细则（暂行）

根据国家药品监督管理局第23号局令，进一步加强和规范药品的包装、标签管理，确保《药品包装、标签和说明书管理规定》（暂行）的贯彻实施，特制定本细则。

总体要求

一、药品包装、标签必须按照国家药品监督管理局规定的要求印制，其文字及图案不得加入任何未经审批同意的内容。药品的包装分为内包装和外包装。药品包装、标签内容不得超出国家药品监督管理局批准的药品说明书所限定的内容。

二、药品包装、标签上印刷的内容对产品的表述要准确无误，除表述安全、合理用药的用词外，不得印有各种不适当宣传产品的文字和标识：如“国家级新药”、“中药保护品种”、“GMP认证”、“进口原料分装”、“监制”、“荣誉出品”、“获奖产品”、“保险公司质量保险”、“公费报销”、“现代科技”、“名贵药材”等。

三、药品的商品名须经国家药品监督管理局批准后方可在包装、标签上使用。商品名不得与通用名连写，应分行。商品名经商标注册后，仍须符合商品名管理的原则。通用名与商品名用字的比例不得小于1：2（指面积）。通用名字体大小应一致，不加括号。未经国家药品监督管理局批准作为商品名使用的注册商标，可印刷在包装标签的左上角或右上角，其字体不得大于通用名的用字。

四、同一企业、同一药品的相同规格品种（指药品规格和包装规格两种），其包装、标签的格式及颜色必须一致，不得使用不同的商标。同一企业的相同品种如有不同规格，其最小销售单元的包装、标签应明显区别或规格项应明显标注。

五、药品的最小销售单元，系指直接供上市药品的最小包装。每个最小销售单元的包装必须按照规定印有标签并附有说明书。

六、麻醉药品、精神药品、医疗用毒性药品、放射性药品等特殊管理的药品、外用药品、非处方药品在其大包装、中包装、最小销售单元和标签上必须印有符合规定的标志；对贮藏有特殊要求的药品，必须在包装、标签的醒目位置中注明。

七、进口药品的包装、标签除按本细则规定执行外，还应标明“进口药品注册证号”或“医药产品注册证号”、生产企业名称等；进口分包装药品的包装、标签应标明原生产国或地区企业名称、生产日期、批号、有效期及国内分包装企业名称等。

八、经批准异地生产的药品，其包装、标签还应标明集团名称、生产企业、生产地点；经批准委托加工的药品，其包装、标签还应标明委托双方企业名称、加工地点。

九、凡在中国境内销售和使用的药品，包装、标签所用文字必须以中文为主并使用国家语言文字工作委员会公布的现行规范文字。民族药可增加其民族文字。企业根据需要，在其药品包装上可使用条形码和外文对照；获我国专利的产品，亦可标注专利标记和专利号，并标明专利许可的种类。

十、包装标签有效期的表达方法，按年月顺序。一般表达可用有效期至某年某月，或只用数字表示。如有效期至2001年10月，或表达为有效期至2001.10、2001/10、2001-10等形式。年份要用四位数字表示，1至9月份数字前须加0以两位数表示月份。

各类药品包装、标签内容

一、化学药品与生物制品、制剂：

（一）内包装标签内容包括：

【药品名称】、【规格】、【适应症】、【用法用量】、【贮藏】、【生产日期】、【生产批号】、【有效期】及【生产企业】。由于包装尺寸的原因而无法全部标明上述内容的，可适当减少，但至少须标注【药品名称】、【规格】、【生产批号】三项（如安瓿、滴眼剂瓶、注射剂瓶等）。

（二）直接接触内包装的外包装标签内容包括：

【药品名称】、【成分】、【规格】、【适应症】、【用法用量】、【贮藏】、【不良反应】、【禁忌症】、【注意事项】、【包装】、【生产日期】、【生产批号】、【有效期】、【批准文号】及【生产企业】。由于包装尺寸的原因而不能注明不良反应、禁忌症、注意事项，均应注明"详见说明书"字样。

对预防性生物制品，上述【适应症】项均应列为【接种对象】。

（三）大包装标签内容包括：

【药品名称】、【规格】、【生产批号】、【生产日期】、【有效期】、【贮藏】、【包装】、【批准文号】、【生产企业】及运输注意事项或其他标记。

二、原料药标签内容包括：

【药品名称】、【包装规格】、【生产批号】、【生产日期】、【有效期】、【贮藏】、【批准文号】、【生产企业】及运输注意事项或其它标记。

三、中药制剂：

（一）内包装标签内容包括：

【药品名称】、【规格】、【功能与主治】、【用法用量】、【贮藏】、【生产日期】、【生产批号】、【有效期】及【生产企业】。因标签尺寸限制无法全部注明上述内容的，可适当减少，但至少须标注【药品名称】、【规格】、【生产批号】三项，如安瓿、注射剂瓶等。中药蜜丸蜡壳至少须标注【药品名称】。

（二）直接接触内包装的外包装标签内容包括：

【药品名称】、【成分】、【规格】、【功能与主治】、【用法用量】、【贮藏】、【不良反应】、【禁忌症】、【注意事项】、【包装】、【生产日期】、【生产批号】、【有效期】、【批准文号】及【生产企业】。由于包装尺寸的原因而不能注明不良反应、禁忌症、注意事项，均应注明"详见说明书"字样。

（三）大包装标签内容包括：

【药品名称】、【规格】、【生产批号】、【生产日期】、【有效期】、【贮藏】、【包装】、【批准文号】、【生产企业】及运输注意事项或其他标记。

本细则自颁布之日起施行。

本细则由国家药品监督管理局负责解释。

国家药品监督管理局文件

药监市函［2001］162号

关于部分禁止在大众媒介发布药品广告品种的说明

各省、自治区、直辖市药品监督管理局：

为切实贯彻《药品管理法》，根据我局与国家工商行政管理总局下发的《关于加强药品广告审查监督管理工作的通知》（国药监市［2001］476号）规定，部分处方药自2001年12月1日起，各省、自治区、直辖市药品监督管理局停止受理和审批广告。现将该文规定禁止在大众媒介发布药品广告的品种做如下说明：

一、非抗生素类抗感染处方药

1、喹诺酮类药

2、抗真菌类药

3、抗病毒类药

4、抗结核病类药

5、磺胺类药

6、其他化学及天然抗菌类药

二、激素类处方药

1、肾上腺皮质激素类药

2、雌激素及孕激素类药

3、子宫收缩药及抗生育类药

4、胰腺激素及其他调节血糖类药

5、甲状腺激素及抗甲状腺类药

6、雄性激素及同化激素类药

7、垂体激素类药

三、用于治疗心绞痛、高血压、肝炎、糖尿病的处方药，无论其使用说明书是否同时标示其他适应症，只要其中标示有以上适应症的，均不得受理于大众媒介的广告申请。

国家药品监督管理局市场监督司

二〇〇一年十一月十二日

国家药品监督管理局文件

国药监注 [2001] 522 号

关于有关地方药品标准执行问题的公告

九届全国人民代表大会常务委员会第二十次会议通过修订的《中华人民共和国药品管理法》自2001年12月1日起施行。该法中第三十二条规定“药品必须符合国家药品标准”。明确取消了地方药品标准。根据《国务院办公厅关于施行〈药品管理法〉有关药品标准延期执行问题的复函》(国办函 [2001] 68号) 意见，从2001年12月1日起至2002年11月30日，国家药品监督管理局应当对《药品管理法》修订前各省、自治区、直辖市药品监督管理部门按照当时实行的地方药品标准批准生产的药品品种，逐个进行审查，经审查，对符合《中华人民共和国药品管理法》有关规定的，纳入国家药品标准，可以继续生产；对不符合规定的，立即停止该品种的生产并撤消其批准文号。

特此公告。

国家药品监督管理局
二〇〇一年十一月三十日

国家药品监督管理局文件

国药监市［2001］534号

关于公布允许发布处方药广告的医学药学专业刊物名单的通知

根据《中华人民共和国药品管理法》第六十条规定，经卫生部和国家药品监督管理局共同审核，确定351种刊物为医学、药学专业刊物。现将《高血压杂志》等104种医学、药学专业刊物名单予以公布。其他247种医学、药学专业刊物名单详见国家药品监督管理局、国家工商行政管理总局和新闻出版署联合下发的《关于公布允许刊播处方药广告的第一批医药专业媒体名单的通知》(国药监市［2001］39号)和国家药品监督管理局、卫生部联合下发的《关于公布允许刊播处方药广告的第二批医药专业媒体名单的通知》(国药监市［2001］278号)。

特此通知。

附件：医学、药学专业刊物名单

国家药品监督管理局
二〇〇一年十二月五日

附件：

医学、药学专业刊物名单

序号	医学、药学专业刊物中文名称	CN 号	登记地	广告经营许可证号
1	高血压杂志	35-1175/R	福州市	3500004000357
2	中国医院	11-4674/R	北京市	京宣工商广字第 0056 号
3	中国介入心脏病学杂志	11-3155/R	北京市	京海工商广字第 0299 号
4	当代医学	11-4449/R	北京市	京崇工商广字第 0032 号
5	北京医学	11-2273/R	北京市	京东工商广字第 0093 号
6	中国激光医学杂志	11-2926/R	北京市	京崇工商广字第 0007 号
7	国外医学一医院管理分册	11-2416/R	北京市	京海工商广字第 0299 号
8	药学学报	11-2163/R	北京市	京宣工商广字第 0057 号
9	中医药信息	23-1194/R	哈尔滨	2301004050015
10	航空航天医药	23-1379/R	哈尔滨	2301004070005
11	伤残医学杂志	23-1402/R	哈尔滨	2301004010074
12	针灸临床杂志	23-1354/R	哈尔滨	2301004050015
13	中医药学报	23-1193/R	哈尔滨	2301004050015
14	中国急救医学	23-1201/R	哈尔滨	2301004010046
15	中国初级卫生保健	23-1147/R	哈尔滨	2301004040006
16	中国医院管理	23-1041/C	哈尔滨	2301004040007
17	中国卫生经济	23-1042/F	哈尔滨	2301004040005
18	中国地方病学杂志	23-1276/R	哈尔滨	2301004010006
19	黑龙江医学	23-1326/R	哈尔滨	2301004010054
20	肝脏	31-1775/R	上海市	3101074000094
21	中国抗感染化疗杂志	31-1844/R	上海市	沪工商广临字 06109 号
22	肿瘤	31-1372/R	上海市	3101044000177

序号	医学、药学专业刊物中文名称	CN 号	登记地	广告经营许可证号
23	国外医学骨科学分册	31-1838/R	上海市	3101044000020
24	中国肿瘤生物治疗杂志	31-1725/R	上海市	3101104000024
25	吉林中医药	22-1119/R	长春市	2200004100108
26	延边医学	22-1163/R	延吉市	2224005000036
27	北华大学学报	22-1316/N	吉林市	20010029
28	白求恩医科大学学报	22-5009/R	长春市	2200004300041
29	中国老年学杂志	22-1153/R	长春市	2200041001010
30	中国妇幼保健	22-1127/R	长春市	2200041001010
31	中国社区医师	22-1134/R	长春市	2200004200123
32	中风与神经疾病杂志	22-1137/R	长春市	2201004030076
33	人参研究	22-1156/S	通化市	2205025199011
34	临床肝胆病杂志	22-1108/R	长春市	2201005030549
35	中国免疫学杂志	22-1126/R	长春市	2200041001010
36	中国生物制品学杂志	22-1158/R	长春市	2201003050150
37	吉林医学	22-1115/R	长春市	220000430044
38	中国肿瘤临床	12-1098/R	天津市	1201034000040
39	天津医药	12-1110/R	天津市	1201014000087
40	中国中西医结合外科杂志	12-1171/R	天津市	1201044000224
41	新疆医药保健	65-1221/R	乌鲁木齐	6500006000150
42	维吾尔医药	65-1026/R	乌鲁木齐	6500006000090
43	现代诊断与治疗	36-1086/R	南昌市	3601004000013
44	江西中医药	36-1039/R	南昌市	3601004000002
45	实用癌症杂志	36-1101/R	南昌市	3601004000006
46	实用临床医学	36-1242/R	南昌市	3600004000043
47	眼外伤职业眼病杂志	41-1181/R	郑州市	4100004000366

序号	医学、药学专业刊物中文名称	CN 号	登记地	广告经营许可证号
48	中医研究	41-1124/R	郑州市	4100001000675
49	河南诊断与治疗杂志	41-1156/R	郑州市	4100004000416
50	河南医药信息	41-1197/R	郑州市	4100004000346
51	眼科研究	41-1095/R	郑州市	豫临广字 01003 号
52	河南中医	41-1114/R	郑州市	豫工商广字 291 号
53	中医正骨	41-1162/R	洛阳市	4103004000015
54	眼科新进展	41-1105/R	新乡市	4107004000007
55	新乡医学院学报	41-1186/R	新乡市	4107004000007
56	实用儿科临床杂志	41-1106/R	新乡市	4107004000007
57	中医药学刊	21-1440/R	沈阳市	2101004104035
58	医学与哲学	21-1093/R	大连市	大临广审字(2000)018 号
59	实用护理杂志	21-1146/R	大连市	大临广审字(2000)018 号
60	中国生化药物杂志	32-1120/R	南京市	3200004960340
61	医药导报	42-1171/R	武汉市	4201004000620
62	医药新知杂志	42-1220/R	武汉市	4200005000326
63	中华实验外科杂志	42-1213/R	武汉市	武工商广字第 190 号
64	临床内科杂志	42-1139/R	武汉市	武工商广字第 190 号
65	临床外科	42-1334/R	武汉市	武工商广字第 190 号
66	华中医学杂志	42-1414/R	武汉市	武工商广字 01-7 号
67	湖北中医	42-1109/R	武汉市	武工商广字 05-70 号
68	临床放射学杂志	42-1107/R	黄石市	4202024000007
69	临床消化病杂志	42-1315/R	武汉市	武工商广字 02-18 号
70	口腔医学纵横	42-1170/R	武汉市	4201004000419
71	德国医学	42-1120/R	武汉市	4201004000844

序号	医学、药学专业刊物中文名称	CN 号	登记地	广告经营许可证号
72	中国心脏起搏与心电生理杂志	42-1421/R	武汉市	武工商广字 686 号
73	时珍国医国药	42-1436/R	黄石市	黄工商广字 0206 号
74	听力学及言语疾病杂志	42-1391/R	武汉市	武工商广字 243 号
75	临床口腔医学杂志	42-1182/R	武汉市	武工商广字 04-1 号
76	微循环学杂志	42-1321/R	武汉市	武工商广字 215 号
77	肿瘤防治研究	42-1241/R	武汉市	武工商广字 257 号
78	中西医结合肝病杂志	42-1322/R	武汉市	4201004000402
79	卒中与神经疾病	42-1402/R	武汉市	武工商广字 195 号
80	中国中西医结合消化杂志	42-1612/R	武汉市	武工商广字 02-16 号
81	临床血液学杂志	42-1284/R	武汉市	4201004000319
82	临床耳鼻咽喉科杂志	42-1132/R	武汉市	4201004000319
83	临床泌尿外科杂志	42-1131/R	武汉市	4201004000319
84	临床心血管病杂志	42-1130/R	武汉市	4201004000319
85	中国普通外科杂志	43-1213/R	长沙市	4301004000076
86	中国医师杂志	43-1274/R	长沙市	4300004000026
87	实用预防医学	43-1223/R	长沙市	4300004000048
88	中国现代手术学杂志	43-1155/R	长沙市	4300004000485
89	中国临床心理学杂志	43-1214/R	长沙市	湘长广字 C-0002 号
90	中国耳鼻咽喉颅底外科杂志	43-1241/R	长沙市	4300004000037
91	中国当代儿科杂志	43-1170/R	长沙市	4301004000016
92	湖南中医杂志	43-1054/R	长沙市	湘工商广字 128 号
93	中国现代医学杂志	43-1225/R	长沙市	4301004000086
94	中国内镜杂志	43-1256/R	长沙市	4301004000087
95	当代护士	43-1229/R	长沙市	4301004000084

序号	医学、药学专业刊物中文名称	CN 号	登记地	广告经营许可证号
96	中国动脉硬化杂志	43-1262/R	衡阳市	4304005020099
97	新中医	44-1231/R	广州市	4400004000403
98	中国微侵袭神经外科杂志	81-1026/R	广州市	穗临广登字 2000 第 1024 号
99	中药新药与临床药理	44-1308/R	广州市	4400004000357
100	广州中医药大学学报	44-1425/R	广州市	4400004000036
101	中华急诊医学杂志	11-4656/R	杭州市	3301004000092
102	卫生经济研究	33-1056/F	杭州市	3301004000075
103	浙江中医杂志	33-1083/R	杭州市	3301004000038
104	中国神经免疫学和神经病学杂志	11-3552/R	北京市	京东工商广字第 0096 号

国家药品监督管理局文件

国药监安［2001］547号

关于开展处方药品转换评价为非处方药品申报工作的通知

各省、自治区、直辖市药品监督管理局：

按照药品分类管理工作的整体部署，我局已进行了两次非处方药的遴选工作，为贯彻新修订的《药品管理法》，根据《处方药与非处方药分类管理办法》（试行），经研究决定，在原有的遴选基础上，拟开展部分处方药品转换评价为非处方药品的申报工作。现将有关工作部署如下：

一、处方药品转换评价为非处方药品是指对已批准生产销售的处方药品，按照非处方药品的遴选原则，由药品生产企业提出申请，经国家药品监督管理局组织评价，确定为非处方药品的，公布后核发《非处方药品审核登记证书》。

二、本次处方药品转换评价为非处方药品的申报范围：

（一）已列入第一批、第二批《国家非处方药药品目录》的品种，其新增（或改变）剂型、规格并在2001年12月31日前取得国家药品监督管理局核发批准文号的药品（药品质量标准应为正式标准）。

（二）2000年1月1日以后，地方标准药品经整顿升为国家标准的，并取得国家药品监督管理局核发批准文号的药品（药品质量标准应为正式标准）。

（三）1997年1月1日以后批准上市的化学药品复方制剂，其活性成分已在公布的《国家非处方药药品目录》中且与《国家非处方药药品目录》同类品种适应症相同的药品。

1997年1月1日以后批准上市的中成药制剂，其功能主治与《国家非处方药药品目录》同类品种相同的药品。

三、本次申报转换评价工作程序：

（一）凡符合申报范围条件的药品生产企业（进口药品由代理商）可向所在地省级药品监督管理局提出申请，并按规定填报《处方药品转换评价非处方药品申报表》（下称《申报表》）并提供以下资料：

1．药品生产批件（复印件）；

2．药品质量标准（复印件）；

3．药品使用说明书；

4．该药品上市前的药理学和毒理学等报告；

5．该药品上市后的药品不良反应监测和有关临床资料的报告。

（二）省、自治区、直辖市药品监督管理局接到药品生产企业申报资料后，对其药品证明文件和资料的真实性、完整性进行审查，对存在药品不良反应大、文件资料不真实、不完整的予以退审；符合审核条件的，在《申报表》上签署意见加盖公章后并附本通知（一）中的资料各一式一份，于2002年2月28日前集中报送国家药品监督管理局安全监管司。

（三）国家药品监督管理局安全监管司对省级药品监督管理局报送的初审通过的药品，按照我局已确定的非处方药遴选原则进行审查，符合条件的予以受理。

（四）国家药品监督管理局安全监管司对已确定受理的药品组织有关单位和专家按照“应用安全、疗效确切、质量稳定、使用方便”的遴选原则进行医学和药学评价。国家药品监督管理局药品评价中心负责对报送资料的技术审核工作。

四、有关工作说明：

各省、自治区、直辖市药品监督管理局要认真按照国家药品监督管理局发布的药品分类管理文件的有关要求，根据职责组织和部署安排好相应工作。对逾期申报的资料，我局将予不受理。

确定并公布非处方药药品目录后，有关非处方药品使用说明书的制定审批、非处方药品审核登记及相关工作由我局另行安排。

附件：处方药品转换评价非处方药品申报表

国家药品监督管理局
二〇〇一年十二月十一日

附件：

处方药品转换评价非处方药品申请表

申报范围：　　　　　　　　　　　　　　　收审编号：

<table>
<tr><td>企 业 名 称
（盖　　章）</td><td colspan="6"></td></tr>
<tr><td colspan="5">地址</td><td>邮　编</td><td></td></tr>
<tr><td>企业负责人</td><td colspan="3"></td><td>电　话</td><td colspan="2"></td></tr>
<tr><td>申报负责人</td><td></td><td>电　话</td><td></td><td>传　真</td><td colspan="2"></td></tr>
<tr><td>药品名称</td><td colspan="6">正式名称：
英文名：
汉语拼音：</td></tr>
<tr><td>剂型</td><td></td><td>规　格</td><td colspan="4"></td></tr>
<tr><td>批准文号</td><td></td><td>质量标准来源</td><td colspan="4"></td></tr>
<tr><td colspan="7">药品成分：</td></tr>
<tr><td colspan="7">适应症（功能主治）</td></tr>
</table>

注：1、“收审编号”由国家药品监督管理局安全监管司填写

2、“申报范围”由申报企业填写，按照属于文件申报范围的类别分别标示（一）、（二）、（三）。

<table>
<tr><td>药品生产、使用情况（简述）：</td></tr>
<tr><td>省药品监督管理局审核意见：

（盖章）

年　月　日</td></tr>
</table>

国家药品监督管理局文件

国药监注［2001］563号

关于印发第二批国家非处方药化学药品使用说明书的通知

各省、自治区、直辖市药品监督管理局：

根据我局《关于公布第二批国家非处方药药品目录的通知》(国药监安［2001］254号)、《关于征求第二批国家非处方药药品使用说明书意见的通知》(药监安函［2001］197号)，在征求省、自治区、直辖市药品监督管理局及相关制药企业意见的基础上，按照国家对非处方药药品使用说明书的内容要求和相关规定，我局起草并审定了第二批国家非处方药化学药品使用说明书，共计205份。现予印发，并将有关事宜通知如下：

一、我局在印发第二批国家非处方药化学药品使用说明书的同时，在国家药品监督管理局网站(http://www.sda.gov.cn)上发布。

二、各省、自治区、直辖市药品监督管理局接此通知后，要尽快将第二批国家非处方药化学药品使用说明书通知到辖区内相关药品生产企业。

关于第二批国家非处方药化学药品的审核登记工作的有关要求将另行通知。

附件：第二批国家非处方药化学药品使用说明书(略)

国家药品监督管理局

二〇〇一年十二月二十日

国家药品监督管理局文件

国药监注[2002]34号

关于印发第二批国家非处方药中成药品种使用说明书的通知

各省、自治区、直辖市药品监督管理局：

根据《处方药与非处方药分类管理办法(试行)》的有关规定，我局已经完成第二批国家非处方药中成药品种使用说明书的审核工作，共计1330份，现予印发。

为了尽快通知到相关生产企业，我局将同时在国家药品监督管理局网站http://www.sda.gov.cn发布。请各省、自治区、直辖市药品监督管理局接此通知后，尽快传达到辖区内相关药品生产企业。

有关第二批国家非处方药中成药品种审核登记工作的相关要求将另行通知。

附件：　第二批国家非处方药中成药品种使用说明书(上、下册)(略)

国家药品监督管理局

二〇〇二年一月三十日

国家药品监督管理局文件

国药监人[2002]68 号

关于加强全国药品监督管理系统培训工作的指导意见

各省、自治区、直辖市药品监督管理局，国家药品监督管理局机关各司室及各直属单位，驻局监察局：

按照国务院关于药品监督管理系统体制改革精神，为进一步加强培训工作，提高人员素质，现对“十五”期间药品监督管理系统的培训工作提出如下指导意见：

一、“十五”期间，是药品监督管理系统打基础的重要时期。从国家药品监督管理局组建 3 年多的实践来看，药品监督管理队伍的整体素质和执法监管水平还不能适应新形势新任务的需要，亟待解决思想作风建设薄弱、职能转变不到位等问题。因此，必须进一步加强药品监督管理系统的人员培训工作，尽快建立一支政治过硬、业务精良、作风清正、纪律严明、行动快捷的高素质的药品监督管理专业化队伍，更好地履行国家法律、法规赋予的职责，维护执法部门的权威性和公正性，保障人民群众用药安全、有效。

二、全国药品监督管理系统培训工作要以江泽民总书记"三个代表"的重要思想为指导，认真贯彻落实修订的《药品管理法》及其实施办法，按照中组部、人事部关于干部教育培训规划的总体要求，加强培训工作的规范化管理，增强系统性、针对性和实用性，建立自上而下统一规划、分类管理、各司其职的人员培训机制。当前，国家药品监督管理局将按照抓作风、抓基础、抓基层的精神，首先要抓好地（市）、县级药品监督管理局局长及药品监督员培训示范班，发挥示范培训的导向作用，以点带面，不断提高药品监督管理队伍的整体素质，适应新时期药品监督管理工作的需要。

三、培训职责：

国家药品监督管理局人事教育司负责制定全国药品监督管理系统培训工作总体规划，紧紧围绕局党组提出的中心任务和重点工作，具体负责制定局机关公务员及直属单位领导干部、人事处长，省、自治区、直辖市药品监督管理局领导干部、人事处长年度培训计划。

制定地（市）、县级药品监督管理局局长、师资及青年干部培训示范班的人员年度培训计划。

国家药品监督管理局市场监督司与人事教育司共同负责制定药品监督员培训示范班的人员年度培训计划。以市场监督司为主，人事教育司协助。

国家药品监督管理局机关各司室、驻局监察局按照各自职能，负责制定相关人员的培训工作总体规划和年度培训计划。培训计划实行申报制度，机关各司室、驻局监察局须按要求将年度计划按时报送培训主管部门审核，经局领导审核同意方可执行。

国家药品监督管理局培训中心按照"十五"培训规划的要求，负责组织实施有关的技术业务工作及列入年度培训计划的国家药品监督管理局机关公务员及直属单位领导干部、人事处长，省、自治区、直辖市药品监督管理局领导干部、人事处长及相关人员的培训任务。组织实施地（市）、县级药品监督管理局局长，药品监督员、师资及青年干部培训示范班的人员培训任务，并进行培训质量评估。

各省、自治区、直辖市药品监督管理局按照《国家药品监督管理局培训管理暂行办法》、"十五"培训规划的要求和每年确定的培训工作重点，结合本地区药品监督管理工作的实际需要，负责制定本地区省以下药品监督管理队伍培训工作总体规划和年度培训计划，并组织实施。

建立培训工作汇报制度，各级药品监督管理部门要及时将年度培训工作情况逐级报送上级药品监督管理部门。

四、培训内容：

各级药品监督管理部门领导干部的培训须按照分级培训的原则组织实施，按需施教。

熟悉掌握国家的有关法律法规及WTO规则，学习现代管理知识和技能。围绕全局性重大问题和实际工作中的重要问题进行理论思考与政策研究。着重于提高政治理论素养、综合协调能力及处理复杂事务、明辨是非的能力，掌握科学决策的方法。增强法制观念、大局意识、廉洁勤政意识和公共服务意识。

公务员培训侧重于思想作风建设、能力建设和行为规范教育，提高开拓创新、调查研究、学习能力、交流与沟通的能力。增强依法行政意识、廉洁勤政意识和公共服务意识。熟练掌握英语、计算机、公文知识等基本技能。

药品监督员培训侧重于加强职业道德建设和行为规范的教育，学习掌握法律法规、执法程序、处罚程序、监督管理实践案例分析、药品抽样、快速检验及药品监督执法的基本知识和基本技能。不断学习药学及生物学领域的新知识，掌握药品检验的新方法，熟练运用现代信息手段追踪科技发展的新动态，掌握数据处理的基本方法。培养廉洁、勤政、务实、高效的工作作风，提高交流与沟通的能力。

人事处长培训侧重于加强政治理论知识学习，切实打牢人事干部的理论功底。加强思想作风建设，树立公仆意识。学习现代人力资源管理与开发、现代人事管理技能和人事政策法规。把理论知识学习、核心能力训练与研究解决实际问题结合起来。提高工作水平和创新能力。

师资培训侧重于职业道德建设，学习了解国家有关教育培训的政策。熟练掌握现代成人教育的基础理论与实践，全面了解国内外成人教育的规律与先进经验，掌握与药品监督管理工作密切相关的法律法规知识和专业知识。

青年干部培训侧重于夯实理论基础，坚定理想信念，学习马克思主义基本理论和党的基本路线、基本知识、优良传统和作风，牢固树立正确的世界观、人生观、价值观，增强为人民服务的本领，加强实践锻炼。

五、培训方式：

各类人员培训示范班采取集中脱产培训方式进行，时间1至3个月。根据不同人员的岗位职责研究开发培训项目，科学、合理的设置课程，形成系统化管理的培训课件。

根据药品监督管理工作的需要，举办各类专门业务知识、更新知识、专题研讨式短期培训、业务及综合知识讲座。开展系统远程教育，开发高质量的包括影、音、图、文等数字化药品监督管理教育软件，同时注意选用现代优秀远程教育软件，为药品监督管理系统的人员在岗学习提供必要的服务。

加强和教育部门的沟通与合作，积极争取支持，选送系统内公务员参加在职研究生学历教育，充分利用高等药学院校的教育资源，更好地为药品监督管理服务。

六、深入调查研究，摸清队伍现状。为增强培训工作的针对性和实用性，各级药品监督管理部门应认真进行药品监督管理队伍状况软课题调研，全面了解药品监督管理机构组建后，药品监督管理队伍的学历层次、知识结构、年龄结构、岗位分布及职责，接受培训及培训需求等基本情况，进行统计结果分析，按照干什么、学什么，缺什么、补什么的原则，分级分类组织实施各类人员的培训。

七、加强和规范培训基地的管理，在现代培训理论指导下，构建全新模式的培训基地。

根据培训工作的特点，设置、调整内设机构，提高培训基地教学水平和管理水平，努力提高培训能力和质量。

充分利用全国高等药学院校的教育资源，构建药品监督管理系统培训施教机构网络体系，扩大人员培训覆盖面，提高培训质量和效率。

八、研究制定培训质量评估管理办法，建立培训质量评估机制。国家药品监督管理局培训主管部门负责对局培训基地进行业务指导、监督与检查。各省、自治区、直辖市药品监督管理局按照国家局的规划和要求负责对本辖区培训进行业务指导、监督与检查。各地区的培训基地负责培训质量评估工作。

九、建立专兼职结合、动态管理的师资人才库。一是充分发挥高等药学院校师资的作用；二是在系统内选聘业务水平高、基层工作经验丰富的人员做为兼职教师；三是充分利用社会教育资源，聘请一些专家学者来承担教学任务。

十、建立培训教材编写体系。建立一支由专家学者、院校老师和基层药品监督管理工作者构成的培训教材编写队伍，不断充实教材编审人员队伍，开展教材编写工作研究，加强教材评审，保证教材质量。根据不同培训对象的需求，按照有计划、有重点、系列化的原则，形成各具特色的培训教材体系。国家药品监督管理局将重点抓紧落实药品监督员培训教材的组织编写工作，作为全国药品监督员培训工作的指导教材。

十一、加强培训工作的需求调研与交流，及时总结工作中好的经验和做法，积极开拓创新，建立以需求为导向的现代培训模式，发挥药品监督管理工作的实际需要对教育培训工作的导向作用。

十二、要加大对西部地区培训工作政策支持力度。认真贯彻落实中央关于西部大开发战略，重视和加强对少数民族地区、西部地区和边远地区药品监督管理系统公务员的培训工作。要在政策上给予适当倾斜，为少数民族、西部地区和边远地区的人员提供更多的国内外学习培训的机会，采取多种形式加强东部和西部地区、发达与落后地区的相互交流与学习，进一步提高西部地区的人员素质。

各级领导干部要充分认识培训工作的重要性，按照江总书记提出的“构筑终身教育体系，创建学习型社会”的要求，以与时俱进的精神，牢固树立素质教育、终身教育、系统培训的新理念。健全组织机构和培训管理制度，设置专人负责培训工作。积极争取各级财政部门对培训工作的支持，加大对培训工作经费的投入，加大人员培训力度，提高人员素质，确保药品监督管理的各项任务的圆满完成。

附件：1. 国家药品监督管理局2002年培训计划

2. 国家药品监督管理局机关各司室、驻局监察局2002年培训计划

国家药品监督管理局
二〇〇二年三月四日

国家药品监督管理局文件

国药监人[2002]125号

关于在药品经营企业实行从业药师资格认定工作有关问题的通知

各省、自治区、直辖市药品监督管理局：

根据国务院《关于行政审批制度改革工作的实施意见》（国发［2001］33号）精神，经局党组研究决定将药品经营企业从业药师资格认定工作下放到省级药品监督管理局。为了做好此项行政审批制度改革工作，现将药品经营企业从业药师资格认定工作有关问题通知如下：

一、领导与分工

国家药品监督管理局负责全国药品经营企业从业药师资格认定的领导和监督管理工作。

各省、自治区、直辖市药品监督管理局按照国家药品监督管理局确定的考试原则和命题组卷标准要求，负责组织本辖区的药品经营企业从业药师资格考试认定的报名受理、命题组卷、试卷评判和具体考务等工作。

国家药品监督管理局执业药师资格认证中心负责编写应试指南（内含考试大纲、应试内容、综合练习题）和药品经营企业从业药师资格证书的发放及其人员统计等技术业务工作。

二、药品经营企业从业药师资格认定考试的组织与管理

（一）国家药品监督管理局不组织全国统一考试进行药品经营企业从业药师资格认定，由各省、自治区、直辖市药品监督管理局在本辖区组织省级统一考试进行认定。药品经营企业从业药师资格考试各科目试卷由各省、自治区、直辖市药品监督管理局按照国家药品监督管理局确定的考试原则和命题组卷标准要求在应试指南的综合练习题中选择确定（见附件）。各省确定的考试试卷须在考试后10天以内报送国家药品监督管理局执业药师资格认证中心备案。

（二）考试日期定在每年9月，报名时间定在每年5月。各科目考试时间为120分钟，两个科目的考试安排在1日内进行。考试具体安排方案由各省确定，但须及时报送国家药品监督管理局执业药师资格认证中心备案。

（三）药品经营企业从业药师资格考试应试指南已经由国家药品监督管理局执业药师资格认证中心编写完成，包括《药事法规》、《药学综合知识与技能》和《中药学综合知识与技能》。各科目应试指南均含三部分内容，分别为考试大纲、应试内容和综合练习题。

各省级药品监督管理局应根据需要统一向国家药品监督管理局执业药师资格认证中心订购各科目应试指南，并在考试报名的同时提供给应试人员。

（四）药品经营企业从业药师资格考试的申报条件、申报程序和考试内容仍按照《关于在药品经营企业实行从业药师资格认定工作的补充通知》（国药监人［2001］493号）的规定执行。

（五）凡符合《关于在药品经营企业实行从业药师资格认定工作的通知》（国药管人2000562号）规定条件人员的认定办法，仍按该文件规定执行。

三、几点要求

（一）各省、自治区、直辖市药品监督管理局要制定本省药品经营企业从业药师资格认定考试管理的规定，建立健全考务管理和监考工作责任制，在试卷保密、考试报名、人员审核、组织培训、具体考务等各项工作中都应当做到思想重视，制度落实，组织周密，严格管理，杜绝考试舞弊行为的发生。

（二）各省、自治区、直辖市药品监督管理局须按照考试与培训分开的原则，委托具备条件的单位对申请从业药师资格认定的人员进行培训。申请认定人员可自主选择是否参加培训。

（三）国家药品监督管理局人事教育司要加强对此项工作的监督检查，以确保药品经营企业从业药师资格认定工作的顺利开展。

附件：药品经营企业从业药师资格考试命题组卷标准要求

国家药品监督管理局

二00二年四月十八日

附件：

药品经营企业从业药师资格考试命题组卷标准要求

一、药品经营企业从业药师资格认定考试两个科目：药事法规、药学（中药学）综合知识与技能。

二、各科目试卷为100道考题，每题1分，共计100分，合格分数定为60分。

三、各科目考试时间为120分钟，两个科目考试应安排在一日内。

四、各科目考试试题全部为客观性选择题，题型为单项最佳选择题型（A型题）和多项选择题型（X题型）；其中A型题占试卷全部试题数量的70%，X题型占试卷试题的30%。

五、命题组卷范围：

（一）药事法规考试科目按照从业药师药事法规考试大纲内容要求命题，其试卷各部分内容试题分配比例如下：

药品管理法	20%
特殊、戒毒药品及麻黄素管理办法	10%
进口药品管理办法	3%
药品不良反应监测	3%
处方药与非处方药分类、流通、专有标识	8%
GSP及其实施细则、GSP认证管理	18%
零售药店设置暂行规定、药品零售连锁企业有关规定、药品电子商务试点监督管理办法	9%
药品零售企业中药饮片质量管理	3%
药品包装、标签和说明书管理	4%
野生药材资源保护、中药材专业市场标准	2%
于整顿和规范药品市场、关于改革药品价格管理、关于卫生改革与发展关于城镇医药卫生体制改革、医疗保险等	14%
“消法”“质量法”“刑法”	6%

（二）药学综合知识与技能科目按照从业药师药学综合知识与技能考试大纲内容要求命题，其试卷各部分内容试题分配比例如下：

药事管理	20%
药品经营企业质量管理	20%
职业道德	4%
药学信息	6%
处方调配	12%
非处方药	12%
合理用药	10%
用药指导	12%

常见中毒物质的药物治疗　4%

（三）中药学综合知识与技能科目按照从业药师中药学综合知识与技能考试大纲内容要求命题，其试卷各部分内容试题分配比例如下：

药事管理　20%

药品经营企业质量管理　20%

中医基础知识　12%

职业道德　4%

药学信息　6%

中药调剂基本知识　12%

中药调剂操作技能　4%

非处方药　12%

合理用药　10%

六、各科目考试试卷试题中掌握内容应占60%，熟悉内容应占30%，了解内容应占10%。

七、各科目考试试卷试题内容应避免重复和相互提示，试卷考点覆盖面不得少于全部考试内容的60%。

八、各科目试卷组题应在国家药品监督管理局执业药师资格考试中心编写出版的药品经营企业从业药师资格考试应试指南的综合练习题中挑选，不再另行命题。

国家药品监督管理局文件

国药监办[2002]195号

关于做好2002年非处方药管理有关工作的通知

各省、自治区、直辖市药品监督管理局：

为贯彻实施《药品管理法》，推动药品分类管理制度的实施，2002年我局将继续加快非处方药品的遴选工作。经研究，现将有关工作事项通知如下：

一、我局将在2002年基本上完成地方标准品种（包括化学药品、中成药、生化药品、中药保健药品）医学、药学再评价工作，对确定转为国家标准的药品进行遴选非处方药品的工作。分批公布《国家非处方药药品目录》（下称《目录》）。

对地标转国标并遴选为非处方药品的，我局将修订并印发其说明书。药品生产企业在取得《非处方药品审核登记证书》（下称《登记证书》）后，必须遵照有关规定按非处方药品说明书执行。在此期间，其原有说明书可继续使用。

二、我局2001年12月曾布置第三批处方药品转换评价为非处方药品的工作（国药监安［2001］547号）。鉴于部分药品因时限原因无法纳入此次转换评价，我局决定放宽时限。请各省（区、市）药品监督管理局按国药监安［2001］547号文件的相应要求组织药品生产企业（进口药品代理商）申报处方药品转换评价为非处方药品的工作，申报资料于2002年7月31日前集中报送至我局安全监管司。逾期申报的，我局不予受理。

下列情形的品种不属此次申报范围：

（一）地方标准的药品；

（二）与《目录》中同类品种适应症（功能主治）不相同的；

（三）一、二类新药首次上市时间未满5年的；

（四）进口药品其主要成分在中国上市应用未满5年的。

三、本通知“一”、“二”中涉及的，经遴选和评价转换为非处方药品的，药品生产企业必须在其非处方药品说明书公布之日起6个月内向省（区、市）药品监督管理局申请非处方药品审核登记，经省（区、市）药品监督管理局审核同意并核发《登记证书》后，按非处方药品的有关规定组织生产。原有包装材料自说明书印发之日起一年内可继续使用。一年后（以生产批号为准），仍继续使用原有包装材料的，按照《药品管理法》第八十六条进行处罚。

各省（区、市）药品监督管理局自印发《目录》中的品种说明书之日起，即可受理药品生产企业申请审核登记。审核登记工作要按照《药品管理法》、《药品包装、标签和说明书管理规定（暂行）》（局令第23号）、《药品包装、标签规定细则（暂行）》（国药监注［2001］482号）、《关于公布非处方药专有标识及管理规定的通知》（国药管安［1999］399号）、《处方药与非处方药流通管理暂行规定》（国药管市［1999］454号）和我局有关非处方药品审核登记的要求进行。

凡未在规定时限内进行审核登记的药品，自其说明书印发之日一年后停止生产，直至取得《登记证书》后才能恢复生产。既可作处方药品又可作非处方药品（“双跨”）的品种，未进行审核登记的，不能按非处方药品生产，只能作为处方药品。仿制《目录》的药品，经省（区、市）药品监督管理局审核登记后，按非处方药品的要求生产。

四、地方标准经整顿通过的品种，除已明确不得在大众媒介发布广告的，其他品种由相关部门（中药品种由药品注册司、化学药品种由安全监管司）提供有效证明，可以在大众媒介发布广告至2002年11月30日。

五、地方标准经整顿通过的品种，已明确为非处方药的，可以在大众媒介及医学、药学专业媒介发布广告。

六、由于部分地区报送的第一批非处方药品审核登记的软盘无法读取，加上后续第一批部分非处方药品甲类转乙类的工作，致使各地区报送的数据比较散乱，给我局建立非处方药品管理数据库带来了一定困难。请各省（区、市）药品监督管理局于2002年7月31日在报送处方药品转换评价为非处方药品申报材料时，将你地区第一批非处方药品审核登记软盘（包括甲类转乙类、补充审核登记的最终结果）一并报送我局安全监管司。

国家药品监督管理局
二○○二年五月二十四日

国家药品监督管理局文件

国药监办[2002]195号

关于第二批非处方药品进行审核登记工作的通知

各省、自治区、直辖市药品监督管理局：

根据《处方药与非处方药分类管理办法》（试行）（国家药品监督管理局令第10号）的有关规定，经研究，决定对第二批非处方药进行审核登记，有关工作通知如下：

一、审核登记工作程序和说明

（一）药品生产企业（进口药品代理商）根据《药品管理法》和国家药品监督管理局对药品说明书、标签和包装的有关规定和要求，应向企业注册地的省（区、市）药品监督管理局提交下述材料：

1．《非处方药品审核登记申请表》（附件1，下称《申请表》）；

2．药品生产批件（复印件）、药品生产许可证（复印件）；

3．非处方药品说明书、标签和包装样本（设计稿）；

4．药品监督管理部门要求的其他材料。

上报材料一律用A4复印纸单面打印。

（二）省（区、市）药品监督管理局负责受理辖区内药品生产企业（进口药品代理商）的申请登记核准工作。审核工作要遵守《药品管理法》和《药品包装、标签和说明书管理规定（暂行）》（国家药品监督管理局令第23号），按照《药品包装、标签规范细则（暂行）》（国药监注［2001］482号）、《关于公布非处方药专有标识及管理规定的通知》（国药管安［1999］399号）、《关于做好统一换发药品批准文号工作的补充通知》（国药监注［2002］32号）以及本通知的有关要求和规定进行。对核准通过的药品，由省（区、市）药品监督管理局核发《非处方药品审核登记证书》（附件2，下称《登记证书》）。

受理审核登记的药品必须是第二批国家非处方药药品目录（国药监安［2001］254号）中的品种。对其药品说明书的审核必须在已公布的非处方药品说明书基础上，按照本通知附件3的规定执行。在已公布的第二批非处方药品说明书（国药监注［2001］563号、国药监注［2002］34号）中，凡说明书项下标题与《药品管理法》表述不一致的，审核登记过程中予以纠正。《登记证书》由省（区、市）药品监督管理局按本通知附件2的样式采用A4纸大小统一印制。

（三）药品生产企业取得《登记证书》后，即可按照核准的药品说明书、标签和包装的内容要求组织生产。自2003年6月1日起，凡列入《第二批国家非处方药药品目录》的药品必须按照审核登记后的药品说明书、标签、包装的要求组织生产，2003年6月1日前已生产的药品（以产品批号为准）可以继续在有效期内销售。

未取得《登记证书》的，禁止自行使用非处方药品说明书和非处方药专有标识；只能作非处方药品的品种，未在2002年12月31日内申请审核登记的，自2003年2月1日起停止生产，直至取得《登记证书》后才可以恢复生产。

（四）既可作处方药品又可作非处方药品（"双跨"）的品种可申请非处方药品审核登记，同时，使用原药品说明书、标签、包装的，仍可以作为处方药品；未申请审核登记的，按原批准药品说明书生产和使用，只能作为处方药品。《第二批国家非处方药药品目录》中"双跨"品种名单详见附件4。

（五）《登记证书》右上方编号由省（区、市）药品监督管理局编制，编序时应续接第一批非处方药品审核登记的流水号。编号方法与《关于对第一批<国家非处方药目录>药品进行审核登记工作的通知》（国药管安［1999］425号）中规定相同。

《登记证书》编号中行政区划代码按照中华人民共和国行政区划代码（GB/T2260-1999）（详见附件5）执行。

（六）第二批非处方药品审核登记和管理系统软件（光盘）随文件下发。省（区、市）药品监督管理局在使用时，如有问题，请按光盘上提供的电话或网站进行联系。系统软件使用说明详见附件6。

（七）省（区、市）药品监督管理局应于2002年12月31日前完成第二批非处方药品的审核登记工作，并于2003年2月28日前将审核登记工作情况和辖区内审核通过的非处方药品《登记证书》软盘报国家药品监督管理局安全监管司，《登记证书》并附说明书、标签、包装（设计稿）和《登记证书》软盘报送至国家药品监督管理局药品评价中心。

二、有关要求和说明

（一）省（区、市）药品监督管理局接此通知后，要结合本地区第一次审核登记工作的情况，安排部署好对第二批非处方药品审核登记工作，确保药品生产企业（进口药品代理商）按时限要求完成申请工作，除分摊必要的工作成本外，不应增加申请单位的额外经济负担。

（二）今后，省（区、市）药品监督管理局自国家药品监督管理局印发新的《国家非处方药药品目录》中的药品说明书之日起，即可按照现行非处方药品审核登记的工作要求受理药品生产企业（进口药品代理商）的审核登记申请工作。

凡在公布非处方药品说明书之后批准上市的仿制非处方药品和进口非处方药品，都必须按照规定在取得生产批件和进口注册证之日起3个月内完成审核登记工作，并按照非处方药品管理规定组织生产。

（三）第一批审核登记的非处方药品说明书、标签、包装内容与《药品管理法》和本通知不一致的，药品生产企业可随时修改其包装材料相关内容，并报所在省（区、市）药品监督管理局确认换发《登记证书》，其原有药品说明书、标签、包装最迟使用时限至2002年12月31日。

对已公布的非处方药品说明书内容提出修改的，由药品生产企业向所在省（区、市）药品监督管理局提出申请，经省（区、市）药品监督管理局同意并报国家药品监督管理局核准后，由省（区、市）药品监督管理局负责核发《登记证书》。

省（区、市）药品监督管理局如在审核登记中遇到技术问题，请与国家药品监督管理局药品评价中心联系。

联系电话：(010) 67164985。

附件：1．非处方药品审核登记申请表

2．非处方药品审核登记证书

3．第二批非处方药品说明书、标签、包装审核登记技术说明

4．“双跨”品种名单

5．中华人民共和国行政区划代码（GB／T2260-1999）

6．非处方药品审核登记系统（V2.0）安装及使用说明书（附光盘）（略）

国家药品监督管理局

二〇〇二年七月三日

附件 1：

非处方药品审核登记申请表

<table>
<tr><td>药品名称</td><td colspan="3">通用名称：
汉语拼音：
商品名称：
英文名称：</td></tr>
<tr><td>类 别
甲口乙口</td><td colspan="2">剂型：</td><td>规格：</td></tr>
<tr><td>批准文号</td><td></td><td>药品生产企业
许可证证号</td><td></td></tr>
<tr><td>药品执行
标准</td><td colspan="3"></td></tr>
<tr><td>附 件</td><td colspan="3">说明书样本、标签样本、包装样本（设计稿）</td></tr>
<tr><td>申请单位
（盖章）</td><td>年 月 日</td><td>负责人
（签字）</td><td></td></tr>
<tr><td>单位地址</td><td></td><td>邮政编码</td><td></td></tr>
<tr><td>电 话</td><td></td><td>传 真</td><td></td></tr>
</table>

附件 2：

非处方药品审核登记证书

编号：

<table>
<tr><td>生产单位</td><td colspan="2"></td></tr>
<tr><td>药品名称</td><td colspan="2">通用名称：
汉语拼音：
商品名称：
英文名称：</td></tr>
<tr><td>类别
甲口乙口</td><td>剂型：</td><td>规格：</td></tr>
<tr><td>批准文号</td><td colspan="2"></td></tr>
<tr><td>审核结论</td><td colspan="2"></td></tr>
<tr><td>附 件</td><td colspan="2">说明书、标签、包装样本</td></tr>
<tr><td>主送单位</td><td colspan="2">（申请单位）</td></tr>
<tr><td>抄报单位</td><td colspan="2">国家药品监督管理局，国家药品监督管理局药品评价中心</td></tr>
<tr><td>抄送单位</td><td colspan="2">辖区内地（市）、县（市）药品监督管理部门及药品检验所等</td></tr>
</table>

省级药品监督管理部门（盖章）

年 月 日

附件3：

第二批非处方药品说明书、标签、包装审核登记技术说明

一、一般说明

（一）与已公布的非处方药目录规格相同（中成药为组方相同），装量不同的，可按相同规格品种进行审核登记；

（二）说明书内容审核应以第二批非处方药品说明书为基础，根据企业实际情况进行审核登记；其中适应症（功能主治）、作用类别、药品用量应严格按公布的说明书内容为准，用法、注意事项、不良反应、药物相互作用等项内容企业可在公布说明书内容基础上进行补充或进一步说明；

（三）说明书中未规定的内容，如结构式等内容，企业可自行决定是否编入非处方药品说明书，但必须遵守《药品管理法》等有关规定；

（四）说明书中没有具体内容的条目，如商品名、药理作用等，在企业编制药品说明书时没有相关内容，可省略此条目。

二、第二批非处方药品说明书项目说明

（一）标准来源：标准来源项是为方便审核登记工作而列的内容，不列入企业的正式药品明书内容中。

（二）警告语：警告语必须按已公布的药品说明书中的内容为准。

（三）专有标识：应按“关于公布非处方药专有标识及管理规定的通知”（国药管安[1999] 399号）中的要求使用。

（四）药品名称：化学药品包括通用名、曾用名、商品名、英文名和汉语拼音5项，中成药包括药品名称、汉语拼音两项。第二批非处方药品说明书中只列出了通用名称（品名）项。其它名称由生产企业在审核登记时自行填写，如没有商品名、曾用名，此两项可缺省。如出现同名异方现象，应按公布说明书中的标准来源中的处方组成进行审核，只能对处方组成相同的品种审核登记，其同名异方品种不能审核登记；如出现同方异名现象，如其符合国家局的有关规定，可继续使用原名称。

（五）成份

成份项中必须注明药品的所有活性成份（及含量）以及辅料，中成药必须写明全部处方以及辅料，不允许使用“等”、“……”等缩略语。已公布的非处方药品说明书中的化学药品单方制剂、中成药成份项未列出其成份，应由生产企业按其质量标准中内容自行填写。

（六）作用类别

必须与已公布的第二批非处方药说明书内容相同。

（七）药理作用

应与公布的第二批非处方药说明书内容相同。

（八）适应症（功能主治）

必须与公布的说明书内容相同。

（九）禁忌

必须包括已公布的第二批非处方药品说明书和企业原使用说明书中的所有内容。

（十）用法用量

药品用量必须与公布的药品说明书内容一致，并使用片、支等计量单位表示，不能使用毫克、毫升等单位表示。如已公布的药品说明书中用量单位是以英文缩写或中文毫升、毫克等表示，企业在编制药品说明书时，应以中文编写，并应折算为片、粒等服用单位表示。

药品用法企业可在已公布药品说明书内容的基础上进行补充和细化。

（十一）注意事项

必须包括已公布的第二批非处方药品说明书和企业原药品说明书中的所有内容，企业可在此基础上进一步补充。孕妇、儿童、老人用药注意事项可不单独列出。

（十二）不良反应、药物相互作用

必须包括已公布的第二批非处方药品说明书和企业原药品说明书中的所有内容，企业可在此基础上进一步补充。

（十三）规格

应以中文表示，不能使用英文缩写。

（十四）其他项目

已公布的非处方药品说明书中的其它项目，如贮藏、包装等项目，由企业按有关规定编制。

（十五）企业原药品说明书中的其它项目

企业原药品说明书中的其它项目，如结构式、分子式等内容，可由企业自行决定是否继续在非处方药品说明书中保留。

（十六）说明书格式要求

按照国药管安［1999］425号文件规定执行。

三、包装、标签

除按规定印有非处方药专有标识和警告语外，同时要符合《药品包装、标签和说明书管理规定（暂行）》、《药品包装、标签规范细则（暂行）》的有关规定。

附件 4：

“双跨”品种名单

化学药品：65 种

氯化铵片	萘普生缓释片	胶体果胶铋胶囊
阿司匹林缓冲片	萘普生缓释胶囊	胶体酒石酸铋胶囊
双水杨酯片	萘普生颗粒	铝镁加混悬液
水杨酸二乙胺软膏	氯唑沙宗胶囊	蒙脱石散
贝诺酯片	口服双歧杆菌活菌制剂	碱式碳酸铋片
贝诺酯颗粒	车前番泻复合颗粒	碳酸氢钠片
布洛芬干混悬剂	甘羟铝片	磷酸哌嗪宝塔糖
布洛芬混悬液	肌苷口服溶液	西地碘片
布洛芬混悬液	阿苯达唑片	硫酸庆大霉素滴眼液
布洛芬凝胶	阿苯达唑颗粒	醋酸可的松眼膏
布洛芬糖浆	法莫替丁散	醋酸可的松滴眼液
布洛芬滴剂	复方维生素 U 胶囊	醋酸地塞米松粘贴片
吡罗昔康搽剂	复方铝酸铋片	醋酸氢化可的松眼膏
阿司匹林肠溶胶囊	复方铝酸铋胶囊	七叶皂苷二乙胺水杨酸凝胶
阿司匹林咀嚼片	复方铝酸铋颗粒	复方水杨酸甲酯乳膏
罗通定片	枸橼酸铋钾片	复方醋酸曲安奈德溶液
盐酸罗通定片	枸橼酸铋钾胶囊	海藻酸钙海绵
盐酸苯海拉明片	枸橼酸铋钾颗粒	维 A 酸软膏
萘普生片	消旋山莨菪碱片	维 A 酸凝胶
萘普生钠片	盐酸哌仑西平片	聚维酮碘软膏
萘普生栓	盐酸雷尼替丁口服溶液	维生素 C 丸
萘普生胶囊	胰酶肠溶胶囊	

中成药：298 种

白花油	乌贝胶囊	山东阿胶膏
百草油	乌贝散	深海龙胶囊
复方公英片	乌甘散（胃溃疡散）	深海龙丸
葛蒡合剂	五灵止痛胶囊	生血片

精制银翘解毒片	消积顺气丸	首乌丸
抗感灵片	小建中冲剂	速溶阿胶冲剂
热炎宁颗粒	小建中合剂	胎盘片
热炎宁片	小建中胶囊	天麻首乌片
双清口服液	虚寒胃痛胶囊	田七补丸(三七补血丸)
万应茶	虚寒胃痛颗粒	维尔康胶囊
夏桑菊颗粒	益胃膏	养心定悸膏
玉叶解毒颗粒	益胃口服液	养心定悸口服液
白绒止咳糖浆	阴虚胃痛颗粒	养血饮口服液
百梅止咳冲剂	阴虚胃痛片	益气维血颗粒
贝母花流浸膏	珍黄胃片	益血膏
贝母花片	正胃片	益血生胶囊
川贝罗汉止咳冲剂	补脾益肠丸	玉竹冲剂(玉竹晶)
川贝枇杷冲剂	固本益肠片	玉竹膏
川贝枇杷糖浆	健脾理肠片	制首乌颗粒
川贝银耳糖浆	番泻叶冲剂	滋补健身丸
胆酸止咳片	九制大黄丸	桉绿油
二冬膏	搜风顺气丸	黄花油
复方川贝精片	通便消痤胶囊	疮炎灵软膏(疮肿灵软膏)
复方梨膏	金衣万应丸	消炎解毒丸
复方枇杷止咳冲剂	京制牛黄解毒片	麝香痔疮栓
桂龙咳喘宁胶囊	芩连片	紫云膏
桔梗冬花片	三黄片	肛康穆库利片
橘红痰咳煎膏	新清宁胶囊	九华痔疮栓
橘红痰咳颗粒	新清宁片	痔炎消颗粒
橘红痰咳液	一清胶囊	当归片
咳喘宁颗粒	一清颗粒	得生片
咳嗽枇杷糖浆	栀子金花丸	得生丸
咳嗽糖浆	参德力糖浆	调经丸
莱阳梨膏	宁神灵冲剂	调经养血丸
莱阳梨止咳颗粒	通窍阿亚然及派克日片	调经益灵片
莱阳梨止咳口服液	叶绿油	定坤丹
莱阳梨止咳糖浆	舒神灵胶囊	妇科宁坤丸
苓桂咳喘宁胶囊	灵芝北芪片	妇科十味片
罗汉果止咳糖浆	灵芝颗粒（冲剂）	妇科养坤丸
宁嗽露	灵芝片	妇宁丸
祛痰灵口服液	灵芝糖浆	复方益母草膏（安坤益母草

		膏）
润肺膏	益脑胶囊	肝郁调经膏
蛇连川贝散	全天麻胶囊	固经丸
苏菲咳糖浆	阿胶	加味八珍益母膏
天一止咳糖浆	阿胶（液体）	加味益母草膏
五味沙棘散	阿胶当归合剂	九制香附丸
杏仁止咳糖浆	阿胶颗粒	人参女金丸
止咳枇杷冲剂	阿胶泡腾冲剂	人参益母丸
止咳枇杷合剂	阿胶片	十二温经丸
止咳枇杷糖浆	阿胶三宝膏	同仁乌鸡白凤丸
止咳祛痰颗粒	百令胶囊	温经养血合剂
治咳川贝枇杷露	补脑丸	白凤饮
治咳枇杷露	参麦地黄丸(参麦六味丸)	参茸白凤丸
安嗽糖浆	参茸保胎丸	白带净丸
百花定喘丸	参茸三七补血片	白带丸
息喘丸	柴枳四逆散	痛经口服液
砂仁驱风油	大补阴丸	妇炎康复胶囊
止吐六味散	冬青补汁	妇炎康复颗粒
不换金正气散	福寿胶囊	妇炎康复片
开胸理气丸	复方阿胶浆	盆炎净颗粒
脾胃舒丸	复方阿胶胶囊	千金止带丸（大蜜丸）
升阳十一味丸	复方阿胶颗粒	千金止带丸（水丸）
胃脘舒冲剂	复方扶芳藤合剂	复方小儿退热栓
安胃胶囊	气血康口服液(复方三七口服液)	双黄连栓(小儿消炎栓)
安胃片	复方胎盘片	小儿暑感宁糖浆
八宝瑞生丸	古汉养生精	宝儿康糖浆
丹桂香颗粒	古汉养生精片	宝儿康散
调气丸	古汉养生颗粒	健儿乐冲剂
复胃散胶囊	固本丸	龙牡壮骨颗粒
海洋胃药	归参补血片	喉痛灵冲剂
猴头健胃灵胶囊	归脾膏	黄氏响声丸
九气心痛丸	归脾合剂	金银花糖浆
六味能消胶囊	归脾片	青黛散
六味能消丸	归脾丸	西瓜霜润喉片
玫瑰花口服液	归脾丸(浓缩丸)	消炎灵片
玫瑰花糖膏	归脾液	银蒲解毒片

摩罗丹	龟甲胶	粘膜溃疡散
暖胃舒乐片	龟甲胶颗粒	喉痛灵片
三九胃泰胶囊	健脾补血片	板蓝根茶
三九胃泰颗粒	健延龄	板蓝根咀嚼片
山楂内消丸	金樱首乌汁	热毒清片
四方胃胶囊	康复春口服液	齿痛消炎灵冲剂
四方胃片	灵芝益寿胶囊	珍视明滴眼液
苏南山肚痛丸	鹿角胶颗粒	特灵眼药
天凤胃痛散	鹿茸口服液	五黄膏
胃安胶囊	潞党参膏滋	眼敷膏
胃安宁片	麦味地黄口服液	大风丸
胃复宁胶囊	麦味地黄片	关节止痛膏
胃可宁(片)	麦味地黄丸	龙血竭胶囊（国产血竭胶囊）
胃乃安胶囊	麦味地黄丸(浓缩丸)	田七跌打风湿软膏
胃舒宁冲剂	耆鹿逐痹口服液	外伤如意膏
胃太平胶囊	强力蜂乳浆胶丸	风湿伤痛膏
胃疼宁片	琼玉膏	复方热敷散
胃炎康胶囊	全龟胶囊	王回回狗皮膏
胃炎宁冲剂	全龟片	消痛贴膏
胃疡安胶囊	全鹿大补丸	颈复康颗粒
胃疡灵颗粒	全鹿丸	百癣夏塔热片
胃疡宁丸	人参北芪片	珊瑚癣净
胃药胶囊	人参补气胶囊	黑豆馏油软膏
胃益胶囊		

附件5：

中华人民共和国行政区划代码（GB/T2260 99）

代码	省、市名称	代码	省、市名称
11	北京市	42	湖北省
12	天津市	43	湖南省
13	河北省	44	广东省
14	山西省	45	广西壮族自治区
15	内蒙古自治区	46	海南省
21	辽宁省	50	重庆市
22	吉林省	51	四川省
23	黑龙江省	52	贵州省
31	上海市	53	云南省
32	江苏省	54	西藏自治区
33	浙江省	61	陕西省
34	安徽省	62	甘肃省
35	福建省	63	青海省
36	江西省	64	宁夏回族自治区
37	山东省	65	新疆维吾尔自治区
41	河南省		

国家药品监督管理局文件

药监市函[2002]151号

关于征求对《药品经营许可证管理办法》（征求意见稿）修改意见的函

各省、自治区、直辖市药品监督管理局：

为加强《药品经营许可证》管理，规范药品经营行为，根据《中华人民共和国药品管理法》、《中华人民共和国药品管理法实施条例》等有关法律、法规和规定，我局起草了《药品经营许可证管理办法》（征求意见稿）。现印发给你们，请组织有关单位进行认真修改，并将修改意见于2002年9月10日前报我司药品经营监督处。

附件：《药品经营许可证管理办法》（征求意见稿）

国家药品监督管理局市场监督司
二00二年八月三十日

药品经营许可证管理办法

（征求意见稿）

第一章　总　则

第一条　为加强《药品经营许可证》管理，规范药品经营行为，根据《中华人民共和国药品管理法》、《中华人民共和国药品管理法实施条例》及有关法律、法规，制定办法。

第二条　本办法适用于中华人民共和国境内从事药品经营、监督管理，以及申请《药品经营许可证》发证、换证、年检、变更的单位、个人。

第三条　国家药品监督管理局负责全国《药品经营许可证》的监督管理工作；各省、自治区、直辖市和各设区的市级药品监督管理局或省、自治区、直辖市药品监督管理局直接设置的县级药品监督管理机构分别负责本辖区内药品批发、零售企业《药品经营许可证》发证、换证、年检、变更和日常监督管理等具体工作。

第四条　《药品经营许可证》施行“一址一证”制度，药品经营企业应在发证机关核准的经营地址从事药品经营活动，不得一证多址或一址多证。

第五条　《药品经营许可证》是企业从事药品经营活动的法定凭证，除药品监督管理部门可依法吊销、注销或收回外，任何单位和个人不得收缴、扣押、毁坏、伪造、涂改、出租、出借、和转让。

第六条　《药品经营许可证》包括正本和副本，正本、副本具有同等法律效力，其主要核定事项包括：

（一）企业名称、经营地址、仓库地址（指批发企业）、企业法定代表人（负责人）、《药品经营许可证》证号、有效期；

（二）企业经营方式：批发（包括配送）、零售（包括零售连锁）；

（三）企业经营范围：中药材、中成药、中药饮片、化学原料药、化学药制剂、抗生素、生化药品、放射性药品、血清、疫苗、血液制品、诊断药品、非处方药、乙类非处方药等。

第七条　《药品经营许可证》由国家药品监督管理局统一印制，任何单位及个人不得翻印。

第二章　《药品经营许可证》申办与核发程序

第八条　开办药品批发企业和药品零售连锁企业（总部、配送中心）按照以下程序办理《药品经营许可证》：

（一）申办人向拟办企业所在地的省、自治区、直辖市药品监督管理局提交以下申报材料：

1 、药品经营企业筹建申请表；

2 、符合《药品批发企业设置标准》要求的相关证明材料；

3 、企业法定代表人（负责人）、质量负责人身份、学历、职称证明复印件及个人简历；

4 、拟设营业场所、仓储设施、设备情况；

5 、法律、法规及受理申请的药品监督管理部门要求提供的其他资料。

（二）省、自治区、直辖市药品监督管理局在收到全部申请材料之日起30个工作日内，依据《药品批发企业设置标准》进行审查，作出是否同意筹建的决定，并书面通知申办人；

（三）申办人完成拟办企业筹建后，向所在地的省、自治区、直辖市药品监督管理局提出验收申请；

（四）省、自治区、直辖市药品监督管理局自接到验收申请之日起30个工作日内，依据《药品经营许可证验收标准》（批发）组织验收，合格后，发给《药品经营许可证》。未通过验收的，由受理申请部门书面告知申办人，并说明理由。

第九条　开办药品零售企业和药品零售连锁企业门店按照以下程序办理《药品经营许可证》：

（一）申办人向拟办企业所在地设区的市级药品监督管理机构或省、自治区、直辖市药品监督管理局直接设置的县级药品监督管理机构提交以下申报材料：

1、药品经营企业筹建申请表；

2、符合《药品零售企业设置规定》要求的相关证明材料；

3、企业法定代表人（负责人）、质量负责人身份、学历、职称证明复印件及个人简历；

4、拟设营业场所、仓储设施、设备情况；

5、法律、法规及受理申请的药品监督管理部门要求提供的其他资料。

开办药品零售连锁企业门店的，应由药品零售连锁企业负责申报。

（二）受理申请的药品监督管理机构在收到全部申请材料30个工作日内，依据《药品零售企业设置规定》，结合当地常住人口数量、交通状况、和实际需要进行审查，作出是否同意筹建的决定，并书面通知申办人；

（三）申办人完成拟办企业筹建后，向原审批机构提出验收申请。

（四）受理申请的药品监督管理机构在收到验收申请之日起15个工作日内，依据《药品经营许可证验收标准》（零售）组织验收，合格后，发给《药品经营许可证》。未通过验收的，由受理申请部门书面告知申办人，并说明理由。

第十条　未通过审查验收的申办人，可在3个月内提出复审申请，逾期不申请或复审不合格的，一年之内不再受理其申请。

第十一条　新开办药品经营企业取得《药品经营许可证》后，应按《药品管理法实施条例》第十三条的有关规定申请GSP认证，逾期未申请或在取得《药品经营许可证》9个月后仍未通过GSP认证的。由原发证部门收回其《药品经营许可证》。

第三章　《药品经营许可证》申办条件

第十二条　药品批发企业设置标准：

（一）企业的设置应遵循合理布局的原则；

（二）企业质量负责人应是执业药师，并有三年以上（含三年）药品经营质量管理工作经验；

（三）企业负责人、质量负责人应严格遵守有关法律、法规，具有良好的商业道德；无违规经营假劣药品行为，在法律上无不良品行记录；

（四）具有能够满足当地医疗机构及药店所需药品的能力，必须备有国家基本药物目录中90%的品种，并能保证24小时供应；

（五）具有符合药品性能要求的常温库、阴凉库、冷库、仓库总建筑面积不少于1500平方米，阴凉库面积不少于500平方米；

（六）申办注册资金不少于2000万元。

（七）《药品经营许可证验收标准》（批发）由国家药品监督管理局制定。

第十三条　药品零售企业设置规定：

（一）销售处方药必须配有执业药师、从业药师或者其他依法经过资格认定的药学技术人员，质量负责人应有一年以上（含一年）药店质量管理工作经验；

（二）人口稀少的边远地区设置药品零售企业没有药学技术人员的，只允许销售乙类非处方药。经营乙类非处方药，应当配备经设区的市级药品监督管理机构或者省（区市）人民政府药品监督管理部门直接设置的县级药品监督管理机构组织考核合格的业务人员；

（三）企业负责人、质量负责人应严格遵守有关的法律、法规、具有良好的商业道德，在法律上无不良品行记录；

（四）具有与所经营药品相适应的营业场所、设备、仓储设施、卫生环境；

（五）备有能够满足当地消费者需要的药品，并能保证24小时供应。药店应备有的国家基本药物品种数量由省（区、市）药品监督管理部门根据当地具体情况确定；

（六）设置特许药店，应具有特许经营合同，合同中应有统一的质量标准、统一商号、统一采购等条款，并明确特许方培训、指导和　监督被特许方执行上述条款的义务及具体措施，以及被特许方违反上述条款的处理办法。

（七）药品零售企业的设置应遵循合理布局和方便群众购药的原则，各省、自治区、直辖市药品监督管理局应依据本办法的有关规定，结合当地常住人口数量、地域、交通状况和实际需要制定具体规定，并报国家药监局备案；

（八）《药品经营许可证验收标准》（零售）由各省、自治区、直辖市药品监督管理局依据本办法和《药品经营质量管理规范》的有关内容组织制定，并报国家药监局备案。

第四章　《药品经营许可证》的年检

第十四条　《药品经营许可证》年检制度是发证机关对药品经营企业进行监督管理的重要手段。已经取得《药品经营许可证》的药品经营企业，均应按规定接受年检。

第十五条　国家药品监督管理局负责组织全国《药品经营许可证》的年检工作。各省、自治区、直辖市药品监督管理局负责本地区《药品经营许可证》年检工作的实施，制定年检工作计划和实施办法，明确职责和工作程序，建立年检工作档案。

第十六条　年检的主要内容

（一）企业名称、经营地址、仓库地址、企业法定代表人（企业负责人）、质量负责人、经营方式、经营范围、分支机构等重要事项的执行和变动情况；

（二）企业质量保证体系和经营条件变动情况；

（三）企业依法进行药品经营活动情况；

（四）企业实施GSP情况；

（五）发证机关需要审查的其它有关事项。

第十七条　年检方法

（一）申请《药品经营许可证》年检的企业应在每年3月15日前向原发证机关报送

年检材料，发证机关应在每年4月30日前，对申请《药品经营许可证》年检企业的上一年度情况进行审查。

（二）对申请《药品经营许可证》年检的企业，发证机关应按每年不少于25%的比例实施现场检查。有下列情况之一的企业，必须进行现场检查：

1、上一年度新开办的企业；

2、上一年度年检不合格的企业；

3、发生质量事故的企业；

4、发证机关认为需要进行现场检查的企业；

5、其他随机抽取的企业。

（三）国家药品监督管理局公布的免检企业以及通过GSP认证的企业，可在免检期内或通过GSP认证工作一年内免于年检的现场检查；《药品经营许可证》换证工作当年，《药品经营许可证》的年检和换证审查工作，可一并进行。

第十八条　年检结果，由发证机关记录在《药品经营许可证》副本上，并加盖年检戳记。

未申请《药品经营许可证》年检的，视同《药品经营许可证》年检不合格企业。

第五章　《药品经营许可证》核准内容的变更与换证

第十九条　药品经营企业变更《药品经营许可证》许可事项的，应当在许可事项发生变更30日前，向原发证机关申请《药品经营许可证》变更登记；未经批准，不得变更许可事项。原发证机关应当自收到企业申请之日起15个工作日内作出核准变更或不予变更的决定。变更后的《药品经营许可证》有效期不变。

企业因违法经营已被立案查处，尚未结案的；或已经结案，尚未履行处罚的，发证机关应暂停受理其《药品经营许可证》的变更申请。

第二十条　企业改变经营地址、仓库地址，以及增设仓库或增加经营范围的，必须经过原发证机关同意，并按GSP认证标准验收合格后，方可办理变更手续。

第二十一条　企业改变经营方式，以及非企业法人变更为企业法人的，必须按照本办法第八条或第九条的规定重新办理《药品经营许可证》。

第二十二条　分支机构及有主管部门的企业变更《药品经营许可证》许可事项的，必须出具上级法人或主管部门签署的变更申请书。

第二十三条　《药品经营许可证》许可事项变更后，应由原发证机关在《药品经营许可证》副本上记录变更的内容和时间，正本按变更后的内容重新核发。

第二十四条　《药品经营许可证》有效期为5年。有效期届满，需要继续经营药品的，持证企业应在有效期届满前6个月向原发证机关提出换发《药品经营许可证》申请，由发证机关按原发证程序审查合格后，收回原证，换发新证；经审查不合格的，由发证机关收回《药品经营许可证》。

第六章　《药品经营许可证》的日常管理

第二十五条　国家和省、自治区、直辖市药品监督管理局负责对全国和辖区内《药品经营许可证》的发证、换证、年检、变更等工作进行监督和管理，发现下级药品监督管理部门在《药品经营许可证》的核发、换证、年检、变更等工作中违反规定的，有权予以纠正。

第二十六条 《药品经营许可证》发证机关应指定专人负责《药品经营许可证》管理工作，建立《药品经营许可证》的核发、换证、年检、变更等方面的工作档案，并实行微机管理，及时将《药品经营许可证》的核发、换证、年检、变更等情况报上一级药品监督管理部门。

第二十七条 省、自治区、直辖市和各设区的市级药品监督管理局或省、自治区、直辖市药品监督管理局直接设置的县级药品监督管理机构应设立《药品经营许可证》审查员库，并负责对《药品经营许可证》审查员进行培训、考核和管理。《药品经营许可证》审查员负责本辖区内《药品经营许可证》发证、换证、年检、变更的现场检查验收工作。

GSP认证检查员经过培训后，可参加《药品经营许可证》发证、换证、年检、变更的现场检查验收工作。

第二十八条 企业遗失《药品经营许可证》，应立即向发证机关报告，并登报声明。发证机关在企业登报声明2个月后，按原核准事项为其补发《药品经营许可证》。

第二十九条 企业领取《药品经营许可证》后，满3个月未经营药品或停止经营药品满6个月的，发证机关应收回其《药品经营许可证》。

第三十条 企业歇业的，应在歇业后30个工作日内到发证部门申请注销《药品经营许可证》，并将《药品经营许可证》正、副本交回发证机关。

第三十一条 药品经营企业终止经营药品或者关闭的，《药品经营许可证》由原发证机关缴销。

第三十二条 发证机关对需要认定的《药品经营许可证》，可以临时扣留，扣留期限不得超过10天。

第三十三条 《药品经营许可证》的正本应置于企业经营场所的醒目位置。持证企业可以根据业务需要，向发证机关申请核发《药品经营许可证》若干副本。

第三十四条 《药品经营许可证》不得擅自复印。企业需要向有关单位提交《药品经营许可证》复印件的，必须经过原发证机关同意，并在《药品经营许可证》复印件上加盖发证机关印章后，方可使用

第三十五条 《药品经营许可证》发证的下级机关不得擅自设置前置审批程序。

第三十六条 《药品经营许可证》正本、副本式样、编号方法，以及《药品经营许可证》的发证、换证、年检、变更等重要文书格式、表式和填报要求，由国家药品监督管理局统一制定。

第七章 罚 则

第三十七条 超出《药品经营许可证》许可的经营方式、经营范围经营药品的，按《药品管理法》第七十三条规定处罚。

第三十八条 伪造、涂改、出租、出借、和转让《药品经营许可证》的，按《药品管理法》第八十二条规定处罚。

第三十九条 违反本办法第十九条规定，擅自改变经营场所或仓库地址的，没收异地经营的药品和违法所得，并处一万元以上三万元以下的罚款；情节严重的，由发证部门吊销其《药品经营许可证》。

第四十条 年检不合格的企业，由发证机关责令限期进行整改，整改后仍不合格的，由发证机关吊销其《药品经营许可证》，并予以公告。

第四十一条　企业申请《药品经营许可证》发证、换证、年检、变更时提供虚假证明文件、数据或采取其它欺骗手段取得《药品经营许可证》的，由发证机关责令改正，处以一万元以上三万元以下的罚款；情节严重的，由发证部门吊销其《药品经营许可证》。

第四十二条　被吊销《药品经营许可证》的单位或个人，五年内不再受理其新开办申请。

第四十三条　药品经营企业变更《药品经营许可证》许可事项，应当办理变更登记手续而未办理的，按《药品管理法实施条例》第七十四条规定处罚

第四十四条　违反本办法其它规定的，由发证部门责令其改正，给予警告或者并处一万元以下罚款；情节严重的，由发证部门吊销其《药品经营许可证》。

第八章　附　则

第四十五条　本办法中所称《药品经营许可证》，均包括《药品经营许可证》正本、副本。

第四十六条　外商投资设置药品经营企业的，适用于本办法。有关外商投资企业的法律、法规另有规定的，适用其规定。

第四十七条　本办法由国家药品监督管理局负责解释。

第四十八条　本办法自发布之日起实行。各省、自治区、直辖市药品监督管理局可根据本办法制定实施细则。

国家药品监督管理局文件

国药监市[2002]312 号

关于贯彻《药品管理法实施条例》加强药品广告审查管理工作的通知

各省、自治区、直辖市药品监督管理局：

根据《药品管理法实施条例》的有关规定，为加强药品广告审查监督管理工作，规范药品广告异地备案行为，现将有关问题通知如下：

一、自 2002 年 9 月 15 日起，在药品生产企业所在地和进口药品代理机构所在地以外的省、自治区、直辖市发布药品广告时，发布地的省级药品监督管理部门应按照《药品管理法实施条例》第五十三条的规定，接受异地发布广告备案，同时停止受理和审批药品广告换号。

二、异地药品广告备案工作程序和所需证明文件

（一）各省级药品监督管理部门在接到备案申请后 5 个工作日内应做出是否准予备案的决定。对符合药品广告审查规定的，准予备案，并在《药品广告审查表》上签注　加璞赴　，加盖药品广告审查部门专用印章；对不符合药品广告审查规定的不予备案，以书面形式说明理由，交由原核发部门处理，并通知申请单位。

（二）异地药品广告备案时需提交的证明文件包括：

1．《药品广告审查表》原件和复印件；

2．药品生产批件、质量标准、说明书的复印件和实际使用的包装及说明书；

3．非处方药品广告需提交非处方药注册登记证书复印件；

4．申请发布进口药品广告，需提交《进口药品注册证》或者《医药产品注册证》和进口药品代理机构的相关证明文件复印件；

5．电视广告需提交录像带或光盘；

6．广播广告需提交录音磁带；

7．药品广告内容涉及商品名、注册商标、专利等内容的，需要提供相关证明材料。

三、药品广告的检查监督

（一）按照《药品管理法实施条例》第七十七条的规定，异地发布药品广告未向发布地省级药品监督管理部门备案的，由发布地的省级药品监督管理部门责令其限期办理备案手续，逾期不到发布地的省级药品监督管理部门办理备案手续的，发布地的省级药品监督管理部门应通知广告主和媒介停止该药品广告在发布地的广告发布活动。

（二）按照《药品管理法》第九十二条和《药品管理法实施条例》第七十六条的规定，

各省级药品监督管理部门对擅自篡改发布经批准的药品广告内容的，应责令广告主立即停止该药品广告的发布。同时，由核发广告批准文号的省级药品监督管理部门依据程序撤销其广告批准文号。

属于在异地发布篡改经批准的药品广告内容的，发布地药品监督管理部门作出责令停止其发布行为后，还应将违法发布的广告移送原审批地药品监督管理部门依法处理。

四、按照《药品管理法实施条例》第五十五条的规定，为加大打击违法发布药品广告行为的力度，自2002年10月1日起，各省级药品监督管理部门应建立违法药品广告公告制度。每月定期发布一期《违法药品广告公告》，并在每月上旬将已发布的公告上报我局，我局将编辑《违法药品广告公告汇总》印发各地。各省发布的《违法药品广告公告》的体例格式参见我局2002年9月之前所发布的《违法药品广告公告》。

国家药品监督管理局
二00二年九月五日

国家药品监督管理局文件

国药监安[2002]316号

关于印发国家非处方药目录的通知

各省、自治区、直辖市药品监督管理局：

根据国家药品监督管理局令第10号《处方药与非处方药分类管理办法》（试行），经国家药品监管局审定，现公布部分国家非处方药药品目录。

国家非处方药药品目录是按照《关于开展部分处方药品转换评价为非处方药品申报工作的通知》（国药监安〔2001〕547号）的要求，在各省（区、市）药品监督管理局组织药品生产企业申报和初审基础上，经国家药品监督管理局组织医学、药学专家，依据“安全有效、慎重从严、结合国情、中西药并重”的指导思想和“应用安全、疗效确切、质量稳定、使用方便”的原则，进行评价转换确定的。

此次公布的国家非处方药药品目录，包括207个药品制剂（见附件）。其中：化学药品制剂50个（甲类非处方药36个，乙类非处方药14个），中成药制剂157个）甲类非处方药116个，乙类非处方药41个）。

该批目录公布后，有关审核登记工作，按照《关于做好2002年非处方药管理有关工作的通知》（国药监办〔2002〕195号）执行。各省（区、市）药品监督管理局在组织完成审核登记后，按规定向国家药品监管局和有关单位报送审核登记软盘和相关资料。

附件：第三批国家非处方药药品目录（一）

国家药品监督管理局

二00二年九月十日

国家药品监督管理局文件

药监安函[2002]152号

关于征求"第三批国家非处方药药品目录（一）"中药品使用说明书意见的函

各省、自治区、直辖市药品监督管理局：

根据"关于开展部分处方药品转换评价为非处方药品申报工作的通知"（国药监安[2001] 547号）及"关于印发国家非处方药目录的通知"（国药监安 [2002] 316号）精神，我司已组织完成了"第三批国家非处方药药品目录（一）"中207个非处方药药品使用说明书（草案）的起草、修订工作。为广泛听取意见，现将其内容登录在国家药品监督管理局的网站（http://www.sda.gov.cn）上。请通知所辖地区相关企业点击网站查询，对说明书内容有不同意见者，请于2002年10月20日前用下列方式反馈。

电话：010-68313344-1029或010-67164985

传真：010-68315649或010-67164984

国家药品监督管理局安全监管司

二00二年九月十三日

国家药品监督管理局文件

国药监注[2002]326号

关于调整部分非处方药说明书的通知

各省、自治区、直辖市药品监督管理局：

根据国家药品监督管理局令第10号《处方药与非处方药分类管理办法》(试行)，国家药品监督管理局组织对部分非处方药品说明书进行了论证，经研究，决定对聚维酮碘软膏等22个药品说明书内容进行调整(见附件)。现将有关事项通知如下：

各省(区、市)药品监督管理局接此通知后，组织并受理辖区内药品生产企业相关非处方药品审核登记的变更申请，换发《非处方药品审核登记证书》(下称《登记证书》)，新旧《登记证书》的编号不变。

药品生产企业自取得省(区、市)药品监督管理局换发的《登记证书》之日起，即可使用调整后的药品说明书。其它有关事宜按照《关于做好2002年非处方药管理有关工作的通知》(国药监办［2002］195号)中的第三条办理。

附件：部分非处方药说明书调整内容

国家药品监督管理局
二00二年九月十九日

附件：

部分非处方药品说明书调整内容

1．聚维酮碘软膏

项目	原内容	调整后内容
作用类别	本品为皮肤科用药类非处方药药品。	本品为妇科用药类非处方药药品。
适应症	用于皮肤黏膜感染。	用于念珠菌性阴道炎、细菌性阴道病、混合感染性阴道炎及老年性阴道炎。
用法用量	涂于患处，成人和小儿均为每日 1-2 次。	阴道给药法： 将软膏注入阴道深处。 每次一支、每天一次，宜睡前使用。 六至十天为一疗程。 外用法： 将软膏推出适量，均匀涂抹于外阴粘膜的病患部位。
禁忌	感染面积过大者禁用。	对碘过敏者禁用。
注意事项	1．对本品及碘过敏者禁用。	本品能完全杀灭精子，用药时不能受孕。 停药三天后即可正常受孕。 为防止沾染衣物，使用后应卧位。
不良反应	偶见皮炎和过敏反应。	极个别病例用药时创面粘膜局部有轻微短暂刺激，片刻后即自行消失，无需特别处理。

备注：

用于皮肤科用的聚维酮碘软膏继续使用原说明书内容，本调整只适用于用于妇科的聚维酮碘软膏制剂。

聚维酮碘软膏的“双跨”身份继续保留。

2．聚维酮碘栓

项目	原内容	调整后内容
适应症	用于念珠菌性外阴阴道炎、细菌性阴道病、混合感染性阴道炎及老年性阴道炎。	用于念珠菌性阴道炎、细菌性阴道病、混合感染性阴道炎及老年性阴道炎。
注意事项	6．本品仅供阴道给药，切忌口服。	6. 本品仅供阴道及直肠给药，切忌口服。
规格	每粒含有效碘 0.017-0.023 克	每粒含聚维酮碘按有效碘计算为 0.02 克

3．枸橼酸钙片

项目	原内容	调整后内容
注意事项	2．高钙血症、高尿血症、含钙肾结石或有肾结石病史者禁用。	2．高钙血症、高尿血症者禁用。
药物相互作用	9. 与氧化镁等有轻泻作用制酸药合用或交叉应用，可减少嗳气、便秘等副作用。	9. 与氧化镁等有轻泻作用制酸药合用或交叉应用，可减少便秘等副作用。

4．枸橼酸钙咀嚼片

调整内容同上。

5．乙酰半胱氨酸颗粒剂

项目	原内容	调整后内容
注意事项	2．不宜与金属，橡皮，氧化剂，氧气接触，因可发生不可逆性结合而失效。	删除

6．酚咖片

项目	原内容	调整后内容
作用类别	感冒类	解热镇痛类

7．复方葡萄糖酸钙口服液（10 毫升：0.11 克（钙元素））

项目	原内容	调整后内容
用法用量	口服。成人一次 10 毫升，一日 1 次，饭后服用。	口服。成人一次 10-20 毫升，一日 2-3 次，饭后服用。

8．维生素 AD 滴剂（每克含维生素 A9000 单位，维生素 D3000 单位）

项目	原内容	调整后内容
用法用量	口服。成人一次 10-15 滴；一岁以下小儿一日 5 滴，一岁以上一日 7-8 滴。	口服。一次 1/6 克（相当于 滴）。

9．枸橼酸铋钾颗粒

项目	原内容	调整后内容
用法用量	口服，成人一次 300 毫克，一日 3-4 次，餐前半小时服。	口服，成人一次 1 袋（相当于铋 110 毫克），一日 3-4 次，餐前半小时服。

10. 复方孕二烯酮片

项目	原内容	调整后内容
注意事项	如欲怀孕，应停药并采取其他避孕措施，停药半年后再怀孕。	如欲怀孕，应停药并采取其他避孕措施，直到出现第一个月经周期后再怀孕。

11. 三相避孕片
调整内容同上。

12. 维D钙咀嚼片

项目	原内容	调整后内容
药物组成	本品每片含主要成分碳酸钙0.75克（相当于钙300毫克），维生素D150国际单位。	本品每片含主要成分碳酸钙0.75克（相当于钙300毫克），维生素D100国际单位。

13. 鼻炎片

项目	原内容	调整后内容
功能主治	用于鼻窦炎。	用于急慢性鼻炎。

14. 金莲花颗粒

项目	原内容	调整后内容
功能主治	用于咽喉肿痛。	用于上呼吸道感染，咽炎，扁桃体炎。

15. 胃苏颗粒（冲剂）

项目	原内容	调整后内容
功能主治	主治胃脘胀痛。	主治气滞型胃脘痛，症见胃脘胀痛，窜及两胁，得嗳气或矢气则舒，情绪郁怒则加重，胸闷食少，排便不畅及慢性胃炎见上述证候者。

16. 驴胶补血颗粒

项目	原内容	调整后内容
作用类别	月经不调类	月经不调、虚证类
规格	每袋装8克	每袋装8克、20克

17. 益血生胶囊

项目	原内容	调整后内容
功能主治	健脾生血，补肾填精。用于脾肾两亏所致的，贫血。头昏眼花，心悸气短，体乏无力，面色萎黄。	健脾生血，补肾填精。用于脾肾两亏所致的血虚，症见头昏眼花，心悸气短，体乏无力，面色萎黄，以及贫血见上述症侯者。

18．龙牡壮骨颗粒

项目	原内容	调整后内容
功能主治	强筋壮骨，和胃健脾。用于治疗，小儿多汗，夜惊，食欲不振，消化不良。	强筋壮骨，和胃健脾。用于治疗和预防小儿佝偻病，症见小儿多汗，夜惊，食欲不振，消化不良。

19．和兴白花油

项目	原内容	调整后内容
功能主治	用于昆虫叮咬及瘙痒性皮肤病。	用于头晕头痛，伤风鼻塞，肌肉酸痛，蚊叮虫咬。

20．跌打按摩药膏

项目	原内容	调整后内容
作用类别	急性软组织扭挫伤类	急、慢性软组织扭挫伤类

21．消痛贴膏

项目	原内容	调整后内容
作用类别	慢性软组织扭挫伤类	急、慢性软组织扭挫伤类

22．云南白药创可贴

项目	原内容	调整后内容
作用类别	急性软组织扭挫伤类	外科用药类

国家药品监督管理局文件

药监市函[2002]175号

关于征求对《药品广告审查管理办法》（征求意见稿）修改意见的函

各省、自治区、直辖市药品监督管理局：

为加强药品广告审查管理，规范药品广告发布行为，根据《中华人民共和国广告法》、《中华人民共和国药品管理法》及《中华人民共和国药品管理法实施条例》的有关规定，我局起草了《药品广告审查管理办法》（征求意见稿），现印发给你们。请组织有关单位进行认真讨论，提出书面修改意见，并将修改意见于2002年11月10日前报我司流通规则管理处。

地址：北京市西城区北礼士路甲38号

邮编：100810

传真：(010) 68311995

电子邮件：wanglei@sda.gov.cn

附件：《药品广告审查管理办法》(征求意见稿)

国家药品监督管理局安全监管司

二00二年九月十三日

附件

药品广告审查管理办法

（征求意见稿）

第一章　总　则

第一条　为加强药品广告审查管理，规范药品广告发布行为，保证药品广告真实、合法，保障人民用药安全有效，根据《中华人民共和国广告法》（以下简称《广告法》）、《中华人民共和国药品管理法》（以下简称《药品管理法》）和《中华人民共和国药品管理法实施条例》（以下简称《药品管理法实施条例》），制定本办法。

第二条　药品广告是指药品生产企业或者药品经营企业承担费用，通过一定的媒介和形式介绍具体药品品种，直接或间接地进行以药品销售为目的的商业广告。

第三条　发布药品广告的广告主必须是具有合法资格的药品生产企业或者药品经营企业。

第四条　凡利用各种媒介或者形式发布药品广告，包括企业面向消费者宣传的非处方药资料均应当按照本办法规定进行审查批准，药品生产企业面向医药专业人员的药品宣传材料除外，宣传内容必须真实、合法，不得进行虚假宣传。

第五条　省、自治区、直辖市药品监督管理部门（以下简称省级药品监督管理部门）为药品广告审查机关，负责本行政区药品广告的审查批准。

各级药品监督管理部门应当对药品广告发布情况进行检查，对违法发布的药品广告应当依法作出处理，并通报同级工商行政管理部门。

第六条　国家药品监督管理局对省级药品监督管理部门的药品广告审查工作进行指导和监督，对省级药品监督管理部门违反《广告法》、《药品管理法》、《药品管理法实施条例》及本办法的行为，有权按照《药品管理法》的规定予以处理。

第二章　药品广告的申请

第七条　申请发布药品广告，必须向药品生产企业所在地的省级药品监督管理部门提出申请。

申请发布进口药品广告，必须向进口药品代理机构所在地的省级药品监督管理部门提出申请。一家境外药品生产厂商只能确定一个省（区、市）作为进口药品广告的申请地。

第八条　药品生产企业、药品经营企业和广告经营单位、广告发布单位可以作为药品广告申请单位。

第九条　申请发布药品广告，广告申请单位应当填写《药品广告审查表》（附表1），并提交如下证明文件：

（一）药品生产企业的《药品生产许可证》或者药品经营企业的《药品经营许可证》复印件；

（二）药品生产批件（或者《进口药品注册证》、《医药产品注册证》）、质量标准、说明书的复印件和实际使用的包装及说明书；

（三）非处方药品广告需提交非处方药注册登记证书复印件；

（四）药品经营企业做广告主时，必须提交药品生产企业的委托书原件。

（五）药品广告内容出现药品商品名称、注册商标、专利等内容的，必须提交相关证明文件的复印件；

（六）药品经营企业办理药品广告申请时，应当提交药品生产企业的委托书原件；广告经营单位或者广告发布单位办理药品广告申请时，应当提交申请单位营业执照复印件和药品生产企业的委托书原件；进口药品代理机构申请药品广告时，应当提交相关资格证明文件复印件；

（七）法律法规规定的其他确认广告内容真实性的证明文件。

第三章　药品广告的审查

第十条　省级药品监督管理部门必须依据《广告法》、《药品管理法》、《药品管理法实施条例》和本办法规定的审查标准及有关部门规章和规范性文件对药品广告进行审查。

第十一条　省级药品监督管理部门对申请人提交的证明文件的真实性、有效性、合法性进行审查。有下列情况之一的，省级药品监督管理部门不得受理药品广告申请：

（一）擅自更改经批准的药品包装、标签、说明书的；

（二）撤销药品广告审查批准文号不满一年的；

（三）提交的证明文件不符合规定要求的。

第十二条　省级药品监督管理部门应当自受理之日起10个工作日内做出是否核发药品广告批准文号的决定。对审查合格的药品广告，发给药品广告批准文号，加盖药品广告审查专用章，并将已批准的《药品广告审查表》送同级工商行政管理部门备查。

对审查不合格的药品广告，提出书面审查意见。

广告申请单位在3个月内未将修改后的广告如期报回的，该广告应重新申报。

第十三条　仅出现药品名称的药品广告，省级药品监督管理部门在接到申请后5个工作日内作出审查决定。

第十四条　经审查核发批准文号的药品广告内容发布时不得擅自更改变动，药品广告内容需要改动的应当重新申请审查。

第十五条　药品广告批准文号有效期为一年，有效期满后继续发布的，应当在期满前两个月向原药品广告审查机关重新提出申请。

第十六条　互联网发布的药品广告，必须经过审查批准。

第十七条　对已经批准的药品广告，有下列情况之一的，省级药品监督管理部门应当填写《药品广告调回复审通知书》（附表2），调回复审：

（一）国家药品监督管理局认为省级药品监督管理部门批准的药品广告内容不符合规定的；

（二）省级药品监督管理部门认为应当调回复审的；

（三）广告监督管理部门提出复审建议的。

第十八条　药品的质量标准、说明书等药品广告审查依据发生变化的，应当立即停止发布已审查的药品广告，需要继续发布的，应当按照变化后的质量标准、说明书重新申请审查。

第四章　药品广告审查标准

第十九条　药品广告的内容必须真实、合法，以国家药品监督管理局批准的说明书为准，不得含有虚假内容。

下列药品不得以任何形式发布广告：

（一）麻醉药品、精神药品、医疗用毒性药品、放射性药品、戒毒药品以及国家药品监督管理局认定的特殊管理的药品；

（二）国家药品监督管理局或者省级药品监督管理部门明令停止或禁止生产、销售和使用的药品；

（三）医疗机构配制的制剂；

（四）国家药品监督管理局批准试生产的药品。

第二十条 国内外政府部门及社会团体、中介服务组织确认的各种资格的内容不得在药品广告中发布，国家药品监督管理局特许的除外。

第二十一条 药品广告中必须标明药品的通用名称、药品生产批准文号、禁忌症、忠告语、药品广告批准文号、药品生产企业名称及广告主名称。只出现药品名称的药品广告，必须标明药品的通用名称和药品广告批准文号。

第二十二条 药品质量标准和使用说明书中规定有禁忌内容的，必须在广告中醒目标示。不能全部标示的，除注明主要内容外，应当标示“其他禁忌详见药品说明书”。

第二十三条 药品商品名称不得单独进行广告宣传。广告宣传需使用商品名称的，必须同时使用药品的通用名称。

注册商标包含药品商品名称的，不得以注册商标名义单独进行广告宣传。商标使用范围既包括药品又包括其他商品的，使用商标名称宣传时，必须标明商品种类。

第二十四条 药品广告中不得出现下列情形：

（一）含有药到病除等不科学地表示功效的断言或者保证，使用不恰当的表现形式，引起公众对所处健康状况，所患疾病产生不必要的担忧或恐惧，或使公众误解不使用广告宣传的药品会患某种疾病或加重病情；

（二）夸大药品的功能疗效或者把药品的功能疗效神秘化；

（三）含有“安全”、“无毒副作用”等承诺的内容；

（四）违反科学规律，明示或者暗示包治百病、适合所有症状。

第二十五条 药品广告应当鼓励和引导合理用药，不得直接或间接怂恿任意、过量使用药品。药品广告不得含有以下内容：

（一）声称免费治疗、无效退款、保险公司保险的；

（二）含有最新技术、最高科学、最先进制法、药之王、国家级新药、不复发、不反弹、永葆青春、显著、消除、解除、根治、根除、药到病除等绝对化的用语和表示的；

（三）有奖销售、让利销售及馈赠、降价、指定产品、专用产品、以药品作为礼品或奖品的；

（四）声称或暗示药品为正常生活或治疗病症所必须，服用该药能应付现代紧张生活或升学、考试的需要，能帮助改善或提高成绩，能使精力旺盛、增强竞争力等。

第二十六条 药品广告不得利用国家机关、医药科研单位、学术机构或者专家、学者、医师、药师和患者的名义和形象做证明。

第二十七条 药品广告不得与其它药品进行功效和安全性对比，不得贬低同类产品，不得含有药品有效率、治愈率、排序、评比等综合评价或者获奖的内容。

第二十八条 非处方药品广告的忠告语是：“请按药品说明书或在药师指导下购买

和使用”。

处方药药品广告的忠告语是：“请按医生处方购买和使用”。

处方药广告在《药品广告审查表》中必须注明“仅限医学、药学专业刊物发布”。

第二十九条　非处方药广告必须标明非处方药专用标识，电视药品广告中非处方药专用标识必须始终出现。

第三十条　非处方药品广告的批准文号、忠告语、禁忌内容必须醒目标示，在电视广告中出现的时间不得少于5 秒。

第三十一条　非处方药不得在儿童节目和儿童出版物上发布广告，不得以儿童名义介绍药品，不得以儿童为诉求对象，不得出现儿童不在成人监护下单独用药的内容。

第三十二条　大众媒介发布的药品广告不得含有标明或者暗示能增强性功能的内容。

第三十三条　处方药可以在卫生部和国家药品监督管理局共同指定的医学、药学专业刊物上发布广告，但不得在大众传播媒介发布广告或者以其他方式进行以公众为对象的广告宣传。

第三十四条　在医学、药学专业刊物上发布的广告，可以介绍药品的药效学、药理学及临床研究的有关数据或结果，其依据以国家药品监督管理局规定的资料和参考文献为准，在广告发布中必须注明其来源。

第五章　药品广告的备案

第三十五条　省级药品监督管理部门审查批准的药品广告应当同时报国家药品监督管理局备案。

第三十六条　在药品生产企业所在地和进口药品代理机构所在地以外的省、自治区、直辖市发布药品广告的（以下简称异地发布药品广告），发布广告的企业应当在发布前向发布地省级药品监督管理部门备案，未经备案不得发布。

第三十七条　异地发布药品广告备案时需提交如下资料：

（一）《药品广告审查表》原件和复印件；

（二）药品生产批件、质量标准、说明书的复印件和实际使用的包装及说明书；

（三）非处方药品需提交非处方药注册登记证书复印件；

（四）进口药品需提交《进口药品注册证》或《医药产品注册证》和药品进口代理机构的相关证明文件复印件；

（五）电视广告需提交录像带或光盘；

（六）广播广告需提交录音磁带；

（七）异地申请备案时，需提交药品生产企业的委托书原件；

（八）药品广告内容涉及商品名称、注册商标、专利等内容的，需要提供相关证明文件。

第三十八条　省级药品监督管理部门在受理备案申请后5 个工作日内做出是否准予备案的决定。对符合药品广告审查规定的，准予备案，并在《药品广告审查表》上签注“准予备案”和加盖省级药品监督管理部门药品广告审查专用章，并送同级工商行政管理部门备查；对不符合规定的不予备案，填写《药品广告不予备案意见书》（附表3）说明理由，交由原审批地省级药品监督管理部门处理，并通知广告申请单位。

第三十九条　对省级药品监督管理部门不予备案的药品广告有异议的，原审批地省级药品监督管理部门可向国家药品监督管理局申诉。广告主或者广告申请单位也可直接向国家药品监督管理局申诉、投诉。

第六章　药品广告的审查监督

第四十条　违反药品广告审查管理的法律法规、行政规章和国家药品监督管理局关于药品广告审查管理规定的，县级以上药品监督管理部门应在发现后及时填写《违法药品广告移送通知书》（附表4），移送同级工商行政管理部门，并报告上级药品监督管理部门。

第四十一条　异地发布药品广告未向发布地省级药品监督管理部门备案的，发布地省级药品监督管理部门应当填写《责令限期办理备案通知书》（附表5），责令广告主限期办理备案手续，逾期不办理的，发布地省级药品监督管理部门应当填写《停止发布药品广告决定书》（附表6），通知广告主和媒介停止该药品广告在发布地的发布活动，并移送同级工商行政管理部门。

第四十二条　篡改经批准和经备案的药品广告内容的，发布地药品监督管理部门应当填写《停止发布药品广告决定书》（附表6），责令广告主和媒介停止该药品广告发布，并移送同级工商行政管理部门，同时上报省级药品监督管理部门。属于异地发布的药品广告，由发布地省级药品监督管理部门填写《违法药品广告处理通知书》（附表7），通知原审批地省级药品监督管理部门依法处理。

第四十三条　违反药品广告管理法律法规、规章和规范性文件规定，篡改经批准的药品广告内容，进行虚假宣传的，由发给药品广告批准文号的省级药品监督管理部门撤销药品广告批准文号，一年内不受理该企业该品种的广告审批申请。同时，异地省级药品监督管理部门不得受理该企业该品种的广告备案。

同企业同品种药品广告批准文号被撤销一次以上的，一年内不受理广告申请的时限按最后一次撤销的时间计算。

第四十四条　有下列情况之一的药品广告，原省级药品监督管理部门应当收回药品广告批准文号：

（一）《药品生产许可证》、《药品经营许可证》被吊销的；

（二）药品生产批准文号被撤销的；

（三）已被国家药品监督管理局和省级药品监督管理部门责令停止生产、销售和使用的药品；

（四）药品管理法规定的假药、劣药。

第四十五条　省级药品监督管理部门应当建立违法药品广告公告制度，定期发布《违法药品广告公告》，并及时上报国家药品监督管理局，国家药品监督管理局汇总后定期印发《违法药品广告公告汇总》。

《违法药品广告公告》中收载的违法发布行为包括：篡改审批内容已被撤销广告批准文号的，未经审批擅自发布，伪造药品广告批准文号和相关证明文件，冒用药品广告批准文号，使用过期失效的药品广告批准文号，异地发布未经备案，禁止在大众媒介发布广告的处方药发布广告，禁止发布广告的药品发布广告。

《违法药品广告公告》中应当包括药品名称、广告主（广告申请单位）名称、广告批准文号、发布媒介名称、发布时间、违法原因、撤销广告批准文号日期、处理方式。《违法药品广告公告》中内容发布不当的，发布部门应当自确认公告不当之日起5日内，在原公告范围内予以更正。

第四十六条　广告发布媒介在发布药品广告前，应当查验《药品广告审查表》原件，按照审查批准的内容发布，并将该《药品广告审查表》复印件保存三年备查。

第七章　行政处罚程序

第四十七条　省级药品监督管理部门实施撤销药品广告批准文号的行政处罚，应当依照《中华人民共和国行政处罚法》的有关规定执行。

第四十八条　对撤销药品广告批准文号的，省级药品监督管理部门应当制作《撤销药品广告批准文号事先告知书》（附表8），告知当事人的违法事实、撤销药品广告批准文号的理由和依据及当事人依法享有陈述和申辩的权利。

第四十九条　撤销药品广告批准文号的省级药品监督管理部门应当充分听取当事人的陈述和申辩，并当场制作《陈述、申辩笔录》（附表9），当事人提出的事宜、理由或者依据成立的，应当采纳。

第五十条　违法事实已查清，依法作出撤销药品广告批准文号的，省级药品监督管理部门承办人应提出撤销药品广告批准文号的意见，填报《撤销药品广告批准文号审批表》（附表10），报省级药品监督管理部门主管领导审批。

第五十一条　作出撤销药品广告批准文号决定的，省级药品监督管理部门应当制作《撤销药品广告批准文号决定书》（附表11）。

第五十二条　省级药品监督管理部门作出撤销药品广告批准文号的决定，应同时将《撤销药品广告批准文号决定书》上报国家药品监督管理局。被撤销的药品广告批准文号药品在异地发布广告的，发布地省级药品监督管理部门应当责令广告主停止发布。

第八章　附则

第五十三条　本办法所称进口药品代理机构，是指境外药品生产厂商驻华办事机构，或者该品种国内销售代理商以及该品种申请进口注册代理机构。

第五十四条　本办法所称药品广告申请单位，是指广告主或者受广告主委托，具体办理药品广告审查申请的机构。

第五十五条　药品广告批准文号为“X药广审（视）第0000000000号”“X药广审（声）第0000000000号”“X药广审（文）第0000000000号”。其中“X”为各省、自治区、直辖市的简称。“0”为由十位数字组成，前六位代表审查年月，后4位代表广告批准序号。“视”、“声”、“文”代表用于广告媒介形式的分类代号。

第五十六条　本办法自2002年　月　日起施行。

《药品注册管理办法》（试行）

国家药品监督管理局令

第35号

《药品注册管理办法》（试行）于2002年10月15日经国家药品监督管理局局务会议审议通过，现予发布。本办法自2002年12月1日起施行。

局长：郑筱萸

二00二年十月三十日

药品注册管理办法

（试　行）

第一章　总　则

第一条　为保证药品的安全、有效和质量可控，规范药品注册行为，根据《中华人民共和国药品管理法》（以下简称《药品管理法》）、《中华人民共和国药品管理法实施条例》（以下简称《药品管理法实施条例》），制定本办法。

第二条　在中华人民共和国境内从事药物研制和临床研究，申请药物临床研究、药品生产或者进口，以及进行相关的药品注册检验、监督管理，适用本办法。

第三条　药品注册，是指依照法定程序，对拟上市销售的药品的安全性、有效性、质量可控性等进行系统评价，并作出是否同意进行药物临床研究、生产药品或者进口药品决定的审批过程，包括对申请变更药品批准证明文件及其附件中载明内容的审批。

第四条　国家鼓励研究创制新药，对创制的新药及治疗疑难危重疾病的新药实行快速审批。

第五条　国家药品监督管理局主管全国药品注册管理工作，负责对药物临床研究、药品生产和进口的审批。

省、自治区、直辖市药品监督管理局受国家药品监督管理局的委托，对药品注册申报资料的完整性、规范性和真实性进行审核。

第六条　药品注册申请人（以下简称申请人），是指提出药品注册申请，承担相应法律责任，并在该申请获得批准后持有药品批准证明文件的机构。境内申请人应当是在中国境内合法登记的法人机构，境外申请人应当是境外合法制药厂商。境外申请人办理进口药品注册，应当由其驻中国境内的办事机构或者由其委托的中国境内代理机构办理。

办理药品注册申请事务的人员应当是相应的专业技术人员，并熟悉药品注册管理法律、法规和技术要求。

第二章　药品注册的申请

第七条　药品注册申请包括新药申请、已有国家标准药品的申请和进口药品申请及其补充申请。境内申请人按照新药申请、已有国家标准药品的申请办理，境外申请人按照进口药品申请办理。

第八条　新药申请，是指未曾在中国境内上市销售的药品的注册申请。已上市药品改变剂型、改变给药途径的，按照新药管理。

已有国家标准药品的申请，是指生产国家药品监督管理局已经颁布正式标准的药品的注册申请。

进口药品申请，是指在境外生产的药品在中国上市销售的注册申请。

补充申请，是指新药申请、已有国家标准药品的申请或者进口药品申请经批准后，改变、增加或取消原批准事项或内容的注册申请。新药技术转让、进口药品分包装、药品试行标准转正，按补充申请办理。

第九条　申请药品注册，申请人应当向所在地省、自治区、直辖市药品监督管理局提出，并报送有关资料和药物实样；其中申请进口药品注册，申请人应当向国家药品监督管理局提出。

第十条　两个以上单位共同作为新药申请人的，应当向其中药品生产企业所在地省、自治区、直辖市药品监督管理局提出申请；申请单位均为药品生产企业的，应当向申请制剂的药品生产企业所在地省、自治区、直辖市药品监督管理局提出申请；申请单位均不是药品生产企业的，应当向样品试制现场所在地省、自治区、直辖市药品监督管理局提出申请。

第十一条　申请人应当对所申请注册的药物或者使用的处方、工艺等，提供在中国的专利及其权属状态说明，并提交对他人的专利不构成侵权的保证书，承诺对可能的侵权后果负责。

第十二条　药品注册申请批准后发生专利权纠纷的，当事人应当自行协商解决，或者依照有关法律、法规的规定，通过司法机关或者专利行政机关解决。

第十三条　已获得中国专利的药品，其他申请人在该药品专利期满前 2 年内可以提出注册申请。国家药品监督管理局按照本办法予以审查，符合规定的，在专利期满后批准生产或者进口。

第十四条　按照《药品管理法实施条例》第三十五条的规定，对获得生产或者销售含有新型化学成份药品许可的生产者或者销售者提交的自行取得且未披露的试验数据和其他数据，国家药品监督管理局自批准该许可之日起 6 年内，对其他未经已获得许可的申请人同意，使用其未披露数据的申请不予批准。但是其他申请人提交自行取得数据的除外。

其他申请人在提出药品注册申请时，应当承诺所有试验数据均为自行取得并保证其真实性。

第十五条　接受境外制药厂商的委托，在我国进行加工药品，但不在境内销售使用的，由进行加工的境内药品生产企业向所在地省、自治区、直辖市药品监督管理局提出申请。符合规定的，省、自治区、直辖市药品监督管理局予以批准，并报国家药品监督管理局备案，但不发给药品批准文号。

第三章　药物的临床前研究

第十六条　为申请药品注册而进行的药物临床前研究，包括药物的合成工艺、提取方法、理化性质及纯度、剂型选择、处方筛选、制备工艺、检验方法、质量指标、稳定性，药理、毒理、动物药代动力学等。中药制剂还包括原药材的来源、加工及炮制等；生物制品还包括菌毒种、细胞株、生物组织等起始材料的质量标准、保存条件、遗传稳定性及免疫学的研究等。

第十七条　药物临床前研究应当执行有关管理规定，其中安全性评价研究必须执行《药物非临床研究质量管理规范》。

第十八条　从事药物研究开发的机构必须具有与试验研究项目相适应的人员、场地、设备、仪器和管理制度；所用试验动物、试剂和原材料应当符合国家有关规定和要求，并应当保证所有试验数据和资料的真实性。

第十九条　单独申请药物制剂所使用的化学原料药及实施批准文号管理的中药材和中药饮片，必须具有药品批准文号、《进口药品注册证》或者《医药产品注册证》，该原料药必须通过合法的途径获得。所用原料药不具有药品批准文号、《进口药品注册证》或者《医药产品注册证》的，必须经国家药品监督管理局批准。

第二十条　申请人委托其他机构进行药物研究或者进行单项试验、检测、样品的试制、生产等，应当与被委托方签订合同。申请人应当对申报资料中的药物研究数据的真实性负责。

第二十一条　药品注册申报资料中有境外药物研究机构提供的药物试验研究资料的，必须附有境外药物研究机构出具的其所提供资料的项目、页码的情况说明和证明该机构已在境外合法登记并经公证的证明文件，经国家药品监督管理局认可后，方可作为药品注册申请的申报资料。国家药品监督管理局根据审查需要派员进行现场考察。

第二十二条　国家药品监督管理局和省、自治区、直辖市药品监督管理局根据需要对研究情况进行核查，可以要求申请人或者承担试验的药物研究机构按照其申报资料的项目、方法和数据进行重复试验，并派员现场考察试验过程；也可以委托药品检验所或者其他药物研究机构进行重复试验。

第二十三条　药物临床前研究应当参照国家药品监督管理局发布的有关技术指导原则进行。　申请人采用其他的评价方法和技术进行试验的，应当提交能证明其科学性的资料。

第四章　药物的临床研究

第一节　基本要求

第二十四条　药物的临床研究包括临床试验和生物等效性试验。

药物临床研究必须经国家药品监督管理局批准后实施，必须执行《药物临床试验质量管理规范》。

第二十五条　申请新药注册，应当进行临床试验或者生物等效性试验。

申请已有国家标准的药品注册，一般不需要进行临床研究。需要进行临床研究的，化学药品可仅进行生物等效性试验；需要用工艺和标准控制药品质量的中成药和生物制品，应当进行临床试验。

在补充申请中，已上市药品增加新适应症或者生产工艺等有重大变化的，需要进行临床研究。

第二十六条　临床试验分为I、II、III、IV期。申请新药注册应当进行I、II、III期临床试验，有些情况下可仅进行II期和III期，或者III期临床试验。

I期临床试验：初步的临床药理学及人体安全性评价试验。观察人体对于新药的耐受程度和药代动力学，为制定给药方案提供依据。

II期临床试验：治疗作用初步评价阶段。其目的是初步评价药物对目标适应症患者的治疗作用和安全性，也包括为III期临床试验研究设计和给药剂量方案的确定提供依据。此阶段的研究设计可以根据具体的研究目的，采用多种形式，包括随机盲法对照临床试验。

III期临床试验：治疗作用确证阶段。其目的是进一步验证药物对目标适应症患者的治疗作用和安全性，评价利益与风险关系，最终为药物注册申请获得批准提供充分的依据。试验一般应为具有足够样本量的随机盲法对照试验。

IV期临床试验：新药上市后由申请人自主进行的应用研究阶段。其目的是考察在广泛使用条件下的药物的疗效和不良反应；评价在普通或者特殊人群中使用的利益与风险关系；改进给药剂量等。

第二十七条　药物临床研究的受试例数应当根据临床研究的目的，符合相关统计学的要求和本办法所规定的最低临床研究病例数要求。罕见病、特殊病种及其他情况，要求减少临床研究病例数或者免做临床试验的，必须经国家药品监督管理局审查批准。

第二十八条　在菌毒种选种阶段制备的疫苗或者其他特殊药物，无合适的动物模型且试验室无法评价其疗效的，在保证受试者安全的前提下，可以向国家药品监督管理局申请临床研究。

第二节　实施前的要求

第二十九条　药物临床研究批准后，申请人应当从具有药物临床试验资格的机构中，选择承担药物临床试验的机构，商定临床研究的负责单位、主要研究者及临床研究参加单位。

第三十条　申请人应当与选定的临床研究负责和参加单位签定临床研究合同，提供受试者知情同意书样稿和临床试验研究者手册，参照有关技术指导原则完善临床研究方案，并提请临床试验机构伦理委员会对临床研究方案的科学性和涉及的伦理问题进行审查。

第三十一条　申请人应当向选定的临床研究单位免费提供临床研究用药物和对照用药品（Ⅰ Ⅴ 期临床试验除外)，并附样品检验报告书；承担临床研究所需要的费用。

第三十二条　临床研究用药物，应当在符合《药品生产质量管理规范》条件的车间制备。制备过程应当严格执行《药品生产质量管理规范》的要求。

国家药品监督管理局或者委托省、自治区、直辖市药品监督管理局，根据审查需要进行现场考察。

第三十三条　申请人可以按照国家药品监督管理局审定的药品标准自行检验临床研究用药物，也可以委托中国药品生物制品检定所或者国家药品监督管理局确定的药品检验所进行检验，检验合格后方可用于临床研究。国家药品监督管理局可以指定药品检验所对临床研究用的药物进行抽查检验。

疫苗类制品、血液制品、国家药品监督管理局规定的其他生物制品以及境外生产的临床研究用药物，必须经国家药品监督管理局指定的药品检验所检验，合格后方可用于临床研究。

申请人对临床研究用药物的质量负有全部责任。

第三十四条　申请人在药物临床研究实施前，应当将已确定的临床研究方案和临床研究负责单位的主要研究者姓名、参加研究单位及其研究者名单、伦理委员会审核同意书、知情同意书样本等报送国家药品监督管理局备案，并报送临床研究单位所在地省、自治区、直辖市药品监督管理局。

第三节　临床研究的管理

第三十五条　药物临床研究过程中，申请人应当指定具有一定专业知识的人员监督执行《药物临床试验质量管理规范》。

第三十六条　申请人发现临床研究者违反有关规定或者未按照临床研究方案执行的，应当督促其改正；情节严重的，可以要求暂停临床研究，或者终止临床研究，并将情况报告国家药品监督管理局和有关省、自治区、直辖市药品监督管理局。

第三十七条　申请人完成每期临床试验后，应当向国家药品监督管理局和有关省、自治区、直辖市药品监督管理局提交临床研究和统计分析报告。

临床研究时间超过1年的，申请人应当自批准之日起每年向国家药品监督管理局和有关省、自治区、直辖市药品监督管理局提交临床研究进展报告。

第三十八条　药物临床研究被批准后应当在2年内实施。逾期未实施的，原批准证明文件自行废止；仍需进行临床研究的，应当重新申请。

第三十九条　参加临床研究的单位及人员应当熟悉供临床试验用药物的性质、作用、疗效和安全性；了解临床研究者的责任和义务；获得由受试者自愿签署的知情同意书；及时、准确、真实地做好临床研究记录。

第四十条　参加临床研究的单位及人员，对申请人违反《药物临床试验质量管理规范》或者要求改变试验数据、结论的，应当向所在地省、自治区、直辖市药品监督管理局和国家药品监督管理局报告。

第四十一条　承担临床研究的单位和临床研究者，有义务采取必要的措施，保障受试者的安全。

临床研究者应当密切注意临床研究用药物不良事件的发生，及时对受试者采取适当的处理措施，并记录在案。

临床研究过程中发生严重不良事件的，研究者应当在24小时内报告有关省、自治区、直辖市药品监督管理局和国家药品监督管理局及申请人，并及时向伦理委员会报告。

第四十二条　对已批准的临床研究，国家药品监督管理局和省、自治区、直辖市药品监督管理局应当进行常规的或者有因的现场考察或者数据稽查。

第四十三条　临床研究期间发生下列情形之一的，国家药品监督管理局可以要求申请人修改临床研究方案、暂停或者终止临床研究：

（一）伦理委员会未履行职责的；

（二）不能有效保证受试者安全的；

（三）未按照规定时限报告严重不良事件的；

（四）未及时、如实报送临床研究进展报告的；

（五）已批准的临床研究超过原预定研究结束时间2年仍未取得可评价结果的；

（六）已有证据证明临床试验用药物无效的；

（七）临床试验用药物出现质量问题的；

（八）临床研究中弄虚作假的；

（九）违反《药物临床试验质量管理规范》其他情况的。

第四十四条　国家药品监督管理局作出修改临床研究方案、责令暂停或者终止临床研究的决定，申请人或者临床研究单位应当执行。有异议的，可以在10日内提出意见并书面说明理由。

第四十五条　临床研究中出现大范围、非预期的不良反应或者严重不良事件时，或者有证据证明临床研究用药物存在严重质量问题时，国家药品监督管理局或者省、自治区、直辖市药品监督管理局可以采取紧急控制措施，责令暂停或者终止临床研究，申请人和临床研究单位必须立即停止临床研究。

第四十六条　临床研究用药物的使用由临床研究者负责。研究者必须保证所有研究用药物仅用于该临床研究的受试者，其用法与用量应当符合研究方案。研究者不得把研究用药物转交任何非临床研究参加者。临床研究用药物不得销售。

第四十七条　境外申请人在中国进行国际多中心药物临床研究的，应当按照本办法向国家药品监督管理局提出申请，并符合下列规定：

（一）临床研究用药物应当是已在境外注册的药品或者已进入II期或者III期临床试验的药物；国家药品监督管理局不受理境外申请人提出的尚未在境外注册的预防用疫苗类新药的国际多中心药物临床研究申请；

（二）国家药品监督管理局在批准进行国际多中心药物临床研究的同时，可以根据需要，要求申请人在中国首先进行I期临床试验；

（三）在中国进行国际多中心药物临床研究时，在任何国家发现与该药物有关的严重不良反应和非预期不良反应，申请人应当按照有关规定及时报告国家药品监督管理局；

（四）临床研究结束后，申请人应当将完整的临床研究报告报送国家药品监督管理局；

（五）国际多中心药物临床研究取得的数据，用于在中国进行药品注册申请，必须符合《药品管理法》、《药品管理法实施条例》及本办法有关临床研究的规定，申请人必须提交多中心临床研究的全部研究资料。

第五章　新药的申报与审批

第一节　基本要求

第四十八条　申请新药注册所报送的资料应当完整、规范，数据必须真实、可靠；引用文献资料应当注明著作名称、刊物名称及卷、期、页等；未公开发表的文献资料应当提供资料所有者许可使用的证明文件。外文资料应当按照要求提供中文译本。

第四十九条　国家药品监督管理局对下列新药申请可以实行快速审批：

（一）未在国内上市销售的来源于植物、动物、矿物等药用物质制成的制剂和从中药、天然药物中提取的有效成份及其制剂；

（二）未在国内外获准上市的化学原料药及其制剂、生物制品；

（三）抗艾滋病病毒及用于诊断、预防艾滋病的新药，治疗恶性肿瘤、罕见病等的新药；

（四）治疗尚无有效治疗手段的疾病的新药。

第五十条　省、自治区、直辖市药品监督管理局在收到本办法第四十九条所列新药的注册申请后，应当就该申请是否符合快速审批的条件进行审查并提出意见。国家药品监督管理局在受理时，确定是否对该新药申请实行快速审批。

第五十一条　多个单位联合研制的新药，可以由其中的一个单位申请注册，其他的单位不得重复申请。需要联合申请注册的，应当共同署名作为该新药的申请人。除本办法第四十九条（一）、（二）规定的药物外，新药申请批准后每个品种只能由一个单位生产，同一品种的不同规格不得分由不同单位生产。

第五十二条　在新药审批期间，新药的技术要求由于相同品种在境外获准上市而发生变化的，维持原技术要求不变。

第二节　新药临床研究的审批

第五十三条　申请人完成临床前研究后，填写《药品注册申请表》，向所在地省、自治区、直辖市药品监督管理局如实报送有关资料和药物实样。

第五十四条　省、自治区、直辖市药品监督管理局应当对申报资料进行形式审查，组织对研制情况及条件进行现场考察，抽取检验用样品，并向确定的药品检验所发出注册检验通知。完成上述工作后将审查意见、考察报告及申报资料报送国家药品监督管理局，并通知申请人。

第五十五条　接到注册检验通知的药品检验所对抽取的样品进行检验，对申报的药品标准进行复核，并在规定的时限内将检验报告书和复核意见报送国家药品监督管理局，同时抄送通知其检验的省、自治区、直辖市药品监督管理局和申请人。

第五十六条　国家药品监督管理局对省、自治区、直辖市药品监督管理局报送的新药临床研究申请资料进行审查，符合要求的，予以受理，发给受理通知单，必要时可以要求申请人提供药物实样。

第五十七条　国家药品监督管理局在受理新药申请后，组织药学、医学和其他技术人员，对新药进行技术审评，以《药物临床研究批件》的形式，决定是否批准其进行临床研究。

第五十八条　药品检验所认为申报的药品标准无法控制质量的，申请人可以撤回新药申请。未撤回的，国家药品监督管理局经审核其药品标准确属无法控制质量的，予以退审。

第五十九条　样品检验不符合申请人申报的药品标准的，国家药品监督管理局在核实后对该新药申请予以退审。

第六十条　撤回的新药申请，申请人在重新进行研究后，符合申请条件的，可以重新提交申请，并按照原申请程序办理。

第六十一条　国家药品监督管理局审查药品注册申请期间，除创新的药物成份或者涉及药品安全性的新发现，一般不得补充新的技术资料。必须补充新的技术资料的，申请人应当撤回其药品注册申请，按照原程序重新申报。

第三节　新药生产的审批

第六十二条　完成药物临床研究后，申请人向所在地省、自治区、直辖市药品监督管理局报送临床研究资料及其他变更和补充的资料，并详细说明依据和理由，同时向中国药品生物制品检定所报送制备标准品的原材料。

第六十三条　省、自治区、直辖市药品监督管理局应当对申报资料进行形式审查；组织对生产情况和条件进行现场考察；抽取连续 3 个生产批号的样品，向确定的药品检验所发出注册检验通知；在规定的时限内将审查意见、考察报告及申报资料报送国家药品监督管理局，并通知申请人。

第六十四条　申请新药所需的 3 批样品，应当在取得《药品生产质量管理规范》认证证书的车间生产；新开办药品生产企业、药品生产企业新建药品生产车间或者新增生产剂型的，其样品的生产过程必须符合《药品生产质量管理规范》的要求。

第六十五条　接到注册检验通知的药品检验所对抽取的样品进行检验，并在规定的时限内将检验报告书报送国家药品监督管理局，同时抄送通知其检验的省、自治区、直辖市药品监督管理局和申请人。

第六十六条　国家药品监督管理局对省、自治区、直辖市药品监督管理局报送的资料进行审查，符合要求的，予以受理，发给受理通知单。

第六十七条　国家药品监督管理局对所报资料进行全面审评，以《药品注册批件》的形式，决定是否予以批准。符合规定的，发给新药证书；具备《药品生产许可证》和该药品相应生产条件的，同时发给药品批准文号。

第六十八条　国家药品监督管理局在批准新药申请的同时，发布该药品的注册标准和说明书。

药品说明书由国家药品监督管理局根据申请人申报的资料核准。药品生产企业应当对药品说明书的正确性与准确性负责，并应当跟踪药品上市后的安全性、有效性情况，必要时应当及时提出修改药品说明书的申请。

药品说明书必须按照国家药品监督管理局的规定印制。

第六十九条　为申请新药所生产的3批样品，在持有《药品生产许可证》和《药品生产质量管理规范》认证证书的车间生产的，经国家药品监督管理局确定的药品检验所检验合格并取得药品批准文号后，可以在该药品的有效期内上市销售。

第四节　新药监测期的管理

第七十条　国家药品监督管理局根据保护公众健康的要求，可以对批准生产的新药设立监测期，对该新药的安全性继续进行监测。

监测期内的新药，国家药品监督管理局不批准其他企业生产和进口。

第七十一条　新药的监测期自批准该新药生产之日起计算，不超过5年。对于不同新药，根据其现有的安全性研究资料、境内外研究状况，确定不同的监测期限

第七十二条　新药进入监测期后，国家药品监督管理局不再受理其他申请人同品种的新药申请。省、自治区、直辖市药品监督管理局应当将已经收到的申请退回申请人。

第七十三条　监测期内的新药，药品生产企业应当经常考察生产工艺、质量、稳定性、疗效及不良反应等情况，每年向所在地省、自治区、直辖市药品监督管理局报告。

有关药品生产、经营、使用或者检验、监督的单位发现新药有严重质量问题、严重的或者非预期的不良反应，必须及时向省、自治区、直辖市药品监督管理局报告。

第七十四条　省、自治区、直辖市药品监督管理局对于新药有严重质量问题、严重的或者非预期的不良反应，应当立即组织调查，并报告国家药品监督管理局。

第七十五条　药品生产企业不按规定履行新药监测期责任的，省、自治区、直辖市药品监督管理局应当责令其改正。

第七十六条　设立监测期的新药从批准之日起2年内没有生产的，国家药品监督管理局可以批准其他药品生产企业生产该新药的申请，并继续进行监测。

第七十七条　新药进入监测期时，国家药品监督管理局已经批准其他申请人进行药物临床研究的，该申请可以按照药品注册申报与审批程序继续办理；符合规定的，国家药品监督管理局可以批准生产或者进口，并对境内药品生产企业生产的该新药一并进行监测。

第七十八条　新药进入监测期时，国家药品监督管理局对已经受理但尚未批准进行药物临床研究的其他同品种申请，应当退回申请人；该新药监测期满后，申请人可以提出已有国家标准药品的注册申请。

第七十九条　进口药品注册申请首先获得批准后，已经批准境内申请人进行临床研

究的，该项申请可以按照药品注册申报与审批程序继续办理；符合规定的，国家药品监督管理局可以批准生产；申请人也可以撤回该项申请，重新提出已有国家标准药品的注册申请。对已经受理但尚未批准进行药物临床研究的其他同品种申请，应当退回申请人；申请人可以提出已有国家标准药品的注册申请。

第六章　已有国家标准药品的申报与审批

第八十条　申请生产已有国家标准药品的，申请人应当是持有《药品生产许可证》、《药品生产质量管理规范》认证证书的药品生产企业。所申请的药品应当与《药品生产许可证》和《药品生产质量管理规范》认证证书中载明的生产范围一致。

第八十一条　新开办药品生产企业、药品生产企业新建药品生产车间或者新增生产剂型，未取得《药品生产质量管理规范》认证证书的，必须在《药品管理法实施条例》第六条规定的时限内取得《药品生产质量管理规范》认证证书；逾期未取得的，其药品批准文号自行废止，并由国家药品监督管理局予以注销。

第八十二条　申请人按照有关技术要求完成试制工作，填写《药品注册申请表》，向所在地省、自治区、直辖市药品监督管理局报送有关资料和药物实样。

第八十三条　省、自治区、直辖市药品监督管理局对申报资料进行形式审查，符合要求的予以受理，发给受理通知单；组织对生产情况和条件进行现场考察，抽取连续 3 个生产批号的样品，通知确定的药品检验所进行样品检验；在规定的时限内将审查意见及申报资料报送国家药品监督管理局，并通知申请人。

第八十四条　接到注册检验通知的药品检验所对抽取的样品进行检验，并在规定的时限内将检验报告书报国家药品监督管理局，同时抄送通知其检验的省、自治区、直辖市药品监督管理局和申请人。

第八十五条　国家药品监督管理局对所报资料进行全面审评，需要进行临床研究的，发给《药物临床研究批件》。

申请人在完成临床研究后，应当向国家药品监督管理局报送临床研究资料。

第八十六条　国家药品监督管理局以《药品注册批件》的形式，决定是否批准生产。符合规定的，发给药品批准文号。

第八十七条　国家药品监督管理局和省、自治区、直辖市药品监督管理局不受理依据试行标准提出的已有国家标准的药品注册申请。

第八十八条　需要进一步评价药品疗效和安全性的已有国家标准药品的注册申请，国家药品监督管理局可以暂停受理和审批。

第八十九条　为申请药品批准文号所生产的 3 批样品，在持有《药品生产许可证》和《药品生产质量管理规范》认证证书的车间生产的，经国家药品监督管理局确定的药品检验所检验合格并取得药品批准文号后，可以在该药品的有效期内上市销售。

第七章　进口药品的申报与审批

第九十条　申请进口的药品，必须获得境外制药厂商所在生产国家或者地区的上市许可；未在生产国家或者地区获得上市许可，经国家药品监督管理局确认该药品安全、有效而且临床需要的，可以批准进口。

申请进口的药品应当符合所在国家或者地区药品生产质量管理规范及中国《药品生产质量管理规范》的要求。

第九十一条　申请进口药品注册，申请人应当填写《药品注册申请表》，报送有关资料和样品，提供相关证明文件，向国家药品监督管理局提出申请。

第九十二条　国家药品监督管理局对申报资料进行形式审查，符合要求的予以受理，发给受理通知单，通知中国药品生物制品检定所组织进行药品注册检验。

国家药品监督管理局根据需要，对研制情况及生产条件进行现场考察。

第九十三条　中国药品生物制品检定所完成进口药品注册检验后，应当将复核的药品标准、检验报告书和复核意见报送国家药品监督管理局。

第九十四条　国家药品监督管理局组织对报送的资料进行全面审评，以《药物临床研究批件》的形式决定是否批准临床研究。

第九十五条　临床研究经批准后，申请人应当按照本办法第四章及有关的要求进行。

临床研究结束后，申请人应当按照规定报送临床研究资料、样品及其他变更和补充的资料，并详细说明依据和理由，提供相关证明文件。

第九十六条　国家药品监督管理局组织对报送的临床研究等资料进行全面审评，符合规定的，发给《进口药品注册证》。中国香港、澳门和台湾地区的制药厂商申请注册的药品，发给《医药产品注册证》。

第九十七条　申请进口药品制剂，必须提供直接接触药品的包装材料和容器合法来源的证明文件、用于生产该制剂的原料药和辅料合法来源的证明文件。原料药和辅料尚未取得国家药品监督管理局批准的，则应当报送有关的生产工艺、质量指标和检验方法等研究资料。

第九十八条　国家药品监督管理局在批准进口药品的同时，发布经核准的进口药品注册标准和说明书。

第八章　非处方药的申报与审批

第九十九条　非处方药，是指由国家药品监督管理局公布的，不需要凭执业医师和执业助理医师处方，消费者可以自行判断、购买和使用的药品。

第一百条　申请注册的药品属于以下情形的，可以同时申请为非处方药：

（一）已有国家药品标准的非处方药的生产或者进口；

（二）经国家药品监督管理局确定的非处方药改变剂型，但不改变适应症、给药剂量以及给药途径的药品；

（三）使用国家药品监督管理局确定的非处方药活性成份组成新的复方制剂。

第一百零一条　符合国家非处方药有关规定的注册申请，国家药品监督管理局在批准生产或者进口的同时，将该药品确定为非处方药。

不能按照非处方药申请注册的药品，经广泛的临床应用后，方可申请转换为非处方药。

第一百零二条　生产或者进口已有国家药品标准的非处方药，按照本办法第六章、第七章的规定办理。

第一百零三条　非处方药改变剂型，但不改变给药途径的，且其制剂符合非处方药的要求的，一般不需进行临床试验，但口服固体制剂应当进行生物等效性试验。

第一百零四条　使用国家药品监督管理局确定的非处方药活性成份组成新的复方制剂，应当说明其处方依据，必要时应当进行临床试验。

第一百零五条　非处方药的说明书用语应当科学、易懂，便于消费者自行判断、选择和使用该药品，并必须经国家药品监督管理局核准。非处方药的包装必须印有国家规定的非处方药专有标识。

第一百零六条　经国家药品监督管理局批准的非处方药，在使用中发现不适合继续作为非处方药的，国家药品监督管理局可以将其转换为处方药。

第九章　药品补充申请的申报与审批

第一百零七条　变更药品批准证明文件及其所附药品标准、药品说明书、标签内载明事项的，以及改变生产工艺影响药品质量的，申请人应当提出补充申请。

第一百零八条　补充申请的申请人，应当是药品批准证明文件的持有人或者药品注册申请人。

第一百零九条　申请人应当填写《药品补充申请表》，向所在地省、自治区、直辖市药品监督管理局报送有关资料和说明。涉及药品权属变化的，应当提供有效证明文件。省、自治区、直辖市药品监督管理局对申报资料进行形式审查，符合要求的予以受理，发给受理通知单。

进口药品的补充申请，申请人应当向国家药品监督管理局报送有关资料和说明，提交生产国家或者地区药品管理机构批准变更的文件。国家药品监督管理局对申报资料进行形式审查，符合要求的予以受理，发给受理通知单。

第一百一十条　增加药品适应症或者功能主治、修改药品注册标准、变更辅料等的补充申请，由省、自治区、直辖市药品监督管理局提出审核意见，报送国家药品监督管理局审批，并通知申请人。

改变药品包装规格、变更企业名称、根据国家药品监督管理局的要求修改说明书等的补充申请，由省、自治区、直辖市药品监督管理局审批，报送国家药品监督管理局备案，并通知申请人。

第一百一十一条　国家药品监督管理局在收到备案文件20日内没有提出异议的，省、自治区、直辖市药品监督管理局可以通知申请人执行该补充申请。

第一百一十二条　进口药品的补充申请，由国家药品监督管理局审批。属于备案审批的进口药品补充申请，在国家药品监督管理局受理后30日内没有提出异议的，申请人可以执行该补充申请。

第一百一十三条　持有新药证书申请药品批准文号、改变药品生产地址等的补充申请，省、自治区、直辖市药品监督管理局应当组织对试制现场进行考察，抽取检验用样品，通知确定的药品检验所进行样品检验。

修改药品注册标准的补充申请，必要时药品检验所应当进行标准复核。

第一百一十四条　国家药品监督管理局对药品补充申请进行审查，以《药品补充申请批件》形式，决定是否同意。需要换发药品批准证明文件的，原药品批准证明文件予以注销；需要增发药品批准证明文件的，原药品批准证明文件继续有效。

第一百一十五条　药品补充申请批准证明文件的有效期与原批准证明文件相同，有效期满应一并申请再注册。

第十章　药品的再注册

第一百一十六条　药品的再注册，是指对药品批准证明文件有效期满后继续生产、进口的药品实施的审批过程。

第一百一十七条　国家药品监督管理局核发的药品批准文号、《进口药品注册证》或者《医药产品注册证》的有效期为5 年。有效期届满，需要继续生产或者进口的，申请人应当在有效期届满前6 个月申请再注册。

第一百一十八条　药品再注册申请由取得药品批准文号的药品生产企业向省、自治区、直辖市药品监督管理局提出，按照规定填写《药品再注册申请表》，并提供有关申报资料。

进口药品的再注册申请由申请人向国家药品监督管理局提出。

第一百一十九条　省、自治区、直辖市药品监督管理局受国家药品监督管理局的委托，在50 日内完成对药品再注册申请的审查，报送国家药品监督管理局备案。

第一百二十条　国家药品监督管理局在收到备案材料后的50 日内未发出不予再注册通知的，由省、自治区、直辖市药品监督管理局予以再注册。

第一百二十一条　国家药品监督管理局在受理进口药品的再注册申请后，应当在100日内完成审查。符合规定的，予以再注册。

第一百二十二条　有下列情形之一的药品，不予再注册：

（一）未在规定时间内提出再注册申请的；

（二）未完成国家药品监督管理局批准上市时提出的有关要求的；

（三）未按照要求完成Ⅳ 期临床试验的；

（四）未按照规定进行药品不良反应监测的；

（五）经国家药品监督管理局再评价属于淘汰品种的；

（六）按照《药品管理法》的规定属于撤销药品批准证明文件的；

（七）不具备《药品管理法》规定的生产条件的；

（八）未按规定履行监测期责任的；

（九）其他不符合有关规定的。

第一百二十三条　不符合药品再注册规定的，由国家药品监督管理局发出不予再注册的通知，同时注销其药品批准文号、《进口药品注册证》或者《医药产品注册证》。

第十一章　新药的技术转让

第一百二十四条　新药技术转让，是指新药证书的持有者，将新药生产技术转给药品生产企业，并由该药品生产企业申请生产该新药的行为。

第一百二十五条　新药技术的转让方应当是新药证书的持有者。已取得药品批准文号的，申请新药技术转让时，应当提出注销其药品批准文号的申请。

第一百二十六条　新药技术转让应当一次性转让给一个药品生产企业。由于特殊原因该药品生产企业不能生产的，新药证书持有者可以持原受让方放弃生产该药品的合同等有关证明文件，将新药技术再转让一次。国家药品监督管理局应当按照规定注销原受让方该品种的药品批准文号。

接受新药技术转让的企业不得对该技术进行再次转让。

第一百二十七条　接受新药技术转让的药品生产企业必须取得《药品生产许可证》和《药品生产质量管理规范》认证证书。受转让的新药应当与受让方《药品生产许可证》和《药品生产质量管理规范》认证证书中载明的生产范围一致。

第一百二十八条　新药证书持有者转让新药生产技术时，应当与受让方签定转让合同，并将技术及资料全部转让给受让方，指导受让方试制出质量合格的连续3 批样品。

第一百二十九条　多个单位联合研制的新药，进行新药技术转让时，应当经新药证书联合署名单位共同提出，并签定转让合同。

第一百三十条　新药技术转让应当由新药证书持有者与受让方共同向受让方所在地省、自治区、直辖市药品监督管理局提出申请，填写《药品补充申请表》，报送有关资料并附转让合同。

第一百三十一条　省、自治区、直辖市药品监督管理局在受理新药技术转让申请后，应当对受让方的试制现场、生产设备、样品生产与检验记录进行检查，并进行抽样，同时通知药品检验所进行检验。

第一百三十二条　承担药品检验任务的药品检验所，应当在规定的时限内完成检验，出具检验报告书，报送通知其检验的省、自治区、直辖市药品监督管理局。

第一百三十三条　省、自治区、直辖市药品监督管理局对收到的检验报告书和有关资料进行审查并提出意见，报送国家药品监督管理局，同时将审查意见通知申请人。

第一百三十四条　国家药品监督管理局对新药技术转让的补充申请进行全面审评。需要进行临床研究的，发给《药物临床研究批件》。

申请人应当在完成临床研究后，向国家药品监督管理局报送临床研究资料。

第一百三十五条　国家药品监督管理局以《药品补充申请批件》的形式，决定是否批准生产。符合规定的，发给药品批准文号；对于转让方已取得的药品批准文号，同时予以注销。

第一百三十六条　监测期内的药品，不得进行新药技术转让。

第十二章　进口药品分包装的申报与审批

第一百三十七条　进口药品分包装，是指药品已在境外完成最终制剂过程，在境内由大包装改为小包装，或者对已完成内包装的药品进行外包装，放置说明书、粘贴标签等。

第一百三十八条　申请进行进口药品分包装，应当符合下列要求：

（一）申请进行分包装的药品已经取得了《进口药品注册证》或者《医药产品注册证》；

（二）该药品应当是中国境内尚未生产的品种，或者虽有生产但是不能满足临床需要的品种；

（三）同一制药厂商的同一品种应当由一个药品生产企业分包装，期限一般不超过5年。

第一百三十九条　境外制药厂商应当与境内药品生产企业签定进口药品分包装合同，填写《药品补充申请表》。

第一百四十条　接受分包装的药品生产企业，必须持有《药品生产许可证》，并取得《药品生产质量管理规范》认证证书；分包装的药品应当与受托方《药品生产许可证》和《药品生产质量管理规范》认证证书中载明的生产范围一致。

第一百四十一条　申请药品分包装，应当由受托方向所在地省、自治区、直辖市药品监督管理局提出申请，提交由委托方填写的《药品补充申请表》，报送有关资料和样品以及委托合同等。省、自治区、直辖市药品监督管理局应当在规定的时限内完成审核，报送国家药品监督管理局。

第一百四十二条　国家药品监督管理局对报送的资料进行审查，以《药品补充申请批件》的形式，决定是否同意分包装。符合规定的予以批准，发给药品批准文号。

第一百四十三条　申请药品分包装，应当在该药品《进口药品注册证》或者《医药产品注册证》有效期满前1年以前提出。

第一百四十四条　分包装的药品应当执行进口药品注册标准。

第一百四十五条　分包装药品的包装、标签和说明书必须符合国家药品监督管理局的有关规定，同时标明药品分包装的批准文号和进口药品注册证号或者医药产品注册证号。

第一百四十六条　境外大包装制剂的进口检验按照国家药品监督管理局的有关规定执行。包装后的产品检验与进口检验执行同一药品标准。分包装的前3批产品应当送国家药品监督管理局确定的药品检验所检验合格后方可销售。

第一百四十七条　提供药品的境外制药厂商应对包装后的药品质量负责，出现质量问题的，国家药品监督管理局可以撤销分包装药品的批准文号，必要时依照《药品管理法》第四十二条的规定，撤销该药品的《进口药品注册证》或者《医药产品注册证》。

第一百四十八条　接受境外制药厂商的委托，采用其提供的制剂和包装材料在境内进行药品包装，但不在境内销售使用的，由进行包装的境内药品生产企业向所在地省、自治区、直辖市药品监督管理局提出申请，经批准后方可进行包装，并向国家药品监督管理局备案，但不发给药品批准文号。

第十三章　药品注册检验的管理

第一百四十九条　申请药品注册必须进行药品注册检验。药品注册检验，包括对申请注册的药品进行样品检验和药品标准复核。

样品检验，是指药品检验所按照申请人申报的药品标准对样品进行的检验。

药品标准复核，是指药品检验所对申报的药品标准中检验方法的可行性、科学性、设定的指标能否控制药品质量等进行的实验室检验和审核工作。

第一百五十条　药品注册检验由省、自治区、直辖市药品检验所承担。进口药品的注册检验由中国药品生物制品检定所组织实施。

第一百五十一条　下列药品的注册检验由中国药品生物制品检定所或者国家药品监督管理局指定的药品检验所承担：

（一）属于本办法第四十九条（一）、（二）的药品；

（二）生物制品；

（三）国家药品监督管理局规定的其他药品。

第一百五十二条　符合本办法第四十九条规定的药品，药品检验所应当优先安排检验和药品标准复核。

第一百五十三条　从事药品注册检验的药品检验所，应当按照《药品检验所实验室质量管理规范》和国家计量认证的要求，配备与药品注册检验任务相适应的人员和设备，符合药品注册检验的质量保证体系和技术要求。

第一百五十四条　申请人应当向药品检验所提供药品注册检验所需要的有关资料、报送样品或者配合抽取检验用样品、提供检验用标准物质。其样品量应当为检验用量的

3 倍，生物制品还应当包括相应批次的制造检定记录。

第一百五十五条　申请生产已有国家标准的药品，药品检验所在接到样品后应当按照国家药品标准进行检验，并对由于工艺变化而导致的质量指标变化进行全面分析，必要时应当要求申请人制定相应的质量指标，以保证对药品质量的可控。

第一百五十六条　进行新药标准复核的，药品检验所除进行样品检验外，还应当根据该药物的研究数据、国内外同类产品的药品标准和国家有关要求，对该药物的药品标准、检验项目和方法等提出复核意见。

药品检验所在出具复核意见之前，必要时应当告知申请人。申请人有异议的，应当在10日内将申诉意见报该药品检验所。药品检验所如不同意申请人的申诉意见，应当将复核意见及申请人的申诉意见一并报送国家药品监督管理局，同时抄送申请人和发出药品注册检验通知的省、自治区、直辖市药品监督管理局。

第一百五十七条　重新制定药品标准的，申请人不得委托提出意见的药品检验所进行该项药品标准的研究工作；该药品检验所也不得接受此项委托。

第十四章　药品注册标准的管理

第一节　基本要求

第一百五十八条　国家药品标准，是指国家为保证药品质量所制定的质量指标、检验方法以及生产工艺等的技术要求，包括国家药品监督管理局颁布的《中华人民共和国药典》、药品注册标准和其他药品标准。

药品注册标准，是指国家药品监督管理局批准给申请人特定药品的标准，生产该药品的药品生产企业必须执行该注册标准。

第一百五十九条　药品注册标准的项目及其检验方法的设定，应当符合国家药品监督管理局发布的技术指导原则及国家药品标准编写原则与细则的有关要求。

第一百六十条　申请人应当在原料的质量和生产工艺稳定的前提下，选取有代表性的样品进行标准的研究工作。

第二节　药品试行标准的转正

第一百六十一条　新药经批准生产后，其药品标准为试行标准，试行期为2年。其他药品经批准后，需要进一步考察生产工艺及产品质量稳定性的，其药品标准也可批准为试行标准。

第一百六十二条　生产试行标准的药品，药品生产企业应当在试行期届满前3个月，向所在地省、自治区、直辖市药品监督管理局提出转正申请，填写《药品补充申请表》，报送该药品在标准试行期内的质量考核资料及对试行标准的修订意见。

第一百六十三条　省、自治区、直辖市药品监督管理局应当在收到药品试行标准转正申请后10日内完成审查，将审查意见和有关资料报送国家药品监督管理局。

第一百六十四条　国家药品监督管理局组织国家药典委员会对药品试行标准进行全面审评。

国家药典委员会应当根据该药品标准在试行期间的执行情况、国内外相关产品的标准和国家有关要求，对该药品标准是否需要进行复核提出意见。需要进行标准复核的，组织有关的药品检验所进行药品试行标准复核和检验工作。

第一百六十五条　多个药品生产企业生产的同一品种的试行标准转正的检验及复核，

由中国药品生物制品检定所或者国家药品监督管理局指定的药品检验所进行。

第一百六十六条　不同申请人申报的同一品种的试行标准转正，不得低于已批准的药品标准，并应结合自身工艺特点增订必要的有关物质等检查项目。

第一百六十七条　申请人在收到标准复核和检验的通知后，需要补充试验或者完善资料的，应当在50日内完成对有关试验或者资料的补充和完善，并报送所在地省、自治区、直辖市药品监督管理局。

第一百六十八条　国家药品监督管理局对国家药典委员会报送的资料进行审核，以《国家药品标准颁布件》的形式批准药品试行标准转正。

第一百六十九条　标准试行截止期不同的同一品种，以先到期的开始办理转正。标准试行期未满的品种，由国家药典委员会通知申请人提前向省、自治区、直辖市药品监督管理局办理转正申请。

第一百七十条　试行标准期满未按照规定提出转正申请或者该试行标准不符合转正要求的，由国家药品监督管理局撤销该试行标准和依据该试行标准生产药品的批准文号。

办理试行标准转正申请期间，药品生产企业应当按照试行标准生产

第三节　药品标准物质的管理

第一百七十一条　药品标准物质，是指供药品标准中物理和化学测试及生物方法试验用，具有确定特性量值，用于校准设备、评价测量方法或者给供试药品赋值的物质，包括标准品、对照品、对照药材、参考品。

第一百七十二条　中国药品生物制品检定所负责标定和管理国家药品标准物质。中国药品生物制品检定所也可以组织相关的省、自治区、直辖市药品检验所、药品研究机构或者药品生产企业协作标定。

第一百七十三条　申请人在申请新药生产时，应当向中国药品生物制品检定所提供制备该药品标准物质的原材料，并报送有关标准物质的研究资料。

第一百七十四条　中国药品生物制品检定所负责对标定的标准物质从原材料选择、制备方法、标定方法、标定结果、定值准确性、量值溯源、稳定性及分装与包装条件等资料进行全面技术审核，并作出可否作为国家药品标准物质的结论。

第十五章　药品注册时限的规定

第一百七十五条　药品注册时限，是指与药品注册有关的审查、检验以及补充资料等工作所允许的最长时间。

第一百七十六条　省、自治区、直辖市药品监督管理局在收到申请人报送的申请后，应当在5日内开始组织并在30日内完成现场考察、抽取样品、通知药品检验所进行样品检验，将审查意见和考察报告，连同申请人报送的资料一并报送国家药品监督管理局，同时将审查意见通知申请人。

第一百七十七条　药品检验所在接到检验通知和样品后，应当在30日内完成检验，出具检验报告书。

特殊药品和疫苗类制品可以在60日内完成。

第一百七十八条　需要进行样品检验和药品标准复核的，药品检验所应当在60日内完成。

特殊药品和疫苗类制品可以在90日内完成。

第一百七十九条　国家药品监督管理局在收到省、自治区、直辖市药品监督管理局报送的资料后，应当在5 日内完成受理审查并决定是否受理其申请。

第一百八十条　进口药品的注册申请，国家药品监督管理局应当在30 日内完成受理审查，并通知中国药品生物制品检定所组织进行检验。

第一百八十一条　中国药品生物制品检定所收到资料和样品后，应当在5 日内安排有关药品检验所进行检验。

第一百八十二条　承担进口药品检验的药品检验所在收到资料、样品和有关标准物质后，应当在60 日内完成检验并将检验报告报送中国药品生物制品检定所。

第一百八十三条　中国药品生物制品检定所接到已经复核的进口药品标准后，应当在20 日内组织专家进行技术审查，必要时可以根据审查意见对个别项目进行再复核。

第一百八十四条　国家药品监督管理局对药品注册申请中的技术审评时限，按照下列规定执行：

（一）新药临床研究：120 日内完成；符合本办法　？第四十九条规定的品种：100 日内完成。

（二）新药生产：120 日内完成；符合本办法　？第四十九条规定的品种：100 日内完成。

（三）已有国家标准药品的申请：80 日内完成。

进口药品注册申请的技术审评时限，也按照本条执行。

第一百八十五条　国家药品监督管理局在对药品注册申请进行技术审评时，需要申请人补充资料的，应当一次性发出补充资料通知。

申请人应当在4 个月内一次性按照通知要求完成补充资料；未能在规定的时限补充资料的，予以退审。

第一百八十六条　申请人对补充资料通知内容有异议的，可在规定的时限内提出意见。仍有异议的，可直接向国家药品监督管理局提出书面意见，说明理由并提供技术资料和科学依据，经国家药品监督管理局审查后作出决定。

第一百八十七条　被退审的申请，申请人对有关试验或者资料进行了补充和完善，并符合本办法有关监测期的规定的，可以在被退审的6 个月后重新按照原程序申报。

第一百八十八条　国家药品监督管理局在收到补充资料后，其技术审评工作应当在不超过原规定时限三分之一的时间内完成；符合本办法　？第四十九条的，不超过原规定时限的四分之一。

第一百八十九条　国家药品监督管理局应当在完成技术审评后40 日内完成审批；符合本办法第四十九条规定的品种，应当在20 日内完成审批。

须经国家药品监督管理局批准的药品补充申请，国家药品监督管理局应当在40 日内完成审批；其中需要进行技术审评的，技术审评工作应当在60 日内完成。

第一百九十条　国家药典委员会应当在60 日内完成药品试行标准转正的审定工作。

承担药品转正标准复核和检验任务的药品检验所，应当在60 日内完成标准的复核和检验，向国家药典委员会发出复核意见和检验报告书。特殊药品和疫苗类制品一般不超过90 日。多个药品生产企业生产的同一品种试行标准转正的复核及检验，应当在80 天内完成。

第一百九十一条　药品注册工作时限一般按照本办法规定的时限执行。遇有特殊情况的，经国家药品监督管理局批准，可以适当延长。

第十六章　复　审

第一百九十二条　申请人对国家药品监督管理局作出的不予批准的决定有异议的，可以在收到不予批准的通知之日起10日内向国家药品监督管理局提出复审申请并说明复审理由。

复审的内容仅限于原申请事项及原申报资料。

第一百九十三条　接到复审申请后，国家药品监督管理局应当在50日内作出复审决定。撤销原不予批准决定的，发给相应的药品批准证明文件；维持原决定的，国家药品监督管理局不再受理再次的复审申请。

第一百九十四条　复审需要进行技术审查的，国家药品监督管理局应当组织有关专业技术人员按照原申请时限进行。

第十七章　罚　则

第一百九十五条　申请人在申报临床研究时，报送虚假药品注册申报资料和样品的，国家药品监督管理局对该申报药品的临床研究不予批准，对申请人给予警告；已批准进行临床研究的，撤销批准该药品临床研究的批件，并处一万元以上三万元以下罚款。情节严重的，三年内不受理该申请人提出的该药物临床试验申请。

国家药品监督管理局对报送虚假资料和样品的申请人建立不良行为记录，并予以公布。

第一百九十六条　申请药品生产或者进口时，申请人报送虚假药品注册申报资料和样品的，国家药品监督管理局对该申请不予批准，对申请人给予警告；已批准生产或者进口的，撤销药品批准证明文件，五年内不受理其申请，并处一万元以上三万元以下罚款。

国家药品监督管理局对报送虚假资料和样品的申请人建立不良行为记录，并予以公布。

第一百九十七条　药品生产企业被吊销《药品生产许可证》的，该企业所持有的药品批准文号自行废止，国家药品监督管理局予以注销。

第一百九十八条　在药品注册中未按照规定实施《药物非临床研究质量管理规范》或者《药物临床试验质量管理规范》的，按照《药品管理法》第七十九条的规定予以处罚。

第一百九十九条　药品检验所在承担药品审批所需要的药品检验时，出具虚假检验报告书的，按照《药品管理法》　第八十七条的规定处罚。

第二百条　根据本办法第二十二条的规定，需要进行药物重复试验，申请人拒绝的，国家药品监督管理局对其予以警告并责令改正，不予改正的取消该品种的申报资格。

第十八章　附　则

第二百零一条　本办法工作期限中的日均为工作日，不含法定节假日。

第二百零二条　实施批准文号管理的中药材、中药饮片以及进口中药材的注册管理规定，由国家药品监督管理局另行制定。

第二百零三条　生物、微生物、免疫学及核酸类体外诊断试剂的注册管理规定，按照国家药品监督管理局发布的生物体外诊断试剂注册管理办法办理。

第二百零四条　直接接触药品的包装材料和容器、辅料的管理办法，由国家药品监督管理局另行制定。

第二百零五条　药品的包装、标签和说明书以及药品商品名称的管理规定，由国家药品监督管理局另行制定。

第二百零六条　麻醉药品、精神药品、医疗用毒性药品、放射性药品的注册申请，除按照本办法的规定办理外，还应当符合国家的有关规定。

第二百零七条　申请药品注册，应当按照规定缴纳注册费用。

第二百零八条　本办法自2002年12月1日起施行。国家药品监督管理局于1999年4月22日发布的《新药审批办法》、《新生物制品审批办法》、《新药保护和技术转让的规定》、《仿制药品审批办法》和《进口药品管理办法》同时废止。

相关信息

《药品注册管理办法》（试行）附件五：药品再注册申报资料项目

《药品注册管理办法》（试行）附件四：药品补充申请注册事项及申报资料要求

《药品注册管理办法》（试行）附件一：中药、天然药物分类及申报资料要求

《药品注册管理办法》（试行）附件二：化学药品注册分类及申报资料要求

《药品注册管理办法》（试行）附件三：生物制品注册分类及申报资料项目要求

国家药品监督管理局文件

国药监安[2002]404号

关于公布第三批非处方药目录的通知

各省、自治区、直辖市药品监督管理局：

根据国家药品监督管理局第10号令《处方药与非处方药分类管理办法》(试行)，按照《关于开展部分处方药品转换评价为非处方药品申报工作的通知》(国药监安〔2001〕547号)、《关于做好2002年非处方药管理有关工作的通知》(国药监办〔2002〕195号)的要求，经国家药品监督管理局审定，现公布第三批非处方药药品目录(二)(以下简称《目录》)。

此次公布的《目录》，共计408个药品制剂(见附件)。其中：化学药品制剂47个(甲类非处方药31个，乙类非处方药16个)，中成药制剂361个(甲类非处方药280个，乙类非处方药81个)。

《目录》公布后，有关审核登记工作，按照《关于做好2002年非处方药管理有关工作的通知》(国药监办〔2002〕195号)执行。在此次申报转换工作中，大山楂颗粒、山东阿胶膏、养阴清肺糖浆、消痔软膏、儿童咳液五个品种属第一、二、三批国家非处方药药品目录公布品种，此次申报实为增加规格(包装规格)。今后凡属此类增加包装规格的品种将不再另行印发非处方药药品说明书，审核登记时请按照该品种已公布的药品说明书内容登载。

附件：第三批非处方药药品目录（二）

国家药品监督管理局安全监管司
二00二年九月十三日

国家药品监督管理局文件

国药监安[2002]425号

关于公布第四批非处方药药品目录（一）的通知

各省、自治区、直辖市药品监督管理局：

根据国家药品监督管理局第10号令《处方药与非处方药分类管理办法》(试行)的规定，按照《关于做好2002年非处方药管理有关工作的通知》(国药监办〔2002〕195号)的要求，经国家药品监督管理局审定，现公布第四批非处方药药品目录(一)(下称《目录》)品种。

此次公布的《目录》，共计303个药品制剂(见附件)。其中：化学药品制剂107个(甲类非处方药59个，乙类非处方药48个)，中成药制剂196个(甲类非处方药142个，乙类非处方药54个)。《目录》公布后，请按照《关于做好2002年非处方药管理工作的通知》做好相关工作。

附件：第四批非处方药药品目录（一）

国家药品监督管理局安全监管司
二OO二年十一月二十八日

第五部分 国家非处方药药品目录

第一批国家非处方药药品目录

西药、中成药

遴　选　说　明

1．**遴选原则**：应用安全、疗效确切、质量稳定、使用方便。

2．**范围与依据**：西药遴选自《中华人民共和国药典》（以下简称《药典》）、1996 年以前中华人民共和国卫生部颁布的《药品标准》（以下简称《标准》）、《新药品种资料汇编》（以下简称《汇编》）、《药典》1995 年版第二部《临床用药须知》（以下简称《须知》），以及《进口药品注册证号目录》，共计 5600 余个品种。中成药遴选自《药典》1995 年版一部、《标准》中药成方制剂 1－3 册，《标准》中药保护一分册、《标准》新药转正准确 1－12 册，共计 3500 余个品种。

3．**遴选分类**：西药非处方药分类是参照《国家基本药物目录》，根据非处方药遴选原则与特点，划分 23 类。中成药非处方药分类是参考国家中医药管理局发布的《中医病证诊断疗效标准》，将其中符合非处方药遴选原则的 38 种病证归属为 7 个治疗科，即内科、外科、骨伤科、妇科、儿科、皮肤科、五官科。

4．**遴选结果**：西药为 23 类 165 个品种（每个品种含有不同剂型）。其中“活性成份”121 个，既可单独制成制剂，也可作为复方制剂成分；“限复方制剂活性成份”25 个，仅限作为复方制剂成分，而不单独使用；“复方制剂”19 个，其中属《药典》与部颁标准的 11 个品种：阿苯片、氢氧化铝复方制剂、三硅酸镁复方制剂、开塞露、口服补液盐、复方维生素 B 、十一烯酸复方制剂、四环素醋酸可的松眼膏、复方炔诺酮、复方甲地孕酮以及复方左炔孕酮。另 8 个复方制剂是依据国外非处方药和国内长期临床使用的情况，规定了处方组成可含的成分范围，如对乙酰氨基酚复方制剂、碱式硝酸铋复方制剂、盐酸苯丙醇胺复方制剂、盐酸伪麻黄碱复方制剂、多种维生素、复方碳酸钙、苯甲酸复方制剂、甲硝唑复方制剂。

中成药 160 个品种（每个品种含有不同剂型）。

5．**特殊药品的处理**：根据非处方药遴选原则，医疗用毒性药品、麻醉药品以及精神药品原则上不能作为非处方药，但根据国际惯例和治疗需要，个别麻醉药品与少数精神药品可作为“限制复方制剂活性成份”使用。因此，第一批目录中有 3 个精神药品：苯巴比妥、盐酸苯丙醇胺、咖啡因。

6．**药品名称**：西药名称采用通用名，个别品种在通用名后注有常用名。中成药用国家规定的名称。

7．**药品剂型**：遴选确定的剂型，以消费者使用安全、有效、方便为原则，故以口服和外用的常用剂型为主。

8．**“受限”**：目录中，注解项下的“受限”是根据《药典》、《须知》、《标准》、《汇编》等规定范围，对该药适应症、剂量及疗程进行了调整与限制。

9．**使用注意**：因非处方药不需要凭执业医师或执业助理医师处方，消费者即可按药品说明书自行判断、购买和使用，为此，对部分品种规定了使用时间、疗程，突出强调“如症状未缓解或消失应向医师咨询”。

西药部分

一、解热、镇痛药▲

活性成分

序号	药品名称	剂型	注
1	布洛芬 Ibuprofen	片剂、缓释片、缓释胶囊剂、颗粒剂、口服溶液剂、乳膏剂、栓剂、搽剂	受限
2	双氯芬酸（二乙胺盐） Diclofenac	凝（乳）胶剂、乳膏剂	受限
3	阿司匹林（包括阿司匹林钙脲、锌、赖氨酸阿司匹林） Aspirin	片剂、水溶片、肠溶片、缓释片、泡腾片、胶囊剂、栓剂、散剂	受限
4	吲哚美辛（消炎痛） Indometacin	软膏剂、搽剂、乳膏剂、栓剂、贴膏剂	受限
5	对乙酰氨基酚（扑热息痛） Paracetamol	片剂、咀嚼片、缓释片、泡腾片、分散片、胶囊剂、口服溶液剂、滴剂、糖浆剂、颗粒剂、泡腾颗粒剂、栓剂	

限复方制剂活性成分

序号	药品名称	剂型	注
6	咖啡因 Caffeine		受限

注：〇代表已在前目录中出现过，不再编号。

序号	药品名称	剂型	注
7	异丙胺替比林 Propyphenazone		受限
8	苯巴比妥 Phenobarbital		受限

复方制剂

序号	药品名称	剂型	注
9	阿苯片 Aspirin and Phenobarbital Tablets 含阿司匹林、苯巴比妥	片剂	
10	对乙酰氨基酚复方制剂 Compound Preparation of Paracetamol 以对乙酰氨基酚为主，可含咖啡因、阿司匹林、异丙安替比林、氢溴酸右美沙芬、盐酸伪麻黄碱(或盐酸苯丙醇胺)、马来酸氯苯那敏(或盐酸苯海拉明)	片剂、咀嚼片、颗粒剂、胶囊剂、糖浆剂、口服溶液剂、滴剂	

注：▲本类药物用于解热服用 3 日，止痛服用 5 日，症状未缓解或消失应向医师咨询。

二、镇静助眠药

活性成分

序号	药品名称	剂型	注
11	氯美扎酮（芬那露）▲ Chlormezanone	片剂	受限
12	谷维素 Oryzanol	片剂	

注：▲本品用于助眠，连续服用不得超过 1 周。

三、抗过敏药与抗眩晕药

活性成分

序号	药品名称	剂型	注
13	盐酸异丙嗪（非那根） Promethazine Hydrochloride	片剂、糖浆剂	受限
14	马来酸氯苯那敏（扑尔敏） Chlorphenamine Maleate	片剂、糖浆剂、控释胶囊剂、滴丸	
15	盐酸苯海拉明 Diphenhydramine Hydrochloride	片剂、糖浆剂	受限
16	茶苯海明（乘晕宁） Dimenhydrinate	片剂	受限
17	盐酸地芬尼多 Difenidol Hydrochloride	片剂	
18	色甘酸钠 Sodium Cromoglycate	吸入用胶囊剂	
19	氢溴酸东莨菪碱 Scopolamine Hydrobromide	膜剂（贴片）	受限

四、抗酸药与胃粘膜保护药▲

活性成分

序号	药品名称	剂型	注
20	西咪替丁 Cimetidine	片剂、咀嚼片、缓释片、胶囊剂、乳剂受限	受限
21	盐酸雷尼替丁 Ranitidine Hydrochloride	片剂、胶囊剂受限	受限
22	法莫替丁 Famotidine	片剂、胶囊剂、颗粒剂	受限
23	硫糖铝 Sucralfate	片剂、胶囊剂、混悬剂、颗粒剂	
24	铝碳酸镁 Hydrotalcite	片剂、咀嚼片、混悬剂	

序号	药品名称	剂型	注
25	氢氧化铝 Aluminium Hydroxide	片剂、凝胶剂	
26	三硅酸镁 Magnesium Trisilicate	片剂	

限复方制剂活性成分

序号	药品名称	剂型	注
27	碱式硝酸铋 Bismuth Subnitrate		受限
28	碳酸氢钠 Sodium Bicarbonate		受限
29	碳酸镁 Magnesium Carbonate		受限
30	海藻酸 Alginic Acid		受限

复方制剂

序号	药品名称	剂型	注
31	氢氧化铝复方制剂 Compound Preparation of Aluminum Hydroxide 含氢氧化铝、三硅酸镁、颠茄流浸膏	片剂	
32	三硅酸镁复方制剂 Compound Preparation of Magnesium Trisilicate 含三硅酸镁、氢氧化铝、海藻酸	片剂、颗粒剂	
33	碱式硝酸铋复方制剂 Compound Preparation of Bismuth Subnitrate 以碱式硝酸铋为主，可含碳酸镁、碳酸氢钠、大黄	片剂	

注：▲本类药物服用一周，症状未缓解或消失应向医生咨询。

五、助消化药

活性成分

序号	药品名称	剂型	注
34	干酵母 Dried Yeast	片剂	
35	乳酶生 Lactasin	片剂	
36	胰酶 Pancreatin	肠溶片	

六、消胀药

活性成分

序号	药品名称	剂型	注
37	二甲硅油 Dimeticone	片剂	

七、止泻药

活性成分

序号	药品名称	剂型	注
38	药用炭 Medicinal Charcoal	片剂、胶囊剂	
39	盐酸小檗碱 Berberine Hydrochloride	片剂	
40	鞣酸蛋白 Albumin Tannate	片剂	

八、胃肠促动力药

活性成分

序号	药品名称	剂型	注
41	多潘立酮 Domperidone	片剂、滴剂、混悬剂、栓剂	受限

九、缓泻药

活性成分

序号	药品名称	剂型	注
42	乳果糖 Lactulose	糖浆剂、散剂、口服溶液剂	受限
43	比沙可啶 Bisacodyl	片剂、肠溶片	
44	甘油 Glycerine	栓剂、灌肠剂	

限复方制剂活性成分

序号	药品名称	剂型	注
45	硫酸镁 Magnesium Sulfate		受限
46	大黄 Rheum		受限
47	山梨醇 Sorbitol		受限

复方制剂

序号	药品名称	剂型	注
48	开塞露 Kaisailu (1)含山梨醇、硫酸镁； (2)含甘油	灌肠剂	

十、胃肠解痉药▲

活性成分

序号	药品名称	剂型	注
49	溴丙胺太林（普鲁本辛） Propantheline Bromide	片剂	
50	氢溴酸山莨菪碱 Anisodamine Hydrobromide	片剂	受限
51	颠茄流浸膏（或颠茄浸膏） Belladonna Liquid Extract（or Belladonnae Extract）	片剂	受限

注：▲本类药物服用 1 日，症状未缓解或消失应向医师咨询。

十一、驱肠虫药

活性成分

序号	药品名称	剂型	注
52	阿苯达唑 Albendazole	片剂、胶囊剂	受限
53	甲苯达唑 Mebendazole	片剂、胶囊剂、混悬剂	受限
54	哌嗪（枸橼酸盐、磷酸盐） Piperazine（Citrate，Phosphate）	片剂、糖浆剂	
55	双羟萘酸噻嘧啶 Pyrantel Pamoate	片剂、软膏剂、颗粒剂、糖丸剂	受限

十二、肝病辅助药

活性成分

序号	药品名称	剂型	注
56	葡醛内酯 Glucurolactone	片剂	
57	肌苷 Inosine	片剂	受限
58	齐墩果酸 Oleanolic Acid	片剂	

十三、利胆药

活性成分

序号	药品名称	剂型	注
59	去氢胆酸 Dehydrocholic Acid	片剂	
60	苯丙醇（利胆醇） Phenylpropanol	胶丸剂	

十四、调节水、电解质平衡药

活性成分

序号	药品名称	剂型	注
61	葡萄糖 Glucose	散剂	

限复方制剂活性成分

序号	药品名称	剂型	注
62	氯化钾 Potassium Chloride		受限
63	氯化钠 Sodium Chloride		受限

复方制剂

序号	药品名称	剂型	注
64	口服补液盐 Oral Rehydration Salt（ORS） (1)含氯化钠、碳酸氢钠、氯化钾、葡萄糖；(2)含氯化钠、枸橼酸钠、氯化钾、无水葡萄糖	散剂	

十五、感冒用药▲

限复方制剂活性成分

序号	药品名称	剂型	注
65	盐酸苯丙醇胺 Phenylpropanolamine Hydrochloride		受限
66	盐酸伪麻黄碱 Pseudoephedrine Hydrochloride		受限

复方制剂

序号	药品名称	剂型	注
67	盐酸苯丙醇胺复方制剂 Compound Preparation of Phenylpropanolamine Hydrochloride 以盐酸苯丙醇胺为主，可含马来酸氯苯那敏、氢溴酸右美沙芬、对乙酰氨基酚、维生素 C	片剂、缓释片、胶囊剂、缓释胶囊剂	
68	盐酸伪麻黄碱复方制剂 Compound Preparation of Pseudoephedrine Hydrochloride 以盐酸伪麻黄碱为主，可含马来酸氯苯那敏、氢溴酸右美沙芬、对乙酰氨基酚、维生素 C	片剂、胶囊剂、颗粒剂、口服溶液剂	

注：▲本类药物服用一周，症状未缓解或消失应向医师咨询。

十六、镇咳药▲

活性成分

序号	药品名称	剂型	注
69	磷酸苯丙哌林 Benproperine Phosphate	片剂、胶囊剂、颗粒剂、口服溶液剂	
70	枸橼酸喷托维林（咳必清） Pentoxyverine Citrate	片剂、糖浆剂、滴丸	
71	氢溴酸右美沙芬 Dextromethorphan Hydrobromide	片剂、缓释片、胶囊剂、糖浆剂、颗粒剂、口服溶液剂	

注：▲本类药物服用一周，症状未缓解或消失应向医师咨询。

十七、祛痰药

活性成分

序号	药品名称	剂型	注
72	羧甲司坦 Carbocisteine	片剂、口服溶液剂、糖浆剂	
73	盐酸溴己新 Bromhexine Hydrochloride	片剂	
74	乙酰半胱氨酸 Acetylcysteine	喷雾剂、颗粒剂	

限复方制剂活性成分

75	愈创甘油醚 Guaifenesin		受限
76	氯化铵 Ammonium Chloride		受限

十八、平喘药▲

活性成分

序号	药品名称	剂型	注
77	盐酸氯丙那林（氯喘） Clorprenaline Hydrochloride	片剂	受限
78	二羟丙茶碱（喘定） Diprophylline	片剂	受限
79	硫酸沙丁胺醇（硫酸舒喘灵） Salbutamol Sulfate	片剂、控释片、缓释片、胶囊剂	

注：▲本类药物不推荐儿童使用。服用 3 日，症状未缓解或消失应向医师咨询。

十九、维生素与矿物质

活性成分

序号	药品名称	剂型	注
80	维生素 A Vitamin A	胶丸剂	受限
81	维生素 AD Vitamin AD	胶丸剂、滴剂	受限
82	维生素 B_1 Vitamin B_1	片剂	受限
83	维生素 B_2 Vitamin B_2	片剂	受限
84	维生素 B_6 Vitamin B_6	片剂、缓释片	受限
85	泛酸钙 Calcium Pantothenate	片剂	受限
86	烟酸 Nicotinic Acid	片剂	受限
87	烟酰胺 Nicotinamide	片剂	受限
88	维生素 C Vitamin C	片剂、咀嚼片、泡腾片、颗粒剂	受限
89	维生素 D_2 或 D_3 Vitamin D_2 or D_3	片剂、胶丸剂	受限
90	维生素 E Vitamin E	胶丸剂	受限
91	碳酸钙 Calcium Carbonate	片剂、咀嚼片、颗粒剂	
92	枸橼酸钙 Calcium Citrate	片剂	

序号	药品名称	剂型	注
93	葡萄糖酸钙 Calcium Gluconate	片剂、胶囊剂、口服溶液剂	
94	乳酸钙 Calcium Lactate	片剂	
95	富马酸亚铁 Ferrous Fumarate	片剂、混悬剂、胶囊剂	
96	葡萄糖酸亚铁 Ferrous Gluconate	片剂	
97	硫酸亚铁（硫酸低铁） Ferrous Sulfate	片剂、缓释片、糖浆剂	
98	葡萄糖酸锌 Zinc Gluconate	片剂、颗粒剂、胶囊剂、口服溶液剂、糖浆剂	受限

限复方制剂活性成分

序号	药品名称	剂型	注
99	倍他胡萝卜素 Betacarotene		受限
100	叶酸 Folic Acid		受限
101	维生素 B_{12} Vitamin B_{12}		受限
102	泛酸 Pantothenic Acid		受限
103	维生素 K_1 Vitamin K_1		受限
104	生物素 Biotin		受限

复方制剂

序号	药品名称	剂型	注
105	复方维生素 B Compound Vitamin B 含维生素 B_1、B_2、B_6、烟酰胺、泛酸钙	片剂	
106	多种维生素 Multi Vitamin 可含维生素 A、维生素 D、维生素 E、维生素 K、维生素 C、叶酸、维生素 B_1、B_2、B_6、B_{12}、烟酰胺、生物素、泛酸、钙、磷、碘、铁、镁、锌、硼、锰、钾、氯、铬、钼、硒、硅、钒、镍、铜、锡、赖氨酸、倍他胡萝卜素	片剂、咀嚼片、胶囊剂、颗粒剂、口服溶液剂、滴剂	
107	碳酸钙复方制剂 Compound Preparation of Calcium Carbonate 以碳酸钙为主、可含维生素、氨基酸、微量元素	片剂、咀嚼片、泡腾片、胶囊剂、颗粒剂	

二十、皮肤科用药

活性成分

序号	药品名称	剂型	注
108	水杨酸甲酯 Methyl Salicylate	软膏剂、搽剂	
109	薄荷脑 Menthol	外用溶液剂	
110	苯佐卡因 Benzocaine	软膏剂	
111	达克罗宁 Dyclonine	软膏剂、外用溶液剂	
112	松节油 Turpentine　Oil	搽剂	
113	麝香草酚 Thymol	外用溶液剂	
114	樟脑 Camphor	搽剂、软膏剂	
115	苯酚 Phenol	软膏剂、外用溶液剂	受限
116	松馏油 Pine Tar	软膏剂	
117	煤焦油 Coal Tar	洗剂、软膏剂、外用溶液剂	
118	鱼石脂 Ichthammol	软膏剂	
119	鞣酸 Tannic Acid	软膏剂	
120	氧化锌 Zinc Oxide	软膏剂、糊剂	
121	氢化可的松 Hydrocortisone	软膏剂、乳膏剂	受限
122	醋酸曲安奈德 Triamcinolone Acetonide Acetate	软膏剂、乳膏剂	受限
123	尿素 Urea	软膏剂、乳膏剂	
124	二硫化硒 Selenium Sulfide	软膏剂、洗剂	
125	氨溶液 Ammonia Solution	外用溶液剂	受限
126	苯扎溴铵（或苯扎氯铵） Benzalkonium Bromide （or Benzalkonium Chloride）	外用溶液剂、贴剂	受限
127	碘 Iodine	甘油剂、酊剂	
128	聚维酮碘 Povidone Iodine	外用溶液剂	

序号	药品名称	剂型	注
129	度米芬 Domiphen Bromide	外用溶液剂	
130	高锰酸钾 Potassium Permanganate	外用片剂、散剂（临用时配制成溶液）	
131	乳酸依沙吖啶 Ethacridine Lactate	外用溶液剂、软膏剂	
132	呋喃西林 Nitrofural	外用溶液剂	
133	盐酸林可霉素 Lincomycin Hydrochloride	软膏剂、外用溶液剂	受限
134	水杨酸 Salicylic Acid	外用溶液剂、硬膏剂、软膏剂	
135	制霉素（或制霉菌素） Nysfungin（or Nystatin）	软膏剂	
136	克霉唑 Clotrimazole	乳膏剂、软膏剂、外用溶液剂、散剂、涂膜剂	
137	联苯苄唑 Bifonazole	乳膏剂、软膏剂、凝胶剂、搽剂、外用溶液剂	
138	硝酸咪康唑 Miconazole Nitrate	乳膏剂、洗剂、散剂、软膏剂	
139	特比萘芬 Terbinafine	乳膏剂、软膏剂、外用溶液剂	
140	阿昔洛韦 Aciclovir	乳膏剂、软膏剂	
141	酞丁安 Ftibamzone	软膏剂、搽剂	
142	升化硫 Sublimed Sulfur	软膏剂	
143	环吡酮胺 Ciclopirox Olamine	乳膏剂、涂膜剂	
144	十一烯酸（锌） Undecylenic Acid（Zinc Undecylenate）	软膏剂、外用溶液剂	

限复方制剂活性成分

序号	药品名称	剂型	注
145	苯甲酸 Benzoic Acid		受限

复方制剂

序号	药品名称	剂型	注
146	苯甲酸复方制剂 Compound Preparation of Benzoic Acid 以苯甲酸为主，可含水杨酸、碘	软膏剂、乳膏剂、酊剂	

序号	药品名称	剂型	注
147	十一烯酸锌复方制剂 Compound Preparation of Zinc Undecylenate 含十一烯酸锌、十一烯酸	软膏剂、乳膏剂、散剂	

二十一、五官科用药

活性成分

序号	药品名称	剂型	注
148	富马酸酮替芬 Ketotifen Fumarate	片剂、滴鼻剂、胶囊剂、口服溶液剂	
○	色甘酸钠 Sodium, Cromoglycate	滴眼剂、滴鼻剂、吸入用胶囊剂	
149	磺胺醋酸钠 Sulfacetamide Sodium	滴眼剂	
150	硫酸锌 Zinc Sulfate	滴眼剂	
151	氯霉素 Chloramphenicol	滴眼剂、滴耳剂	
152	红霉素 Erythromycin	眼膏剂	
○	酞丁安 Ftibamzone	眼膏剂、滴眼剂	
153	溶菌酶 Lysozyme	口含片	
154	甲硝唑 Metronidazole	口颊片、含漱剂	
155	氯己定（洗必泰） Chlorhexidine（醋酸盐、枸橼酸盐、葡萄糖酸盐）（Acetate、Citrate、Gluconate）	口含片、口胶剂、含漱剂	
○	度米芬 Domiphen Bromide	口含片	

复方制剂

序号	药品名称	剂型	注
156	四环素醋酸可的松 Tetracycline and Cortisone Acetate 含四环素、醋酸可的松	眼膏剂	

二十二、妇科用药

活性成分

序号	药品名称	剂型	注
○	甲硝唑 Metronidazole	阴道泡腾片、洗剂	

序号	药品名称	剂型	注
○	克霉唑 Clotrimazole	栓剂、膜剂	
○	硝酸咪康唑 Miconazole Nitrate	栓剂	
○	制霉素（或制霉菌素） Nysfungin（or Nystatin）	阴道泡腾片、栓剂	

复方制剂

序号	药品名称	剂型	注
157	甲硝唑复方制剂 Compound Preparation of Metronidazole 以甲硝唑为主，可含制霉菌素（或克霉唑）、氯霉素、氯己定、甘油	栓剂、外用溶液剂、泡腾片	

二十三、避孕药

活性成分

序号	药品名称	剂型	注
158	壬苯醇醚 Nonoxinol	片剂、膜剂、栓剂	
159	炔诺酮 Norethisterone	片剂、滴丸	
160	左炔诺孕酮 Levonorgestrel	片剂	

复方制剂活性成分

序号	药品名称	剂型	注
161	醋酸甲地孕酮 Megestrol Acetate		受限
162	炔雌醇 Ethinylestradiol		受限

复方制剂

序号	药品名称	剂型	注
163	复方炔诺酮 Compound Norethisterone	片剂	
164	复方醋酸甲地孕酮 Compound Megestrol Acetate	片剂	
165	复方左炔诺孕酮 Compound Levonorgestrel	片剂、滴丸剂	

中成药部分

内科

序号	药品名称	剂型	注
1	风寒感冒冲剂	颗粒剂（冲剂）	
2	荆防冲剂	颗粒剂（冲剂）、合剂	
3	感冒清热颗粒（冲剂）	颗粒剂（冲剂）、硬胶囊剂、口服液	
4	风热感冒冲剂	颗粒剂（冲剂）	
5	羚翘解毒丸	蜜丸、水丸、浓缩丸、颗粒剂（冲剂）、片剂	
6	桑菊感冒片	片剂、颗粒剂（冲剂）、散剂、糖浆剂、合剂、浓缩丸	
7	银翘解毒片	片剂、颗粒剂（冲剂）、硬胶囊剂、合剂、蜜丸、浓缩丸	
8	银柴颗粒	颗粒剂（冲剂）、合剂	
9	参苏丸	水丸、片剂、硬胶囊剂、颗粒剂（冲剂）	
10	午时茶颗粒（冲剂）	颗粒剂（冲剂）、茶剂	
11	柴胡口服液	口服液	
12	板蓝根颗粒（冲剂）	颗粒剂（冲剂）、片剂、糖浆剂、硬胶囊剂、口服液	
13	双黄连口服液	口服液、颗粒剂（冲剂）、片剂、糖浆剂、气雾剂、硬胶囊剂、口含片、咀嚼片	
14	广东凉茶	茶剂、颗粒剂（冲剂）	
15	藿香正气水	酊剂、硬胶囊剂、软胶囊剂、颗粒剂（冲剂）、合剂、片剂、口服液、浓缩丸	
16	六合定中丸	蜜丸	
17	清凉油	软膏剂	
18	十滴水	酊剂、软胶囊剂	
19	清凉含片	片剂	
20	仁丹	水丸	
21	川贝清肺糖浆(川贝清肺露)	糖浆剂	
22	二母宁嗽丸	蜜丸、颗粒剂（冲剂）	
23	通宣理肺丸	蜜丸、浓缩丸、颗粒剂（冲剂）、煎膏剂（膏滋）、硬胶囊剂、口服液	

序号	药品名称	剂型	注
24	橘红片	片剂、颗粒剂（冲剂）、蜜丸	
25	养阴清肺膏	煎膏剂（膏滋）、颗粒剂（冲剂）、糖浆剂、合剂、蜜丸、口服液	
26	百合固金丸	蜜丸、浓缩丸、口服液	
27	苏子降气丸	水丸	
28	止嗽定喘口服液	口服液、颗粒剂（冲剂）、片剂、浓缩丸	
29	川贝止咳露	糖浆剂	
30	秋梨润肺膏	煎膏剂（膏滋）	
31	消栓通络片	片剂、硬胶囊剂、颗粒剂（冲剂）	
32	山楂精降脂片	片剂	
33	绞股蓝总甙片	片剂、硬胶囊剂、软胶囊剂、颗粒剂（冲剂）、口服液	
34	脑力清丸	水丸、硬胶囊剂、片剂	
35	清眩丸	蜜丸、片剂	
36	薄荷锭	锭剂	
37	芎菊上清丸	水丸、蜜丸、片剂、颗粒剂（冲剂）	
38	黄连上清丸	蜜丸、片剂	
39	牛黄上清丸	蜜丸、片剂、硬胶囊剂	
40	柴胡舒肝丸	蜜丸	
41	香砂枳术丸	水丸	
42	大山楂丸	蜜丸、咀嚼片、颗粒剂（冲剂）	
43	加味保和丸	水丸	
44	木香顺气丸	水丸、颗粒剂（冲剂）	
45	神曲茶（六曲茶）	茶剂	
46	香砂养胃丸	水丸、浓缩丸、颗粒剂（冲剂）、硬胶囊剂、软胶囊剂、乳剂、口服液	
47	加味左金丸	水丸	
48	香砂平胃颗粒	颗粒剂（冲剂）、水丸	
49	温胃舒胶囊	硬胶囊剂、颗粒剂（冲剂）	
50	养胃舒胶囊	硬胶囊剂、颗粒剂（冲剂）	

序号	药品名称	剂型	注
51	气滞胃痛冲剂	颗粒剂（冲剂）、片剂	
52	胃得安片	片剂、硬胶囊剂	
53	六味安消散	散剂、硬胶囊剂	
54	胃苏冲剂	颗粒剂（冲剂）	
55	麻仁丸	蜜丸、合剂、硬胶囊剂、软胶囊剂	
56	麻仁润肠丸	蜜丸、软胶囊剂	
57	五仁润肠丸	蜜丸	
58	苁蓉通便口服液	口服液	
59	葛根芩连片	片剂、硬胶囊剂、颗粒剂（冲剂）、微丸、口服液	
60	香连片	片剂、片剂（浓缩）、硬胶囊剂、颗粒剂（冲剂）、水丸、浓缩丸	
61	补中益气丸	水丸、浓缩丸、片剂、合剂、煎膏剂（膏滋）、口服液	
62	阿胶补血膏	煎膏剂（膏滋）、颗粒剂（冲剂）、口服液	
63	八珍丸	蜜丸、浓缩丸、硬胶囊剂、颗粒剂（冲剂）、煎膏剂（膏滋）、茶剂、合剂	
64	人参养荣丸	蜜丸、煎膏剂（膏滋）	
65	人参归脾丸	蜜丸	
66	十全大补丸	蜜丸、煎膏剂（膏滋）、酒剂、颗粒剂（冲剂）、浓缩丸、片剂、口服液、糖浆剂	
67	龟鹿二仙膏	煎膏剂（膏滋）	
68	桂附地黄丸	蜜丸、浓缩丸、片剂、硬胶囊剂、口服液	
69	六味地黄丸	蜜丸、水丸、浓缩丸、片剂、硬胶囊剂、软胶囊剂、颗粒剂（冲剂）、煎膏剂（膏滋）、合剂、口服液	
70	五子衍宗丸	蜜丸、片剂、口服液	
71	知柏地黄丸	蜜丸、浓缩丸、片剂	
72	参苓白术散	散剂、硬胶囊剂、片剂、颗粒剂（冲剂）、水丸、口服液	
73	附子理中丸	浓缩丸、蜜丸、片剂、合剂	
74	人参健脾丸	蜜丸、浓缩丸	
75	阿归养血颗粒	颗粒剂（冲剂）、糖浆剂	
76	养血安神丸	浓缩丸、片剂、糖浆剂	

序号	药品名称	剂型	注
77	枣仁安神颗粒(冲剂)	颗粒剂（冲剂）、口服液	
78	脑乐静	糖浆剂、口服液	

外科

序号	药品名称	剂型	注
79	烧伤喷雾剂	合剂	
80	京万红	油膏剂	
81	风痛灵	油剂	
82	风油精	油剂	
83	如意金黄散	散剂	
84	三黄膏	油膏剂	
85	小败毒膏	煎膏剂（膏滋）	
86	泻毒散	散剂	
87	地榆槐角丸	蜜丸	
88	槐角丸	蜜丸	
89	痔疮外洗药	散剂	
90	马应龙麝香痔疮膏	软膏剂	

骨伤科

序号	药品名称	剂型	注
91	跌打活血散	散剂、硬胶囊剂	
92	活血止痛散	散剂、硬胶囊剂	
93	跌打丸	蜜丸、片剂	
94	三七片	片剂、硬胶囊剂	
95	养血荣筋丸	蜜丸	
96	跌打损伤丸	蜜丸	
97	克伤痛搽剂	搽剂、气雾剂	
98	风湿痛药酒（风湿骨痛药酒）	酒剂	
99	活络止痛丸	蜜丸	

序号	药品名称	剂型	注
100	木瓜酒	酒剂	
101	伤湿止痛膏	橡胶膏剂	
102	史国公药酒	酒剂	
103	驱风油	油剂	

妇科

序号	药品名称	剂型	注
104	当归丸	蜜丸	
105	调经止带丸	蜜丸	
106	止血片	片剂	
107	七制香附丸	水丸	
108	益母草膏	煎膏剂（膏滋）、颗粒剂（冲剂）、片剂、硬胶囊剂、流浸膏剂、口服液	
109	加味逍遥丸	蜜丸、水丸、硬胶囊剂、颗粒剂（冲剂）、片剂、口服液	
110	八珍益母丸	蜜丸、片剂、煎膏剂（膏滋）	
111	乌鸡白凤丸	蜜丸、口服液	
112	当归红枣颗粒	颗粒剂（冲剂）	
113	艾附暖宫丸	蜜丸	
114	妇科得生丸	蜜丸	
115	痛经丸	水丸、片剂	
116	元胡止痛片	片剂、硬胶囊剂、颗粒剂（冲剂）、滴丸剂、口服液	
117	妇康片	片剂	
118	妇康宝口服液	口服液	
119	四物合剂	合剂	

儿科

序号	药品名称	剂型	注
120	小儿感冒颗粒	颗粒剂（冲剂）、口服液	
121	小儿热速清口服液	口服液、颗粒剂（冲剂）	

序号	药品名称	剂型	注
122	金银花露	露剂、合剂	
123	导赤丸	蜜丸	
124	小儿咳喘灵冲剂	颗粒剂（冲剂）、口服液	
125	解肌宁嗽丸	蜜丸、口服液、片剂	
126	健儿清解液	合剂	
127	儿童咳液	合剂	
128	儿童清肺口服液	口服液、蜜丸	
129	健胃消食片	片剂	
130	小儿消食片	片剂	
131	小儿健胃糖浆	糖浆剂	
132	小儿喜食糖浆	糖浆剂、片剂	
133	启脾丸	蜜丸	
134	小儿胃宝丸	水丸、片剂	
135	婴儿素	散剂	

皮肤科

序号	药品名称	剂型	注
136	脚气散	散剂	
137	愈裂贴膏	橡胶膏剂	
138	当归苦参丸（归参丸）	蜜丸	
139	清热暗疮丸	浓缩丸、片剂	
140	肤痒冲剂	颗粒剂（冲剂）	
141	防风通圣丸	水丸、蜜丸、浓缩丸	
142	二妙丸	水丸	

五官科

序号	药品名称	剂型	注
143	明目地黄丸	蜜丸、浓缩丸	
144	明目上清片	片剂、水丸	

序号	药品名称	剂型	注
145	杞菊地黄丸	蜜丸、浓缩丸、硬胶囊剂、片剂、口服液	
146	耳聋左慈丸	蜜丸、浓缩丸	
147	龙胆泻肝丸	蜜丸、水丸、浓缩丸、颗粒剂（冲剂）、片剂、口服液	
148	鼻通宁滴剂	合剂	
149	辛夷鼻炎丸	水丸	
150	鼻窦炎口服液	口服液	
151	通窍鼻炎片	片剂、硬胶囊剂、颗粒剂（冲剂）	
152	鼻炎片	片剂	
153	铁笛丸	蜜丸、口服液	
154	藏青果冲剂	颗粒剂（冲剂）、片剂	
155	穿心莲片	片剂、硬胶囊剂、水丸	
156	复方青果冲剂	颗粒剂（冲剂）	
157	清咽丸（清音丸）	蜜丸、滴丸剂、片剂	
158	利咽解毒颗粒	颗粒剂（冲剂）	
159	金莲花冲剂	颗粒剂（冲剂）、片剂、口服液	
160	口腔溃疡散	散剂	

第一批国家非处方药目录乙类 非处方药药品名单

一、化学药品部分

阿司匹林片	维生素 C 颗粒剂
阿司匹林肠溶片	维生素 E 胶丸（5mg、50mg）
阿司匹林泡腾片	碳酸钙片
阿司匹林栓	碳酸钙颗粒剂
阿司匹林散	碳酸钙咀嚼片
赖氨匹林散	枸橼酸钙片
阿司匹林钙脲散	葡萄糖酸钙片
阿司匹林锌胶囊	葡萄糖酸钙口服液
双氯芬酸二乙氨盐乳胶剂	乳酸钙片
布洛芬乳膏	复合维生素 B 片
对乙酰氨基酚片	多种维生素片
对乙酰氨基酚咀嚼片	复方碳酸钙片
对乙酰氨基酚泡腾片	多维元素片（29）
对乙酰氨基酚胶囊	善存液
对乙酰氨基酚口服液	善存银片
对乙酰氨基酚滴剂	小儿善存片
对乙酰氨基酚颗粒	小儿善存液
对乙酰氨基酚栓	钙尔奇 D300 咀嚼片
对乙酰氨基酚泡腾冲剂	枸橼酸钙咀嚼片
对乙酰氨基酚混悬液	维 D 钙咀嚼片
对乙酰氨基酚混悬滴剂	玛特纳片
对乙酰氨基酚溶液	克补片
复方对乙酰氨基酚片	祈富乐 T 片
吲哚美辛乳膏（软膏）	小儿维生素咀嚼片
吲哚美辛贴片	松节油
吲哚美辛搽剂	松节油搽剂
干酵母片	煤焦油洗剂

乳酶生片	氧化锌软膏
胰酶肠溶片	尿素软膏（乳膏）
甘油栓	苯扎氯铵贴
开塞露	苯扎溴铵溶液
酚咖片	碘酊
维生素 A 胶丸	聚维酮碘溶液
维生素 AD 胶丸	苯扎氯铵溶液
维生素 AD 滴剂	硫软膏
维生素 B_1 片	克霉唑软膏（乳膏）
维生素 B_2 片	克霉唑溶液
维生素 B_6 片	克霉唑涂膜
维生素 B_6 缓释片	联苯苄唑凝胶
泛酸钙片	联苯苄唑乳膏（软膏）
维生素 C 片	联苯苄唑溶液
维生素 C 泡腾片	酞丁安软膏
酞丁安搽剂	复方十一烯酸锌软膏
十维铁咀嚼片	钙尔奇 D600 片

二、中成药部分

桑菊感冒片	人参养荣膏
桑菊感冒颗粒	人参归脾丸
桑菊感冒散	十全大补丸
桑菊感冒糖浆	十全大补片
桑菊感冒合剂	十全大补口服液
桑菊感冒丸	十全大补酒
银翘解毒片	十全大补膏
银翘解毒胶囊	十全大补糖浆
银翘解毒颗粒	十全大补颗粒
银翘解毒合剂	龟鹿二仙膏
银翘解毒丸	六味地黄丸
午时茶颗粒	六味地黄片
午时茶	六味地黄胶囊
板蓝根颗粒	六味地黄口服液

板蓝根片	六味地黄颗粒
板蓝根糖浆	六味地黄膏
板蓝根胶囊	六味地黄软胶囊
板蓝根口服液	知柏地黄丸
清凉油	知柏地黄片
十滴水	参苓白术散
十滴水软胶囊	参苓白术片
清凉含片	参苓白术颗粒
仁丹	参苓白术胶囊
大山楂颗粒	参苓白术丸
大山楂丸	参苓白术口服液
大山楂咀嚼片	人参健脾丸
川贝清肺糖浆	阿归养血颗粒
补中益气丸	阿归养血糖浆
补中益气口服液	养血安神丸
补中益气片	养血安神片
补中益气合剂	养血安神糖浆
补中益气膏	枣仁安神颗粒
阿胶补血膏	枣仁安神液
阿胶补血颗粒	烧伤喷雾剂
阿胶补血口服液	京万红
八珍丸	风油精
八珍胶囊	马应龙麝香痔疮膏
八珍袋泡茶	三黄膏
八珍液	克伤痛搽剂
八珍膏	克伤痛气雾剂
八珍颗粒	伤湿止痛膏
人参养荣丸	史国公药酒
驱风油	藏青果颗粒
小儿感冒颗粒	槐角丸
小儿感冒口服液	地榆槐角丸
金银花露	当归丸
金银花合剂	当归苦参丸

脚气散	当归红枣颗粒
愈裂贴膏	益母草膏
金莲花口服液	益母草颗粒
金莲花颗粒	益母草胶囊
金莲花片	益母草口服液
藏青果喉片	益母草片

第二批国家非处方药药品目录

化学药品、中成药

化学药品部分

一、呼吸系统用药

序号	药品名称	规格（组成）	分类
1	双扑口服液	每10ml含对乙酰氨基酚125mg、咖啡因7.5mg、马来酸氯苯那敏1.5mg、人工牛黄5mg，维生素C20mg	甲
2	布洛伪麻片	布洛芬0.2g、盐酸伪麻黄碱30mg	甲
3	布洛伪麻胶囊	布洛芬0.2g、盐酸伪麻黄碱30mg	甲
4	布洛伪麻颗粒剂	布洛芬0.2g、盐酸伪麻黄碱30mg	甲
5	那可丁片	10mg	甲
6	复方甘草片	甘草流浸膏粉112.5mg、阿片粉4mg、樟脑2mg、八角茴香油2mg、苯甲酸钠2mg	甲
7	复方甘草合剂	每100ml含甘草流浸膏12ml、甘油12ml、酒石酸锑钾0.024g、浓氨溶液适量、复方樟脑酊12ml、乙醇3ml	甲
8	复方氢溴酸右美沙芬糖浆	每10ml含氢溴酸右美沙芬30mg、愈创木酚甘油醚200mg	乙
9	复方氨酚烷胺胶囊	对乙酰氨基酚250mg、盐酸金刚烷胺100mg、马来酸氯苯那敏2mg、人工牛黄10mg、咖啡因15mg	甲
10	复方氨酚葡锌片	对乙酰氨基酚50mg、葡萄糖酸锌35mg、盐酸二氧丙嗪0.5mg、板兰根浸膏粉125mg	乙
11	复方盐酸伪麻黄碱缓释胶囊	盐酸伪麻黄碱90mg、马来酸氯苯那敏4mg	甲
12	复方锌布颗粒剂	葡萄糖酸锌100mg、布洛芬50mg、马来酸氯苯那敏2mg	甲
13	氢溴酸右美沙芬分散片	（1）15mg　（2）5mg	甲
14	美酚伪麻片	氢溴酸右美沙芬15mg、盐酸伪麻黄碱30mg、愈创木酚甘油醚100mg	甲
15	美愈伪麻胶囊	愈创木酚甘油醚100mg、盐酸伪麻黄碱30mg、氢溴酸右美沙芬10mg	甲
16	氨咖愈敏溶液	每10ml含对乙酰氨基酚120mg、马来酸氯苯那敏1.125mg、无水咖啡因18.75mg、愈创木酚甘油醚37.5mg	甲
17	盐酸氨溴索片	30mg	甲
18	盐酸氨溴索缓释胶囊	75mg	甲
19	盐酸氯哌丁片（咳平片）	10mg	甲
20	氯化铵片	0.3g	甲
21	愈美片	氢溴酸右美沙芬15mg、愈创木酚甘油醚100mg	乙

序号	药品名称	规格（组成）	分类
22	愈酚伪麻片	愈创木酚甘油醚 200mg、盐酸伪麻黄碱 30mg	甲
23	羧甲司坦片（小儿用）	0.1g	甲
24	羧甲基半胱氨酸泡腾散	5g：0.25g	甲

二、神经系统用药

序号	药品名称	规格（组成）	分类
1	乙酰水杨酸缓冲片	0.162g	乙
2	双水杨酯片	0.3g	甲
3	水杨酸二乙胺软膏	（1）20g∶2g （2）20g∶4g （3）30g∶3g （4）30g∶6g	乙
4	牛磺酸片	0.4g	乙
5	牛磺酸散	0.4g	乙
6	牛磺酸颗粒	（1）0.4g （2）0.8g	乙
7	贝诺酯片	（1）0.2g （2）0.5g	甲
8	贝诺酯颗粒剂	0.5g	甲
9	对乙酰氨基酚干混悬剂	12.65g∶3.75g	乙
10	对乙酰氨基酚凝胶	5g∶120mg	乙
11	布洛芬干混悬剂	34g∶1.2g	甲
12	布洛芬混悬液	（1）100ml∶2g （2）60ml∶1.2g	甲
13	布洛芬滴剂	20ml∶0.8g	甲
14	布洛芬凝胶剂	15g∶0.75g	甲
15	布洛芬糖浆	10ml∶0.2g	甲
16	吡罗昔康搽剂	20ml∶0.2g	乙
17	阿司匹林肠溶胶囊	0.15g	乙
18	阿司匹林咀嚼片	0.5g	乙
19	阿司匹林维生素 C 泡腾片	阿司匹林 400mg、维生素 C240mg	乙
20	罗通定片	（1）30mg （2）60mg	甲

序号	药品名称	规格（组成）	分类
21	复方氯乙烷气雾剂	每 1000g 含麝香 0.1g、延胡索 6g、三七 3g、黄柏 9g、氯乙烷 550g	甲
22	盐酸去氯羟嗪片	（1）25mg　（2）50mg	甲
23	盐酸罗通定片	30mg	甲
24	盐酸苯环壬酯片	2mg	甲
25	盐酸苯海拉明片	25mg	甲
26	盐酸赛庚啶片	2mg（按 $C_{21}H_{21}N \cdot HCl$ 计算）	甲
27	萘普生片	（1）0.1g　（2）0.125g　（3）0.25g	甲
28	萘普生钠片	0.275g（相当于萘普生 0.25g）	甲
29	萘普生栓	0.25g	甲
30	萘普生胶囊	（1）0.125g　（2）0.2g　（3）0.25g	甲
31	萘普生缓释片	0.5g	甲
32	萘普生缓释胶囊	0.25g	甲
33	萘普生颗粒	10g：0.25g	甲
34	氯唑沙宗胶囊	0.2g	甲
35	精氨酸阿司匹林片	0.25g（以阿司匹林计）	乙

三、消化系统用药

序号	药品名称	规格（组成）	分类
1	口服双歧杆菌活菌制剂	（1）0.25g　（2）0.35g	乙
2	大黄碳酸氢钠片	大黄 150mg、碳酸氢钠 150mg、薄荷油	乙
3	双歧三联活菌胶囊	210mg	乙
4	车前番泻复合颗粒	100g 含卵叶车前草种子 12g、卵叶车前草果壳 2.2g、番泻果实 12g（相当于 0.3%番泻果苷）	乙
5	甘羟铝片	0.25g	甲
6	龙胆碳酸氢钠片(健胃片)	龙胆（中粉）0.1g、碳酸氢钠 0.15g	甲
7	多酶片	胰酶 300mg、胃蛋白酶 13mg	乙

序号	药品名称	规格（组成）	分类
8	肌苷口服溶液	（1） 10ml：0.1g （2）10ml：0.2g （3） 20ml：0.2g （4） 20ml：0.4g	甲
9	阿苯达唑片	0.4g	甲
10	阿苯达唑颗粒	（1） 1g：0.1g （2） 1g：0.2g	甲
11	乳酸菌素片	按乳酸菌素计（1） 0.2g （2） 0.4g （3） 1.2g	乙
12	乳酸菌素颗粒剂	按乳酸菌素计（1）1g （2）2g （3）6g	乙
13	法莫替丁散	1g：20mg	甲
14	复方维生素 U 胶囊	氢氧化铝 90mg、三硅酸镁 72.5mg、维生素 U25mg、甘草浸膏粉 16.5mg、罗通定 2mg、白及 17mg、淀粉酶 25mg、胆粉 1.5mg、薄荷脑 0.5mg	甲
15	复方铝酸铋片	铝酸铋 200mg、重质碳酸镁 400mg、碳酸氢钠 200mg、甘草浸膏粉 300mg、弗朗鼠李皮 25mg、茴香粉 10mg	甲
16	复方铝酸铋胶囊	铝酸铋 66.7mg、重质碳酸镁 133.3mg、碳酸氢钠 66.7mg、甘草浸膏粉 100mg、弗朗鼠李皮 8.3mg、茴香粉 3.3mg	甲
17	复方铝酸铋颗粒	铝酸铋 200mg、重质碳酸镁 400mg、碳酸氢钠 200mg、甘草浸膏粉 300mg、弗朗鼠李皮 25mg、茴香粉 10mg	甲
18	复方嗜酸乳杆菌片	（1）0.25g，每 1g 含嗜酸乳杆菌一千万个 （2）0.5g，每 1g 含嗜酸乳杆菌一千万个	乙
19	复方碳酸钙咀嚼片	碳酸钙 680mg、重质碳酸镁 80mg	乙
20	复合乳酸菌胶囊	0.33g	乙
21	枸橼酸铋钾片	0.3g（含铋计 110mg）	甲
22	枸橼酸铋钾胶囊	（1）0.15g（含铋 55mg）、（2）0.3g（含铋 110mg）	甲
23	枸橼酸铋钾颗粒	(1) 每袋 1.0g：110mg（以铋计） (2) 每袋 1.2g：110mg（以铋计）	甲
24	胃蛋白酶片	120 单位	甲
25	胃蛋白酶颗粒	480 单位	甲
26	消旋山莨菪碱片	5mg	甲
27	盐酸哌仑西平片	25mg	甲
28	盐酸雷尼替丁口服溶液	10ml：150mg	甲
29	胰酶肠溶胶囊	0.15g	乙

序号	药品名称	规格（组成）	分类
30	胶体果胶铋胶囊	50mg（以铋计）	甲
31	胶体酒石酸铋胶囊	55mg（以铋计）	甲
32	铝镁加混悬液	15ml∶1.5g	甲
33	羧甲纤维素钠颗粒	2g	甲
34	蒙脱石散（双八面体蒙脱石散）	3g	甲
35	碱式碳酸铋片	（1）0.3g　（2）0.5g	甲
36	碳酸氢钠片	（1）0.3g　（2）0.5g	甲
37	磷酸哌嗪宝塔糖	0.2g	甲

四、五官科用药

序号	药品名称	规格（组成）	分类
1	甲硝唑口颊片	3mg	甲
2	地喹氯铵含片	0.25mg	甲
3	西地碘片	1.5mg	乙
4	杆菌肽眼膏	2g（1000 单位）	甲
5	复方地喹氯铵含片	地喹氯胺 0.25mg、短杆菌素 1.00mg	甲
6	复方萘甲唑啉喷雾剂	含盐酸萘甲唑啉 0.05%、马来酸氯苯那敏 0.1%	甲
7	复方氯己定含漱液	每 1000ml 含葡萄糖酸氯己定 1.2g、甲哨唑 0.2g、甘油 50ml、浓薄荷水 10ml 等	乙
8	度米芬滴丸	20mg	乙
9	盐酸金霉素眼膏	0.5%	甲
10	盐酸羟甲唑啉喷雾剂	10ml∶5mg	甲
11	盐酸羟甲唑啉滴鼻液	（1）10ml∶5mg　（2）5ml∶2.5mg	甲
12	盐酸萘甲唑啉滴鼻液	每 1000ml 含盐酸萘甲唑啉 0.5g 或 1.0g、硼酸 20g、硼砂 1.3g、乙二胺四醋酸二钠 0.5g	甲
13	盐酸麻黄碱滴鼻液	1%	甲
14	盐酸赛洛唑啉滴鼻液	（1）10ml∶5mg　（2）10ml∶10mg	甲

序号	药品名称	规格（组成）	分类
15	维氨啉滴眼液	泛酰醇、L-天门冬氨酸钾、维生素 B_6、甘草酸二钾、盐酸萘甲唑啉、马来酸氯苯那敏、甲基硫酸新斯的明	乙
16	氯化钠滴眼液	10ml：55mg	乙
17	硫酸庆大霉素滴眼液	8ml：4 万单位	甲
18	醋酸可的松眼膏	（1）0.25%　（2）0.5%	甲
19	醋酸可的松滴眼液	3ml：15mg	甲
20	醋酸地塞米松粘贴片	0.3mg	甲
21	醋酸氢化可的松眼膏	0.5%	甲

五、皮肤科用药

序号	药品名称	规格（组成）	分类
1	乙醇		乙
2	丁苯羟酸乳膏	10g：0.5g	甲
3	丁香罗勒油乳膏	（1）35g：0.875g　（2）10g：0.25g	乙
4	丁酸氢化可的松软膏	10g：10mg	甲
5	七叶皂甙/二乙胺水杨酸凝胶	每 100 克含七叶皂甙 1 克、二乙胺水杨酸 5 克	甲
6	水杨酸软膏	（1）2%　（2）5%	乙
7	水杨酸复合洗剂	15g/包与 6g/瓶，含水杨酸、苯甲酸、硼酸、乳酸，分成散剂与溶液分别包装	甲
8	甲硝唑凝胶	20g：0.15g	甲
9	甲硝唑霜	1%	甲
10	红霉素—过氧苯甲酰凝胶	红霉素 3%、过氧苯甲酰 5%	甲
11	红霉素软膏	1%	乙
12	肌醇烟酸酯软膏	10g：100mg	乙
13	过氧苯甲酰乳膏	5%	甲
14	过氧苯甲酰凝胶	10g：0.5g	甲
15	克林霉素磷酸酯外用溶液	1%	甲

序号	药品名称	规格（组成）	分类
16	克林霉素磷酸酯凝胶	20g∶0.2g	甲
17	克罗米通乳膏	（1）10g∶1g　（2）30g∶3g	乙
18	冻疮膏	每克含樟脑 30mg、硼酸 50mg、甘油 50mg	乙
19	尿素乳膏	10g∶0.2g	乙
20	杆菌肽软膏	8g（4000 单位）	甲
21	炉甘石洗剂	每 1000ml 含炉甘石 150g、氧化锌 50g、甘油 50ml	乙
22	复方水杨酸甲酯乳膏	含水杨酸甲酯、薄荷、桉油、松节油等	乙
23	复方克霉唑软膏	每克含克霉唑 0.015g、尿素 0.15g	乙
24	复方硝酸益康唑乳膏	每克含硝酸益康唑 10mg、曲安奈德 1.0mg	甲
25	复方新霉素软膏	每克含新霉素 2000 单位、杆菌肽 250 单位	乙
26	复方醋酸曲安奈德溶液	每毫升含醋酸曲安奈德 1mg、水杨酸 20mg、月桂氮䓬酮 0.02ml、丙二醇 0.45ml、乙醇适量	甲
27	曼秀雷敦薄荷膏	含水杨酸甲酯、樟脑、薄荷脑、松节油等	乙
28	海藻酸钙海绵	（1）5cm×5cm　（2）6cm×10cm	乙
29	盐酸金霉素软膏	1%	乙
30	盐酸特比萘芬溶液	10ml∶0.1g	甲
31	盐酸特比萘芬凝胶	10g∶0.1g	甲
32	弹性火棉胶	（1）10g　（2）5g　（3）2g	甲
33	维 A 酸软膏	（1）10g∶5mg　（2）10g∶10mg	甲
34	维 A 酸凝胶	0.05%	甲
35	硝酸益康唑软膏	10g∶0.1g	乙
36	硝酸益康唑喷剂	1%	乙
37	硝酸益康唑溶液	1%	乙
38	硼酸软膏	5%	乙
39	硼酸洗液	3%	乙
40	碘络醚溶液	含有效碘 0.5g	甲

序号	药品名称	规格（组成）	分类
41	酮康唑乳膏	10g∶0.2g	甲
42	酮康唑洗剂	1g∶20mg	甲
43	聚维酮碘软膏	10%	乙
44	樟脑醑	每 1000ml 含樟脑 100g	乙
45	醋酸氢化可的松软膏	1.0%	甲
46	醋酸氢化泼尼松软膏	（1）4g∶0.02g （2）10g∶0.05g	甲
47	醋酸氯己定软膏	醋酸氯己定 0.5%、冰片 0.5%	乙
48	醋酸氯己定涂膜	（1）50ml∶0.2% （2）100ml∶0.2% （3）500ml∶0.2%	乙
49	醋酸氯己定痔疮栓	20mg	甲
50	磺胺嘧啶银乳（软）膏	500g∶5g	甲
51	糠酸莫米松乳膏	5g∶5mg	甲

六、妇科用药

序号	药品名称	规格（组成）	分类
1	三相避孕片	6 片（黄色）每片含左旋甲基炔诺酮 0.05mg、炔雌醇 0.03mg；5 片（白色）每片含左旋甲基炔诺酮 0.075mg、炔雌醇 0.04mg；10 片（棕色）每片含左旋甲基炔诺酮 0.125mg、炔雌醇 0.03mg	甲
2	双唑泰软膏	4g（含甲硝唑 0.2g、克霉唑 0.16g、醋酸氯己定 8mg）	甲
3	壬苯醇醚胶冻	（1）3g （2）5g （3）30g	甲
4	克霉唑片（阴道片）	500mg	甲
5	克霉唑霜	10%	甲
6	炔雌醇/孕二烯酮片	雌激素 0.03mg、孕烯二酮 0.075mg	甲
7	复方甲硝唑气雾剂	每 30ml 含甲硝唑 18mg、苯扎溴铵 30mg	甲
8	复方甲硝唑栓	甲硝唑 0.5g，及人参茎叶皂甙、维生素 E 等	甲
9	复方炔诺孕酮片	炔诺孕酮 0.3mg、炔雌醇 0.03mg	甲
10	复方炔诺酮膜	炔诺酮 0.6mg、炔雌醇 0.035mg	甲

序号	药品名称	规格（组成）	分类
11	复方醋酸环丙孕酮片	醋酸环丙孕酮 2mg、炔雌醇 0.035mg	甲
12	黄藤素栓	50mg	甲
13	替硝唑阴道泡腾片	0.2g	甲
14	替硝唑栓	1g	甲
15	硝酸益康唑栓	（1）50mg　（2）150mg	甲
16	聚维酮碘栓	每粒含有效碘 0.017-0.023g	甲
17	聚维酮碘凝胶	(1) 5g：0.25g（含有效碘 0.5%） (2) 5g：0.5g（含有效碘 1%）	甲

七、维生素与矿物质类药

序号	药品名称	规格（组成）	分类
1	十维锌、铁、钙胶囊	维生素 A4000IU、维生素 D400IU、维生素 E11mg、维生素 C100mg、叶酸 0.8mg、维生素 $B_1$1.5mg、维生素 $B_2$1.7mg、维生素 $B_6$2.6mg、维生素 B_{12}0.004mg、钙 58.8mg、铁 19.8mg、锌 20mg、烟酰胺 18mg	乙
2	木糖醇口服液	10ml：6.2g	乙
3	乐力	氨基酸螯合钙 523.6mg、抗坏血酸钙 145.0mg、磷酸氢钙 110.0mg、氨基酸螯合镁 167.0mg、氨基酸螯合锌 40.0mg、氨基酸螯合铜 1.7mg、氨基酸螯合锰 8.2mg、氨基酸螯合钒 0.1mg、氨基酸螯合硅 3.3mg、氨基酸螯合硼 0.9mg、维生素 D3200IU	乙
4	右旋糖酐铁片	25mg（按 Fe 计算）	甲
5	乳酸亚铁口服液	10ml：0.1g	甲
6	复方葡萄糖酸钙口服溶液	10ml：0.11g（按钙元素计）（葡萄糖酸钙和乳酸钙）	乙
7	食母生片	以干酵母计（1）0.2g　（2）0.3g　（3）0.5g	乙
8	维生素 AD 滴剂	每 1g 含维生素 A9000 单位与维生素 D3000 单位	乙
9	维生素 AD 滴剂（胶囊型）	（1）维生素 A2000 单位、维生素 D700 单位 （2）维生素 A1500 单位、维生素 D500 单位	乙
10	维生素 B_1 丸	（1）5mg　（2）10mg	乙
11	维生素 C 丸	（1）50mg　（2）100mg	乙
12	维生素 E 片	（1）5mg　（2）10mg	乙

序号	药品名称	规格（组成）	分类
13	维胺颗粒剂	维生素 C500mg、叶酸 0.5mg、维生素 $B_1$15mg、维生素 $B_2$15mg、维生素 $B_6$4mg、维生素 B_{12}0.005mg、泛酸钙 18mg、烟酰胺 100mg 等	乙
14	维铁片	七水硫酸铁 525mg、维生素 C500mg、烟酰胺 30mg、泛酸钙 10mg、维生素 $B_1$6mg、维生素 $B_2$6mg、维生素 $B_6$5mg、维生素 B_{12}0.025mg	甲
15	琥珀酸亚铁片	0.1g	甲
16	葡萄糖酸亚铁胶囊	（1）0.25g　（2）0.3g　（3）0.4g	甲
17	葡萄糖酸亚铁糖浆	（1）10ml：0.25g　（2）10ml：0.30g	甲
18	葡萄糖酸钙含片	（1）0.1g　（2）0.15g　（3）0.2g	乙
19	碳酸钙泡腾颗粒剂	2g：0.2g	乙
20	磷酸氢钙片	0.3g	乙

中成药部分

一、内科用药

序号	药品名称	规格（组成）	分类
1	一清胶囊	每粒装 0.5 克	甲
2	一清颗粒	每袋装 7.5 克	甲
3	丁沉透膈丸	每袋装 10 克	甲
4	丁桂温胃散	（1）每袋装 500 克　（2）每盒装 6 克	甲
5	丁蔻理中丸	每 26 粒重 1 克	甲
6	七味葡萄散	每袋装 15 克	甲
7	七宝美髯丸	每丸重 9 克	甲
8	七宝美髯口服液	每支 10 毫升	甲
9	七宝美髯颗粒	每袋装 8 克	甲
10	七香止痛丸	每 20 粒重 1 克	甲
11	九气心痛丸	每 40 粒重约 3 克	甲
12	九制大黄丸	每 50 粒重 3 克，每袋装 6 克	甲
13	二天油	每瓶装（1）3 毫升　（2）9 毫升	乙
14	二仙口服液	每支 10 毫升	乙
15	二仙膏	每瓶装（1）500 克（2）400 克（3）250 克	乙
16	二冬膏		乙
17	二母清肺丸(二母丸)	每丸重 9 克	甲
18	二至丸		甲
19	二至丸（浓缩丸）	每 10 粒重 1.7 克	甲
20	二陈丸		甲
21	二陈丸（浓缩丸）	每 8 丸相当于原生药 3 克	甲
22	二陈合剂		甲
23	人参五味子冲剂	每袋重（1）5 克　（2）10 克	甲

序号	药品名称	规格（组成）	分类
24	人参天麻药酒		甲
25	人参北芪片		甲
26	人参当归颗粒	每袋装 3 克	甲
27	人参补丸（胶囊）	每粒装 0.3 克	甲
28	人参补气胶囊	每粒装 0.5 克	甲
29	人参补膏		甲
30	人参固本丸	每丸重 9 克	甲
31	人参固本口服液	每支 10 毫升	甲
32	人参珍珠口服液	每支 10 毫升	甲
33	人参药酒		乙
34	人参首乌胶囊	每粒装 0.3 克	甲
35	人参首乌精		甲
36	人参健脾片		乙
37	人参鹿茸丸	每丸重 9 克	甲
38	八味檀香散	每袋装 15 克	甲
39	八宝坤顺丸	每丸重 9 克	甲
40	八宝瑞生丸	每丸重 9 克	甲
41	八珍鹿胎膏(复方鹿胎膏)	每块重 50 克	甲
42	力加寿片		甲
43	十五制清宁丸	每袋装 9 克	甲
44	十五味沉香丸	每丸重 0.5 克	甲
45	十灵油		乙
46	十香止痛丸	每丸重 6 克	甲
47	万应甘和茶	每袋装（1）3 克　（2）9 克	甲
48	万应茶	每袋（块）重 3 克	乙

序号	药品名称	规格（组成）	分类
49	万宝油	每瓶装（1）3 克　（2）6 克　（3）9 克	乙
50	三九胃泰胶囊	每粒装 0.5 克	甲
51	三九胃泰颗粒	每袋装（1）20 克　（2）2.5 克（无糖型）	甲
52	三号蛇胆川贝片		甲
53	三宝胶囊	每粒装 0.3 克	甲
54	三金感冒片		乙
55	三蛇胆川贝膏		甲
56	三蛇胆川贝糖浆		甲
57	三黄片		甲
58	三鞭补酒	每瓶装（1）125 毫升　（2）250 毫升 （3）500 毫升　（4）750 毫升	甲
59	三鞭参茸固本丸	每丸重 3 克	甲
60	上清丸	大蜜丸每丸重 9 克	甲
61	千金茶	（1）每袋装 6 克　（2）每袋装 12 克	乙
62	卫生丸	每丸重 9 克	甲
63	卫生培元丸	每丸重 9 克	甲
64	大补元煎丸		甲
65	大补阴丸		甲
66	大补药酒		乙
67	大黄泻火散		甲
68	大黄通便冲剂	每袋装 12 克（相当于大黄流浸膏 2 毫升）	甲
69	大温中丸	每 50 粒重 3 克	甲
70	小建中冲剂	每包装 15 克	甲
71	小建中合剂		甲
72	小建中胶囊	0.4 克	甲
73	小柴胡片	每片重 0.4 克（相当于总药材 1.5 克）	甲

序号	药品名称	规格（组成）	分类
74	小柴胡冲剂	每袋装 10 克	甲
75	山东阿胶膏	每瓶装（1）80 克　（2）200 克　（3）400 克	甲
76	山鸡大补酒		乙
77	山茄子清凉颗粒	每袋装 15 克	乙
78	山楂丸	每丸重 9 克	乙
79	山楂内消丸	每瓶装 9 克	甲
80	山楂麦曲颗粒	（1）每袋装 15 克　（2）每块重 15 克	乙
81	山楂调中丸	每丸重 6 克	甲
82	川贝止咳糖浆		乙
83	川贝止嗽合剂	每瓶装 10 毫升	乙
84	川贝半夏液		甲
85	川贝末胶囊	每粒重 0.5 克	乙
86	川贝枇杷冲剂	3 克	乙
87	川贝枇杷糖浆		乙
88	川贝枇杷露	每瓶装 150 毫升	乙
89	川贝罗汉止咳冲剂	每袋装 10 克	乙
90	川贝梨糖浆		乙
91	川贝银耳糖浆		乙
92	川贝雪梨膏		乙
93	川芎茶调丸		甲
94	川芎茶调丸（浓缩丸）	每 8 丸相当于原药材 3 克	甲
95	川芎茶调口服液	每瓶装 10 毫升	甲
96	川芎茶调片	每片重 0.48 克	甲
97	川芎茶调冲剂	每袋装 7.8 克	甲
98	川芎茶调袋泡剂	每袋装 1.6 克	甲

序号	药品名称	规格（组成）	分类
99	川芎茶调散		甲
100	不换金正气散	每袋重 15 克	甲
101	丹栀逍遥丸		甲
102	丹栀逍遥片	每片重 0.35 克	甲
103	丹桂香颗粒	每袋装 20 克	甲
104	丹溪玉屏风颗粒	每袋装 15 克	甲
105	乌贝胶囊	0.5 克	甲
106	乌贝散	每瓶装 45 克	甲
107	乌发丸	每丸重 9 克	甲
108	乌甘散（胃溃疡散）	每瓶装 60 克	甲
109	五加片		甲
110	五加参归芪精		乙
111	五加参蛤蚧精	每支装 10 毫升	甲
112	五加参精		乙
113	五加参颗粒	每块重 12.25 克	乙
114	五芝地仙金髓膏		甲
115	五灵止痛胶囊	每粒装 0.3 克（相当于原药材 0.5 克）	甲
116	五味子丸	每丸重 9 克	甲
117	五味子颗粒（冲剂）	每袋（或块）重 10 克（相当于总药材 3 克）	乙
118	五味子糖浆		乙
119	五味甘露滋补丸	每丸重 10 克	甲
120	五味沙棘散	每袋装 15 克	甲
121	五味清浊散	每袋装 15 克	甲
122	五味黄连丸	每 60 丸重 1 克	甲
123	六一散		乙

序号	药品名称	规格（组成）	分类
124	六君子丸	每包重 9 克	甲
125	六味丸	每丸重 9 克	甲
126	六味能消丸	每 10 丸重 6 克	甲
127	六味能消胶囊	每粒装 0.45 克	甲
128	六和茶	每袋或每盒装 18.8 克	乙
129	六经头痛片		甲
130	六神曲		甲
131	六神祛暑水		乙
132	升气养元糖浆		乙
133	升血灵颗粒	每袋装 10 克（相当于原药材 8 克）	甲
134	升血膏		甲
135	升阳十一味丸	每 10 粒重 2 克	乙
136	双清口服液	每支 10 毫升	甲
137	天一止咳糖浆		甲
138	天凤胃痛散	每瓶装 45 克	甲
139	天王补心液		甲
140	天麻头痛片		甲
141	天麻首乌片		甲
142	天舒胶囊	每粒装 0.34 克	甲
143	太阳膏	每张 6×3.7cm	乙
144	巴桑母酥油丸	每丸重 9 克	甲
145	开郁老蔻丸	每丸重 9 克	甲
146	开郁顺气丸	每丸重 10 克	甲
147	开郁舒肝丸	每丸重 9 克	甲
148	开胃山楂丸	每丸重 9 克	甲

序号	药品名称	规格（组成）	分类
149	开胃加瓦日西阿米勒片	每片重 0.5 克	甲
150	开胃健脾丸	每 10 粒重 1 克	乙
151	开胃理脾丸	每丸重 6 克	甲
152	开胸理气丸	每 100 粒重 6 克	甲
153	无比山药丸	每 40 丸重 3 克	甲
154	无极丸	每 60 粒重 3 克	甲
155	木香分气丸	每 100 丸重 6 克	甲
156	木香理气片		甲
157	止吐六味散	每袋装 15 克	乙
158	止泻灵颗粒	每袋装（1）12 克　（2）6 克	甲
159	止咳片		甲
160	止咳宁嗽胶囊	每粒装 0.25 克	甲
161	止咳枇杷冲剂	每袋重 10 克	乙
162	止咳枇杷合剂		乙
163	止咳枇杷糖浆		乙
164	止咳祛痰颗粒	每袋装 10 克	甲
165	止咳梨浆		乙
166	止咳橘红丸	每丸重 6 克	甲
167	止咳橘红口服液	每支装 10 毫升	甲
168	止嗽丸	每 7 粒重 1 克	乙
169	止嗽口服液	每支 10 毫升	乙
170	止嗽片		乙
171	气血双补丸		甲
172	牛黄蛇胆川贝液	每支 10 毫升	乙
173	牛黄蛇胆川贝散	每瓶装 0.5 克	乙

序号	药品名称	规格（组成）	分类
174	贝母二冬膏		乙
175	贝母花片		乙
176	贝母花流浸膏		乙
177	贝母梨膏		乙
178	长春益寿膏		甲
179	风热咳嗽丸	每 20 粒重 1 克	甲
180	风热咳嗽胶囊	每粒装 0.32 克	甲
181	风寒咳嗽丸		甲
182	风寒咳嗽冲剂	每袋装 5 克	甲
183	冬青补汁		甲
184	加味四消丸	每 100 粒重 6 克	甲
185	加味归芪片		甲
186	加味白药丸	每 10 丸重 5 克	甲
187	加味青娥丸	每丸重 9 克	甲
188	加味银翘片	每片重 0.6 克	乙
189	加味藿香正气丸	大蜜丸每丸重 9 克	乙
190	加减地黄丸	大蜜丸每丸重 9 克	甲
191	北芪五加片		甲
192	半夏止咳糖浆		甲
193	发汗解热丸	每丸重 6 克	甲
194	古汉养生精	每支装 10 毫升	甲
195	古汉养生精片	每片 0.4 克	甲
196	古汉养生颗粒	每袋装（1）10 克　（2）15 克	甲
197	叶绿油	每瓶装（1）3 毫升　（2）5 毫升　（3）10 毫升	乙
198	四方胃片		甲

序号	药品名称	规格（组成）	分类
199	四方胃胶囊		甲
200	四正丸	每丸重 6 克	甲
201	四君子丸		甲
202	四君子合剂		甲
203	四君子袋泡剂	每袋装 3 克	甲
204	四君子颗粒	每袋装 15 克	甲
205	四时甘和茶	每袋重（1）3 克　（2）6 克	乙
206	四季三黄片		甲
207	四季油		乙
208	四季感冒片	基片重 0.35 克	乙
209	外感风寒颗粒	每袋装 12 克（相当于原药材 12.5 克）	甲
210	外感平安茶（冲剂）	每包重（1）3.5 克　（2）7 克	乙
211	宁心补肾丸	每丸重 11.3 克	甲
212	宁神灵冲剂	每袋装 14 克	甲
213	宁嗽丸	每 8 丸相当于总药材 3 克	甲
214	宁嗽露（糖浆剂）		甲
215	左归丸	每 10 粒重 1 克	甲
216	左金丸		甲
217	左金片	每片片芯重 0.25 克	甲
218	左金胶囊	0.35 克	甲
219	平贝胶囊	每粒装 0.3 克	甲
220	平安丸	每丸重 6 克	甲
221	平纳糖膏	每瓶装 400 克	乙
222	平胃丸	每 19 粒重 1 克	甲
223	归羊冲剂	每袋装 20 克	甲

序号	药品名称	规格（组成）	分类
224	归芍地黄丸	大蜜丸每丸重 9 克	甲
225	归芪口服液	每支 10 毫升	甲
226	归参补血片		甲
227	归肾丸		甲
228	归脾丸	大蜜丸每丸重 9 克	甲
229	归脾丸（浓缩丸）	每 8 丸相当于原生药 3 克	甲
230	归脾片	每片重 0.45 克	甲
231	归脾合剂		甲
232	归脾液		甲
233	归脾膏		甲
234	扑感片	每片含对乙酰氨基酚 40 毫克、马来酸氯苯那敏 0.7 毫克	甲
235	正气片	每片重 0.5 克	乙
236	正金油	每盒装（1）3 克　（2）4 克	乙
237	正胃片	每片重 0.75 克	甲
238	玉叶解毒颗粒	每袋装（1）12 克　（2）7 克	乙
239	玉叶解毒糖浆	每瓶装 20 毫升	乙
240	玉竹冲剂（玉竹晶）	每袋装 20 克	甲
241	玉竹高龄酒		甲
242	玉竹膏		甲
243	玉屏风口服液	每支装 10 毫升	甲
244	玉屏风袋泡茶	每袋装 3 克	甲
245	玉屏风颗粒	每袋装 5 克	甲
246	甘和茶	(1)药茶包每包重 6 克 (2)泡服用袋装药茶每袋重 2.5 克	乙
247	甘露茶	(1)原药材粗粉包装每包重 9 克 (2)泡服用袋装药茶每袋重 2.5 克	乙

序号	药品名称	规格（组成）	分类
248	甘露酥油丸	每丸重 9 克	甲
249	生力胶囊	每粒装 0.35 克	甲
250	生发丸	大蜜丸每丸重 9 克	甲
251	生血片	每素片重 0.25 克	甲
252	生茂午时茶	(1)每块重 11 克 (2)每包重 2.5 克（相当于原生药 11 克）	乙
253	生脉片（党参方）		乙
254	生脉饮	每支装 10 毫升	乙
255	生脉饮（党参方）	每支 10 毫升	乙
256	生脉胶囊		乙
257	生脉袋泡茶	每袋装 4 克	乙
258	生脉颗粒	2 克	乙
259	生脉颗粒（党参方）	每袋装 10 克	乙
260	生脉糖浆（党参方）		乙
261	田七补丸（三七补血丸）	（1）小蜜丸每 100 丸重 21 克　（2）大蜜丸每丸重 9 克	甲
262	白凤饮	每支装 10 毫升	甲
263	白花油	每瓶装（1）3 毫升　（2）5 毫升　（3）10 毫升	乙
264	白绒止咳糖浆	每瓶装（1）10 毫升　（2）100 毫升　（3）200 毫升　（4）500 毫升	甲
265	白蔻调中丸	每丸重 9 克	甲
266	白避瘟散	每瓶装 0.6 克	乙
267	石歧外感茶	每包重 65 克	乙
268	石歧外感茶颗粒	每袋装 10 克	乙
269	石榴日轮丸	每 10 丸重 6.5 克	甲
270	石榴健胃丸	每 10 丸重 6 克	甲
271	石榴健胃散	每袋装 12 克	甲

序号	药品名称	规格（组成）	分类
272	龙虱补肾酒		乙
273	龙荟丸		甲
274	仲景胃灵丸	每袋装 1.2 克	甲
275	仲景胃灵片	每片重（1）大片 0.6 克　（2）小片 0.3 克	甲
276	伤风咳茶	（1）茶块每块重 20 克　（2）袋装药茶每袋装 2.5 克	甲
277	伤风停胶囊	每粒装 0.35 克	甲
278	伤风感冒冲剂	每块重 15 克（含原药材 12 克）	甲
279	全天麻胶囊	每粒装 0.5 克	乙
280	全龟片		甲
281	全龟胶囊	每粒装 0.5 克	甲
282	全鹿丸	每 40 粒重约 3 克	甲
283	全鹿大补丸	（1）大蜜丸每丸重 10 克　（2）水蜜丸每瓶重 6 克	甲
284	冰霜梅苏丸	每盒装 20 粒	乙
285	华佗延寿酒		乙
286	地丁三味汤散	每袋装 15 克或 30 克	甲
287	壮血药酒		甲
288	壮腰补肾丸	每丸重 10 克	甲
289	壮腰健身丸	（1）小蜜丸每 17 粒重 3 克　（2）大蜜丸每丸重 9 克	甲
290	壮腰健肾丸	每丸重 9 克	甲
291	壮腰健肾口服液	每支 10 毫升	甲
292	壮腰健肾片		甲
293	妇女养血丸	每丸重 9 克	甲
294	妇科毛鸡酒		乙
295	安尔眠糖浆		甲
296	安神宁		甲

序号	药品名称	规格（组成）	分类
297	安神补心颗粒	每袋装 1.5 克	甲
298	安神补脑液	（1）每支装 10 毫升　（2）每瓶装 100 毫升	甲
299	安神宝颗粒	每袋装 14 克	甲
300	安神养心丸	每丸重 9 克	乙
301	安神健脑液	每支装 10 毫升	甲
302	安神胶囊	每粒装 0.25 克	乙
303	安神糖浆		甲
304	安胃片		甲
305	安胃胶囊	每粒装 0.5 克	甲
306	安嗽片		甲
307	安嗽糖浆	每 1 毫升含氯化铵（NH_4Cl）20 毫克	甲
308	延寿片	每片重 0.3 克	甲
309	延龄长春胶囊	每粒装 0.3 克	甲
310	当归龙荟丸		甲
311	当归补血丸	每丸重 9 克	甲
312	当归补血口服液	每支 10 毫升	甲
313	当归养血丸		甲
314	当归益血膏		甲
315	当归黄精膏		甲
316	曲麦枳术丸	每 20 粒重 1 克	甲
317	朴沉化郁丸	每丸重 9 克	甲
318	百令胶囊	每粒装 0.2 克	乙
319	百花定喘丸	每丸重 9 克	甲
320	百补酒		乙
321	百草油	每瓶装 10 毫升	乙

序号	药品名称	规格（组成）	分类
322	百梅止咳冲剂	每袋装10克	甲
323	竹沥膏	（1）60克　（2）30克	乙
324	红色正金软膏		乙
325	至宝三鞭丸	（1）浓缩丸每粒重0.2克　（2）大蜜丸每丸重6.25克	甲
326	至宝三鞭胶囊	每粒装0.4克	甲
327	至宝三鞭酒	每瓶装（1）25毫升　（2）250毫升　（3）500毫升　（4）750毫升	甲
328	至宝三鞭精	每瓶装（1）10毫升　（2）100毫升	甲
329	至宝灵芝酒	每瓶装（1）250毫升　（2）500毫升　（3）750毫升	乙
330	芒果止咳片	每片相当于总药材2.5克	甲
331	西汉古酒		乙
332	阳春口服液	每支10毫升	甲
333	阳春玉液	每瓶10毫升	甲
334	阳春胶囊	每丸含生药0.25克，20粒或40粒瓶装	甲
335	阴虚胃痛片	每片重0.25克	甲
336	阴虚胃痛颗粒	每袋装10克	甲
337	两仪膏	每瓶装（1）125克　（2）250克	甲
338	克泻胶囊	每粒装0.5克	甲
339	寿星补汁	每支装10毫升	甲
340	快应茶	(1)煎服茶每包内装88克 (2)泡服茶每袋装2.5克（含总药材29.4克）	乙
341	扶正养阴丸	每丸重7.5克	甲
342	扶正养阴片		甲
343	抗衰复春片		甲
344	抗菌消炎片（益金解毒片）	每片相当于原药材0.5克	甲
345	抗感灵片		甲

序号	药品名称	规格（组成）	分类
346	抗感冒颗粒	（1）每袋装 15 克　（2）每瓶装 90 克	乙
347	抗感胶囊	0.45 克	甲
348	抗感清热口服液	每支 10 毫升	乙
349	抗感颗粒	每袋装 10 克	甲
350	杏仁止咳糖浆		甲
351	杏苏二陈丸		甲
352	杏苏止咳口服液	每支 10 毫升	甲
353	杏苏止咳颗粒	每袋装 12 克	甲
354	杏苏止咳糖浆		甲
355	杏苏合剂		甲
356	杏苏感冒冲剂	每袋重 15 克	甲
357	杜仲补天素丸	每瓶装 100 粒，净重 22 克	甲
358	杜仲补天素片	每片重 0.27 克	甲
359	杜仲补腰合剂		甲
360	杜仲药酒		乙
361	沉香化气丸		甲
362	沉香化气片	每片重 0.5 克	甲
363	沉香化滞丸		甲
364	沉香曲	每袋 500 克	甲
365	沉香利气丸（沉香四宝丸）	每丸重 6 克	甲
366	沉香理气丸		甲
367	沉香舒气丸	每丸重 3 克	甲
368	沉香舒郁丸	每丸重 6 克	甲
369	沉香舒郁片		甲
370	沙参止咳汤散	每袋装 15 克	乙

序号	药品名称	规格（组成）	分类
371	沙溪凉茶	（1）煎煮茶每袋装 75 克　（2）袋泡茶每袋装 1.8 克	乙
372	沙溪凉茶颗粒	每袋装 7 克（相当于原药材 75 克）	乙
373	灵芝片		乙
374	灵芝北芪片		乙
375	灵芝桂圆酒		乙
376	灵芝益寿胶囊	每粒装 0.55 克	甲
377	灵芝胶囊	每粒装 0.27 克	乙
378	灵芝颗粒(冲剂)	每块重 10 克	乙
379	灵芝糖浆		乙
380	状元深海龙酒		乙
381	肝肾安糖浆		乙
382	肝肾康糖浆		乙
383	肝肾滋	（1）每支重 10 克　（2）每瓶重 200 克	甲
384	肝肾膏		乙
385	肝精补血素口服液	每支 10 毫升	甲
386	良园枇杷叶膏		甲
387	良附丸		甲
388	芩连片	每片重 0.55 克	甲
389	苏南山肚痛丸	每瓶装 1.8 克	甲
390	苏菲咳糖浆		甲
391	补血当归精		乙
392	补肝丸	每 10 粒重 1 克	甲
393	补肺丸	每丸重 9 克	甲
394	补肾丸	每丸重 9 克	乙
395	补肾养血丸	大蜜丸每丸重 9 克	甲

序号	药品名称	规格（组成）	分类
396	补肾益寿胶囊	每粒装 0.3 克	乙
397	补益地黄丸	每丸重 9 克	甲
398	补益资生丸	每丸重 6 克	乙
399	补脑丸	每 10 丸重 1.5 克	乙
400	补脾消食片		甲
401	补脾益肠丸	每瓶装（1）72 克　（2）90 克　（3）130 克	甲
402	豆蔻五味散	每瓶 20 克	甲
403	远志糖浆		乙
404	阿那日十四味散	每袋装 15 克	甲
405	阿那日五味散	每袋装 15 克	甲
406	阿胶		乙
407	阿胶（液体）	每支 20 毫升（含阿胶 3 克）	乙
408	阿胶三宝膏		乙
409	阿胶片	每片（1）0.5 克　（2）1 克	乙
410	阿胶当归合剂	每瓶装（1）200 毫升　（2）150 毫升	乙
411	阿胶泡腾冲剂	每袋装 6 克（相当于阿胶 2.5 克）	乙
412	阿胶益寿口服液	每支 20 毫升	乙
413	阿胶益寿晶	每袋装 10 克（相当于原药材 3.5 克）	乙
414	阿胶颗粒（冲剂）	（1）每块（或袋）重 10 克　（2）每袋装 8 克	乙
415	陈夏六君子丸	大蜜丸每丸重 9 克	甲
416	麦芽片	每片相当于原药材 0.5 克	乙
417	麦味地黄丸	大蜜丸每丸重 9 克	甲
418	麦味地黄丸（浓缩丸）	每 8 丸相当于原生药 3 克	甲
419	麦味地黄口服液	每支 10 毫升	甲
420	麦味地黄片		甲

序号	药品名称	规格（组成）	分类
421	龟甲胶		甲
422	龟甲胶颗粒	每包装 3 克	甲
423	龟芪参口服液	每支 10 毫升	甲
424	龟蛇酒		甲
425	龟鹿补肾丸	大蜜丸每丸重（1）6 克　（2）12 克	甲
426	龟鹿补肾口服液	每支装 10 毫升	甲
427	龟鹿补肾胶囊	每粒装 0.4 克	甲
428	京制牛黄解毒片		甲
429	制金柑丸	每丸重 6.6 克	甲
430	制首乌颗粒	每块重 14 克	乙
431	刺五加片		甲
432	刺五加胶囊		甲
433	刺五加脑灵液	（1）10 毫升　（2）100 毫升	甲
434	刺五加颗粒	（1）每袋装 10 克　（2）每瓶装 100 克	甲
435	刺五加糖浆		甲
436	参贝北瓜膏		乙
437	参贝陈皮	每粒重 1 克	甲
438	参术健脾丸	每 50 丸重 3 克	甲
439	参竹精颗粒	每袋重 5 克（相当于原生药量 5 克）	乙
440	参杞片		甲
441	参杞酒		甲
442	参芪力得康片	每片相当于原药材 1 克	甲
443	参芪丸	每 8 丸相当于总药材 3 克	甲
444	参芪乌鸡养血膏		甲
445	参芪五味子片		甲

序号	药品名称	规格（组成）	分类
446	参芪五味子糖浆		甲
447	参芪片		甲
448	参芪首乌补汁		甲
449	参芪博力康片	每片相当于原生药 1 克	甲
450	参芪膏	每瓶装 300 克	甲
451	参芪糖浆		甲
452	参麦地黄丸(参麦六味丸)	每 40 粒重 3 克	甲
453	参麦颗粒	每袋重 25 克	甲
454	参苓健体粉	每包装 15 克	甲
455	参苓健脾丸(党参健脾丸)	每丸重 9 克	甲
456	参茸三七补血片		甲
457	参茸三七酒	每瓶装（1）250 毫升　（2）500 毫升	甲
458	参茸大补膏		甲
459	参茸天麻酒		甲
460	参茸片		甲
461	参茸白凤丸	大蜜丸每丸重 9.4 克	甲
462	参茸安神丸	每丸重（1）9 克　（2）10 克	甲
463	参茸补酒	每瓶装（1）100 毫升　（2）250 毫升	甲
464	参茸阿胶	每块重 10 克	甲
465	参茸保胎丸		甲
466	参茸珍宝片		甲
467	参茸蛤蚧保肾丸	每 10 丸重 3 克	甲
468	参桂养荣丸		甲
469	参桂鹿茸丸	每丸重 9 克	甲
470	参鹿补片		甲

序号	药品名称	规格（组成）	分类
471	参鹿补膏		甲
472	参鹿强身丸	每 30 粒重约 3 克	甲
473	参鹿膏	每块重 50 克	甲
474	参德力糖浆	每瓶装 200 毫升	乙
475	周公百岁酒(养血健身酒)		乙
476	和中理脾丸	每丸重 9 克	甲
477	和胃平肝丸	每丸重 6 克	甲
478	固本丸	每 12 丸相当于总药材 3 克	甲
479	固本延龄丸(固本延龄丹)	每丸重 9 克	甲
480	固本益肠片	每片重 0.32 克	甲
481	固精补肾丸		甲
482	固精麦斯哈片		甲
483	夜宁冲剂	每袋装 20 克	甲
484	夜宁糖浆		甲
485	定中丸	每丸重 10 克	甲
486	宝宝乐	每袋重 5 克	甲
487	建曲	每块重（1）10 克　（2）20 克　（3）30 克	甲
488	松补力口服液	每支装 10 毫升	甲
489	板蓝根咀嚼片	每片重 1.5 克（相当于生药 1.4 克）	乙
490	板蓝根茶	每块重（1）10 克　（2）15 克	乙
491	枇杷叶膏		乙
492	枇杷叶糖浆		乙
493	河车大造丸	大蜜丸每丸重 9 克	甲
494	河车补丸	每丸重 9 克	甲
495	治咳川贝枇杷露	每瓶装 150 毫升	乙

序号	药品名称	规格（组成）	分类
496	治咳片		乙
497	治咳枇杷露	每瓶装 120 毫升	乙
498	治感灵冲剂	（1）每袋装 12 克　（2）每块重 12 克	乙
499	治感佳片	每片含对乙酰氨基酚 50 毫克	甲
500	治感佳胶囊	每粒含对乙酰氨基酚 100 毫克	甲
501	法制半夏曲	每袋装 20 克	甲
502	泻白丸	每丸重 3 克	甲
503	泻白糖浆	每瓶装 10 毫升	甲
504	泻肝安神丸	每 100 丸重 6 克	甲
505	泻热合剂		甲
506	玫瑰花口服液	每支装 10 毫升	乙
507	玫瑰花糖膏	每瓶装 400 克	乙
508	绍兴大补酒		乙
509	罗汉果止咳糖浆		乙
510	罗汉果玉竹冲剂	每袋（块）重 12 克	乙
511	罗浮山凉茶颗粒	每袋装 5 克	乙
512	罗黄降压片		甲
513	肺安片		甲
514	肾宝合剂（肾宝）	（1）每支 10 毫升　（2）每瓶 100 毫升 （3）200 毫升	甲
515	肾宝糖浆	（1）每支 10 毫升　（3）每瓶 100 毫升 （3）200 毫升	甲
516	苓桂咳喘宁胶囊	0.34 克	甲
517	贯防感冒片	每片含对乙酰氨基酚 42 毫克，含马来酸氯苯那敏 0.67 毫克	甲
518	贯黄感冒颗粒	每袋装 10 克	甲
519	采云曲		甲

序号	药品名称	规格（组成）	分类
520	金衣万应丸	每 67 粒重 3 克	甲
521	金佛酒		甲
522	金牡感冒片		乙
523	金青感冒颗粒	每袋装 2 克	乙
524	金青解毒丸	每丸重 9 克	乙
525	金梅清暑颗粒	每袋装 15 克	乙
526	金梅感冒片		乙
527	金樱首乌汁		甲
528	青娥丸	大蜜丸每丸重 9 克	乙
529	鱼鳔丸	每丸重 3 克	甲
530	鱼鳔补肾丸	每丸重 9 克	甲
531	鸢都感冒冲剂	每袋重 15 克	甲
532	便秘通	每瓶 20 毫升	甲
533	保宁半夏曲		甲
534	保和丸	大蜜丸每丸重 9 克	甲
535	保和丸（浓缩丸）	每 8 丸相当于原生药 3 克	甲
536	保和口服液	每瓶装 10 毫升	甲
537	保和片		甲
538	保和冲剂	每袋装 4.5 克	甲
539	保和液（消食保和液）	每瓶 168 毫升	甲
540	保济丸	每瓶装（1）1.85 克　（2）3.7 克	甲
541	保济丸（浓缩丸）	每瓶装 1.2 克	甲
542	保济口服液	每瓶装 10 毫升	甲
543	保济油	每瓶装 20 毫升	乙
544	养心宁神丸	大蜜丸每丸重 9 克	甲

序号	药品名称	规格（组成）	分类
545	养心定悸口服液	（1）10毫升　（2）20毫升	甲
546	养心定悸膏		甲
547	养血饮口服液	每支装10毫升	甲
548	养肺丸	每丸重6克	甲
549	养胃片	每片重0.6克	甲
550	养荣丸	每14粒重1克	甲
551	养脾散	每瓶装（1）18克　（2）30克	甲
552	咳喘丸	每15粒重2克	甲
553	咳喘宁颗粒	每袋装15克（相当于总药材8.58克）	甲
554	咳喘停膏		甲
555	咳嗽枇杷糖浆		甲
556	咳嗽糖浆	每瓶装（1）100毫升　（2）500毫升	乙
557	复方丁香罗勒油(红花油)		乙
558	复方三七口服液	（1）10毫升　（2）100毫升　（3）250毫升	甲
559	复方大黄酊		甲
560	复方川贝止咳糖浆		甲
561	复方川贝精片		甲
562	复方五味子酊		甲
563	复方元胡止痛片	每片重0.3克	甲
564	复方公英片		甲
565	复方巴旦仁颗粒	每袋装12克	甲
566	复方牛黄清胃丸	每丸重4.5克	甲
567	复方贝母散	每袋装2克	甲
568	复方仙灵脾酒	每瓶装250毫升	乙
569	复方半夏片	每片相当原药材0.3克	甲

序号	药品名称	规格（组成）	分类
570	复方四季青片		乙
571	复方龙胆酊		甲
572	复方扶芳藤合剂	每支装 15 毫升（相当于原药材 15 克）	甲
573	复方阿胶浆	每瓶装（1）20 毫升　（2）200 毫升 （3）250 毫升	乙
574	复方阿胶胶囊	每粒装 0.45 克	乙
575	复方阿胶颗粒	每袋装 4 克	乙
576	复方鸡内金片	每片重 0.25 克	乙
577	复方制金柑冲剂	每袋装 5 克	甲
578	复方刺五加片		甲
579	复方枇杷止咳冲剂	每袋装 10 克	乙
580	复方枇杷叶膏		甲
581	复方枇杷糖浆		甲
582	复方枣仁胶囊	每粒装 0.4 克（含左旋延胡索乙素 60 毫克）	甲
583	复方罗汉果止咳冲剂	每袋装 10 克（相当于原药材 14.6 克）	乙
584	复方金银花冲剂	每包装 10 克（相当于总药材 3.5 克）	甲
585	复方春砂颗粒（冲剂）	每袋装 10 克	甲
586	复方胃宁片		甲
587	复方胎盘片		甲
588	复方草豆蔻酊		甲
589	复方首乌地黄丸		甲
590	复方首乌补液		甲
591	复方香薷水	每瓶装 10 毫升	乙
592	复方桑菊感冒片	片重 0.4 克（相当于原药材 1.37 克）	乙
593	复方桑菊感冒冲剂	每袋重 20 克	乙
594	复方桔梗止咳片	每片重 0.25 克	乙

序号	药品名称	规格（组成）	分类
595	复方梨膏	250 克	甲
596	复方消食冲剂	每块重 7 克（相当于总药材 7 克）	甲
597	复方野菊感冒颗粒	每袋装 3 克（相当于原药材 14.62 克）	乙
598	复方鹿茸酒	每瓶装 250 毫升	乙
599	复方滋补力膏		甲
600	复方蛤蚧口服液	每支装 10 毫升	甲
601	复方鲜石斛颗粒	每袋装 5 克	甲
602	复方藿香片	每片重 0.33 克	乙
603	复胃散胶囊	每粒装 0.25 克	甲
604	姜枣祛寒冲剂	（1）每袋重 15 克　（2）每瓶装 180 克	乙
605	枳术丸		乙
606	枸杞药酒		乙
607	枸杞益元酒		乙
608	枸杞膏		乙
609	柏子滋心丸（浓缩丸）	每 8 丸相当于药材 3 克	乙
610	栀子金花丸		甲
611	栀芩清热液	每瓶装（1）10 毫升　（2）100 毫升	甲
612	泉州茶饼	每块重 7.5 克	乙
613	洁白胶囊	每粒装 0.4 克	甲
614	洞天长春膏		甲
615	活力苏口服液	每支装 10 毫升	甲
616	济众酊	每瓶装 5 毫升	乙
617	浓缩养荣丸	每 10 丸重 2.5 克	甲
618	珍合灵片		乙
619	珍黄胃片	每片重 0.7 克	甲

序号	药品名称	规格（组成）	分类
620	砂仁驱风油	每瓶装（1）3 毫升　（2）5 毫升　（3）10 毫升	乙
621	祛暑丸	每丸重 9 克	乙
622	祛暑片	每片重 0.55 克	乙
623	祛痰灵口服液	每支装 30 毫升	甲
624	神农茶颗粒（冲剂）	每袋装 10 克	乙
625	神衰康胶囊	每粒装 0.36 克	甲
626	神衰康颗粒	每袋装 5 克	甲
627	神康宁丸	每 7 粒重 1 克	甲
628	胃乃安胶囊	每粒装 0.3 克	甲
629	胃太平胶囊	每粒装 0.4 克	甲
630	胃气痛片		甲
631	胃可宁（片）	每片重 0.53 克	甲
632	胃立康片		甲
633	胃安宁片		甲
634	胃安胶囊	每粒装 0.25 克	甲
635	胃炎宁冲剂	每袋装 15 克	甲
636	胃炎康胶囊	每粒装生药粉 0.3 克	甲
637	胃疡宁丸	每丸重 3 克	甲
638	胃疡安胶囊	每粒装 0.32 克	甲
639	胃疡灵颗粒	每袋或每块重 20 克	甲
640	胃复宁胶囊	每粒装 0.3 克	甲
641	胃药胶囊	每粒装 0.5 克	甲
642	胃疼宁片	每素片重 0.25 克	乙
643	胃病丸（胃病丹）	每 100 粒重 6 克	甲
644	胃益胶囊	每粒重 0.25 克	甲

序号	药品名称	规格（组成）	分类
645	胃脘舒冲剂	每袋装 7 克	甲
646	胃痛丸	每 20 粒重 1 克	甲
647	胃舒片	0.6 克	乙
648	胃舒宁冲剂	每袋装 5 克	甲
649	胆酸止咳片		甲
650	胎宝胶囊	每粒装 0.3 克	甲
651	胎盘片		甲
652	胚宝胶囊	每粒装 0.3 克	乙
653	茯苓白术丸（党参白术丸）		甲
654	茸血补脑液		甲
655	荆防败毒丸	每 10 粒重 1 克	乙
656	荆菊感冒片		乙
657	草豆蔻酊		甲
658	草果四味汤散	每袋装 15 克或 50 克	乙
659	闽东建曲	每块重（1）15 克　（2）30 克	甲
660	除痰止嗽丸	每丸重 6 克	甲
661	顺气消食化痰丸		甲
662	食消饮	（1）颗粒剂每袋重 15 克　（2）块状冲剂每块重 15 克	甲
663	首乌丸		甲
664	首乌地黄丸		甲
665	首乌延寿片		乙
666	首乌补肾酒		乙
667	首乌强身片		甲
668	香石双解袋泡剂	10 克	甲
669	香苏调胃片		甲

序号	药品名称	规格（组成）	分类
670	香果健消片		甲
671	香砂六君丸		甲
672	香砂六君丸（浓缩丸）	每 8 丸相当于原生药 3 克	甲
673	香砂六君片	每片重 0.46 克	甲
674	香砂六君合剂		甲
675	香砂和胃丸	每 100 粒重 6 克	甲
676	香砂理中丸	每丸重 9 克	乙
677	香菊感冒颗粒	每袋装 15 克	乙
678	健延龄	每粒装 0.3 克（相当于原生药 1 克）	甲
679	健身长春膏		甲
680	健身宁片		甲
681	健胃十味丸	每 10 粒重 2 克	乙
682	健胃止疼五味胶囊	每粒装 0.5 克	甲
683	健胃片		甲
684	健胃宽胸丸	每袋装 6 克	甲
685	健胃消炎颗粒	每袋重 10 克	甲
686	健脑补肾丸	每 15 粒重 2 克	甲
687	健康补肾酒		乙
688	健脾八珍糕	每块重 8.3 克	乙
689	健脾丸	大蜜丸每丸重 9 克	甲
690	健脾丸（浓缩丸）	每 8 丸相当于原生药 3 克	甲
691	健脾五味丸	每 10 粒重 2 克	甲
692	健脾片	每片重 0.5 克	甲
693	健脾生血颗粒	每袋装 7 克	甲
694	健脾壮腰药酒（十二红药酒）		乙

序号	药品名称	规格（组成）	分类
695	健脾补血片		甲
696	健脾资生丸		甲
697	健脾理肠片	每片 0.4 克	甲
698	健脾增力丸	每丸重 9 克	甲
699	健脾糖浆		甲
700	党参养荣丸		甲
701	凉膈丸	每 50 粒重 3 克，每袋重 6 克	甲
702	夏桑菊颗粒	每袋装 10 克	乙
703	息喘丸	每 10 丸重 0.6 克	甲
704	敖东壮肾丸	每丸重 9 克	甲
705	柴芍六君丸		甲
706	柴枳四逆散	每袋装 9 克	甲
707	桂龙咳喘宁胶囊	每粒装 0.3 克（相当于原药材 1 克）	甲
708	桂龙药膏	每支重 50 克或每丸重 5 克（相当于总药材 545 克或 54.5 克）	甲
709	桂附理中丸	每丸重 9 克	甲
710	桂圆琼玉冲剂	每块重 15 克（相当于总药材 4.48 克）	甲
711	桑姜感冒片		甲
712	桑菊银翘散	每袋装 10 克	甲
713	桑椹冲剂	每袋（块）重 15 克（相当于总药材 10 克）	甲
714	桑椹膏		甲
715	桔贝合剂		甲
716	桔梗冬花片		乙
717	海洋胃药		甲
718	海哈散		乙
719	消炎退热冲剂	每袋重 10 克（相当于总药材 10 克）	甲

序号	药品名称	规格（组成）	分类
720	消食顺气片		甲
721	消食健胃片	每片重约 0.5 克	乙
722	消食健脾丸	每丸重 9 克	甲
723	消积丸	每袋装 6 克	甲
724	消积顺气丸		甲
725	润肠丸	每 12 丸重 1 克	甲
726	润肠丸（浓缩丸）	每 4 丸相当于原药材 1.5 克	甲
727	润肺止咳丸	每丸重 6 克	甲
728	润肺膏	每瓶装（1）250 克　（2）200 克	乙
729	热炎宁片	0.25 克	乙
730	热炎宁颗粒	每袋装（1）16 克（相当于原药材 13 克） （2）4 克（无糖型相当于原药材 13 克）	乙
731	热毒清片		甲
732	益心巴迪然吉布亚颗粒	每袋装 12 克	乙
733	益心宁神片		甲
734	益气六君丸	每 50 粒重约 3 克	甲
735	益气养元冲剂	每袋重 15 克	甲
736	益气养血口服液		甲
737	益气润肠膏	每瓶装（1）60 克　（2）120 克	甲
738	益气维血颗粒	10 克	甲
739	益气强身颗粒	每袋装 10 克（相当于原药材 15 克）	甲
740	益血生胶囊	每粒装 0.25 克	甲
741	益血膏	每瓶装 100 克	甲
742	益寿大补酒		甲
743	益寿强身膏		甲
744	益身灵丸	每 100 粒重 9 克	甲

序号	药品名称	规格（组成）	分类
745	益肾兴阳胶囊	每粒装 0.2 克	甲
746	益肾养元合剂	每瓶装 150 毫升	甲
747	益肾强身丸(抗老延年丸)	每 100 粒重 10 克	甲
748	益胃口服液	每支装 10 毫升	甲
749	益胃膏		甲
750	益脑胶囊	每粒重 0.3 克	甲
751	益虚宁片	每片 0.35 克	甲
752	益脾壮身散	每袋装 100 克	甲
753	耆鹿逐痹口服液	每支 10 毫升	乙
754	脑力静糖浆	每瓶装（1）10 毫升　（2）20 毫升　（3）100 毫升　（4）168 毫升	甲
755	脑心舒口服液	每支 10 毫升	甲
756	莫家清宁丸	每瓶装 6 克	甲
757	莱阳梨止咳口服液	每瓶 10 毫升	乙
758	莱阳梨止咳颗粒	（1）每袋装 8 克　（2）每瓶装 80 克	乙
759	莱阳梨止咳糖浆		乙
760	莱阳梨膏		乙
761	莲花峰茶	（1）每袋装 3 克　（2）每丸重 3 克	乙
762	调气丸	每 20 粒重 1 克	甲
763	调胃丹	每 20 粒重 3 克	甲
764	调胃消滞丸	每瓶装 2.2 克	甲
765	调胃舒肝丸	每丸重 9 克	甲
766	资生丸		甲
767	资生丸（浓缩丸）	每 10 丸相当于原药材 3 克	甲
768	逍遥口服液	每支 10 毫升	甲
769	通阻合牙日仙拜尔片	每片重 0.5 克	甲

序号	药品名称	规格（组成）	分类
770	通便灵胶囊	每粒装 0.25 克	甲
771	通便消痤胶囊	每粒装 0.4 克	甲
772	通幽润燥丸	每丸重 6 克	甲
773	通窍阿亚然及派克日片		甲
774	通滞埃提勒菲力沙那片		甲
775	速溶阿胶冲剂	每袋重 9 克	乙
776	都梁丸	每丸重 9 克	乙
777	都梁滴丸	每粒 30 毫克	乙
778	常通舒冲剂	每袋装 20 克	甲
779	康寿丸	每瓶装 40 克	甲
780	康复春口服液	每支装 10 毫升	乙
781	梅苏丸	每 10 粒重 1.56 克	乙
782	梅苏冲剂	每袋重 10 克	乙
783	梅翁退热片		甲
784	梅翁退热颗粒	每袋装 15 克	甲
785	深海龙丸	每 10 丸重 1 克	甲
786	深海龙胶囊	每粒装 0.3 克（相当于原药材 0.48 克）	甲
787	添精补肾膏		甲
788	清心沉香八味丸	每袋 30 克	甲
789	清心明目上清丸	每 100 粒重 6 克	甲
790	清气化痰丸		甲
791	清气化痰丸（浓缩丸）	每 6 丸相当于原生药 3 克	甲
792	清火片		甲
793	清风油		乙
794	清宁丸	每丸重 9 克	甲

序号	药品名称	规格（组成）	分类
795	清血八味胶囊	每粒装 0.45 克	甲
796	清肺化痰丸	大蜜丸每丸重 9 克	甲
797	清肺止咳丸	每 14 粒重 1 克	甲
798	清肺宁嗽丸	每丸重 9 克	甲
799	清肺抑火丸	大蜜丸每丸重 9 克	甲
800	清肺抑火片	每片重 0.6 克	甲
801	清肺抑火膏	每瓶装（1）30 克　（2）60 克　（3）120 克	甲
802	清金止嗽化痰丸	每 100 粒重 6 克	甲
803	清咽六味散	每袋装 15 克	乙
804	清宫长春胶囊	每粒装 0.25 克	乙
805	清宫寿桃丸	每 50 粒重 7 克	乙
806	清胃和中丸	每丸重 6 克	甲
807	清胃黄连丸（大蜜丸）	每丸重 9 克	甲
808	清胃黄连丸（水丸）		甲
809	清胃黄连片		甲
810	清凉防暑冲剂	每袋装 10 克	乙
811	清凉喉片		乙
812	清热去湿茶	每袋装 51 克	乙
813	清热灵颗粒	每袋装（1）7 克　（2）15 克	甲
814	清热凉茶	每袋装 60 克	乙
815	清热感冒冲剂	每袋或每块重 15 克	乙
816	清热镇咳糖浆		甲
817	清暑益气丸	每丸重 9 克	乙
818	清暑解毒冲剂	每袋装 25 克	乙
819	清感丸	每瓶装 36 克	乙

序号	药品名称	规格（组成）	分类
820	清燥润肺合剂		甲
821	理中丸（党参理中丸）	每丸重 9 克	甲
822	理气定喘丸	(1) 小蜜丸每 100 粒重 10 克 （2）大蜜丸每丸重 3 克	甲
823	维 C 银翘片	每片含维生素 C49.5 毫克、对乙酰氨基酚 105 毫克	甲
824	维尔康胶囊	每粒含维生素 E50 毫克，含维生素 C50 毫克	乙
825	维血康糖浆	每瓶装（1）10 毫升　（2）120 毫升　（3）150 毫升	乙
826	菊花茶调散	每包装 5 克	甲
827	萸连片	每片（或片心）重 0.32 克	甲
828	虚寒胃痛胶囊	每粒装 0.4 克	甲
829	虚寒胃痛颗粒	每袋装（1）5 克（减糖型）　（2）3 克（无糖型）	甲
830	蛇连川贝散	每瓶装 0.6 克	乙
831	蛇胆川贝胶囊		乙
832	蛇胆川贝液	每支 10 毫升	乙
833	蛇胆川贝散	每瓶装（1）0.3 克　（2）0.6 克	乙
834	蛇胆贝母片	每片重 0.25 克（每片相当于总药材 0.2 克）	乙
835	蛇胆贝母散	每瓶装 0.6 克或每盒装 6 克	乙
836	蛇胆半夏片	每片重 0.3 克	乙
837	蛇胆半夏散	每瓶装 0.3 克	乙
838	蛇胆陈皮口服液	每支 10 毫升	乙
839	蛇胆陈皮片		乙
840	蛇胆陈皮胶囊		乙
841	蛇胆陈皮液	每支 10 毫升	乙
842	蛇胆陈皮散	每瓶装（1）0.3 克　（2）0.6 克	乙
843	蛇胆姜粒		乙

序号	药品名称	规格（组成）	分类
844	银花抗感片		乙
845	银花感冒冲剂	每袋重 20 克（相当于总药材 15.5 克）	乙
846	银菊清解片		甲
847	银菊感冒片		乙
848	银翘双解栓	每粒装（1）1.0 克 （2）1.5 克	乙
849	银翘合剂	每瓶装（1）100 毫升 （2）120 毫升	乙
850	银翘袋泡剂	每袋装 2 克	乙
851	银翘散	每包装 6 克	乙
852	银翘解毒滴鼻剂	每支 10 毫升	乙
853	雪梨膏		乙
854	雪梨蜜膏		乙
855	鹿尾补肾丸		甲
856	鹿尾鞭酒		乙
857	鹿角胶颗粒	每包装 3 克	乙
858	鹿茸口服液	每支装 10 毫升	乙
859	鹿茸参鞭酒	（1）250 毫升 （2）500 毫升 （3）750 毫升	甲
860	鹿骨胶		乙
861	鹿骨雪莲酒		甲
862	鹿鞭补酒	每瓶（1）500 毫升 （2）250 毫升	乙
863	麻仁滋脾丸	每丸重 9 克	甲
864	麻黄止嗽丸	每 20 粒重 1 克	甲
865	黄芪精	每支装 10 毫升	乙
866	黄连上清丸	水丸每瓶装 3 克	甲
867	黄连清胃丸	每袋装 10 克	甲
868	黄精丸	每丸重 9 克	乙

序号	药品名称	规格（组成）	分类
869	喘咳宁片		甲
870	强力宁片		甲
871	强力健身胶囊	每粒装 0.3 克	甲
872	强力脑清素片		甲
873	强力感冒片(强效片)		甲
874	强力蜂乳浆胶丸	每粒重 0.48 克	甲
875	强龙益肾胶囊	每粒装 0.4 克	甲
876	强身口服液	每支 10 毫升	乙
877	强身健脑片（脑灵通片）		甲
878	强身酒		乙
879	御制平安丸	每瓶装 4.5 克	甲
880	搜风顺气丸	每丸重 9 克	甲
881	搜风理肺丸	每丸重 9 克	甲
882	散风透热颗粒	每袋装 15 克	乙
883	散寒药茶	每袋装 100 克	乙
884	智托洁白丸	每 10 丸重 14 克	甲
885	暑热感冒颗粒	每袋装 10 克	甲
886	温中止泻丸	（1）大蜜丸每丸重 3 克（2）水蜜丸每瓶装 4.5 克	甲
887	温六散		甲
888	温胃阿亚然及片	每片重 0.5 克	甲
889	滋补水鸭合剂		甲
890	滋补健身丸	每丸重 9 克	甲
891	滋肾宁神丸	每瓶装 10 克	甲
892	滋肾健脑颗粒	每袋重 20 克	甲
893	焦楂化滞丸	每丸重 9 克	甲

序号	药品名称	规格（组成）	分类
894	猴头健胃灵胶囊	每粒装 0.34 克	甲
895	琥珀安神丸	每丸重 9 克	甲
896	琥珀利气丸	每丸重 9 克	甲
897	琼玉膏		乙
898	番泻叶冲剂	每袋装 10 克	甲
899	疏风散热胶囊	每粒装 0.25 克	乙
900	童宝乐片		甲
901	童康片	每素片重 0.2 克	甲
902	紫河车胶囊	每粒内装 0.2 克	甲
903	紫蔻丸	每丸重 9 克	甲
904	脾肾双补丸	每丸重 9 克	甲
905	脾肾两助丸	每丸重 9 克	甲
906	脾胃舒丸	每丸重 9 克	甲
907	脾舒宁颗粒	每袋装 10 克（相当于总药材 14 克）	甲
908	舒心冲剂	每袋装 14 克	甲
909	舒气丸	每 20 粒重 1 克	甲
910	舒肝止痛丸		甲
911	舒肝片	每片重 0.6 克	甲
912	舒肝平胃丸	每 100 粒重 6 克	甲
913	舒肝和胃丸	（1）水蜜丸每 100 丸重 20 克　（2）大蜜丸每丸重 6 克	甲
914	舒肝和胃口服液	每支 10 毫升	甲
915	舒肝健胃丸		甲
916	舒肝调气丸	每瓶装 6 克	甲
917	舒郁九宝丸	每丸重 6 克	甲
918	舒神灵胶囊	每粒装 0.3 克	甲

序号	药品名称	规格（组成）	分类
919	舒泰丸	每丸重 10 克	甲
920	舒腹贴膏	（1）5cm×6cm （2）4cm×5cm （3）4cm×6.5cm （4）6.5cm×10cm	乙
921	葛蒡合剂		乙
922	蛤蚧大补丸(胶囊)	每粒装 0.5 克	甲
923	蛤蚧补肾丸(胶囊)	每粒装 0.5 克	甲
924	蛤蚧定喘胶囊	每粒装 0.5 克	甲
925	蛤蚧党参膏		甲
926	越鞠二陈丸	每 10 粒重 0.5 克	甲
927	越鞠丸		乙
928	越鞠片	每片重 0.43 克	乙
929	越鞠保和丸	每袋装 6 克	甲
930	遐龄颗粒		甲
931	锁阳固精丸	(1)水蜜丸每 100 丸重 10 克 (2)大蜜丸每丸重 9 克	甲
932	锁精丸（锁精丹）	每丸重 6 克	甲
933	催汤丸	每丸重 4 克	甲
934	感冒丸	每丸重 9 克	甲
935	感冒止咳冲剂	每袋重 10 克（相当于总药材 6 克）	甲
936	感冒止咳合剂	每瓶装 100 毫升	甲
937	感冒止咳糖浆		甲
938	感冒水	每瓶装 15 毫升	甲
939	感冒伤风咳茶	每盒装 15 克	乙
940	感冒安片	每片含对乙酰氨基酚 65 毫克	甲
941	感冒灵冲剂	每袋（块）重 10 克（含对乙酰氨基酚 0.2 克）	甲
942	感冒灵胶囊	每粒装 0.5 克（含对乙酰氨基酚 100 毫克）	甲
943	感冒软胶囊	每粒装 0.425 克（相当于总药材 1.8 克）	甲

序号	药品名称	规格（组成）	分类
944	感冒咳嗽冲剂	每袋（块）重 10 克（相当于原药材 8.2 克）	乙
945	感冒药片	每片重 0.6 克（相当于原药材 1.72 克）	乙
946	感冒退烧片		甲
947	感冒消炎片	每片相当于总药材 1 克	甲
948	感冒疏风丸	大蜜丸每丸重 9 克	甲
949	感冒疏风片	每片相当于原药材 1 克	甲
950	感冒舒颗粒（冲剂）	每袋装 15 克	乙
951	感冒解表丸	每丸重 9 克	甲
952	感冒解毒灵茶	每袋重 5 克	甲
953	感冒解毒灵颗粒	每袋重 5 克	甲
954	感冒解热冲剂	每袋重 15 克（相当于总药材 37 克）	甲
955	感冒解痛散（伤风散）	每袋装 10 克	甲
956	感特灵胶囊	每粒装 0.2 克（含对乙酰氨基酚 50 毫克）	甲
957	新清宁片		甲
958	新清宁胶囊	0.3 克	甲
959	暖胃舒乐片		甲
960	楂曲平胃合剂		甲
961	榄葱茶	（1）每包装 7.5 克　（2）每袋装 2.5 克	乙
962	源吉林甘和茶	（1）盒装茶每盒装 6.8 克　（2）袋泡茶每袋装 2.5 克	甲
963	瑞花油	每瓶装 5.5 克	乙
964	瑞草油	每瓶装（1）3 克（含薄荷脑 1.35 克、樟脑 0.42 克）（2）5 克（含薄荷脑 2.25 克、樟脑 0.70 克）	乙
965	睡安胶囊	每粒装 0.5 克	甲
966	福寿胶囊	每粒装 0.35 克	甲
967	腰肾膏	6cm×9cm	甲

序号	药品名称	规格（组成）	分类
968	解表清金散	每袋装 2 克	甲
969	解热清肺糖浆	每瓶装 135 毫升	甲
970	解热感冒片	每片重 0.25 克（相当于总药材 0.69 克）	甲
971	槟榔四消丸（大蜜丸）	每丸重 9 克	甲
972	槟榔四消丸（水丸）		甲
973	碧玉散		乙
974	精乌胶囊	每粒装 0.45 克	甲
975	精乌颗粒（冲剂）	每块重 10 克，每袋装 10 克	甲
976	精血补片（益脑片）		甲
977	精制银翘解毒片	每片含扑热息痛 44 毫克	甲
978	蜜炼川贝枇杷膏	每瓶装（1）75 毫升　（2）100 毫升	乙
979	酸枣仁合剂		乙
980	酸枣仁糖浆		乙
981	摩罗丹	（1）大蜜丸每丸重 9 克　（2）小蜜丸每 55 粒重 9 克	甲
982	糊药	每包装 10 克	甲
983	橘半枳术丸	每瓶装 6 克	甲
984	橘红枇杷片		乙
985	橘红梨膏	每瓶装 200 克	甲
986	橘红痰咳液	每瓶装 10 毫升	甲
987	橘红痰咳煎膏	每瓶装（1）100 克　（2）180 克　（3）200 克　（4）250 克	甲
988	橘红痰咳颗粒	每袋装 10 克	甲
989	潞党参膏滋	（1）每瓶 300 毫升　（2）每袋 10 毫升	甲
990	薄荷六一散		乙
991	薯蓣丸	每丸重 3 克	甲

序号	药品名称	规格（组成）	分类
992	醒脾开胃冲剂	每袋装 14 克	甲
993	螺旋藻片	每片含螺旋藻粉（1）0.35 克　（2）0.2 克	甲
994	螺旋藻胶囊	每粒 0.35 克	甲
995	霞天曲		甲
996	藿香水	每瓶 10 毫升	乙
997	藿香祛暑水	每瓶装 15 毫升	乙
998	藿香祛暑软胶囊	每粒装 0.45 克	乙
999	藿香清胃片		甲

二、外科用药

序号	药品名称	规格	分类
1	丁香风油精	每瓶装 3 毫升	乙
2	九华痔疮栓	每粒重 2.1 克	甲
3	双灵油	每瓶装 3.5 毫升	乙
4	白树油		乙
5	龙珠软膏	每支 10 克	乙
6	如意油	每瓶装 10 毫升	乙
7	冻可消搽剂		乙
8	冻疮未溃膏	（1）5×7cm　（2）7×10cm	乙
9	冻疮消酊		乙
10	肛康穆库利片	每片重 0.5 克	甲
11	和兴白花油	每瓶（1）2.5 毫升　（2）5 毫升　（3）10 毫升　（4）20 毫升	乙
12	治冻灵	每瓶装（1）4.5 克　（2）10 克	乙
13	复方消痔栓	每粒重 2 克	甲
14	复方紫草油		乙

序号	药品名称	规格	分类
15	疮炎灵软膏（疮肿灵软膏）		甲
16	桉绿油	20 毫升	乙
17	消炎解毒丸	每 10 粒重 1.8 克	甲
18	烧伤净喷雾剂	每瓶装 60 毫升	乙
19	烧伤肤康液		乙
20	烧烫伤膏		乙
21	脏连丸	大蜜丸每丸重 9 克	甲
22	痔炎消颗粒	每袋装 10 克	甲
23	黄花油		乙
24	紫云膏		乙
25	紫归治裂膏	5×7cm	乙
26	紫草膏		乙
27	槐角地榆丸	每丸重 10 克	甲
28	獾油	每瓶内装 15 克，30 克	乙
29	麝香痔疮栓	每粒相当于原药材 0.33 克	甲

三、妇科用药

序号	药品名称	规格	分类
1	九制香附丸		甲
2	人参女金丸	每丸重 9 克	甲
3	人参益母丸	每丸重 10 克	甲
4	十二温经丸		甲
5	十珍香附丸	每丸重 9 克	甲
6	千金止带丸（大蜜丸）	每丸重 9 克	甲
7	千金止带丸（水丸）		甲
8	女金丸	大蜜丸每丸重 9 克	甲

序号	药品名称	规格	分类
9	女金片	每片重 0.6 克	甲
10	妇科十珍丸	每瓶装 60 克	甲
11	乌鸡白凤片	每片重 0.5 克	甲
12	内补养荣丸	每丸重 6 克	甲
13	少腹逐瘀丸	每丸重 9 克	甲
14	止带片		甲
15	加味八珍益母膏	每瓶装（1）150 克　（2）13 克	甲
16	加味益母草膏		乙
17	四制香附丸		甲
18	四物益母丸		乙
19	宁坤丸	大蜜丸每丸重 6 克	甲
20	宁坤养血丸	每丸重 9 克	甲
21	归芪养血糖浆		乙
22	母乳多颗粒	每袋装 18 克	乙
23	田七痛经胶囊	每粒装 0.4 克	甲
24	田七痛经散	每瓶装 2 克	甲
25	白带丸		甲
26	白带片		甲
27	白带净丸		甲
28	同仁乌鸡白凤丸	大蜜丸每丸重 9 克	甲
29	妇女痛经丸	每 10 粒重 1.8 克	乙
30	妇宁丸	每丸重 9 克	甲
31	妇宁康片		甲
32	妇炎康复片	基片重 0.35 克	甲
33	妇炎康复胶囊	每粒装 0.38 克	甲

序号	药品名称	规格	分类
34	妇炎康复颗粒	每袋装 5 克	甲
35	妇科一味片	每片重 0.3 克	甲
36	妇科宁坤丸	每丸重 4.1 克	甲
37	妇科白凤口服液	每瓶装 10 毫升	甲
38	妇科白凤片		甲
39	妇科白带片		甲
40	妇科白带膏		甲
41	妇科养坤丸	每丸重 11.3 克	甲
42	妇科调经片		乙
43	妇康宁片	片心重 0.25 克	甲
44	当归丸(浓缩丸)(浓缩当归丸)	每丸相当于原生药 0.25 克	乙
45	当归片		乙
46	当归南枣颗粒	每袋装 10 克	乙
47	当归流浸膏		乙
48	当归调经冲剂(当归补血冲剂)	每袋装 10 克	乙
49	更年乐片		甲
50	更年宁	大蜜丸每丸重 6 克	甲
51	更年舒片		甲
52	肝郁调经膏		甲
53	驴胶补血颗粒	每袋装 20 克	乙
54	鸡血藤片	每片相当于原药材 2 克	甲
55	参术止带糖浆		甲
56	固经丸		甲
57	坤宝丸	每 100 粒重 10 克	甲
58	坤顺丸	每丸重 9 克	甲

序号	药品名称	规格	分类
59	定坤丹	每丸重 10.8 克	甲
60	养血当归糖浆(养血当归精)		甲
61	养血调经膏	每张净重 15 克	甲
62	养荣百草丸		甲
63	复方乌鸡酒		乙
64	复方鸡血藤膏（鸡血藤膏）	每盒装 200 克	甲
65	复方益母口服液	每支 10 毫升	甲
66	复方益母草膏(安坤益母草膏)	每瓶装 100 克	甲
67	复方鹿参膏	每块重 50 克	甲
68	活血调经丸	每丸重 9 克	甲
69	盆炎净颗粒	每袋装 12 克（相当于原药材 23.4 克）	甲
70	除湿白带丸	每 20 粒重 1 克	甲
71	香附丸	（1）水蜜丸每 10 丸重 1 克 （2）大蜜丸每丸重 9 克	甲
72	益母冲剂	每块或每袋重 14 克（相当于原药材 5 克）	甲
73	调经丸	每丸重 9 克	甲
74	调经姊妹丸	每 30 丸重 3.2 克	甲
75	调经补血丸	（1）大蜜丸每丸重 4.5 克　　（2）水丸每粒重 0.3 克	甲
76	调经养血丸	每 40 丸重 3 克	甲
77	调经活血片		甲
78	调经益灵片		甲
79	逍遥丸（大蜜丸）	每丸重 9 克	甲
80	逍遥丸（水丸）		甲
81	逍遥丸（浓缩丸）	每 8 丸相当于原药材 3 克	甲
82	逍遥合剂		甲

序号	药品名称	规格	分类
83	逍遥颗粒	每袋装 15 克	甲
84	得生丸	每丸重 9 克	甲
85	得生片		甲
86	鹿胎胶囊	每粒装 0.3 克	甲
87	鹿胎膏	每块重 10 克或 50 克	甲
88	温经白带丸	大蜜丸每丸重 9 克	甲
89	温经养血合剂		甲
90	痛经口服液	每支装 10 毫升	甲
91	痛经宁糖浆		甲
92	痛经灵颗粒	每袋 25 克（相当于原药材 44 克）	甲
93	痛经宝颗粒	每袋装（1）10 克　（2）4 克（无糖型）	甲
94	暖宫七味丸	每 10 粒重 2 克	甲

四、儿科用药

序号	药品名称	规格	分类
1	七味酸藤果丸	每丸重 1 克	甲
2	七星茶	每盒装 15 克	甲
3	儿宝膏		甲
4	儿宝颗粒	每袋装（1）5 克　（2）15 克	甲
5	儿康宁糖浆	（1）每支装 10 毫升　（2）每袋装 150 毫升	甲
6	儿感退热宁口服液	每支装 10 毫升	甲
7	小儿七星茶冲剂	每袋装 7 克	甲
8	小儿七星茶糖浆	每瓶装 10 毫升	甲
9	小儿化滞散	每瓶装 3 克	甲
10	小儿止咳糖浆		甲
11	小儿止嗽金丸	每丸重 3 克	甲

序号	药品名称	规格	分类
12	小儿风热清口服液	每支 10 毫升	甲
13	小儿启脾丸	每丸重 9 克	甲
14	小儿参术健脾丸	每丸重 3 克	甲
15	小儿咳喘宁糖浆		甲
16	小儿复方鸡内金散	每瓶装 2 克	甲
17	小儿健脾丸	每丸重 3 克	甲
18	小儿健脾贴膏	每贴 0.4 克	甲
19	小儿消食健胃丸	每丸重 3 克	甲
20	小儿清咽冲剂	每袋装 6 克	甲
21	小儿暑感宁糖浆		甲
22	小儿感冒宁糖浆		甲
23	小儿感冒茶	每块重 6 克	甲
24	小儿腹泻外敷散	每瓶装 5 克	甲
25	小儿腹泻宁	每瓶装 10 毫升	甲
26	小儿解表颗粒	每袋装 8 克	甲
27	小儿增食丸	每丸重 3 克	甲
28	小儿敷脐止泻散	每袋装 0.3 克	甲
29	双黄连栓（小儿消炎栓）	每粒重 1.5 克	甲
30	乐儿康糖浆		甲
31	龙牡壮骨颗粒	每袋装 5 克	甲
32	参苓健儿膏	每瓶装（1）150 克　（2）200 克	甲
33	夜尿宁丸	每丸重 9 克	甲
34	宝儿康散	每瓶装 1 克	甲
35	宝儿康糖浆		甲
36	肥儿散	每袋装 1 克	甲

序号	药品名称	规格	分类
37	肥儿糖浆		甲
38	保儿宁颗粒（冲剂）	（1）每袋重 10 克　（2）每块重 3 克	甲
39	保儿宁糖浆	每瓶装 100 毫升（每毫升相当于生药 1 克）	甲
40	复方小儿退热栓	每粒含对乙酰氨基酚 150 毫克、人工牛黄 5 毫克	甲
41	香橘丸	每丸重 3 克	甲
42	健儿乐冲剂	每袋装 10 克	甲
43	健儿消食口服液	每支 10 毫升	甲
44	健儿散	每袋装 5.5 克	甲
45	健儿膏		甲
46	健宝灵片		甲
47	健脾消食丸	每丸重 3 克	甲
48	健脾康儿片		甲
49	婴儿健脾口服液	每支 10 毫升	甲
50	蛲虫药膏		甲
51	解表清肺丸	每丸重 3 克	甲

五、五官科用药

序号	药品名称	规格	分类
1	万通炎康片	薄膜衣片：（1）大片每片相当于原药材 3 克 （2）小片每片相当于原药材 2 克。 糖衣片：每片相当于原药材 1 克	甲
2	千柏鼻炎片		甲
3	千柏鼻炎胶囊	每粒装 0.5 克	甲
4	口炎清颗粒	每袋装 10 克	甲
5	小儿明目丸	每丸重 1.5 克	甲
6	山香圆片（喉特灵片）		甲
7	山香圆颗粒	每袋装（1）10 克　（2）4 克（降糖）	甲

序号	药品名称	规格	分类
8	马应龙八宝眼膏		甲
9	五黄膏	每支装 2.5 克	甲
10	牙痛药水	每瓶装 5 毫升	甲
11	牛黄益金片	每片重 0.5 克	甲
12	风火眼药	每瓶装 0.6 克	甲
13	冬凌草片		甲
14	冬凌草糖浆		甲
15	玄麦甘桔含片	每片 0.8 克	甲
16	玄麦甘桔胶囊		甲
17	玄麦甘桔颗粒	每袋装 10 克	甲
18	玉簪清咽十五味散	每袋装 15 克	甲
19	白清胃散	每瓶装 3 克	甲
20	白敬宇眼药	每管装 1.2 克	甲
21	冰硼咽喉散	每瓶装 1.5 克	乙
22	耳聋通窍丸	每袋装 5 克	甲
23	西瓜霜	每瓶装 1.5 克	乙
24	西瓜霜润喉片	每片重（1）0.6 克　（2）1.2 克	乙
25	西帕依固龈液	每瓶装 30 毫升	甲
26	西黄清醒丸	每丸重 6 克	甲
27	余甘子喉片		甲
28	含化上清片	每片重 0.6 克	乙
29	辛芳鼻炎胶囊	每粒装 0.25 克	甲
30	拨云复光散	每管装 0.3 克	甲
31	拨云退翳丸	每丸重 9 克	甲
32	拨云眼膏	每支装 2 克	甲

序号	药品名称	规格	分类
33	拨云锭	每锭重 0.17 克	甲
34	明目六味汤散	每袋装 15 克	甲
35	明目蒺藜丸	每 20 粒重 1 克	甲
36	泻青丸	每丸重 10 克	甲
37	金参润喉合剂	每瓶装 200 毫升	甲
38	金果含片	每片重 0.55 克	乙
39	金果饮		甲
40	金果饮咽喉片	每片重（1）1 克（大片） （2）0.5 克（小片）	甲
41	金鸣片	每片重 0.6 克	甲
42	金银花糖浆（银花糖浆）		乙
43	金嗓开音丸	（1）大蜜丸每丸重 9 克 （2）水蜜丸每 10 粒重 1 克	甲
44	金嗓清音丸	（1）大蜜丸每丸重 9 克 （2）水蜜丸每 10 粒重 1 克	甲
45	青果丸	（1）水蜜丸每 10 丸重 1 克 （2）大蜜丸每丸重 6 克	甲
46	青果颗粒（冲剂）	每袋装 20 克	甲
47	青黛散		甲
48	齿痛消炎灵冲剂	每袋装 20 克	甲
49	咽炎片	每片重 0.25 克	甲
50	复方瓜子金含片	每片重 0.8 克	甲
51	复方鱼腥草片		甲
52	复方草珊瑚含片	每片重（1）0.44 克（小片）（2）1.0 克（大片）	乙
53	复方黄芩片		甲
54	珍视明滴眼液	每瓶装（1）8 毫升 （2）15 毫升	甲
55	珍珠八宝眼药		甲
56	珍珠明目滴眼液	（1）10 毫升 （2）8 毫升	甲

序号	药品名称	规格	分类
57	珍黄丸	每粒装 0.2 克	甲
58	退障眼膏	每支装（1）2.5 克　（2）4.0 克	甲
59	除障则海甫片	每片重 0.5 克	甲
60	香菊片	每片 0.3 克	甲
61	香菊胶囊	每粒装 0.3 克	甲
62	健民咽喉片	（1）小片每片相当于原药材 0.29 克　（2）大片每片相当于原药材 0.44 克	乙
63	唇齿清胃丸	每丸重 9 克	甲
64	夏天无眼药水	每支装（1）5 毫升（含原阿片碱 1.875 毫克） （2）10 毫升（含原阿片碱 3.75 毫克）	甲
65	桑麻丸	每 50 粒重约 3 克	甲
66	消炎灵片		甲
67	消朦片	每片重 0.5 克	甲
68	润喉丸	每丸重 0.5 克	甲
69	特灵眼药	0.75 克	甲
70	益气聪明丸		甲
71	蚕茧眼药	每个装 3 克	甲
72	清火栀麦片		甲
73	清火栀麦胶囊	每粒装 0.25 克	甲
74	清宁丸（浓缩丸）	每瓶装 6 克	甲
75	清咽滴丸	每丸重 20 毫克	甲
76	清凉眼药膏	每盒装 3 克	甲
77	清喉利咽颗粒	每袋装（1）5 克（乳糖型，相当于原药材 3.6 克） （2）10 克（蔗糖型，相当于原药材 3.6 克）	甲
78	爽口托疮膜	15×10×0.2mm	甲
79	眼药锭	每锭重 0.47 克	甲
80	眼敷膏	每管装 2.5 克	甲

序号	药品名称	规格	分类
81	粘膜溃疡散	每瓶装 4 克	甲
82	银黄口服液	每支 10 毫升	甲
83	银黄片		甲
84	银黄冲剂	每袋装 4 克	甲
85	银黄含化片		甲
86	银黄胶囊	每粒装 0.3 克	甲
87	银蒲解毒片	每片重 0.3 克	甲
88	黄氏响声丸	（1）每瓶装 400 丸（糖衣丸） （2）每丸重 0.1 克（炭衣丸） （3）每丸重 0.133 克（炭衣丸）	甲
89	黄连羊肝丸	每丸重 9 克	甲
90	喉康散		甲
91	喉痛灵片		甲
92	喉痛灵冲剂	每袋重 10 克（相当于原生药 31 克）	甲
93	喉舒口含片	每片重 1 克	乙
94	障眼明片		甲
95	滴耳油		甲
96	熊胆丸	每粒装 0.25 克	甲
97	赛空青眼药	每支重 0.25 克	甲
98	鼻炎康片		甲
99	鼻炎滴剂（外用）	每瓶装 5 毫升（每 1 毫升含黄芩甙 20 毫克）	甲
100	嗡化上清丸	每丸重 1.5 克	甲
101	嗡化上清片		甲
102	增光片		甲
103	藿胆丸		甲
104	藿胆片		甲
105	麝珠明目滴眼液	每支装 0.3 克	甲

六、骨伤科用药

序号	药品名称	规格	分类
1	三两半药酒		甲
2	大风丸		甲
3	云南白药气雾剂	每瓶装（1）60 毫升　（2）100 毫升	乙
4	云南白药创可贴	1.5cm×2.3cm	乙
5	云南白药酊	每瓶装（1）30 毫升　（2）50 毫升　（3）100 毫升	乙
6	云南白药膏	（1）6.5cm×10cm　（2）6.5cm×4cm	乙
7	王回回狗皮膏	每张净重（1）15 克　（2）30 克	乙
8	风湿伤痛膏	（1）4.0cm×6.0cm　（2）5.0cm×7.0cm	甲
9	代温灸膏		甲
10	冯了性风湿跌打药酒		乙
11	外伤如意膏	每支装 30 克	甲
12	田七跌打风湿软膏		乙
13	伤乐气雾剂	每瓶装 14 克	乙
14	伤痛宁膏		乙
15	关节止痛膏		乙
16	红花油	每瓶装（1）6.5 克　（2）16 克　（3）27 克	乙
17	红药气雾剂	每瓶装（1）30 克　（2）50 克　（3）100 克	甲
18	妙济丸	每丸重 6 克	甲
19	国产血竭胶囊	每粒装 0.3 克	甲
20	复方热敷散		甲
21	按摩乳	每瓶装（1）70 毫升　（2）100 毫升	乙
22	独圣活血片	每素片重 0.4 克	甲
23	独活止痛搽剂		乙
24	独活寄生合剂		甲
25	骨疏康颗粒	每袋装 12 克	甲

序号	药品名称	规格	分类
26	消炎镇痛膏		乙
27	消痛贴膏	（1）90mm×120mm　（2）70mm×95mm	乙
28	颈复康颗粒	每袋装 5 克	甲
29	颈痛灵药酒	每瓶装（1）100 毫升　（2）250 毫升	甲
30	黄金波药酒		甲
31	舒筋定痛酒	（1）150 毫升　（2）300 毫升	甲
32	舒筋活血定痛散	每袋装 12 克	甲
33	舒筋活络酒		甲
34	跌打扭伤散	每袋（或每瓶）装 10 克	甲
35	跌打按摩药膏		甲
36	解痉镇痛酊	每瓶（1）14 毫升　（2）30 毫升	甲
37	竭红跌打酊		乙
38	辣椒风湿膏		乙

七、皮科用药

序号	药品名称	规格	分类
1	十味乳香丸	每 10 丸重 3 克	甲
2	乌蛇止痒丸	每 10 丸重 1.25 克	甲
3	化瘀祛斑胶囊	每粒装 0.32 克	甲
4	皮肤康洗液	50 毫升	乙
5	皮敏消胶囊	每粒装 0.4 克	甲
6	冰霜痱子粉		乙
7	百癣夏塔热片		甲
8	疗癣卡西甫散	每袋装 10 克	甲
9	羌月乳膏	每管装 10 克	乙

序号	药品名称	规格	分类
10	松花散	每瓶装 30 克	乙
11	金花消痤丸		甲
12	珊瑚癣净	每瓶装 250 毫升	乙
13	荨麻疹丸		甲
14	黑豆馏油软膏		甲

第三批国家非处方药药品目录

第三批国家非处方药药品目录（一）

（化学药品部分）

一、呼吸系统用药

序号	正式品名	药物组成	规格	分类
1	氨酚美伪麻片与苯酚伪麻片	氨酚美伪麻片（日片）：对乙酰氨基酚0.325g、盐酸伪麻黄碱30mg、氢溴酸右美沙芬 15mg；苯酚伪麻片（夜片）：对乙酰氨基酚 0.325g、盐酸伪麻黄碱30mg、盐酸苯海拉明了25mg		甲
2	氨酚伪麻咀嚼片	乙酰氨基酚80mg、盐酸伪麻黄碱7.5mg		甲
3	氨酚伪麻颗粒剂	每包重2.5g（含对乙酰氨基酚325mg，伪麻黄碱30mg）		甲
4	氨酚伪麻那敏胶囊	对乙酰氨基酚250毫克，盐酸伪 麻黄碱15毫克，马来酸氯苯那敏1毫克		甲
5	贝敏伪麻片	贝诺酯300mg、盐酸伪麻黄碱 30mg、马来酸氯苯那敏2g		甲
6	布洛伪麻分散	布洛芬200毫克，盐酸伪麻黄碱30毫克		甲
7	酚麻美敏胶囊	对乙酰氨基酚325mg、盐酸伪麻黄碱30mg、氢溴酸右美沙芬10mg、马来酸氯苯那敏2mg		甲
8	酚麻美敏胶囊（夜用）	同上		甲
9	酚麻美敏片	对乙酰氨基酚325mg、盐酸伪麻黄碱30mg、氢溴酸右美沙芬10mg、马来酸氯苯那敏2mg		甲
10	酚麻美软胶囊	对乙酰氨基酚162.5mg、氢溴酸右美沙芬7.5mg、盐酸伪麻黄碱15mg		甲
11	酚美愈伪麻口服液	对乙酰氨基酚25mg、盐酸伪麻黄碱3mg、氢溴酸右美沙芬1.5mg、愈创木酚甘油醚10mg		甲
12	复方氨酚葡锌片	每片含对乙酰氨基酚100毫克，葡萄酸锌70毫克		乙
13	复方布洛伪麻缓释片	每片含布洛芬200毫克，盐酸伪麻黄碱30毫克		甲
14	复方酚咖伪麻胶囊	对乙酰氨基酚150mg、咖啡因12.5mg、盐酸伪麻黄碱15mg、马来酸氯苯那敏1.25mg、盐酸氯哌丁6mg		甲
15	美敏伪麻口服液	盐酸伪麻黄碱3mg、氯溴酸右美沙1mg、马来酸氯苯那敏	0.2mg 100毫升/瓶	甲
16	美愈伪麻口服溶液	每10毫升含愈创木酚甘油醚100毫克、盐酸伪麻黄碱30毫克、氢溴酸右美沙芬15毫克	10毫升/瓶，100毫升/瓶	甲

序号	正式品名	药物组成	规格	分类
17	双扑伪麻分散片	每片含对乙酰氨基酚 325mg,盐酸伪麻黄碱 30mg,马来酸氯苯那敏 2mg		甲
18	双扑伪麻胶囊	每粒含对乙酰氨基酚 0.25g，盐酸伪麻黄碱 15mg，马来酸氯苯那敏 1mg		甲
19	双扑伪麻片	每片含对乙酰氨基酚 500mg，盐酸伪麻黄碱 30mg,马来酸氯苯那敏 2mg。		甲
20	愈美胶囊	每粒含愈创木酚甘油醚 100 毫克，氢溴酸右美沙芬 10 毫克		乙
21	愈美颗粒剂	愈创木酚甘油醚 100mg、氢溴酸右美沙芬（以无水物计）15mg	6 包/盒 115mg/包	乙
22	复方氢溴酸右美沙芬胶囊	氢溴酸右美沙芬 15 毫克,愈创木酚甘油醚 100 毫克		乙
23	磷酸苯丙哌林缓释片		40mg(以苯丙哌林计)	甲
24	二羟丙茶碱片		100 毫克	甲
25	硫酸沙丁胺醇控释胶囊		（1）4mg（按沙丁胺醇计）；（2）8g（沙丁胺醇计）	甲

二、神经系统用药

1	贝诺酯分散片		0.5g/片	甲
2	布洛芬缓释片		0.2 克 / 片，0.3 克 / 片	甲
3	布洛芬泡腾片		0.1 克/片	甲
4	复方布洛芬凝胶	每克含布洛芬 0.05 克，薄荷脑 30 毫克	15 克/支,35 克/支，50 克/支	乙
5	复方对乙酰氨基酚片（II）	对乙酰氨基酚 250mg、异丙安替比林 150mg、无水咖啡因 50mg		乙
6	铝镁司片	阿司匹林 330mg、重质碳酸镁 100mg、甘羟铝 50mg		乙
7	茶苯海明含片		20mg	甲
8	天麻素片		(1)25mg(2)50mg	甲
9	乙酰天麻素片		(1)25mg(2)100mg	甲

三、消化系统用药

1	复方雷尼替丁胶囊	盐酸雷尼替丁（以雷尼替丁计）100mg、枸橼酸铋钾（以铋计）110mg		甲

序号	正式品名	药物组成	规格	分类
2	盐酸雷尼替丁片		每片 0.075 克	甲
3	硫糖铝片		1.0g	甲
4	地衣芽孢杆菌胶囊	地及芽孢杆菌、乳糖、淀粉	0.25 克	乙
5	口服地衣芽孢杆菌活菌颗粒剂	地衣芽孢杆菌菌粉 25mg（200×108CFU/g）、甘露醇 370mg、乳糖 72.5mg、甜菊素 2.5mg、聚乙烯吡咯烷酮 30mg、柠檬黄 0.075mg 0.5 克/包		乙
6	口服双歧杆菌，乳杆菌，嗜热链球菌三联活菌片	长型双歧杆菌、保加利亚乳杆菌、嗜热链球菌菌粉	0.5 克/片	乙
7	枯草杆菌，肠球菌二联活菌多维颗粒剂	活菌冻干粉 37.5mg、含活菌 1.5 亿个、尿肠球菌（乳酸菌）1.35×108 个，枯草杆菌（共生菌）1.5×107 个、维生素 C10mg、维生素 B10.5mg、维生素 B20.5mg、维生素 B60.5mg、维生素 B121mg、烟酰胺 2.0mg、乳酸钙 20mg（相当于钙 2.6mg）、氧化锌 1.25mg（相当于锌 1.0mg）		乙
8	双岐三联活菌散剂		（1）2 克/包；（2）2 克/包	乙
9	肌苷胶囊		0.2g	甲

四、五官科用药

1	浓替硝唑含漱液		100ml:0.2g	甲

五、妇科用药

1	硝酸咪康唑栓		400mg	甲

六、维生素与矿物质类药

1	多维生素滴剂	维生素 A1500 单位、维生素 D3 400 单位、维生素 E5 单位、维生素 C35 毫克、维生素 B10.5 毫克、维生素 B20.6 毫克、维生素 B60.4 毫克、维生素 B12 2 微克、烟酰胺 8 毫克	30 毫升 15 毫升	甲

序号	正式品名	药物组成	规格	分类
2	多维元素片（21）	维生素A2500IU、维生素D200IU、维生素E5mg、维生素B12.5mg、维生素B22.5mg、维生素B60.25mg、维生素B120.5ug、铁5mg、铜0.5mg、锌0.25mg、镁0.5mg、烟酰胺7.5mg、泛酸钙2.5mg、磷酸氢钙279mg、L-赖氨酸盐12.5mg、重酒石酸胆碱25mg、肌醇25mg、维生素C25mg、碘50ug、锰0.5mg、钾5mg		乙
3	乳酸亚铁胶囊		0.15g	甲
4	乳酸亚铁糖浆		60ml:0.9g	甲
5	维铁缓释片	本品每片含硫酸亚铁525毫克、维生素C500毫克、烟酰胺30毫克、泛酸钙10毫克、维生素B1 6毫克、维生素B2 6毫克、维生素B6 5毫克、维生素B12 50微克		甲

第三批国家非处方药药品目录（一）

（中成药部分）

一、内科用药

序号	药品名称	规格	分类
1	人参败毒胶囊	每粒装0.3克	乙
2	小柴胡颗粒	每袋装2克	甲
3	双黄连合剂	每瓶100毫升	甲
4	加味藿香正气丸		甲
5	克感利咽口服液	每支装10毫升	甲
6	抗感口服液	每支装10毫升	甲
7	抗感泡腾片	每片重3克	甲
8	抗感解毒胶囊	每粒装0.4克	甲
9	鸢都感冒颗粒	无糖型每袋重5克	甲
10	金石清热颗粒	每袋装16克	乙
11	金羚感冒片		甲
12	复方双花咀嚼片	每片0.8克	乙
13	复方双花颗粒	每袋装6克	乙
14	复方板蓝根颗粒	每袋装15克（相当原生药15克）	乙
15	柴石退热颗粒	每袋装8克	甲
16	柴胡滴丸	每袋装0.525克	甲

序号	药品名称	规格	分类
17	桂枝颗粒	每袋装5克	乙
18	清开灵片	每片重0.5克	甲
19	清开灵软胶囊	每粒装0.4克(含黄芩苷20毫克)	甲
20	清热解毒口服液	每支装10毫升	乙
21	清热解毒胶囊	每粒装0.3克	乙
22	清热解毒颗粒	每袋装15克	乙
23	羚翘解毒口服液	每支10毫升	甲
24	银花感冒颗粒	每袋装3克	乙
25	银翘解毒丸	每丸重9克	乙
26	银翘解毒颗粒	每袋装2.5克	乙
27	散寒解热口服液	每支装10毫升	甲
28	感冒炎咳灵糖浆	每瓶装100毫升	乙
29	感冒退热颗粒	每袋装（1）18克（2）4.5克（无糖型）	乙
30	藿香正气丸		甲
31	藿香正气滴丸	每袋装2.5克	甲
32	十味龙胆花颗粒	每袋装3克	甲
33	止咳枇杷颗粒	每袋装2克	乙
34	止咳橘红胶囊	每粒装0.4克	甲
35	止咳橘红颗粒	每袋装3克	甲
36	止嗽合剂	每瓶装120毫升	乙
37	京都念慈菴蜜炼川贝枇杷膏	75毫升 150毫升 300毫升	甲
38	镇咳宁口服液	每支装10毫升	甲
39	双黄平喘颗粒	每袋装9克	甲
40	参贝北瓜颗粒	每袋装8克	乙
41	蛤蚧定喘丸	小蜜丸每60丸重9克；大蜜丸每丸重9克	甲
42	六和定中丸		甲
43	消食健胃片	每片重约0.8克	乙
44	健脾颗粒（冲剂）	（1）每袋或每块重14克（相当于总药材4克）（2）每袋装5克（相当于总药材2克）	甲
45	乌贝颗粒	每袋装4克	甲
46	安胃颗粒	每袋装4克	甲
47	沉香化气胶囊	每粒装0.45克	甲
48	洁白丸	每丸重0.8克	甲
49	洁白丸	每4丸重0.8克	甲
50	荆花胃康胶丸	每粒装80毫克	甲
51	香药胃安胶囊	每粒装0.29克	甲
52	正露丸	每丸重0.22克	甲
53	正露片	每片重0.24克	甲
54	莲胆消炎胶囊	每粒装0.44克	甲
55	便通胶囊	每粒装0.35克	甲
56	秘治胶囊	每粒装0.34克	甲

序号	药品名称	规格	分类
57	舒秘胶囊	每粒装0.3克	甲
58	八正合剂	（1）100毫升/瓶（2）120毫升/瓶（3）200毫升/瓶	甲
59	三黄丸		甲
60	上清丸	每10丸重1g	甲
61	四季三黄丸	每袋装6克	甲
62	黄连上清丸	每丸重6克	甲
63	黄连上清片(薄膜衣片)	每片重0.3克	甲
64	天麻头风灵胶囊	每粒装0.2克	甲
65	通天口服液	每支装10毫升	甲
66	参茸安神片		甲
67	安神补心丸	每15丸重2克	甲
68	灵芝口服液	每支装10毫升	乙
69	灵芝颗粒	每袋装2克	乙
70	仙桂胶囊	每粒装0.4克	甲
71	七宝美髯丸	每10丸重2克	甲
72	十全大补丸	每10丸重2克	乙
73	五子衍宗软胶囊	每粒装0.6克	甲
74	六味枸杞口服液	10毫升	乙
75	玉竹颗粒	每袋装2克	甲
76	玉屏风胶囊	每粒装0.5克	甲
77	全鹿丸	每丸重6克	甲
78	回春如意胶囊	每粒装0.25克	甲
79	壮腰健肾丸	大蜜丸每丸重5.6克	甲
80	补中益气丸	大蜜丸每丸重9克	乙
81	麦味地黄合剂	每瓶装120毫升	甲
82	参茸丸	每丸重10克	乙
83	参桂鹿茸丸	每10丸重2克	甲
84	知柏地黄颗粒	每袋装8克	乙
85	肾宝合剂	每瓶150毫升；每支10毫升	甲
86	复方扶芳藤合剂	每瓶装120毫升	甲
87	复方海蛇胶囊	每粒装0.3克	甲
88	健脑补肾口服液	每支装10毫升	甲
89	健脾生血片		甲
90	益中生血片	0.1g/片芯	甲
91	益肾兴阳胶囊	每粒装（1）0.2克(2)0.48克	甲
92	速溶阿胶颗粒（冲剂）	每袋重6克	乙
93	鹿角胶	每块重6克	乙
94	绞股蓝总甙片	每片含绞股蓝总甙60毫克	甲

二、外科用药

序号	药品名称	规格	分类
1	肛泰	每片重 0.5 克（含盐酸小檗碱 36.0 毫克）	乙
2	肛泰软膏	每支装 10 克	乙
3	肛泰栓	每粒重 1 克	乙
4	消痔软膏	每支装（1）2.5 克（2）5 克	乙
5	片仔癀	每粒重 3 克	甲
6	复方片仔癀软膏	10 克/支	甲

三、妇科用药

1	当归养血丸	水蜜丸每 10 粒重 1.5 克；大蜜丸每丸重 9 克	甲
2	妇康宝合剂	每瓶装 120 毫升	甲
3	珍母口服液	每支装 10 毫升	甲
4	益妇止血丸	每瓶装 36 克或每袋装 6 克	甲
5	逍遥丸	每 36 丸重 9 克	甲
6	妇康宁片	薄膜衣片每片重(1)0.25 克；(2)0.26 克；(3) 0.412 克	甲
7	经前平颗粒	每袋装 4 克	甲
8	更年宁心胶囊	每粒装 0.5 克	甲
9	催乳颗粒	20 克/袋	乙
10	百艾洗液	每瓶装 200 毫升	甲
11	坤月安颗粒	每袋装 10 克	甲
12	舒康凝胶剂	每瓶装 5 克	甲
13	乙诺奇片		甲

四、儿科用药

1	儿感清口服液	每支 10 毫升	甲
2	小儿风热清合剂	250 毫升/瓶	甲
3	黄栀花口服液	每支装 10 毫升	甲
4	疏清颗粒	每袋装 6 克	甲
5	小儿止嗽糖浆	每瓶装 120 毫升、10 毫升	甲
6	小儿咳喘灵颗粒	每袋装（1）10 克；（2） 2 克	甲
7	小儿宣肺止咳颗粒	每袋装 8 克	甲
8	小儿清热利肺口服液	每支 10 毫升	甲
9	儿泻停颗粒	每袋重 0.5 克	甲
10	小儿泻速停颗粒	每袋装 3 克、5 克、10 克	甲
11	小儿腹泻贴	每贴 1.2 克	甲
12	双苓止泻口服液	每支 10 毫升	甲

序号	药品名称	规格	分类
13	小儿化食口服液	每支装 10 毫升	甲
14	小儿消食片	每片 0.4 克	甲
15	开胃消食口服液	每支 10 毫升	甲
16	肥儿片	每片重 0.2 克	甲
17	健儿消食合剂	每瓶 120 毫升	甲
18	利儿康口服液	每支 10 毫升	甲
19	利儿康合剂	每瓶装 50 毫升	甲
20	五福化毒片	每片重 0.1 克	甲
21	射干利咽口服液	每支 10 毫升	甲
22	清降片	每片重 0.25 克	甲

五、五官科用药

序号	药品名称	规格	分类
1	五味沙棘含片	每片重 1.5 克	甲
2	北豆根胶囊	30 毫克	甲
3	西园喉药散（喷剂）	每瓶装 3 克	甲
4	金参润喉合剂	每瓶装 100 毫升	甲
5	板蓝根含片	每片重 0.5 克	乙
6	复方鱼腥草颗粒	每袋装 6 克	甲
7	铁笛片	每片重 1 克	甲
8	清音丸	每丸重 3g	甲
9	银黄含片	每片重 0.65 克	甲
10	慢咽宁袋泡茶	每袋装 4 克	乙
11	齿痛消炎灵颗粒	每袋装 10 克	甲
12	黄连羊肝丸	每瓶装 60 克	甲

六、骨伤科用药

序号	药品名称	规格	分类
1	红药片	每素片重 0.25 克	甲
2	阿胶强骨口服液	每支 10 毫升	乙
3	骨通贴膏	7cmX10cm	乙
4	根痛平颗粒	每袋装（1）12 克（2）8 克（无糖型）	甲
5	通络祛痛膏	7cm x 10cm	乙
6	痛克搽剂	每瓶装 20 毫升	乙
7	舒筋活络丸	每丸重 6 克	甲
8	塞隆风湿软胶囊	每粒装 0.45 克	甲
9	止痛透骨贴	每贴 7 克	乙

七、皮科用药

序号	药品名称	规格	分类
1	甘霖洗剂	150 毫升	乙

第三批国家非处方药药品目录（二）

（化学药品部分）

一、神经系统用药

序号	药品名称	规格(组成)	分类
1	吡罗昔康凝胶	10克：50毫克	乙
2	对乙酰氨基酚控释片	650毫克	乙
3	复方氯唑沙宗片	每片含氯唑沙宗125毫克，对乙酰氨基酚150毫克	甲
4	复方七叶皂苷钠凝胶	每克含七叶皂苷钠10毫克、水杨酸二乙胺50毫克	甲
5	萘普生肠溶微丸胶囊	0.125克	甲
6	萘普生钠胶囊	0.22克	甲
7	双氯芬酸钾凝胶	20克：0.2克	乙
8	双氯芬酸钠凝胶	20克：0.2克	乙
9	双氯芬酸钠气雾剂	每瓶60克，含双氯芬酸钠0.75克	乙
10	双氯芬酸钠乳膏	25克：0.75克	乙
11	天麻素胶囊	50毫克	甲
12	酮洛芬凝胶	1克：0.25克	乙

二、呼吸系统用药

1	儿童科达琳	每片含对乙酰氨基酚125毫克，盐酸去氧肾上腺素2.5毫克，马来酸氯苯那敏1毫克，维生素B1 1毫克	甲
2	科达琳	每片含对乙酰氨基酚250毫克，无水咖啡因30毫克，盐酸去氧肾上腺素5毫克，马来酸氯苯那敏2毫克，维生素B1　3毫克。	甲
3	柳酚咖敏片	每片含对乙酰氨基酚150毫克，水杨酰胺150毫克，盐酸去氧肾上腺素5毫克，马来酸溴苯那敏2.5毫克，无水咖啡因20毫克。	甲
4	美愈伪麻口服液	每10毫升含愈创木酚甘油醚100毫克、盐酸伪麻黄碱30毫克、氢溴酸右美沙芬10毫克	甲
5	氢溴酸右美沙芬咀嚼片	15毫克	甲
6	羧甲司坦颗粒	0.2克、0.5克	甲
7	小儿愈美那敏溶液	每10毫升含愈创木酚甘油醚72.3毫克、马来酸氯苯那 敏1.4毫克、氢溴酸美沙芬4毫克及海葱流浸膏适量	甲
8	锌布片	每片含葡萄糖酸锌100毫克、布洛芬150毫克、马来酸氯苯那敏2毫克	甲

序号	药品名称	规格(组成)	分类
9	盐酸美司坦片	50毫克	甲

三、消化系统用药

序号	药品名称	规格(组成)	分类
1	复方消化酶胶囊	每粒含胃蛋白酶25毫克、木瓜酶50毫克、淀粉酶15毫克、熊去氧胆酸25毫克、纤维素酶15毫克、胰酶50毫克、胰脂酶13毫克	乙
2	肌苷胶囊	0.2克	甲
3	硫糖铝分散片	0.25克	甲

四、五官科用药

序号	药品名称	规格(组成)	分类
1	丁硼乳膏	每克含硼砂25毫克、甘油120毫克、羧甲基纤维素钠 12.5毫克、碳酸钙520毫克，以及丁香罗勒油适量	乙
2	复方氨基乙磺酸滴眼液	每10毫升含氨基乙磺酸100毫克,氨基己酸100毫克， L-天门冬氨酸钾20毫克，马来酸氯苯那敏1毫克	乙
3	复方磺胺甲恶唑钠滴眼液	每10毫升含磺胺甲恶唑钠400毫克，氨基己酸200毫克，甘草酸二钾10毫克，马来酸氯苯那敏2毫克	甲
4	甲硝唑口含片	2.5毫克	甲
5	马来酸非尼拉敏/盐酸萘甲唑啉滴眼液	盐酸萘甲唑啉0.025%、马来酸非尼拉敏0.3%	甲

五、皮肤科用药

序号	药品名称	规格(组成)	分类
1	复方联苯苄唑溶液	每10毫升含联苯苄唑100毫克，苯甲酸500毫克，水杨酸500毫克	乙
2	复方硝酸益康唑软膏	15克:硝酸益康唑150毫克､醋酸曲安奈德16.5毫克	甲
3	环吡酮涂剂	8%	甲
4	硝酸咪康唑溶液	2%	甲
5	盐酸特比萘芬搽剂	15毫升：150毫克	甲
6	盐酸特比萘芬喷雾剂	15毫升：150毫克	甲
7	盐酸特比萘芬散剂	10克：0.1克	甲

六、妇科用药

序号	药品名称	规格(组成)	分类
1	复方莪术油栓	每粒含莪术油 0.21 毫升，硝酸咪康唑 50 毫克	甲
2	聚维酮碘泡腾片	0.2 克	甲
3	联苯苄唑阴道片	0.1 克	甲
4	左炔诺孕酮片	1.5 毫克	甲

七、维生素与矿物质类

1	多维赖氨酸糖浆	含钙、磷、赖氨酸、维生素 B1、B2、B6、D3、E、烟酰胺、D-泛酰醇	乙
2	枸橼酸锌片	12.5 毫克（以锌计）	甲
3	硫酸锌口服溶液	0.2%	甲
4	葡萄糖酸钙锌口服液	每 10 毫升含葡萄糖酸钙 600 毫克、葡萄糖酸锌 30 毫克、盐酸赖氨酸 100 毫克。	乙
5	维生素 E 胶丸	10 毫克	乙
6	硒酵母片	50 微克（以硒计）	乙
7	腺苷钴胺片	0.25 克	乙

第三批国家非处方药药品目录（二）

（中成药部分）

一、内科用药

序号	药品名称	规格(组成)	分类
1	七叶神安片	（1）50 毫克（2）100 毫克	甲
2	人丹	每 10 丸重 0.115 克	乙
3	万应莪术油		乙
4	三金片	糖衣片（1）小片相当于原药材 2.1 克（2）大片相当于原药材 3.5 克　薄膜衣片（1）每片相当于原药材 2.1 克（2）每片相当于原药材 3.5 克	甲
5	三金颗粒	（1）每块重 14 克（相当于原药材 10.5 克） （2）每袋装 14 克（相当于原药材 10.5 克）	甲
6	大卫颗粒（冲剂）	每袋装 6 克	乙
7	小青龙合剂		甲
8	小青龙颗粒	（1）6 克（无糖型）（2）13 克（含糖型）	甲

序号	药品名称	规格(组成)	分类
9	云香精	每瓶装（1）12毫升（2）15毫升（3）30毫升	甲
10	双黄连软胶囊	每粒装0.65克	乙
11	天麻祛风补片		甲
12	巴戟口服液	每支装10毫升	甲
13	巴戟补肾丸	小蜜丸每瓶装9克，大蜜丸每丸重9克	甲
14	止泻利颗粒（冲剂）	每袋装15克	甲
15	止泻灵片		甲
16	止泻灵糖浆		甲
17	止咳丸	每18丸重3克	甲
18	止咳平喘糖浆		甲
19	仙鹤胶囊	每粒装0.4克	甲
20	四季三黄软胶囊		甲
21	四季平安油	每瓶装2毫升、5毫升、25毫升	乙
22	宁心安神胶囊	每粒装0.5克	甲
23	宁神丸	大蜜丸每丸重5.6克	乙
24	宁神补心片	片心重0.25克	乙
25	正天丸	（1）每瓶装60克 （2）每袋装6克	甲
26	正天胶囊	每粒装0.45克	甲
27	正柴胡饮颗粒	每袋装（1）10克（2）3克	乙
28	永盛合阿胶	每块重60克	甲
29	生发片	每片相当于原药材1.14克	乙
30	田七花叶颗粒（田七花精）	每袋装（1）10克（2）3克	甲
31	龙凤宝胶囊	每粒装0.5克	甲
32	关节风痛丸	每10粒重1.2克	甲
33	华佗风痛宝片	每片含干浸膏0.2克（含原药材约3.02克）	甲
34	华佗风痛宝胶囊	每粒装0.4克（相当于总药材约6.1克）	甲
35	壮血片		甲
36	安乐片		甲
37	安神爽脑口服液	每支装10毫升	甲
38	安眠补脑糖浆		乙
39	朱砂莲胶囊	每粒装0.25克	甲
40	灯台叶颗粒	每袋装10克（相当于原生药7克）	甲
41	血速升颗粒	每袋装10克	甲
42	阮氏上清丸	每瓶装8克	甲
43	克泻灵片	每片含苦豆草总生物碱25毫克	甲
44	克咳胶囊	每粒装0.3克	甲
45	克痢痧胶囊	每粒装0.3克	甲
46	快胃片		甲
47	抗病毒口服液	每支10毫升	乙
48	抗病毒颗粒	含糖型：每袋装12克 无糖型：每袋装3克	甲
49	抗感解毒颗粒	每袋装10克	乙
50	杞菊地黄合剂	每瓶装120毫升	甲

序号	药品名称	规格(组成)	分类
51	杞蓉片	片芯重 0.3 克	乙
52	沙棘颗粒	每袋装 15 克	甲
53	牡荆油乳	每瓶装 2 毫升（含牡荆油 40 毫克）	甲
54	牡荆油胶丸	20 毫克	甲
55	肚痛丸	每 20 粒重 1 克	甲
56	肠胃宁片	每片重 0.3 克	甲
57	肠康片	每片含盐酸小檗碱 0.05 克	甲
58	芪鹿益肾片	每片 0.38 克	甲
59	补肾丸	每丸重 6 克	乙
60	补肾益脑胶囊	每粒装 0.35 克	乙
61	补肾强身片		乙
62	补肾强身胶囊	每粒装 0.3 克	乙
63	返魂草冲剂	每袋重 10 克	甲
64	连翘败毒丸	每 100 粒重 6 克	甲
65	陈香露白露片	糖衣片及薄膜衣片每片重（1）每片重 0.5 克（含次硝酸铋 0.110 克）（2）每片重 0.3 克（含次硝酸铋 0.066 克）	甲
66	参芍片	每片重 0.3 克	甲
67	参芍胶囊	每粒装 0.25 克	甲
68	参杞杜仲丸	每 36 丸重 5.5 克	甲
69	参芪健胃颗粒（冲剂）（胃炎灵冲剂）	每袋装 16 克	甲
70	参苓健脾胃颗粒	每袋装 10 克（相当于原生药 10 克）	乙
71	参茸三肾散	每瓶装 3 克	甲
72	参茸卫生丸	每丸重 9 克	甲
73	固本咳喘片		乙
74	固肾生发丸		乙
75	夜宁口服液	每支 10 毫升	乙
76	斧标驱风油	每瓶装（1）3 毫升（2）10 毫升（3）14 毫升（4）28 毫升（5）56 毫升	乙
77	明通治伤风颗粒	每袋装 2 克	甲
78	枇杷止咳胶囊	每粒装 0.25 克	甲
79	枇杷止咳颗粒（冲剂）	每袋装 3 克	甲
80	肾康宁片	每片重 0.33 克（薄膜衣）	甲
81	苦甘颗粒（冲剂）	每袋装 4 克	甲
82	苦胆草片		甲
83	败酱片	每片相当于原药材 1 克。	甲
84	金水宝片	每片重 0.75 克（每片含发酵虫草菌粉 0.5 克）	乙
85	金水宝胶囊	每粒装 0.33 克	乙
86	金龙驱风油	每瓶装 5 毫升、10 毫升、25 毫升	乙
87	金佛止痛丸	每瓶装 5 克	甲
88	金鸡虎补丸	大蜜丸每丸重 3 克	甲

序号	药品名称	规格(组成)	分类
89	金鸡虎补片		甲
90	金莲清热颗粒	无糖型：每袋装 5 克	甲
91	金菊五花茶颗粒	每袋装 10 克	甲
92	金菊感冒片		甲
93	金牌风油精	每瓶装（1）3 毫升（2）10 毫升	乙
94	青石颗粒（冲剂）	每袋装 10 克	甲
95	养心安神丸	每 100 粒重 12 克	乙
96	养心定悸颗粒	每袋装 12 克	甲
97	养血生发胶囊	每粒装 0.5 克	乙
98	养血清脑颗粒	每袋装 4 克	甲
99	南板蓝根颗粒（冲剂）	每袋（块）重 15 克（相当于总药材 15 克）	乙
100	咳宁胶囊	每粒装 0.3 克（含猪胆汁提取物 60 毫克）	甲
101	咳宁颗粒（冲剂）	每袋重 10 克（相当于总药材 17.7 克）	甲
102	咳宁糖浆		甲
103	咳欣康片		甲
104	咳特灵片	每片含小叶榕干浸膏 180 毫克，马来酸氯苯那敏 0.7 毫克	甲
105	咳特灵胶囊	每粒含小叶榕干浸膏 360 毫克，马来酸氯苯那敏 1.4 毫克	甲
106	咳喘宁	每片重 0.6 克	甲
107	咳喘顺丸	每 1 克相当于原药材 1.5 克	甲
108	复方大青叶颗粒	每袋装 10 克	甲
109	复方北五味子片		甲
110	复方田七胃痛片	每片重 0.5 克（相当于总药量 0.73 克）	甲
111	复方田七胃痛胶囊	每粒装 0.5 克（相当于原药材 0.73 克）	甲
112	复方枸杞子胶囊	每粒装 0.5 克	乙
113	复方枸杞子颗粒	每袋装 10 克	乙
114	复方穿心莲片		甲
115	复方拳参片		甲
116	复方勒马回颗粒	每袋装 10 克	甲
117	复方感冒灵片	每 1 片含原药材 6.25 克；含对乙酰氨基酚 42 毫克	甲
118	复方感冒灵颗粒	每袋装 14 克；每块重 14 克（含原药材 25 克；含对乙酰氨基酚 168 毫克）	甲
119	姜颗粒（冲剂）	每袋装 15 克，相当于原药材 3 克	乙
120	急支颗粒	每袋装 4 克	甲
121	急支糖浆	每瓶装（1）100 毫升（2）200 毫升	甲
122	恒制咳喘胶囊	每粒装 0.25 克	甲
123	洋参保肺颗粒	每袋装 4 克	甲
124	活胃胶囊	每粒装 0.25 克	甲
125	活胃散	每盒装 75 克	甲
126	珍珠末	每瓶装 0.3 克	甲

序号	药品名称	规格(组成)	分类
127	珍珠层粉		甲
128	神曲胃痛胶囊	每粒装0.4克（含碳酸氢钠260毫克、氢氧化铝70毫克）	甲
129	胃乐宁片	每素片重0.13克、0.52克、0.54克	甲
130	胃乐胶囊	每粒装0.4克	甲
131	胃乐舒口服液	每支10毫升	甲
132	胃灵颗粒（冲剂）	每袋装5克	甲
133	胃肠宁片	每片相当于总药材4.2克	甲
134	胃肠宁颗粒（冲剂）	每袋重8克（相当于总药材25克）	甲
135	胃肠灵胶囊	每粒装0.3克	甲
136	胃逆康胶囊	每粒装0.4克	甲
137	胃康胶囊	每粒装0.3克（相当于原生药0.5克）	甲
138	胃痛宁片		甲
139	荜铃胃痛颗粒	每袋装5克	甲
140	香砂和中丸	每500丸重30克	甲
141	健步丸		乙
142	健胃消炎颗粒	每袋重5克（无糖型）	甲
143	健胃消食片	薄膜衣每片重0.8克	乙
144	健脑丸	每10粒重1.5克	甲
145	健脑灵片	每片相当于原生药1克	乙
146	健脑胶囊	每粒装0.3克	甲
147	健脾补血颗粒（冲剂）	每瓶装3克	甲
148	柴黄颗粒（冲剂）	每袋装4克	乙
149	桂枝合剂		甲
150	流感茶	每袋装2.5克；每块重25克	乙
151	海龙蛤蚧口服液	每支装10毫升	甲
152	消疲灵颗粒	每袋装10克（相当于原药材13.2克）	乙
153	热炎宁胶囊	每粒装0.5克	甲
154	益心宁神片	（1）糖衣片每素片重0.30克（2）薄膜衣片每片重0.31克、0.52克	甲
155	益肾丸	每丸重9克	乙
156	益肾乌发口服液	每支装10毫升	乙
157	益肾液	每瓶装（1）100毫升（2）120毫升（3）200毫升（4）250毫升	乙
158	眩晕宁片	每片相当于总药材3克	甲
159	眩晕宁颗粒	每袋装8克（相当于原药材15克）	甲
160	脑力宝丸	每丸（素丸）重约0.2克	甲
161	速感宁胶囊	每粒装0.3克（含对乙酰氨基酚100毫克）	甲
162	钻山风糖浆（降糖）	150毫升、250毫升	甲
163	清开灵口服液	每支装10毫升	甲
164	清开灵胶囊	每粒装0.25克（含黄芩甙10毫克）	甲
165	清开灵滴丸	每10丸重0.35克	甲

序号	药品名称	规格(组成)	分类
166	清开灵颗粒	每袋装3克（含黄芩甙20毫克）、每袋装10克	甲
167	清肺消炎丸	每60丸重8克	甲
168	清热明目茶	每袋重3克	甲
169	清热祛湿颗粒（冲剂）	每袋装10克	乙
170	清热消炎宁胶囊	每粒含九节茶干浸膏0.5克	甲
171	清热解毒软胶囊	每粒装1.2克	乙
172	清热解毒颗粒	每袋重5克、每袋装18克	乙
173	理中丸（浓缩丸）	每8丸相当于原药材3克	甲
174	羚羊感冒口服液	每支10毫升	甲
175	羚羊感冒片		甲
176	羚羊感冒胶囊	每粒装0.42克	甲
177	虚汗停颗粒	每袋装10克	甲
178	蛇胆川贝枇杷膏	每瓶装（1）75毫升　（2）100毫升	甲
179	野马追糖浆		甲
180	野苏颗粒	每袋装6克	甲
181	银杏露		甲
182	银翘伤风胶囊	每粒装0.3克	乙
183	银翘解毒液		乙
184	鹿茸胶	每块重6克	乙
185	麻杏止咳糖浆		甲
186	黄石感冒片	每素片重0.35克	甲
187	黄芪颗粒（冲剂）	每袋装（1）15克（2）4克	乙
188	黄连上清丸	水丸每袋装6克，水蜜丸每40丸重3克	甲
189	黄明胶	每块31.25克	甲
190	喉咽清口服液	每支10毫升	甲
191	媚灵丸	甲丸每丸重0.21克　乙丸每丸含油重0.10克	甲
192	强力枇杷露（炼蜜）	每瓶装180克	甲
193	强身合剂	每瓶装200毫升	乙
194	斑秃丸	大蜜丸每丸重9克	乙
195	普乐安片		甲
196	普乐安胶囊	每粒装0.375克	甲
197	景志安神口服液	每支装10毫升	乙
198	椰露止咳合剂	每瓶装10毫克、180毫克	甲
199	溃得康颗粒	每袋装10克	甲
200	紫茶颗粒	每瓶装120克	甲
201	舒肝颗粒	每袋装（1）10克（含糖型）（2）3克（低糖型）（每袋相当于原药材10克）	甲
202	舒咳枇杷糖浆	每瓶装（1）100毫升（2）500毫升（每1毫升含氯化铵20毫克）	甲
203	蛤蚧养肺丸	每丸重9克	甲
204	痰咳净片	每片重0.2克（含咖啡因20毫克）	甲
205	痰咳净散	每盒装6克（每1克含咖啡因100毫克）	甲

序号	药品名称	规格(组成)	分类
206	解郁安神颗粒	每袋重5克	甲
207	雏凤精	每支10毫升	甲
208	精制五加皮酒	每瓶装330毫升	乙
209	缩泉丸	每20粒重1克	甲
210	熟三七片		甲
211	橘红胶囊	每粒装0.5克	甲

二、外科用药

1	止红肠辟丸	每丸重9克	乙
2	长春烫伤膏	每瓶装（1）75克（2）500克	甲
3	创灼膏		甲
4	消痔灵片	每片重0.4克（薄膜衣）	甲
5	消痔软膏	每支2.5克	乙
6	烫疮油	每瓶装（1）10毫升；（2）30毫升；（3）50毫升	甲
7	莪树油	每瓶装（1）5毫升（2）20毫升（3）35毫升	乙
8	痔疮止血颗粒	每袋装5克	乙
9	痔特佳		乙
10	痔康片	每片重0.3克	甲
11	痔康舒口服液	每支装10毫升	甲
12	紫花烧伤膏	每支装40克	乙
13	蒲地蓝消炎片	每片（1）0.3克（2）0.6克	甲
14	熊胆痔灵栓	每粒重2克	甲
15	熊胆痔灵膏	每管装10克	甲

三、妇科用药

1	十二乌鸡白凤丸	大蜜丸每丸重9克	甲
2	下乳涌泉散	每袋装30克	乙
3	乌鸡丸	小蜜丸每瓶装5.5克，大蜜丸每丸重5.5克	甲
4	天紫红女金胶囊	每粒装0.35克	甲
5	毛鸡药酒		甲
6	妇良片		甲
7	妇炎净胶囊	每粒装0.4克	甲
8	妇科千金片		甲
9	妇痛宁滴丸	丸芯重（1）20毫克（2）10毫克	甲
10	妇舒丸	大蜜丸每丸重9克	甲
11	安坤颗粒	每袋装10克	甲
12	更年安片		甲
13	更年安胶囊	每粒装0.3克	甲

序号	药品名称	规格（组成）	分类
14	更年灵胶囊	每粒装0.3克	乙
15	杏香兔耳风片	每片0.28克	甲
16	补血调经片		甲
17	乳泉颗粒（冲剂）	每袋重15克	乙
18	复方乌鸡口服液（合剂）（降糖型）	每支10毫升；每瓶装60毫升、120毫升	甲
19	复方乌鸡胶囊	每粒装0.25克	甲
20	复方乌鸡颗粒	每袋装5克	甲
21	复方杏香兔耳风颗粒	每袋装（1）18克（含生药35克）（2）9克（含生药35克）（无糖型）	甲
22	健妇胶囊	每粒装0.5克	甲
23	益母丸	每丸重9克	甲
24	调经止痛片		甲
25	调经益母片		甲
26	维妇康洗液	每瓶装150毫升	乙
27	鹿胎颗粒	每袋装15克	甲
28	湿消丸	大蜜丸每丸重9克	甲
29	痛经灵颗粒	每袋10克（相当于原药材45.5克）	甲
30	舒阴洁洗剂	每瓶装200毫升	甲
31	愈带丸	每100粒重6克	甲
32	蛾苓丸	10粒重2.1克	甲

四、儿科用药

1	儿泻康贴膜	每张重0.23克	甲
2	小儿化痰止咳颗粒	每袋装5克	甲
3	小儿化痰止咳糖浆		甲
4	小儿肠胃康颗粒	每袋装5克	甲
5	小儿宝泰康颗粒（冲剂）	每袋装（1）2.6克（2）4克（3）8克	甲
6	小儿肺热咳喘口服液	每支装10毫升	甲
7	小儿咳嗽宁糖浆	每瓶50毫升	甲
8	小儿咽扁颗粒	每袋装8克	甲
9	小儿退热口服液	每支10毫升	甲
10	小儿健脾口服液	每支10毫升	甲
11	小儿热咳清胶囊	每粒装0.2克、0.4克	甲
12	小儿疳积糖	每包重10克	甲
13	小儿清肺化痰颗粒	每袋装6克	甲
14	小儿清热止咳口服液	每支10毫升	甲
15	小儿清热灵		甲
16	小儿增食片	每片重0.25克	甲
17	五福化毒丸	大蜜丸每丸重3克	甲

序号	药品名称	规格（组成）	分类
18	化积口服液	每支10毫升	甲
19	泻痢保童丸	每丸重3克	甲
20	肥儿宝颗粒（冲剂）（小儿疳积冲剂）	每袋（块）重10克（相当于总药材2.1克）	甲
21	肥儿疳积颗粒	每袋装10克	甲
22	保儿安颗粒	每袋装10克	甲
23	健儿口服液	每支10毫升	甲
24	健儿片		甲
25	健儿糖浆		甲
26	健脾止遗片	每片（基片）重0.3克	乙
27	婴儿健脾颗粒	（1）每袋装2克；（2）每袋装4克	甲
28	康儿灵颗粒	每袋装11克	甲
29	清宣止咳颗粒	每袋装10克	甲
30	维儿康洗液	每瓶装150毫升	甲

五、五官科用药

1	双料喉风散	每瓶装（1）1克 （2）1.25克 （3）2.2克	甲
2	北豆根片	糖衣片：（1）15毫克（2）30毫克 薄膜衣片：（1）15毫克（2）30毫克	甲
3	石斛夜光丸	大蜜丸每丸重9克	乙
4	利咽灵片	每片重0.44克	甲
5	灵丹草颗粒	每袋装3克	甲
6	芩石利咽口服液	每支10毫升	甲
7	补肾固齿丸	每30丸重1克	乙
8	近视乐眼药水	每瓶装8毫升	乙
9	炎见宁片	（1）大片每片相当于原药材1.85克（2）小片每片相当于原药材0.74克	甲
10	苦胆草片		甲
11	养阴护齿含片	每片重0.58克	乙
12	复方瓜子金颗粒	每袋装（1）10克（相当原生药14克）（2）20克（相当原药生28克）	甲
13	复方红根草片	每片含干膏0.12克	甲
14	复方罗汉果含片	每片重0.5克	甲
15	复方南板蓝根片	每片0.39克（薄膜衣片）	乙
16	复方南板蓝根颗粒（冲剂）	每袋重10克	乙
17	桂林西瓜霜	每支1.0克；2.0克；2.5克；3.0克	甲
18	桂林西瓜霜含片	每片重0.6克	甲
19	桂林西瓜霜胶囊	每粒装0.5克	甲
20	消炎灵片	包薄膜衣后每片重0.32克	甲

序号	药品名称	规格（组成）	分类
21	莲芝消炎片		甲
22	莲芝消炎胶囊		甲
23	通鼻抗感剂	每瓶装（1）4克（2）6.5克	甲
24	清喉咽颗粒	每袋装18克	乙
25	喉舒宁片		甲
26	蒲公英片	每片含干浸膏0.3克	乙
27	滴通鼻炎水	10毫克	甲
28	熊胆粉		甲

六、骨伤科用药

序号	药品名称	规格（组成）	分类
1	补肾健骨胶囊	每粒装0.5克	乙
2	跌打风湿酒		甲
3	跌打药酒		甲
4	跌打镇痛膏	每片（1）10厘米×7厘米;每卷（2）10厘米×400厘米（3）10厘米×500厘米	甲
5	风湿寒痛片		甲
6	斧标正红花油	每瓶装35毫升	乙
7	骨痛灵酊		甲
8	国公酒		甲
9	海蛇药酒		甲
10	红药贴膏		甲
11	活络油	每瓶装5毫升	乙
12	筋伤宁湿敷剂	45毫米×60毫米和60毫米×90毫米	甲
13	梁财信跌打丸	每丸重6克	甲
14	塞隆风湿胶囊	每粒装0.31克	甲
15	塞隆风湿酒	每瓶装300毫升	甲
16	三七活血丸	每丸重9克	甲
17	麝香跌打风湿膏	每片6厘米×10厘米	甲
18	麝香祛风湿膏	（1）10厘米×7厘米（2）10厘米×6厘米	甲
19	麝香祛风湿油	每瓶装12克	甲
20	麝香舒活灵	每瓶装（1）30毫升（2）50毫升（3）100毫升	甲
21	神农镇痛膏		甲
22	沈阳红药胶囊	每粒装0.25克	甲
23	舒筋定痛片		甲
24	舒筋健腰丸		甲
25	双龙驱风油	每瓶5毫升、10毫升、20毫升、40毫升	乙
26	天麻追风膏	每张净重（1）15克（2）30克	甲
27	外用万应膏	每张净重（1）6克（2）12克	甲
28	无敌药酒	每瓶装200毫升	甲
29	无敌止痛搽剂	(1)20毫升（2）40毫升（3）60毫升（4）80毫升	甲

序号	药品名称	规格（组成）	分类
30	消肿止痛酊		乙
31	愈伤灵胶囊	每粒装0.3克	甲
32	正骨水	每瓶装（1）12毫升（2）30毫升（3）45毫升（4）88毫升	甲
33	正红花油	每瓶装5毫升	乙
34	治伤跌打丸	每丸重7克	甲

七、皮肤科用药

1	丹花口服液	每支装10 毫升	乙
2	丹参酮胶囊	每粒装0.25克	甲
3	五花茶颗粒（冲剂）	每袋装（1）5克（2）10克	甲
4	当归苦参丸	每100粒重10克	乙
5	克痤隐酮乳膏	（1）每瓶装25克（2）每管装20克	甲
6	养荣祛斑膏	每瓶装（1）30克（2）200克　每管装45克	甲
7	复方土槿皮酊	每瓶装15毫升（每1毫升的总酸量为187.5毫克）	甲
8	复方珍珠暗疮片		甲
9	药制龟苓膏	每瓶装（1）150克（2）300克	甲
10	湿毒清胶囊	每粒装0.5克	甲
11	舒肤止痒酊	每瓶30毫升	甲
12	痱子粉	每筒装50克	乙

第四批国家非处方药药品目录

第四批国家非处方药药品目录

（中成药部分）

一、内科用药

序号	药品名称	规格（组成）	分类
1	七子填精口服液	每瓶装20毫升	乙
2	七味解痛口服液	每支装10毫升	甲
3	九味清热胶囊	每粒装0.5克	甲
4	二十五味大汤丸	每丸重0.5克	甲
5	十一味甘露丸	每丸重0.3克	甲
6	十五味龙胆花丸	每10丸重3克	甲
7	十味手参散	每瓶装500克	甲
8	十味龙胆花胶囊	每粒装0.45克	甲
9	三子止咳膏	每瓶装200克，每克膏相当于总药量1克	乙
10	三胶颗粒	每袋装15克	甲
11	大补阴丸	大蜜丸每丸重9克	甲
12	丹佛胃尔康颗粒	每袋装10克	甲
13	乌麦益智合剂	每瓶装100毫升	乙
14	乌枣健脑安神片	每片相当于原药材2.26克	乙
15	乌苓苁蓉合剂	每瓶装（1）10毫升（2）100毫升	乙
16	五味安神颗粒	每袋装9克	甲
17	六味生脉片	每片含生药0.835克	乙
18	六味地黄胶囊	1、每粒装0.3克　2、每粒装0.5克	乙
19	双解胶囊	每粒装0.3克	甲
20	天癸口服液	每支装10毫升	甲
21	气管炎丸	每100粒重20克	甲
22	仙灵地黄补肾颗粒	每袋装4克	甲
23	仙参口服液	每支装10毫升	甲
24	仙戟补肾胶囊	每粒装0.35克	甲
25	宁清泰颗粒	每袋装3克(无蔗糖)	乙
26	归元健脑片	每片相当于原药材0.81克	甲
27	归圆口服液	每支装10毫升	乙
28	玄七通痹胶囊	每粒装0.4克	甲
29	生血复元口服液	每支装10毫升	乙
30	生桂口服液	每支装10毫升	甲
31	龙参补益膏	每瓶装300克或450克	甲
32	龙枣胶囊	每粒装0.5克	乙
33	交通心肾胶囊	每粒装0.36克	甲
34	壮元强肾颗粒	每袋装6克	甲

序号	药品名称	规格（组成）	分类
35	安神养血口服液	每瓶装30毫升	甲
36	虫草川贝膏	每瓶装150毫升	乙
37	虫草双参酒	每瓶装500毫升	乙
38	血生口服液	每支装10毫升	乙
39	贞蓉丹合剂	每瓶装100毫升	甲
40	体虚感冒合剂	每支装10毫升、每瓶装100毫升	甲
41	扶元口服液	每瓶装20毫升	甲
42	杞枣口服液	每支装10毫升	甲
43	灵芝双参口服液	每支装10毫升	甲
44	肝舒宁颗粒	每袋装10克	甲
45	芪仙补肾胶囊	每粒装0.45克	甲
46	芪龙壮儿口服液	每支装10毫升	甲
47	芪苓益气颗粒	每袋装3克	乙
48	补气口服液	每支装10毫升	乙
49	补肾安神口服液	每支装10毫升	甲
50	补肾养血胶囊	每粒装0.3克	甲
51	补肾益气胶囊	每粒装0.25克	乙
52	补肾益肝颗粒	每袋装10克	乙
53	阿珍养血口服液	每支装10毫升	甲
54	阿胶参芪酒	每瓶装500毫升	乙
55	龟芪壮骨颗粒	每袋装（1）5克（2）10克	甲
56	参芪云芝颗粒	每袋装5克	甲
57	参芪沙棘合剂	每瓶装100毫升	甲
58	参枣健脑口服液	每支装10毫升	甲
59	参苓归元膏	每瓶装120克	甲
60	参苓蛤蚧合剂	每支装(1)10毫升(2)20毫升(3)100毫升	乙
61	参苓精口服液	每支装10毫升	乙
62	参茸正阳口服液	每支装10毫升	乙
63	参茸养心益肾胶囊	每粒装0.4克	甲
64	参茸温肾丸	每丸重9克	甲
65	参桂补气养血口服液	每支10毫升	乙
66	参鹿茶	每袋装4克	甲
67	参精补肾胶囊	每粒装0.35克	甲
68	治咳川贝枇杷滴丸	每丸重30毫克	甲
69	肾阳胶囊	每粒装0.5克	甲
70	苓麦消食颗粒	每袋装10克	甲
71	采力合剂	每瓶装100毫升	甲
72	金龙补肾合剂	每瓶装100毫升	乙
73	金茵利胆胶囊	每粒装0.4克	甲
74	金蒿解热颗粒	每袋装8克	甲
75	复方人参益肾胶囊	每粒装0.3克	甲
76	复方石韦片		甲

序号	药品名称	规格（组成）	分类
77	复方虫草养血颗粒	每袋装 3 克	乙
78	复方杜仲扶正合剂	每瓶装（1）10 毫升（2）100 毫升	乙
79	复方苁蓉补肾合剂	每瓶装（1）10 毫升（2）100 毫升	乙
80	复方南五加口服液	每支装 10 毫升	乙
81	复方枸杞子膏	每瓶装 120 克	乙
82	复方枸杞颗粒	每袋装 20 克	乙
83	复方蚂蚁胶囊	每粒装 0.25 克	甲
84	复方首乌口服液	每支装 10 毫升	甲
85	复方海龙口服液	每瓶装 30 毫升	甲
86	复方黄芪口服液	每支装 10 毫升	乙
87	枳术颗粒	每袋装 6 克	甲
88	洋参五加口服液	每支 10 毫升	乙
89	洋参雪哈口服液	每支装 10 毫升	甲
90	活血胶囊	每粒装 0.3 克	甲
91	神安胶囊	每粒装 0.25 克	甲
92	胃肠健胶囊	每粒装 0.4 克	甲
93	胃康灵胶囊	每粒装 0.4 克	甲
94	茸杞补肾健脾茶	每袋装 2 克	乙
95	茸参益肾胶囊	每粒装 0.4 克	甲
96	首志健脑颗粒	每袋装 10 克	甲
97	香芷正气胶囊	每粒装 0.4 克	甲
98	香榆胃舒合剂	每瓶装 100 毫升	甲
99	健脑益气片	每片相当于原药材 3.4 克	甲
100	桂龙益肾通络口服液	每瓶装 10 毫升	甲
101	桑杞脑康颗粒	每袋装 6 克	甲
102	海益元合剂	1、每支装 10 毫升　　2、每瓶装 100 毫升	甲
103	润肠通秘茶	每袋装 3 克	甲
104	益气固肾胶囊	每粒 0.5 克	甲
105	益气养阴口服液	每支装 10 毫升	乙
106	益肝明目口服液	每支装 10 毫升	甲
107	益肾健腰口服液	每支装 10 毫升	甲
108	眠安康口服液	每支装 10 毫升	乙
109	蚕鹿口服液	每支装 10 毫升	甲
110	勒马回片		甲
111	康欣口服液	每支装 10 毫升	甲
112	康欣胶囊	每粒装 0.3 克	甲
113	续参酒	每瓶装 500 毫升	乙
114	银红补肾药酒	每瓶装 200 毫升	乙
115	银阳虫草胶囊	每粒装 0.4 克	甲
116	银胡抗感合剂	每瓶装 150 毫升	乙
117	鹿阳强肾胶囊	每粒装 0.4 克	甲
118	鹿蓉颗粒	每袋装 20 克	乙

序号	药品名称	规格（组成）	分类
119	强肾养心胶囊	每粒装 0.35 克	乙
120	紫芪克咳口服液	每支装 10 毫升	甲
121	雄蛾参茸合剂	每瓶装 150 毫升	甲
122	槐杞黄颗粒	每袋装 10 克	甲
123	蒲郁胶囊	每粒装 0.47 克	甲
124	蓉仙口服液	每支装 10 毫升	甲
125	蓉芝益肾合剂	每瓶装（1）20 毫升（2）120 毫升	乙
126	解郁丸	每 15 丸重 1 克	甲
127	颐神颗粒	每袋装 4 克	甲
128	槟榔花口服液	每支装 10 毫升	甲
129	精杞参胶囊	每粒装 0.45 克	乙
130	藿蓉补肾颗粒	每袋重 16 克	甲

三、外科用药

1	肛舒颗粒	每袋装 10 克	甲
2	化痔栓	每粒重 1.4 克	甲

四、妇科用药

1	化瘀舒经胶囊	每粒装 0.35 克	甲
2	气血和胶囊	每粒装 0.4 克	甲
3	丝萸养血益肾颗粒	每袋装 20 克	甲
4	妇炎康片	每片重 0.25 克	甲
5	抗妇炎胶囊	每粒装 0.35 克	甲
6	更年安片	薄膜衣每片重 0.3 克	甲
7	花红片		甲
8	花红颗粒	每袋装 10 克（相当于原药材 28 克）	甲
9	肤芪止痒洗剂	每瓶装 100 毫升	甲
10	苦双黄洗剂	每瓶装(1)200 毫升(2)350 毫升	乙
11	金归洗液	每瓶装（1）100 毫升（2）150 毫升	乙
12	金鸡片	每片含干膏粉 0.247 克	甲
13	金鸡胶囊	每粒装 0.35 克	甲
14	金鸡颗粒	每袋装 8 克（相当于原药材 44.5 克）	甲
15	金松止痒洗液	每瓶装 125 毫升	甲
16	复方珍珠口服液	每支装 10 毫升	甲
17	复方益母养肾口服液	每支装 10 毫升	甲
18	洁尔阴洗液	每瓶 60 毫升、120 毫升、220 毫升	乙
19	洁阴止痒洗液	每瓶装（1）25 毫升（2）100 毫升	甲

序号	药品名称	规格（组成）	分类
20	洁康宁喷雾剂	每瓶装10毫升	甲
21	益母康颗粒	每袋装15克	甲
22	黄苦洗液	每瓶装200毫升	乙
23	痛经调理口服液	每支装10毫升	甲
24	蛾贞胶丸	每粒装0.5克	甲
25	增乳膏	每瓶装（1）150克（2）250克	甲

五、儿科用药

1	小儿双金清热口服液	每支装10毫升	甲
2	小儿健脾开胃合剂	每瓶装100毫升	甲
3	小儿解表止咳口服液	每支装10毫升	甲
4	小儿磨积片		甲
5	山白消食合剂	每瓶装100毫升	甲
6	山麦健脾口服液	每支装10毫升	甲
7	山葛开胃口服液	每支装10毫升	甲

六、五官科用药

1	双花草珊瑚含片	每片重0.5克	甲
2	罗汉果银花含片	每片重0.5克（相当于原药材0.36克）	甲
3	金玄利咽颗粒	每袋装3克	甲
4	复方川贝清喉喷雾剂	每瓶装20毫升	甲
5	复方冬凌草含片	每片重0.6克	乙
6	复方青橄榄利咽含片	每片0.5克	乙
7	珍元清咽散	每瓶3克	甲
8	香菊含漱液	每瓶装（1）20毫升（2）50毫升（3）100毫升	乙
9	热毒清锭	每锭重3.2克	甲
10	通达滴鼻剂	每支装10毫升	甲
11	清火爽口颗粒	每袋装3克（无蔗糖）	甲
12	菊梅利咽含片	每片重（1）1.2克（2）0.6克（儿童型）	甲
13	银桔利咽含片	每片重（1）0.7克（小片）（2）1.4克（大片）	乙
14	蓝芩口服液	每支装10毫升	乙

七、骨伤科用药

14	一支蒿伤湿祛痛膏	5厘米×6.5厘米	甲

序号	药品名称	规格（组成）	分类
2	外用无敌膏	每张净重 9 克、20 克、30 克	甲
3	归元筋骨宁湿敷剂	（1）45 毫米×60 毫米（2）60 毫米×90 毫米	甲
4	地仲强骨胶囊	每粒装 0.33 克	甲
5	金花跌打酊	每瓶装 30 毫升	甲
6	祛痛健身膏	7 厘米×10 厘米	乙
7	骨友灵贴膏	每片 7×10 厘米（打孔）	甲
8	骨友灵擦剂		甲
9	息伤乐酊	每瓶装（1）20 毫升，（2）40 毫升	甲
10	跌打万花油	每瓶装（1）10 毫升　（2）15 毫升　（3）25 毫升　（4）50 毫升	甲
11	麝香追风膏	7 厘米×10 厘米	甲

八、皮肤科用药

1	七参连软膏	每支重(1)10 克(2)15 克	甲
2	川百止痒洗剂	每瓶装 120 毫升	甲
3	六味白莲酊	每瓶装 45 毫升	甲
4	双子参洗液	每瓶装 100 毫升	甲
5	牛鲜茶	每袋装 1.5 克	甲
6	复方珍珠解毒口服液	每支装 10 毫升	乙
7	复方蛇胆清热搽剂	每瓶装 30 毫升	乙

注：第三批非处方药品种目录（一）中中成药止痛透骨贴应为止痛透骨膏。特此更正

第四批国家非处方药药品目录

（化学药品部分）

一、呼吸系统用药

序号	药品名称	规格（组成）	分类
1	氨酚烷胺那敏胶囊	每粒含盐酸金刚烷胺 50mg，对乙酰氨基酚 150mg，马来酸氯苯那敏 1mg	甲
2	氨咖黄敏胶囊	每粒含对乙酰氨基酚 250mg、咖啡因 15mg、马来酸氯苯那敏 1mg、人工牛黄 10mg	甲
3	氨咖黄敏片	每片含对乙酰氨基酚 250mg、咖啡因 15mg、马来酸氯苯那敏 1mg、人工牛黄 10mg	甲
4	复方氨酚那敏颗粒	每袋含对乙酰氨基酚 0.25g，咖啡因 15mg，马来酸氯苯那 敏 3mg，人工牛黄 10mg	甲
5	复方氨酚烷胺颗粒	每袋含对乙酰氨基酚 0.25g，盐酸金刚烷胺 0.1g，人工牛黄 10mg，咖啡因 15mg，马来酸氯苯那敏 2mg	甲
6	复方氨酚烷胺片	每片含对乙酰氨基酚 0.25g，盐酸金刚烷胺 0.1g，人工牛黄 10mg，咖啡因 15mg，马来酸氯苯那敏 2mg	甲
7	复方银翘氨敏胶囊	每胶囊含对乙酰氨基酚 113mg，维生素 C53.23mg，马来酸 氯苯那敏 1.13mg，银翘浸膏(按干膏计)161.3mg，连翘挥发油 0.32mg，荆芥挥发油 0.00024ml，薄荷油 0.00116ml	甲
8	复方愈创木酚磺酸钾口服溶液	每毫升含盐酸异丙嗪 0.001g；愈创木酚磺酸钾 0.025g；氯化铵 0.010g	甲
9	小儿氨酚黄那敏颗粒	每袋含对乙酰氨基酚 125mg，马来酸氯苯那敏 0.5mg，人工牛黄 5mg	甲
10	小儿氨酚黄那敏片	每片含对乙酰氨基酚 125mg，人工牛黄 5mg，马来酸氯苯那敏 0.5mg	甲
11	小儿氨酚那敏片	每片含对乙酰氨基酚 0.12g，马来酸氯苯那敏 0.0005g	甲
12	小儿氨酚匹林片	每片含阿司匹林 59.3mg，对乙酰氨基酚 34.4mg	乙
13	小儿复方贝诺酯咀嚼片	每片含贝诺酯 0.2g，维生素 B10.002g	甲
14	愈创甘油醚颗粒	10g：0.8g	甲
15	愈酚喷托异丙嗪颗粒	每包含盐酸异丙嗪 5mg，愈创木酸磺酸钾 125mg，枸橼酸喷托维林 10mg	甲
16	愈酚伪麻颗粒	愈创甘油醚 0.05g；盐酸伪麻黄碱 0.0125g	甲

二、神经系统用药

1	阿苯片	每片含阿司匹林 100mg，苯巴比妥 10mg	甲
2	阿苯糖丸	每粒含阿司匹林 0.025g，苯巴比妥 0.0025g	甲
3	氨酚咖那敏片	每片含对乙酰氨基酚 500mg、咖啡因 32.5mg、马来酸氯苯	甲

序号	药品名称	规格（组成）	分类
		那敏 2mg	
4	贝诺酯散	0.5g	甲
5	贝诺酯维 B1 颗粒	每袋含贝诺酯 0.5g、维生素 B15mg	甲
6	苯巴比妥东莨菪碱片	每片含苯巴比妥 30mg、氢溴酸东莨菪碱 0.2mg	甲
7	对乙酰氨基酚口服溶液	100ml：2.4g	乙
8	对乙酰氨基酚丸	5mg	甲
9	复方氢溴酸东莨菪碱贴膏	每片含氢溴酸东莨菪碱 0.34mg，水杨酸甲酯 3.18mg，樟脑 3.18mg，薄荷脑 3.18mg	乙
10	氯美扎酮片	0.1g	甲
11	樟脑薄荷柳酯乳膏	每 10g 中含樟脑 0.5g、薄荷脑 0.5g、水杨酸甲酯 0.5g	乙

三、消化系统用药

序号	药品名称	规格（组成）	分类
1	阿苯达唑咀嚼片	(1)75mg；(2)0.1g	甲
2	复方颠茄氢氧化铝片	每片含牡蛎粉 0.1g，氢氧化铝 0.1g，颠茄流浸膏 0.0025g，龙胆 0.03g，大黄 0.03g	甲
3	复方颠茄氢氧化铝散	每包含氢氧化铝 0.8g、碳酸镁 2.7g、碳酸钙 1.6g，碳酸氢钠 0.5g	甲
4	复方龙胆碳酸氢钠片	每片含碳酸氢钠 0.4g、大黄膏（相当原生药 0.05g）、龙胆膏(相当原生药 0.05g)、丁香油 0.001ml、薄荷油 0.001ml	甲
5	复方木香铝镁片	每片含氢氧化铝 70mg、三硅酸镁 30mg、氧化镁 67mg、碳酸钙 134mg、白及 100mg、木香 47mg、甘草流浸膏 67mg、颠茄流浸膏 0.0033ml	甲
6	复方维 U 颠茄铋镁片	内层片含有：维生素 U25mg、甘草酸 12.5mg；外层片含有：碱式碳酸铋 100mg、珍珠层粉 100mg、氢氧化铝 75mg、叶绿素铜钠 1.0mg、颠茄流浸膏 2.6mg	甲
7	甘镁颠茄片	每片中含氢氧化铝 0.28g，三硅酸镁 0.1g，颠茄流浸膏 0.0067ml，甘草流浸膏 0.01ml	甲
8	甲苯咪唑咀嚼片	(1) 0.1g (2) 0.2g	甲
9	铝镁颠茄片	每片含氢氧化铝 0.2g，氧化镁 0.15g，颠茄浸膏 0.00425g，姜粉 0.025g，桂皮粉 0.025g	甲
10	铝镁混悬液	每克含氢氧化铝 72.0mg，氢氧化镁 21.25mg，硅酸镁铝 10.0mg	甲
11	齐墩果酸胶囊	20mg	甲
12	双羟萘酸噻嘧啶栓	0.2g	甲
13	维 U 颠茄铝胶囊	每粒含氢氧化铝 140mg，维生素 U（碘甲基蛋氨酸）50mg，颠茄流浸膏适量	甲
14	维 U 颠茄铝镁胶囊	每胶囊含维生素 U（C6H14INO2S）50mg、氢氧化铝 123mg、三硅酸镁 53mg、颠茄流浸膏 2.6mg	甲

四、五官科用药

序号	药品名称	规格（组成）	分类
1	薄荷桉油含片（I）	每片含薄荷脑 1.25mg、桉叶油 0.5mg、 薄荷油 0.75mg、柠檬油 0.5mg、枸橼酸 0.75mg、糖精钠 0.375mg、靛蓝 0.018mg、蔗糖 120mg、淀粉 230mg、糊精 100mg	乙
2	薄荷茴桉苯甲酸钠含片	每片含苯甲酸钠 5mg，薄荷油 4mg，茴香油 0.8mg，桉叶油 0.6mg	乙
3	醋酸氯己定溶液	0.02%	乙
4	度米芬含片	0.5mg	乙
5	氯己定苯佐卡因含片	每片含盐酸氯己定 5mg 和苯佐卡因 0.5mg	甲

五、皮肤科用药

1	桉油尿素乳膏	每 10g 中含尿素 1g、桉油 0.1ml、薄荷油 0.05ml	乙
2	薄荷尿素贴膏	4cm×6cm/片，含尿素 38mg	乙
3	达克罗宁氯己定硫软膏	每克含升华硫 0.1g；盐酸达克罗宁 5mg；醋酸氯己定 0.5mg	乙
4	呋喃西林乳膏	（1）0.1% （2）0.2%	乙
5	复方苯海拉明搽剂	每毫升含盐酸苯海拉明 0.01g、苯佐卡因 0.02 g、薄荷脑 0.05 g、樟脑 0.05 g、冰片 0.01 g、硼砂 0.02 g，乙醇、附加剂适量	甲
6	复方苦参水杨酸散	每袋 40g 含水杨酸 7.2g、苯甲酸 4.8g、硼酸 16g、苦参 8g	甲
7	复方水杨酸冰片软膏	每支含苯甲酸 1.2g ，水杨酸 0.60g，冰片 0.10g	乙
8	复方水杨酸溶液	每 10ml 含水杨酸 0.8g,水杨酸甲酯 0.2ml,间苯二酚 0.2g，苯酚 0.2g，乙醇 7ml	甲
9	复方水杨酸樟碘溶液（II）	每毫升中含苯甲酸 120mg、水杨酸 60mg、精制樟脑 60mg、2.5%碘酊 0.06ml、甘油 0.012ml	甲
10	复方氧化锌水杨酸散	每瓶 16g 含硼酸 0.8 g，水杨酸 0.48 g，明矾 1.44 g，氧化锌 5.76 g，滑石粉 7.52 g	甲
11	复方益康唑氧化锌撒粉	每25g中含硝酸益康唑0.25g,氧化锌6.25g,煅明矾1.25g,冰片 0.25g	甲
12	复方鱼肝油氧化锌软膏	每克含氧化锌 200mg，鱼肝油为 80mg；辅料为凡士林、羊毛脂等	乙
13	复方樟脑乳膏	樟脑 4%、薄荷脑 3%、水杨酸甲酯 2%、苯海拉明 1%、葡萄糖酸氯己定 0.2%、甘草次酸 0.3%	乙
14	克林霉素甲硝唑搽剂	每毫升含盐酸克林霉素（以克林霉素计）10.0mg、甲硝唑 8.0mg	甲
15	尿素贴膏	4×6cm2，（含尿素 0.3g）	乙
16	乳酸依沙吖啶溶液	0.10%	甲
17	水杨酸苯佐卡因软膏	水杨酸 5%，苯佐卡因 5%	甲
18	水杨酸氧化锌软膏	10g	乙
19	氧化锌油	0.4	乙

序号	药品名称	规格（组成）	分类
20	鱼石脂颠茄软膏	鱼石脂 8.88%，颠茄流浸膏 2.96%	乙
21	樟脑软膏	20g：2g	乙

六、妇科用药

序号	药品名称	规格（组成）	分类
1	制霉菌素阴道泡腾片	10 万单位	甲
2	制霉素阴道栓	每枚栓剂含制霉菌素 20 万单位、维生素 E10mg、维生素 A、维生素 D	甲
3	炔诺孕酮片	3mg	甲

七、维生素与矿物质类药

序号	药品名称	规格（组成）	分类
1	多维片(6)	每片含硝酸硫铵 2mg，烟酰胺 15mg，维生素 B62mg，维生素 B122μg，泛酸钙 5mg	乙
2	多维元素胶囊(15)	每粒含维生素 A1000 单位，维生素 D2400 单位，维生素 E10mg，维生素 B1 5mg，维生素 B22mg，维生素 B62mg，维生素 B12 5μg，维生素 C 30mg，富马酸亚 35mg，硫酸镁 5mg，硫酸铜 0.5mg，硫酸锌 1mg，硫酸锰 1mg，碘化钾 0.16mg，烟酰胺 20mg	乙
3	多维元素片(14)	每片含维生素 A2000 单位，维生素 D3200 单位，维生素 E15 单位(15mg)，维生素 C30 mg，叶酸 0.4mg，硝酸硫胺 0.825mg，维生素 B21mg，维生素 B61.520 mg，烟酰胺 9.920mg，维生素 B124μg，碘 75μg，镁 50mg，钙 325mg，铁 9mg	乙
4	多维元素片(16)	每片含维生素 A5000 单位，维生素 D2400 单位，维生素 E15 单位（15mg），维生素 C0.2g，硝酸硫胺 10.0mg，维生素 B210.0mg，烟酰胺 0.1g，维生素 B65 mg，维生素 B125μg，泛酸 18.4mg，碘 0.15mg，铁 12mg，镁 65mg，铜 2.0mg，锰 1mg，锌 15mg	乙
5	二维亚铁颗粒	每 5 克含富马酸亚铁 200mg，维生素 C200mg，维生素 B115mg	乙
6	复方硫酸亚铁颗粒	每粒胶囊含硫酸亚铁(FeSO4·7H2O)50mg，含维生素 C30mg	甲
7	复方三维亚铁口服溶液	每 1000ml 含硫酸亚铁 12g，硫酸锌 0.433g，硫酸铜 0.2g，L-盐酸赖氨酸 2g，维生素 B60.2g、维生素 B120.2mg，蔗糖 300g	乙
8	复方碳酸钙泡腾片	每片含维生素 C 1.0g 及碳酸钙 0.25g	乙
9	复方锌铁钙颗粒	每包含葡萄糖酸锌 30mg、葡萄糖酸亚铁 100mg、葡萄糖酸钙 400mg、维生素 B2 3mg	甲
10	复合维生素 BC 片	每片含维生素 B13mg，维生素 B21.5mg，维生素 C100mg	乙
11	富马酸亚铁咀嚼片	0.1g	甲
12	富马酸亚铁颗粒	每包 6g(含富马酸亚铁颗粒 0.1g)	甲
13	甲橙维 C 咀嚼片	每片含维生素 C（C6H8O6）50mg，甲基橙皮苷（C20H36O15）30mg	乙

序号	药品名称	规格（组成）	分类
14	九合维生素丸	每粒内含维生素A2500单位，维生素D250单位，维生素B1 2mg，维生素B2 1mg，维生素B6 0.5mg维生素C30mg，维生素E1mg，泛酸钙1mg，烟酰胺1mg	乙
15	九维片	维生素A2500U，维生素B1 2mg，维生素B2 1mg，维生素B6 0.5mg，维生素C 30mg，维生素D2 250U，维生素E 1mg，烟酰胺1mg，泛酸钙1mg	乙
16	九维鱼肝油乳	复方制剂，其组分为：每10ml含维生素A1200单位、维生素D3120单位、维生素B11mg、维生素B2o.75mg、维生素B60.5mg、维生素C30mg、维生素E0.5mg、烟酰胺0.3mg、泛酸钙0.5mg、蔗糖、增溶剂、调味剂、防腐剂、色素、水等适量	乙
17	赖氨肌醇维B12口服溶液	每5ml内含赖氨酸300mg，维生素B12 15μg及肌醇50mg	乙
18	赖氨葡锌片	每片含盐酸赖氨酸40mg，葡萄糖酸锌35mg	甲
19	硫酸亚铁含片	15mg	甲
20	六维胶丸	（1）成人型　每丸含维生素A 2500单位、维生素D2 250单位、V.B1 0.5mg、V.B2 0.5mg、V.C 30mg、烟酰胺 3mg；（2）儿童型　每丸含维生素A 2500单位、维生素D3 800单位、V.B1 0.5mg、V.B2 0.5mg、V.C 30mg、烟酰胺 3mg	乙
21	木糖醇颗粒	每袋10g	乙
22	葡钙维B1片	每片含葡萄糖酸钙250mg，维生素B1 2mg	乙
23	葡萄糖酸钙维D2咀嚼片	每片含葡萄糖酸钙0.3g，骨化醇0.125mg	乙
24	乳酸钙咀嚼片	0.3g	乙
25	三合钙咀嚼片	每片含乳酸钙0.05g，葡萄糖酸钙0.05g，磷酸氢钙0.05g	乙
26	三维鱼肝油乳	每1g含维生素A77单位、维生素D3 8单位、维生素C1.54毫克	乙
27	十维片	每片含维生素A2500单位，维生素D400单位，维生素E30mg，倍他胡萝卜素1.5mg，维生素B11.5mg，维生素B21.7mg，维生素B62mg，维生素B126μg，维生素C60mg，烟酰胺20mg，叶酸0.4mg	乙
28	四维钙片	每片含葡萄糖酸钙80mg，磷酸氢钙4.6mg，甘油磷酸钙1.0mg，维生素B1 0.05mg，维生素B2 0.048mg，维生素C 3.0mg，维生素D2 12单位（0.3μg）	乙
29	四维他片	每片含维生素B1 3mg，维生素C 50mg，维生素B2 5mg，烟酰胺5mg	乙
30	铁铵锌铜维B1糖浆	每1000ml含枸橼酸铁铵60g，硫酸铜0.153g，硫酸锌0.569g，维生素B10.4g，蔗糖500g，苯甲酸及香精适量	甲
31	维D2磷酸氢钙片	每片含磷酸氢钙150mg，维生素D2 500 U	乙
32	维生素AE胶丸	每丸含维生素A 5000IU和维生素E 20mg	乙
33	维生素EC片	每片含维生素E10mg和维生素C50mg	乙
34	维生素E乳	含维生素E0.5%	乙

序号	药品名称	规格（组成）	分类
35	小儿硫酸亚铁糖浆	每毫升含硫酸亚铁 40mg(相当于铁 8mg)，　枸橼酸 2.1mg，蔗糖 825mg	甲
36	小儿四维葡钙颗粒	每克含维生素 B1 0.2mg、维生素 B2 0.1mg、维生素 C 2.5mg、维生素 D2 70 单位、葡萄糖酸钙 150mg、葡萄糖 150mg	乙
37	小儿五维赖氨酸糖浆	每瓶 100ml 内含盐酸赖氨酸 3g，泛酸钙 0.2g，　维生素 B10.05g，维生素 B20.01g，维生素 B60.04g，烟酰胺 0.17g	乙

第六部分 药品流通领域推行药品分类管理的进展

处方药与非处方药分类管理在我国是一个新生事物，没有现成的经验，为探索药品分类管理的具体、可行的经验，做到积极稳妥地推进药品分类管理工作，国家药品监督管理局先行在流通领域进行药品分类管理工作试点，在试点的基础上制定了相应的政策，扩大推行范围。

一、实施药品分类管理流通试点工作

1999 年2 月，国家药品监督管理局党组提出"药品分类管理要先进行试点，首先在流通环节试点"的意见，国家药品监督管理局市场监督司着手酝酿试点工作方案，经国家药品监督管理局分类管理协调会多次研究，并反复征求各有关司室和有关方面的意见，国家药品监督管理局于1999 年10 月18 日至2000 年8 月进行了为期10 个月的药品分类管理流通试点工作。试点工作大体分为三个阶段。第一阶段：动员培训；第二阶段：实施药品分类管理；第三阶段：总结。

第一阶段：动员培训（1999 年10 月18 日~1999 年12 月10 日）

在经过充分准备的基础上，国家药品监督管理局于1999 年10 月18 日在北京召开了"处方药与非处方药分类管理流通试点工作会议"。参加会议的有国家药品监督管理局有关领导、国家药品监督管理局市场监督司、安全监管司、药品注册司领导及深圳、绵阳、无锡3 个试点地区药品监督部门的负责人及试点药品零售企业的负责人，国家经贸委、卫生部、劳动和社会保障部、国家中医药管理局等有关部门应邀派人参加了会议。

会议主要内容和任务是部署处方药与非处方药分类管理流通试点工作。在会议上，国家药品监督管理局邵明立副局长对试点工作进行了动员，戴庆骏副局长做了总结讲话，会议进一步研究、完善并正式出台了《处方药与非处方药分类管理流通试点工作方案》；制定了试点工作的具体任务和时间进度表。这次试点工作会议标志着国家药品监督管理局正式启动了处方药与非处方药分类管理流通试点工作，拉开了我国实施药品分类管理制度的序幕。

处方药与非处方药分类管理流通试点工作方案明确了试点工作的目的、指导原则、计划、试点地区和试点单位。

目的：深入了解药品管理部门、经营企业以及社会公众对国家实行处方药与非处方药分类管理制度以及出台的相关政策的态度和反映；了解和掌握药品实行分类管理后对药品经营企业、医疗机构和社会消费行为的影响，发现问题，总结经验，从而正确把握改革力度与社会承受能力的关系；探讨分类管理给药品行政执法监督工作带来的变化；通过加强宣传和培训工作，动员群众扩大社会影响，使药品分类管理工作按预定计划顺利实施；通过试点，为我们科学、合理地制定实施药品分类管理政策和规划提供有效依据。

指导原则：一、试点工作自始至终要贯彻国家药品监督管理局建立药品分类管理制度的指导思想、目标、基本原则精神。二、要注重调查研究，试点单位要加强组织领导，突出宣传教育培训，把转变思想观念、提高思想认识、排除思想障碍做为重点工作去抓。三、实事求是，从实际出发，积极稳妥开展工作。试点期间处方药管理，实行双轨制的原则。确定粉针剂、大输液两大类药品实行处方药管理，必须凭医生处方销售。其他处方药在试点时对购药者能提供处方的按分类管理的规定执行，没有医师处方的仍然可以销售。四、药品监督管理部门要积极主动地会同各有关部门，加强协作，做好相关工作的配套衔接。五、在自愿的基础上，精选试点地区和单位。六、重视、发挥新闻单位对试点工作的舆论宣传作用。

试点地区和试点单位：按照试点单位的条件并征得有关地区医药管理部门同意，确定了3个试点地区、7个试点单位。1、广东省深圳市2、四川省绵阳市3、江苏省无锡市4、南京市医药百信药房有限责任公司5、哈尔滨市哈尔滨药材公司、哈尔滨市医药公司6、北京市北京医药经济技术经营公司大药房、北京白塔寺药店7、广州市健民医药连锁店，广州市采之林药业连锁有限公司。

1999年11月，3个试点地区、7个试点单位开展了多层次的试点工作培训。

第一层次的培训：国家药品监督管理局组织力量对试点地区、试点单位着重进行药品分类管理相关政策培训。按照试点方案的计划，1999年10月29日国家药品监督管理局药品分类管理协调会议确定了7个方面培训内容：1、我国处方药与非处方药分类管理制度的建立与《处方药与非处方药分类管理办法》（暂行），2、药品分类管理流通试点工作及方案的实施，3、《处方药与非处方药流通监督管理办法》的制定，4、《药品流通监督管理办法》的颁布实施，5、非处方药的遴选与应用，6、国际处方药与非处方药的管理，7、我国药品经营企业如何适应药品分类管理的重大改革。国家药品监督管理局市场监督司精心组织了由国家药品监督管理局安全监管司（司长白慧良、副司长边振甲、药品评价处副处长高国彪）、市场监督司（副司长李洪生、流通规则管理处处长李勤）、中国非处方药物协会（副会长胡圣榆）、中国医药商业协会（副秘书长王锦霞）有关药品分类管理工作人员及参加非处方药物遴选的临床药学专家（原解放军301医院药学部主任杨光承）组成的药品分类管理流通试点培训队伍，于1999年11月5日至11月21日奔赴深圳、无锡、绵阳3个试点地区对参加试点的药品零售企业领导、质量管理人员、部门营业人员及当地药品监督管理人员共计750余人进行了全面培训，其中深圳市参加试点的6家连锁公司共有430人参加了培训，7家试点单位也分别参加了这次培训活动。

培训期间，培训队伍实地调查了深圳、无锡、绵阳、南京、哈尔滨等地的30余家零售药店，召开了6个座谈会，参加座谈人员120余人，听取了试点地区和单位对培训和药品分类管理工作的意见和建议。

第二层次的培训：有的试点地区，如深圳市、绵阳市药品监督管理部门利用各种形式对参加试点的药品零售企业进行了培训。深圳市药政处、医药办对参加试点的6家药品零售连锁公司（一致、中联、海王、万泽、南北、合丹）的6个试点样板店的全体工作人员进行了药品分类管理法律知识和专业知识培训；绵阳市药品监督管理局对参加试点的零售负责人进行了培训。

第三层次的培训：参加试点的药品零售连锁企业或药店自行对药店管理人员、营业人员进行了培训。

到1999年12月10日，深圳市参加试点的6家药品零售连锁企业的试点药店扩大到41家，3个试点地区和7个试点单位的试点药店总数达到100多家。

第二阶段：实施分类管理（1999年12月10日~2000年6月底）

从1999年12月10日起，3个试点地区、7个试点单位进入了药品分类管理的实施阶段。参加试点的企业按照《处方药与非处方药分类管理办法》的要求和“积极稳妥、注重实效、分步实施、逐步到位”的工作方针，结合企业实际，大胆探索，在学习中实践，在实践中改进，在改革中提高，收到了较好的效果。

完善企业规章制度。根据《处方药与非处方药分类管理办法》、《处方药与非处方药流通暂行管理规定》等有关药品分类管理的规定，各药品经营企业修订制定了一系列相关的管理制度，像深圳一致制定了《驻店药师岗位职责》、《处方药销售和处方审核调配制度》、《药品分类摆放原则》、《药品拆零销售质量管理手册》等规章制度；根据《中国非处方药物目录》（第一批、第二批）公布的品种，确定并编制适应企业经营工作的药品经营目录，打印成册。各药品连锁经营企业将实施药品分类管理的文件下发到采配中心和各个门店，使各门店都能按要求统一进行商品的分类陈列、销售。

开展广泛深入的宣传培训。以《处方药与非处方药分类管理办法》、《药品经营质量管理规范》等国家有关规定、法规及企业规章制度等为主要内容，对不同层次人员开展业务、法规知识培训，提高员工的整体素质。像哈药集团医药公司、深圳中联大药房等药品流通试点企业充分利用新闻媒体，设立用药咨询台、药品分类管理意见薄等多种形式宣传普及药品分类管理知识，通过宣传推广，引导人民群众的医疗保健观念向“自我健康、自我负责”转变。

配备驻店药师、执业药师。各试点单位及药品连锁经营企业在现有技术力量中进行调整，每个药店至少配备一名驻店药师，以满足群众购药需求。

确定药品销售形式。在非处方药销售方面一般采取两种形式：一种是传统的柜台销售形式，分类摆放、分类销售，实行大店分区，小店分柜，并设有明显标记；另一种是非处方药开架销售。对于毒、麻、精、放按特殊药品管理规定严格管理，对大输液、粉针剂的销售，严格做好凭医生处方销售的工作。对于其余药品的销售实行双轨制，凭医生处方或在药师指导下购买和使用。

按照药品分类管理流通试点工作方案的要求，国家药品监督管理局于2000年3月7日至9日在广东省深圳市召开了第二次处方药与非处方药分类管理流通试点工作会议。

试点城市和试点企业所在地的药品监督管理部门或卫生、医药管理部门的有关负责人及16家参加试点企业的代表共60余人参加了会议。中国非处方药物协会、中国医药商业协会的有关负责人应邀参会。国家药品监督管理局副局长戴庆骏到会并做了题为《积极进取，勇于探索，作好药品分类管理流通试点工作》的报告，深圳市人民政府副市长宋海到会并发表了讲话。

会议的主要内容是汇报、交流各地试点工作的进展情况和试点经验；探讨试点工作遇到的问题及解决的办法；对下一步工作提出要求。目的是总结交流药品分类管理流通试点经验，以更好地指导和促进药品分类管理流通试点工作的深入开展。14家参加试点工作的企业就前一阶段的试点进展情况、试点中出现的问题及有关建议进行了发言，对遇到的问题进行了专题的研讨；为增加大家对深圳市试点情况的感性认识，借鉴深圳市试点经验，会议组织了对深圳市6家试点药店的实地参观、考察，同时，还听取了深圳海王公司负责人介绍的有关美国药品零售情况。会议起到了总结、交流、学习、鼓劲的作用。

第三阶段：总结（2000 年 7 月～8 月）

2000 年 8 月，国家药品监督管理局在黑龙江省哈尔滨市召开了全国药品分类管理流通试点总结暨流通实施工作会议，共有来自全国各省、自治区、直辖市药品监督管理局和药品分类管理流通试点地区和试点单位的 90 余名代表与会，会议还特别邀请了卫生部、国家中医药管理局等有关部门的领导到会，国家药品监督管理局有关司室及中国非处方药物协会和中国医药商业协会的有关负责人也参加了会议。国家药品监督管理局副局长邵明立作了题为《总结经验，不断探索，积极稳妥地推进药品流通分类管理工作》的讲话，对近 10 个月的药品分类管理流通试点工作进行了总结：3 个试点地区、7 家试点企业的试点药店总数已经达到 754 家，其中深圳市 240 家，绵阳市 141 家，广州采芝林药业连锁店 110 家，无锡市 80 家；共有 6638 名药品零售企业职工参加了试点工作。在整个试点工作过程中，3 个试点地区、7 个试点单位参加试点人员共计 6487 人，接受各种形式试点培训的人员共计 6830 人，培训覆盖率超过 100%。

会议听取了试点地区和单位开展药品分类管理工作的经验介绍，实地参观了哈尔滨药品流通试点的 4 家示范药店；公布了全国药品流通分类管理的 124 家示范药店，这是经各试点地区药品监督管理部门依据条件推荐产生，由国家药品监督管理局确认并统一发牌。这次会议，是在全国各省级机构逐步建立、人员相继到位、药品流通分类管理工作开始全面铺开的时刻召开的，推广试点地区和试点单位的经验，国家药品监督管理局的领导做动员提要求。这次会议既是试点工作的总结会，又是进一步深入研究问题、全面推进药品流通分类管理的动员会。

二、颁布实施《处方药与非处方药流通管理暂行规定》

为推动处方药与非处方药流通分类管理工作的进程，保证处方药与非处方药流通领域依法规范的分类管理，1999 年 12 月 17 日，国家药品监督管理局局务会讨论通过了由国家药品监督管理局市场监督司起草的《处方药与非处方药流通管理暂行规定》，并于 1999 年 12 月 28 日下发。《处方药与非处方药流通管理暂行规定》（国药管市［1999］454 号）分六章 27 条，从生产、批发企业销售、药店零售、医疗机构处方与使用、普通商业企业零售乙类非处方药等方面都根据分类管理的要求做出规定。

1．药品生产企业应在药品包装或药品使用说明书上醒目地印刷相应的警示语或忠告语：处方药：凭医师处方销售、购买和使用！非处方药：请仔细阅读药品使用说明书并按说明使用或在药师指导下购买和使用！

2．销售处方药和甲类非处方药的零售药店：必须配备驻店执业药师或药师以上药学技术人员；处方药与非处方必须分柜摆放、不得采用有奖销售、附赠销售或礼品销售，处方药与非处方药暂不采用网上销售；处方药不得采用开架自选销售方式，零售药店对处方必须留存 2 年以上备查。

3．医疗机构处方与使用：处方药必须由执业医师或执业助理医师处方，可根据临床门诊需要使用处方药与非处方药，药房条件可参照零售药店进行管理。

4．普通商业企业零售：只允许销售乙类非处方药，销售人员及管理人员必须经过当地地市级以上药品监督管理部门培训考核并持证上岗。

三、以试点工作为基础，扩大成果，推动药品分类管理工作的重点地区、重点城市的开展

1．为借鉴试点地区、试点企业的经验，充分发挥试点地区、试点企业的作用，进一步在全国流通领域推行药品分类管理工作，2000年8月28日至10月14，国家药品监督管理局市场监督司组织全国8个城市（天津、沈阳、福州、武汉、杭州、重庆、石家庄、青岛）到试点地区和单位参观、交流、培训，8个城市每个城市选派30人组成参观培训团，其中药品监督管理部门有关人员10人，药品经营企业有关人员20人。国家药品监督管理局组织专家授课，试点单位介绍经验，惠氏白宫OTC药物部积极支持国家药品监督管理局推行此项目。

2．各省药品监督管理机构组建到位后，国家药品监督管理局组织全国各省会城市、计划单列市、国务院规定的较大城市，即各省第一批试点单位和地区有关人员进行培训。全国分珠海（华东、华南）、重庆（西北、西南）、北京（华北、东北）三片进行培训。

3．为贯彻党中央、国务院支持西部大开发战略，国家药品监督管理局组织了“药品分类管理培训西部行”活动，由国家药品监督管理局市场监督司及安全监管司、中国非处方药物协会、中国医药商业协会及药学专家等有关人员组成小分队赴新疆乌鲁木齐、甘肃兰州、陕西西安进行宣传培训。

2000年由国家药品监督管理局直接组织的药品流通领域培训班14个，参加培训人员1650余人。为扩大宣传试点成果，国家药品监督管理局制作《流通领域实施药品分类管理》VCD教学片1万张、流通领域实施药品分类管理培训教材2千册，无偿发放全国。

四、颁布实施《关于加强流通领域处方药与非处方药分类管理工作的通知》

为推进药品分类管理，扩大试点工作成果，2000年4月1日，国家药品监督管理局下发了《关于加强流通领域处方药与非处方药分类管理工作的通知》（国药管市［2000］124号），通知要求：

1．各省市要依据文件要求制定实施方案，于5月10日以前报国家药品监督管理局市场监督司；

2．各省市先选择省会城市、国务院确定的较大城市计划单列市，有条件的也可选择部分地县市开展药品分类管理的试点工作，2000年年底以前，上述地区达到国家开展药品分类流通管理的政策要求；

3．从2000年4月1日起社会零售药店销售粉针剂和大输液必须凭医生处方。

五、2000年10月13日，国家药品监督管理局局长郑筱萸在《局药品分类管理工作协调会议纪要》上批示：应在今后进一步加大推进力度、宣传力度、协调力度，艰苦几年，见到实效。医生处方配合非常重要，要在管理上、技术上有新突破。

六、下发《关于做好2001年药品流通领域推行药品分类管理工作的通知》

自1999年下半年，国家药品监督管理局组织实施药品分类管理流通试点和各地的推行工作，针对各地发展情况不平衡的现状，国家药品监督管理局市场监督司于2001年6月26日下发了《关于做好2001年药品流通领域推行药品分类管理工作的通知》（国药监市［2001］304号），就当前做好流通领域推行药品分类管理工作提出要求：

1．各省、自治区、直辖市药品监督管理局要将流通领域推行药品分类管理工作列入重要议事日程。在2000年省会城市、国务院确定的较大城市、计划单列市试点工作的基础上，要向地市以下地区推行。

2．各级药品监督管理部门要加强监督检查必须凭医生处方销售的大容量注射剂（大输液）、粉针剂及小容量注射剂。

3．国家药品监督管理局拟在2001年第三季度召开以培训为主要内容的工作会议，各省、自治区、直辖市药品监督管理局市场处负责人参加，总结经验，研究问题，加大流通领域药品分类管理工作的推进力度。

2001年11月我国加入世贸组织（WTO）后，国内医药市场将进一步放开。2003年1月1日起，国外企业将获准在我国从事医药批发及零售贸易，各种先进的国际药品贸易业态和经营方式将进入国内市场，我国药品工商企业将面临严峻的考验。在统一、开放、没有贸易壁垒作保护的药品国际市场上，为促使国内医药工商企业提早准备以适应国际竞争，增强自身的实力，应当尽快建立完善实施与国际接轨的药品分类管理制度。

药品流通领域分类管理进展一览表

时间	实施药品分类管理城市数量	参加培训人员数量	实施药品分类管理药店数量
1999年10月～2000年8月	3个	6830人	754家
2000年8月～2000年12月	29个省(除海南、西藏外)151个城市	21037人	6416家
2001年1月～2001年12月	1001个	71813人	27908家

第七部分 药品分类管理的宣传推广

一、国家政府着力宣传普及药品分类管理知识

由于药品分类管理在我国还是个新生事物，整体实施工作还处在初始阶段，相关法规和政策陆续发布，药品生产、经营、使用单位和广大消费者对药品分类管理制度的现实意义、深远意义以及相关法规、政策内容和要求认识还很有限，因此国家药品监督管理局着力进行宣传和普及工作。

国家药品监督局与各新闻媒体广泛合作，采取各种方式，通过各种渠道开展群众性宣传普及工作，提高人民群众对这次制定法律法规、政策及用药知识的认识和理解，懂得对药品实行分类管理之后消费者的权利和义务。

《处方药与非处方药分类管理办法》（试行）公布后，国家药品监督管理局邀请各大新闻媒体召开了两次新闻发布会和通气会，新闻单位对此项工作进行了宣传报道；同时，还组织有关单位开展了各种形式的宣讲活动，在四川、甘肃、广东、江苏等地区进行了调研，在流通试点地区进行宣讲和培训；为普及药品分类管理相关法规、政策和知识，1999 年10 月国家药品监督管理局安全监管司、人民日报社经济部、中国医药报社主办了“处方药与非处方药分类管理知识竞赛”活动，广大人民群众积极参与，收到了良好的效果。2000 年初，中央电视台焦点访谈栏目对我国实施药品分类管理进行了专题采访和报道。

国家药品监督管理局由安全监管司、局办公室等部门组成专门办事机构，负责药品分类管理的宣传工作，并制定了“2000 年实施药品分类管理制度宣传推广工作总体计划”，确定宣传工作主体围绕以下四个方面：1．实施药品分类管理的意义；2．增强社会大众的自我保健、自我药疗意识，提高全民族的健康水平；3．普及自我保健和非处方药用药知识；4．宣传非处方药标识。并组织国家药品监督管理局药品评价中心、中国非处方药物协会及中国药学会分工开展有关宣传普及的具体任务。通过开展全方位、多形式、多媒体的宣传教育普及活动，广造声势，形成广播时时有声、电视经常有影、报纸经常有文和家喻户晓、人人皆知的局面。

2000 年5 月27 日至5 月31 日，在国家药品监督管理局的统一组织下，在全国范围内举办了处方药与非处方药分类管理宣传周活动，使药品分类管理制度的实施真正达到了广为人知的效果。

在活动筹备阶段，国家药品监督管理局安全监管司组织有关专家起草并完成了《处方药与非处方药分类管理100 问》，设计编制了3 张宣传周主题宣传画（1、“实施药品分类管理，保障人民用药安全”，落款五部局；2、“合理用药、安全有效，滥用药物、危害无穷”；3、非处方药专有标识）和6 种折页（包括实施药品分类管理的意义、基本概念、主要内容和自我保健、自我药疗方面的用药知识等）以及宣传页。上述材料共印制了10 种270 万份，近20 吨重。

2000 年5 月26 日，国家药品监督管理局宣传周活动办公室在北京召开有人民日报、新华社、经济日报、中央新闻台、中央人民广播电台、医药报、健康报、北京日报、北京晚报等34 家新闻单位参加的新闻发布会，介绍了宣传周活动的筹备情况，并向新闻单位发送了《宣传周活动背景材料》和《药品分类管理流通试点工作的有关材料》。

在宣传周活动的中心会场　北京劳动人民文化宫会场，全国人大副委员长王光英，国家药品监督管理局局长郑筱萸、副局长邵明立，卫生部，国家中医药管理局，劳动和社会保障部，国家工商行政管理总局等部门的负责同志，中国非处方药物协会常务副会长张鹤镛以及中国药学会、国家药品监督管理局药品评价中心的同志出席了开幕式，参加了主会场的咨询

活动。

非处方药物协会为配合宣传印刷并发放了OTC宣传画3种计30多万张，在协会网站登录了药品分类管理法规、政策和科普知识供广大人民群众查询，通过网站、协会会刊及中央人民广播电台的合作栏目“健康新视点”及时向全国报道宣传周活动情况，并在北京主会场设置了咨询接待台，向消费者发放OTC用药知识折页、回答有关问题，并展示了OTC多媒体导购系统。

通过宣传周活动，广大人民群众对药品分类管理的认知率提高了，也更加关注此项改革。据了解，国家药品监督管理局网站每天来访平均提高了一倍多，有的时间超过了原来两倍多；中国非处方药物协会的网站在此期间专门搞了问卷调查，从调查结果看，80%的调查者知道药品分类管理，知道OTC是什么。

随着药品分类管理工作的不断深入，得到了社会各界的广泛关注，国家药品监督管理局在国内各大新闻媒体，通过电台、电视台、报刊、杂志等进行不同形式报道与宣传，使广大人民群众充分了解药品分类管理的目的、意义，同时正确掌握自我保健、自我药疗知识。

二、各级地方政府因地制宜开展宣传普及活动

各地药品监督管理部门结合当地实际情况，因地制宜，充分利用各地新闻媒体，开展多种形式的宣传普及教育活动。

1999年10月，国家药品监督管理局在3个地区、7个单位开展了药品分类管理流通试点工作。试点地区及试点企业所在地的政府主管部门对这项工作给予高度重视，充分利用传播媒介的优势，采取新闻宣传、专题采访、知识问答等形式，广泛开展群众性宣传普及活动。深圳市由市药政处、医药办主办，6家试点药品零售连锁公司积极参与，组织了“深圳市处方药与非处方药宣传咨询日”活动，中央电视台《健康生活》栏目、深圳电视台、深圳特区报、医药经济报等11家新闻媒体进行采访，宣传、介绍深圳市开展药品分类管理工作的情况，制作了系统宣传药品分类管理知识的电视宣传片。绵阳市药品监督管理局在绵阳日报、绵阳电视台等4个媒体上采用专访、专栏和记者特约稿件等方式对实施药品分类管理的意义、目的、内容和要求等进行了全面报道。

2000年5月国家药品监督管理局在全国各大中城市进行为期一周的“药品分类管理”宣传周活动，各地药品监督管理部门积极配合，通力协作，使我国药品分类管理工作在全国掀起宣传高潮，使药品分类管理制度的实施真正达到广为人知的效果。

按照五部局的统一部署，从5月27日(周六)开始，全国29个省(区、市)数百个城市同时开展“药品分类管理”宣传周活动。各省(区、市)十分重视这次活动，大部分省药品监督管理局局长亲自挂帅，积极同省卫生行政、劳动保障、工商行政部门联系，组建领导机构，成立工作班子，指定专人负责，制定工作方案，并对全省宣传周活动的安排进行了周密的部署和准备。宣传周活动期间，部分地区省(区、市)政府领导、地(市)政府领导以及省、地(市)药品监督管理、卫生行政、劳动保障、工商行政部门的主要领导带队与参加咨询的专家、医药工作者一起走上街头，为广大人民群众解答问题，发送宣传材料，鼓舞了士气，烘托了效果，人民群众踊跃参与。

新疆自治区还专门印制了维语材料向维族群众发放。上海市组织对进入药店的消费者抽样调查，1/3的消费者回答知道我国要实施药品分类管理。

据不完全统计，全国各地共张贴和向参与咨询的百姓发放各种宣传材料400多万份；各地区主要新闻单位参加了现场报导和追踪采访。

三、各药品经营企业积极参与宣传活动

在国家药品监督管理局在国内各大新闻媒体进行药品分类管理宣传普及活动的同时，许多药品经营企业充分意识到实施药品分类管理制度对保证人民用药安全、有效的重要意义，将实施药品分类管理工作与加强企业内部管理、提高企业人员的素质和提高企业的服务意识结合起来，积极地参与到药品分类管理知识的宣传活动中。

在药品分类管理流通试点的地区和单位，各试点药店结合日常营业活动，开展宣传活动。各试点企业的领导直接到柜组巡视，指导具体、到位，并耐心地向顾客宣传药品分类管理知识，解答有关问题。南京医药百信药房有限责任公司10 月26 日邀请了市政府及医药、卫生、社保、集团公司等方面的领导及30 余家新闻单位的记者，召开了百信药房药品分类管理试点工作新闻发布会，多家新闻单位进行了报道宣传，公司从11 月份起，定期编印《试点工作简报》分发到所有门店，同时公司试点工作领导小组成员在首批试点药店中开展处方药与非处药分类管理知识现场咨询，解答消费者的疑问。哈尔滨市药材公司编印了《处方药、非处方药常识读本》，发给职工，并积极配合新闻媒体进行宣传报道；哈尔滨市医药公司举办了“同泰杯”药品分类管理知识有奖竞赛活动，社会公众广泛参与，收到答题卡6000 多份，同时利用新闻媒体进行宣传。深圳各试点药店都建立了处方药和非处方药的咨询点，各试点药店利用企业刊物，进行药品分类管理知识宣传。如：一致药店的《健康21 世纪》、海王的《健康手册》等。

各试点地区和试点企业不仅采取形式多样的宣传活动宣传、促进了药品分类管理工作，更重要的是试点药店本身的示范效应，以及各新闻媒体对试点工作的广泛宣传对其他药品零售企业产生了辐射和带动作用。从试点一开始，就有许多地区的药品监督管理部门、试点企业到试点药店参观、考察，许多新闻媒体一直在跟踪采访、报道试点情况。例如：深圳市共接受26 个省市、地区的药品监督管理部门、药品经营企业参观、考察610 人次，接受新闻媒体记者采访240 多次，这些新闻媒体宣传、报道药品分类管理180 多次，湖南省药品监督管理局还在试点城市深圳召开了湖南省处方药与非处方药分类管理流通试点工作会议；仅北京白塔寺药店就正式接受吉林、沈阳等地药品监督管理部门、药品经营企业参观、考察200 多人次，接受新闻媒体记者采访60 多人次。由于试点单位和地区的示范、辐射和推进效应，许多地区的药品监督管理部门更加重视并开始积极准备展开本地区的药品分类管理工作。

在2000 年5 月举办“药品分类管理宣传周”活动中，全国各主要城镇的药品经营企业、医院及许多公共场所均张贴了宣传药品分类管理的宣传画，悬挂了标语，发放宣传手册。苏州立达制药公司配合药品分类管理宣传工作，经国家药品监督管理局审核后，制作了药品分类管理系列公益广告，于5 月29 日起在中央电视台陆续播出。

随着药品分类管理工作的不断深入，各级药品监督管理部门针对不同的宣传对象采取灵活有效的宣传方式，特别重视对广大消费者进行广泛的、通俗易懂的宣传教育工作，为我国开展药品分类管理工作奠定坚实的社会基础，逐步提高人民群众对这项制度法律、法规、政策及相关知识的认识和理解，了解消费者自己的权利和义务，真正懂得我国实施药品分类管理制度对促进人民大众自我保健、自我药疗和对自我健康、安全用药等方面的积极影响和重要意义。

第八部分　药品分类管理的重大活动

1984年11月11日～13日

原国家医药管理局局长齐谋甲、原国家医药管理局情报所所长余传隆和原国家医药管理局药物院筹备处胡圣榆一行3人参加了世界大众药生产者联合会(WFPMM，现更名为世界自我药疗工业协会(WSMI))在日本东京举行的第七次大会，会上齐谋甲局长做了题为“中国传统药的历史、现状和展望”的讲演。这是原国家医药管理局首次组团参加国际医药界会议。

1986年9月21日～23日

原国家医药管理局局长齐谋甲为团长、原中国药材公司副总经理任德权、原国家医药管理局科教司胡圣榆为成员的代表团出席了了世界大众药生产者联合会(WFPMM，现更名为世界自我药疗工业协会(WSMI))在美国华盛顿举行的第八次大会，任德权副总经理在大会上就中国的自我药疗和非处方药现状做了报告，着重介绍了传统药作为自我药疗的作用，介绍了中国医药管理法规。

1988年5月

民间组织“中国大众药物协会”成立，并于当年加入了“世界大众药生产者联合会(WFPMM)”，成为该组织的理事单位。

1995年4月27日

卫生部通过《关于委托中国药学会开展制定处方药与非处方药的函》，原卫生部药政局正式将处方药与非处方药分类管理的政策研究及非处方药遴选的技术工作委托中国药学会。

1995年8月18日

中国药学会和上海罗氏公司联合举办的中国非处方药国际交流研讨会在北京召开。国家医药管理局郑筱萸局长、张文周副局长，卫生部药政局潘学田局长，中国药学会周海钧理事长、沈永兴秘书长，总后卫生部药械局袁天夕局长以及全国各地医药学专家、学者共150余人参加了会议。参加会议的还有分别来自瑞士、英国、日本的C.D.Snook，P. Vuilleme，G.Takada3位长期从事非处方药工作的国外专家。3位国外专家向与会者简要介绍了国外非处方药的发展和现状，并根据国外OTC发展的经验对我国建立非处方药制度提出了自己的看法。中外专家共同对在我国建立非处方药制度进行了广泛的交流和讨论。

1995年9月～11月

在北京召开了两次“中国非处方药国际交流研讨会”，对国外OTC的管理、市场发展及制定我国的OTC制度进行了深入的研讨和交流。

1995年12月10日～11日

在北京召开第四次“中国非处方药国际交流研讨会”，邀请了美国FDA前任局长Arthur Hull Hayes,Jr先生、杨森国际市场部总监Geert V.Stichele先生。Arthur Hull Hayes,Jr先生介绍了美国非处方药物管理历史及现行审评情况、美国非处方药广告审查、现行OTC药品目录、销售管理制度及OTC药物报销制度。Geert V.Stichele先生就自我保健在公共保健中的地位及国际非处方药管理情况对比作了介绍。

1996年4月

卫生部于1996年4月10第30号文《关于成立制定处方药与非处方药领导小组的通

知》，由卫生部、原国家医药管理局、国家中医药管理局、总后卫生部、国家财政部领导组成了国家非处方药领导小组及其办公室（设在中国药学会科技开发中心），设置秘书处及非处方药政策研究、药品审批、西药遴选、中药遴选、生产流通、广告宣传、教育培训7个专业组；并在第一次会议上确定我国非处方药工作的指导思想：“积极稳妥、慎重从严”。

1996年4月28日～29日

中国大众药物协会二届一次会员代表大会在北京召开，国家医药管理局局长郑筱萸、副局长张鹤镛、协会会长齐谋甲分别作了重要讲话，国家医药管理局有关司、中国药学会、中国医药科研开发促进会等部门的有关领导也出席了会议，会议讨论并通过了修改《中国大众药物协会章程》的报告，批准了将中国大众药物协会更名为中国非处方药物协会的决定(并报民政部审批)。会议期间，召开了二届一次理事会，推选国家医药管理局局长郑筱萸担任协会会长、张鹤镛副局长为协会常务副会长，山东新华医药集团公司总经理贺端湜为副会长；决定聘请原国家医药管理局局长、第一届中国大众药物协会会长齐谋甲同志为协会名誉会长；聘任胡圣榆同志为协会秘书长，周福成、马杏芬同志为协会副秘书长。

1996年10月7日～19日

应日本制药工业协会的邀请，国家医药管理局张鹤镛副局长率团一行5人对日本制药工业进行考察，先后访问了日本厚生省药物局、日本国特许厅等政府机构、日本制药工业协会及日本大众药协会，并对日本主要的制药企业和研究所，包括武田、三共、大正、山之内、藤泽、钟纺、田边、住友、日本微化所等9个单位进行了考察。对日本非处方药生产、经营有了一定了解，并由三共公司赠送一册日本OTC产品手册。

1996年10月26日～11月12日

中国非处方药物协会代表团秘书长胡圣榆（团长）、副秘书长马杏芬等一行7人参加了在加拿大举行的世界自我药疗工业协会（WSMI）第十二次大会，并对加拿大先令葆雅保健品厂和Stanley制药厂及设立于超级市场内的药房进行了考察。

1996年6月～12月

国家非处方药办公室与中央电视台合作拍摄、播放了“OTC小儿解热镇痛药普及教育系列片”等；利用健康报、中国医药报、中国中医药报开辟专栏，进行OTC制度的宣传。

1997年1月15日

党中央、国务院在全国卫生工作会议上，做出的《中共中央国务院关于卫生改革发展的决定》中指出“国家建立并完善基本药物制度，处方药与非处方药分类管理制度”。

1997年2月17日

卫生部召开了第二次国家非处方药领导小组办公会议。参加会议的有国家非处方药领导小组组长陈敏章、副组长郑筱萸、张文康、任德权、傅征、杜俭及成员张鹤镛、潘学田、韩立新、陈珩、袁天锡、周海钧、陈寅卿、罗慰慈等，国家非处方药领导小组办公室负责人邵明立、张世臣及各工作组组长，各部委有关司、处室的同志列席了会议。会议由卫生部部长陈敏章主持。在会上，国家非处方药领导小组办公室主任、原卫生部药政局局长潘学田汇报了《国家非处方药领导小组办公室1996年工作总结》及《1997年工作规划》；会上陈敏章部长、郑筱萸局长、张文康副部长等领导作了重要指示，陈敏章部长代表领导小组作了总结，明确了1997年工作重点与任务：(1)人员到位，加强领导；(2)加强政策研究力度；(3)药品遴选工作是关键；(4)加快中药非处方药工作；(5)要考虑产业政策；(6)根据不同侧重进行宣传。

1997年3月

在北京召开了以我国建立非处方药制度为重要议题的“世界医药卫生大会”。国内外专家和政府官员就有关法规、政策、经营及销售、科研、质量保证等方面内容进行讲演和讨论。

1997年4月25日～29日

国家非处方药领导小组办公室在北京召开第二次中国制药企业非处方药管理研讨会。这次研讨会是中国制药企业非处方药系列管理研讨会中华北、东北地区会议。60余家制药企业、药品经营企业的代表、部分在京医药学专家及国家非处方药领导小组办公室的领导等共计90余人出席了会议。会上，办公室成员周福成、李勤分别就“医药管理与发展在医改中的地位和作用”、“药品广告管理”作了专题报告；常务秘书胡茵、赵黎力等分几个专题向与会代表介绍了世界非处方药市场、分类、审批、广告等各方面的发展概况；解放军总医院杨光承教授分析了非处方药与自我保健。这次会议还邀请拜耳制药有限公司副总经理关永安、中美史克制药有限公司战略发展部经理郑立新、石宏等参加会议，并分别就“美国非处方药市场发展趋势对中国市场的启示”、“如何迎接挑战、如何制定扭亏及高速成长的策略”、“信息的获得及利用”作了专题论述。

1998年3月

中国非处方药物协会代表团参加世界自我药疗工业协会（WSMI）在马来西亚举行的第三届亚太地区非处方药大会，并对马来西亚、新加坡进行了考察。

1998年4月16日

国家药品监督管理局正式挂牌成立，郑筱萸任局长、党组书记，邵明立任副局长、党组副书记。

1998年8月

按照国务院赋予的职能，国家药品监督管理局立即着手进行对药品分类管理工作的研究、部署；明确安全监管司牵头负责组织制定药品分类管理制度，由邵明立副局长作为此项工作总协调负责人；建立药品分类管理工作协调会议制度，对分类管理工作进行总体部署，整体推进。

1998年12月18日

非处方药联席会议在京举行。国家药品监督管理局局长郑筱萸在会上讲话，详细介绍了我国实行药品分类管理工作进展情况。

1999年4月19日

国家药品监督管理局会同卫生部、国家中医药管理局、劳动和社会保障部、国家工商行政管理局印发了《关于我国实施处方药与非处方药分类管理若干意见的通知》，提出了我国实施药品分类管理的目标和基本原则，明确了分工和任务，为共同推进我国药品分类管理制度的实施提供了保障。

1999年6月9日～12日

以张鹤镛常务副会长为团长的中国非处方药物协会代表团一行6 人参加了在柏林举行的世界自我药疗工业协会（WSMI）第十三次大会。此外，由中国医药国际交流中心组织的赴欧洲非处方药观察团成员8 人也参加了大会，这是我国医药界参加国际非处方药大会人数最多的一次。这次大会的主题为：自我保健　信息时代卫生政策的必需组成部分。胡圣榆秘书长作为中国非处方药物协会（CNMA）理事参加了6 月9 日召开的世界自我药疗工业协会（WSMI）理事会，并向各国代表介绍了国家药品监督管理局职能、我国药品分类管理进展和中国非处方药物协会的工作情况。

1999 年 6 月 11 日

经国家药品监督管理局局务会审议通过，颁布了《处方药与非处方药分类管理办法》(试行)，公布了第一批《国家非处方药目录》，为我国药品分类管理制度奠定了基础。第一批国家非处方药目录规定了受限品种，并将肝炎辅助药列入目录，这在世界非处方药史上属于首创。

1999 年 7 月 28 日

中国非处方药物学会因特网站（http://www.cnma.org.cn）开通，更加准确、及时、详尽地为各级领导机关、会员单位以及广大消费者提供药品分类管理方面的各类重要信息。

1999 年 7 月 29 日～30 日

由国家药品监督管理局安监司主办、中国非处方药物协会、药品评价中心承办的“学习、宣传、贯彻药品分类管理办法”会议在北京召开。郑筱萸局长、邵明立副局长、安监司白惠良司长、市场监督司李洪生副司长、非处方药物协会胡圣榆秘书长及相关部门领导作了讲话。通过多种形式广泛听取与会代表的意见及建议。

1999 年 8 月 29 日

中国非处方药物协会和化学工业出版社出版了《中国非处方药 · 用药手册》。全国人大常委会副委员长、农工民主党主席蒋正华；中共中央委员、全国妇联党组第一书记、全国妇联副主席顾秀莲；国家药品监督管理局郑筱萸局长、邵明立副局长；全国政协委员、国家药品监督管理局顾问、中国非处方药物协会常务副会长张鹤镛等领导；部分参加《中国非处方药物 · 用药手册》编写的知名药学专家及中央电视台、北京电视台、新华社等近30 多个新闻单位参加了首发式暨新闻发布会。

1999 年 10 月 18 日

国家药品监督管理局召开了“处方药与非处方药分类管理流通试点工作会议”，印发了《处方药与非处方药分类管理流通试点工作方案》，确定了深圳市、绵阳市、无锡市3 个试点地区和南京百信药房有限责任公司等7 家试点单位，标志着药品分类管理在流通领域试点工作正式启动。

1999 年 10 月

国家药品监督管理局安全监管司、人民日报社经济部、中国医药报社主办了“处方药与非处方药分类管理知识竞赛”的活动。

1999 年 11 月 9 日～12 日

应中国非处方药物协会邀请，世界自我工业协会总干事 Reinstein 博士来华访问，就自我药疗的定义、自我药疗发展原因、自我药疗对OTC 市场影响，拉丁美洲等国的自我药疗模式及情况等方面做了介绍，有来自药品研究、生产、经营、评价等20多个单位的30名代表参加了会议。

1999年11月19日

根据《处方药与非处方药分类管理办法》(试行)，经国家药品监督管理局局务会审议通过并经局长会议同意，印发了《关于公布非处方药专有标识及管理规定的通知》。

1999年12月14日

在征询药品生产企业和医药学专家意见的基础上，国家药品监督管理局印发了《关于对第一批〈国家非处方药目录〉药品进行审核登记工作的通知》，制定了对第一批《国家非处方药目录》药品进行审核登记的工作原则和方案。

1999年12月28日

为推进处方药与非处方药流通分类管理工作的进程，国家药品监督管理局印发了《关于印发处方药与非处方药流通管理暂行规定的通知》。

1999年12月22日～23日

在北京召开了第一次全国"处方药与非处方药分类管理工作会议"，国家药品监督管理局局长郑筱萸在会上作了重要讲话，确定了我国实施药品分类管理工作的基本思路、总体部署、2000年工作任务及要求和今后工作打算。

1999年12月28日

为了推进处方药与非处方药流通分类管理工作的进程，加强对处方药、非处方药的流通管理，印发了《处方药与非处方药流通管理暂行规定》。

2000年3月7日～9日

国家药品监督管理局在深圳市召开了第二次处方药与非处方药分类管理流通试点工作会议，总结交流了药品分类管理流通试点经验。

2000年5月17日～21日

中国非处方药物协会常务副会长张鹤镛和秘书长胡圣榆一行2人应邀参加了欧洲自我药疗工业协会（AESGP）在芬兰赫尔辛基召开的第36届年会，这次会议的主题："如何促使人人获得自我药疗的实现"。会后对欧洲及芬兰的自我药疗业和社区药房进行考察。

2000年5月27日～31日

国家药品监督管理局联合卫生部、劳动和社会保障部、国家中医药管理局、国家工商局举办了"处方药与非处方药分类管理宣传周"活动，5月27日起在全国县以上城市同时展开，全国29个省（区、市）的300多个城市同时举办，通过新闻报道、发送宣传材料、咨询服务、播放电视专题片等形式，使人民群众越来越了解和懂得我国实施药品分类管理的必要性和对自我保健、安全用药的重要意义。作为全国"宣传周"活动中心的北京地区，参加2000年药师周的来自31个省市自治区药学会的近200名副高以上职称的药师和北京各大医院、科研院所的专家、教授走上街头，担当起人民的健康使者，向群众宣传药品分类管理的重大意义，并向咨询群众解答有关合理、有效用药的知识。

2000年6月

为做好制定"我国药品分类管理的规划实施纲要"，国家药品监督管理局安监司与协会进行调查研究，确定了调研内容及方案。

2000 年 7 月 7 日

为使非处方药药品使用说明书的用语科学、易懂，便于消费者自我判断选择和使用非处方药，国家药品监督管理局组织医学专家在生产企业报送的药品使用说明书基础上，按照国家对非处方药药品使用说明书的内容要求和有关规定，起草并公布了第一批《国家非处方药目录》药品使用说明书。

2000 年 7 月 8 日

为规范非处方药的监督管理，指导消费者科学、正确地使用非处方药进行自我药疗，国家药品监督管理局下发《关于做好第一批非处方药药品审核登记工作的通知》，以确保科学、规范地按时完成审核登记工作。

2000 年 7 月 22 日

为加快药品流通领域中的药品分类管理工作进程，国家药品监督管理局公布了在流通试点工作中推荐出的药品分类管理示范药店，以发挥其示范作用。

2000 年 8 月

国家药品监督管理局在黑龙江省哈尔滨市召开了全国药品分类管理流通试点总结暨流通实施工作会议，共有来自全国各省、自治区、直辖市药品监督管理局和药品分类管理流通试点地区和试点单位的 90 余名代表与会，国家药品监督管理局副局长邵明立作了题为《总结经验，不断探索，积极稳妥地推进药品流通分类管理工作》的讲话，对近 10 个月的药品分类管理流通试点工作进行了总结。

2000 年 11 月 20 日

为顺利推进处方药与非处方药分类管理制度，改善执业药师人数不能满足社会需求的现状，国家药品监督管理局发布了《关于在药品经营企业实行从业药师资格认定工作的通知》。

2000 年 11 月 21～24 日

以中国非处方药物协会会长张鹤镛为团长的中国代表团一行 15 人参加了在澳大利亚悉尼召开的世界自我药疗工业协会（WSMI）第 4 次亚太地区会议，会后与澳大利亚自我药疗工业协会（ASMI）举行座谈交流。

2000 年 12 月 17 日～18 日

“药品分类管理调研及实施规划制定专家研讨会”在北京召开。参加会议的有国家药品监督管理局安全监管司、市场监督司、药品注册司、人事教育司、药品评价中心的有关领导或负责人，北京市药品监督管理局、浙江省药品监督管理局、部分医药生产、经营企业负责人及在京的部分医药专家共 30 多人出席了会议。

2001 年 1 月 12 日

根据我国实施药品分类管理工作的总体步骤和非处方药遴选工作的进展情况，为维护人民身体健康和用药安全有效，国家药品监督管理局、国家工商行政管理局联合发布了《关于加强处方药广告审查管理的通知》，自 2001 年 2 月 1 日起停止受理和审查粉针剂类、大输液类和已经正式发文明确的其他品种以及抗生素类的处方药在大众媒介发布广告。

2001 年 1 月 23 日

国家药品监督管理局市场监督司就如何认定第一批停止在大众媒介发布广告的处方

药的品种作出说明。

2001年2月8日

根据国家药品监督管理局、国家工商行政管理局《关于加强处方药广告审查管理工作的通知》（国药管市［2001］14号）规定，国家药品监督管理局、国家工商行政管理局、新闻出版署经研究确定164种报刊为第一批医药专业媒体，允许刊播处方药广告。

2001年2月28日

中华人民共和国主席江泽民签发了九届全国人大常委会第20次会议修订通过的《药品管理法》，其中第三十七条规定“国家对药品实行处方药与非处方药分类管理制度。具体办法由国务院制定”。新的《药品管理法》自2001年12月1日起施行。

2001年5月18日

国家药品监督管理局公布第二批国家非处方药药品目录，此次公布的目录包括1535个药品制剂，其中，化学药品制剂205个(甲类非处方药136个，乙类非处方药69个)，中成药制剂1330个(甲类非处方药978个，乙类非处方药352个)。同时，公布了第一批国家非处方药目录中的乙类非处方药药品名单，共194个药品制剂，其中，化学药品制剂88个，中成药制剂106个。

2001年5月31日～6月5日

2001年药师周大会在重庆市举行，第四分会场以流通企业的经理、执业药师为主，探讨如何贯彻《药品管理法》，推行药品分类管理制度，规范药品市场，打击假、劣药品，依法经营。大会将以重庆为主会场，同时在全国31个省、自治区、直辖市的主要街道，万余名药师走上街头，举办大型普法宣传咨询日活动。加强《药品管理法》宣传的深度与广度，实现“药师在您身边”的承诺。

2001年6月8日

国家药品监督管理局、卫生部经研究确定83种刊物为第二批医药专业媒体。

2001年6月26日

针对“药品分类管理工作在各地发展很不平衡”这一现状，国家药品监督管理局发布《关于做好2001年药品流通领域推行药品分类管理工作的通知》，对做好流通领域推行药品分类管理工作提出要求。

2001年7月2日

为全面推进药品分类管理工作，国家药品监督管理局印发了《关于做好2001年药品分类管理工作的通知》，提出2001年药品分类管理工作要点。

2001年8月10日

按照《关于第一批非处方药药品审核登记工作中若干问题说明的通知》（国药管安［2000］140号）的要求，国家药品监督管理局补发了符合第一批国家非处方药目录审核登记的36个药品制剂（中成药制剂9个，化学药品制剂27个）的统一使用说明书。

2001年8月23日

国家药品监督管理局下发《关于征求第二批国家非处方药药品使用说明书意见的通知》，请各省（自治区、直辖市）药品监督管理局组织征求对第二批非处方药药品使用说明书（征求意见稿）的意见。

2001年9月12日

为进一步贯彻落实药品分类管理的政策规定，国家药品监督管理局发布《关于停止在大众媒介发布小容量注射剂药品广告的通知》，决定自2001年11月1日起停止在大众媒介发布小容量注射剂药品广告。

2001年11月5日

为切实贯彻《药品管理法》中规定的处方药不得在大众传播媒介发布广告或者以其他方式进行以公众为对象的广告宣传，根据药品分类管理的实施原则和进展的实际情况，国家药品监督管理局、国家工商行政管理局联合印发了《关于加强药品广告审查监督管理工作的通知》。对于在大众媒体发布广告的不同类别的药品，分别做出规定。

2001年11月12日

根据国家药品监督管理局与国家工商行政管理总局下发的《关于加强药品广告审查监督管理工作的通知》（国药监市［2001］476号）规定，将该文规定禁止在大众媒介发布药品广告的非抗生素类抗感染处方药、激素类处方药以及用于治疗心绞痛、高血压、肝炎和糖尿病的处方药的品种做出说明。

2001年12月5日

国家药品监督管理局公布了104种医学、药学专业刊物名单，这是继国家药品监督管理局、国家工商行政管理总局和新闻出版署联合下发的《关于公布允许刊播处方药广告的第一批医药专业媒体名单的通知》（国药监市［2001］39号）和国家药品监督管理局、卫生部联合下发的《关于公布允许刊播处方药广告的第二批医药专业媒体名单的通知》（国药监市［2001］278号）之后公布的第三批医药专业媒体名单，至此国家药品监督管理局与卫生部共研究确定了351种刊物为医学、药学专业刊物。

2001年12月11日

为贯彻新修订的《药品管理法》，根据《处方药与非处方药分类管理办法》（试行），国家药品监督管理局经研究决定，在原有的遴选基础上，拟开展部分处方药品转换评价为非处方药品的申报工作。

2001年12月20日

国家药品监督管理局印发了205份第二批国家非处方药化学药品使用说明书，这些化学药品使用说明书是在征求省、自治区、直辖市药品监督管理局及相关制药企业意见的基础上，按照国家对非处方药药品使用说明书的内容要求和相关规定起草并审定的。

第九部分 参与和领导药品分类管理工作的相关医药卫生界人士

（按姓氏笔画排列）

本部分主要是介绍参与和领导我国药品分类管理工作的部分医药卫生界人士。他们在创建药品分类管理制度中作了大量的工作。由于篇幅有限，许多专家与领导的资料没有载入，有待于今后的年鉴中陆续收载。

王功立，主任药师，国家药品监督管理局药品评价中心非处方药物处专家，原北京市第六医院院长，原国家非处方药办公室非处方药遴选专家组成员，中国药学会医院药学专业委员会委员，参与撰写了《国家非处方药专论》5本专著及7门《国家非处方药流通领域从业人员的培训教材》，《首都医药》、《湖南药学》、《安徽药学》编委。

齐谋甲，1933年3月出生，河北省高阳县人。1946年9月参加革命，1953年加入中国共产党。教授级高级工程师。历任晋冀察军区新华制药厂学员、技术员，华北军区卫生材料厂、华北防疫处、卫生部生物制品研究所技术员。曾在北京大学进修和原苏联莫斯科制药厂实习。归国后，历任华北制药厂车间主任、总工程师、副厂长，燃料化学工业部援越抗菌素厂专家组组长，燃料化学工业部、石油化学工业部、化学工业部医药局负责人。1979年任国家医药管理局副局长、党组副书记。1982年任国家医药管理局局长、党组书记。中国共产党第十三、十四次全国代表大会代表。中国大众药协会第一届会长，现任中国非处方药物协会名誉会长。

工作多年以来，一直从事医药生产、科研、管理工作。1948年因发明牛痘疫苗真空灌装法被评为模范工作者和人民功臣。1953年发明石棉板过滤空气法被评为北京市劳动模范。曾获朝鲜功劳勋章一枚，越南友谊勋章一枚。在华北制药厂工作期间，致力于抗生素生产研究和革新；改进青霉素发酵培养基，采用补料工艺提高了青霉素的发酵水平；改进青霉素过滤工艺节约大量能源；采用葡萄糖母液代替乳糖生产青霉素，在国民经济困难时期解决了青霉素生产主要原料国产化问题，因此被誉为我国抗生素工业方面的专家。1984年11月，代表原国家医药管理局首次率团参加国际医药界会议——世界大众药生产者联合会在日本东京举行的第七次大会。

自担任国家医药管理局领导工作以来，认真贯彻执行党的十一届三中全会以来的路线、方针、政策，主持制定了医药经济发展战略，统一了对医药事业是经济事业的认识，提出了关于中西药并举和中西药结合，建立我国医药优势，发展大医药，发展规模经济，坚持技术进步，优先发展科技教育，实行医药专营和代理制，建立责任市场等一整套发展医药经济的战略思想，并逐步实施，为我国医药事业蓬勃发展做出了重要的贡献。

孙定人，回族，主任药师、教授。1925年出生于北京，1943年以北京市理科状元的优异成绩考入国立北京大学医学院药学系，1948年毕业，1949年入伍到北京军区总医院药械科工作至今。现兼任国家科学技术进步奖医药组评审委员，国际发明展览会评奖会评审委员，总后勤部卫生部药品评审委员会委员，中国药学会高级会员理事，中国药学会医院药学分科学会副主任委员，国外美洲华人生物科学会会员，人民军区药学专刊编辑组组长，解放军第三军医大学教授等职。原国家非处方药办公室非处方药遴选专家组成员。

20世纪80年代初，成功研制出“洁净半自动制备大输液流程”， 并于1985年荣获全军科技成果一等奖。在从事药学工作的几十年里，掌握了英、俄、德、日、法、西班牙、葡萄牙、拉丁文等多种外文，翻译编著了近40部专业著作。其中具有代表性的论文有：高纯注射用水的制备，洁净半自动制备大输液的研究，药学情报科学，时间药理学，医药科学进展，水与生命。主要著作：中国药学史科（人卫版）、临床药学参考手册、临床常用药物资料（人卫版）、药物不良反应（人卫版）、维生素知识（人卫版）、注射剂知识（人卫版）、中国医院制剂规范（卫生部药政局）、家庭医药大全（河北科技）、医院药师手册（医药版）、药师手册（人民军医版）。参与撰写了《国家非处方药专论》5本非处方药专著及7门《国家非处方药流通领域从业人员的培训教材》等。

孙忠实，男，主任药师、执业药师。1935年10月1日生于江苏南京。1955年7月毕业于第七军医大学（现第三军医大学）药学系。曾任海军总医院主任药师、药剂科主任，海军医学高级专科学校兼职教授，全军药学专业委员会委员，全军新药审评委员，海军医疗事故鉴定委员会委员，中国药学会北京分会理事，原国家非处方药办公室非处方药遴选专家组成员。现任中华医学会临床药物评价专家委员会委员、国家药品监督管理局药品评价中心非处方药物处专家，从事药品分类管理工作。曾获全军科技进步奖二等奖一项、三等奖四项、四等奖三项。曾开发二类新药一个，四类新药一个。曾发表各种学术论文130多篇。代表性著作有：《国家基本医疗保险药品诠释》（西药卷）主编，《中国药物与制剂总揽》主编、《中国非处方药店员手册》主编、《中国进口药物手册》（一、二、三版）副主编、《医院药学继续教育》（进展版）副主编、《医院药房工作手册》副主编、《常用处方药使用指南》副主编、《国家非处方药系列读物》常务编委。现任《中国医药导刊》副主编，《中国新药杂志》常务编委，《中国药学杂志》、《中国医院药学杂志》特约审稿专家等。

张鹤镛，1939年5月生于上海市。1962年毕业于上海第一医学院药学系，中国农工民主党党员。高级工程师。历任河北省第六届人大常委会委员，中国农工民主党第九届、第十届、第十一届、第十二届中央委员，第七届、第八届、第九届全国政协委员。1991～1998年任国家医药管理局副局长。1998年8月起，任国家药品监督管理局顾问。现任中国非处方药物协会会长。

担任国家医药管理局副局长期间，分管科技、教育、质量以及情报信息、出版、制止行业不正之风等工作，是国务院知识产权领导小组成员，担任国家新药研究与开发协调领导小组副组长，国家药典委员会第七届常务委员，中国药品GMP认证委员会第一届、第二届委员会副主任委员，国家医药管理局GLP领导小组组长、国家医药管理局执业药师工作领导小组副组长、国家医药管理局非处方药管理制度领导小组组长。提出全国医药行业科技、教育、质量工作的指导思想、方针目标和实施步骤，主持和参与制定《药品行政保护条例》及《实施细则》、《药品行政保护复审办法》，参与修改专利法。1992年3月，在全国政协七届五次会议上作大会书面发言：《加强知识产权保护，促进医药科技进步》。1992 年 6 月在由全国政协科技委员会组织的报告会上向部分全国政协委员作了《实行药品专利与尽快建立自主研究创制新药体系》的报告。1995 年主持制定国家医药管理局专利管理办法以加强医药行业及企事业单位的专利管理工作，指导医药行业建立以企业为主体的科技投入激励机制和自主研究创制新药体系。指导和推动建立处方药与非处方药分类管理制度和执业药师资格制度，促进医药经济的快速、健康发展。

郑筱萸，1944 年出生，福建省福州人，中共党员，高级工程师。国家药品监督管理局局长、党组书记。1996 年被选举为中国非处方药物协会第二届会长；现任中国非处方药物协会名誉会长。曾任浙江省杭州民生药厂厂长兼党委书记。

1968 年大学毕业后，到杭州民生制药厂工作，先后任技术科长、厂长兼党委书记。从事药物生产、技术管理和企业管理，深化企业改革，取得显著经济效益和社会效益；1987 年获国家医药管理局科技进步三等奖，1989 年获全国劳动模范称号。1991 年调入浙江省总工会任副主席、主席。

1994 年调入国家医药管理局任局长。加强医药行业管理，积极开展医药市场整顿和流通体制改革及国有企业改革，取得显著成效；主持制定医药行业"九五"计划和2010 年长远规划。

1998 年任国家药品监督管理局局长后，将建立处方药与非处方药分类管理制度作为一项重要药物政策，积极同国务院有关部门联系、协商，召开部门联席会议，积极组织相关司室制定药品分类管理相关的法规文件，初步建立起我国实施药品分类管理的基本框架和工作体系。

杨光承，1955 年 7 月毕业于第七军医大学（现第三军医大学）药学系，主任药师。毕业后分配到中国人民解放军总医院药材处，先后任药师、药材处副处长、处长，几十年里，经常深入病房，参与会诊、查房、病人用药的讨论，在 1962 年发表的文章中提出"药师应深入临床，为医生用药作参谋"的观点。1970 年，被抽调到中国人民解放军总医院附属医务学校（现北京军医学院）任药理学教师。1980 年，在武汉举行的临床药学研讨会上以"药师深入临床，参与临床用药，开展临床药学"为题在会上作专题发言。1986 年，在中国药学会第 18 次代表大会上当选为理事，倡导建立中国药学会医院药学专业委员会，随后当选为中国药学会医院药学专业委员会副主任委员。1989 年，任中国人民解放军总医院医务部副主任、医技部主任。在担任医技部主任期间，主抓学科建设、人才培养、业务开展。

1994 年退休后，聘任为中国药学会科技开发中心顾问，国家非处方药办公室非处方药遴选专家组成员，并参与非处方药政策研究、广告宣传、教育培训等小组的相关工作，参与撰写了《国家非处方药专论》5 本专著及 7 门《国家非处方药流通领域从业人员的培训教材》。1999 年，药品分类管理流通试点过程中，受国家药品监督管理局市场监督司委托奔赴深圳、绵阳、无锡三个试点地区以及乌鲁木齐、兰州、西安、哈尔滨、沈阳、北京、上海、福州、厦门、南京、广州、珠海、武汉、重庆、成都等城市对参加试点的药品零售企业人员及当地的药品监督管理人员进行培训。

胡　茵，女，1952年10月出生，毕业于中共中央党校；中国社会科学院研究生院硕士研究生课程毕业。现任中国药学会副秘书长，中华医院管理学会常务理事、副秘书长，国家药品编码办公室副主任、专家委员会秘书长，中国药学会科技开发中心主任等职。

1965年参军，在部队工作；1969年～1973年，在部队医院临床工作；1973年～1981年在北京积水潭医院中、西药房工作；1981年至今在中国药学会工作；1981年～1989年在中国药学会杂志社工作；1993年～1994年曾任中国药学会杂志社副社长、编辑部主任；1990年创办中国药学会科技开发中心任主任；1994年被国家医药管理局授予“巾帼英雄”称号。

1990年创办、组织、主持了各种大中小型国际国内会议。如：5届“中国药师周”；“95世妇会医药保健城”；5届“大型宣传法规及全民自我保健咨询日”；4届“国际研讨会"；15届"全国医院药剂科主任年会"；10届全国医药经济信息网年会”；4届“国际医药学论坛”及中国药师沙龙、院长沙龙论坛等活动。

1993年创办了我国覆盖面最广、最具有代表性、权威性的大型医药信息咨询网络与机构——《全国医药经济信息网》，并主持编辑和出版了中、英文《中国医院药品商情》文字版、电子版、推总版、分类版等。

1994年组织专家提出建立国家非处方药制度；1996年国家正式成立国家非处方药领导小组及办公室后，作为国家非处方药办公室负责人，组织策划了国家非处方药制度建立的整体规划与方案；并组织百余名医药学专家，制定了非处方药的定义、原则、特点、程序、范围、标准；遴选了中西药第一批国家非处方药目录；初拟了《国家非处方药广告审批标准》、《国家非处方药审批管理办法》及相关政策法规；开展了多项宣传教育工作；组织撰写了《国家非处方药专论》5本专著及7门《国家非处方药流通领域从业人员的培训教材》。

2000年组织专家提出积极稳妥地建立“中国药品电子商务认证监测系统”，并研究、论证、制定了认证系统的方案与原则，现正实施中。2000年组织专家提出制定国家药品编码，2001年国家药品监督管理局成立了国家药品编码领导小组及办公室。作为国家药品编码办公室副主任，负责办公室日常工作的组织、实施、协调与管理，并组织专家研究论证制定了国家药品编码编制的原则、方案及实施方案，与专家共同初拟《药品代码》、《药品分类》、《药品剂型》的行业标准及《国家药品编码管理办法》、《国家药品编码维护管理与网络服务》系统实施方案等。

董莉丽，女，高级工程师，国家药品监督管理局药品评价中心非处方药物处专家，毕业于浙江医学院药学系，曾在北京医学院药学系、武汉医药工业研究所工作，原武汉健民药业公司总工程师，原国家非处方药办公室非处方药遴选专家组成员，参与撰写了《国家非处方药专论》5本专著及7门《国家非处方药流通领域从业人员的培训教材》。

潘学田，1936年7月出生于辽宁省，1959年考入大连医学院医疗系，1964年毕业分配到卫生部工作。1964年～1981年，历任部长秘书、处长等职，从事卫生管理及药政管理工作。1981年～1984年，任中国药品生物制品检定所副所长，积极推进我国药品监督检

验事业的现代化建设，完善药品检验技术和学科的建设，改革体制，普及现代管理理论和实践。1984年～1986年，任中日友好医院副院长，致力于现代医院管理和中日两国之间医学交流，从事中日老年人医疗保健政策比较研究和学术交流。1986年～1988年，任卫生部医政司副司长。1988年～1997年，任卫生部药政管理局局长，推进、完善我国药品监督保证体系的建设，主持制定我国药品监督管理事业发展的十年目标及“八五”计划。1995年，负责组织了4次中国非处方药国际交流研讨会。1996年正式成立国家非处方药领导小组及办公室，作为国家非处方药领导小组成员及办公室主任，负责组织建立国家非处方药制度的整体规划与方案。现任中华医院管理学会副会长、秘书长，中国保健科技学会会长。

第十部分 国际交流

1984年11月11日～13日

世界大众药生产者联合会(WFPMM，现更名为世界自我药疗工业协会(WSMI))在日本东京举行第七次大会(以下简称“东京大会”)，原国家医药管理局齐谋甲局长应邀出席，代表团成员有原国家医药管理局情报所余传隆所长和原国家医药管理局药物院筹备处胡圣榆同志。这次大会的主题是：人人享有健康：自我药疗的新时代。齐局长在11月13日上午以“中国传统药的历史、现状和展望”为题作大会讲演，介绍了中国传统医药的历史和现状，指出传统医药在自我医护中的作用。这是原国家医药管理局首次组团参加国际医药界会议。会后，齐局长一行还考察了日本制药企业。

1986年9月21日～23日

世界大众药生产者联合会在美国首都华盛顿举行第八次大会，原国家医药管理局应邀派出以局长齐谋甲为团长、中国药材公司副总经理任德权、原国家医药管理局科教司司长胡圣榆同志为成员的代表团出席大会。这次大会，共有来自26个国家的300多名代表出席，这也是我国医药管理部门第二次派代表团参加该组织的会议。任德权副总经理在大会上就中国的自我药疗和非处方药现状做了报告，因当时中国还未建立药品分类管理体系，因此在报告中着重介绍了传统药作为自我药疗的作用，介绍了中国医药管理法规，指出中国将重视OTC药物在自我保健中的作用并希望得到国际组织的合作。代表团在会议期间与WHO、WFPMM以及来自美国、日本等国家的代表进行了广泛接触和交流，会后，还对美国强生和施贵宝等制药公司进行考察。这次国际交流活动，直接促进了中国非处方药物协会的组建，加深了我国对自我药疗和非处方药物国际发展趋势的了解。

1990年3月2日～7日

原国家医药管理局的王先进同志参加了世界大众药生产者联合会在墨西哥举行的理事会。

1990年12月5日～7日

原国家医药管理局的王先进同志参加了世界大众药生产者联合会在美国举行的理事会。

1992年8月25日～9月10日

应德国大众药物协会邀请，中国医药质量管理考察团一行6人由国家医药管理局副局长刘永纲任团长，对德国进行了考察。代表团访问了联邦卫生局(BGA)、大众药物协会及拜耳、墨克等5家制药公司。德国的处方药和非处方药的注册审查由BGA负责，企业的许可证和GMP检查工作由州政府负责。

1995年8月18日

中国药学会和上海罗氏公司联合举办的中国非处方药国际交流研讨会在北京召开。国家医药管理局郑筱萸局长、张文周副局长，卫生部药政局潘学田局长，中国药学会周海钧理事长、沈永兴秘书长，总后卫生部药械局袁天夕局长以及全国各地医药学专家、学者共150余人参加了会议。参加会议的还有分别来自瑞士、英国、日本的C.D.Snook，P.Vuilleme，G.Takada3位长期从事非处方药工作的国外专家。3位国外专家从OTC的定义与自我保健、OTC全球展望、主要OTC市场、有关OTC的广告和营销等几个方面向与会者简要介绍了国外非处方药的发展和现状，并根据国外OTC发展的经验对我国建立非处方药制度提出了自己的看法。中外专家共同对在我国建立非处方药制度进行了广泛的交流和讨论。

1995年9月～11月

在北京召开了两次“中国非处方药国际交流研讨会”，对国外OTC的管理、市场发展及制定我国的OTC制度进行了深入的研讨和交流。

1995年12月10日～11日

在北京召开第四次“中国非处方药国际交流研讨会”，邀请了美国FDA前任局长Arthur Hull Hayes,Jr先生、杨森国际市场部总监Geert V.Stichele先生。Arthur Hull Hayes,Jr先生介绍了美国非处方药物管理历史及现行审评情况、美国非处方药广告审查、现行OTC药品目录及销售管理制度及OTC药物报销制度。Geert V.Stichele先生就自我保健在公共保健中的地位及国际非处方药管理情况对比作了介绍。

1996年10月7日～19日

应日本制药工业协会的邀请，国家医药管理局张鹤镛副局长率团一行5人对日本制药工业进行考察，先后访问了日本厚生省药物局、日本国特许厅等政府机构、日本制药工业协会及日本大众药协会，并对日本主要的制药企业和研究所，包括武田、三共、大正、山之内、藤泽、钟纺、田边、住友、日本微化所等9个单位进行了考察。对日本非处方药生产、经营有了一定了解，并由三共公司赠送一册日本OTC产品手册。

1996年10月26日～11月12日

中国非处方药物协会代表团秘书长胡圣榆（团长）、副秘书长马杏芬等一行7人参加了在加拿大举行的世界自我药疗工业协会（WSMI）第十二次大会，并对加拿大先令葆雅保健品厂和Stanley制药厂及设立于超级市场内的药房进行了考察。

1998年3月

中国非处方药物协会代表团参加世界自我药疗工业协会（WSMI）在马来西亚举行的第三届亚太地区非处方药大会，并对马来西亚、新加坡进行了考察。

1999年6月9日～12日

以张鹤镛常务副会长为团长的中国非处方药物协会代表团一行6人参加了在柏林举行的世界自我药疗工业协会（WSMI）第十三次大会。此外，由中国医药国际交流中心组织的赴欧洲非处方药观察团成员8人也参加了大会，这是我国医药界参加国际非处方药大会人数最多的一次。这次会议同欧洲非处方药协会大会联合召开，来自世界40多个国家和地区约600名代表出席大会。这次大会的主题为：自我保健　信息时代卫生政策的必需组成部分。

胡圣榆秘书长作为中国非处方药物协会（CNMA）理事参加了6月9日召开的世界自我药疗工业协会（WSMI）理事会，并向各国代表介绍了国家药品监督管理局职能、我国药品分类管理进展和中国非处方药物协会的工作情况。这次会议的主要内容有：关于处方药（Rx）向非处方药（OTC）的转化；自我药疗的经济和社会的利益；工业界和医生、药师在自我药疗中的作用和责任；信息时代的消费者如何获得有关OTC的知识；信息时代的卫生保健政策与OTC；OTC的注册、广告和品牌政策。

会后代表团分别访问了德国Bayer公司消费者保健品部及瑞士Roche公司的OTC部，与这两家公司有关部门负责人进行座谈，参观了有关生产设施。代表团还在两家公司陪同人员指引下，特意对德国和瑞士的药房进行参观。

1999 年 11 月 9 日～12 日

应中国非处方药物协会邀请，WSMI 总干事 Reinstein 博士来华访问，就自我药疗的定义、自我药疗发展原因、自我药疗对 OTC 市场影响，拉丁美洲等国的自我药疗模式及情况等方面做了介绍，自我药疗概念已由原来所指的治疗轻微症，发展到包括许多可以自我确定和治疗的一些常见病与发病的控制和健康问题，美国和欧联使用的这个概念也被 WHO 接受。有来自药品研究、生产、经营、评价等 20 多个单位的 30 名代表参加了会议。并就非处方药有关问题向 Reinstein 博士提问。

2000 年 5 月 17 日～21 日

中国非处方药物协会常务副会长张鹤镛和秘书长胡圣榆一行 2 人应邀参加了欧洲自我药疗工业协会（AESGP）在芬兰赫尔辛基召开的第 36 届年会，这次会议的的主题："如何促使人人获得自我药疗的实现"。会后对欧洲及芬兰的自我药疗业和社区药房进行考察。

2000 年 11 月 21 日～24 日

以中国非处方药物协会会长张鹤镛为团长的中国代表团一行 15 人参加了在澳大利亚悉尼召开的世界自我药疗工业协会（WSMI）第 4 次亚太地区会议，此次大会的主题是："为健康而协调：谁将在自我药疗中获胜"？（Harmony for Health：Who Wins in Self-Medication?）其含义可以理解为：为了促进卫生健康事业与个人健康，政府、工业界、医药卫生专业人员、消费者各方均需协调一致，最终使得各方均是在自我药疗中的获益者。大会主要从自我药疗在新的卫生保健模式中的重要作用、信息传播在自我药疗发展中的作用、药师的作用、自我药疗的发展前景、传统药在自我药疗中的作用、关于药品分类管理和非处方药市场的一些情况等 6 个方面进行发言和讨论。会后中国代表团与澳大利亚自我药疗工业协会(ASMI)举行座谈交流。

附 1：

1984 年原国家医药管理局齐谋甲局长在世界大众药生产者联合会第七次大会上的发言稿

中国传统医药的历史、现状和展望

中国国家医药管理局局长　　齐谋甲

我以中国国家医药管理局的名义，衷心祝贺世界大众药生产者联合会第七次大会的召开。

我们代表中国制药界来参加这次会议，有机会同来自各国的代表一起讨论共同关心的问题，相互交流经验，感到十分荣幸。

中国国家医药管理局是一个政府机构，它对全国中西药品和医疗器械的生产和销售进行计划管理的协调。中国国家医药管理局有一些公司及许多科研、教育机构。由于中国传统医药在人民保健事业中起重要作用，这些机构正在积极从事传统药的开发研究，并积极与其他国家进行这方面的学术交流。例如，1982 年在北京与联合国工发组织共同组织了国际中草药讲习班。

现在，我向各位简要地介绍中国传统医药学的历史、现状及展望。

一、简要的历史回顾

中国传统医药学已经有了数千年的历史。古代的中国人民，在求生存和与疾病作斗争的漫长岁月中，逐渐积累了使用各类“药物”防治疾病的经验，并从实践中总结出一套特有的理论体系，表现在现存的多种中医药学著作中。中国最早的医学著作是“黄帝内经”，一般认为它写于战国时期(公元前475～221 年)。在这部著作中包含了古代对解剖学、生理学、临床诊断和治疗学等方面的认识。“神农本草经”则是中国最古老的一部关于药物学的著作。本书写于公元前1 世纪，作者不明，但归于古代的皇帝神农氏。这部著作记载了365 种药物，并根据它们的功效与毒性分为三类：“上品”120 种，如人参、枸杞子，无毒，可久服，有强壮作用；120 种属“中品”，如麻黄，有治疗某种疾病的功效，与毒性和剂量有关，而“下品”125 种则是有毒不可久服的药物，如川乌。值得指出的是。该书记载的许多药物至今仍在使用，并经现代科学技术证明确有疗效。在公元675 年～659 年间，根据皇帝的命令编写的“唐本草”，则可以算是历史上第一部国家药典，它收集了844 种药物。

“本草纲目”可以说是关于中药的最著名著作。作者是明朝的李时珍，他花了近30 年的时间才完成了这部著作（公元1552 年～1578 年)。本书列出了药物1，892 种，附有插图1，000 多幅，处方10，000 多条。

阴阳五行学说是古代中国人试图解释宇宙和人类生命活动规律的一种思维体系，它被结合在传统医学中来解释健康和疾病的原因及治疗作用的机理。传统医学认为，如同自然界一样，人体内也存在着相反的两种力量　阴阳的斗争，疾病是由于阴阳失调，而治疗则是重新达到阴阳调和。中医使用“望、闻、问、切”四法进行诊断。即，望　察看病人的舌、皮肤和表情；闻　听病人的声音和咳嗽；问　询问病情；切　切脉等方法来诊断疾病，按“辨证施治”原则进行治疗。“辨证”的要旨是首先分辨虚证和实证。正气不足，功能减弱属于虚证。治疗虚证的主要方法是“扶正”，即增进生理功能活动、补益体内所缺物质，以增强机体抗病能力，其所用药物多为“补药”。病邪过盛属实证，治疗实证的方法是“　邪”。中医治疗的特点是按“症”治疗。同一疾病按照“症”不同，可以有不同治疗方法。例如，对于感冒，中医认为有属于“寒证”型的感冒，对它要用辛温解表药，例如生姜治疗；还有属于“热证”型的感冒，则要用辛凉解表药，如中成药银翘解毒丸治疗。在另一方面，不同疾病如症型相同，也可以同一处方治疗。如六味地黄丸，对同属于肾阴虚证的慢性肾炎、高血压、糖尿病等均可适用。

临床应用传统中药时，大多为复方。方剂的组成遵循一定的原则，所包含的药物少则2～3种，多达数10种。中医把同一处方中的药物归纳为四个部分，即君、臣、佐、使。“君药”是治疗疾病之主药，“臣药”是加强“君药”功效的药物，“佐药”是辅助“君药”治疗某些次要症状或制约“君药”毒副作用的药物，而“使药”的作用则是引导其他药物指向有关部位。中医认为，配伍时各药的相互作用可分为7类：即单行　单独发挥作用；相须　功用相同者药物合用时加强疗效；相使　功用不同药物合用增强疗效；相畏　一种药物能减轻另一药物的毒性；相恶　药能缓和另一药的活性；相杀　药物之间相互抵消毒性；相反　两药合用时可引起严重毒性。中医正是根据以上的原则组成复方，从而达到增强疗效、减少毒性反应和副作用的目的。复方常比单方具有更多优点。

有成千上万个处方收载于各种中医药著作中，最完善的一部著作是公元1406年出版的“普济方”，收集了61，739个处方。当然，常用的处方仅是其中一部分。传统医学中最常用剂型是汤剂，所谓“饮片”是指加工过的药材，其服用方法是将它们加水煮沸，分出药汤后服用。除汤剂外，中药的剂型还有丸、散、膏、丹等各种传统剂型，这在古老的医学著作“黄帝内经”中已经有记载。在李时珍的“本草纲目”一书中收载了各种剂型，包括许多口服、外用及五官科用的各种剂型。古代人已经知道剂型与作用速度有关，知道汤剂作用迅速；丸剂则适于治疗慢性疾病。传统的中药丸剂包括蜜丸、水丸、糊丸和蜡丸等；膏剂适用于慢性虚证病人作为长期补养药物。

在中国有自己服药治病的传统。许多常用的疗效显著的方剂，经加工制成丸、散、膏、丹等剂型，称为中成药。它们可作为非处方药在药店出售。由于它们易得、方便、安全和疗效可靠，现已成为中国人民广泛接受的自我医疗药物，特别是用于治疗常见病和慢性病方面。

二、现　　状

上面我简要回顾了我国中医药的发展历史。值得提出的是，由于政治和经济的原因，在20世纪初，中医药学曾经经历了一个衰退时期，1949年前它的发展是缓慢的。

中华人民共和国建立以来，政府对人民卫生保健事业予以极大重视。在50年代初，我国提出了中西医结合的基本政策。当前，我们更明确地实行三支医学力量　西医、中医和中西医结合长期共存并共同发展的政策。我国鼓励西医学习中医并给予中医药工作人员以合法地位，以保证中国传统医药学的发展。无论在城市医院或农村医疗站，都有中西医药供患者选择。到目前为止，中国大约有1，276个中医院，此外许多综合医院或专科医院也设有中医科，在全国400万医药卫生人员中有457，000人为中医药人员。他们绝大多数在国家设立的中医院或中医科工作，一些人从事教学科研，还有少部分人从事私人开业。

我国有丰富的中药资源。“中药大辞典”收载有中药条目5,000余条，其中90%为植物药，其余为动物药和矿物药。在1977年出版的中国药典收载了1,152个来源于中药的药材及其制剂。中药应用十分普遍，无论城市和农村的药店都可买到中药，并设有专门出售中药的药店。中药在我国药品消费中占相当比重，在中国的医药产品中占有重要地位。

中华人民共和国成立以来，传统中药生产有了较大发展，中成药的生产技术水平也有很大提高。中国的中药厂大都是由“前店后厂”的手工作坊发展起来的。近年来，中成药厂进行了技术改造，生产设备进行了改进，采用了不少近代技术和设备，设计了不少专用的中成药生产设备，如蜜丸生产设备等，以节约劳动力及提高产品质量。

据统计，现在生产的中成药品种有3，000种以上，其中有不少是新剂型。例如针对汤剂体积大，易变质，运输、贮存不便，现在发展了颗粒浸膏剂（冲剂），亦称为“干糖浆”，如市售的感冒退热冲剂，用于治疗上呼吸道感染。发展了中药片剂，系采用中药浸膏或其有效提取物加工制备的，于必要时进行包衣，例如当归浸膏片。又如口服液体也由汤剂发展而来，系用安瓿密封；体积小而便于携带贮存。注射剂多用中药的有效部位提取物或有效成分制备。

至于中药传统制剂的质量控制工作，已进行了很大的努力。首先对中药原药材制订了质量标准，对药材的真实性、纯度和品质的优劣进行了科学研究。对各种制剂的质量，制定了控制要求，如片剂的崩解度、重量差异；散剂的粉末的粒度；溶液的澄明度、粘度以及微生物、重金属和水份、灰份等；常规项目。整个生产过程中采取了一些措施以提高产品的卫生标准。用药材粉末制成的中药丸、散剂。采用显微鉴别和化学鉴别方法；对于浸膏剂或提纯的化学成分制成的制剂，则采用化学方法鉴别。但由于传统制剂大都由复方组成，其质量控制仍是一个复杂的问题。

下面谈一下中国传统医药的教学和科研情况。目前中国有23所中医药大专院校。过去，中医药人员通常由师徒相传，现在有专门的中医药院校培养这方面的高级人才。对学中医的学生也要求他们学习现代的解剖学、生理学等科目，一些院校已开始招收博士研究生并接受外国来的学生和研究人员。

在继承的基础上，采用现代科学技术，正在把传统中医药提高到新的水平。关于药物研究机构，在我国主要是在3个系统内进行，即中国科学院、中国医学科学院和国家医药管理局所属的研究机构。全国有20所中医药研究所。国家医药管理局也有专门从事中药研究的研究所、研究室，从事有关传统中药的生药学、药理学和化学等各方面的研究开发工作。

约有80%的中药材采自野生，由于受自然条件的限制，产量不稳定。有的野生资源濒于枯竭。由此，开展了人工培植的研究。一些重要的中药材，如木香、天麻等已人工培植成功。为生产动物类中药，建立了一些动物饲养场，例如养鹿以提供鹿茸，养殖河蚌以生产药用珍珠等等。对真菌类药物，已成功采用深层发酵和固体培养的方法生产，如灵芝、茯苓等。

我国的新药研究开发的实践经验表明，根据中医药的经验和知识来寻找新药是成功的途径之一。在经典著作记述的关于中药的作用和性质，对新药的开发研究非常有用。自1949年以来，这方面已发表了上千篇文章。据不完全统计，1949～1981年期间，我国大约发现了104种新药，其中有60种左右在不同程度上是由中药发展而来的。例如，近年来通过对中医治疗疟疾的传统中药青蒿的系统研究，分离了抗疟有效单体青蒿素。临床验证具有良好的治疗效果。青蒿素的发现，为抗疟药的治疗提供了一个新的化学结构类型。另一例子是关于对复方“当归芦荟丸”的研究，这是由11味中药组成的复方，中医曾用于“泻肝火”，治疗与慢性粒细胞白血病相似的症状，由此推测它可能对慢性粒细胞白血病有效。后来临床试用证实了对慢性粒细胞白血病的疗效。由此，研究人员进行了系统的减方研究，经动物模型试验表明，11味中药中仅有中药青黛有效。最后从中鉴定了其有效成分为靛玉红，现已成为一种毒性较低的治疗慢性白血病药物。中医治则之一是“活血化淤”，对于活血化淤中药“川芎”的研究证明川芎嗪是有效成分之一，它在临床上对脑血管栓塞等疾病有较为满意的疗效。此外，在计划生育用药以及神经系统药物和抗感染药物等方面，都曾通过中药研究而开发了不少新药。

三、展　望

1．中国传统药应用历史悠久，在长期临床实践中证明疗效确切、毒副作用低，经制成各种剂型的中成药服用简便，在中国的大多数药店中按非处方药以合理的价格出售，因而为广大病人广泛使用，作为自我医护药物。为了满足不断增长的需要，中药生产和供应要进一步发展。已经采取了一些措施来发展中药的生产，如保护药材资源，建立药材生产基地，对中药厂实行技术改造等。可以预期，中药生产的发展，对于保障人民健康将发挥更大作用。

2．用现代科学技术对传统中医药学进行研究有可能对现代医药学做出新贡献。例如，传统中医的治则之一是“扶正”，其意思是“促进或提高机体的防御能力”。许多中药被证明为具有免疫调节剂的作用，有些已用于临床。又如针对中药复方，用理论来指导实践，去简化复方，进一步找出有效药物。这是今后需加努力的重要科研方向。

3．传统医药学的临床经验是有待研究开发的知识宝藏。由于传统药物已经在亿万人身上经过使用实践，从中找到新药的机率也大，也较易解决毒副作用。

综上所述，中国传统医药学在中国人民的保健事业中已经发挥出巨大的作用。中成药已成为有用的自我医护药物。现在国际上对各种传统药物也日益重视。我们相信，通过国际交流和合作，传统药物将为实现世界卫生组织提出的目标　在2000年使人人得到保健做出更大的贡献！

附 2：

1986 年原中国药材公司副总经理任德权在世界大众药生产者联合会第八次大会上发言摘要

自我药疗和非处方药物在中国

自我药疗在中国的卫生保健体系中发挥重要作用

自我药疗在中国的传统医药中已经有数千年的实践历史。治疗药方一般是在家庭内代代相传，形成多种秘方。这些秘方以文字形式记录下来，就成为民间药物。

中华人民共和国成立后，政府极为重视收集与整理这些传统经验，至今它仍在城乡人民保健中发挥作用。同时，政府也努力普及现代医药知识。

目前，结合传统医药和现代知识的自我药疗不仅在城市广为实践，而且在农村也比较普遍。

生产、供应和法规管理

在中国，所有药品生产和供应由国家医药管理局统一管理和协调。到 1985 年，中国有 1408 家药厂，包括 889 家化学制药厂，生产 1000 种以上的原料药和制剂；有 560 家中药厂，生产约 4000 种中药。1985 年化学药总产值 107 亿人民币（约 29 亿美元），中药产值为 21 亿人民币（5.67 亿美元）。

流通领域：商业网包括 6 个国家站，6000 家国家公司和分支机构，20,000 家零售单位和 50,000 家代理商。

中国自我保健的前景

在中国，人们对自我药疗药品的期望在增长。今年（1986 年）上半年的销售额与去年比较增长 15%。随着人们生活水平提高和生活方式改变，越来越多的人更为关心卫生保健和对药品需求将继续增长。

在近期，对传统药的需求增长率预期会超过西药。

在将来，会更注意非处方药物的开发，将要发展更详细的对非处方药物在适应症、禁忌症、剂量的说明资料，以便于病人自己选择使用。需要加强对药房销售人员的培训，使他们能够向消费者提供有关的信息服务。

非常感谢世界大众药生产者联合会（WFPMM）的支持与协助，我们以后会更积极参加大众药方面的国际交流，附3：

第十三届世界自我药疗工业协会（WSMI）大会主要内容简介

第十三届WSMI大会主要内容简介

一、关于处方药向非处方药的转化

1．处方药（Rx）与非处方药（OTC）的区别

1992年欧共体发布法规规定，当一个药品为以下四种情况之一时，为处方药：

当一个药品使用时，即使正确使用，也可能产生严重副作用；

一个药品易于被不正确地使用；

一个药品的活性成分尚需进一步研究；

非口服形式给药的药品；

除此以外，则为非处方药。

WHO已在1998年拟定有关OTC的指导原则，将在1999年底经WHO基本药物专家委员会认定，随后由WHO公布成为国际上用于药品分类及从Rx向OTC转化的指导原则。

2．关于处方药转化为非处方药的例子

近几年许多药品从Rx转为OTC：

美国：1996年上半年上市H_2拮抗剂雷尼替丁、法莫替丁、西米替丁的OTC产品，商品名分别为Zantac，pepcid-Ac，Tagamet100。

西班牙：1998年批准作为OTC的活性成分有：洛哌丁胺（盐酸易蒙仃，止泻药）；西米替丁；法莫替丁；雷尼替丁；布洛芬；米诺地尔（Minoxidil，长压定，外用）；烟碱（口香糖和贴片剂）；萘普生；炎痛喜康（外用）；氢化可的松（外用）；乙酰半胱氨酸；色甘酸（鼻腔和眼科剂）。

德国：近20年来约60个活性成分从Rx转为OTC，例如，布洛芬（1989年）；阿昔洛韦（1992年）；烟碱（贴片和口香糖剂，1994年）；克霉唑（1994年）；氢化可的松和双丙酸倍氯米松（1996～1997年）。

法国：近两年有多种活性成分从Rx转为OTC，例如，在1998年转为OTC的活性成分有：酮康唑（外用）；色甘酸钠（滴眼剂）；硝呋齐特（Nifuroxazide，口服，肠道抗菌剂）；尼氟灭酸（Niflumic acid，外用，消炎镇痛药）；氨溴索（Ambroxil，痰药，口服）。

日本：从1983年以来，有47个活性成分从Rx转为OTC，其中最值得注意的是5个药品：布洛芬，消炎痛，西米替丁，法莫替丁，雷尼替丁。这些药品作为处方药时应用广泛，但转为OTC后，销售并不满意。日本OTC药物协会认为，由于日本的政策和医生的态度，使OTC药物销售不满意。

二、关于自我药疗的政策和指导原则

这次会议的重要内容与收获是正式公布了WSMI经过几年准备的一个指导性文件："自我药疗的指导原则"，实际上这次大会报告内容基本上都是围绕这些基本原则展开的。

以下仅列出其要点：

“指导原则”包含8个原则，概括了自我药疗各个方面的总的指导原则，反映了世界自我药疗工业协会的观点。

1．第一个指导原则是社会成员积极而富有成效的参与是自我药疗必不可少的因素，这一点也已被WHO和许多国家政府所承认。

2．第二个指导原则是要充分承认自我药疗的社会和经济价值。

3．第三个原则是关于建立基本的法规环境。第一个步骤是要对处方药与非处方药进行明确的区分。

4．第四个原则是有关OTC转化机制。由于医学科学进展与新药经验的增加，需要建立将活性成分和适应症从处方药向非处方药转化的机制。

5．第五个和第六个基本指导原则均是有关消费者信息问题。

OTC工业界必须提供有效的消费者信息体系，以及时地使消费者获得适当的产品信息。药品标识是向消费者提供正确使用产品的信息的最好方式。

关于广告，基本原则是应保证其真实性和不误导消费者，对广告的管理，既可以是政府的控制，也可以是自我约束机制，WSMI提倡这种自我约束途径来保证广告质量。

6．第七个指导原则是关于价格政策，WSMI提出由生产商自己决定OTC产品价格，政府不予控制，在这种情况下，消费者将获得最大利益。

7．第八个指导原则是OTC药品应使消费者更易于看到和接近，这样更有利于消费者了解产品和自己选择产品。

附录

附录一　药品分类管理相关单位介绍

1. 国家药品监督管理局

国家药品监督管理局负责组织制定非处方药制度，审定并公布非处方药物目录；研究药品流通的法律法规，制定处方药、非处方药的购销规则。制定执业药师（含执业中药师）资格认定制度，指导执业药师（含执业中药师）资格考试和注册工作。

安全监管司：牵头组织制定药品分类管理制度，审定并公布非处方药物目录。

市场监督司：制定处方药、非处方药的购销规则。

人事教育司：实施执业药师（含执业中药师）资格认定制度，指导执业药师（含执业中药师）资格考试及注册工作。

办公室：负责药品监督管理政策研究，拟定、修订药品监督管理法律法规。

药品评价中心：国家药品监督管理局药品评价中心是国家药品监督管理局在国务院机构改革中根据局工作职能的要求，于1999年1月新组建的局直属专业技术机构。下设有非处方药物处，负责非处方药目录制定和调整的技术业务组织工作。

网址：http://www.sda.gov.cn

2. 相关学会、协会

中国非处方药物协会

中国非处方药物协会(CNMA)是一个非盈利性的全国性社团，成立于1988年5月。CNMA由非处方药和相关产品、销售商以及有关的教育科研、新闻出版单位组成。

CNMA是国家药品监督管理局(SDA)指导下的协会之一，并与SDA有关部门保持经常性的联系。

CNMA现有300多个成员单位，大部分来自制药业。协会是世界自我药疗行业协会(WSMI)理事会成员。

CNMA是中国的非处方药生产和经销商代表的社团。其基本目标是为其成员服务以促进中国的自我药疗市场发展。为此，CNMA已就药品分类管理法规及国际自我药疗发展趋势举办了一系列的培训和研讨会。

SDA已于1999年6月公布了关于《处方药与非处方药分类管理办法》和第一批国家非处方药目录并于2000年1月1日起实施。CNMA已经就实施一年来的进展情况进行了调研并向有关部门提出报告。

CNMA的任务：

－就有关政策法规向政府部门提出建议；

－为会员提供咨询、培训和信息服务；

－促进非处方药的科研开发、生产和销售；

－促进会员单位之间交流合作，促进与WSMI和其成员协会之间的国际交流；

－接受SDA委托进行有关药品分类管理的工作。

网址：http://www.cnma.org.cn

中国药学会

中国药学会成立于1907年，是中国最早成立的学术团体之一。是由从事医院药学、药物研究、开发、制造、销售、管理、检验以及教育的科技人员组成的，经民政部注册登记，具有法人资格的全国学术性社会团体。是中国科协的成员单位，挂靠国家药品监督管理局，是国际药学联合会和亚洲药物化学联合会成员。学会下设7个工作委员会，13个专业委员会，主办14种学术期刊。学会的常设机构为秘书处和科技开发中心。

中国药学会的任务是开展药学科学技术的国际、国内学术交流，编辑出版、发行药学学术期刊、书籍，发展同世界各国及地区药学科学技术团体、药学科学技术工作者的友好交往与合作；举荐药学人才，表彰、奖励在科学技术活动中取得优异成绩的药学科学技术工作者；开展对会员和药学科学技术工作者的继续教育培训以及参与药师资格认定工作；普及推广药学以及相关学科的科学技术知识；反映药学科学技术工作者的意见和要求，维护药学科学技术工作者的合法权益；接受政府委托，承办与药学发展及药品监督管理有关事项，组织药学科学技术工作者参与国家有关的科学论证和科学技术与经济咨询；开展医药科研成果中介服务，组织医药新产品展览、推荐及宣传活动，举办为会员服务的事业和活动；兴办符合本会业务范围的事业与企业。

1995年，中国药学会受原卫生部药政局委托，开始进行处方药与非处方药分类管理的政策研究及非处方药遴选的技术工作。1996年，卫生部、原国家医药管理局、国家中医药管理局、中国人民解放军总后勤部卫生部、财政部联合成立的"国家非处方药领导小组办公室"设在中国药学会，中国药学会组织百余名医药学专家经过研究与论证，制定了国家非处方药的定义、原则、特点、程序、方法、标准；遴选了中西药第一批国家非处方药目录；参与初拟了《国家非处方药广告审批标准》与《国家非处方药审批管理办法》；撰写了《国家非处方药专论》等5本系列读物及7门《国家非处方药从业人员的培训教材》。为我国建立并完善非处方药制度奠定了坚实基础，并起到积极的推动与促进作用。

网址：http://www.cpha.org.cn

3. 部分企业介绍

深圳海王星辰医药有限公司

1995年6月28日成立的深圳市海王星辰医药有限公司是一间大型医药、健康产品的专业营销公司。多年来，公司引进国外先进的药品连锁店经营管理技术，积极研究与开拓医药健康产品零售市场，开创了适合中国国情、具有全新模式的现代零售药店——海王星辰（连锁）健康药房，同时凭借自身丰富的市场营销经验、企业战略管理和人才优势，不断探索前行，致力于中国现代医药零售事业的发展。海王星辰以国际通用零售药店连锁经营模式为样板，以行业GSP行为标准为准则，借助电脑网络化管理技术，实施统一系统化经营管理（形象、采购、配送、质量、营销、信息、服务等），创立了自己独有的市场发展策略，即：经营“健康＋专业＋便利”，努力实现对消费者“品质保证、专业服务、顾客满意”的承诺，树立服务新形象，倡导健康新概念。公司的使命是：以专业的精神、优质的产品，成为都市现代人的健康护卫，并以高品质的服务创信誉，努力成为中国现代连锁药店的先锋！

网址：http://www.stardrug.com.cn

深圳一致医药连锁有限公司

深圳市一致医药连锁有限公司创建于1997年3月28日，现已通过GSP认证。一致医药连锁业以“五个一致”、“三项承诺”为经营理念，取得了“市民高兴、政府满意、企业赢利”的多重效应。《人民日报》、新华社、中央电视台、《光明日报》、《经济日报》、《中国医药报》等新闻媒介对“一致药店”的示范效应先后作了报道，一致连锁业为国有医药流通体制的改革创出了一条新路。一致医药连锁业是集团一致发展战略的市场先导和品牌先导，并迅速成为集团的一个新兴板块。

作为国家实施第一批药品分类管理的试点企业之一，1999年10月－2000年5月，按照国家药品监督管理局的统一部署，在深圳市药品分类管理流通试点工作领导小组指导下，顺利完成了试点工作。2001年9月，在深圳市药品监督管理局的统一组织下，完成了第二批国家非处方药的分类。到目前为止，180家门店全部按国家药品分类管理要求进行管理，其中20家门店被评为“全国药品分类管理试点样板店”，78家门店被评“深圳市药品分类管理试点样板店”。

网址：http://www.szaccord.com.cn

广州市医药公司健民医药连锁店

广州市医药公司健民医药连锁店组建于1996年7月，现拥有连锁分店100多家和一个大型的配送中心。主要经营：化学制剂、中成药、医疗器械、化学试剂、玻璃仪器、保健食品、计生药具等近万个品种规格。健民医药一贯坚持“品种齐全、优质服务、信誉第一”的经营宗旨和“健民、便民、服务人民；热心、关心、奉献爱心”的服务理念。近年，制订了“大广州、大广东、大中华”的发展战略，致力建设具有现代营销领先水平和高度文化内涵的大型医药零售连锁企业。

1997年通过国家医药管理局GSP达标检查，成为全国首批GSP达标的连锁企业。被国家医药管理局授予“全国文明示范药店”称号。1999年被国家药品监督管理局确定为处方药与非处方药分类管理流通试点单位。2000年被国家药品监督管理局授予“药品分类管理示范药店”称号和“全国首批药品零售跨省试点单位”资格。2001年通过国家药品监督管理局GSP认证检查，成为全国首批广东省首家GSP认证的药品零售连锁企业。24间分店被广州市药品监督管理局授予“守信用，献爱心药店”称号，有6间分店获准成为首批“广州市城镇职工基本医疗保险定点零售药店”资。

哈尔滨市医药公司同泰医药连锁店

哈尔滨市医药公司隶属于哈药集团股份有限公司，是一家具有近50年发展历史的大型医药商业企业，1999年10月，被国家药品监督管理局确定为首批“处方药与非处方药分类管理流通试点单位”，公司根据分类管理的原则重新修订了有关的管理制度，按照国家药品监督管理局的规定，各经营网点均选择店堂醒目位置设置OTC柜台

同泰医药连锁店于1998年5月15日正式挂牌运营，同泰药店主营药品、医疗器械、中成药、中药饮片、贵细药材、保健品等六大类医药商品。在经营管理活动中，同泰药店实行“八个统一”即统一购进、统一配送、统一核算、统一费用管理、统一销售政策、统一质量管理、统一服务规范、统一企业标识，以便民、利民、为民为宗旨，不断增加便民服务措施，提高服务技艺，以品种全、质量优、服务佳和良好的信誉赢得了顾客的信赖。同泰药店将一如既往地为广大顾客提供安全、可靠、有效的医药商品，为人类健康事业做出应有的贡献。

网址：http://www.gzmpc.com

南京医药百信药房有限责任公司

南京医药百信药房有限责任公司下属的60家门店遍布南京城郊，是目前华东地区最大的医药零售连锁企业，经营各种中西药品、滋补品、医疗器械、计生用品等万余品种。

南京医药百信药房有限责任公司对所属各连锁店实行全新的管理模式，即统一品牌、统一进货、统一配送、统一价格、统一经营管理、统一服务规范。从管理手段上对所属60家连锁药店采取微机联网，实行全方位的信息系统管理；在质量保障机制上，拥有现代化的药品质检中心，建立了一整套标准的GSP管理体系，1999年被省、市医药管理局批准为GSP合格单位；在企业形象上，对企业名称、标识、字体、标准色、商号、门店装修、柜台、货架、包装袋、工号牌、服装、配送车、管理规范、经营理念、广告宣传等方面全方位导入CIS，实施企业形象塑造战略；在服务标准上，营业员统一着装，挂牌上岗，做到“四心、四声、四服务”，“四心”：接待顾客热心，解答问题耐心，接受意见虚心，排忧解困诚心。“四声”：顾客进店有迎声，顾客咨询有答复声，顾客离店有送声，顾客留言有回声。“四服务”：微笑服务，站立服务，主动服务，限时服务。在管理体制上，实行统一进货、统一验货、统一定价、统一质量、统一资金、统一核算，设立统一税号、统一帐号，财务核算到连锁分店；在经营机制上，建立两个中心，即百信总部为成本、利润、控制中心，各连锁分店为销售、服务中心。零售连锁分店中心任务是做好、做活、做细、做深零售服务，走“服务创品牌，创品牌服务”的发展之路。“百信药房”于1998年12月在南京及至江苏地区率先推出“电话购药、免费送货上门”等便民服务项目，努力实践“百信爱百姓，百信为百姓，百姓到百信，购药放百心”的服务理念，积极深化“提高生命质量，

拓展生命空间”的经营宗旨，以“服务创名牌，创名牌服务”的精神面貌，受到广大消费者的高度赞誉。1999年10月，被国家药品监督管理局确立为处方药与非处方药分类管理流通试点单位。“百信药房”必将建设成为政府、企业、群众三者都满意的南京地区医药零售业主导经济，成为市民购药的心理取向和政府规范医药零售市场的重要基础。

网址：http://www.bxyf.com

北京白塔寺药店

北京白塔寺药店始建于1872年(清同治十一年)。企业在保持名店特色和老字号优良传统的基础上，提出以“药品质量为生命线，创建放心药店，重塑国有企业社会形象”的奋斗目标。以市场为导向，坚持“信誉、特色与质量共存”。白塔寺药店以药品种类齐全，质量上乘，服务优良享誉京都。成为京城首批公开实行“质量、价格、服务”三承诺的药店。1997年白塔寺药店已通过国家医药管理局和国家中医药管理局医药商品质量管理规范(GSP)标准验收工作。1999年10月被国家药品监督管理局确立为处方药与非处方药分类管理流通试点单位。

中美天津史克制药有限公司

中美天津史克制药有限公司隶属于全球最大、历史最悠久的医疗保健企业之一——葛兰素史克集团(GlaxoSmithKline)，葛兰素史克为全球用户提供着1100多种品牌的产品(包括OTC产品和消费产品)及服务，服务网络遍布140多个国家。1987年，中美史克成立于天津，投资额近2000万美元，拥有国际先进水平的制药设备和监测设备，同时拥有世界先进的缓释胶囊及青霉素裂解等多项工艺技术，为赢得中国医药市场，特别是非处方药市场的领导地位奠定了雄厚的基础。中美史克的生产区域共占地26,000平方米，其中制剂厂洁净度为10万级。中美史克的生产过程严格按照标准化操作规程进行。1998年，口服制剂车间通过国家卫生部GMP认证。具有国际先进水平的高、精、尖生产设备，自动化程度极高。BARCO监控系统准确显示设备的运行状态、产量、停机原因等数据。BPCS物料控制管理系统对物料到成品的整个流动过程进行科学管理，有计划地对物料的采购、发放、接收、成品的库存与发货进行有效控制。全面的质量管理包含了质量检验、质量控制、规范执行以及

网址：http://www.tylenol.com.cn

北京诺华制药有限公司

北京诺华制药有限公司是瑞士诺华公司与北京医药集团有限责任公司和北京紫竹药业有限公司共同建立的合资制药企业。公司成立于1987年，是北京市最早的外资制药企业，总投资额2,100万美元，注册资本1,843万美元。公司成立之初名为“北京汽巴－嘉基制药有限公司”，1996年更名为“北京诺华制药有限公司”。诺华公司是全球领先的医药保健公司，在全球非处方药销售中排名前十位。主要治疗领域包括抗炎镇痛、胃肠道不适、咳嗽、过敏、伤风感冒、营养补充剂等。北京诺华制药的工厂位于北京中关村科技园区昌平园，占地面积28,000多平方米，拥有现代化的洁净厂房和从欧洲引进的全套先进设备，年生产能力10亿片／胶囊和1,200万支乳胶剂。工厂主要生产高血压治疗药物洛汀新、抗风湿疼痛药物扶他林、抗真菌药物兰美抒、中枢神经系统药物得理多、安拿芬尼等，并为国际市场生产抗疟疾药物复方蒿甲醚。北京诺华制药的工厂已于1998年初通过了国家医药卫生行政管理部门的GMP达标验收和GMP认证。2000年又相继通过了澳大利亚和英国政府的GMP权威认证，公司在全国设有十大办事处，营销网络覆盖全国主要市场。自1993年公司正式运转以来，公司业务年均以两位数速度增长。随着我国处方药和非处方药分类管理制度的建立，诺华非处方药事业分部于1999年正式成立，负责公司非处方药的营销管理工作。目前诺华非处方药事业分部在中国主推的品牌是扶他林乳胶剂。诺华计划在中国发展的非处方药领域除了抗炎镇痛外，还包括咳嗽、过敏、伤风感冒、营养补充剂、戒烟产品等。

网址：http://www.nuohua.com.cn

上海罗氏制药有限公司

上海罗氏制药有限公司是由世界著名的瑞士豪夫迈·罗氏有限公司和国内知名的上海三维有限公司合资建立的制药企业，创建于1994年5月6日，总投资额4500万美元，新厂坐落在有“中国药谷”之誉的国家级生物医药工业生产基地——浦东张江高科技开发园区，占地面积7万平方米。公司拥有员工400多名，其中大专以上学历占88%。拥有200余名医药销售代表，并在京、穗、沪等35个城市设立了办事处和销售点。公司引进罗氏高效、优质的专利产品和以研究为基础的药品，主要有抗生素、免疫抑制调节剂、抗癌药物、心血管及神经系统药、抗移植后排斥感染药物、止痛药以及多种维生素等10余种药品。公司是一座集现代化管理和高科技规模化生产于一体的新型制药企业，工厂整体布局按最新版GMP标准，投资规模在全国医药行业居第二位。公司以“上海罗氏，健康卫士”为宗旨，积极促进中国医疗保健事业的发展，力争在新世纪成为中国最大的制药合资企业之一。随着自我药疗的迅速发展，OTC药物日益成为医药市场最活跃的领域，1992年罗氏成立了大众药品部即RCH(RocheConsumerHealth)，全面负责罗氏在全球的非处方药品，随后RCH的发展突飞猛进，1997年，RCH在中国成立了一个以散利痛为代表产品的部门，专职发展中国的OTC业务。目前销售的药品除了散利痛，还有力度伸（大剂量维生素C泡腾片）和罗内（复方碳酸钙咀嚼片），此外还有许多的OTC产品将陆续进入中国，致力于为消费者健康事业服务。2000年全球罗氏OTC销售达到19亿美元。目前，罗氏在中国的总投资额已近2亿美元。1999年，罗氏产品在中国的销售额达2.5亿美元。为了适应这一快速发展的需要，罗氏已于1995年12月成立了控股公司——罗氏（中

国）有限公司，管理并协调罗氏公司在中国现有合资企业的发展，并进一步加大对中国的投资。

网址：http：//www.rochechina.com

西安杨森制药有限公司

西安杨森制药有限公司是中国医药界的先进企业和美国强生公司合资兴建的中国目前规模最大、剂型最全、综合效益最好的现代化制药企业。公司成立于1985年10月，1991年开业，总投资为1.9亿元人民币（1999年又增资1亿元人民币）。中方股东为陕西省医药总公司、陕西省汉江药业股份有限公司、中国医药工业公司和中国医药对外贸易总公司。西安杨森自1989年正式投产以来，销售额从1989年的3600万元增加到1999年的18.06亿元，增长了近50倍。总部位于北京盈科中心A座，包括市场与医学、销售、人力资源、财务、行政、资讯管理、政府事务、公关、法律等部门。厂部位于古城西安，占地面积170亩，建筑面积35，620平方米，主要建筑包括制剂车间、动力车间、综合办公楼、污水处理场等，其软硬件均达到了世界卫生组织（WHO）的要求及药品生产管理规范（GMP）的标准。同时，在全国34个城市设有办事处，并在北京、上海、广州设有分仓库。目前，公司拥有近千名员工。西安杨森公司的主要产品包括：安乐士、里素劳、达克宁、安度利可、西比灵、吗丁啉、易蒙停、息斯敏、斯皮仁诺、普瑞博思、采乐、多瑞吉、妥泰、维思通等；产品剂型包括：针剂、液剂、散剂、胶囊、片剂、霜剂、栓剂、滴剂等。西安杨森是中国建立最早的合资企业之一，也是最先投身西部开发、建设的外资企业之一。西安杨森连年跨入中国500家最大工业企业行业，多次被评为全国十大最佳合资企业并两度折冠，还被评为中国工业行业销售状元和中国医药工业50强第一名。1999年，西安杨森被美国著名《财富》杂志评选为中国十大最受赞赏的外资公司之一。

网址：http://www.xian-janssen.com.cn

曼秀雷敦（中山）药业有限公司

曼秀雷敦（中山）药业有限公司是由美国曼秀雷敦公司及日本乐敦药厂主要投资的中外合资制药企业，位于紧靠珠海经济特区的中山市三乡镇，于1991年10月建成投产，总投资额约人民币1亿元。公司占地面积约12000平方米，按GMP要求建立厂房及高科技无菌密封式的生产车间，包括药物药品车间（眼药水车间和软膏剂车间），医疗器械车间、化妆品车间（润唇膏车间和维倩护肤品车间），现有厂内员工约百多人，其中各类技术人员、生产管理、质量管理及高中级职员均由大学本科毕业以上学历，具有丰富药品生产、质量管理经验的人员担任。中山厂主要生产曼秀雷敦和乐敦系列产品，包括薄荷膏、樱桃伤风膏、伤风通、什果冰护唇系列、薄荷润唇膏、天然润唇膏、男仕润唇膏、特柔润唇膏、纤纤护唇系列、变色润唇膏、小小什果冰护唇系列、Lip Babi护唇保、新乐敦眼药水、小乐敦眼药水、维倩护肤系列及假牙垫等等，产品出口远至英国、美国、德国、法国、澳洲、加拿大、日本及新马泰等。为配合拓展中国市场，曼秀雷敦在北京、上海、广州建立经营部，同时发展各二线城市，包括大连、天津、南京、杭州、中山、汕头等。各经营部负责其管辖地区的销售情况、铺点工作、产品陈列及任何有关的宣传活动。并发展附近之二、三线城市，而中山厂配合各经营部的需要，作出适当的生产及运送安排，令曼秀雷敦及乐敦系列产品成为市场领导品牌。

网址：http：//www.mentholatum.com

中美上海施贵宝制药有限公司

中美上海施贵宝制药有限公司，系中美第一家合资制药企业，由美国百时美施贵宝公司、上海医药(集团)总公司、中国医药对外贸易总公司共同投资建成。投资总额为4648万美元。公司占地53000平方米，现有员工1000余人。公司拥有一流的生产设施和全面符合GMP标准要求的厂房，并以制药行业的国际标准进行设计、生产、经营和管理。1988年首家获加拿大保健局（HPB）的质量认可；1989年第一家通过新西兰药物管理局的GMP审计；1989年，获得美国食品和药物管理局(FDA)许可证，成为我国首家西药制剂产品出口到美国的制药企业；1998年5月，上海施贵宝成为中国首家通过ISO14001认证的制药企业；1998年通过国家GMP认证委员会的认证，成为上海市第一家通过该项认证的制药企业。公司以“提供优质的药物来延长人类寿命和提高生活质量”为使命，引进了百时美施贵宝公司的专利及著名品牌产品，以满足中国广大病患者和医疗机构的需求。今天的上海施贵宝共生产近30种处方药及非处方药，产品包括心血管类、抗生素类、维生素类、解热镇痛类和感冒咳嗽类。其中许多药品在全球家喻户晓，占据全球制药行业的领先地位。在处方药领域，公司是中国心血管、代谢和抗生素等领域药品的领导者。非处方药物中的施尔康系列、百服宁系列是知名的品牌产品。1985年公司建立了中国第一支专业医药销售队伍，现今已发展到400多名，全国29个省市设立了销售办事处。1994年建立了中国第一支OTC(非处方药)营销队伍，成为中国非处方药的先锋。自1985年开业以来，公司经营业绩良好，效益显著，为中国500家最佳经济效益企业之一，并被评为上海市“先进技术型”、“知识密集型和技术密集型”及高新技术企业。开业以来，公司销售额增长了60多倍。至1997年末累计税后利润3亿多元。公司中外方投资者及高层领导对公司发展前景看好，并通过管理咨询、群策群力，制定了在2003年成为中国最大制药企业的远景目标。

网址：http：//www.bms.com.cn

北京同仁堂集团公司

北京同仁堂是中药行业闻名遐迩的老字号，创建于清康熙八年（公元1669年），创始人乐显扬。清雍正元年（公元1723年）同仁堂开始供奉御药房用药，享受皇封特权，历经8代皇帝，长达188年。300多年来，同仁堂把“炮制虽繁必不敢省人工，品味虽贵必不敢减物力”作为永久的训规，始终坚持传统的制药特色，其产品以质量优良、疗效显著而闻名海内外。以牛黄清心丸、大活络丹、乌鸡白凤丸、安宫牛黄丸等为代表的十大王牌和十大名药，一直在市场上供不应求，同仁堂也因此成为质量和信誉的象征。目前生产中成药24个剂型，800多个品种经营中药材、饮片3000余种；47种产品荣获国家级、部级和市级优质产品称号。1992年，在改革开放的新形势下，中国北京同仁堂集团公司宣布成立。1993年以来，同仁堂相继在香港、马来西亚、英国和澳大利亚开设了分店，与泰国合资组建北京同仁堂（泰国）有限公司。同仁堂作为驰名商标，已在加拿大、泰国、澳大利亚以及马德里协定成员国等50多个国家和地区注册，受到特别保护。1997年5月，集团公司所属6家绩优单位组建成立北京同仁堂股份有限公司，同仁堂股票在上海证券交易所上市。1999年2月，“同仁堂发展委员会”在京成立。这标志着老字号同仁堂在将优秀传统融入现代科技的进程中又迈上了一个新的台阶。为推动现代中药进入国际医药主流市场，2000年3月，以北京同仁堂股份有限公司为主要发起人，联合集团公司及其他6家有相当实力的发起人共同组建成立了北京同仁堂科技发展股份有限公司。同年10月，在香港联交所创业板上市。公司致力于传统中药现代化，加快研制、开发高科技产品的步伐，积极发展电子商务，挺进国际医药市场。如今同仁堂集团已成为国有大型一类企业，在国务院确定的全国120家企业集团试点单位中，同仁堂是全国惟一的中药企业。在跨入21世纪大门之际，同仁堂人正以更加昂扬的姿态，更好地把传统精髓和现代科技有机结合，为进一步弘扬中药事业做出更大的贡献。

网址：http：//www.tongrentang.com

华北制药集团有限责任公司

华北制药集团有限责任公司是我国最大的制药企业，位于河北省石家庄市。公司的前身华北制药厂是国家"一五"计划期间的重点建设项目，于1958年建成投产。华北制药厂的建成开创了我国大规模生产抗生素的历史。40年的成长历程中，华药依靠创新意识和扎实的企业管理，不断发展壮大，主要经济指标始终处于国内同行业前列，连续多年跻身全国500家最大工业企业和最佳经济效益工业企业行列。今天，华药已经发展成为一个拥有两万名员工，集科、工、贸、金为一体，总资产近百亿元，年销售收入达36亿元的大型企业集团。华北制药集团现由27家子公司构成，其中包括一家上市公司——华北制药股份有限公司及16家外商投资企业，这些公司分布于河北省内外，经营范围以医药化工为主，拓展到热电、商贸等诸多领域。在医药化工方面，华药目前是中国最大的抗生素生产基地。依托传统的抗生素工业基础，华药不断开发新的医药化工产品，目前能生产抗生素、半合成抗生素、医药中间体、维生素、基因工程药物、保健品、农药、兽药等类别的数百个品种，产品远销世界30多个国家和地区，年出口创汇达8000万美元左右，在国际市场上负有盛名。华北制药集团公司坚持以科技求发展，具有较高的技术装备水平。华北制药集团新药研究开发中心，曾在国内率先开发出10余种新产品，先后获国家发明奖5项、国家科技进步奖18项。省部级科技进步奖70项。1997年，华北制药集团公司被国家确定为首批6家技术创新试点企业之一。华药是我国医药行业首家获“国家质量管理奖”的企业，目前有6个主要产品曾获国家优质产品金质奖3枚、银质奖3枚，28个品种获得省级以上优质产品称号，3个集团成员——北元公司、华日公司和华北－赫司特公司顺利通过了GMP认证，集团公司粉针剂通过了GMP达标复核。严格的质量保证体系，使华北牌产品在市场上享有良好的质量声誉，1999年，“华北”牌商标被认定为中国驰名商标。华北制药集团公司全体员工弘扬“人类健康至上，质量永远第一”的企业精神，不断通过自己的努力，以优质高效的药品服务于人类健康事业。

网址：http：//www.ncpc.com.cn

山东新华制药股份有限公司

山东新华制药股份有限公司是由创立于1943年的山东新华制药厂在1993年改组，在中华人民共和国注册成立的股份有限公司。公司H股于1996年12月在香港联合交易所有限公司上市，本公司A股于1997年8月在深圳证券交易所上市。1999年经中国对外贸易和经济合作部批准转为外商投资股份有限公司。本公司主要从事开发、制造及销售化学原料药、制剂（包括针剂、片剂）、化工产品。其中，化学原料药主要包括解热镇痛药、抗菌药及中枢神经系统药等。新华制药拥有各类工程技术和科技研究人员1200多名，其中有5人享有国务院特殊津贴，39人享有市、省和国家级拔尖人才殊荣。新华制药建有一个国家级企业技术中心，中心有百余名高层次研究人员，装备了国内一流水平的试验仪器，开展了数十个医药课题的研究。中心在企业自主投入高开发的同时，已与国内外的10余家科研机构、高等院所、著名医院等展开了广泛的合作，在新药研制、生物工程、剂型改进等方面迈开了可喜的步伐。自1997年来，新华制药研究开发成功了包括国家一类新药皮肤病用药爱迪特、国家二类新药用作肿瘤放疗增敏剂的马蔺子素等在内的28种新药并组织了上市。对一些传统产品，研究人员也在其生产工艺、改进配方、追加适应症等方面开展了研究，使传统产品最大限度地利用资源、减少成本、提高质量、发挥疗效作用。公司秉承“创造健康、贡献人类”的经营理念，坚持“两个生命”质量价值观，遵守国家法律法规，满足顾客需求，持续改进质量管理体系。在进一步巩固化学原料药优势地位的同时，加速制剂的发展，强化新药研制，不断提高产品质量和服务质量，为人类健康事业奉献优质高效药品。山东新华医药集团的发展目标是，在不远的将来，成为国际上知名的制药企业，早日进入国际大医药企业行列。

网址：http：//www.xhzy.com

东北制药集团

东北制药集团是中国医药行业的综合性企业集团，是国家首批55家试点企业集团之一。东北制药集团以东北制药总厂（东北制药集团公司，目前中国最大的以化学合成为主兼有生物发酵和制剂产品的综合制药工业企业之一）为核心企业，拥有5家全资子公司、1家控股公司、22家参股公司和3家委托管理的集体企业。资产总额43亿元，年销售收入20多亿元。1996年按销售收入排序列全国重点医药企业第一位。主要生产抗生素系列、维生素系列、磺胺系列、心脑血管系列、抗结核系列等100多种原料药和医药中间体，生产粉针、水针、片剂、胶囊剂、生化制剂、中药制剂、输液、口服液、滴眼剂等800多个制剂产品以及麻醉药、医疗器械、卫生材料、兽药、食品和饮料添加剂等相关产品。

东北制药集团拥有外贸自营权和派遣出国及邀请国外人员来华审批权，拥有独立的非银行金融机构——东北制药集团财务公司。东北制药集团股份有限公司是国内A股上市公司。东北制药集团产品除销往全国各省、市、自治区外，还远销世界55个国家和地区，年进出口总额达7000多万美元，产品质量均符合《美国药典》、《英国药典》最新版本标准。东北制药集团将充分发挥自身优势，加快结构调整和产业重组步伐，加强与国内外朋友的交流和合作，努力发展高新技术和产品，专利产品和优势战略产品，为人类的健康和保健事业做出更大的贡献。

网址：http：//www.negpf.com

广州医药集团有限公司

广州医药集团有限公司是广州市政府授权经营管理国有资产的国有独资公司。以制造和销售中西成药为主，包括中西药品、医疗器械、生物医药、保健食品和卫生材料及与医药整体相关产品的研制开发和生产销售，兼营进出口贸易和房地产等产业。是广州市重点扶持发展的集科、工、贸于一体的大型企业集团。集团列入2000年中国最大1000家企业（集团）行列，是国家博士后科研工作站、省级重点工程技术中心、广东省50户工业龙头企业，是广州医药产业的核心企业。广州医药集团控股两家上市公司——“广州药业”和“白云山”，分别在香港、上海和深圳上市，还拥有一批全资和参股子公司。集团生产的医药产品有1000多种，有45个国家中药保护品种、20个国家中药独家生产品种，主要产品包括消渴丸、华佗再造丸、夏桑菊、蛇胆川贝枇杷止咳系列、脂肪乳等。多个产品荣获国家和省市优质产品，形成高效优质、包装新颖的“广药”特色。集团公司所属企业拥有按GMP要求进行技术改造的生产场地和先进制药设备、生产线。拥有严格的生产、质量管理体系，整个生产过程完全符合国际认可的药品生产质量管理规范，产品遍及全国及港澳、东南亚、欧美等60多个国家和地区。集团属下的商业公司拥有完善的批发和零售网络，“健民”医药连锁和“采芝林”中药连锁店200多家，遍布广州市。集团公司注重新产品的研制开发，拥有省级工程技术研究开发中心和药物非临床安全性评价实验室、汉方现代中药研究开发中心、拜迪生物医药开发公司等科研机构。在医药高新技术研究方面，掌握全国领先水平的控释制剂、超临界二氧化碳萃取、大孔树脂吸附和实验动物Beagle犬标准化饲养等技术。21世纪的广药集团，以实施中药现代化、参与生物制药、运用高新技术改造传统产业、进行产品换代剂型更新为重点，推动企业向大规模、高技术、高效益发展，形成集团的群体优势和综合功能，把集团的发展融入高新科技发展之中，使广州医药成为具有广阔发展前景的朝阳产业。

网址：http：//www.gpc.com.cn

华东医药集团公司

华东医药集团公司前身为浙江制药厂，成立于1952年。1992年，集团公司只是杭州医药系统的一家中型制药企业，经过近6年时间的艰苦创业，通过引进外资、扩大规模、强强联合、优势互补等形式，目前已发展成为拥有一家股份制企业——华东医药股份有限公司、几家中外合资企业（杭州中美华东制药有限公司、杭州默沙东制药有限公司、杭州九源基因工程有限公司等）、若干家控股医药化工生产企业，集科、工、贸于一体的大型医药企业集团。集团公司善于抓住机遇，并以其高科技的医药产品优势与发展潜力，跻身于“杭州市十大企业集团”和“浙江省政府重点培育的15家大企业集团”之列，同时列入国家经贸委520家“国家重点企业”的行列。“以科技求发展”是集团公司的宗旨。公司现已拥有职工3500余人，其中大中专毕业生、专业技术人员的比例占30%以上，并已拥有两个设备齐全的研究所——生物工程研究所和基因工程研究所，科研力量雄厚。1997年，集团公司被浙江省政府评为“浙江省区外高新技术企业”。本着集团公司董事长李邦良先生“要么惟一，要么第一”的新产品开发指导思想，公司现已开发成功并上市的高科技产品主要有：环孢素（国内第一家、世界上第二家生产）、百令胶囊（浙江省49年来惟一的一个国家一类中药新药，属国内独家生产）、G-CSF（国内第一家、世界上第三家生产的基因工程药品）、泰能（目前世界上最新的头孢类抗生素产品）、舒降之（目前世界上最新的降血脂药物）以及保列治（目前世界上最新的治疗前列腺增生药物）等。

捍卫生命、维护人类的健康是一项崇高的事业和神圣的使命。集团将继续本着“为人类的健康事业而奋斗”的企业理念，开发出更先进、更有效的高科技产品，以完成历史赋予我们的这一神圣使命。

网址：http：//www.eastchinapharm.com

深圳三九医药股份有限公司

深圳三九医药股份有限公司位于深圳经济特区笔架山麓、银湖之畔，是国家著名的三九集团的核心企业。十几年来，在国家、军队领导人和地方政府的关怀、支持下，三九人奉行赵新先同志倡导的“艰苦奋斗、实业报国”的企业实践理念，使企业得到了长足发展，成为一家大型的现代化制药企业。公司现有直接和间接的子公司7家：深圳九新药业有限公司、深圳九星印刷包装中心、惠州九惠制药有限公司、深圳九辉实业有限公司、深圳三九医药贸易有限公司、三九药业（香港）有限公司、雅安三九药业有限公司。公司采用国内外90年代一流设备，实行符合GMP要求的药品生产，具有生产多种剂型的能力，并以现代化的检测手段和检验设备，对三九系列产品进行严格的监控，从而确保了产品的质量。公司非常重视销售工作，专门成立三九医药贸易公司，销售网络遍布30多个城市。该公司不仅销售药厂生产的产品，还利用健全的销售网络代理国外著名医药企业的产品。公司坚持“科学技术是第一生产力”的指导思想，实行知识型企业的发展战略，不断进行技术创新开发，大力发展高新科技产品。为了进一步加大科研力量，企业成立医药研究院，从事新药的研究和开发工作。公司是国家教育部所属深圳市博士后工作站三九集团分站的所在地，现已有两位博士后出站，并取得了可喜的研究成果。面对未来，三九将以生命健康产业为主业，医药为核心，重点发展民族的中医中药。

网址：http：//www.999pharm.com.cn

深圳海王药业有限公司

海王集团成立于1989年，是一家以医药工业和生物工程为核心的大型综合性企业集团。目前，海王拥有国内较高水平的医药产品研究开发体系、生产制造体系和市场营销体系，综合实力在中国医药产业界位居前列。海王，已成为国内健康产业领域具有广泛影响的知名品牌。海王集团的技术中心，包含新药新技术开发、分析测试、中试放大、市场分析等功能。1998年，海王技术中心被国家经贸委等有关部门联合评定为国家级企业技术中心。2000年，国家批准海王技术中心成立企业博士后科研工作站。海王集团拥有两个现代化、多功能的大型制药工业基地——深圳海王工业城及长春制药基地，分别于1998年和2000年通过国家GMP认证，其中深圳海王工业城建筑面积3.2万平方米，配备包括片剂、胶囊剂、颗粒剂、软膏、冷干、透皮剂等10余条生产线；长春基地包括片剂、胶囊剂、冻干粉针剂（含系列化提取）、小容量注射4条生产线，两大基地的生产能力、剂型数量、设计标准均达国内一流水平，是目前国内最大的制剂生产基地之一。海王集团将建设市场营销网络作为发展生物医药产业的基础。经过多年的培育，已基本形成了以大中城市为结点，辐射全国市场的营销体系，建立了以市场策略创新为特色的多层面、立体化的营销网络。目前，海王营销网络覆盖全国各省份的全部主要城市，并向美国、俄罗斯、澳大利亚、越南、香港等国家和地区出口产品。另外，海王的医药零售连锁事业成长迅速，已成为中国医药零售连锁业的主要力量。目前在深圳、昆明、常州、宁波、大连、广州等沿海发达城市已成功开设了100多家连锁健康药店，海王连锁药店是美国连锁药店协会惟一的中国会员，并于2000年8月获得全国医药零售企业跨省连锁资格。“健康成就未来”是海王品牌战略的核心理念，海王品牌的主题就是健康，海王的品牌战略紧紧围绕健康主题，通过有效的整合传播，将海王打造成国内健康事业领域内的强势品牌。海王将以市场为导向，以科技为龙头，以创新为灵魂，瞄准世界高新技术产业前沿，把握国际高新技术发展趋势，力争在不远的将来，成为一个国内领先、极具国际竞争意识与能力的技术创新型制药企业。

网址：http：//www.neptunus.com

丽珠医药集团股份有限公司

丽珠医药集团股份有限公司创立于1985年，1993年成为全国医药行业首家A、B股股票上市交易的公司。经过17年的发展，丽珠集团已经成为拥有21个全资、控股及合资企业及集医药和相关产品研究、生产、销售于一体的大型医药集团公司。产品类别涉及化学药品、生物工程药品、生化药品、化学合成原料药、微生物态药品、中药、保健品、诊断试剂、生物活性材料等，品种近百个，产品优势领域为消化道用药、心脑血管用药和抗感染用药。2001年完成主营业务收入13.96亿元，主营业务利润6.51亿元。丽珠集团坚持“以人为本，以精立业，以质取胜，以诚服务”的企业理念，发扬“同心、进取、认真、高效”的企业精神，脚踏实地，加强管理，抓住机遇，快速发展。目前，2300多名丽珠集团员工中大专以上学历占53%。自1989年起，丽珠集团连续12年跻身全国500家最大工业企业行列。1996年被国家经贸委、中国人民银行总行列入国家520户重点国有企业名单，被国家经贸委认定为全国火炬计划76家重点高新技术企业（集团）之一，1998年分别荣获国家科技部和广东省科委颁发的“火炬优秀企业奖”，为广东省“技术创新优势企业（集团）”。“丽珠”注册商标于1999年被国家工商管理局认定为中国“驰名商标”。丽珠集团以市场为导向，致力于新产品的科研开发，提高新产品的科技含量，加快新产品与市场营销的接轨。集团60个由国家批准的新产品中，国家及省级“火炬”计划项目8个，国家“863”攻关项目2个。“丽珠得乐”、“丽珠肠乐”、“丽珠赛乐”、“丽珠威”先后荣获在国内有巨大影响的珠海推动科技进步特等奖。18条主要生产线通过GMP认证，经营企业通过GSP认证。营销网络覆盖全国，海外市场开拓成效显著。进入战略发展新时期的丽珠集团，将以“超越、高效”的经营理念，为社会创造良好的效益，为振兴民族医药工业，为人类生命学常青的事业谱写新的篇章。

网址：http：//www.livezon.com.cn

上海信谊药业有限公司

1916年信谊大药房挂牌，1924年创建了信谊药厂。信谊以“维他赐保命”创业，到了20世纪40年代，便以“云中之龙，药中之王”的“消治龙”良药傲视群雄，确立了其“远东大药厂”的地位，台港澳、新马泰等及华东、华北、华南、华西均有信谊分厂或办事处。20世纪60年代，信谊药厂率先首创针剂灌封“一条龙”；首家推出预防小儿麻痹疫症活菌苗糖丸；填补国内空白的有二相气雾剂、纸式剂型。

20世纪70年代，信谊首先问世长效口服避孕药片。20世纪80年代，信谊又在国内最早开发出“一步法”制粒工艺、旋转式拉丝灌封、缓释制剂、高效包衣工艺及三相（混悬型）气雾剂。1985年，信谊跻身沪上首家药品生产经营“两证”验收合格单位；1990年，信谊的经济指标荣登全国近百家重点制剂药厂榜首。1992年，信谊药厂与香港新基业公司共同投资3000万美元实施了进军浦东的转制第一步。如今信谊药厂，除了其最大的子公司以生产基因药物为主上海信谊药业有限公司以外，还有以生产心脑血管药物为主的信谊百路达公司；以生产天然药物为主的信谊嘉华药业有限公司；以针剂生产规模名列国内前茅的信谊金朱药业有限公司；以生产计划生育药品为主的信谊康捷药业有限公司，及以生产国外专利药品的上海勃林格殷格翰药业有限公司等16家企业。

网址：http：//www.sinepharm.com

片仔癀药业股份有限公司

片仔癀药业股份有限公司的前身——漳州市制药厂始建于1956年，1993年元月，以漳州市制药厂为核心组建漳州片仔癀集团公司。片仔癀集团公司于1999年12月22日发起组建了漳州片仔癀药业股份有限公司，顺利完成了股份制改造。公司是国家大型二档企业，全国520家重点企业之一，全省50家最大规模的工业企业之一，全省20家重点联系和重点扶持的骨干企业之一，全省高新技术企业，具有直接进出口经营权。企业连续6年入选全国500家最佳经济效益工业企业，列全国115家大中型医药企业经营综合指数排序第一名。独家生产具有400多年悠久历史、绝密配方的片仔癀一向畅销海内外，年创汇超千万美元，居全国中成药单项产品创汇首位。1999年国家工商行政管理局正式认定“片仔癀”商标为驰名商标，使之具有更高的法律和商业价值。公司主要产品有：片仔癀、片仔癀胶囊、复方片仔癀软膏、片仔癀痔疮软膏、茵胆平肝胶囊、复方片仔癀含片、藿香正气水、心舒宝、川贝清肺糖浆、蜂乳胶囊、清热止咳颗粒，并有新产品不断上市。公司将继续以强烈的品牌意识、一流的产品质量和良好的形象服务社会，创世界名牌，再铸辉煌。

网址：http：//www.pientzehuang.com

哈尔滨世一堂制药厂

世一堂创始于清道光七年（1827），初名为“天一堂”，后采纳一云游道士提议改为“世一堂”，其前店后厂在东北地区以规模大、信誉高、产雄厚而著称。被誉为“里有同仁、外有世一”，为中华五大堂之一。哈尔滨世一堂承前启后，延续至今。民国五年（1916年），世一堂牌药品获中华民国国货优等奖证书，民国四年（1915年），世一堂牌药品获首届国际巴拿马博览会金奖。中华民国农商部长周自齐亲授证书。世一堂制药厂销售总公司共有工作人员273人，其中业务员197人，全国下设十二大分公司、广告宣传部、市场开发部、内务部等。哈药集团世一堂制药厂是科工贸为一体的大中型企业，也是国家重点制药企业之一，世一堂药厂创建于清末光绪二十九年（1903年）。工厂于1986年扩建改造后，厂区占地13.4万平方米，居国内同行业第二位，拥有国内一流的厂房和设备，完全按GMP标准进行生产。有10个生产车间，11个剂型150个品种。有15种产品获国际、国家、省市级的奖杯（牌）和优质产品称号。是省级先进企业、联合国开发计划署中国成员单位、全国中药行业50强。世一堂牌商标是黑龙江省惟一的国际注册商标，中国驰名商标保护组织成员，其品牌无形资产超10亿元。工厂产品畅销全国各地并出口到世界20几个国家和地区。

网址：http：//www.shiyitang.com

山东东阿阿胶集团有限责任公司

山东东阿阿胶集团有限责任公司是经聊城市政府批准，1997年5月成立的国有独资公司，简称东阿阿胶集团。集团核心企业东阿阿胶股份有限公司是全国最大的阿胶生产企业，1952年建厂，1993年5月改组为股份制企业，1996年成为上市公司，同年7月"东阿阿胶"A股股票在深圳挂牌上市，累计融资5亿多元。集团拥有7个成员企业（股份公司、阿华包装材料厂、阿华医疗器械有限公司、阿华制药有限公司、阿华生物药业有限公司、东阿泉啤酒有限公司、阿华保健品有限公司），3个分厂，员工2000余人。其中，高中级技术人员500人，总资产8.89亿元，占地24万平方米，生产中成药、生物制剂、保健食品、医疗仪器、药用辅料等6个门类的产品40余种。公司主导产品“东阿”牌阿胶具有两千多年的悠久历史，含有18种氨基酸和多种有益于人体的微量元素，集除疾健身于一体，具有补血、止血、促进造血，增强免疫力，促进钙的吸收与贮存等广泛的医疗保健功能，“东阿”牌阿胶3次荣获国家质量奖金质奖章和传统药“长城”国际金奖，是举世瞩目的世界名牌传统药物，具有天然医药保健品无毒副作用的优点，具有同类产品市场与技术的核心竞争能力，远销东南亚、欧美等国家，产量、出口量分别占全国的75%和90%以上。主导产品“东阿”牌复方阿胶浆治疗缺铁性贫血、白细胞减少症疗效显著，无毒副作用，畅销全国和东南亚各国，为全国各大肿瘤医院肿瘤放疗、化疗患者必备药，全国500种畅销中药，山东省名牌产品。核心企业在全国同行业全部通过《药品生产质量管理规范》GMP认证，通过ISO9001、ISO14001国际质量环保体系认证，成员企业阿华医疗器械有限公司、阿华制药有限公司通过了ISO9000系列国际质量体系现场评审。公司建起覆盖全国、渗透到县乡基层区域的营销网络，并拥有国家外经贸部授予的自营进出口权。公司核心企业为上市公司，年可配股融资数亿元，资金实力雄厚。东阿阿胶股份有限公司1997、1998、1999年连续3年被评为全国上市公司最具发展潜力的50强企业。近年来企业开始进入高速成长期，主导产品阿胶、复方阿胶浆销量大增，生物高科技药品EPO（人红细胞生成素）、白介素11通过国家“九五”重大科技攻关项目验收，白介素11、基因重组水蛭素均完成基础研究即将进入临床实验。研制成功柴黄冲剂、肝得治胶囊等4种中药、阿胶维生素E软胶囊等3种保健食品，止血复脉合剂等两种产品获国家专利。

网址：http：//www.dongeejiao.com.cn

石家庄神威药业股份有限公司

石家庄神威药业股份有限公司是集药品科研生产、保健食品、药用包装生产和医药贸易于一体的大型股份制医药企业，有30年生产中西药的历史，是国内产销量最大、最早通过GMP认证、技术水平最先进的软胶囊、水针剂生产基地，是中国优秀中成药出口基地、中国惟一通过GMP认证的软胶囊车间、中国最大的软胶囊生产基地、中国中药颗粒剂生产基地、中国中药注射剂重点企业、中国优秀中成药现代化生产基地之一、中国高新技术产业化示范工程。现有员工1200人，其中专业技术人员占职工总数的33%以上，总资产5亿元，主要生产神威牌颗粒剂、水针剂、软胶囊等5个剂型23个品种，是中国惟一以生产儿童、老年系列药品为主的企业，儿童用药系列有小儿速效感冒颗粒、小儿化痰止咳颗粒、葡萄糖酸锌颗粒、贝思口服液、小儿清肺化痰冲剂、头孢氨苄颗粒等10多个产品，老年系列有五福心脑康、脉通等5个品种。神威系列产品还有获得国家中药保护的利咽解毒冲剂、参麦注射液、藿香正气软胶囊等，各品种销量均居同行业之首。公司在中国主要城市设有销售办事处，产品畅销国内外，五福心脑康软胶囊、清开灵软胶囊、健阳片、六味地黄浓缩丸、藿香正气软胶囊、脉通软胶囊、玄麦甘桔含片等产品大批量出口到亚、欧、非洲等国家。公司在董事长兼总经理李振江领导下，以"追求卓越品质，造就国药精品"为理念，建立起适应市场机制的管理体制，从严治厂，推行全面质量管理。1997年跨入全国中成药工业50强企业。各项经济技术指标在全国同行业处于领先水平，在国内同行业和广大消费者中，以质量好、管理严、产品开发快、效益高享有很高声誉。"神威"已申报中国驰名商标。目前，公司在北京东燕郊开发区兴建高标准水针剂项目，在公司南院兴建新的固体制剂车间。预计水针剂车间投产后，新增产值3–5亿元。固体制剂工程建成后，新增产值3–5亿元，利税5000万元以上。两项工程在开工投产后，迅速通过GMP认证，与国际接轨。同时神威药业将建成全国规格最高、效益最好、外向型的中药软胶囊、水针剂、固体制剂生产基地。

网址：http：//www.shineway.com

石家庄制药集团有限公司

1997年8月21日，石家庄制药集团有限公司成立。石药集团联合"中国医药工业综合实力50强"第四位的河北制药集团和第十五位的石家庄第一制药集团，以及石家庄第二制药集团、石家庄四药股份，集四家企业的资金实力于一体，成为中国医药行业"强强联合"的第一例。石药集团拥有包括香港"中国制药"在内的30余家全资和控股子公司。作为国家518家特大型工业企业集团中仅有的25家制药企业之一，石药是一家拥有资产47亿元人民币、年产值52亿元人民币的快速发展的企业，并从组建当年起，综合实力就一直位居中国6700多家医药工业企业前三位。公司多样化的医药产品体系，涵盖了西药原料药、西药制剂、传统中药、医药保健品以及卫生材料等多种领域的近千种产品。石药集团拥有覆盖全国的营销网络和遍布全球的分销公司，遍及国内30多个省市和全球50多个国家和地区。迎着新世纪的朝阳，乘着北京成功申奥和中国"入世"的双桨，石药集团与国内外各界朋友，一起在健康而美好的新世纪远航。

网址：http：//www.e-cspc.com

武汉马应龙药业股份有限公司

中华人民共和国成立后，马应龙生记药店成为国有独资企业——武汉第三制药厂，1993年改制为武汉马应龙药业股份有限公司。1995年通过国有股股权协议转让，马应龙药业由中国最早的上市公司之一——中国宝安集团控股经营。在引入宝安先进的经营机制和理念后，马应龙药业进入了历史上的快速发展时期，各项经济指标逐年增长，综合经济效益在武汉市工业企业中列入前10位，先后被武汉市和湖北省有关部门评为"信用AAA级企业"和"高新技术企业"，集团及其部分控股子公司分别进入"中国500家最大医药工业企业"的行列，并荣获中国企业形象AAA级信用单位等荣誉称号。1998年公司正式更名为武汉马应龙药业集团股份有限公司。马应龙药业集团坐落在武汉东湖高新技术开发区内，占地面积9.6万平方米。集团公司下属5个子公司：武汉马应龙制药有限公司、武汉马应龙医药有限公司、吉林马应龙制药有限公司、马应龙大药房有限责任公司、深圳大佛药业有限公司。集团本部有5个采用国际先进设备的制药车间和由50多位高中级专业技术人员组成的产品开发中心及药品质量分析检测中心，拥有国家批准生产的品种93个，其中国内首创、独家生产的品种10个。公司现在国内34个省、市、自治区设立了销售分公司或办事处，拥有完善规划的国内销售网络；并取得了药品及相关设备的进出口经营权，产品远销东南亚及欧美大陆。目前公司集团本部拥有国家批准生产的品种93个，为马应龙独家生产的有10个，属于国家中药保护品种的有3个（马应龙麝香痔疮膏、马应龙麝香痔疮栓、奇应内消膏），列入OTC药品目录的品种有4个（马应龙麝香痔疮膏、马应龙麝香痔疮栓、龙珠软膏、马应龙八宝眼膏），列入国家基本药物目录的品种有6个，列入国家社会医疗保险药品目录的有4个（马应龙麝香痔疮膏、马应龙麝香痔疮栓、马应龙八宝眼膏、复方甘草合剂）。

网址：http：//www.myl1582.com

北京双鹤药业股份有限公司

北京双鹤药业股份有限公司是由北京制药厂为主要发起人设立的股份制上市公司。1997年5月在上交所上市，股票代码600062。双鹤药业上市之初提出了"高科技、高质量、振兴民族医药工业"的企业理念。作为国有企业中首家通过GMP认证的先进代表，立足自身优势，积极利用资本市场整合各地医药企业资源，先后重组了原江苏昆山制药总厂、原武汉滨湖制药厂、原北京制药工业研究所、原北京制药机械厂、原牡丹江温春制药厂，初步建立了以双鹤药业为核心、以资本为纽带、以产品为龙头的跨地区的企业集团框架，建立起现代医药、科研先导、金融支持三位一体的集团化发展模式。上市3年来，企业经营状况良好，主要经济指标保持连续增长：主营收入、净利润、利润总额年平均增长分别为47.6%;20.8%和26.3%。企业规模迅速扩张，总资产由1997年的5.7亿元跃至1999年的11.6亿元，两年增长一倍。1998年，利润总额和资金利税率在全国医药企业的排名分别为第9位和第10位。目前，双鹤药业已发展成为销售网络遍及国内外，主营业务涵盖新药开发、药品制造、医药经营及制药装备等领域，横贯科研、生产、流通各环节的大型现代化制药集团。进入21世纪，双鹤药业确定新世纪未来3年的产品发展目标是：大力发展以喹诺酮类和磺胺类为主的合成抗菌药系列，逐步建成全国合成抗菌药物的龙头企业。大力发展大输液产品，在全国组建专业化、规模化大输液集团。鼎立进军天然药领域，利用现代医药科技手段，推进传统医药现代化、规模化。

网址：http：//www.dcpc.com.cn

北京四环医药科技股份有限公司

北京四环医药科技股份有限公司是军事医学科学院毒物药物研究所1989年6月创办的高新技术企业。1999年移交北京市，2000年初并入中关村科技发展股份有限公司，作为中关村生物医药板块发展的主体。公司生产的品种系军事医学科学院毒物药物研究所研制开发的各类新药。目前生产片剂、针剂、外用药3个剂型的13个品种。其中国家一类新药两个，二类新药4个，四类新药5个。公司设有“市场营销部、生产管理部、人力资源部、资金财务部、技术质量部”五大部门。员工队伍400余人，其中大专以上学历者占60%，中层以上管理人员全部是大专以上学历。专业结构以医学、药学为主，兼有市场营销、企业管理、财务管理专业。公司从1996年起在北京市良乡经济技术开发区建立了现代化化学合成及制剂厂房。厂房总面积达18000平方米，洁净厂房面积达3500平方米。生产系统现有1个针剂车间、两个片剂车间、1个外用车间、1个合成车间。2000年8月公司的片剂、小容量注射剂、软膏剂、溶液剂通过了国家药品GMP认证。公司自1989年创办以来，不断向社会推出名优医药产品，取得了良好的社会效益和经济效益。自1991年正式投产，截至1999年底，累计实现销售收入9.11亿元，上交国家税收1.56亿元，以各种形式支持军事医学科学院科研投入1.9亿元，实现利润1.57亿元。连续8年名列北京市高新技术产业开发试验区经济20强。

网址：http：//www.sihuan.com.cn

广西玉林制药有限责任公司

公司前身广西玉林制药厂始建于1956年，1997年列为国家中药制药行业五十强企业。工厂面积11多万平方米，现有员工700余人，其中各类专业人员200人，资产总额近两亿元。公司始终走在改革的最前列，积极稳妥地开展以三项制度改革为突破口、以产品质量为中心的企业改革，并取得阶段性优秀成果。目前已初步建立起“产权清晰、权责明确、政企分开、管理科学”的现代企业制度框架，企业各项工作全面进步，各项规章制度日益完善，经济效益连年提高。公司技术力量雄厚，生产设备精良，具有强大的综合中药制剂生产能力，其中：胶囊剂12亿粒／年，片剂5亿片／年，酊剂1000吨／年，并于1999年通过澳大利亚的GMP认证。产品有11个剂型近百个品种，其中“正骨水”、“鸡骨草胶囊”曾分别多次被评为国优产品，“云香精”为部优产品，“湿毒清”、“消石片”、“乌军治胆片”、“蛤蚧大补丸”、“蛤蚧补肾丸”、“草香胃康胶囊”等分别为区（省）名牌或优质产品。国家中药保持品种有自营出口权，出口产品38种，远销20多个国家和地区，年出口创汇近300万美元。公司是广西较早建立区（省）级技术中心的企业之一，坚持以市场为导向，以项目为载体，加强产学研的联合，具备了良好的技术和产品的研发能力以及对外的技术合作基础。公司管理层懂经营、善管理，成为企业稳健地进入市场、赢得市场的中坚力量，企业经营规模及经济效益连续10年大幅度提高，是地方财政收入的支柱企业。近年来，公司先后荣获“全国医药制药行业百强企业”、“全国中药行业设备管理先进单位”、“全国医药行业法制工作先进单位”、“全国医药系统先进集体”等国家级荣誉称号，并连续多年被评为自治区经济效益先进企业。

网址：http：//www.chinayulin.com

成都恩威集团

成都恩威集团创建于1986年，是由著名科技实业家薛永新先生抱着“服务社会，造福人类”的宗旨，从一家仅有几十名员工的小型乡镇化工企业开始，经过十几年的努力，发展为如今集科研、生产、贸易为一体，以制药为主体的高科技跨国集团企业。恩威集团旗下已拥有成都恩威制药有限公司(合资)、成都恩威保健制药公司、成都恩威化工公司、恩威集团中药有限公司、同源美国国际贸易集团、恩威集团有限公司、恩威包装有限公司、四川恩威中医药研究所、双流医院等子公司和分支机构，固定资产和流动资产5.2亿元人民币，产值和销售收入皆分别实现了约20亿元人民币。现今，恩威已跻身于中国大型企业前列，获得“中国优秀明星企业”等60项殊荣。恩威集团长期致力于传统中医药宝库的研究开发，并取得了杰出成就。由集团总裁薛永新先生研制成功的洁尔阴洗液自1987年问世以来，畅销至今10余年不衰，以其确切的疗效深得广大患者和医生的信赖，1993年和1998年分别被卫生部批准为国家三类新药和五类新药，列入国家中药保护品种，荣获“四川名药”、“四川名牌产品”称号，并获国家中医药管理局“科技进步二等奖”等10多项殊荣，该药年均销售额在两亿元以上。恩威目前已研制开发出洁尔阴泡腾片、洁尔阴女士巾、好娃友口服液、口宝含漱液、清经颗粒、延寿宝颗粒、心血通颗粒、益气补肾颗粒、风湿止痛宁、疲劳康、脾胃康等一系列天然药品和保健品。

恩威以“大规模、高起点”的原则不断推进产业的技术密集化进程，在科研方面所引进的先进设备，在生产设备规模方面的发展等均令人瞩目。在企业管理方面，从美国引进了具有远程透明访问功能的大型标准数据库，实现了全电脑化管理，恩威集团的发展也由此产生了飞跃，奠定了成为世界一流企业的基础。新世纪，恩威人将不断进取，努力奋斗。

网址：http：//www.enwei.com.cn

佛山德众药业有限公司

佛山德众药业有限公司坐落在我国岭南中成药的发源地、四大古镇之一的佛山市。佛山成药始于明朝，距今已有400多年的历史。1956年1月，佛山医药行业进行了公私合营，组建为源吉林药厂、佛山中药厂、三联药厂及国药药店、新药药店。3家药厂于1957年合并成为佛山联合制药厂，到1966年又更名为佛山人民制药厂，于1971年7月又按生产剂型分为佛山市制药一厂和佛山市制药二厂两家制药厂。1998年11月，遵照佛山市政府的指引，实行强强联合，增强优势，适应市场竞争，将佛山市制药二厂组建成立佛山德众药业有限公司。本公司现有员工400余人，其中专业技术人员共有70余人。厂区占地面积23259平方米，厂房面积34590平方米。1996年被国家授予“中华老字号”称号；1996、1997年被列入全国中成药工业国有重点企业（五十强）；1997、1998年被列为广东省医药行业重点工业企业28家之一；1998年改制后，于1999年被列入全国中成药工业50强之一。本公司生产经营中成药产品，产品销售至全国30个省、市、自治区，远销东南亚等地，年销售总额达两亿元。目前生产的剂型有片剂、橡胶膏剂、滴剂、搽剂、丸剂、胶囊剂和颗粒剂等多种剂型、100多个品种。既有百年历史而至今不衰的老产品——源吉林甘和茶，又有八、九十年代独创的新产品——鼻炎康片、腰肾膏、肝达康片、乳结康丸等一批国家保护品种和国家三类新药。近年来，本公司先后有10多个品种荣获了国家和省级优质、名牌产品称号。其中源吉林甘和茶、鼻炎康片荣获了广东省优质产品、名牌产品和国家优质产品奖，鼻炎康片还被中国质量检验协会、中华国产精品推展会推荐为“中华国产精品”，腰肾膏、牛黄解毒片、骨刺片等6个品种荣获了广东省优质产品奖，肝达康片荣获了广东省医药科技进步二等奖。企业拥有国家重要保护品种六个（鼻炎康片、鼻炎滴剂、腰肾膏、肝达康片、复方珍珠暗疮片和养血生发胶囊等），其中鼻炎康片、腰肾膏、鼻炎滴剂为本公司独家产品。本公司出品得以列入《国家基本医疗保险药品目录》中药部分中的甲类药品有鼻炎康片、感冒清片、银翘解毒片、牛黄解毒片、六味地黄丸、维C银翘片、元胡止痛片、川芎茶调颗粒、石斛夜光丸、骨刺平片、肝达康片、喉舒宁片、复方珍珠暗疮片和过岗龙片等；乙类药品有鼻炎滴剂（喷雾型）、牛黄蛇胆川贝散、清咽片、羚羊感冒片、知柏地黄丸、安神健脑片、复方胆通片、六味地黄丸、莲柏治癌片、妇科百凤片、金龙伤湿止痛膏、少林跌打止痛膏、腰肾膏、小儿健胃糖浆、肥儿糖浆、杏仁止咳糖浆、源吉林甘和茶、乌须黑发丸、乳结康丸、加味藿香正气丸、养血生发胶囊和复方蛇胆川贝液等，两类药品共40多个品种。本公司继承传统的制药精华，结合现代科学技术，配置先进的制药设备，并具有全国最大规模之一的水提设备，药材日处理量为15吨，喷雾干燥日产量两吨多。片剂是公司的主导产品，年产量达20亿片，应用真空浓缩、喷雾干燥等先进技术，使公司的中成药片剂生产工艺达到国内先进水平。公司投资近亿元，进行GMP改造，使建成的中成药固体制剂大楼达到国内中成药生产企业先进水平。公司的GMP改造，将于2002年完成，到2003年全部生产剂型通过国家的GMP认证，企业有望得到新的发展。公司董事长何浩昌、总经理何兆　及全体员工满怀信心，在新世纪中，努力为全人类的身体健康做出更大的贡献。

网址：http：//www.dezhong.com

广东省顺德市顺峰药业有限公司

广东省顺德市顺峰药业有限公司，是成立于1969年的一家以生产外用药为主的现代化综合药品生产企业，是广东省外用药工程技术研究开发中心的依托单位。公司新建的7000多平方米的软膏及口服液制剂生产大楼已通过国家GMP认证，进口意大利的先进生产线形成年产软膏2.5亿支、口服液制剂700万瓶的生产能力。生产的产品有软膏剂、片剂、油剂、注射剂、胶囊剂、口服液制剂、原料等10大剂型150多个品种，尤其是主剂型软膏剂，以品种齐全、质优效高、价格适宜，深受广大病患者的喜爱，使顺峰牌软膏在全国皮肤界享有崇高声誉，成为国家外用药专业生产基地。企业的产品质量检测设备先进，配备有各种进口的精密检测仪器如：电子天平、紫外、红外、液相、气相、溶出度测定仪等，确保了产品质量能得到精确的检控，多年来产品经国家各级药检所抽检，全部符合法定质量标准的规定。按国家医药管理局统计，1999年公司产值在全国化学制药企业中排第71名，2000年医药生产企业零售市场销售金额排第39名，成为国家医药百强企业，多个主导产品如顺峰康王、顺峰宝宝湿疹膏、皮康霜、恩肤霜等均在全国部分大城市主要药店销量名列前茅；企业先后被评为广东省先进企业、国家部级先进企业、顺德市规模企业、广东省高新技术企业、广东省医药科技先进集体、1997年国家医药局先进单位等称号。企业注重高新技术产品的研究开发，坚持每年从销量总收入中提取3%～5%的资金投入新药的研究开发，在“九五”期间先后承担国家级重点新产品项目6项，省级重点新产品项目、“火炬”项目和重点科技攻关项目10多项，开发出国家二、三、四类新药18个及国家级、省级重点新产品12个，省优、国优产品6个。公司第一批获国家批准的OTC产品有25个品种，包括片剂、胶囊、油剂、溶液剂及软膏等多个剂型，其中顺峰康泰（双氯芬酸钠凝胶）、克霉唑软膏、尿素软膏、风油精、开塞露、肌苷片、对乙酰氨基酚片（扑热息痛片）等产品早已销往全国，在长期使用中证实使用安全有效，质量保证。

长春高新技术产业（集团）股份有限公司

长春高新技术产业（集团）股份有限公司创立于1993年6月。1994年11月，公司被列入全国百家建立现代企业制度试点企业。1996年12月18日，公司社会公众股股票在深圳证券交易所挂牌上市（股票代码：0661，公司简称：长春高新）。1996年经营成果列为全国200强企业，同时被评为中国高新技术企业技工贸总收入超亿元企业第403名，1997年被评为全国上规模综合效益前200位。1998、1999年被国家外经部评为“中国民族经济之花”，2000年在全国最大千家高新企业评比中排名237位。1998-2001年列入全国520户重点企业。公司经过几年来的产业布局和资产结构调整，现已形成以生物、生化、基因工程药、中成药为主导产业，以房地产、电力、餐饮、物业为辅助产业共同发展的新格局。公司现有总资产11.

7亿元，净资产4.85亿元。年技工贸收入5.1亿元，净利润6000万元。公司现有控股子公司4家，分公司3家，全资子公司3家，参股企业1家。公司的4家制药企业--长春长生实业股份有限公司、吉林华康药业股份有限公司、长春金赛药业有限责任公司、吉林省长春晨光制药厂，具有一流的技术、一流的生产设施。2000年，长生实业、金赛药业获得中华人民共和国药品GMP证书。所生产的主要产品：人参长素、金磊赛强、金磊赛增、金磊赛源、甲型肝炎减毒活疫苗、人用狂犬病纯化疫苗、冻干甲型肝炎减毒活疫苗、多价精制流行性感冒灭活疫苗、冻干流行性腮腺活疫苗、圣喜血栓心脉宁、圣喜血脂宁、圣喜冠脉宁、圣喜慢肝养阴以及治疗不同类型肝炎的系列药等，有的为吉林省、国家名牌产品，在全国具有较高的市场占有率和良好的知名度和信誉。进入新世纪，公司制定了“生产一代、开发一代、储备一代”的战略方针，总投资3亿元的冻干甲肝疫苗、流感疫苗和WERO细胞人用精制狂犬疫苗3个项目正在抓紧实施。经过慎重考察和论证，公司与美国Vital公司共同开发艾滋病病毒疫苗，将对人类健康做出积极贡献。“十五”期间，公司将承担建设中药现代化科技产业（吉林）基地科技园的重任，园区建成后，将成为吉林省中药产业化中心。“致力健康产业，创造人类幸福”是长春高新永恒的目标。面对新世纪，长春高新人在董事长杨占民、总经理高俊芳的领导下充满信心，愿同世界各地区的朋友在制药及相关产业合资合作，共同绘制美好蓝图，携手共创伟业。

四川杨天生物药业股份有限公司

四川杨天生物药业股份有限公司是2000年10月经国家对外贸易经济部批准由四川华联制药有限公司转制为外商投资股份有限公司的。公司成立于1994年，经过7年的发展，已形成占地20亩、建筑面积25，000平方米，符合国家GMP标准的药品研发和生产基地；1996年以来，综合经济指标名列四川省前7名，连续成为全国化学药品企业利润总额排名百强企业之一；先后被成都市、四川省科委和四川省外经委认定为“高新技术企业”和“外商投资先进技术企业”。2000年5月，四川华联制药有限公司荣获四川省人民政府办公厅、四川省经济贸易委员会、四川省统计局和四川省经济评价考核办公室联合授予的“四川省医药制造业工业企业最大规模20强”、“四川省工业企业最大纳税200强”、“四川省工业企业最佳效益100强”、“四川省工业企业最大规模500强”、“工业企业最大市场占有份额30强”等称号，公司总经理杨刚虹女士也被授予“任内卓越经营业绩奖”。四川华联“杨天”品牌产品畅销全国30多个省、市、自治区，其主导产品抗感冒新药“杨天力克舒”由于产品质量好、疗效确切而深受患者欢迎，获得四川省人民政府颁发的“四川名牌”产品及“四川名药”，获四川省科委颁发的“科学技术三等奖”；“杨天”牌格芬达、晓力分别在1999年由香港国际药物学研究会、泰中药交流协会、迪拜医药联合组织评选中获优秀产品金像奖；力克舒、晓力分别在第六届亚细安中医药学术大会暨国际传统医药新成果博览会中被评为优秀产品金像奖。2000年11月通过国家GMP大容量注射剂认证。公司在发展过程中，认识到必须走规模化经营的道路，积极探索企业联合的路子。1997年5月经凉山州政府批准，公司与西昌制药厂共同出资组建四川西昌杨天制药有限公司，利用凉山地区特有的中药材，建立中药材种植基地，研制生产单方和复方中药新药新制剂，现已有种植基地，国家新药“万应胶囊”、“消咳喘胶囊”、“金鹃咳喘停口服液”、“余甘子喉片”、“小儿感冒颗粒”等多个品种，销售已遍及全中国30多个省、市、自治区。公司自成立伊始就致力于市场开拓和营销网络的建立，目前已有销售网点29个，其中在全国有1个分公司和28个办事处，产值与利润连续4年均超过100%，市场占有率逐年上升。为加速公司的发展，1996年7月经省经贸委、省医药局批准，公司投资5000多万元在成都进行生产基地异地技术改造。工程由四川省医药设计院设计，于1997年破土动工，已于2000年竣工验收投产。该生产技术改造建成符合标准的综合制剂车间（含硬胶囊剂5亿粒/年，片剂10亿片/年，颗粒剂50吨/年）和质检、科技开发中心。公司已形成西药固体制剂基地和中成药提取及制剂生产基地，共同推出“杨天”品牌的药品，充分利用现有在30个省、市地区建立的销售网络，不断扩大公司产品的市场份额。公司通过形成呼吸系统、心血管系统、消化道系统、抗生素、小儿用药的系统药品，逐渐扩大规模优势和市场优势，预计在2010年将实现年生产产值10亿元，实现利税5.6亿元，为四川省医药工业完成60亿的发展目标贡献自己的力量。

奇正藏药集团

成立于1993年的奇正藏药集团，根植于雄浑博大的青藏高原，坚持把最先进的科技成果引入传统藏药的产业开发中，在藏药史上创造了一个又一个“第一”。1995年，奇正藏药集团参加中央统战部、中国民协组织的“光彩事业赴藏考察团”。在考察期间，定下了在拉萨设立藏药研究所机构，在林芝投资藏药厂和药材保护基地的光彩项目。7年后，奇正形成和实践了传承藏医药文化、创新制药工艺、融合民族情谊、发展藏药产业的企业宗旨和核心价值观。奇正总共在西藏投资4800余万元，一个现代化药厂已在西藏腹地拔地而起，1997年奇正集团在藏东南建立了第一个万亩天然药材保护基地，坚持可持续发展的绿色产业，科学家高度评价："保护世界第一大峡谷，奇正走在了前面"。目前已试种成功奇缺的藏药品种。万亩药材保护基地的建立还得到了国家药品监督管理部门权威人士的赞扬和认可，一批藏族企业管理人才逐步成熟，当地藏族工人安居乐业。几年来，累计在藏纳税2300余万元，连续3年成为西藏自治区政府表彰的纳税大户。奇正在甘南藏区的另一个光彩事业项目——甘南佛阁藏药公司也完成投产，并成为中国第一家通过GMP认证的藏药企业，实现了传统藏药生产与国际先进制药质量管理规范的接轨。新建的药厂完全按照GMP标准对传统藏药从剂型、生产工艺、现代技术的采用、现代制药设备的选型进行改造。内设藏药水丸、胶囊、散剂生产线，产品采用传统的炮制工艺方法和现代制药与检验手段，保证传统藏药的地道、纯净、无污染的特殊功效，又解决了传统藏药溶解时限、丸重差异、卫生学指标达标等难题，使传统藏药产生了历史性的变革。2000年，奇正藏药集团又投资4600万元对其主要产品奇正消痛贴在西藏的生产基地——林芝藏药厂进行GMP改造，形成全新自动水丸、自动制贴剂及溶液进取3条全新工艺流水线。一座按国际标准建造的现代化药厂耸立在世界屋脊，向世界证明：科学技术实现了古老文化向现代化文明的历史性跨越，这将对发展现代藏药、传统藏药的现代化具有深远的影响。2001年初，由奇正藏药集团与中科院兰州化物所共同创建国内第一家“藏药与天然药物实验室”被誉为西部科技开发第一缕曙光。这个信息显示：中国企业家与科学将联手推动传统医药现代化上一个台阶。奇正集团现拥有3种药品的专利，12种精品藏药，另有3种即将上市。奇正科研人员以近10年的不懈努力，致力于应用现代高科技改革和创新藏药剂型，在藏药膏剂、浴剂以及丸剂的改造方面取得了突破性进展，已形成湿敷贴剂系统、药浴系统和精品传统藏药系统三大系统藏药精品。其专利产品生产技术先后获得日内瓦发明展金奖，香港首届华人发明展金奖、2000年获国家科技进步二等奖，实现了西藏科技史上零的突破，是西藏科技界的最高荣誉，也是奇正藏药集团始终坚持科技创新的结果。奇正集团在经营中遵循现代企业制度的架构，引入先进的管理理念，并致力于藏汉文化的融合，传统藏药与现代科技结合，培养人才，回报雪域。集团自1993年创办至今已整整走过7个年头。7年来，奇正发展成为拥有6家生产性企业，25个销售分公司和省级市场办事处，营销网络遍布全国的集团企业，其专利产品奇正消痛贴成为中国外用止痛药第一品牌，奇正集团进入中国制药企业前60强，集团的总产值也从1993年的100多万发展到2000年的1亿8千万元，成为藏药现代化、产业化的先锋。奇正藏药集团坚持利益众生，广泛接纳当地残疾人就业，修建希望小学，扶持民族医药教育，扶持灾区和贫困地区的文化事业，成为向幸福工程捐助的第一个藏区企业，短短几年用于公益和慈善资金迄今千万元，董事长雷菊芳获“十大扶贫状元”和首批“光彩事业奖章”。

浙江省龙泉市辰龙药业有限公司

辰龙药业有限公司前身为龙泉市制药厂，创建于1969年，地处浙、闽、赣三省交界处，国道丽（丽水）浦（浦城）线中段，是浙西南交通枢纽地带。近年来，企业已发展成为一家集科、工、贸为一体的有限责任公司。现拥有总资产1.176亿元，建筑面积9.6万平方米，职工310余人，各类专业技术人员70余人，曾获“浙江省行业最佳经济效益工业企业”、“省级文明单位”、“浙江省医药工业优秀企业”、“丽水地区工业企业二十强”、“龙泉市十强工业企业”、“丽水市首批高新技术企业”、“丽水地区‘AA’级信用企业”，是丽水地区惟一的大输液生产厂家。辰龙药业以“开拓、拼搏、勤奋、创新”为企业宗旨，依靠技术进步和科学管理，狠抓产品质量，坚持“生产一代、研制一代、构思一代”的新产品开发方针。公司目前拥有59个浙卫药准字或健字号产品和两个国药准字号的“龙药”牌产品，其主导产品大输液已形成系列批量生产，年销售量1500多万瓶，年产值达亿元。公司还拥有“龙药”牌先锋4号、先锋6号、灵芝胶囊、板蓝根冲剂、复方鱼腥草素口服液、三两半药酒、灵芝酒等30余种普药、中成药和保健药物。新产品“龙药”牌氟罗沙星葡萄注射液是国家药品监督管理局第一个批准生产的广谱高效氟喹诺酮抗菌药物，技术含量和附加值高，市场前景广阔，国家药品监督管理局已经批准生产的新药氨苄青霉素栓剂，在国内还是首家，可望将成为企业快速发展的新的增长点。“龙药”牌灵芝系列产品多次获国内、国际大奖，其中灵芝胶囊、灵芝酒同时获国际澳门爱迪生最高金奖，灵芝酒获“98浙江省消费者购物首选品牌”，灵芝胶囊获“99药物学研究会”优秀成果金奖，灵芝酒被中国自行车队选为2000年奥运会专用保健酒。2000年8月和2001年9月新老厂区的大容量注射剂车间分别通过国家GMP认证。

桂林天和药业有限公司

桂林天和药业有限公司依靠深化企业改革整顿，科技创新改造传统产业，给企业灌注了市场竞争活力，实现了企业可持续性发展。2000年，天和公司集中分析了市场环境和企业内部的深层次的问题，全面开展整顿工作，以全面整顿推动企业经济工作的进步，再次被评为全区改革整顿优秀企业。目前，公司已拥有3个国家级新药和1个国家中药保护品种。其中主导产品天和牌骨通贴膏和天和追风膏被评为广西名牌产品，市场抽检合格率100%，质量稳定提高率100%，质量计划完成率100%，优质产品产值率98%；天和系列产品在全国25个省市销售，部分销往国外，产销率98%以上。天和商标已成为著名商标。2000年，天和公司在产学研三结合的基础上，发挥技术中心和高新技术企业的技术优势，立足技术创新、产品创新，通过新技术、新材料、新工艺的运用，实现现代技术与传统处方良好结合和优良疗效与精美包装完美统一，形成种类齐全的具有“天和”特色的非处方类贴膏系列产品。其中天和牌骨通贴膏创新了5个全国第一，即：第一个以内病外治方式治疗骨质增生的国家级三类新药；第一个采用新型隔离纸和弹性背衬新材料；第一个采用打孔透气新工艺；第一个对中药有效成分进行定性、定量检测分析；第一个进行基质研究，向国际先进水平靠拢。新基质骨通贴膏的研发已纳入中国中药现代化、产业化示范工程项目，项目基地位于桂林市西城工业区，占地72亩，预计总投资1.1亿元，贴膏生产能力可以翻一番，新增产值3亿元。根据国家经贸委统计，天和药业已成为中国最大的膏药生产企业之一。

网址：http：//www.tianhe.com

锦州九泰药业有限责任公司

锦州九泰药业有限责任公司，原锦州制药一厂，始建于1951年。在50年的风雨历程中，几代药业员工献身于祖国的医药事业，为人类的健康辛勤劳作。经过50年风雨苍桑，九泰药业公司从一个只有几十人的小企业，发展成为具有栓剂、片剂、输液、粉针等剂型和原料药的综合性制药企业，跨入中国500家最大制药企业行列，成为辽宁省重点制药企业之一。曾荣获省级科技先导型企业、文明工厂、省级先进企业等荣誉称号。公司总资产上亿元，占地5.8万平方米，设有7个车间、1个研究所。生产品种近百个，其中氯已定原料药为国内最早生产厂家，以其为原料的栓剂产品已形成系列覆盖全国。公司生产心脑血管用药、抗感染及糖、盐等常规输液。片剂产品已形成解热镇痛药、消化系统用药、抗风湿类等系列。粉针剂产品主要在抗肿瘤药“顺铂”针，医治胃溃疡新药“泮托拉唑钠”针等。公司拥有实力较强的科研机构和科学的质量检验、监督体系。在新产品开发中，坚持以市场为导向，加大科研资金投入，密切与大专院校和科研单位的合作，先后有十几个新产品投放市场，加快了企业产品结构调整的步伐。为提高产品质量和档次，引进先进的生产线和设备全力进行技术改造，输液、粉针两剂型生产线已通过国家GMP认证。在经营领域，公司一贯奉行“用户至上，信誉第一”的宗旨，严格履行购销合同，实行产品质量跟踪，做好售后服务工作，以质量和信誉赢得广大用户的信赖，公司连年被评为“辽宁省用户满意企业”。“九泰药业，九州安康”，九泰药业公司以维护人类健康为已任，致力于祖国医药事业，不断开发疗效确切的高科技产品，以奉献社会，播种绿色希望。锦州九泰药业有限责任公司热忱欢迎海内外医药界同仁携手合作，共谋发展，共同创造祖国医药事业更加辉煌的明天！

浙江丽水浙南药业有限公司

浙江丽水浙南药业有限公司（原浙江省浙南制药厂）是浙江省医药骨干企业之一，创建于1968年。公司占地面积93000平方米，共有6个生产车间，是具有生产化学合成、抗生素原料及针剂、片剂、胶囊、乳剂、冻干粉针、口服液等各种剂型的综合性中型制药企业。主要原料药有VB6、米妥蒽醌、司莫司汀、薄芝、大豆磷脂、卡托普利等。制剂产品有注射用盐酸米托蒽醌冻干粉针、薄芝注射液、硫酸庆大注射液、薄芝片、四环素片等70多个品种，其中抗肿瘤新药米托蒽醌为国家级新药，并荣获国家医药管理局科技进步二等奖。OTC产品有：马来酸氯苯那敏片、盐酸地芬尼多片、齐墩果酸片、VB1片、VB6片、Vc片、西米替丁胶囊和雷尼替丁胶囊等。厂房按GMP要求设计，技术力量雄厚，设备仪器先进，采用科学的工艺技术，严格按照GMP标准组织生产和管理，主要产品合格率和出厂合格率连年保持100%，公司设有专门的质量监督及新产品开发机构，配制先进的高效液相色谱仪等精密仪器，以满足产品质量的检测及科研、新产品开发的需要。公司现有职工460人，各类专业技术人员近200人，销售人员100多人，在全国设立10多个办事机构，形成一定规模的销售网络，目前年生产能力：针剂1亿支、片剂12亿片、还有其他抗肿瘤原料药等，年产值6000多万元。公司以科技兴厂为指导思想，一方面积极引进专业技术人才，另一方面加强同国内科研机构和大专院校的合作。目前已投入大量资金与有关科研机构共同开发新产品。通过努力，几年之后浙南药业将以更高更快的速度发展，并将以更优异的成绩来回报社会各界的关怀和支持。

上海复星实业股份有限公司

上海复星实业股份有限公司主营诊断试剂、基因工程药物，中西药、智能化医疗仪器等产品的开发、生产和销售；药品销售及生物技术服务和咨询服务。现拥有获准生产的基因工程国家一、二类新药3个，是目前国内拥有基因一、二类新药生产权最多的企业之一。公司的控股股东上海复星高科技（集团）有限公司被列为国家知识产权保护试点单位。公司股票于1998年8月在上交所正式上市，由于业绩优良被上交所连续两年评为“最具发展潜力50强”，并列入美国道琼斯指数88个样板股之一。2000年国家教委批准在公司设立了博士后科研工作站。公司是被国家药品监督管理局首批批准的电子商务试点单位之一，公司所属的“上海复星大药房零售连锁公司”已被批准为全国跨省市药品连锁经营单位。目前公司的非处方药有：双黄连片、双黄连口服液、祛痰灵口服液、参贝北瓜膏、养血当归糖浆、夜宁颗粒、玉竹颗粒、风寒感冒颗粒、风热感冒颗粒、复方桑菊感冒颗粒、板蓝根颗粒、益母草膏、益母草颗粒、金银花露、玉屏风口服液、杞菊地黄口服液、扑尔敏片等。

网址：http：//www.fosun.com.cn

厦门鱼肝油厂

厦门鱼肝油厂创建于1952年，是厦门市最早的国有企业。现为国家大型二档制药企业，是全国最大维生素、鱼肝油制剂生产厂之一。主要产品有维生素AD、维生素E、乳白鱼肝油、橙汁鱼肝油、银耳鱼肝油、多种维生素糖丸等维生素系列以及治疗药系列共100多个品种、规格。产品畅销全国各地，远销港、澳、东南亚和东欧等10多个国家和地区，在国内外市场久享盛誉。企业先后创出一个“国优”（乳白鱼肝油获国家银质奖）、两个“部优”（银耳鱼肝油、E胶丸获国家医药管理局优质产品奖）、四个“省优”（橙汁鱼肝油、星鲨肝油丸、药用甘油等获福建省优质产品奖）产品，并有多个产品获得“科学技术进步奖”等称号。“星鲨”品牌已被授予“福建省著名商标”称号，“星鲨牌”系列产品荣获福建省首批“名牌产品”称号。企业先后荣获“国家医药管理局质量管理奖”、“全国用户满意企业”、“全国质量效益型先进企业特别奖”等荣誉称号，是全国医药工业企业“百强”和福建省工业企业“十强”单位，并成为联合国儿童基金会“维生素A普补项目”的合作伙伴。

汇仁集团有限公司

汇仁集团坐落在英雄城南昌市迎宾大道中段，下设汇仁制药有限公司、江西汇仁医药科研营销有限公司、江西汇仁药业有限公司等子公司，拥有员工近5000人。集团总部占地面积700余亩。汇仁公司1994年正式投产，1997年集团成立，是一家以制药业为主导产业的大型民营企业。在党和政府改革开放、搞活经济的政策指引下，经过全体汇仁人的艰苦奋斗，励精图治，汇仁集团已实现了从一个名不见经传的小企业向全国性知名企业的转变，成为江西省医药制剂行业的龙头企业。集团总资产增长248倍，上缴国家税金增长546倍。1999年药品销售收入名列全国企业销售收入统计排位第16位，中成药业第4位，2000年名列全国制药行业第9位。汇仁集团历来十分重视依靠科技进步，不断加大产品创新和产品开发力度，扩大营销网络，抢占市场制高点，增强企业活力与后劲。每年拨出销售收入的3%作为产品的研发费用。几年来用于产品研发的专项资金高达2亿余元。先后开发、投产了汇仁牌系列产品增智健脑、肾宝合剂、乌鸡白凤丸、六味地黄丸、肺宝等60余个产品及十几个国家新药。汇仁集团致力于在全国创建一套具有自己特色的营销体系，至2001年下半年已在全国各大省区（市）建立了营销分支机构（除西藏、台湾外），下设营销大区9个，县区及城市市场1000余个，形成了一个覆盖全国95%以上市场份额的营销网络。汇仁集团十分注重品牌建设，目前已有一个全国知名的“汇仁”品牌，主导产品汇仁牌“肾宝合剂”、“乌鸡白凤丸”享誉海内外，受到广大消费者的信赖和好评。汇仁集团这颗开放在红土地上的耀眼奇葩正在引起世人关注。

湖南制药有限公司

湖南制药有限公司（前身为湖南制药厂）创建于1950年，现已成为国家重点化学制药大型企业，主要产品包括医药原料14种、医药中间体7种、医药制剂180多种。公司年生产能力：原料药及抗生素2000吨，医药中间体2500余吨，片剂10亿余片，注射剂1亿支，胶囊0.6亿粒。年产值达2亿元。在产品研制开发中，主要有：1、国家二类新药吗氯贝胺的生产与开发。吗氯贝胺是一种具有全新化学结构的新一代抗抑郁药且抗抑郁谱广，自1990年以来，吗氯贝胺已先后在瑞典等50个国家批准上市，很受医生和患者欢迎。在我国，由湖南制药有限公司按国家二类新药报批生产，首先获得卫生部批准文号并投放市场，拥有巨大的潜在市场。2、半合成抗生素系列产品的生产与开发。利用现代生物工程技术与化学合成技术结合制取半合成头孢抗生素是21世纪世界医药行业的主要发展趋势，市场广阔。公司拥有被列入国家“双加工程”的固定化青霉素酰化酶的成熟技术和工业化大规模生产车间，产品质量已达到德国产品的相同水平。3、制剂产品的生产与开发。公司拥有目前医药行业较先进的制剂控释技术、薄膜包衣技术等。其中OTC产品有22个品种：对乙酰氨基酚片、阿司匹林肠溶片、布洛芬片、维生素B6片、维生素B2片、维生素B1片、复合维生素B片、维生素C片、干酵母片、西米替丁片、西米替丁胶囊、马来酸氯苯那敏片、盐酸雷尼替丁胶囊、二羟丙茶碱片、磷酸苯丙哌林片、磷酸哌嗪片、复方氢氧化铝片、复方甘草片、贝诺酯片、萘普生片、萘普生胶囊、枸橼酸铋钾颗粒。OTC产品年销售额在2000万元以上，其市场潜力巨大。4、原料药及化工产品的生产与开发。公司原料药主导产品有咖啡因荣获国家质量金质奖，磺胺嘧啶荣获国家质量银质奖。是湖南省首家获得国家外经委批准自营进出口的制药企业，年创汇在300万美元以上。公司本着“以人为本，发展创新”的湖药精神，“博学之，审问之，慎思之，明辨之”是湖药人才甄别之理念。公司董事长兼党委书记李尉、总经理樊利民组建的新领导班子思想观念新，富于开拓精神。在国企改革中，敢为人先，志存高远。公司成为长沙市国企改革“两个置换”的试点单位。在经营策略上，灵活多变。采取参股、控股、租赁、承包、买断经营权、代理销售等多种方式进行经营。公司正进行制剂大楼的技改工程，其主要内容是新建符合GMP标准的制剂生产整体车间，建成规模较大的制剂生产基地。热忱欢迎国内外朋友来参观考察，进行投资和商务合作。良好的投资环境，广阔的市场前景，真诚的合作精神将使您的投入有合理回报。

河南辅仁药业有限公司

河南辅仁药业有限公司是一家中药制剂药高新技术企业，创建于1995年，经过了几年的艰苦创业，目前已发展成为一个跨地区、跨行业经营的大型医药企业集团。现有资产总额19145万元，拥有3处通过国家药品GMP认证的生产厂房。占地面积14万平方米，员工1396人，其中高级技术人员536人。公司具有一流的生产设备和检测设备，生产技术居国内领先水平，工艺严密，产品科技含量高，现有胶剂、片剂、胶囊剂、颗粒剂、口服液、冻干粉针剂、水针剂、大输液、丸剂、栓剂、洗剂等数条生产线40多个品种，1996年以来，被国家、河南省医药管理局等主管部门评为“全国质量管理达标企业”、“科技进步先进企业”、“重合同守信用单位”；1997年被晋升为“国家大型二类企业”；1999年被河南省科学技术委员会评定为“河南省高新技术企业”；2001年5月被河南省资信评估有限公司评审为“AAA级信用等级”企业，获“中华人民共和国进出口资格企业”。公司在管理中重视科学管理，注重提高管理效率，重视企业文化建设和提高干部职工整体素质。拥有一个务实、团结、高效、守信的领导班子和高素质的职工整体队伍。公司产品开发依托北京医科大学、中国药科大学等多家科研机构，开发了新药益心通脉颗粒和中药保护品种辅仁糖尿乐胶囊、齿痛消炎灵冲剂、小儿清热宁冲剂等30多个高科技含量、高附加值的系列产品，产品质量稳定，疗效显著，市场竞争能力强，投放市场以来，深受患者钟爱。1998年以来，公司连续在中央电视台、省级卫视和地方电视台及其它新闻媒体上进行了全方位、强有力的产品宣传，重点开发了河北、河南、山东、东三省、福建、广东、四川、湖北、湖南等30个省市区域市场，企业采取多品种、多模式、多渠道的营销策略，具有成熟的运作体系和稳定的回款机制。国家中药保护品种辅仁糖尿乐胶囊，1998年、1999年、2000年市场销售额分别达到2809万元、3977万元和5408万元，在同类产品中每年均占全省全国第一位。跨入新世纪，面对WTO，辅仁药业有限公司将继续在政府部门带领下，秉乘“济世药为辅，惠民志在仁”的企业理念，严字当头，科学管理，以满足顾客需要为目标，以顺应市场发展为导向，坚持走大医药、大商业之路，力争在未来5年内建成制药企业国家十强的大型企业集团，成为中国医药界的佼佼者。并做好充分准备，满怀信心地迎接国际医药产业的新挑战。

桂林南药股份有限公司

桂林南药股份有限公司是以广西壮族自治区桂林制药厂为主体的股份制企业，成立于2001年。公司集科研、开发、生产、销售为一体，是广西规模最大的综合性化学制药企业之一。桂林南药股份有限公司管理机制科学、质量体系完善、技术力量雄厚、产品质量上乘。产品有化学合成原料药、生物制剂、片剂、胶囊剂、针剂等100多个品种，有31个品种规格列入第一批国家非处方药物目录，部分品种在欧、美、亚、非等50多个国家和地区注册销售。其中青蒿琥酯属国家一类新药，是世界卫生组织（WHO）推荐的优质抗疟药；布美他尼、磷酸左旋咪唑、盐酸左旋咪唑3个品种销往美国。公司产品在国内外享有很高声誉。

网址：http://www.guilinpharma.com

苏州医药集团有限公司

苏州医药集团有限公司是受苏州市国资委委托，以原苏州市区医药工、商企业为基础，以资产为纽带组建和发展起来的国有大型企业集团公司。法人代表李锦舫，经理沈佑。公司注册资本1.47亿元，现有资产总值13.5亿元，净资产4.1亿元，资产负债率69.4%。1999年工商总计销售收入16.4亿元，实现利税总额0.69亿元。公司5000名员工本着为人类健康服务的宗旨致力于把所从事的药品及医疗器械产品做好、做精、做新。通过多年的努力使产品具有较好的品牌及质量优势，其中有国家金质奖3个，银质奖7个，部优7个及省优18个。公司非处方药主要有马来酸氯苯那敏片、布洛芬片、葡醛内酯片、盐酸小檗碱片、盐酸异丙嗪片，还有维生素B1、B2、B6片及维生素C片、复合维生素B片等。公司经过这两年的努力，粉针剂车间及胶囊车间已通过了国家GMP认证中心的检查。苏州医药采购供应站和雷允上销售公司通过了国家GSP检查。苏州医疗器械总厂和苏州医疗用品厂有限公司通过了ISO9000质量保证体系的认证检查。公司拥有1500平方米抗生素发酵能力和合成原料药的生产车间。公司在八五期间购置生产医疗器械的加工设备，引进先进的数控加工中心。普遍采用CAD/CAM设计，引进SQLSERVER数据为基础的XTPDM系统，使图档、设计、制造在局域网里形成一体化，CAPP系统业已开发完备，大大加快了产品的更新换代。公司建有省级技术中心1所，主攻生物技术产品及眼科医疗器械产品。公司“十五”规划将主要向生物技术产业化、医疗器械国际化、传统药物精细化及天然药物高新化方向发展。

E-mail：yyjtgs·publicl.sz.js.cn

西南合成制药股份有限公司

西南合成制药股份有限公司是西南地区最大的、集科工贸为一体的医药研制、开发和生产基地。1965年建厂，主要产品由当初的仅仅几个磺胺类原料药发展成现在的具有磺胺类、解热镇痛类、全合抗和半合抗、维生素、喹诺酮类、抗溃疡药、抗焦虑药、抗高血压药、抗过敏药、止吐药等10大类，51种原料药，46种制剂产品，并已研制了多个Ⅱ类、Ⅲ类国家新药。1997年上市的(深证0788)西南合成制药股份有限公司是西南地区最大的医药研制、生产经营企业，现有员工2600人，各类专业技术人员500多名，共有原料药及制剂药生产车间17个。合成制药信守质量第一原则，锐意提高产品质量，建立健全了追求“零缺陷”的全面质量管理体系，严格按照GMP组织生产，所制定的企业内控质量指标均高于国家或国际标准。公司研制、生产的酮洛芬获得国家银质奖；粉针生产线已通过GMP认证；大部分原料产品在欧共体注册登记。公司拥有一大批效力于医药开发和研究的专业技术人员，积极研发推广新产品、新技术和先进的生产工艺。开拓进取的合药人不断拓展国内国际市场，产品远销欧美、日本、东南亚等40多个国家和地区，优良的质量和服务享誉海内外。目前已建成占地40多万平方米、辅助配套设施设备、规模化生产条件业已具备的年生产能力10亿元产值的寸滩新区。年产片剂10亿片，胶囊2亿粒，粉针4500万支的综合制剂分厂已经开始运转。公司连续5年被评为重庆市重合同守信誉单位。现合成制药已成为外向型国家二类企业、重庆市工业企业50强之一和中国医药企业50强之一。在新世纪，合成制药愿以“”团结拼搏、优质高效、为民兴利、跻身世界”和“忠诚团结，求实创新”的企业精神，秉持“服务人类健康”的宗旨，抓住西部大开发的契机，努力建设好重庆市的寸滩化学医药生产基地，使长江之畔这颗璀璨的医药明珠在大三峡库区企业中焕发出夺目的光彩。

E-mail：hczy@sspgf.com

乌兰浩特中蒙制药有限公司

乌兰浩特中蒙制药有限公司始建于1971年8月1日，是自治区最早成立的蒙药厂，也是兴安盟生产蒙药的惟一厂家。30年来，公司在“以质量求生存，靠技术求发展，从管理要效益”的建厂方针指导下，狠抓技术进步，加强质量管理和市场开发，以销售为“龙头”，大大促进了企业的发展。公司共有职工100余人，其中专业技术管理人员占职工总数的40%；设备先进，检测手段完备，能生产中蒙成药汤、散、膏、片、冲剂、水丸、蜜丸、颗粒剂、浸膏剂、硬胶皂剂等7个剂型135个品种（蒙成药78个，中成药57个）；具备年产量500吨、产值1500万元、利税500万元的生产经营能力。公司多次受到区、盟、市的表彰，被授予“自治区民族用品生产先进单位”、盟级先进企业、市立功单位、小型巨人企业、“重合同守信用”先进单位、银行双A单位、精神文明先进单位等荣誉。产品质量在自治区同行业中名列榜首，蒙成药“嘎日迪－13”、“古日古木－13”、“巴特日－7”、“额日敦－乌日勒”分别获自治区优质产品和优秀新产品称号。公司的产品行销内蒙各地、东北3省，远销新疆、青海、西藏、甘肃等区域。自1997年以来，公司生产的蒙成药打入北京、上海、南京、广州、杭州、福建等18个省市地区，销售覆盖面越来越大。这充分说明了蒙成药以它传统的配方、无污染的大草原地道药材、科学的炮制方法、独特的疗效，被更多更广的患者所接受，前景非常广阔，已成为新世纪的绿色药品。为了适应市场的需要，公司在2000年对企业进行了搬迁改造。企业改造后，不但扩大了生产规模，而且在生产条件、生产环境等方面均达到了国家的GMP标准，确保在我国加入WTO后和国际市场接轨，把蒙成药推向世界。公司以发扬祖国民族医药为根本，必须在市场的大潮中抓住机遇，不断开拓。相信在不久的将来，中蒙制药有限公司一定会以崭新的姿态展现在大家面前。公司交通便利，通讯畅通，热诚欢迎各界有识之士及商贾光临公司联系业务，洽谈合作。

深圳金活医药有限公司

深圳市金活医药有限公司是以代理、经销国内外著名药品、保健品为主，同时建立起中成药、保健品等系列产品生产基地的医药综合性企业。经过10多年的辛勤耕耘，金活公司建立了遍及全国的销售网络，凭借良好的信用和优质的服务，把优良的药品、保健品送到了广大消费者手中，为此，金活公司赢得了名牌代理商的美誉。1999年4月，公司收购了原“深圳一洲制药有限公司”，并对其进行了GMP改造，通过管理的提高和技术的更新，给原企业以新的生机，也给金活品牌赋予新的活力。面对挑战，金活公司制定并正实施中长期发展战略规划，明确了今后的发展方向。实现这一目标，不仅有赖于全国医药界同仁的支持和帮助，更有赖于对自身潜力的开发。我们将始终如一，秉承“有精神，凡事有可能”的企业精神，本着乐观、积极、满腔热情的态度服务于我们的客户，让“有精神，凡事有可能”这一理念成为社会共识的核心价值观。

E-mail：Kingw@szonline.net

山西省临汾制药厂

山西临汾制药厂始建于1973年，位于帝尧故乡，汾河谷地，是临汾市生产药品制剂的全民所有制企业，占地面积20000余平方米，现拥有总资产1000万元，其中固定资产及无形资产800万元，流动资产200万元，职工人数328人，其中中高级专业技术人员56人，主要生产片剂、胶囊、冲剂、酊剂、原料药5种剂型73个品种，包括枸橼酸喷托维林片、谷维素片、苯海拉明片等9个甲类非处方药和维生素B1、维生素B2、维生素B6、维生素C、板蓝根颗粒等6个乙类非处方药，有复胃散胶囊、甘草锌胶囊、速效止泻冲剂、板蓝根颗粒4个纯中药制剂，其中复胃散胶囊为“国家中药保护品种”，具有广阔的市场前景和发展潜力。在多年的发展历程中，临药人在以王炳春为核心的领导集体的带领下，抓住机遇、认清形势、同心同德、积极开拓，始终坚持“确保人民用药安全有效”的宗旨，紧紧围绕经济建设这一中心，充分发扬“团结、创名、求利、务实”的企业精神，深化内部改革，转换经营机制，优化产品结构，调整经营思路，按GMP要求不断改造硬件设施，强化产品结构，调整素质培训，严控产品质量，为企业发展注入了新的活力，在激烈的市场竞争中保持了良好的发展势头，经济效益一年一个台阶，连续4年工业总产值、销售收入、实现利税、职工收入均以28%、25%、25%、30%的建设速度递增，创造了历史最好水平，连续4年被市委、市政府授予“先进集体”称号，被临汾地区劳动竞赛委员会荣记集体特等功，2000年12月被山西省爱卫会授予“山西省爱国卫生先进单位”称号，为企业发展树立了良好的外部形象。为追求长远发展，目前临汾制药厂正在着力进行GMP改造，不断提高竞争势力，努力实现经济效益和社会效益同步发展，为推动医药进步和确保人民用药安全有效做出更大的贡献。厂长王炳春携全体员工热忱欢迎各界同仁来厂投资合作，洽谈业务，共谋发展大业！

昆明制药集团股份有限公司

昆明制药集团股份有限公司前身为昆明制药厂，始建于1951年3月1日，以植物药的开发经营而独具特色。昆明制药集团是国家大型制药企业、国家重点高新技术企业、中国医药工业50强、全国医药优秀企业、优秀管理达标企业。

公司秉承“源于自然，服务于健康，让生命之树常青”的经营理念，充分发挥云南植物资源优势，通过与国内外著名的科研院所、大学和跨国公司合作，多层次多渠道开展药物的研制开发，走天然药物高新技术产业化的发展道路。先后开发出天然药物新药30多个，其中国家一类新药5个，国优、部优、省优产品9个，国家中药保护品种1个，云南省名牌产品两个。公司现有已形成以蒿甲醚系列、三七总皂苷系列、天麻素系列为代表的天然药物产品群，在市场上树立起昆药品牌。

山西三裕制药有限公司

山西三裕制药有限公司成立于2000年6月22日，注册资金为1200万元。是由山西三裕生物工程有限公司、山西三裕实业集团有限公司、山西大陆国际工程有限公司三方共同投资，将中昌集团五台山制药分厂兼并改制后成立的有限责任公司。经多方选址，于太原国家高新技术产业开发区内，按照GMP要求，进行易地技术改造。项目总投资4391万元。从破土动工(2000年10月13日)到正式投产(2001年11月12日)仅用13个月时间，并于2002年1月25日顺利通过国家GMP认证。新厂房总占地面积为17000m2，其中建筑面积为4187.8m2，绿化面积为7290m2，绿化率达到51.8%。公司现有人员97人，其中一线生产人员14人，辅助岗位操作人员8人，后勤保障人员10人，市场营销人员38人，行政管理人员仅为27人，充分体现了“小而精”的人事规划策略。同时，公司拥有专业技术人员31人，占总人数(除市场营销人员外)的51%；各部门经理均为本科学历，平均年龄34岁，是公司年富力强、经验丰富的中坚力量。主要生产剂型有片剂、胶囊剂、颗粒剂等，主要产品有国家四类新药马来酸曲美布汀(原料药、片剂、胶囊剂)、复方曲尼斯特胶囊、银黄冲剂等。目前市场策划工作已经完成，市场启动工作全面展开。预计2002年销售额将达到6000万元。

西双版纳雨林制药有限责任公司

西双版纳雨林制药有限责任公司(前身是中科院西双版纳热带植物园制药厂)，坐落在集科学研究、种质保存和科普教育为一体同时又是国家AAAA级风景区的中国科学院西双版纳热带植物园内，公司生产由我国著名植物学家、中国科学院西双版纳热带植物园创始人蔡希陶教授主持研制、开发的雨林牌龙血竭系列产品。随着国家西部大开发进程加快以及中科院对企业改制要求，中科院西双版纳热带植物园与北京中艺远东贸易公司、四川银高实业有限责任公司合作，将原中科院西双版纳热带植物园制药厂改制为西双版纳雨林制药有限责任公司。西双版纳雨林制药有限责任公司成立后，即投入资金进行新厂建设，引进人才，产品开发等方面工作，目前已建成5000m^{2}符合GMP标准的厂房和展销大厅、行政楼、职工培训中心等，拥有一批市场营销、生产管理、产品开发等方面高素质人才，龙血竭的深度开发等工作正在进行之中。西双版纳雨林制药有限责任公司将以三家股东为后盾，充分利用西双版纳盛产各种优质、名贵、地道药的优势，依托中科院西双版纳热带植物园的科技力量，将公司建成中药研究、科技产业化的基地，公司将潜心研究，严格管理，科学生产，为大众不断奉献更多更好的产品。

E-mail：zkyzyc@bn.yn.cninfo.net

广东明珠药业有限公司

广东明珠药业有限公司是上市公司广东明珠集团的骨干企业。法人代表、董事长张坚力，副董事长、总经理陈均耀。公司占地面积1.9万m2，建筑面积2.3万m2，拥有固定资产3090万元，具有国内先进水平的机械设备250台(套)，现有在册员工540余人，其中各类专业技术人员100多人。目前生产的产品有大小蜜丸、中西药片、散剂、胶囊、注射液、冲服剂、酊水剂、酒剂、糖浆剂等9大剂型110多个品种规格的中西成药，年生产能力近亿元，具有山区药厂的独特优势。独家生产的传统产品有八宝惊风散、人参卫生丸、健身安胎丸、温热片、四感片等5个省优质产品，以及巴戟补肾丸、解表追风丸、氧氟沙星葡萄糖注射液等新特产品，产品以质优、价廉、服务佳深得用户信赖，具有较强的市场竞争能力，产品畅销全国并出口港澳、东南亚地区及俄罗斯等国。儿科用药八宝风散被列为国家中药保护品种，连续多年产销逾千万元。广东明珠药业有限公司以质量为生命，不断追求卓越品质。通过完善的管理体制，促进企业经营的有效发展，创造了良好的经济效益和社会效益，连续多年被省市有关部门授予先进企业、技术进步先进单位、AAA级信用企业、重合同守信用企业、产品质量可靠单位、会计基础规范化单位、广东省模范纳税户等荣誉称号，是广东省百家建立现代企业制度的示范企业之一。根据国家药监局对制药企业提出至2004年6月30日止必须全面通过GMP认证的最新规划要求，公司正抓紧进行现有剂型的GMP技术改造规划，对计划加快发展的中药片、胶囊、小丸生产线及与之配套的车间等厂房和设施进行易地新建，对散剂、大蜜丸、颗粒剂、酒剂、酊剂，利用老车间进行改造。在新产品的试制、引进等方面同时做好配套工作，逐年推出新产品，向规模效益型方向发展。

网址：http://www.mzyy.meizhou.net

吉林金泉药业股份有限公司

吉林金泉药业股份有限公司坐落在长白山脚下，位于交通要塞梅河口市。注册资金4000万元，占地面积5.8万平方米，建筑面积2万平方米。自2000年10月份组建以来，即着手技术改造工作，仅一年时间，新建符合GMP要求的中药提取车间2000平方米，固体制剂车间3000平方米和检测化验中心680平方米，现已竣工，正在准备认证验收。目前公司总资产已达1.5亿人民币。公司十分重视员工队伍建设和科研开发工作。员工中具有中高级职称人员占14.5%，大学以上学历的员工占49%，中专以上学历的员工占84.6%。公司已和上海复旦大学医学院、大连医科大学、吉林大学医学院、长春中药研究院、天津药物学院等科研机构横向联合，研制开发的一系列一、二、三类新药即将面世。公司现有品种43个，即将面世的新品种8个。遵循研制一代、储存一代、开发一代的发展原则，不断地注入资金，瞄准现代化高新技术，实施不停顿的滚动式的产品开发，是金泉人永恒的主题；质量必保、信誉必保、健康必保，是金泉人奋斗的目标。一壶丹药妙四海，五湖财源汇金泉。金泉人有决心、有信心，伴随着我国加入WTO的进程，在21世纪医学科技的高速发展竞争中，承前启后，继往开来，创造出巨大的社会效益和经济效益。金泉人立志和五湖四海宾朋共创21世纪中国医药事业的灿烂辉煌。

上海中华制药厂

在浦江西侧楼群和绿地中的延安高架路西段，上海中华制药厂坐落在这里。厂区飘拂着淡淡的薄荷清香，却又蕴涵着浓浓的企业文化。”龙虎”（中国驰名商标）、”天坛”（上海市著名商标）两大商标折射出她辉煌的业绩。

1911年，上海中华制药厂作为第一家民族制药工业企业写入近代中国史，”龙虎人丹”的诞生从此结束了洋人洋药独霸中国市场的局面，而如今仍在为人们的健康服务。历经90年，中华药厂不断发展壮大，现拥有按照GMP标准建造的清凉油大楼和世界领先水平的清凉油生产流水线、具相当规模的抗生素分厂、制剂车间和现代化检测仪器的高新技术企业。半个世纪产品周期仍趋旺销的龙虎／天坛牌清凉油畅销世界80多个国家与地区；灰黄霉素原料药质量达到各种国际药典最新版本；宁心宝（虫草头孢胶囊）、盐酸二甲双胍片、罗红霉素颗粒剂、伊斯娇（雌三醇栓剂）等中西制剂和鲜王浆胶囊、摩芪养生口服液、爱心血宝片等保健品成为企业产品多元化的组合。龙虎／天坛牌清凉油、人丹、灰黄霉素、樟脑球、爱心血宝片等产品连续七年荣获上海市名牌产品称号。多门类的技术、管理、营销结构和人员不断为中华药厂持续发展奠定良好的基础。回眸与直面企业的发展，中华药厂全体员工将发挥优势，把握好发展机遇，以其独特的生产发展轨迹和品牌战略续写新一轮创业篇章。

网址：http：//www.zhpharm.com

淄博天和堂医药连锁有限公司

淄博天和堂医药连锁有限公司创建于1999年底，是淄博市重点企业集团山东环中医药集团(董事长魏向春，总经理李祥麟)的控股子公司。董事长李祥麟，总经理曹峰。公司目前拥有连锁药店138家，员工500余人，年营业额1亿多元，在全国医药零售连锁企业中规模居第五位。凭借着国有主渠道的优势和强大的经济实力，实践”统一形象、统一采购、统一配送、统一核算、统一价格、统一管理”的”六统一”管理，是天和堂在较短时间内发展成为山东省规模较大的专业零售连锁企业，并被山东省药品监督管理局批准为省内首批跨地区连锁企业。天和堂连锁公司建有符合GSP要求的现代化配送中心，在品种购进上坚持优选厂家比价管理，在配送管理上实行了计算机智能网络化管理。根据我国积极推行非处方药管理规定，天和堂连锁公司在全市首家推出了非处方药品超市，打破了传统的柜台式销售方式，为经营管理注入了新的内容。山东环中医药集团是淄博市重点培植发展的市属重点企业集团。集团资产总额5亿多元，有10个商业、3个工业子公司，年销售收入4.9亿元。环中医药集团具有独具特色的医药工贸合一优势，主营产品具有较高的市场占有率和广泛的市场前景，集团工业子公司生产的主导产品有土霉素、大输液、右旋糖酐、愈裂霜、肝太乐、大青叶、银屑灵冲剂、消络痛、喘舒片、六味地黄丸、心脑舒、小儿解热拴等产品。集团商业子公司年销售额3.2亿元，零售额1亿元，近几年，在药品流通市场竞争日趋激烈的情况下，集团公司通过对商业企业深化改革，调整经营方式，按照“巩固批发、强化零售、增加品种、创天和堂品牌”的工作思路，创新工作，加速培育天和堂品牌，使医药零售连锁工作走在了全省前列。在医药商业批发方面，打破了传统的经营模式，开办了面积1500平方米、符合GSP要求的、在软硬件设施方面位居全省医药商业一流的药品自选批发超市，业务范围辐射全国。环中医药集团融中药生产企业、西药生产企业及医药商业企业于一体，资产优良，享有淄博市关于扶植发展重点企业集团的优惠政策，极具发展潜力。集团在巩固发展现有骨干产品的基础上，致力于研究开发具有高科技含量、高附加值的高新技术产品，以增强集团发展后劲。

网址：http：//www.thtyy.com

山东省淄博医药采购供应站

山东省淄博医药采购供应站是隶属于山东省医药总公司的省属企业，是以经营中成药、化学原料药、化学药制剂、抗生素、生物制品、诊断药品为主，兼营保健品、医疗器械的综合性二级批发企业。年经营品种达4000多个品种规格，年销售收入达1.7亿元，其中零售突破2000万元。企业主要负责人由从事药品生产经营工作达40多年以上、具有丰富的实践经验、具有副主任药师职称的傅德同同志担任。自任该企业总经理15年以来，企业一年一个新台阶，一年一个大发展，经济效益、经营管理水平在全省同行业处于先进水平。目前，该企业是国家药监局首期通过GSP认证试点企业。该企业具有国内一流的药品仓储设施、省内一流的质量检测设备，功能先进齐全，管理规范科学，制度健全完善，质量保证体系系统完整，出、入库药品质量合格率达100%。在各零售药店均设有OTC专柜，均实行了OTC的分类管理，并设有明显标识牌。该企业在零售经营规模最大的“淄博齐鲁医药商场”划分出600多平方米设立了OTC自选超市，药品摆放整齐、规范，严格按GSP规定管理，成为全市乃至全省的OTC分类管理样板，受到了广大顾客的欢迎，得到了国家药监局市场监督司有关领导的高度评价和赞赏。为了保证OTC的分类管理，提高各营销人员的业务素质和政策管理水平，自1999年以来，商场每年都对营销人员、经营管理人员进行政策法规、OTC及药学专业知识的培训学习。为了正确引导顾客购药，配备了执业药师、主管药师和药师，设置了专职质检机构负责零售全过程的质量监督和管理。在其他零售药店也分别配备了药师、主管药师和副主任药师坐堂，保证了广大顾客的合理购药、正确用药，方便了广大顾客的医疗需要，保证了广大人民群众的用药安全有效，建立了可靠的质量信誉，树立了全社会消费者信得过的“消费者满意单位”形象。该企业多年来时刻以“质量第一、顾客至上”为经营宗旨，也赢得了全社会的认可和赞誉。为了强化质量把关，该企业确定了“文明经商、服务周全、强化管理、严格把关、开拓创新、团结实干”为企业的质量方针，把保证质量、文明服务融汇到国家的改革开放和现代化经营管理工作中去，形成了医药行业独具特色的经营管理模式，在经营质量管理方面走在了全省同行业前列，赢得了社会的信任和赞誉。

中国医药（集团）天津公司

中国医药（集团）天津公司是国药集团的全资子公司，公司始建于1952年，主要经营国产、进口中西药品、医疗器械和化学试剂三大类商品，与全国各省、直辖市、自治区数千家医药工商企业和数百家医疗单位有着广泛的业务联系，并与国外的医药厂商有着密切的合作。公司立足天津，服务全国，为繁荣医药市场，保证人民群众健康用药做出应有的贡献。公司下设：药品分公司、新药特药分公司、医保分公司、血液制品经营分公司、开发区药品公司、开发区渤海医药贸易公司、天和医药公司、开发区药品经营部、北方医药公司、天津国健医疗设备化学试剂有限公司、松和医用设备有限公司、天津网日化工科技有限公司等分公司、子公司、合资企业、控股公司及国大药房连锁经营的20多个药品零售大药房。公司现有固定资产8600万元，流动资产3亿元。营业面积12000平方米，自有仓库25幢，计19000平方米。有员工700多人，其中中高级专业技术人员105人。公司具有较完备检测手段的药品检测中心，为业务经营活动提供完善的质量保证体系，是天津市首批通过《医药商品质量管理规范》（GSP）认证的达标企业。2001年公司又首批通过国家GSP认证。近年来，随着经营体制转换，不断完善市场营销网络和管理体系，充分发挥集约化、大规模经营的优势，销售总额以每年2亿元的绝对值增长。1996年为4.5亿元，1998年为7.3亿元，1999年达到10亿元，2000年突破了12亿元，2001年将达到15亿元。现在，公司正以建立现代化企业制度为基础，努力开拓医药市场，扩大经营规模，致力于提高经济运行质量。公司愿与国内外知名厂商携手合作，总代理、总经销各类医药商品，为用户提供优良的商品和服务，共创21世纪的辉煌。

惠氏－百宫制药有限公司

惠氏－百宫制药有限公司是美国家庭用品公司（AHP）在中国独资项目之一：（Wyeth－WhitehallPharmaceuticalCo.,Ltd.），原名为苏州立达制药有限公司，成立于1991年，投资总额为2,990万美元。惠氏－百宫制药有限公司以“向世界提供医药保健产品，以改善人类的生活质量，并给我们的顾客和股东带来超值的利益”作为自己的使命。惠氏－百宫制药有限公司的主要产品是钙尔奇D300咀嚼片、钙尔奇D600片、善存液、善存银片、小儿善存片、小儿善存液。公司的信念是：领导人类建立一个更健康的世界。通过在各层面贯彻这一信念，公司必将成为一家得到员工、顾客和股东共同认可的最好的制药公司，实现各方面的价值。公司的价值观是：卓越品质，忠诚可靠。美国惠氏药厂、惠氏－百宫制药有限公司、上海惠氏营养品有限公司和美国惠氏药厂（中国）有限公司上海办事处将积极地配合中国政府在卫生保健事业方面改革开放的方针和政策；并以自己的雄厚实力和技术优势，引进新技术、新产品，为中国人民提高健康素质和生活质量做出贡献。

网址：http://www.wyeth.com.cn

上海强生制药有限公司

1995年，由美国强生与上海第一生化药业公司联合组建了上海强生制药有限公司，总投资额已逾4000万美元。这是作为全球最大的非处方药生产销售公司——美国强生在中国设立的第一家专业生产自我保健药品的制药公司。公司厂房坐落于上海闵行经济技术开发区，建成符合国际药品生产质量规范(GMP)标准的生产基地，拥有两条达到国际领先水平的液体制剂和固体制剂生产流水线，专业生产高品质的非处方药品。主要产品包括儿童药品（泰诺林系列及美林系列）和成人药品（泰诺林片剂、泰诺林控释片、泰诺感冒片）。随着中国改革开放的不断深入，中国消费者的自我保健意识日益增强。随着人均医药消费的增长和人口老龄化，使中国成为最大的、最具潜力的OTC市场。公司管理层极具市场洞察力，率先进入OTC领域，公司在专业化的管理下，初创伊始即显示了强大的市场竞争力，在提供价格合理的优质产品的同时提供健康教育服务，从而成为自我保健医药市场的领导者，成为大众心目中可信赖的家庭医生，为促进中国人民的健康事业而努力。

网址：http://www.tylenol.com.cn

附录二　非处方药品生产企业名录

北京市

北京双鹤药业有限公司
北京第二制药厂
北京紫竹药业有限公司
北京万辉药业集团公司北京第四制药厂
北京万辉药业集团公司北京第六制药厂
北京市曙光药业有限责任公司
北京华丰制药有限公司
北京优你特药业有限公司
北京医科大学实验药厂
北京蕾波制药厂
北京通宝制药厂
北京利龄药业有限公司
北京麦威药业有限公司
北京四环制药厂
北京四环制药二厂
北京向阳制药厂
北京益民制药厂
北京同康制药厂
北京诺华制药有限公司
北京长城制药厂
北京三九万东药业有限责任公司
北京北卫药业有限责任公司
北京京都苑制药厂
北京可尔制药厂
北京大达榕业制药有限公司
北京制药工业研究所实验药厂
北京市燕京制药厂
北京大翔制药有限公司
北京中惠药业有限公司
北京圣德制药有限公司
拜耳医药保健有限公司
北京华尔孚制药有限公司
北京生物化学制药厂
北京亚东生物制药有限公司
北京同仁堂集团公司北京同仁堂股份有限公司
北京同仁堂制药二厂
北京同仁堂药酒厂
北京同仁堂集团北京中药二厂
北京同仁堂集团北京中药三厂
北京京铁华龙药业有限公司
北京市永定中药厂
北京京海药业有限责任公司
北京同仁堂集团北京中药五厂
北京华颐中药制药厂
北京温阳制药厂
北京宝树堂制药有限公司
北京华荣制药有限公司
北京协和康友制药有限公司
北医大药物所右极制药有限公司
北京东升制药厂
北京海淀小西天中西药品分装厂

上海市

上海赫司特五州制药有限公司
上海第六制药厂
上海信谊药业有限公司
上海新亚药业股份有限公司
上海通用药业股份有限公司
上海天平制药有限公司
上海旭东海普药业有限公司
上海中西药业股份有限公司
上海第十八制药厂
上海集成药厂
上海衡山药业有限公司
上海延安万象药业有限公司
上海九福药业有限公司
上海黄河利亚制药有限公司
上海中华制药厂
上海五洲药业有限公司
上海医药工业研究院和益药业有限公司
上海淮海制药厂
上海申光制药厂
中美上海施贵宝制药有限公司
上海美优制药厂
上海罗氏制药有限公司
上海奈科明制药有限公司
上海复星朝晖制药厂
上海东海制药厂
上海医科大学红旗制药厂
上海天平胃舒平制药厂
上海金山制药有限公司
上海东方制药厂
上海运佳制药有限公司
上海五洋药业健康产品有限公司
上海黄浦制药厂
上海利生药业有限公司
上海云峰制药厂
上海黄海制药厂
上海莱福制药有限公司
上海强生制药有限公司
上海珐玛赛制药有限公司
上海中药制药一厂
上海中药制药二厂
上海中药制药三厂
上海雷允上制药厂
上海信仁中药厂
上海蔡同德药业有限公司上海蔡同德中药制药厂

上海练塘中药厂
上海静安中药制药厂
上海静安制药有限公司
上海松华制药厂
上海雷允上制药厂分厂
上海新亚药业闵行有限公司
上海中西药业股份有限公司新冈制药厂
上海医南药业有限公司

天津市

天津药业有限公司
天津市中央制药二厂
天津市力生制药厂
天津中新药业集团成药分公司
天津市氨基酸公司人民制药厂
天津华津制药厂
天津复兴药厂
天津市八一制药厂
天津市金利康医药保健品公司
天津市红星制药厂
天津市开发区海兴制药厂
天津市光华制药厂
天津南华制药有限公司
天津康特制药有限公司
天津金世制药有限公司
天津医药科学研究所实验药厂
天津飞鹰制药有限公司
天津洪福药业有限公司
天津儿童药厂
天津泰克医药保健品有限公司
天津达仁堂制药有限公司
天津达仁堂第二制药有限公司
天津同仁堂制药厂
天津中新药业集团股份有限公司乐仁堂制药厂
天津中药制药厂

重庆市

西南制药一厂
西南药业股份有限公司
西南合成制药股份有限公司
重庆大新药业股份有限公司
重庆药友制药有限责任公司
重庆科瑞制药有限责任公司
重庆桐君阁药厂
重庆中药总厂
重庆中药总厂三分厂
重庆市中医药学院南川制药厂
太极集团涪陵制药厂
重庆三新制药厂
重庆迪康长江药业有限公司
重庆东方制药股份有限公司
重庆迎仙山制药厂
重庆三环药业有限公司

河北省

华北制药股份有限公司
河北奥星集团药业有限公司
石家庄制药集团有限公司
石家庄制药集团第一制药有限公司
石家庄制药集团第二制药有限公司
石家庄制药集团四药股份有限公司
石家庄神威药业股份有限公司
石家庄市华曙联合制药厂
石家庄市华新制药厂
石家庄市新华制药厂
河北协和药业有限公司
石家庄健仕制药有限公司
石家庄市中山制药厂
石家庄市和平制药厂
石家庄市康复制药厂
河北远景药业有限公司
河北三九太行制药有限责任公司
石家庄市北京制药厂
石家庄市康达制药厂
石家庄华龙药业股份有限公司
石家庄乐仁堂制药有限责任公司
河北恩复药业健祥制药厂
河北三九爱德福药业有限公司
河北长天保定药业有限公司
保定古城制药厂
保定市金钟制药厂
河北辛兴制药厂
河北省安国药业集团有限公司
保定市中药制药有限公司
河北药都制药集团有限责任公司
河北京京制药厂
张家口市泰康制药厂
河北省张家口市长城制药厂
张家口市东风制药厂
河北省张家口长胜制药厂
承德中药（集团）有限责任公司
河北省承德金莲花药业有限责任公司
河北省挚河制药厂
河北兴隆县雾灵制药厂
河北省宽城制药厂
河北兴隆希力药业有限公司
唐山市第一制药厂
唐山药业集团

唐山市生化制药有限公司
唐山市渤海制药厂
唐山益民制药厂
唐山市唐海制药厂
唐山市人民制药厂
河北省唐山市复康制药厂
唐山凤山制药厂
唐山市红星制药厂
唐山天恩药业有限公司
唐山市利康制药厂
唐山市龙山药业有限公司
唐山华昌制药有限公司
河北霸州康必利制药有限公司
三河奥天药业有限公司
河北沧州中药厂
沧州市第一制药厂
河北省沧州复兴制药厂
河北万岁药业有限公司
河北省康平制药厂
河北大众制药厂
河北环海制药厂
河北海骅制药厂
河北省冀衡药业有限公司
河北恒利集团邢台市制药厂
河北赛克药业有限公司
邢台市牛城制药厂
河北世龙药业公司
河北邢台扁鹊制药公司
河北临西县制药厂
河北邢台市阿胶厂
邯郸制药有限公司
河北冀南制药厂
邯郸市赵都制药厂
中外合资邯郸滏荣制药有限公司
河北东龙制药厂
河北宏宝药业股份有限公司
河北磁州制药厂
河北天鹅制药厂
河北省邯郸县星星制药厂
秦皇岛皇威药业集团
秦皇岛百慧制药厂
河北省秦皇岛兴华制药厂
河北秦皇岛中药厂
华北制药集团太原有限责任公司

山西省

太原市三晋制药厂
山西太原红星制药厂
太原卫星制药厂
山西赞化制药有限公司
山西瑞福莱药业有限公司
山西安远医药有限公司
山西省制药公司制药厂
太原晋阳制药厂
太原华卫药业有限公司
山西医学院制药厂
山西医科大学制药厂
山西省朔州市神泉制药厂
山西省忻州云中制药厂
山西省忻州地区五台山制药厂
山西黄河中药有限公司
山西省太原卫生材料厂
山西省江龙药业有限公司
山西三圣药业有限公司
山西泰盛制药有限公司
山西同领药业有限公司
大同市惠达药业有限责任公司
大同市光华制药厂
大同市云华制药厂
大同市利群制药厂
大同市天丰药业有限责任公司
大同市星火制药厂
山西大同卫华制药厂
山西大同云中大学制药厂
山西大同市光明制药厂
山西省药研所实验药厂
山西大同广胜制药厂
山西大同云岗制药厂
山西大同永泰制药厂
山西大同中药厂
山西省大同雁同制药厂
山西阳高制药厂
山西省恒山中药厂
山西阳泉晋宝制药厂
山西阳泉中药厂
山西省阳泉市生物化学制药厂
山西省晋中市榆次区制药厂
山西宝泰药业有限责任公司
山西广誉远中药有限公司
山西省榆社阿胶厂
山西省祁县曙光制药厂
山西中远威药业有限公司山西中药厂
山西省长治制药厂
山西太行药业股份有限公司
山西康宝生物制品股份有限公司
山西省长治中药厂
山西连冠药业有限公司
山西省平顺制药厂

临汾宝珠药业有限公司
山西临汾生化制药厂
山西汾河制药厂
山西省临汾中药厂
山西省临汾健民制药厂
山西省临汾地区新星制药厂
山西省临汾民康制药厂
山西侯马市金都制药厂
山西省侯马中药厂
山西晋光制药厂
山西侯马平阳制药厂
山西省文水县制药厂
山西吕梁地区制药厂
山西省吕梁中药厂
山西亚宝药业（集团）股份有限公司
山西省运城制药厂
山西省运城市银湖制药厂
山西省万荣制药厂
山西稷王制药有限公司
山西华康药业股份有限公司
山西华禹制药厂
山西省芮城县云河制药厂

内蒙古自治区

内蒙古吉兰泰盐化集团呼和浩特制药厂
呼和浩特第二制药厂
内蒙古大唐药业有限公司
内蒙古凯蒙药业有限公司
内蒙古黄河药业有限公司
内蒙古海拉尔制药厂
内蒙古海拉尔生物化学制药厂
内蒙古图里河制药厂
内蒙古扎兰屯制药厂
内蒙古扎兰屯第二制药厂
内蒙古包头中药厂
内蒙古福瑞制药有限公司
内蒙古集宁三珠集中制药公司
内蒙古蒙药股份有限公司
内蒙古通辽制药总厂
内蒙古蒙古制药厂第一分厂
内蒙古通辽生物化学制药厂
内蒙古通辽明仁制药厂
内蒙古开鲁制药厂
内蒙古保康生物化学制药厂
赤峰药业集团公司
赤峰永巨制药厂
赤峰维康生化制药有限公司
赤峰丹龙中药制药有限公司
赤峰松州制药厂
内蒙古林西制药厂
内蒙古东胜制药厂
内蒙古临河中药厂
乌兰浩特市中蒙制药有限公司

黑龙江省

哈尔滨制药总厂
哈药集团三精制药有限公司
哈尔滨制药四厂
哈药集团哈尔滨健尔制药厂
哈尔滨制药六厂
哈尔滨制药厂分厂
哈尔滨中药一厂
哈尔滨中药二厂
哈尔滨中药三厂
哈尔滨中药四厂
哈尔滨松鹤制药厂
黑龙江省卫生学校制药厂
黑龙江康尔药业股份有限公司
哈尔滨圣泰制药有限公司
哈尔滨松花江制药厂
哈尔滨儿童制药厂
哈尔滨仁皇药业有限公司
哈尔滨汇利药业有限公司
哈尔滨利阳制药有限公司
哈尔滨天工制药有限责任公司
哈尔滨市一洲制药有限公司
黑龙江中龙医药集团黑龙江中龙制药厂
哈尔滨市华龙制药厂
哈尔滨世一堂制药厂
哈尔滨大中世一药业有限公司
哈尔滨泰华药业有限责任公司
哈尔滨高科技术集团卫健药业公司
黑龙江省五常葵花药业有限公司
哈尔滨华雨制药有限公司
黑龙江省山河制药厂
肇东制药二厂
黑龙江华星制药股份有限公司
齐齐哈尔制药厂
齐齐哈尔第四制药厂
齐齐哈尔中药厂
齐齐哈尔鼎恒升药业有限公司
齐齐哈尔滔林药业有限公司
牡丹江医药工业研究所制药厂
牡丹江市回春药业股份有限公司
黑龙江省牡丹江红星制药厂
牡丹江东方药业有限公司
黑龙江省牡丹江龙泉制药厂
牡丹江温春双鹤药业有限责任公司

黑龙江省完达山制药厂
乌苏里江制药有限公司迎春公司
黑龙江省柴河制药厂
黑龙江省鸡东制药厂
珍宝岛制药（集团）有限公司
黑龙江省山市制药厂
哈高科天健药业佳木斯中药制药有限责任公司
黑龙江多多集团晨星药业有限责任公司
黑龙江澳利达制药有限公司
黑龙江哥台制药有限责任公司
三九永安药业有限公司
黑龙江省南岔制药厂
黑龙江铁力红叶制药有限责任公司
大庆制药厂

吉林省

长春中药制药有限公司
吉林省丰力制药厂
吉林省东方制药公司
长春市三马制药厂
吉林省天光药业有限公司
长春达兴药业股份有限公司
长春吉端药业有限公司
长春市红星制药厂
长春长庆药业集团有限公司
长春市北华制药厂
吉林省恒和药业有限公司
长春市农安制药厂
吉林制药股份有限公司
吉林市康达制药厂
中国农科院特产研究所制药厂
吉林鹿王制药有限公司
吉林市前锋中药厂
吉林市招商集团仙鹿制药厂
吉林市感康制药有限责任公司
吉林省延边医学院博惠制药厂
吉林敖东药业（集团）股份有限公司
延边敖东保益生化制剂有限公司
敖东市东北亚制药有限责任公司
吉林省四平制药股份有限公司
吉林省四平市化学制药厂
吉林省四平市塔山制药厂
双辽郑泰药业股份有限公司
吉林省通化市万通制药厂
吉林通化白山药业股份有限公司
吉林省通化神龙制药厂
吉林省白城市多邦药业有限公司
白城建华制药厂
白城友谊制药厂
吉林省双岗制药厂
吉林省镇赉元峰药业有限公司
吉林辽源制药有限责任公司
吉林省辽源市中药厂
吉林省东丰制药工业公司
辽源市宝康制药厂
辽源亚东药业股份有限公司
吉林正辉煌药业有限公司
长岭制药厂
吉林省华侨联合企业制药厂
珲春市制药厂
吉林金宝药业有限公司
吉林省梅河口三江制药厂
梅河口市龙山制药厂
柳河三珠中药有限公司
辉南长龙生化药业股份公司
辉南县天宇药业有限责任公司
吉林省柳河天立制药厂
柳河凯伦药业有限公司
辉南天泰药业股份有限公司

辽宁省

沈阳山之内制药有限公司
沈阳第五制药厂
沈阳东药克达制药有限公司
沈阳中药制药有限公司
沈阳生物化学制药厂
同联集团沈阳抗生素厂
东北制药集团沈阳延风制药厂
东药集团沈阳红旗制药有限公司
沈阳兴齐制药厂
同联集团沈阳新城子制药厂
沈阳辽河制药厂
沈阳志鹰制药厂
沈阳东昂制药有限公司
沈阳康乐制药厂
沈阳盛京制药厂
沈阳新民制药厂
辽宁中医学院制药厂
沈阳良苑制药厂
沈阳康达制药厂
沈阳药大集琦药业有限公司
沈阳星光制药厂
沈阳东陵药业股份有限公司
沈阳市华昌制药厂
沈阳神龙药业有限公司
沈阳健华制药厂
沈阳东新药业有限公司
沈阳天仁制药有限公司

大连天山药业有限公司
大连金益制药厂
大连宝乐制药厂
大连水产制药厂
大连白玉山制药厂
大连奥森制药厂
大连长白山制药有限公司
大连南美制药有限公司
大连宏康制药有限公司
辽宁鞍山制药有限公司
鞍山市九天制药厂
鞍山市钢城制药厂
鞍山华泰药业公司
辽宁东海制药厂
抚顺中药厂
抚顺青峰制药厂
辽宁清原制药厂
抚顺红峰制药厂
抚顺市兰山制药厂
本溪第二制药有限责任公司
本溪第三制药厂
本溪第五制药有限公司
本溪普济制药有限公司
本溪第六制药厂
丹东中药厂
丹东市锦江制药厂
辽宁绿丹药业有限公司
丹东通江制药有限公司
丹东市凤凰山制药厂
锦州九泰药业有限责任公司
锦州制药二厂
锦州制药四厂
锦州制药五厂
锦州九洋药业有限责任公司
锦州奥鸿药业有限责任公司
锦州凌武制药厂
锦州长城制药厂
同德中药药业有限责任公司
营口奥达制药有限公司
营口市中药厂
营口市熊岳制药厂
阜新市环尔康药业有限责任公司
阜新市第三制药厂
阜新芝田药业有限责任公司
仙鹤中药制药有限公司
阜新市生物化学制药厂
辽阳药业有限公司
辽阳第二制药厂
朝阳制药厂
盘锦市制药厂
盘锦第二制药集团公司
盘锦第三制药厂
盘锦市生物化学制药厂
葫芦岛渤海制药厂
辽宁省渤龙制药有限公司

浙江省

浙江万马药业有限公司
杭州民生药业有限公司
新昌集团杭州利民制药厂
浙江五丰制药厂
浙江省医科大学制药厂
杭州仁德医药有限公司
杭州天力药业有限公司
浙江覃尔康制药公司
浙江巨泰药业有限公司
浙江巨化药业有限公司
浙江泰康制药有限公司
三九湖州药业有限公司
浙江湖州三天门制药厂
浙江锦江药业有限公司
浙东湖州红延制药厂
浙江省浙北制药厂
湖州康润制药有限公司
浙江嘉兴药业公司
浙江玉龙药业有限责任公司
浙江万马药业嘉兴市南湖制药厂
嘉兴康宝药业有限公司
上海交大昂利穗伦药业有限公司
宁波制药厂
浙江省宁波第二制药厂
宁波中药二厂
浙江宁波立华制药有限公司
宁波亚太生物技术有限责任公司
宁波市天衡制药厂
浙江慈溪制药厂
浙江华宇药业有限公司
浙江雨田四明药业有限公司宁海分厂
宁波雨田四明药业有限公司
浙江余姚制药厂
浙江象山制药厂
浙江震元制药有限公司
浙江东方震元制药有限公司
浙江医药股份公司新昌制药厂
浙江越州制药有限公司
浙江医药股份有限公司昂利康制药厂
浙江亚东制药有限公司
浙江新昌京新制药有限公司

浙江得恩德制药公司
浙江圣达药业有限公司
台州南峰药业有限公司
仙居制药股份有限公司
浙江可立思安制药公司
浙江温岭制药厂
浙江海正药业股份有限公司
浙江亚东制药公司
浙江康乐集团有限公司
温州海鹤集团有限公司制药厂
浙江瑞安市制药厂
瑞安市康威制药有限公司
文成县制药厂
浙江省浙南药业有限公司
浙江省处州制药厂
浙江鹤威特制药厂
金华康恩贝生物制药有限公司
浙江金华第三制药厂
浙江迪耳药业有限公司
浙江金华双龙制药厂
浙江康恩贝集团制药有限公司
浙江天一堂药业公司
浙江一新制药股份有限公司
浙江兰溪古龙药业有限公司
浙江恒利王药业有限公司
横店康裕制药有限集团
浙江传奇制药有限责任公司
浙江磐安制药厂
浙江海力生集团有限公司

江苏省

南京制药厂
南京第二制药厂
盐城生缘药业有限公司
南京第五制药厂
南京老山制药厂
南京同仁堂药业有限公司
南京中医药大学制药厂
南京金陵药业股份有限公司
南京小营制药厂
南京中山制药厂
南京长发澳美制药有限公司
南京恒生制药厂
无锡艾西恩制药有限公司
无锡市第六制药厂
无锡第七制药厂
无锡生物化学制药厂
江苏无锡华弘保健品有限公司
山禾集团健宏药业有限公司
无锡正大科普利制药有限公司
江苏省江阴制药厂
江苏鹏鹞药业有限公司
镇江吉贝尔药业有限公司
镇江第三制药厂
江苏省国石山头制药厂
镇江市苏南制药厂
江苏丹阳制药有限公司
苏州医药集团有限公司苏州第一制药厂
苏州统华药品有限公司
苏州医药集团有限公司苏州第五制药厂
苏州第六制药厂
雷允上药业集团公司
苏州长征－欣凯制药有限公司
南通制药总厂
南通第三制药厂
南通薄荷厂
南通海尔斯医药保健品有限公司
江苏南通勤奋制药厂
南通中东药业有限公司
启东盖天力制药股份有限公司
江苏晨牌药业有限公司
江苏同泰制药厂
海安制药厂
扬州市第二制药厂
扬州中药厂
江苏高邮市制药厂
扬州中宝制药有限公司
江苏扬子江药业集团
江苏海粤制药有限公司
江苏泰州微生物化学制药厂
江苏板桥药业有限公司
江苏盐城制药有限公司
江苏康怡制药有限公司
盐城新曹制药玫
盐城市神康药业有限公司
江苏黄河药业有限公司
盐城市第三制药厂
江苏神豆药业有限公司响水制药厂
建湖县制药厂
恩华药业集团徐州制药厂
恩华药业集团徐州第三制药厂
江苏省徐州淮海制药厂
江苏正大药业有限公司
徐州第六制药厂
江苏省淮阴华新药业有限公司
江苏津涟制药有限公司
连云港恒瑞制药有限公司
连云港康缘制药有限公司

常州制药厂
常州北杰药业有限公司
常州康达制药有限公司
江苏金坛市制药厂
江苏淋阳制药厂
江苏常州药业股份有限公司
常熟雷允上制药有限公司
江苏太仓制药厂
昆山双鹤药业有限责任公司
国营张家港市制药厂
张家港楚港药业有限公司
江苏泗阳药业总公司
江苏苏星制药有限公司
江苏宿迁制药厂

安徽省

合肥药业有限公司
合肥第二制药厂
合肥制药一分厂
合肥第四制药厂
合肥第五制药厂
合肥第六制药厂
合肥第七制药厂
合肥生物化学制药厂
合肥春风中药厂
合肥友谊制药厂
安徽省合肥利民制药厂
安徽示康药业有限公司
合肥神鹿集团公司
合肥神鹿集团公司中药二厂
安徽中医学院制药厂
安徽省滁州制药总厂
安徽省滁州制药总厂一分厂
安徽天洋药业有限责任公司
安徽省天康药业有限公司
滁州市琅琊山制药厂
安徽省明光制药厂
明光三超制药有限责任公司
安徽省中都制药厂
巨人集团蚌埠制药厂
安徽环球药业股份有限公司
安徽省四通生物医药有限公司
四通生物医药有限公司中药厂
安徽省安宝药业来比林制药厂
安徽省蚌埠海洋制药厂
蚌埠康达生物医药有限公司
芜湖凤凰松药业有限公司
芜湖三益制药有限公司
芜湖神辉制药有限公司
芜湖正达·博英医药有限责任公司
芜湖张恒春制药有限公司
安徽省繁昌制药厂
淮南双银药业有限公司
安徽三发制药有限公司
淮南四达药业有限公司
淮南市山河药业有限公司
国药集团国瑞药业有限公司
安徽威林制药有限公司
安徽华恩制药有限公司
淮南山河药业公司制剂一厂
安徽新佗药业有限公司
马鞍山市海药业有限责任公司
安徽省天门山制药厂
安徽省安庆制药有限公司
安庆金竹制药有限公司
安庆市第三制药厂
安庆市齐民药业有限公司
安庆市生物化学制药厂
安庆森威药业有限责任公司
安庆市龙山制药厂
安徽省安庆市怀宁制药厂
安庆健臣制药有限公司
安庆金竹制药有限公司
蚌埠康达生物医药公司宿州市制药厂
安徽省皖北药业股份有限公司
安徽省雪枫制药厂
安徽省陇海制药厂
安徽省泗州孟仁寿眼药厂
安徽华源生物药业有限公司
阜阳市第二制药厂
安徽东方制药厂
安徽省界首制药厂
安徽仁济堂药业有限公司
安徽太岛薄荷集团有限责任公司
安徽省临泉制药厂
安徽亳州市华佗国药厂
安徽联谊制药厂
古井集团九方制药有限公司
安徽双轮制药有限公司
黄山天目药业有限公司
安徽省黄山市徽州制药厂
安徽高山药业有限公司
黄山大唐制药有限责任公司
黄山祁山蛇药业有限公司
淮北生化金蟾药业总公司
铜陵市第一制药厂
安徽省铜陵市第三制药厂
安徽皖南开元药业有限公司

安徽省宣州市制药厂
安徽省精方药业股份有限公司
东南药业有限责任公司
安徽省广德天寿药业有限责任公司
安徽省旌德药业有限责任公司
安徽省六安市第二制药厂
浙江亚东制药霍山有限公司
安徽省朝阳药业有限责任公司
安徽新力药业有限公司
巢湖正大药业有限公司
安徽叶王制药公司
神鹿集团九华药业有限责任公司

福建省

福州抗生素集团有限公司
福州金象中药制药有限公司
福州道山制药厂
金陵药业福州梅峰制药厂
福州辰星药业有限公司
厦门鼎粮实业总公司厦门中药厂
厦门市东风药业有限公司
厦门思明制药厂
厦门鱼肝油厂
厦门美康制药有限公司
厦门同安制药厂
福建古田药业有限公司
福建省福鼎大同制药有限公司
惠安制药厂
泉州恒达制药公司
福建青山漳州香料公司
闽西制药厂
福建省上杭县制药厂
莱思特药业（三明）有限公司
福建汇天生物药业有限公司
福建省永安药业有限责任公司
福建省沙县制药厂
福建新大陆药业有限公司
福建三爱药业股份有限公司

江西省

江西制药有限责任公司
江西省国药有限责任公司
江西南昌生化制药厂
江西瑞祥制药有限公司
江西阳光药业有限公司
江西九洲制药厂
江西东方制药厂
江西天宝制药厂
江西腾王阁制药厂
江西康久制药厂
江西江南制药厂
江西康德制药有限公司
南昌扬子洲制药厂
江西南昌建新制药厂
南昌白马庙制药厂
江西南昌济生制药公司
江西南昌华依制药有限公司
江西爱迪生制药有限公司
江西健美达制药厂
江西南昌制药厂
江西汇仁制药有限公司
江西江中制药集团公司
江西桑海制药厂
江西安义制药厂
江西天狮中药集团
江西贵溪制药有限责任公司
江西健力士制药有限公司
江西新余制药厂
江西长江药业有限公司
江西湖口钟山制药厂
江西彭泽制药厂
江西都昌制药厂
江西上饶制药厂
江西上饶新星制药有限公司
江西环宇制药有限公司
江西上饶信州制药厂
江西弋阳制药厂
江西德兴制药厂
江西横峰制药厂
江西广丰制药厂
江西珠湖制药厂
江西婺源制药厂
江西大茅山制药厂
江西玉山制药厂
江西德兴香屯制药厂
江西抚州人民制药厂
江西珍视明药业有限公司
江西赣东制药厂
江西资溪制药厂
江西南丰制药厂
泰丰（江西）制药有限公司
江西乐安制药厂
江西临川人民制药厂
江西东亚药业有限责任公司
江西红星制药厂
江西赣中制药厂
江西济民药业有限公司
江西樟树医药集团清江制药厂

江西奉新制药厂
江西威鑫制药有限公司
江西丰城制药厂
江西铜鼓中药厂
江西黄岗山制药厂
江西吉安制药厂
江西大自然药业有限公司
江西红康制药有限公司
江西强丰药业有限公司
江西京通制药有限公司
江西鹿迪制药有限公司
半边天药业有限公司
江西三越药业有限责任公司
江西广恩和制药有限公司
江西金鼎制药公司
江西峡江制药厂
江西赣江制药有限责任公司
江西赣州制药厂
江西赣南制药厂
江西赣州生化药厂
江西赣州地区九连山制药厂
江西石城制药厂
江西定南制药厂
江西青峰制药厂
江西三九瑞金药业有限公司
江西安远制药厂
江西会昌制药厂
江西景德镇制药厂
江西景德镇生化药厂
江西景荣制药有限公司
江西黎明制药厂
江西鑫海制药有限公司
江西省萍乡制药厂
江西心正药业有限责任公司

山东省

济南鲁药集团总公司
济南宏济堂制药有限责任公司
山东齐鲁制药厂
济南华东制药有限公司
济南东方药业集团有限公司
山东尼康制药厂
东方集团济南民康制药厂
济南利蒙制药有限公司
山东金泰制药厂
海南三株福尔可制药有限公司
山东永宁制药股份有限公司
山东全力制药有限公司
山东济南爱民制药厂
济南鲁鹰药业有限公司
山东省医药工业研究所制药厂
山东万丰制药有限公司
山东福胶集团有限公司
山东济南中药厂黄台分厂
山东荷泽健民中药厂
山东省鲁西制药厂
山东天生药业有限公司
青岛制药股份有限公司
海尔集团青岛第三制药厂
山东青岛第四制药厂
山东金峰制药有限公司
青岛国风药业股份有限公司
青岛海尔药业有限公司
山东省医学科学院实验药厂
山东青岛宏仁堂制药厂
山东青岛海天制药厂
山东青岛鸿雁制药厂
山东海洋药物研究所制药厂
山东青岛海燕制药厂
青岛双鲸药业有限公司
青岛宜利药业有限公司
山东新华制药有限公司
山东淄博鲁川制药有限公司
山东临淄制药厂一分厂
山东环中制药股份有限公司
山东淄川制药厂
山东瑞阳制药有限公司山东沂　新华制药厂
山东淄博市淄川第二制药厂
山东平原制药厂
山东德州医药集团颜陵制药厂
山东烟台中药厂
烟台只楚药业有限公司
山东烟台中策药业有限公司
烟台中洲制药厂
山东烟台康平制药厂
烟台西苑制药有限公司
山东烟台永达生化制药公司
山东莱阳永康制药厂
山东中医药学校药厂
山东潍坊医药集团股份有限公司制药二厂
山东潍坊医药集团股份有限公司中药厂
山东医科大学云门制药厂
山东鲁抗医药股份有限公司
山东济宁市中药厂
山东孔府药厂
曲阜市孔圣堂制药厂
山东曲阜市制药厂
山东兖州制药厂

山东兖州生物化学制药厂
山东泗水制药厂
山东泰山制药厂
山东泰安制药厂
山东泰安红旗制药厂
山东大陆药业有限公司
山东临沂健康制药厂
山东沂蒙中药厂
山东百草药业有限公司
山东罗欣药业股份有限公司
山东沂水制药厂
山东省莒南制药厂
山东鲁北制药厂
山东东营市制药厂
山东胜利药业有限公司
山东凤凰制药厂
山东东营仙河制药厂
威海人生药业集团股份有限公司
山东罗麦药业有限公司
威海路坦制药有限公司
山东益康药业有限公司
山东日照海峰制药有限公司
山东东阿阿胶（集团）股份有限公司
山东临清东风制药厂
山东临清华威药业有限责任公司
山东智灵药业有限公司

河南省

郑州市嵩山制药厂
河南信心药业集团有限公司
郑州豫新制药股份有限公司
郑州康立制药有限公司
河南中医学院制药厂
河南医科大学制药厂
郑州市华光制药厂
郑州东方药业有限公司
郑州中药厂向阳分厂
河南省才华药业有限公司
郑州生物化学制药厂
郑州致和制药有限公司
天津药业集团新郑制药股份有限公司
郑州市孝义制药厂
郑州大成制药有限公司
河南竹林众生制药股份有限公司
郑州亚新制药有限责任公司
河南合成制药厂
郑州市崇义制药厂
河南竹林众生制药股份有限公司豫中制药厂
巩义市制药厂
河南省四方药业有限公司
商丘市哈森药业有限公司
河南省老君堂药业有限公司
三九商丘绿源药业有限公司
河南省安阳市第一制药厂
河南省安阳市华安制药厂
安阳路德药业有限责任公司
河南省安阳豫北制药厂
林州亚神制药有限公司
安阳平原药业集团有限责任公司
安阳市益康制药厂
安阳恒河制药厂
安阳市华安制药厂
河南精忠威尔药业有限公司
安阳市明善堂制药厂
河南时珍制药有限公司
广州白云山集团豫粤制药厂
河南新乡制药股份有限公司
新乡佐今明制药股份有限公司
新乡中杰药业有限公司
新乡卫辉市制药厂
新乡市长垣制药厂
河南省新乡市新辉制药厂
河南省新乡同心制药厂
新乡双峰药业有限公司
河南百泉制药有限公司
河南省新乡市卫河制药厂
新乡市和平制药厂
新乡永泰制药厂
新乡市太行制药厂
河南省新谊药业股份有限公司联谊制药厂
河南新星药业股份有限公司
河南省新乡市常乐制药厂
河南禹州市制药集团有限公司
河南省许昌华仁制药有限公司
平顶山市第二制药厂
河南信阳制药厂
河南省信阳地区中药厂
信阳地区江淮制药有限公司
河南龟山神草药业有限责任公司
信阳豫南制药厂
河南羚锐制药有限公司信阳分公司
河南省罗山制药厂
南阳普康药业集团化学制药厂
南阳市亚康药业有限责任公司
豫宛制药厂
河南月月舒药业集团有限公司
河南赊店药业有限公司
河南省宛西制药有限公司

河南淅川制药（集团）有限公司
南阳依安欣药业有限公司
河南华兴制药厂
河南邓州宣华制药有限公司
内乡县全宇制药有限公司
南阳绿洲药业有限公司
河南省开封制药厂
河南天地药业股份有限公司
河南开封市开抗药业有限公司
开封市河大制药厂
河南省医药工业研究所制药厂
河南三九永康药业有限公司
开封前锋制药厂
河南省中州制药厂
洛阳市中药二厂
洛阳市中药三厂
洛阳市中药四厂
洛阳民生药业有限责任公司
洛阳市老君山制药有限公司
河南威尔曼制药有限公司
洛阳市沐春药业有限公司
河南省焦作市中药厂
河南省济源市济世堂药业有限公司
河南省焦作市第三中药厂
焦作平光制药有限责任公司
河南省福林制药厂
北京绿岛怀泉中药有限公司
鹤壁市中药有限公司
河南省鹤壁市中药厂
河南省濮阳市东亚药业有限公司
河南省濮阳市第二制药厂
濮阳亚光制药厂
雷樱花（太康）药业有限公司
河南省华鑫制药有限公司
河南东方制药厂
河南省龙都制药厂
吉雄（漯河）药业有限公司
河南省漯河市第一制药厂
漯河华颖药业有限公司
河南省驻马店市中药厂
河南省新蔡县制药厂
河南同心堂药业有限公司
中国人民解放军第9075工厂
沁阳神达药业有限公司
河南开开援生医药股份有限公司
河南省羚锐制药有限公司
河南省七彩药业有限责任公司
河南省华美集团药业公司
三门峡市第二制药厂
三门峡赛诺维制药有限公司
河南省三门峡市第三制药厂
豫西药业股份有限责任公司

湖北省

武汉制药（集团）股份有限公司
武汉第二制药厂
武汉马应龙药业集团股份有限公司
武汉第四制药厂
武汉第五制药厂
武汉标达药业有限公司
武汉第八制药厂
武汉金匙药业有限公司
武汉泽辉药业有限公司
武汉第九制药厂
武汉生物化学制药厂
武汉健民药业集团股份有限公司
武汉纽兰药业有限公司
湖北中医学院制药厂
武汉市辛安渡制药厂
丽珠集团湖北科益药业有限公司
武汉武警制药厂
武汉三和制药厂
武汉市东山制药厂
武汉百信药业有限公司
武汉虎泉药业有限公司
武汉同济华越药业股份有限公司
武汉中恒药业股份有限公司
武汉洪山制药厂
汉阳制药厂
武汉市金普药业有限公司
武汉滨湖双鹤药业有限公司
武汉市鄂中制药厂
武汉华琦药业有限公司
武汉爱民制药厂
湖北省益康制药厂
武汉康乐药业有限公司
武汉市中联药业股份有限公司
湖北中天爱百颗药业有限公司湖北制药厂
湖北中天爱百颗药业有限公司湖北制药厂第八分厂
国营华中制药厂
襄樊恒生药业有限公司
河北省瑞森药业有限公司
湖北观者阁药业股份有限公司
湖北省鄂州市生物化学制药厂
湖北力源药业有限公司
鄂州市康乐制药厂
孝感市制药厂
湖北华光制药有限责任公司

湖北省汉川制药厂
湖北午时药业股份有限公司
鄂北制药厂
湖北省广水市制药厂
湖北省军山制药厂
湖北省黄州市制药厂
李时珍药业有限公司
湖北回春药业集团有限公司
湖北广济药业股份有限公司
湖北省罗田县津罗制药厂
湖北血宝药业有限公司
湖北三九黄石市制药厂
黄石市第二制药厂
黄石飞云制药有限公司
湖北黄石市利康制药有限公司
黄石长征制药有限责任公司
黄石百灵制药有限公司
吉雄（黄石）药业有限公司
黄石市生物制药厂
湖北咸宁三九制药厂
湖北省咸宁维康药业有限公司
湖北亿雄祥瑞药业有限公司
湖北津奉药业股份有限公司
沙市江汉制药厂
湖北省沙隆达生化制药厂
沙市生物化学制药厂
湖北省公安县制药厂
湖北省宜药集团有限责任公司
宜昌意腾制药有限公司
宜昌民康药业有限公司
宜昌市生物化学制药厂
比之可药业有限公司
河北省安琪生物制药有限公司
湖北省利川市制药厂
湖北省恩施制药厂
湖北省十堰市制药厂
湖北房县制药厂
湖北省太子山制药厂
竹溪天宝堂药业有限公司
随州市楚港制药有限公司
健民随州制药有限公司
湖北中天亨迪药业有限公司
荆门市制药厂
湖北太子药业有限公司
湖北金龙药业有限责任公司
湖北省仙桃市第一制药厂
仙桃市中药厂
湖北潜江制药股份有限公司
湖北康纳制药有限公司
湖北成田制药有限公司

湖南省
湖南制药厂
湖南安邦制药有限公司
长沙市第二制药厂
长沙制药三厂
长沙九芝堂（集团）有限公司
湖南迪诺制药有限公司
长沙泰宝制药有限公司
长沙市洪山制药厂
长沙市康乐制药厂
长沙市健民制药厂
湖南正太金琥药业有限公司
湖南正雅制药有限公司
湖南中医学院附属制药厂
湖南东方超人药业有限公司
湖南省大唐湘民制药有限公司
湖南省马王堆制药厂
湖南南光药业有限公司
广州军区长城制药厂
湖南省浏阳河制药厂
岳阳制药有限公司
岳阳康神药业集团有限公司
岳阳市第二制药厂
岳阳市制药三厂
岳阳市中药厂
岳阳康神药业集团天星制药公司
岳阳市通达制药厂
广州军区君山制药厂
岳阳天岳制药有限公司
湖南省芙蓉联合制药厂
湖南湘潭飞鸽药业有限公司
湘潭市亨康制药有限公司
湖南株洲制药有限责任公司
株洲市制药三厂
湖南株洲湘江药业股份有限公司
株洲市千金药业有限公司
湖南省茶陵制药厂
湖南古汉集团股份有限公司
衡阳中药实业股份有限公司
日亿（衡阳）制药有限公司
湖南湘衡制药有限公司
衡阳南岳制药厂
衡阳燕恒制药厂
广州军区康寿制药厂
湖南省祁东制药厂
湖南常德武陵制药厂
湖南省常德中药厂

湖南省常德长寿堂制药厂
湖南安乡制药厂
湖南省湘鲸制药厂
湖南斯创制药有限公司
湖南汉森制药有限公司
中国药材公司冷水江制药厂
湖南回春堂制药厂
邵阳市制药厂
邵阳武冈制药有限责任公司
湖北省湘中制药有限公司
邵阳市城南医药化工厂
湖南湘泉集团制药有限公司
湖南张家界制药厂
湖南省怀化地区制药厂
怀化正好制药股份有限公司
湖南正清制药股份有限公司
湖南正太药业有限公司
湖南九智制药有限公司
湖南省零陵制药厂

广东省

广东制药厂
广州药业股份有限公司
广州中药一厂
广州香雷制药股份有限公司
广州陈李济制药厂
广州山河药业股份有限公司
广州东康制药厂
广州华乐制药厂
广州花山制药厂
广州嘉禾制药厂
广州远东制药有限公司
广州迈特兴华制药有限公司
广州市花城制药厂
广州敬修堂（药业）股份有限公司
广东药学院制药厂
广州粤华药业有限公司
岭南药业（广州）有限公司
广州羊城药业股份有限公司
广州药业股份有限公司
广州奇星药业有限公司
广州众胜制药厂
广州光华药业股份有限公司
广州白云山制药股份有限公司
广州星城制药厂
番禺市市桥制药厂
广东省惠州大亚制药股份有限公司
广东惠州中药厂
惠州阳光药业有限公司
惠州九惠制药有限公司
广东博罗先锋药业集团有限公司
广东罗浮山白鹤制药厂
广东省梅州药厂
广东梅州市嘉兴制药有限公司
广东康宝药业有限公司
兴宁市明珠药业有限公司
广东积大制药有限公司
汕头万年青制药（集团）公司
汕头中药厂
汕头金石制药总厂
星群海鸣联合有限公司
汕头市医药制品厂
汕头仙乐制药有限公司
汕头八达制药有限公司
汕头美宝制药厂
汕头市时代制药厂
深圳市中药总厂
深圳一洲制药有限公司
深圳海得威生物科技有限公司
深圳仙诺制药有限公司
深圳南粤药业有限公司
深圳市深集联合制药厂
深圳益生堂药业有限公司
深圳市同安药业有限公司
深圳新光联合制药有限公司
深圳东龄实业有限公司
深圳海王药业有限公司
珠海东昊制药有限公司
珠海市凤山制药厂
珠海丽珠制药厂
珠海尔康药业公司
佛山康宝顺药业有限公司
佛山市制药一厂
佛山德众药业有限公司
佛山市生物化学制药厂
广东肇庆市西江制药厂
湛江制药厂
湛江中药厂
湛江向阳制药厂
广东一禾药业有限公司
广东省雷州市制药厂
广东省遂溪县制药厂
广东省廉江市中药厂
广东湛江吉民药业股份有限公司
中山市中药厂
中山市三才医药集团有限公司
尼克美制药（中山）有限公司
广东省中山市沙溪制药厂

汕头市潮阳制药厂
广东阳江制药厂
广东泰康药业有限公司
广东皮宝制药有限公司
广东康美制药有限公司
广东茂名市制药厂
广东茂名市火星制药厂
广东省化州市中药厂
广东省信市县制药厂
广东省河源市制药厂
广东省河源市康泰制药厂
广东省九连山制药厂
广东和平制药厂
广东国医堂制药有限公司
广东省龙川县制药厂
顺德市顺峰药业有限公司
中外合资广东环球制药有限公司
广东华天宝药厂
广东永康药业股份有限公司
广东九龙药业股份有限公司
皇冠药业有限公司
广东宏兴集团宏兴制药厂
亚洲制药有限公司
东莞万成制药有限公司
东莞市石龙制药厂
广东宏远集团生化药品供销经营有限公司
广东省华南药业（集团）有限公司

广西壮族自治区

南宁制药企业集团公司
南宁中西药厂
广西药物研究所制药厂
广西医药研究所制药厂
广西医科大学制药厂
广西万通制药有限公司
广西大秦药业有限责任公司
广西南宁邕江制药厂
广西天等制药厂
广西南宁康达制药厂
广西康华药业有限责任公司
广西龙洲县制药厂
广西横州制药厂
广西圣保堂制药厂
广西扶绥县制药厂
广西大新制药厂
广西防城港市制药厂
广西十万大山制药厂
广西柳州制药有限责任公司
柳州花红药业公司
广西纯正堂制药厂
广西柳州地区制药厂
柳州市第三制药厂
柳州市柳江制药厂
广西鹿寨制药厂
广西忻城制药厂
广西来宾县制药厂
广西柳城制药厂
广西金秀制药厂
广西壮族自治区桂林制药厂
桂林信琦药业股份有限公司
桂林第五制药厂
桂林市金王药业有限责任公司
桂林三金药业集团公司
中国科学院广西植物研究所制药厂
桂林天和药业有限公司
桂林漓江制药有限公司
桂林华康制药厂
广西桂林红会制药厂
广西永福县制药厂
桂林市临桂制药厂
广西桂北制药厂
桂林平乐制药厂
广西荔浦制药厂
广西梧州制药（集团）股份有限公司
广西梧州市人民制药厂
广西梧州市白鹤山制药厂
广西梧州市玉兰制药厂

海南省

海南海药实业股份有限公司
海药实业股份有限公司海口市制药厂
海南省金岛制药厂
海南国丹药业有限公司
海南省中瑞康芝制药有限公司
海南三叶药业集团有限公司
海南亚洲制药有限公司
海南天涯制药厂
海南省海灵制药厂
海南碧凯药业公司
海南金晓制药有限公司
海南宝平制药公司
海南宝岛联营制药厂
海南卫康药业有限公司
海南嘉伦药业有限公司
海南海富制药有限公司
海南五指山制药厂

四川省

成都制药一厂
成都药业有限责任公司
成都制药三厂
成都制药五厂
四川升和制药有限公司
成都制药八厂
成都制药九厂
四川西南华神药业股份有限公司
四川省宏威制药有限公司
成都永安制药有限公司
成都迪康制药公司
吉泰安（四川）药业有限公司
成都川力制药有限责任公司
成都利华制药厂
成都锦华制药厂
四川国泰制药有限责任公司
四川成都湔江制药厂
四川光大制药有限公司
四川济生制药有限责任公司
四川旭华制药有限公司
成都天银保健制药有限公司
四川攀枝金江制药有限公司
四川天康制药有限公司
四川省东泰制药有限公司
四川自贡中药厂
四川绵阳制药公司
四川省绵阳生物化学制药厂
四川绵阳一康制药有限公司
四川天府药业有限公司
四川保宁制药厂
四川琦云制药有限公司
四川天府药业股份有限公司
四川遂宁制药厂
四川霍普制药有限公司
四川沱牌药业有限公司
四川省宜宾药业有限总公司
四川宜宾中药厂
四川中投内江制药厂
四川省内江制药厂制剂厂
四川水晶制药有限公司
四川内江制药三厂
内江市梓桐宫制药有限公司
四川省内江生化制药厂
四川省安岳制药厂
资阳市骆巍制药有限责任公司
四川水晶制药有限公司
四川省乐山制药厂
四川乐山第三制药厂
四川乐山第五制药厂
四川雅达药业股份有限公司
四川省医药学校制药厂
四川辰龙制药有限公司
四川乐山大千药业有限公司
四川省长征制药股份有限公司
乐山中药厂
四川川西制药股份有限公司
四川西昌杨天制药有限公司
四川康定金珠制药有限责任公司
四川蜀中制药有限公司
四川维城制药有限公司
四川康福来制药有限公司
四川省生物化学制药厂
四川泰华制药厂
四川美大康药业有限公司
四川普生药业有限公司
四川广元第二制药有限公司
四川佳能达攀西药业有限公司
四川省中医药研究院南川制药厂

贵州省

贵阳中药厂
贵州万顺堂药业有限公司
贵州华泰药业有限公司
贵州汉方制药有限公司
贵阳医学院制药厂
贵阳中医学院药厂
贵州民族制药厂
贵州东伟药业有限公司
贵州科辉制药有限责任公司
贵州省科晖制药有限责任公司
贵州省金康制药有限公司
贵州省益佰制药有限公司
贵州信邦制药有限公司
贵州贵宝药业有限公司
贵州遵义百花药业有限公司
贵州省遵义湘江制药厂
贵州寿仙药业有限公司
贵州省安顺中药厂
贵州省安顺西秀制药厂
贵州省凯里制药有限责任公司
贵州省桐仁中药厂
贵州六枝大华制药厂

云南省

云南省生物制药厂
云南省药物研究所制药厂
云南植物药厂

昆明市生物制剂厂
昆明华都制药有限公司
昆明泰康制药厂
云南蛮龙药业有限公司
昆明贝克诺顿制药有限公司
昆明振华制药厂
昆明天紫红药厂
昆明保健制药厂
昆明兴中制药厂
昆明大观制药厂
昆明华洋制药厂
昆明滇池制药厂
昆明赛诺制药有限公司
云南凤凰制药厂
云南白药集团大理药业公司
大理州中药制药厂
个旧市制药厂
云南弥勒制药厂
云南曲靖康利制药厂
云南省曲靖地区制药厂
云南滇中制药厂
国营云南永安制药厂
云南金柯制药厂
云南腾冲县制药厂
腾冲县东方红制药厂
云南白药集团文山七花有限公司
云南文山维合制药联合有限公司
云南文山特安呐制药有限公司
云南金不换（集团）有限公司
云南金泰得制药总公司
云南玉溪药业有限公司
云南省老拨云堂药业有限公司
云南玉溪市维和制药有限公司
云南省一平浪春光制药厂
楚雄雁塔药业有限责任公司
云南金碧制药厂
云南省思茅地区医药公司制药厂
普洱县制药厂
临沧地区医药公司制药厂
云南白药集团丽江药业有限公司
中国医学科学院版纳华胜制药厂
西双版纳制药厂
瑞丽民族制药厂
德宏州梁河制药厂
云南省德宏州芒市制药厂
云南陇川章凤制药厂

陕西省

陕西制药厂
陕西省医药工业研究所
陕西省科学院制药厂
利君制药股份有限公司
西安绿亚制药有限公司
西安中药厂
西安市生化制药厂
陕西省西安国药厂
西安杨森制药有限公司
西安第四制药厂
西安交通大学医达制药厂
西安幸福制药厂
西安自强中药厂
西安自力中药厂
陕西省秦光制药厂
西安萃生药业有限公司
陕西金方药业有限公司
陕西生物药业有限责任公司
西安大庆制药厂
西安洪庆制药厂
西安强生制药厂
西安康华制药厂
西安碑林中药厂
西安更新中药厂
西安康复制药厂
陕西省西安妇幼制药厂
西安蓝田制药厂
西安北方药业有限公司
国营西安草滩制药厂
西安京西制药厂
陕西省林达制药厂
陕西省康乐制药厂
西安绞股蓝制药厂
陕西临潼制药厂
西安市骊山制药厂
陕西省唐都科研药厂
西安正大制药有限公司
陕西省西安制药厂二分厂
陕西省西安制药厂四分厂
西安肇兴制药有限公司
西安凯奇制药有限公司
陕西珂琳制药厂
陕西省咸阳市第二制药厂
咸阳市第四制药厂
陕西五零五药业有限公司
咸阳步长制药有限责任公司
陕西省白鹿制药厂
陕西省旬邑制药厂
国营武功制药厂
延安常泰药业有限公司

陕西榆林制药厂
陕西天宁药业集团有限公司
陕西博华制药有限责任公司
陕西省渭南地区制药厂
陕西海姆普德制药有限公司
陕西省华山制药厂
陕西省辛大制药有限公司
陕西省澄城县制药厂
陕西香菊制药有限责任公司
陕西省必康制药有限责任公司
陕西盘龙制药有限公司
安康地区制药厂
陕西安康正大制药有限公司
安康正大制药有限公司
北医大安康药业集团股份有限公司
陕西省汉中中药厂
陕西省汉江制药有限公司
巴山制药厂
陕西环美制药厂
陕西省白云制药厂
宁强天麻研究所制药厂
陕西天洋制药厂
陕西晨鸡药业有限公司
宝鸡华西制药有限公司
宝鸡秦岭国药厂
宝鸡市宝康制药厂
宝鸡秦昆制药厂
宝鸡市秦京制药厂
陕西麒麟制药有限公司
陕西金方药业有限公司
陕西省开凯制药厂
陕西省开凯制药二厂
陕西丰禾制药有限公司
陕西省方舟制药有限公司

甘肃省

甘肃省西北合成制药厂
甘肃兰药药业集团有限公司
甘肃省中药厂
甘肃和盛堂制药有限公司
兰州佛慈制药有限公司
兰州岷山药业有限公司
兰州市中川制药厂
甘肃定西扶正制药有限公司
甘肃医药集团公司平凉制药厂
甘肃省灵台皇甫谧制药厂
甘肃省医药集团西峰制药厂
甘肃医药集团武威制药厂
甘肃省金昌制药厂
甘肃医药集团河西制药厂
甘肃省祁连山制药厂
甘肃医药集团酒泉制药厂
甘肃施康元药业股份有限公司
甘肃医药集团天水制药厂
甘肃省武都制药厂
甘肃省甘南制药厂
甘肃省康达制药厂
甘肃省兰州医学院风山制药厂
甘肃省岷海制药厂

青海省

青海制药集团有限责任公司
青海省西海制药厂
青海中药制药厂

宁夏回族自治区

宁夏制药厂
宁夏中药厂
兰州军区灵武制药厂
宁夏盐池制药厂
宁夏源源药业有限责任公司

新疆维吾尔自治区

新疆制药厂
新疆冠林制药有限公司
新疆中药总厂
新疆优德制药有限公司
新疆医学院特丰药业有限公司
新疆豪斯达生物制品公司
新疆奇康制药厂
新疆哈密弋泉药业有限公司
新疆医药保健品厂
新疆三株新鹿药业有限公司
新疆库尔勒中药厂
阿克苏制药厂

附录三 部分药品连锁经营企业名录

药品连锁经营企业名称	成立时间	拥有门店数	分布区域	零售连锁 GSP 认证情况
山东淄博天和堂医药连锁有限公司	1999 年 12 月	170 家	淄博	
山东新华鲁抗药业零售连锁有限公司★	2001 年 4 月	162 家	济宁、德州、烟台、潍坊、商丘、南京、西安、沈阳、滁州	
北京嘉事堂药业有限责任公司★	1997 年 4 月	136 家	北京、大连	
深圳万泽医药连锁经营有限公司★	1996 年	125 家	深圳、东莞、广州、珠海、中山	
深圳南北药行连锁有限公司	2001 年 4 月	110 家	深圳、东莞、珠海、中山	
北京医保全新大药房有限责任公司	2000 年 2 月	108 家	北京	
广东柏康连锁药店有限公司	2000 年 9 月	105 家	广州、顺德	
山东泰安永春堂药业有限公司	2001 年 2 月	104 家	泰安	
广州医药公司健民医药连锁店★	1996 年 7 月	103 家	广东省	通过
新疆新建医药零售连锁有限责任公司	2001 年 8 月	103 家	乌鲁木齐、石河子、玛纳斯、沙湾	
北京西城金象医药连锁有限公司★	1999 年	100 家	北京、天津、烟台、四川、黑龙江、河北、内蒙古自治区、山西、湖北、辽宁	
广东康力医药有限公司★	2001 年 4 月	100 家	广东、福建、北京、上海、山西、新疆	
武汉茗参大药房连锁有限责任公司	1999 年 10 月	98 家	武汉	
广州二天堂大药房连锁有限公司	2000 年 10 月	96 家	广州、深圳、珠江三角洲	
上海市第一医药商店连锁经营有限公司	1998 年 12 月	90 家	上海、甘肃、河南、江苏、安徽、云南	

药品连锁经营企业名称	成立时间	拥有门店数	分布区域	零售连锁 GSP 认证情况
青岛天和药业股份有限公司	2001 年 3 月	90 家	青岛	
深圳市合丹医药连锁有限公司★	2001 年 6 月	88 家	深圳、佛山、南通	
珠海嘉伦药业集团有限公司★	2001 年 1 月	85 家	珠海、东莞、顺德、南海、中山	
无锡山禾集团健康参医药连锁有限公司★	1996 年	83 家	无锡	
辽宁成大方圆医药连锁有限公司	2000 年 11 月	76 家	辽宁省（除沈阳、营口、辽阳外）	
平顶山市众生医药连锁有限公司	2001 年 12 月	76 家	平顶山、郑州	
贵州一树连锁药业有限公司★	1999 年 4 月	75 家	贵州省、武汉	通过
南京医药百信药房有限责任公司★	1998 年 9 月	75 家	南京	
抚顺市大药房有限责任公司	2000 年	70 家	抚顺	
江苏省江阴兴国医药连锁有限公司	1999 年 2 月	70 家	江阴	
石家庄乐仁堂医药连锁有限公司★	1999 年 11 月	68 家	石家庄	通过
大连美罗大药房连锁有限公司★	1996 年	65 家	大连、内蒙古自治区	通过
长春世一堂连锁店（医药药材供销公司）	2000 年	65 家	长春	
四川德仁堂药业连锁有限公司	2001 年 3 月	65 家	四川省	
山东益寿堂药业有限公司	1999 年 11 月	60 家	莱芜、济南、泰安、淄博、东营	

药品连锁经营企业名称	成立时间	拥有门店数	分布区域	零售连锁 GSP 认证情况
昆明福林堂药业有限公司福林堂连锁公司★	2000 年 1 月	55 家	昆明、上海、厦门	
上海药房连锁有限公司	1997 年 12 月	51 家	上海	
上海雷允上药品连锁经营有限公司★	2001 年 6 月	50 家	上海	
上海市汇丰医药药材有限责任公司	1997 年	50 家	上海	
广西福生堂药品有限公司	1998 年 7 月	50 家	柳州、南宁、桂林	
辽宁省沈阳东北大药房连锁店★	2000 年 6 月	50 家	沈阳	
河北神威大药房连锁有限公司★	2000 年 8 月	50 家	石家庄	通过
内蒙古凯蒙大药房连锁有限责任公司★	2000 年 8 月	50 家	内蒙古自治区	
湖南金沙大药房零售连锁有限公司★	2000 年 8 月	46 家	湖南省	通过
德州颐寿医药连锁有限公司	2000 年 3 月	44 家	德州	
潍坊民康医药连锁有限责任公司	2000 年	43 家	潍坊	
威海长生堂医药连锁总店	1996 年 6 月	42 家	威海	
宁波四明大药房有限责任公司	2000 年	41 家	宁波地区	通过
郑州仟禧堂医药有限公司	2000 年 6 月	41 家	郑州	通过
哈尔滨市医药公司同泰医药连锁店★	1998 年 5 月	40 家	哈尔滨	通过

药品连锁经营企业名称	成立时间	拥有门店数	分布区域	零售连锁 GSP 认证情况
贵州华氏大药房延安连锁有限公司	1999 年 6 月	40 家	贵州	
四川泸州宝光药房连锁有限公司	2002 年 1 月	39 家	泸州	
广西南宁市朝阳大药房连锁店	1997 年 1 月	38 家	南宁	
镇江存仁堂医药连锁有限责任公司	2001 年 5 月	37 家	镇江	
北京同仁堂集团★	2001 年 3 月	35 家	北京	
焦作市鸿宇医药有限责任公司方鑫药店连锁公司	1998 年 5 月	35 家	焦作	
上海复星大药房连锁经营有限公司★	2001 年 7 月	34 家	上海	
徐州广济连锁药店有限公司	1999 年 12 月	34 家	徐州	
湖南九芝堂零售连锁有限公司★	1996 年	34 家	长沙、浏阳、湘乡	通过
济宁医药集团康福大药店连锁店	2001 年 6 月	33 家	济宁	
广东大参林连锁药店有限公司	1993 年	32 家	广州、茂名、湛江、江门、廉江	
连云港天使大药房有限公司	2000 年 11 月	32 家	新浦、连云港、海运	
山东省东营益生堂药业连锁中心	2000 年 3 月	32 家	东营	
甘肃众友医药连锁有限公司	1996 年 12 月	31 家	兰州	
湖北黄石市时珍药店连锁有限公司	2001 年 11 月	30 家	黄石	

药品连锁经营企业名称	成立时间	拥有门店数	分布区域	零售连锁 GSP 认证情况
沈阳医药股份有限公司天益堂公司	1999 年 5 月	30 家	沈阳	
青岛胶州大药房连锁有限公司	2002 年 2 月	30 家	胶州	
浙江震元股份有限公司	2001 年 11 月	29 家	绍兴	
昆明市医药大厦医药经营部（云药连锁店）	1999 年 3 月	28 家	昆明	
山东聊城利民药业有限公司利民大药店连锁有限公司	2001 年 12 月	25 家	聊城	
中国医药集团上海公司★	2001 年 5 月	24 家	上海	
浙江温州医药集团有限公司老香山连锁店	1997 年	23 家	温州	
云南省药材有限公司延寿堂连锁经营分公司	2000 年 1 月	23 家	昆明	
岳阳市医药公司为民医药连锁店	1997 年	23 家	岳阳	
珠海丽珠药房连锁经营有限公司★	2000 年 1 月	20 家	珠海、深圳	
青海三普医药	2000 年 9 月	20 家	西宁、德令哈、祁连、互助	通过
辽宁省丹东市老天祥大药房连锁店	2002 年 1 月	20 家	丹东	
辽宁国大药房连锁有限公司	1998 年 7 月	18 家	沈阳、朝阳	
哈尔滨市药材公司人民药店连锁店★	1997 年 6 月	18 家	哈尔滨	
武汉汉深大药房连锁有限公司	1998 年 4 月	18 家	武汉	通过

药品连锁经营企业名称	成立时间	拥有门店数	分布区域	零售连锁 GSP 认证情况
刘天保医药有限公司零售连锁分公司★	1986 年 10 月	17 家	武汉	
济南药业集团宏济堂连锁公司	1996 年	17 家	济南	
国药集团国大药房★	2001 年 8 月	15 家	北京、上海、天津、广州、沈阳、西安	
浙江胡庆余堂国药号有限公司★	2001 年 8 月	15 家	杭州、湖州、淮安	通过
浙江英特药房有限责任公司★	2000 年 3 月	11 家	杭州	
合肥大药房★	1984 年 7 月	5 家	安徽省	
河南省医药公司新药特药商店★	1981 年	4 家	郑州	

注：（1）本表数据收集截止日期为 2002 年 4 月 25 日。
（2）带★的企业为国家药品监督管理局公布的药品零售跨省连锁试点企业。
（3）连锁门店包括直营店、加盟店、特许经营店。

仁和集团

仁和集团—赣江上的一颗明珠

杨文元简介

杨文元，男，江西丰城人，毕业于湖南中医学院，中药师职称，系中国民主建国会会员，江西省工商联执委，宜春市工商联副会长，宜春市人大代表，樟树市政协委员，个私协会会长，先后被授予江西省进城和返乡创业明星，宜春市优秀民营企业家，现任江西仁和（集团）发展有限公司董事长兼总裁。

杨先生重仁义　讲德治　以其非凡的胆识和卓越的管理才能使企业得到了快速的发展。杨先生热爱社会公益事业，先后安排下岗职工500余人，为国家再就业工程和地区经济的发展及社会稳定做出了积极的贡献。

江西仁和集团是一个以医药经营为龙头，科研生产为基础的产、供、销一条龙，科、工、贸于一体的现代医药企业集团。自成立以来，先后被国家有关部门评为先进民营企业、纳税大户、重合同守信用企业、消费者诚信企业。

集团拥有雄厚的科研队伍和GMP制药基地。产品主要有：妇炎洁、双唑泰栓、蛇胆川贝胶囊、参鹿补片、复方虫草精、乌鸡白凤丸、开嗓喉宝等6种剂型80多个品种。集团秉着“人为本、和为贵”的经营理念，精诚团结，锐意创新，取得了非凡的业绩。年销售额亿元以上，年增长率达143%。目前，集团投入资金4000万元，在樟树工业园兴建GSP标准的大型医药批发商城，争取在短时间内把仁和建设成一个管理一流、效益一流、贡献一流、员工福利待遇一流的社会性企业集团。

仁和集团
Renhe Group

地址：江西省樟树市药都路72号
邮编：331200
电话：0795－7358333　7358650　7358188
传真：0795－7356338　7354982
E-mail：longge-888@163.com

四川省宜宾五粮液集团宜宾制

地址：四川省宜宾市长江大道中段 2 号
电话号码：(0831)2335514　2330152
2331695
传真号码：(0831)2331695
邮政编码：644002

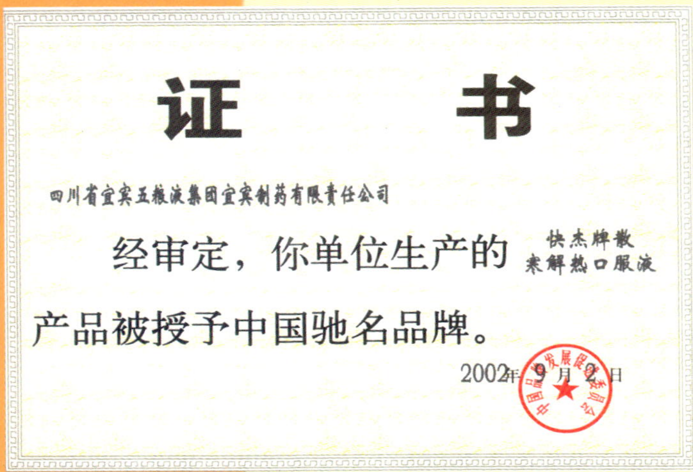

证　　书

四川省宜宾五粮液集团宜宾制药有限责任公司

经审定，你单位生产的 快杰牌散寒解热口服液 产品被授予中国驰名品牌。

2002年 9 月 2 日

四川省宜宾五粮液集团宜宾制药有限责任公司（原四川省宜宾五粮液集团宜宾制药厂）是五粮液集团公司核心企业之一。始建于 1969 年，坐落在万里长江第一城——宜宾市。公司是以生产中成药制剂为主的企业。三十余年来，一直致力于传统医药的研究、开发和生产，秉承中医药精华，并结合现代科技，现已拥有生脉注射液、穿琥宁注射液、香丹注射液、丹参注射液、鱼腥草注射液、散寒解热口服液、生脉饮、复方穿心莲片、牛黄解毒片、六味地黄丸、黄连上清丸等 90 多种中成药品。

公司的“戎州牌”生脉注射液、穿琥宁

CQC

ISO14001
CERTIFICATE

Certificate NO.: 09-2001-0159-2

We hereby certify that
Sichuan Wuliangye Group Yibin Pharmaceutical Factory.
No.2, Mid-Section Changjiang Road, Yibin City, Sichuan Province
by reason of its
Environmental Management System
has been awarded this certificate for compliance with the standard
ISO14001: 1996
The Environmental Management System Applies in the following area:
The Manufacture and Business Operation of Traditional Chinese Medicine Pharmaceutics

Date of issue: Oct. 26, 2001　Date of expiry: Oct. 25, 2004

Signed by: Li huailin

CHINA QUALITY CERTIFICATION CENTRE FOR IMPORT AND EXPORT

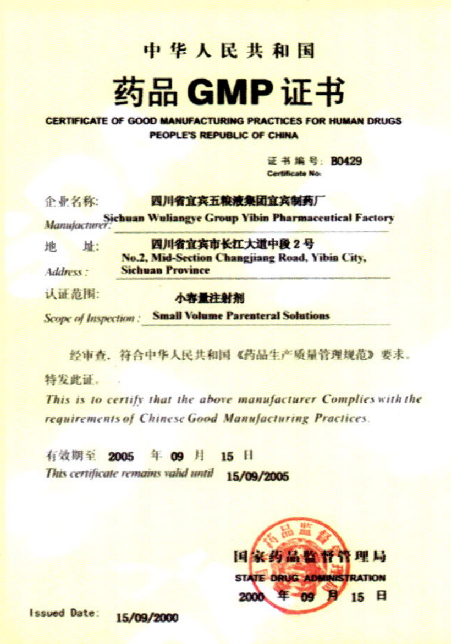

中华人民共和国

药品 GMP 证书

CERTIFICATE OF GOOD MANUFACTURING PRACTICES FOR HUMAN DRUGS
PEOPLE'S REPUBLIC OF CHINA

证书编号：B0429
Certificate No.

企业名称：四川省宜宾五粮液集团宜宾制药厂
Manufacturer: Sichuan Wuliangye Group Yibin Pharmaceutical Factory

地　址：四川省宜宾市长江大道中段 2 号
Address: No.2, Mid-Section Changjiang Road, Yibin City, Sichuan Province

认证范围：小容量注射剂
Scope of Inspection: Small Volume Parenteral Solutions

经审查，符合中华人民共和国《药品生产质量管理规范》要求，
特发此证。
This is to certify that the above manufacturer Complies with the requirements of Chinese Good Manufacturing Practices.

有效期至 2005 年 09 月 15 日
This certificate remains valid until 15/09/2005

国家药品监督管理局
STATE DRUG ADMINISTRATION
2000 年 09 月 15 日

Issued Date: 15/09/2000

有限责任公司

注射液系国家中医药管理局确定的全国中医医院急诊必备药品。“生脉注射液”是国家中药保护品种。“散寒解热口服液”（国内首创、专治风寒感冒）是取得新药证书的国家三类新药。在1997年中国新技术新产品博览会上，“戎州牌”穿琥宁注射液（抗病毒、抗菌制剂）荣获金奖；“戎州牌”散寒解热口服液荣获银奖。

1998年五粮液集团公司投入近亿元资金进行大规模的技术改造和新产品开发。现按照GMP要求建有完善的针剂、片剂、丸剂、口服液、糖浆剂、胶囊剂、颗粒剂生产线。并具有国内一流的分析仪器、实验动物房等先进的检测手段。实行微机管理，拥有年生产小针剂1亿支的生产能力。质量检测中心取得四川省质检机构A级证书，小容量注射剂于2000年9月顺利通过国家GMP认证。2001年10月公司又通过国家ISO14001中国环境体系认证。

五粮液集团宜宾制药公司的全体员工正以“忠诚药业、勤奋务实、团结拼搏、自强争先”的企业精神不断激励、鞭策自己，立志为国人健康，振兴民族药业而勤奋工作。

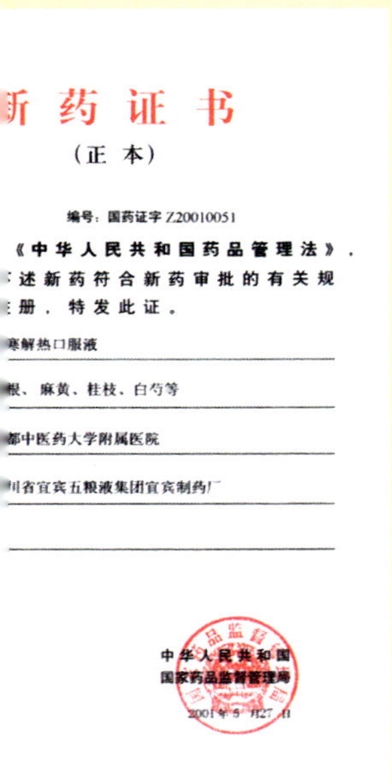

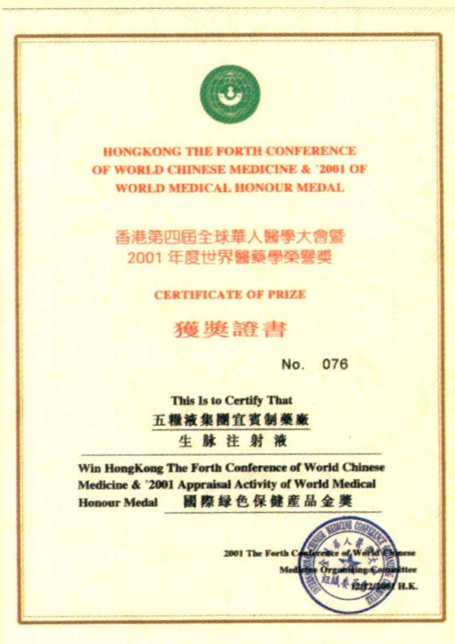

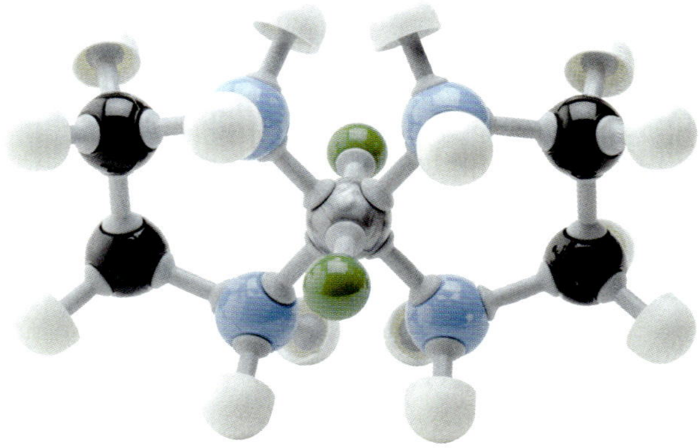

山西医药公司太原药品采购供应站

山西省医药公司太原药品采购供应站是山西省成立最早、经营规模最大、品种最多的国有药品专营企业。在120名员工队伍中，具有药学技术职称的主管药师3人，药师24人，药士15人，执业药师9人。可为批发及零售顾客提供专业水准的咨询和服务。

采供站位于省会太原市有“医药一条街”之称的双塔寺街42号，拥有1000多平方米的零售营业大厅及批发业务大厅，备有样品展柜、空调等服务设施，并实行微机网开票、查询，给顾客提供方便、舒适的购药环境。5000多平方米的各类标准仓库，以及符合国家GSP要求的中心化验室，可以确保所经营药品的质量。18辆包括专用冷藏车在内的大小货运车和业务用车，可以保障业务联系并随时为客户送货上门。1000万元的国家药品储备和24小时急救药品值班制度，为太原市及全省救急、救灾，应付突发疫情提供了保证。目前，该站经营的各类药品，包括OTC药品，已达4000多个品种规格。计算机网络在药品购、销、调、存业务经营和财务管理中全面应用，极大地提高了工作效率和经营管理水平。1997年，该站在全省首家通过国家GSP达标验收。2001年，又成为太原地区唯一通过国家GSP认证的药品经营企业。

采供站与全国数百家通过GMP认证的制药厂家和通过GSP认证的经销商有着良好的业务往来，并与数十家知名药厂保持“总经销”关系。同时，经过多年的市场开拓和培育，建立起以太原为中心，辐射全省的、有300多家大中型医疗单位和药品经销商以及药品零售网点所组成的行销网。成为沟通省内外药品市场供应的主要桥梁和全省最大的药品货源基地。

采供站自1992年新的领导班子组建以来，在牛玉忠经理的带领下，经营业绩显著。到2000年，销售、利税同步增长10倍，分别突破2亿元大关和1千万元大关，增幅位居全省同行业之首。2001年，预计销售将突破3.5亿元，又攀上一个新的高峰。为此，该站几年来多次被有关单位授予“经营管理明星单位”、“药品质量信得过单位”、“消费者信得过单位”等称号；1997年，被山西省劳动竞赛委员会荣记“集体特等功”；1998年，被人事部和国家医药管理局评为“全国医药经营先进单位”；今年，被国家技术监督局《中国质量万里行》确定为“中国质量万里行定点单位”。

经理：牛玉忠

地址：山西省太原市迎泽区双塔寺街42号
电话：0351-4296020　4292657
传真：0351-4294165　邮编：030012

半宙集团

云南医药集团有限公司

云南医药集团有限公司是一九九三年由原云南省医药管理局及所属国有企业成建制转体的国有独资有限责任公司，是云南省政府直属的大型医药产品生产、经营、科研、管理的综合经济实体。集团公司具有独立法人资格，对子公司主要采取独资、控股、参股、合资等形式直接从事生产、经营、科研活动，其产品门类包括：生物药品、化学药品、中成药、保健品、医疗器械、卫生材料、药用包装材料等。集团公司拥有进出口权，还承担医药科技开发及咨询业务。

集团公司现拥有全资、控股、参股、合资工商企业近30家，成员企业60多家。公司现有职工8000多人，其中各类专业技术人员2400多人。集团现有资产17.9亿元，年销售额近23亿元，利税总额超过2.4亿元，利润1.2亿元，进出口总额近491万美元（其中出口302万美元，进口189万美元），均占云南全省医药行业的50%以上，是云南医药产业的龙头。

云南医药集团立足云南丰富的动植物资源，开发出“青蒿素”，“灯盏花”等植物原料新药20余种，生产中西药制剂1000多种。其中“云南白药系列”、“三七”系列、“灯盏花”系列等产品畅销全国，名扬海内外。

乘西部大开发的东风，大力发展云南医药产业使其尽快成为云南省经济的支柱产业，已成为云南省委、省政府的工作重点，我们将抓住这一机遇充分发展壮大自己。我们真诚期望有志于投身云南医药产业发展的国内外朋友和智士仁人与我们携手合作，共同开发云南丰富的天然药物资源，共同开发云南特有的丰富的民族药，民间药资源，为云南医药产业的发展，并达到双赢之目的而共同奋斗。

地址：云南省昆明市北京路547号　　邮编：650051

电话：0871-3134722　传真：0871-3110186

长春市新安制药厂

总经理：徐子云

长春市新安制药厂是吉林省红宇药业公司直属企业。药厂以生产中西成药为主，产品已销往全国各地，目前在吉林省医药行业是一家发展速度较快的中型制药企业。

长春市新安制药厂始建于1980年，占地3.5万平方米，建筑面积达2.5万平方米。药厂设备先进、技术力量雄厚。厂内设有中药提取车间、中药制剂车间、片剂车间和胶囊车间。已取得批准文号的品种为187个，OTC品种首批为34个品种，目前已生产中西成药100多个品种。药厂引进开发的新药克感欣片、炎可宁片、牙康宁胶囊、新抗感冒片等已大批量投放全国市场，产品获得广大医疗单位和病患者的好评及认可。

长春市新安制药厂目前在全国已设立20多个分公司和办事处，工作人员已达300多人。药厂本着从严治厂、敬业爱业精神，严格执行《药品管理法》，向广大客户和病患者提供高质量的药品，优质的服务，可靠的信誉。

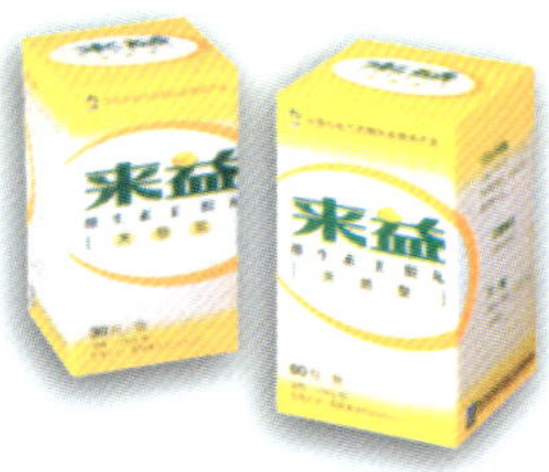

湖南九芝堂股份有限公司

HUNAN JIUZHITANG GUFEN YOUXIAN GONGSI

公司董事长：余克建

湖南九芝堂股份有限公司是以长沙九芝堂集团有限公司为主发起设立，其前身“劳九芝堂药铺”创建于1650年，是中国著名老字号。湖南九芝堂股份有限公司4000万A股于2000年6月9日通过深圳证券交易所向社会公众公开发行，2000年6月28日在深交所上市挂牌交易。

股份公司拳头产品神箭牌驴胶补血冲剂（颗粒剂）和芝牌乙肝宁冲剂（颗粒剂）均是国家基本药物及国家中药保护品种，主要产品斯奇康、健胃愈疡片、肝立克、益龄精、偏瘫灵及浓缩丸系列产品，疗效确切、定位准确、市场前景广阔，产品远销日本、东南亚及美国。公司连续多年被评为“全国医药工业企业经济效益百强”和“湖南省工业企业经济效益百强”，综合经济实力在湖南省医药行业名列前茅。

秉承“九州共济，芝兰同芳”的企业理念，九芝堂将继承三百多年优良的制药传统，同时积极采用现代高新技术、弘扬国粹、回报社会、严谨治业、诚信待人，致力实现资本多元化、技术创新化、管理科学化、产业规模化、市场国际化的战略目标，力争2005年跻身中国医药10强和中国企业500强。

清华紫光古汉
TSINGHUA UNISPLENDOUR GUHAN

清华紫光古汉生

清华紫光古汉生物制药股份有限公司是在原湖南古汉集团股份有限公司基础上经清华紫光（集团）总公司2000年9月2日重组控股更名而来的上市公司，其前身为湖南衡阳中药厂，始建于1956年。公司现有员工2590人，其中各类专业技术人员491人，约占员工总数19%，总资产6.36亿元，净资产3.75亿元，总股本2.03亿股，下设衡阳中药厂、衡阳制药厂、衡阳南岳制药厂、衡阳中药饮片厂、汕头红卫氨基酸厂五个骨干生产厂，拥有自营进出口权。公司主要致力于研究、开发中国中药传统秘方、验方、西药制剂和生物制品，拥有古汉养生精（口服液、片剂）、优力康、心脑保泰口服液、古汉葆春栓、清署解毒冲剂、西汉古酒等八大剂型63个品种中成药、保健品和盐酸洛美沙

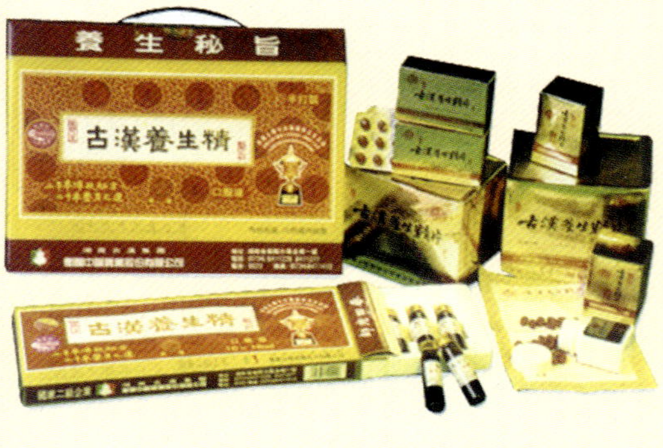

GU

物制药股份有限公司

星注射液、克林霉素磷酸酯注射液、大输液等七大剂型 147 个品种的西药制剂以及人血白蛋白注射液、人免疫球蛋白注射液等 40 多个品种的生物药品；系湖南最大的中、西、生化联合制药企业；全国中成药工业重点企业五十强和全国最大输液生产企业之一；产品畅销海内外。公司先后荣获湖南省优秀企业；国家二级企业等数十项殊荣。通过近期与清华紫光药业的重组，形成了优势互补、强强联合的格局，随着清华紫光药业的先进管理制度、核心技术及优质资产的不断注入，公司将面临全新的发展机遇。

清华紫光古汉生物制药股份有限公司将秉承中华传统文化精粹，依托中国高新技术企业集团雄厚实力，以“清华科技、关爱人生”为宗旨，瞄准“高科技、专业化、国际化、平民化”的企业定位目标，实现传统医学与现代医学的完美结合，争当民族药业新巨子。

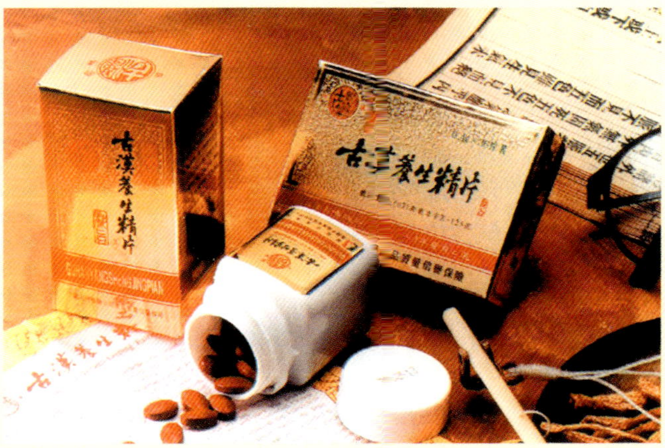

地址：中国湖南省衡阳市先锋路 54 号　　邮编：421001
电话：0734-8239332/8152392　　传真：0734-8239332
网址：www.guhan.com　　电子邮箱：markets@guhan.com

江中制药集团公司

江中制药集团公司成立于1998年6月26日，是由全国512户国有重点企业之一的江中制药厂联合南方最大的抗生素生产企业东风制药有限责任公司组建而成。集团公司现有一家上市控股公司、四家药品生产企业、两家专业化销售公司、一家投资公司、一家房地产公司、一个国家级技术中心（下辖二家研究所）及一个企业博士后工作站。集团目前拥有总资产15.6亿元，净资产6.2亿元，企业员工有4000余人，其中专业技术人员有800余人。集团生产经营中成药、抗生素、合成药、生物制剂、功能性食品、日化产品等不同系列几十种产品，主导产品为：复方草珊瑚含片、江中健胃消食片、博洛克、东青胶囊、青霉素粉针系列等。

集团公司现为国家GMP认证企业及国家级高新技术企业，2000年成为全国医药电子商务试点单位。集团公司的发展战略是：成为国际一流的以生产经营天然保健型中药产品为主的综合性制药企业集团。目前，集团公司正在兴建一座占地2000余亩的现代化生产基地，与国内多家实力雄厚的科研机构进行合作，实施一项“江中药谷”计划，为振兴祖国医药产业而努力。

惠　氏　制　药

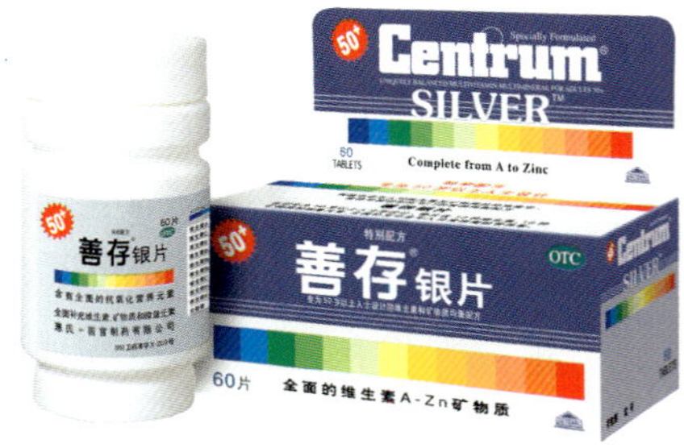

惠氏制药成立于1926年，总部设在美国新泽西州。全球员工有52000人，是世界上以研究为基础的大型制药和保健公司之一，世界制药企业前十名之一。惠氏以“向世界提供医药保健产品，以改善人类的生活质量，并给我们的顾客和股东带来超值的利益”作为自己的使命。

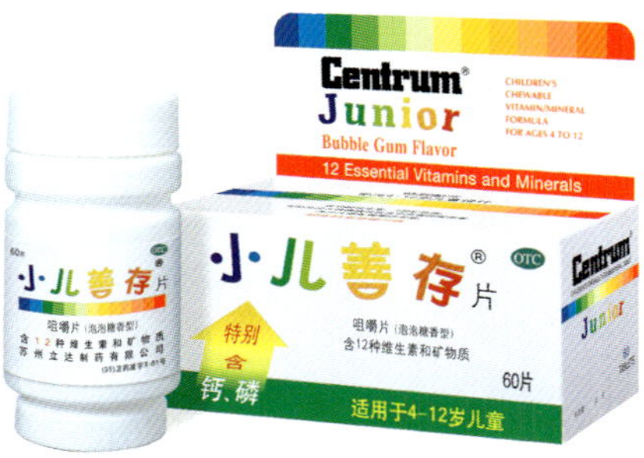

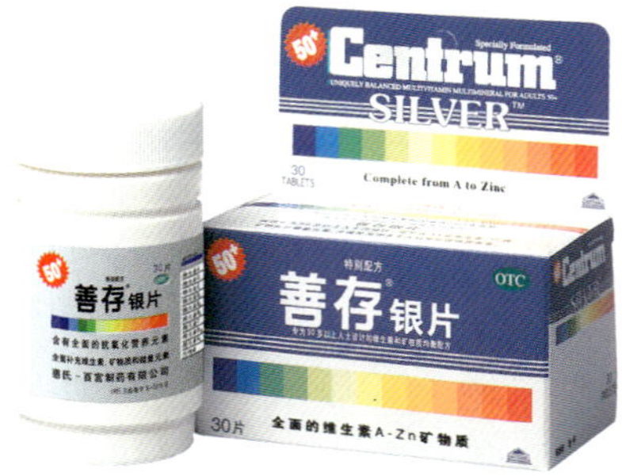

惠氏是处方药、疫苗、生物制剂和非处方药发明、开发、制造和销售的领导者。惠氏在妇女保健、神经系统、肌肉骨骼系统、心血管系统的治疗、疫苗和抗感染、血友病、免疫制剂和抗肿瘤等领域都有领先产品。惠氏的产品销往140多个国家。惠氏的信念是：领导人类建立一个更健康的世界。惠氏的价值观是：卓越品质，忠诚可靠。

1991年，惠氏投资2990万美元在中国成立了惠氏百宫制药公司，1995年，惠氏投资2400万美元在上海成立了惠氏营养品公司。惠氏中国总部设在上海，在全国17个城市设有办事处，在中国业务范围包括处方药、非处方药与营养品。惠氏－百宫制药有限公司的主要产品是钙尔奇D300咀嚼片、钙尔奇D600片、善存液、善存银片、小儿善存片、小儿善存液。

作为全球领先的OTC企业，惠氏将以自己的雄厚实力和技术优势，引进新技术、新产品，为中国人民提高健康素质和生活质量作出贡献。

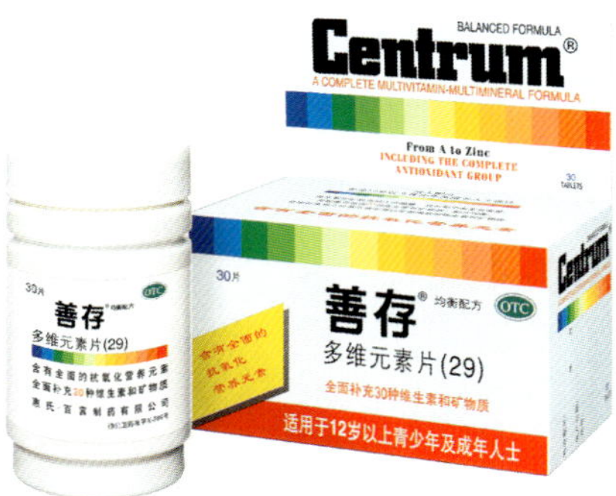

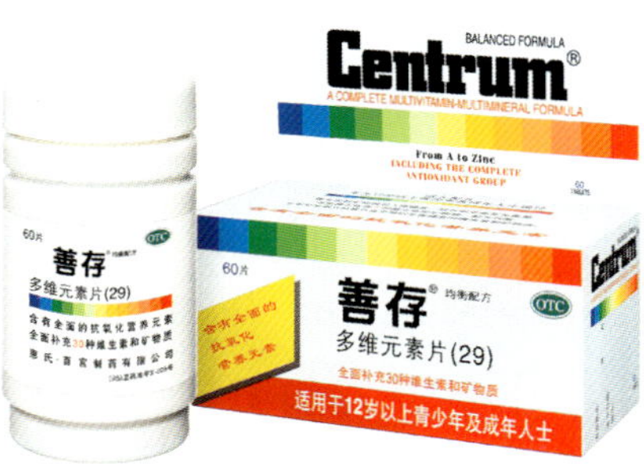

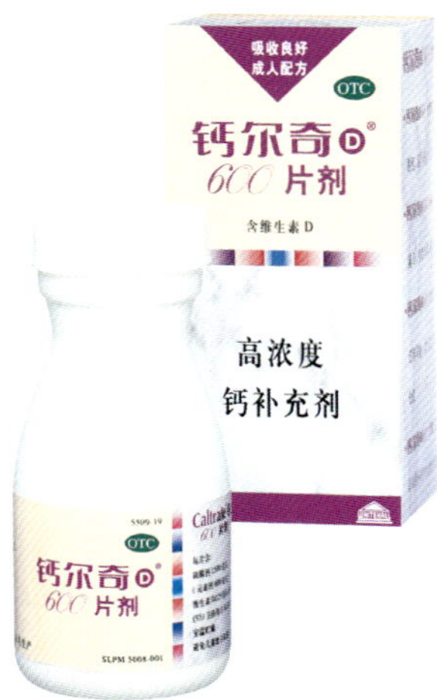

四川光大制药有限公司

SICHUAN GUANGDA PHARMACY CO.,LTD.

光大总经理：李珏

丽珠集团四川光大制药有限公司是四川省中药厂与中国光大国际信托公司共同组建的中外合资企业。是国家中医药管理局重点工业企业之一，是四川省十六家优秀外资企业之一，成都市经济效益百强企业。

公司历史悠久，制药设备先进，技术力量雄厚，采用GMP管理，严格控制质量，有先进的检测设备，对产品严格把关。主要畅销品种还有：抗病毒颗粒、麝香舒活灵、口炎宁冲剂、荆肤止痒颗粒等，产品畅销世界各地。

地址：中国·成都·彭州市外北街56号　　邮编：611930

传真：028-83872918　　电话：028-83871423　83871110

华禾药业冷水江制药有限责任公司

公司董事长兼总经理　潘求谛

华禾药业冷水江制药有限责任公司系由湖南省冷水江市制药厂改制而成的现代企业，为中国药材集团公司控股的华禾药业股份有限公司的子公司。系国有中二型制药企业、湖南省高新技术企业、湖南省中成药生产重点厂家、省医药工业“十佳企业”。

现公司占地面积6万平方米，建筑面积5万平方米，固定资产6000万元，生产设施均符合GMP标准。公司现有职工428人，其中具有中级以上专业技术人员34人。生产有片剂、冲剂、胶囊、搽剂、糖浆、酒剂等剂型40多个产品。主要产品有肝复乐片、降脂灵片、胃痛定、银翘解毒冲剂、通宣理肺冲剂和正在开发的国家三类新药夏参和胃胶囊等，所有产品均使用“波月”牌注册商标。

主导产品肝复乐片是湖南省冷水江制药厂与湖南省中医药研究院共同开发的国家三类新药，现由本公司独家生产，该产品主要用于原发性肝癌及肝硬化、急慢性肝炎、消化道肿瘤等症的治疗，其疗效高于化疗、放疗及对照药物，达国内外先进水平。

肝复乐片为国家基本药物、国家中药保护品种、国家重点新产品、国家高新技术产品。该产品曾先后列入国家“八五”科技攻关项目、国家“九五”火炬计划项目、国家经贸委高新技术产业化专项规划“两高一优”项目等，并先后荣获国家中医药管理局中医药科技进步一等奖、湖南省名牌产品奖等诸多大奖。

地址：湖南省冷水江市金竹中路
电话：0738-5511542
传真：0738-5511868 55113583
邮编：417500

河南省医药公司

公司经理．党委书记：闫国斌

河南省医药公司是一个具有五十年经营管理历史的省级国有医药商业企业。1998 年 1 月，荣获“全国医药系统先进集体”，受到国家人事部和国家医药管理局的表彰。

公司经营各类普药、新药、进口药、生化制品、精神药品、麻醉药品、医疗器械、卫生材料、化学试剂、玻璃仪器、滋补营养品、消毒灭菌用品等各类商品 7200 余种。并负责全省疫情、灾情、中毒、急救药品的储备供应。

公司坚持以质量求生存、促发展的方针，视质量为企业的生命。公司有健全的质量管理机构，配备有高素质的专职质量管理和检验人员，内部形成了完善的质量网络，以确保所购进、储存、销售商品的质量，并对所经营销售的药品坚持批号跟踪管理，对所销售的药品质量负责到底。

1996 年，公司被国家医药管理局授予“医药商品质量管理规范达标企业”的称号，成为河南省唯一荣获此项殊荣的企业。

1998 年，公司新药特药商店被国家药品监督管理局授予“医药商品质量管理全国示范药店”称号。

2001 年，公司被省质量技术监督局授予“2001 年度河南省质量管理先进单位”。

在企业管理中，购销调存全过程及财务管理、劳动人事管理等全部实行计算机管理联网，实现了企业内部计算机管理网络化。

为保证经营药品的质量和降低药品进价成本，采用统购分销配送的管理模式，对所属各医药二级批发机构和零售商店经营的药品均由公司统一采购配送、统一价格、统一管理。

公司积极倡导“守职尽责，全力奉献，注重信誉、优质服务”的企业精神，始终坚持“服务于人民健康，让客户放心满意”的企业宗旨。坚持质量第一，确保供应，让广大群众用上安全、放心、价廉的药品。

公司有健全的质量管理网络。1996 年被国家医药管理局授予“医药商品质量管理规范（GSP）”达标企业。图为公司质检人员在检验购进的药品。

公司遵照“服务于人民健康 让客户放心满意”的企业宗旨，热情接待顾客。公司最大的经营部门药品经营部（新特药经营部）不仅品种齐全，而且大小客户一样热情接待，使客户放心满意。图为对客户进行电脑开票。

公司地址：郑州市金水路 96 号　　邮编：450053

联系电话：6222171（办）　6234180（药品部）　6256062（二部）　6223320（器械部）

河北省医药公司

河北省医药公司成立于1950年，原为行政性公司，1985年转为经营实体。50年来，河北省医药公司始终以为人民健康服务为宗旨，坚持做好医药商品的供应和服务工作，为支持工农业生产，保证人民群众防病治病和防疫救灾的用药需求做出了重要贡献。

特别是近年来，河北省医药公司以邓小平理论为指导，不断加强经营管理，深化企业改革，努力构建适合市场经济体制要求的经营机制，使企业焕发了新的生机和活力。目前公司设有新药分公司、药品处、医疗器械分公司、新特药商场、医药经销分公司等分支机构，主要经营国产及进口化学药品、中药材、中成药、医疗器械、玻璃仪器、化学试剂等大类商品，经营品种达3000多个，年商品销售额两亿多元，已经成为河北省最大的医药商业企业之一。

多年来，河北省医药公司与全国数百家医药工商企业和医疗单位建立了良好的合作关系。今后河北省医药公司将一如继往地与新老客户加强交流与合作，增进业务往来，为医药事业的发展做出更大贡献。

河北省医药公司总经理高同银携全体员工向多年来给予公司支持的社会各界朋友表示感谢，并祝医药事业兴旺发达，伟大祖国更加繁荣昌盛。

河北省医药公司总经理　高同银　　电话：0311-6032554

地址：河北省石家庄市中山东路91号　　邮编：050000

山东省济宁市医药（集团）总公司

董事长：李志亮

总经理：李新华

山东省济宁市医药（集团）总公司座落在伟大的思想家、教育家、中国儒家文化创始人孔子的故乡，即孔孟之乡的济宁市。济宁地处鲁西南，这里交通发达，京九线、京沪线穿境而过，自古就是商贾云集地。

济宁市医药（集团）总公司始创于1953年，经过几十年艰苦创业，现已发展成为集工业生产、商业流通于一体，跨地区、跨行业、规模化经营的大型企业集团，是鲁西南最大的以经营药品为主的大型医药商业集团。

集团总公司下设10个药品经营的县（市）分公司；5个医疗器械、化学试剂、综合服务的全资企业；9个药品经营的支公司；2个药品经营有限公司；集代理批发、零售连锁、生产经营于一体。集团总公司拥有一大批文化素质高，懂经营、会管理、富有开拓进取精神的年轻骨干队伍，现有执业药师21人，药学高级、中级技术专业职称及相关高级、中级技术职称人员530人。

公司主要经营：中西药品、医疗器械、中药材、医用保健品、化学试剂、玻璃仪器、科学器材等，生产100余个中成药产品。

公司始终坚持“客户至上、诚信经营、服务社会、推进发展”的企业宗旨，按照市场经济发展和客户需求组织经营，并以总经销总代理为主线，大力发展特色品种的专业经营，有力地推动了集团经济快速健康发展，2001年将实现总销5.2亿元。自1993年以来，集团总公司年年被评为省、市“重合同、守信用”单位，被济宁市委、市政府评为“文明单位”，被工商银行评为“AAA”级信用单位，被济宁市检察院确定为“重点保护企业”。

公司始终坚持“质量第一、信誉至上”的经营理念，建立完善的质量保证体系，质量管理机构精干、制度健全，检测仪器及检测方法先进齐全，荣获山东省质量管理奖。商品储存按照国家规范标准分类存放，入库出库制度严格规范，被国家医药管理监督局评为“四好仓库”。

济宁市医药（集团）总公司坚持互惠互利、共同发展的经营理念，董事长、党委书记李志亮，副董事长兼总经理李新华热忱欢迎各界朋友、医药界同仁前来洽谈业务，共谋发展。

广东化州中药厂

广东化州中药厂是河西区属骨干企业。自19[illegible]2建厂以来，集橘红种植、加工、科研于一体。多年以来，在上级及有关部门关心支持下，使企业得到长足的发展，厂现有员工136人，其中工程技术人员、管理人员23人。厂房1万平方米。年生产能力可达6500万元，属公司加基地的综合型企业。

1990年首创了橘红痰咳液和橘红痰咳煎膏并被列国家基本药物和国家中药保护品种后，成功地推出了液、膏、颗粒、片剂和其它中药制剂22种。由于橘红痰咳液、橘红痰咳煎膏对治疗急性支气管炎、慢性支气管炎急性发作、感冒、咽喉炎等疾病引起的痰多咳嗽，安全有特效著称。曾荣获“广东省技术开发成果奖”、“广东省优质产品奖”等称号。橘红系列产品销售网络遍布全国，在全国省、市一、二级医药站建立了186个销售网点，在国外，产品远销港、澳、台和东南亚、欧美等20多个国家和地区。橘红系列产品已成为广大用户信赖的知名品牌。

1998年6月，河西区党委作出了对中药厂实施改革，通过改组领导班子、改革经营机制、进行技术改造、加强现代管理制度的“三改一加强”措施后，企业焕发了新的生机，增收节支换来了机械化生产线取代落后的手工操作。企业营销创出新的历史水平，并于1999年，扭转企业连续五年严重亏损获得了盈利。2000年实现工业总产值4[illegible]万元，销售3659万元，实现税利747万元，比历史最好水平分别以47.75%、65.53%、87.43%增长。从1999年至今，企业获得多项殊荣，被国家、省、茂名市、各级政府和部门授予中国企业品牌发展委员会评为“中国名牌”产品。“广东省连续十年重合同守信用单位”、“茂名市民营科技企业”、“广东省质量信得过单位”、“茂名市十佳乡镇企业”、“医药系统先进单位”。橘红痰咳液、橘红痰咳煎膏被评为“茂名市十大工业品牌”。

本企业在进一步转换经营机制的同时，抓好二大工程建设：一是继续抓好已建立的2500亩橘红基地建设，培植正宗化州橘红药材资源。同时，按公司＋基地带农户的模式，带动我市橘农发展橘红种植2万亩，以保证厂生产的正宗橘红原料，促进农村经济发展，增加农民收入；二是在2002年底前完成GMP标准的厂房设施易地改造并投入生产。实现上述目标后，预计2003年，本企业销售将超亿元，税超千万元，使之真正成为生产设备先进、管理规范、科技含量高、经济效益好的现代化的农业骨干龙头企业。

广东化州中药厂热烈欢迎海内外客户前来洽谈业务，精诚合作，共创辉煌。

厂长：李华安

厂址：广东省化州市宝山路5号　　邮编：525100

电话：(0668) 7222978　7238377　　传真：7223229

销售部电话：7220369

哈药集团有限公司

法定代表人：刘存周

地　址：黑龙江省哈尔滨市道里区友谊路 431 号(150018)

邮　编：150018

电　话：(0451) 84856685

传　真：(0451) 84856685

E－mail：sec@HAYAO.com

http://www.HAYAO.com

现生产的非处方药品：

哈药集团制药总厂

阿司匹林片、维生素 C 片

哈药集团三精制药厂

葡萄糖酸钙口服液（无糖型）、葡萄糖酸钙口服液（有糖型）、双黄连气雾剂、双黄连口服液

哈药集团制药四厂

盐酸小檗碱片、马来酸氯苯那敏片、对乙酰氨基酚片、葡萄糖酸钙片、西米替丁片、维生素 B_2 片、维生素 B_6 片、盖胃平片、羧甲司坦片、阿司匹林肠溶片、板蓝根片、板蓝根颗粒、双黄连片、复方铝酸铋片、维 C 银翘片、强力脑清素片、刺五加片

哈药集团健尔制药厂

富马酸亚铁混悬液、盐酸雷尼替丁片、维生素 E 胶囊

哈药集团中药二厂

双黄连颗粒、养阴清肺糖浆、刺五加脑灵液、生脉饮（党参方）、五加参精、五加参颗粒

哈药集团中药三厂

布洛芬颗粒、通宣理肺丸、橘红丸、百合固金丸、黄连上清丸、牛黄上清丸、跌打丸、启脾丸、人参归脾丸、十全大补丸、六味地黄丸、附子理中丸、胃药胶囊、艾附暖宫丸、杞菊地黄丸、龙胆泻肝丸、八宝瑞生丸、开郁老蔻丸、左归丸、复方金银花冲剂、健脾丸、逍遥丸、逍遥水丸

哈药集团三精北方制药厂

小儿咳喘灵颗粒、对乙酰氨基酚片、穿心莲片、六味地黄片、维生素 C 片、克霉唑软膏、维生素 B_6 片、参苓白术散、马来酸氯苯那敏片、盐酸小檗碱片、谷维素片、羧甲司坦片、西米替丁片、吲哚美辛软膏、醋酸氯己定软膏、维 C 银翘片

哈药集团世一堂制药厂

羚翘解毒丸、杞菊地黄丸、乌鸡白凤丸、六味地黄丸（蜜丸）、六味地黄丸（水蜜丸）、牛黄上清丸、附子理中丸、人参归脾丸、十全大补丸、龙胆泻肝丸、黄连上清丸、橘红丸、跌打丸、银翘解毒丸、启脾丸、脑立清丸、木香顺气丸、香砂养胃丸、补中益气丸、感冒清热颗粒、桑菊感冒冲剂、板蓝根颗粒、六味地黄片、养血安神片、银翘解毒片、槐角丸、八珍益母丸、知柏地黄丸、人参健脾丸、霍香正气片、通宣理肺丸、百合固金丸、清眩丸、芎菊上清丸、桂附地黄丸、艾附暖宫丸、导赤丸、防风通圣丸、人参北芪片、八宝瑞生丸、三鞭参茸固本丸、上清丸、开郁老蔻丸、归脾丸、安神养心丸、刺五加片、治感佳胶囊、保和丸、复方川贝精片、复方金银花冲剂、胃复宁胶囊、健脾丸、维 C 银翘片、银花感冒冲剂、锁阳固精丸、女金丸、逍遥丸、香附丸

哈药集团世一堂外用药厂

精制银翘解毒片、伤湿止痛膏

哈药集团哈制药总厂制剂分厂

对乙酰氨基酚片

博福－益普生(天津)制药有限公司

博福－益普生(天津)制药有限公司，于1997年4月注册建厂，位于天津华苑高新技术产业园区，总经理是布安岱(Eric BOUTEILLER)先生。公司总投资额2亿元人民币，目前有员工255人，公司前身是博福－益普生国际公司天津代表处。

早从1992年开始，公司就对投放中国市场的第一产品思密达(Smecta)进行了广泛、深入的学术推广工作。司于2000年年底通过国家级GMP正式认证，并获得国家药品监督管理局颁发的GMP证书。思密达是博福－益普生(天津)制药有限公司获得GMP证书之后，于2000年4月1日正式投产的第一产品，因其在治疗成人及儿童急、慢性腹泻方面的疗效和安全性而进入34个省市医疗保险用药目录。

公司推广的其它四个产品为多环节对抗脑缺血－达纳康(Tanakan)、智能化治疗炎症性肠病的艾迪莎(Etiasa)、符合结肠生理的便秘治疗药－福松(Foriax)和创新的长效促性腺激素释放激素的类似物－达菲林(Diphereline)。其中思密达、达纳康、艾迪莎、达菲林的主要成份均进入2000年版《国家基本药物目录》。

博福－益普生集团目前在世界三十多个国家建有分支机构，致力于胃肠病学、心血管疾病、内分泌－肿瘤疾学及神经生物学四大领域，中国是集团重点发展的市场之一，集团准备不断扩大在中国的发展规划，计划每年都在中国注册和投放新产品，服务于中国广大的医药和患者。

新世界海天(信阳)豫南制药厂有限公司

一、公司简介

新世界海天(信阳)豫南制药厂有限公司为外商独资企业，其股东为香港新世界集团和香港海天实业发展有限公司。

该厂占地面积5.5万平方米，现有二个抗生素原料车间：硫酸卷曲霉素和硫酸庆大霉素，另有五个制剂车间，分别是粉针、水针、片剂、胶囊剂、颗粒剂，共有102个药品的生产批准文号，其中静脉滴注用硫酸卷曲霉素原料药及粉针，已获国家药品监督管理局《新药证书及生产批件》。

二、非处方药简介

新世界海天(信阳)豫南制药厂有限公司生产两个剂型(片剂、胶囊剂)的非处方药，共有7个品种，分别介绍如下

1、硫酸苯丙哌林胶囊　2、西咪替丁胶囊　3、西咪替丁片

4、干酵母片　5、阿司匹林肠溶片

6、齐墩果酸片　7、肌苷片

地　址：河南省信阳市农专路12号　**邮　编**：464000

电　话：0376－6695835　**传　真**：0376－6695835

湖南省湘中制药有限公司

湖南省湘中制药有限公司是一个生产化学原料药、西药制剂、中成药及药用中间体的综合性大型制药企业，现有职工1100多人，技术力量雄厚，拥有专业技术人员256人，其中高级职称的专业技术人员110人。

公司现能生产100多个品种，年产化学合成药400吨，中间体1000吨，片剂10亿片，酊水糖浆1000千升，中成药900吨。主要产品丙戊酸镁、丙戊酸、丙戊酸钠、癫健安及其制剂(如丙戊酸钠糖浆、丙戊酸镁缓释片等)为当今世界上抗癫痫首选药物，系我公司首创并独家生产。丙戊酸钠为国家基本药物，丙戊酸镁为国家级新药，被列入国家九五"火炬"计划。丙戊酸钠、丙戊酸镁、丙戊酸采用国际先进标准生产，产品远销欧、美、亚等国家和地区。此外，我公司中成药六味地黄丸、参桂鹿茸丸、三乙风湿宝、妇康宝等产品也受到了广大消费者的认可和喜爱

公司检测手段齐全，检测设备先进，检测措施严格，目前拥有液相色谱仪、气相色谱仪等先进检测仪20余台，产品生产过程严格按照GMP要求监控，主要产品丙戊酸钠、丙戊酸镁、癫健安多次被评为湖南省名牌产品和优质产品。

公司地址：湖南省邵阳市南门外砂子坡22号

传真：0739－5319017　5313972

电话：0739－5324078(出口)　5323527(内销)

邮编：422000

网址：http：www.xiangzhong.com

信箱：xiangzhong.pharm@163.com　xzzyhnsy@ctang.com

张家口市医药有限公司

张家口市医药有限公司地处于河北省北端，成立于1999年9月20日，是一个以经营药品、药材批发、零售的企业。公司下属4个药品批发部门，一个药材批发部门，一个器材器械经营部门，22家零售药店。

公司始终坚持"市场为导向、质量为生命"的宗旨，公司被省市评为"无假冒商品企业"、"质量信得过单位"，"物价计量信得过单位"称号。

在市场激烈竞争下，公司以"诚信、优质"服务于社会各界，愿与医药商家，厂家互惠互利。公司经营项目：化学药制剂、中成药、中草药、中药饮片、生物药品、保健药品、医疗器械。

法人代表：邹远征，董事长兼总经理，职称：经济师、从业药师，大专学历。

竭诚欢迎新老客户光临惠顾，洽谈业务。

联系方式

【地址】河北省张家口市东门大街56号**【邮编】**075000

【电话】0313－8024239**【传真】**0313－8024239

非处方药专有标识

30X

14X

标识结构图

标识黑白

标准色

甲类非处方药专有标识色标	M100Y100	
乙类非处方药专有标识色标	C100M50Y70	

非处方药专业有标识

（彩色标识，标准色）

甲类非处方药专有标识

OTC

甲类非处方药专有标识色标 M100Y100

乙类非处方药专有标识

OTC

乙类非处方药专有标识色标 C100M50Y70

CNMA

中国非处方药物年鉴

ISBN 7-5023-4497-7

9 787502 344979 >

ISBN 7-5023-4497-7

定价：288.00 元